인간 문명의 네 가지 법칙

인간 문명의
네 가지 법칙

에너지, 혁신, 협력, 진화가
역사의 방향을 결정한다

마이클 무투크리슈나 지음
박한선 옮김

A THEORY OF
EVERYONE

MICHAEL
MUTHUKRISHNA

바다출판사

이 책에 쏟아진 찬사

《인간 문명의 네 가지 법칙》은 광범위한 학문적 지식과 대중문화, 시사 이슈에 대한 깊은 이해를 탁월하게 결합해 대다수 사회과학자가 쉽게 다루지 않는 영역에 대담하게 발을 들여놓는다. IQ, 인종, 성별 차이, 상속세, 종교, 마이크로소프트, 심지어 일부일처제를 둘러싼 아이디어를 명쾌하게 논의하면서 독자는 오래된 문제를 새로운 관점으로 보는 매혹적인 지적 비행을 경험할 수 있다. 여러분, 안전벨트를 착용하시길!"

조지프 헨릭Joseph Henrich, 하버드대학교 인류진화생물학 교수.《위어드The WEIRDest People in the World》《호모 사피엔스The Secret of Our Success》의 저자.

"10년 만에 읽은 최고의 책이다. 구체적 사례를 들어 즐겁게 읽히며 보편적 놀라움을 준다. 인류가 마주한 큰 문제를 새롭게 바라보게 하는 활력 넘치는 책, 페이지가 술술 넘어간다."

로버트 클리트가드Robert Klitgaard, 《부패 통제Controlling Corruption》《열대 갱스터Tropical Gangsters》의 저자.

"아이디어로 가득한 《인간 문명의 네 가지 법칙》은 우리에게 인간이란 무엇인지 다시 생각하게 한다. 더 나은, 지속 가능한 미래를 구축하는 데 관심 있는 모든 사람에게 강력히 권장하는 필독서이다."

데이비드 보더니스David Bodanis, 《공정의 기술The Art of Fairness》의 저자.

"이 책의 핵심에는 정말 멋진 아이디어가 있다. 사람들이 물건과 생각을 교환함으로써 그들의 평범한 두뇌로는 상상도 못할 일을 할 수 있게 되었다는 것 말이다. 이 아이디어가 새로운 것은 아니지만 마이클 무투크리슈나는 이 놀랍고도 희망적인 가능성을 매우 풍부하고 흥미로운 방식으로 탐구한다."

매트 리들리Matt Ridley, 《모든 것의 진화The Evolution of Everything》의 저자.

"당신은 당신 자신이 속한 종에 대해 알고 있는가? 당연히 그렇다고 대답할지 모르지만 마이클 무투크리슈나는 다시 생각해 보기를 촉구한다. 그는 명쾌함과 유머, 활력 넘치는 에너지로 유전자와 문화가 우리를 어떻게 형성했는지, 우리가 어떻게 함께 삶을 개선할 수 있는지에 대한 새로운 시각을 열어 준다. 《인간 문명의 네 가지 법칙》은 말 그대로 모두를 위한 책이다."

월터 시넛 암스트롱Walter Sinnott-Armstrong, 듀크대학교 실천윤리학 천시 스틸먼 석좌교수.
《씽크 어게인: 논쟁의 기술Think Again》의 저자.

"《인간 문명의 네 가지 법칙》은 최신 사회과학 연구를 바탕으로 모든 인간 공동체를 어떻게 하면 더 나은 공동체로 만들 수 있는지에 관한 중요한 질문에 답한다. 방대하면서도 실용적인 이 책은 최고경영자, 커뮤니티 조직가, 학교장, 대통령 등이 반드시 읽어야 할 책이다."

제이미 헤이우드Jamie Heywood, 졸라 CEO이자 전 우버 북유럽 및 동유럽 총괄.

"《인간 문명의 네 가지 법칙》은 사회과학의 가장 중요한 진보를 안내하는 책으로서 최고의 과학자가 집필했고 뛰어난 예시로 가득하며 흥미로운 사실과 아이디어가 가득하다."

에레즈 요엘리Erez Yoeli, MIT 응용협력 이니셔티브 이사.
《살아 있는 것은 모두 게임을 한다Hidden Games》의 공저자.

"마이클 무투크리슈나는 부패, 협력, 집단 지성에 관한 자신의 혁신적 연구를 포함해 독자에게 최신의 강력한 이론적 틀을 제공한다. 또한 다양성을 확보하는 일에서부터 과세, 표현의 자유에 이르기까지 시급한 사회 문제를 해결하기 위해 이 틀을 어떻게 적용할 수 있는지 사려 깊게 논의한다."

모시 호프먼Moshe Hoffman, 하버드대학교 경제학과 방문교수.
《살아 있는 것은 모두 게임을 한다》의 공저자.

"홀린 듯이 읽은 이 책은 자연과학과 에너지라는 확고한 토대를 바탕으로 신고전주의 경제학을 넘어서는 방법론을 제시한다. 이는 곧 전 세계가 그리고 현재 유럽이 더 심각한 에너지 부족에 직면하고 있기 때문에 매우 중요한 문제이다. 이 책을 통해 더 많은 사람이 오늘날과 같은 풍요를 창출하는 데 있어 에너지의 중요성과 미래 인플레이션의 근본 원인이 될 수 있는 에너지 감소를 이해하는 데 도움이 되기를 바란다. 이 관계를 깨닫지 못하면 우리 사회는 통치 불가능한 사회가 될 수 있다."

찰스 홀Charles Hall, 뉴욕주립대학교 ESF재단 석좌교수.
'투자 대비 에너지 수익률energy return on investment, EROI' 개념 창안자.

로버트 매테스,
알렉산드라 루실,
가브리엘 엘리자베스에게

이 책이 너희들이 사는 지금보다
더 나은 세상을 만드는 일에 도움이 되기를

들어가며

두 마리 새끼 물고기가 헤엄치고 있었다. 그때 반대편에서 오는 어른 물고기를 만났다. 어른 물고기가 "안녕, 얘들아. 물은 어때?"라고 인사했다. 두 마리 새끼 물고기는 한참을 헤엄치다가 마침내 한 새끼 물고기가 다른 새끼 물고기를 바라보며 물었다. "도대체 물이 뭐야?"

이 이야기는 소설가 데이비드 포스터 월리스David Foster Wallace가 2005년 케니언대학교 졸업식 연설에서 들려줬다. 월리스의 메시지는 우리에게 너무 익숙해서 세상을 볼 때 더 이상 주목하지 않는 요소가 있다는 것이다. 이러한 요소들은 우리 경험에 녹아들고 우리 감각에 스며들어 삶의 배경이 된다.

이 책은 인간, 즉 호모 사피엔스라는 종이 정확히 그런 위치에 있다고 말한다. 인간은 고대 박테리아 같은 형태에서 시작해 이 책에서 다룰 여러 법칙을 통해 진화했다. 그러나 우리의 사고, 경제, 사회를 형성하는 힘들은 눈에 보이지 않게 되었다. 이는 우리가 자신이 누구인지, 어떻게 여기까지 왔는지 모른다면 어디로 가야 할지 선택할 수 없다는 실존적 문제를 남긴다. 우리를 형성하는 힘을 인식할 수 없다면 그 힘을 형성하는 데 있어 우리는 무력하다.

물고기는 물 없이 살 수 없다. 물은 그들에게 배경으로서 생물학자가 말하는 생명의 네 가지 F인 먹이Food, 싸움Fighting, 도망Flight, 짝짓기Mating(원래는 비속어인 Fuck이다-역주)를 위해 기꺼이 무시된다. 하지만 물이 갑자기 변한다면 물고기는 그 변화를 알아차릴 것이다.

우리는 오늘날 세상이 무너지고 있음을, 무언가 잘못되었음을 뼛속까지 느낀다. 미국은 최근까지도 성공적인 현대 민주주의 국가 중 하나였지만 이제는 흔들리고 있다. 서로 다른 신념을 가진 사람 사이의 분노와 도덕적 비난이 우리 문명을 위협한다. 양극화는 거의 모든 곳에서 증가하고 있으며 경제 위기를 겪고 있다. 우리 자녀의 삶은 우리의 삶보다 풍요롭지 않을 것이며 기회도 줄어들고 전반적으로 더 어려워질 것이다. 서방에서 전면전이든 국지전이든 전쟁이 일어날 가능성도 있다. 피할 수 없는 것은 아니겠지만 전혀 있을 수 없는 일은 아니다. 하나의 위기가 다른 위기로 이어진다.

다가올 대재앙을 예고하는 책이 여러 권 출판되었는데 이는 비록 경고에 지나지 않을지라도 앞으로 우리가 직면하게 될 문제에 대해 주의를 환기한다. 이 세기가 인류 역사상 가장 중요한 세기가 될 것이다. 나뿐 아니라 많은 사상가가 공감하는 생각이다.

이 책에서 우리는 우주에서 가장 중요한 하나의 양, 즉 에너지에서 시작할 것이다. 에너지는 물리학에서조차 추상적인 개념이지만 생명의 중심이며 사실상 모든 것의 핵심이다. 에너지 없이는 움직일 수 없고, 번식할 수 없다. 말 그대로 아무것도 할 수 없다. 하지만 화석 연료의 형태로 헤아릴 수 없는 양의 미개발 에너지를 발견한 산업혁명 이후, 우리는 에너지에 대한 생각을 멈추었다.

쉽게 말해서 우리는 에너지를 당연시한다. 스위치를 누르면 불이 켜지고 자동차에 연료를 넣으면 원하는 곳에 간다. 음식이 어디에서 왔는지, 얼마나 쉽게 먹을 수 있는 건지 생각해 보지 않고 남은 음식을 전자레인지에서 데운다.

우리는 에너지를 끊임없이 주어지는 선물로 생각한다. 우리의 경제 모델에 따르면 생산과 소비가 무한히 순환하며 기업과 사람 사이를 연결한다. 마치 동력을 주지 않아도 저절로 돌아가는 영구 운동 기계처럼 말이다. 경제 성장 모델은 기술과 노동, 자본의 궁극적 한계를 고려하지 않는다. 우리는 계속해서 더 많은 일을 할 것이며 경제는 성장하고, 번영하고, 더 놀라운 기술을 개발할 수 있다고 상상한다. 그러나 이 모든 것을 가능케 하는 값싼 연료가 점점 고갈되고 있다는 사실을 깨닫지 못한다.

인간종에게 에너지는 월리스의 이야기에서처럼 물고기에게 물과 같다.

이 책은 단순히 에너지에 관한 이야기가 아니다. 화석 연료와 재생 에너지, 전기 자동차와 가솔린 자동차의 장단점에 대한 이야기도 아니다. 인류의 거대한 역사를 통해 에너지 혁신이 풍요로운 시기를 가져왔고 이는 인구 증가와 대규모 협력으로 이어졌으며 그럼에도 다시금 결핍과 갈등이 도래하는 과정에 대한 이야기이다. 에너지, 그리고 진화의 약동은 결국 풍요에서 결핍으로 향하지만 그 과정에서 중대한 사회적, 기술적 혁신 기회를 제공한다. 이런 혁신으로 에너지 천장이라는 제약을 넘어설 때 우리는 새로운 분기점, 새로운 풍요의 시대에 도달한다. 이 과정을 이해하는 것이 풍요로운 미래를 보장하는 열쇠이다.

에너지가 현재 곤경에 처한 우리의 상황을 이해하는 열쇠라 할 수 있지만 에너지를 더 효율적으로 사용하고 새로운 자원을 활용하는 방법을 찾으려면 인간 행동의 기본적인 역학 관계를 파악해야 한다. 왜 우리는 때로 전쟁을 하고 때로 화합하는가? 왜 잔인함과 친절함을 모두 가지고 있는가? 그리고 둘 중 어느 것이 우세하게 되는지는 무엇이 결정하는가?

이 책에서 다룰 질문은 이것만이 아니다. 에너지가 부과하는 제약을 이해함으로써 경제, 정치, 보존에 대한 우리의 생각을 바꿀 것이다. 인간 행동에 대한 깊은 이해로 사회 내부와 사회 간의 갈등을 줄이고, 번영을 증진하는 방식으로 에너지를 더 효과적으로 활용하는 방법에 관한 독창적인 통찰을 제공할 것이다. 마침내 우리는 에너지와 인간 행동을 포괄하는 통일된 인간 이론을 갖게 될 것이다. 이것이 바로 '모든 인간에 대한 이론'이다.

그런데 나는 왜 이 책을 쓰기로 한 것일까? 먼저 내 이야기를 하겠다. 1997년에 소년인 나는 침실에 웅크리고 앉아 몰래 창문 너머로 M16 소총을 든 분노한 남자들이 군용 트럭을 타고 지나가는 모습을 지켜봤다. 그들은 파푸아뉴기니 국회의사당으로 향하고 있었다. 전통 건축 양식을 따르고, 공통 언어가 없는 수백 개의 부족이 하나의 국가로 통합된 것을 상징하는 조각과 예술품으로 장식된 화살표 모양의 건물이었다. 우리 집은 의사당에서 남쪽으로 대략 450m 떨어진 철조망으로 둘러싸인 구역 안에 있었다. 수도 포트모르즈비에 총격, 약탈, 폭발이 일어나며 폭력적 쿠데타의 어두움이 드리우는 동안, 나는 8살짜리 여동생의 울음을 달래려 애쓰고 있었다. 이 사건은 나중에 '샌드라인 사건Sandline Affair'으로 알려졌다.

샌드라인은 영국의 용병 회사, 샌드라인 인터내셔널을 지칭한다. 파푸아뉴기니 뉴아일랜드주 출신이자 호주에서 교육받은 중국인 무역업자의 아들, 줄리어스 챈Julius Chan 총리는 군대와 부건빌 지역의 통제력을 상실했다. 그는 군 대신 용병을 고용했다. 그러나 이어진 폭력적 시위와 군사 쿠데타로 인해 챈은 실각했고, "내가 조직원들에게 죽이라고 시키면 그들은 죽인다"라고 자랑하며 "나는 대부이다"라고 떠들고 다닌 유명한 갱단 두목 빌 스케이트Bill Skate가 그 자리를 차지했다. 스케이트는 여러 나라에서 지명수배를 받은 상태였지만 파푸아뉴기니에서는 새 총리가 될 수 있었다.

파푸아뉴기니는 임시어인 피진 영어가 모어화된, 크리올이 공용어로 쓰이는 데서 알 수 있듯이 일종의 키메라 같은 국가이다. 호주인은 지구에서 언어적으로 가장 다양한 이 나라에 영국식 의회 제도를 도입했다. 파푸아뉴기니에 사는 550만 인구는 840개가 넘는 언어로 소통한다. 파푸아뉴기니와 호주는 천연 자원이 풍부하고 비슷한 정부 기구를 가지고 있지만 파푸아뉴기니는 호주와 달리 빈곤과 폭력, 불안정으로 고통받는다. 성장하면서 나는 이러한 차이가 생긴 이유를 알고 싶었다.

서구의 제도와 부족 정치가 충돌하는 현장을 파푸아뉴기니에서 직접 목격했다. 하지만 이것이 나의 유일한 경험은 아니었고 첫 경험도 아니었다.

스리랑카에서 태어난 나는 타밀족과 싱할라족이라는, 겉모습이 비슷한 두 민족이 서로를 어떻게 증오하게 되었는지 배웠다. 내전 중에도 일상이 얼마나 평범할 수 있는지 배웠다. 데이비드 포스터 월리스가 말했듯이 물고기는 물이 변하기 전까지 물을 무시한다. 억압과 군 검문소, 폭발 위험과 갑작스러운 혼란도 모두 폭력의 현실에 구멍이 뚫리기 전까지는 일상의 배경이 되어 그 모습을 감춘다. 할머니는 타밀 호랑이 반군의 트럭이 폭발물 200kg을 싣고 중앙은행을 들이받았을 때 길 건너편에서 일하고 계셨다. 그때 처음으로 아버지가 우는 모습을 봤다. 처음에는 불안 때문에 우셨고, 폭발한 유리 파편으로 뒤덮인 할머니를 집으로 데려왔을 때 느낀 안도감 때문에 다시 우셨다.

나는 어린 시절의 대부분을 남아프리카공화국의 북쪽 이웃 나라인 보츠와나에서 보냈다. 가보로네의 먼지 날리는 거리와 우리은 하의 장엄한 경관 아래 칸라하리 사막 깊은 곳에서 캠핑한 기억, 90년대 남아프리카공화국의 화려함이 아직도 생생하다. 케이프타운의 바다와 접한 테이블산의 아름다운 고원, 더반의 넓은 백사장에서 풍기는 빌통 육포와 브라이 바비큐, 포이키코스 스튜, 버니 차우 커리 같은 퓨전 음식의 향기, 요하네스버그의 북적거림과 선시티의 흥겨움도 좋았다. 남아프리카공화국이 아파르트헤이트 체제에서 벗어날 때의 흥분과 긴장감도 기억난다. 마지막 아프리카계 백인 대통령 F.W. 드 클레르크Frederik Willem de Klerk와 환하게 웃는 새 대통령 넬슨 만델라Nelson Mandela가 손을 맞잡고 새로운 시대의 시작을 알리는 강렬한 이미지가 신문과 텔레비전을 가득 채웠다.

세상의 물은 모두 다르지만 사실 모두 같은 바다의 일부이다.

나는 런던에서 살면서 지하철 세 대와 런던의 상징인 빨간색 이층 버스에서 발생한 폭탄 테러를 경험했다. 평범한 목요일 아침, 출근길에 일어난 이 조직적 공격은 평범한 영국인을 대상으로 했다. 충격적이었던 사실은 폭발 사건을 일으킨 자도 평범한 영국 시민이었다는 것이다. 4년 전의 9/11 테러와는 달리 외부인의 소행이 아니었다. 영국 내에서 태어나거나 자란 사람이 저질렀다. 테러범 중 하시브 후세인Hasib Hussain, 모하마드 시디크 칸Mohammad Sidique Khan, 셰자드 탄위어Shehzad Tanweer 세 사람은 영국 태생이었고, 네 번째 테러범인 제르메인 린제이Germaine Lindsay는 다섯 살 때 영국으로 이주한 사람이었다. 나는 칸이 "우리가 안전하다고 느낄 때까지 너희가 우리의 표적이 될 것"이라고 말한 영상에서 그의 요크셔 억양이 짙은 완벽한 영어를 잊을 수 없다. 그 거친 영상에서 '너희'는 동료 영국인이었고, '우리'는 멀리 떨어진 나라의 사람이었다. 그들은 멀리 떨어진 '우리'에게 더 큰 유대감을 느끼고 있었다.

그들은 나와 비슷한 또래의 이민 2세대로 나와 많이 닮은 사람들이었다. 그러나 칸이나 그 무리는 왠지 자기 나라에 살면서도 스스로를 이방인이라고 생각했다. 문제의 원인은 무엇이었을까? 어떻게 하면 더 나은 방향으로 나아갈 수 있을까?

이것들이 아프리카와 호주, 캐나다, 미국, 최근에는 영국에서 살면서 별 볼 일 없는 떠돌이 생활을 했던 나의 삶을 형성한 기억이다. 여러 나라에서 살아 보면 우리가 어떻게 다른지, 동시에 어떻게 연결되어 있는지 이해할 수 있다. 우리는 각기 다른 무리에 속해 있을지라도 결국 같은 바다에서 헤엄치는 물고기이다. 지난 20년 동안 나는 이런 차이와 연결성을 이해하려고 노력해 왔다. 왜 보츠와나가 남아프리카공화국보다 부패가 적고 여러 지표에서 더 성공적일까? 왜 파푸아뉴기니는 호주보다 훨씬 가난하고 불안정할까? 호주, 캐나다, 미국, 유럽 국가의 다문화 및 이민 정책의 차이는 무엇일까?

나는 고등학교를 졸업한 후, 이 모든 질문에 답하기 위해 노력했다. 나는 안정적이고 수입도 좋은 직업을 얻을 수 있을 것 같아 공학 학위 과정에 입학했다. 법학이나 의학과 달리 국제 인증도 가능해 방랑벽을 가진 나에게 안성맞춤이었다. 공학은 재미있었고 좋은 성적을 받았지만 나를 사로잡은 질문에 충분한 답을 주지 못할 것 같았다. 그래서 복수 학위에 등록했다. 나는 미적분학, 이산수학, 기계 학습뿐만 아니라 경제학, 정치학, 생물학, 철학, 심리학 등 다양한 과목을 수강했다. 각 분야에서 나는 퍼즐을 조금씩 맞춰 나갔다.

결국 두 번째 학위로 심리학을 선택했다. 심리학은 인간 행동에 대해 깊이 있게 탐구하고 있지만 공학과 과학철학에서 배운 과학적 방법론과는 다소 거리가 있었다. 예측을 실험적으로 반증하려는 시도가 부족했고 인간 행동에 대한 이론 없이 경합하는 이론 중에 어떤 이론을 선택해야 할지 결정하는 것, 즉 모델 선택을 하기가 어려웠다. 그런데 진화생물학은 인간 행동의 이론을 개발하는 데 가장 적합한 분야로 보였다.

진화생물학 이론은 인간 행동에 대한 예측을 제공할 수 있을 것 같았다. 그러나 생물학과 별개로 심리학에서 발전된 진화 이론은 우리 조상의 환경에 대해 너무 많은 부정확한 가정을 기반으로 삼았다. 강력한 생물학적, 수학적 도구도 왠지 별로 활용하지 않았다. 나는 인간 행동을 더 정확하게 모델링할 수 있는 방법에 대해 깊이 고민했다. 인간 행동에 대한 더 나은 모델을 만들 수 있을까?

이 질문에 답하기 위한 도전은 매우 어려워 보였기 때문에 나는 이 문제를 잠시 접어두고 스마트 홈 기술에 관한 논문을 쓰는 일에 집중했다. 하지만 그 질문은 계속 나를 괴롭혔고 마음 한구석에서 꿈틀거렸다.

2007년에 나는 앨 고어Al Gore의 기후 변화에 관한 다큐멘터리 〈불편한 진실An Inconvenient Truth〉을 봤다. 다큐멘터리에서 고어는 탄소 배출을 줄여야 한다고 긴급하게 촉구했다. 지구 온난화가 심화되면 정치적 긴장이 고조되고, 특정 지역이 마르거나 더워지거나 물에 잠기면 수백만 명이 집과 생계를 잃고 이주해야 하는 상황이 발생한다. 고어의 문제 인식에는 동의했지만 해결 방안에 대해서는 지나치게 낙관적이라고 느꼈다. 경제 활동을 줄이는 것만으로 과연 지구를 구할 수 있을까? 이 문제는 과거 오존층 파괴 물질인 염화불화탄소CFCs를 탈취제와 냉장고 냉매로 사용하지 못하게 하여 오존층에 생긴 구멍을 막았던 성공 사례와는 다르다. 염화불화탄소의 경우에는 이미 대체품이 시장에 존재했다. 하지만 현재 모든 국가와 기업, 개인이 경쟁하며 더 나은 생활을 추구하는 상황에서 생산성과 부, 안락한 생활을 포기하라는 고어의 요구는 실현 가능성이 낮아 보였다. 신뢰할 수 있는 글로벌 거버넌스governance(정부 주도적 관리 체제에서 벗어나 기업, 시민사회, 개인 등 다양한 행위자가 문제 해결에 참여하는 협력 체제-역주)와 집행 체계가 없다면 아무리 많은 다큐멘터리를 만들고 검지손가락을 가로젓는다 해도 소용이 없을 것 같았다.

탄소 발자국을 줄이는 노력은 중요하지만 기후 변화로 바뀐 세상에 대비하는 일이 더 합리적일 수 있다. 그린피스나 캡틴 플래닛 같은 환경 단체는 이 점에 충분히 주목하지 않았다. 한편으로 미국 국방부와 기후 변화에 관한 정부 간 협의체IPCC는 기후 변화로 대규모 난민 이동이 발생할 것으로 예측한다. 중동, 방글라데시, 남태평양 등지에서 발생할 수 있는 난민의 대량 이동을 말하는 것이다. 탄소를 포집하고 거친 날씨에 대처하기 위한 기후공학 연구는 활발히 진행되었지만 대규모 난민 정착이나 자원 부족으로 생기는 갈등에 대처하는 연구는 상대적으로 부족하다. 문화의 과학이라는 새로운 접근법이 필요한 시점이었다. 그것은 사회적 기술을 개발할 수 있고, 신뢰할 수 있을 만큼 성숙한 과학이어야 했다. 나는 공학에서 이러한 목표를 달성하는 데 도움이 되는 혁신을 발견했다. 그 혁신은 스마트 홈 설계에서 탄생했다.

스마트 홈에는 제어 시스템이 필요하다. 이름에서 알 수 있듯이 시스템은 온도, 조명 같은 기능을 제어한다. 예를 들어 온도 조절기는 난방과 냉방을 제어하는 간단한 시스템으로, 집 안의 온도를 측정해 히터나 에어컨을 작동시켜 온도를 유지한다.

제어 시스템의 원리는 제어 이론, 즉 피드백 고리의 수학에 기반을 둔다. 나는 규범의 과학을 개발하기 위해, 서로 영향을 주고받는 사람 간의 피드백 고리를 모델링하는 작업에도 제어 이론을 적용할 수 있다는 통찰을 얻었다. 그런 규범의 과학에서 우리는 문화와 제도의 과학을 발전시킬 수 있을 것이다. 그렇다면 문화의 심리적 기초를 연구하는 사람을 어떻게 찾을 수 있을까? 구글에서 **문화의 심리적 토대**로 검색을 해 보자.

검색을 하다가 나는 브리티시컬럼비아대학교의 진화심리학자 마크 샬러Mark Schaller가 편집한《문화의 심리적 기초The Psychological Foundations of Culture》라는, 바로 내가 찾던 제목의 책을 발견했다. 마크에게 이메일을 보내 내 배경과 목표를 설명하고 만날 수 있는지 문의했다. 마크는 자신의 동료인 문화심리학자 스티브 하이네Steve Heine, 종교사회심리학자 아라 노렌자얀Ara Norenzayan, 그리고 전직 항공우주 엔지니어에서 인류학자로 전향한 후 경제학 및 심리학 교수가 된 조지프(조) 헨릭도 소개해 주었다.

조는 인간의 유전자와 문화가 공진화하는 과정(이중 유전)과 문화와 제도의 진화를 모델링하기 위한 수학적 틀인 이중 유전 이론 및 문화적 진화를 연구했다. 그는 이 모델을 심리학과 경제학에 적용했는데 몇 차례 나눈 대화 끝에 나는 내가 해결하고 싶은 질문을 탐구할 수 있는 이상적 팀을 찾았다는 사실을 깨달았다.

나는 브리티시컬럼비아대학교에서 진화생물학과 통계 및 데이터과학, 경제학, 심리학을 융합하여 공부한 뒤 하버드대학교 인간진화생물학과로 옮겼다. 지금은 런던정경대학교에서 경제심리학 교수이자 개발경제학 및 데이터과학 연구원으로 재직 중이다.

여러 분야를 넘나들면서 나는 심리학, 경제학, 생물학, 인류학, 기타 다른 학문 분야의 깊은 곳에서 실 가닥을 끌어내어 우리가 누구인지, 어떻게 여기까지 왔는지, 앞으로 어디로 나아갈지를 하나의 태피스트리로 엮어 보여 주는 비분과적인nondisciplined 혹은 '탈분과적undisciplined'인 접근법을 채택했다.

에너지, 혁신, 협력, 진화 사이의 연결고리를 한번 이해하면 그 중요성을 결코 무시할 수 없다. 이 규칙은 박테리아에서 기업에 이르기까지, 세포에서 사회에 이르기까지 모든 생명에게 적용되는 근본 법칙이다. '장님이 코끼리를 만져 보는' 고전적 비유를 보자. 한 사람은 코끼리의 코를, 다른 사람은 상아를, 몸통을, 꼬리를 만진다. 각각은 코끼리를 뱀, 창, 벽, 밧줄로 묘사한다. 어쩔 수 없는 일이다. 그러나 모든 것을 종합하면 에너지, 에너지의 더 효율적인 사용인 혁신, 더 큰 에너지를 추구하면서 상호 이익을 위해 협력하는 우리의 역량, 그리고 이 세 가지를 묶는 진화의 힘이라는 방 안의 코끼리를 인식하게 될 것이다.

이 책은 석탄이나 석유, 재생 에너지나 핵 에너지에 관한 책이 아니다. 인류의 미래, 우리 각자의 행동이 어떻게 집단적 지혜에 기여하는지, 호모 사피엔스가 어떻게 다음 단계의 풍요로움을 달성해 모두에게 더 나은 삶을 제공하고, 언젠가 은하계를 아우르는 문명을 이룰 수 있는지에 관한 이야기이다. 또한 우리의 목표 달성을 가로막는 장애물과 이를 극복하기 위한 방법에 관한 탐구이기도 하다. 오늘날 우리는 새로운 가능성의 바다 앞에 서 있다. 현재 우리의 화석 연료 문명을 위협하는 도전들에, 즉 다가오는 파도에 어떻게 대응할지 신중히 고민해야 한다.

이 책의 첫 번째 부분에서는 인간이라는 종과 모든 인간에 대한 이론을 깊이 탐구한다. 에너지, 혁신, 협력, 진화가 어떻게 모든 생명체와 인간 활동을 주도해 왔는지, 우리가 서로에게서 어떻게 배우는지, 무엇이 우리 지능을 만들어 내는지, 창의성과 혁신 능력을 어떻게 키울 수 있는지, 협력과 제도 구축은 어떻게 이뤄지는지, 삶의 법칙이 우리와 사회의 모든 면을 어떻게 형성하는지를 논한다. 다시 말해, 초라한 아프리카 유인원 한 마리가 어떻게 지구 반대편에서 화상으로 통화를 할 수 있게 되었는지 살펴본다.

두 번째 부분에서는 세계가 변화하는 이유와 이에 대응하는 우리의 역할, 그리고 왜 21세기가 인류 역사에서 **가장 중요한** 시기가 될 수 있는지를 선명힌다. 우리는 새로운 차원의 에너지 풍요를 달성해야 한다. 그러나 우리 앞에는 여러 장애물이 존재한다. 양극화와 부패는 우리 사회를 분열시키고, 불평등은 때때로 에너지 자원을 비효율적으로 배분하는 일로 이어진다. 이는 결국 인재와 기회의 비효율적 배분으로 연결되어 우리에게 필요한 창의적 혁신을 저해한다. 문제에 대한 진단은 많지만 해결책은 그리 많지 않다. 그러나 해결책은 분명히 존재한다. 이민 정책 개선, 비생산적 자본에 대한 과세 같은 방안이 있고, 스타트업 도시 구축, 프로그래밍 가능한 정치 같은 더 급진적인 해결책도 추구할 만한 가치가 있다. 결국 모든 인간에 대한 이 포괄적 이론이 실제 정책으로 어떻게 구현될 수 있는지, 즉 우리 자녀와 그 이후 호모 사피엔스의 더 나은 미래를 보장하기 위해 우리가 어떤 정책을 지지해야 할지를 발견하게 할 것이다.

차례

들어가며 11

1부
우리는 누구이며 어떻게 여기까지 왔는가

1장 삶의 법칙 · 37

시스템 수준의 궁극적 설명 | 일상 속 에너지, 혁신, 협력, 진화 법칙 | 모든 것의 간략한 역사 | 삶의 법칙은 모든 것을 지배한다 | 앞으로 올 것에 관한 힌트 | 태양의 힘

2장 인간이라는 동물 · 93

문명과 '야만인' | 원시인? | 합리적인 동물? | 혹성탈출, 종의 전쟁 | 무지는 뻔하다 | 지식의 샘 | 문화적 진화의 진화 | 문화적 추론 | 누구에게 배우는가? | 학습 전략 | 내 사람들, 그리고 그들이 하는 말 | 당신이 아는 것을 정말 아는가?

3장 인간의 지능 · 135

얼마나 똑똑한지 측정하기 | IQ에 관한 10가지 사실 | 지능의 문화 | 우리를 더 똑똑하게 만드는 문화 | IQ 다시 보기

4장 집단적 두뇌의 혁신 · 191

무에서 사과파이 만들기 | 수 세는 법 배우기 | COMPASS, 혁신의 7가지 비밀 | 우버의 5S 전략 수립

5장 문화의 창조력 · 218

대뇌화 설명하기 | 말 배우기 | 아이를 키우는 데 필요한 한 마을 | 정보 할머니 가설

6장 협력이라는 수수께끼 · 243

협력은 왜 수수께끼인가? | 협력의 기제 | 협력에서 부패로 | 보이지 않는 문화적 기둥에 기반한 제도 | 문화-집단 선택 | 종교의 진화 | 장기 평화? | 삶의 법칙으로 돌아가기

2부   우리는 어디로 가고 있는가

7장 인류를 재결합하기 · 291

노르웨이 대 영국 | 다양성의 역설 해결하기 | 최적의 문화적 동화 | 호주에서 얻은 교훈 | 아프리카의 다양성과 부족한 자원 | 새로운 부족과 제2차 계몽주의

8장 21세기의 거버넌스 · 344

스타트업 도시 | 프로그래밍 가능한 정치

9장 불평등의 유리 천장 깨기 · 373

부의 창출 | 부의 편취 | 최고가 지배하는 세상? | 더 공정한 게임 | 비생산적인 자금에 과세하기 | 1971년에 무슨 일이 있었는가?

10장 창의력을 폭발시키기 · 414

대침체 | 융합의 도화선

11장 인터넷을 개선하기 · 440

사회적 학습에 관한 지식으로 소셜 미디어 개선하기

12장 더 밝아지는 미래 · 453

플린 효과 가속화하기 | 모든 아이가 다 괜찮은 것은 아니다 | 인간의 잠재력 극대화 | 인공 지능과 기계 학습, 제4의 정보

결론 489 | 감사의 말 497 | 역자의 말 501 | 더 읽어 보기 505 | 찾아보기 547

1부

우리는 누구이며
어떻게 여기까지 왔는가

우리는 누구인가, 어떻게 여기까지 왔을까? 이 가장 심오한 질문은 여러 세대에 걸쳐 철학자, 신학자, 심지어 나의 대학교 룸메이트가 고민해 온 주제이다. 과학자도 이러한 질문을 탐구하며 인류의 진화 과정, 창의력과 지능의 비밀, 기업, 정부, 사회 구조를 구축하기 위해 인간이 어떻게 협력했는지, 그리고 이 모든 요소가 어떻게 상호 작용하는지에 대한 더 나은 이론과 증거를 개발해 왔다. 이러한 '우리에 대한 과학'은 인간사회과학Human and Social Science의 여러 분야에서 다양한 방식으로 연구되고 있다. 그런데 최근까지도 인간사회과학은 '젊은' 과학으로 간주되었다.

젊은 과학은 마치 어린아이처럼 행동한다. 세계를 관찰하고 자신이 본 장면에 대해 설명을 시도하는데 종종 다른 설명에 비해 덜 정교하고 신뢰성이 떨어진다. 젊은 과학은 끊임없이 탐색하고 실험하며 새로운 것을 발견하려고 한다. 하지만 아직까지 세상을 어떻게 이해해야 하는지, 사물 간의 연결고리가 무엇인지, 세상에서 어떻게 자신감 있게 행동해야 하는지 완전히 이해하지 못한다.

예를 들어 젊은 물리학자 갈릴레이 갈릴레오는 혜성을 북극광, 즉 오로라와 비슷한 대기의 교란 현상이라고 잘못 이해했다. 젊은 화학은 유라시아의 현자들이 납을 금으로 변환하려 한 시기였다. 젊은 생물학자 라마르크는 기린이 나무의 높은 잎사귀를 먹으려고 여러 세대에 걸쳐 목을 늘여 목이 길어졌다고 주장했다.

어린아이의 주장처럼 젊은 과학의 주장은 대개 신뢰할 수 없다. 어린 알렉스가 정말로 여우를 봤을까, 아니면 그저 이웃집 개를 본 것일까? 슈퍼마켓의 산타는 진짜 산타일까, 아니면 산타를 흉내 내는 사람일까? 씨앗을 삼키면 정말로 배 속에서 수박이 자랄까?

영양학은 아직 젊은 학문 분야이다. 가장 철저하게 설계된 연구에서조차 신뢰성 있는 결과를 보장하기 어렵다. 연구 결과가 서로 모순되는 경우가 있어 이 젊은 과학 분야는 빈번하게 변하는 견해로 인해 불확실한 학문처럼 보인다.

커피는 몸에 좋습니다.

아닙니다. 커피는 몸에 나쁩니다.

아닙니다. 와인만큼 몸에 나쁘지 않습니다. 사실 건강에 도움이 됩니다.

베이컨과는 달라요. 그건 암을 일으키거든요.

아니죠. 베이컨이 암을 일으킨다는 증거는 불확실해요.

대충 이런 식이다.

과학이 성숙한 성인 과학이 되려면 먼저 사춘기를 거쳐야 한다. 인간의 사춘기처럼 이 시기 역시 흥미롭고 때로는 당황스럽고 어색한 순간으로 가득하며 그러다 몇 가지 중대한 변화가 일어난다. 말도 안 되는 주장을 가려내고, 신뢰할 수 있고 유용한 예측을 제공하며, 발견에서 기술로 나아가는 길을 제시할 수 있는 중요한 이론적 틀을 발견하는 것이다. 일부 과학자와 과학철학자는 이러한 성숙한 이론적 틀을 발견한 후에야 진정한 과학으로 인정할 수 있다고 주장했다. 프랑스의 수학자 앙리 푸앵카레Henri Poincaré는 "과학은 집이 돌로 지어지듯 사실로 이루어지지만 돌무더기가 집이 될 수 없는 것과 마찬가지로 사실의 축적은 과학이 아니다"라고 말했다.

푸앵카레가 언급한 '집'은 이론적 틀을 의미하며 이 틀은 우리가 무엇을 기대해야 하고 무엇을 기대하지 말아야 하는지, 세상이 어떻게 작동하는지, 세상에 어떻게 개입해야 하는지에 관해 안내한다. 성숙한 이론적 틀로부터 파생되는 이론은 지하철 노선도나 도로 지도, 지형도처럼 세상의 복잡함을 단순화하여 우리를 목적지로 안내한다.

때로는 이론이 데이터, 서로 경쟁하는 이론 사이의 승패를 결정하는 데이터보다 앞서기도 한다. 20세기 초, 아인슈타인의 물리학이 뉴턴 물리학의 한계를 드러냈을 때 이런 일이 일어났다. 뉴턴 물리학은 지구 중력의 인력으로 인한 가속도를 고려하여 테니스 공을 때린 각도, 속도, 스핀에 따라 공이 얼마나 빨리 떨어질지 계산하는 일에 매우 효과적이었다. 아인슈타인 물리학은 중력이 시공간을 왜곡한다는 새로운 관점을 제시했다. 지구의 중력이 테니스 공을 끌어당기는 것이 아니라 시공간의 구조를 뒤틀고 있다는 점을 가르쳐 주었다.

아인슈타인의 이론은 태양 같은 큰 질량이 시공간을 '휘게' 만든다고 설명한다. 반면 뉴턴의 이론은 이러한 예측을 하지 않는다. 시공간의 변형은 멀리 있는 별의 빛이 태양처럼 큰 질량을 지날 때 다른 위치에 있는 것처럼 보이게 하는 '중력 렌즈 현상'을 초래한다. 일반적으로 태양이 뜬 낮에는 별을 볼 수 없으므로 중력 렌즈 현상을 관찰하기 어렵다. 그러나 1919년 일식 동안 과학자들은 태양의 중력이 멀리 있는 별빛에 미치는 영향을 관찰할 기회를 얻었다. 태양 주변의 별들은 밤하늘에서의 정상적인 위치에서 벗어나 보였다. 이런 위치 변화는 뉴턴의 이론으로 예측할 때는 훨씬 컸지만 아인슈타인의 이론에 따른 예측과는 정확하게 일치했다. 뉴턴에게는 미안한 일이지만.

데이터가 단절되어 보일 때도 이론은 이를 이해하는 데 도움을 준다. 주기율표에 따른 원소 발견은 연금술을 화학으로 바꾸어 놓았다. 찰스 다윈Charles Darwin의 자연 선택 이론은 나비 채집을 현대 생물학으로 발전시켰다. 이론을 제대로 이해하면 이전에 혼란스럽고 일관성 없으며 서로 관련이 없어 보였던 사실들을 새로운 시각으로 볼 수 있다.

인간사회과학은 현재 사춘기이다. 점점 몸의 곡선이 드러나고 근육이 자라나고 있다. 우리는 뉴턴과 아인슈타인의 물리학, 주기율표, 다윈의 진화론에 버금가는 과학혁명 한가운데에 있다. 이 과학혁명은 인간 행동에 대한 이론으로서 이를 사회 진화 이론과 결합하면 모든 인간에 대한 이론이 된다. 모든 인간에 대한 이론은 다른 성숙한 과학 분야의 혁명만큼이나 깊은 의미를 가진다. 혼돈 속에서 질서를 찾아내고, 과학에서 기술 —정책 적용— 로 가는 길을 열어주는 혁명이다. 처음으로 우리는 우리가 직면한 문제의 원인을 파악하고 이를 극복하려면 무엇을 해야 하는지 찾아가고 있다. 인간사회과학은 연금술에서 화학으로 발전하고 있다.

옛날 옛적 물리적 세계는 혼란스러워 보였다. 사과가 지구와 더 가까워지려고 땅으로 떨어지고 변덕스러운 신이 날씨를 만드는 세상이었다. 그러던 중 뉴턴, 맥스웰, 아인슈타인 같은 사람이 이 혼돈에 질서를 가져왔다. 소총, 고래 기름, 마차가 전부였던 시대에 맥스웰이 전자기 방정식을 적을 수 있었다는 사실이 놀랍다. 에디슨과

테슬라가 전기를 제어하는 기술을 개발하기 전이었다. 맥스웰 방정식에 관한 유명한 밈이 있다.

신이 말씀하셨다.

$$\nabla \cdot D = \rho$$
$$\nabla \cdot B = 0$$
$$\nabla \times E = -\frac{\partial B}{\partial t}$$
$$\nabla \times H = J + \frac{\partial D}{\partial t}$$

그러자 빛이 생겼다.

현재 물리학은 가장 오래된 과학 분야이다. 날씨 예측은 여전히 어렵지만 적어도 우리는 날씨와 물리적 세계의 여러 측면이 어떻게 작동하는지 이해한다. 이런 이해 덕분에 맑은 날이나 천체의 움직임을 예측하고, 로켓을 발사하여 화성에 우주선을 착륙할 수 있게 되었다. 물리학 법칙 덕분에 삶의 경험이나 과거 실험 결과에 근거한 직관을 뛰어넘어 입자 붕괴에서 한 입자가 다른 입자보다 더 많이 생성되는 특이하고 흥미로운 현상을 예측하고, 빛의 속도보다 빠르게 이동하는 중성미자와 같이 이례적이지만 사실은 잘못된 현상을 구별할 수 있게 되었다.

2011년, 스위스에 있는 유럽입자물리연구소CERN에서 이탈리아로 향하는 터널을 통해 중성미자 입자를 발사한 오페라Oscillation Project with Emulsion -tRacking Apparatus, OPERA 실험에서 입자가 빛의 속도보다 빠르게 이동한 것으로 관측되었다. 빛의 속도보다 더 빠르게 이동할 수 있는 물질은 없으므로 물리학자들은 무언가 이상하다는 점을 알았다. 이 실험은 주목을 많이 받았는데 그것은 결과가 직관에 위배되거나 물리학자가 틀렸다는 오명을 받기 싫어서가 아니었다. 빛의 속도가 단순한 실험적 발견이나 고립된 이론의 결과가 아니라 우리 세계의 많은 부분을 설명하는 광범위하고 성숙한 이론적 틀의 핵심에 있기 때문이었다. 만약 중성미자가 빛보다 빠르다면 물리학은 산산이 부서졌을 것이다. 결국 이 관측 결과는 측정 오류로 밝혀졌다.

화학의 역사도 비슷하다. 과거의 화학은 혼란스러운 상태였다. 금속과 액체를 섞어 가스를 만들었다. 유황, 탄소, 질산염을 결합해 화약을 만들었다. 하지만 뉴턴조차 아무리 노력해도 납을 금으로 바꿀 수는 없었다. 라부아지에, 멘델레예프, 마이어 같은 사람이 등장하면서 혼돈에 질서가 생겼다. 주기율표를 발견하고 원소 및 화학 반응을 이해하면서 연금술에서 성숙한 화학으로의 전환을 이루었다.

단백질 같은 더 복잡한 화합물은 여전히 예측하기 어렵지만 적어도 우리는 이제 그것이 어떻게 작동하는지 안다. 우리는 왜 리튬이 물속에서 거품을 내고 나트륨은 폭발하는지, 왜 납이 금으로 변하지 않는지 안다. 이런 이해 덕분에 재료과학과 플라스틱의 세계를 발전시키고 원유를 연료, 의약품, 바셀린으로 바꿀 수 있다. 주기율표 덕분에 그간의 경험과 순전히 과거의 실험 결과에 기반한 직관을 넘어선 예측을 하고, 아미노산 서열로 단백질의 모양을 예측하는 인공 지능처럼 독특하고 흥미로운 것과 파라핀이 물에 녹는 현상처럼 독특하지만 틀릴 수 있는 것을 잘 구별할 수 있게 됐다.

생물학의 역사도 비슷하다. 옛날 옛적, 생물학의 세계는 혼란스러워 보였다. 왜 어떤 동물은 알을 낳고 어떤 동물은 새끼를 낳는지, 왜 공작새는 크고 정교한 꼬리를 가졌는데 꿩은 칙칙한 갈색을 띠

는지 합당한 이유가 없는 것처럼 보였다. 다윈, 피셔, 라이트, 해밀
턴 같은 사람이 이 혼돈에 질서를 가져왔다. 생물학은 단순히 세고,
분류하고, 측정하는 작업에서 벗어나 성숙한 과학으로 성장했다.

종은 여전히 예측하기 어렵고 생태계는 여전히 혼란스럽지만
적어도 우리는 이제 그것이 어떻게 작동하는지 안다. 이런 이해를
바탕으로 유전자 편집 기술과 메신저 리보핵산mRNA 백신을 개발
할 수 있게 되었다. 진화론 덕분에 그간의 경험이나 순전히 과거의
실험 결과에 기반한 직관을 넘어선 예측을 하고, 새로운 인간종처럼
독특하고 흥미로운 것과 선캄브리아기 지질 기록에서 발견된 포유
류 화석처럼 독특하지만 틀릴 수 있는 것을 잘 구별할 수 있게 됐다.

이제 인간사회과학에서도 같은 패턴을 관찰할 수 있다. 과학혁
명은 복잡한 인간 역사에 질서를 가져왔다. 모든 것이 이전보다 더
잘 이해되기 시작했다. 사피엔스를 예측하는 건 여전히 어렵지만 이
제 우리는 우리가 어떻게 작동하는지에 관한 규칙을 안다. 우리는
사람들이 누구를 믿고 누구에게 배울지를 어떻게 결정하는지, 조직
과 사회가 규범과 기술에서 어떻게 새로운 혁신을 발견하는지, 다른
사람을 돕거나 해치고 누가 '우리'이고 누가 '그들'인지 결정하는,
우리 행동을 형성하는 규칙을 이해하기 시작했다. 이 규칙을 바탕으
로 기술, 정부, 기업, 학교, 사회 전체를 개선하고 사회적 기술을 개
발해 더 나은 미래를 설계할 수 있다. 이는 그간의 경험이나 순전히
과거의 실험 결과에 기반한 직관을 뛰어넘어 예측을 하고 독특하고
흥미로운 현상과 독특하지만 틀릴 가능성이 있는 것을 구별할 수
있음을 뜻한다.

인간 행동과 사회 변화에 대한 주기율표, 즉 이론적 틀은 인간
성의 다양한 요소를 설명하는 여러 가지 이론에 기반해 연구된다.

이중 유전 이론 Dual inheritance theory은 인간이 유전자와 문화라는

두 가지 유산을 가지고 있다는 이론이다. 인간이 본능을 초월하여 짧은 수명이 허용하는 것보다 더 영리해질 수 있는 이유는 신념, 가치관, 기술, 제도, 노하우 등 사회에서 축적된 문화적 정보를 습득한 결과이다. 문화는 우리를 새로운 종류의 동물로 만든다.

유전자-문화 공진화 Culture-gene co-evolution란 유전자가 우리의 문화에 적응하고 문화가 우리의 유전자에 적응하는 방식을 말한다.

확장된 진화론적 종합 Extended evolutionary synthesis은 생물학적 이론의 틀을 유전자를 넘어 사회적으로 전달되는 정보와 환경으로 확장하는 것을 의미한다.

그리고 **문화적 진화**Cultural evolution는 기업, 조직, 우리 사회의 여타 측면이 변화하고 적응하며 진화하는 방식을 의미한다.

물리학에서 일반 상대성 이론과 양자역학 같은 광범위하고 효과적인 이론적 틀을 연결하는 통합 이론을 **모든 것의 이론**Theory of Everything이라고 부른다. 나는 유전자, 문화, 학습, 환경을 연결하는 이 혁신적인 이론을 **모든 인간에 대한 이론**Theory of Everyone이라고 부르고 싶다.

이 이론의 핵심은 에너지 포획과 제어에 대한 탐구이다. 인간을 포함한 모든 생명체는 태양 광선에서부터 바람과 물의 흐름에 이르기까지 주변 환경의 에너지를 활용하여 진화해 왔다. 특히 인간은 문화적 진화를 통해 에너지를 포착하고 제어하는 새로운 방법을 개발했다. 궁극적으로 에너지는 우리가 하는 모든 행동과 할 수 있는 모든 일의 핵심이다. 이 관점에서 에너지를 바라보면 우리는 마침내 주변의 물을 인지하는 물고기처럼 될 수 있다. 이를 통해 우리의 경험과 가능한 미래가 더 명확해진다.

모든 생명체는 시작부터 에너지에 대한 탐구를 지속해 왔다. 이 탐구가 발생하는 모든 일의 중심이므로 유전적 돌연변이, 새로운 기

이중 유전 이론

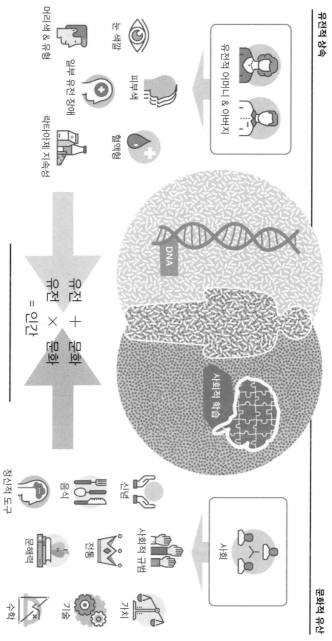

유전적 어머니 & 아버지

눈 색깔

피부색

혈액형

머리색 & 유형

일부 유전 장애

락타아제 지속성

DNA

유전 + 문화
유전 × 문화
= 인간

사회적 학습

사회

신념

음식

사회적 규범

가치

전통

기술

문해력

수학

정신적 도구

35

술, 협력적 규범과 제도, 진화적 동력을 통한 에너지 포획과 제어 방법은 **삶의 법칙**law of life으로서 가장 잘 기술된다.

1장

삶의 법칙

내가 가장 좋아하는 문학 장르는 토티, 즉 '모든 것을 설명하는 단 하나의 것The One Thing That Explains Everything, TOTTEE'이다. 혼잡한 런던 지하철에서 낯선 이들에게 둘러싸여 《총, 균, 쇠》를 읽으면서 나는 유라시아의 동서 지리적 방향이 어떻게 남북 중심의 미국과 아프리카를 압도했는지 생각하다 웅장한 경외심을 느꼈다. 《사피엔스》를 읽으면서는 인간의 상상력이 어떻게 우리를 신으로 만들었는지에 관한 장대한 서사적 스토리텔링에 빠져들기도 했다. 이런 책을 통해 나는 정보와 힘을 얻었으며 즐거이 매료되었다. 하지만 책의 마지막 페이지를 넘기거나 오디오북의 마지막 엔딩 크레디트를 들을 때마다 항상 아쉬움이 남곤 했다.

여러분과 나, 그리고 이 책의 저자들도 세상이 복잡하다는 사실을 안다. 무엇이 무엇의 원인이 되는지를 보여 주는 인과관계의 화쉼표는 갈라졌다가 다시 합쳐지고 여러 방향을 가리키며 심지어 서로에게 영향을 주고받는 되먹임 관계를 이룬다. 그러므로 **한 가지**로 모든 것을 설명할 수는 없다.

좋은 토티 책이 가진 힘은 세상을 형성하는 근본적 힘을 강조하는 데서 비롯된다. 하지만 현실 세계에서, 특히 이론에서 실제 응용으로 넘어갈 때는 여러 가지 힘과 그 힘 사이의 관계를 반드시 이해해야 한다.

예를 들어 지리학은 의심할 여지없이 중요하지만 한국을 남북으로 가르는 얇은 땅덩어리만으로는 우주에서도 밝게 빛나는 인프라를 갖춘 부유한 남한과, 지도에서 남한과 중국을 가르는 어두운 부분인 가난한 북한이라는 갑작스러운 단절을 설명할 수 없다. 이러한 차이를 설명하려면 남북한의 정부 제도에 관해 이해해야 할 것이다.

제도만 이해하면 충분할까? 제도는 중요하지만 같은 나라 내에서도 서로 다른 인종 집단이 다른 결과를 나타내는 현상을 제도만으로는 설명하기 어렵다. 이를 알려면 문화와 집단 간의 경쟁을 파악해야 한다.

문화로는 모든 것을 이해할 수 있을까? 문화는 중요하지만 다언어, 다문화, 다종교인 싱가포르인이 어떻게 룩셈부르크 다음으로 세계에서 두 번째로 부유한 국가의 국민이 될 수 있었는지는 설명하기 어렵다. 이 현상을 이해하기 위해서는 역사적 배경을 살펴봐야 한다. 그렇지만 역사는 복잡하며 과학과 달리 그 자체로 명확한 인과적 설명과 응용법을 알려주지 않는다.

이 책은 토티에 가깝지만 완전히 똑같지는 않다. 모든 것을 설명하는 '단 한 가지'를 제시하기보다 모든 생명을 형성한 수많은 힘을 통합하는 이론적 틀을 제공하고자 한다. 이 삶의 법칙은 영양분을 두고 경쟁하는 단세포 박테리아에서부터 시장 점유율을 두고 경쟁하는 기업 사회에 이르기까지 다양한 규모에 적용된다. 물론 박테리아와 기업 사이에는 세부적 차이가 많다. 그리고 이런 세부적 차이는 우리가 세계에 어떻게 개입해야 하는지 결정하는 일에 아주 중요하다. 목표는 우리가 어디에, 언제, 어떻게 개입해야 하는지를 정확히 파악하는 것이다.

정치적 문제, 시장의 도전, 기술 격차, 문화적 불일치, 심리적 장벽, 또는 그 조합들을 끌어내는 데 필요한 지렛대는 무엇일까? 이 모든 것은 삶의 법칙에 의해 형성된다. 효과적인 개입 전략을 마련하려면 호모 사피엔스를 이해하는 일종의 주기율표가 필요하다. 이는 큰 그림을 보고 여러 부분을 확대하거나 축소할 수 있는 능력을 의미하며 삶의 법칙이 제공하는 시스템 수준의 궁극적 관점이다.

시스템 수준의 궁극적 설명

영구적 변화를 이끌어 내려면 시스템 차원에서 사고하기가 **필수이다.** 이러한 상호 연결성을 무시할 때 벌어지는 교훈적 이야기가 많다. 그중 하나가 호주의 사탕수수두꺼비cane toad 사건이다.

20세기 초, 신생 국가였던 호주에서는 사탕수수 산업이 급성장했다. 이 작물은 호주에서 햇빛의 주州로 불리는, 퀸즐랜드의 비옥한 토양과 풍부한 일조량, 열대 기후 덕분에 잘 자랐다. 문제는 사탕수수를 공격하는 토종 딱정벌레였다. 사탕수수를 좋아해서 사탕수수딱정벌레cane beetle라는 이름이 붙은 녀석이다. 이 딱정벌레 애벌레는 사탕수수 뿌리를 갉아 먹어 식물의 성장을 방해하거나 죽여버렸다. 무언가 조치를 취해야 했다. 호주의 사탕수수연구소the Bureau of

Sugar Experiment Stations는 이 문제를 해결하기 위해 사탕수수딱정벌레를 제거하겠다고 결정했다.

그러나 어떻게 식물은 멀쩡하게 두면서 벌레만 잡을 수 있을까?

1935년, 101마리의 암살자가 하와이에서 호주로 옮겨졌다. 달마시안이 아니라 사탕수수두꺼비였다. 두꺼비들은 새로운 터전을 좋아했다. 그 수가 10억 마리까지는 아니지만 수억 마리로 급증했다. 하지만 두꺼비는 딱정벌레보다 더 좋은 먹이를 발견했고 고립된 호주 생태계에 큰 혼란을 일으켰다. 사탕수수두꺼비는 알에서 올챙이, 두꺼비까지 모두 독성을 지니고 있어 두꺼비에게 먹히는 생물, 두꺼비를 먹는 생물 모두에게 위험하다. 오랫동안 섬에 고립되어 살았던 호주의 토착종은 이 새로운 포식자에 대한 방어 수단이 없었다. 두꺼비와 악어가 싸우면 물론 악어가 이기지만 결국 악어도 죽었다. 죽은 두꺼비에게 독이 있으니 말이다.

오늘날 사탕수수두꺼비는 퀸즐랜드 곳곳에서 발견된다. 이 사례는 광범위한 시스템을 무시한 단순한 해결책이 얼마나 큰 혼란을 일으키는지, 더 많은 해결책이 필요한 새로운 문제를 만드는지 잘 보여 준다. 시스템 수준에서 생각하는 일은 어렵지만 성공적인 해결책을 내놓으려면 반드시 필요하다. 이를 위해 궁극적 설명과 근연적 설명을 구별해야 한다.

궁극-근연 구별ultimate - proximate distinction은 진화생물학에서 핵심적인 개념으로 다른 과학 분야뿐만 아니라 비즈니스 세계에서도 원인 분석이나 5가지 왜-질문 접근법이 궁극-근연 구별에 기반을 두고 있다. 궁극-근연 구별을 설명할 때 사용하는 고전적 예는 왜 동물은 섹스를 좋아하느냐 하는 질문이다. 근연적 설명은 섹스는 즐겁고 사람들은 즐거운 활동을 선호한다는 식이다. 이것은 일종의 설명이긴 하지만 동어반복이다. 더 나은 설명은 섹스가 도파민, 엔도르

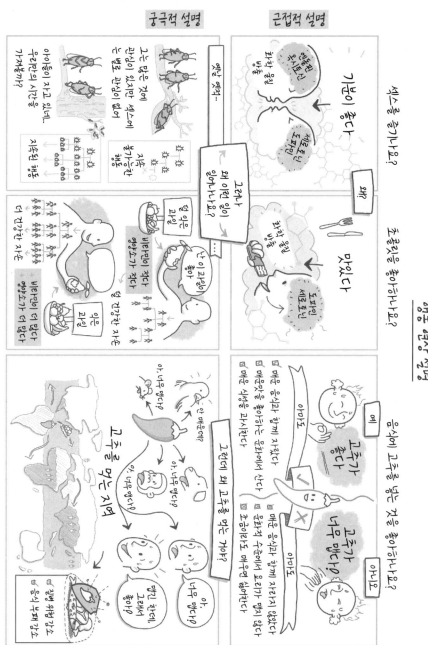

핀, 옥시토신 같은 화학적 칵테일을 방출하여 즐거움, 사랑, 신뢰와 관련된 동기를 부여하고 사랑의 욕망을 일으킨다는 것이다. 이러한 화학 물질과 동기는 함께 행동을 강화한다. 이는 신경과학을 활용한 더 나은 설명이지만 여전히 근연적이다. '섹스는 즐겁다'라는 기제에 대해 더 자세한 정보를 제공했을 뿐이다. 왜 사람들이 벽에 머리를 부딪치는 것보다 섹스를 더 선호하는지에 대해서는 설명하지 못한다. 다양한 대안을 모두 이해해야 궁극적 설명이 가능해진다.

섹스에 대한 시스템 차원에서의 궁극적인 설명은 이렇다. 섹스는 출산과 직접 관련이 있으며 이로 인한 선호도는 세대를 거쳐 전달된다. 쾌락을 섹스와 연결하는 동물과 벽에 머리를 부딪치는 행동을 쾌락과 연결하는 동물을 상상해 보자. 섹스를 쾌락과 연결한 동물은 더 많은 새끼를 낳아 마찬가지로 섹스를 즐기고 더 많은 새끼를 낳는 후손을 남겼다. 반면에 벽에 머리를 부딪치는 행동을 쾌락으로 여긴 동물은 자녀를 남기지 못했고 그들의 취향도 함께 사라졌다.

궁극적 설명은 왜 대부분의 사람이 초콜릿을 좋아하고 일부만 고추를 좋아하는지도 설명해 준다. 이 원리를 사회 세계에 적용하면 시스템 수준에서 연결된 궁극적 원인을 파악함으로써 문제의 근본 원인을 찾아낼 수 있다.

예를 들어 사람들은 종종 인플레이션과 에너지 가격 상승에 대해 정치인을 탓한다. 하지만 이런 현상이 전 세계적으로 일어나고 있다면 특정 국가의 지도자만을 비난하기는 어렵다. 근본 원인을 찾아보는 것이 더 타당하다.

첫 번째 삶의 법칙은 에너지 법칙이다

모든 생명체의 총량과 복잡성을 결정하는 궁극적 한계는 에너지의 가용성이다. 바로 이 에너지가 물질을 살아 있게 한다. 에너지는 물질을 움직이게 하고, 경쟁하고 자기 자신을 재생산하도록 만든다. 에너지는 나와 여러분이 몇 세기 전 가장 부유한 군주가 부러워했던 삶을 누릴 수 있는 이유이다. 우리가 할 수 있는 일, 온도를 조절할 수 있는 집에서 쉬고, 걷고 운전하고 비행기를 타 다른 곳으로 이동하고, 샌드위치를 먹고, 번식하고, 이 책을 읽는 것은 모두 에너지가 있기 때문이다. 우리가 하는 일을 제한하는 요인은 다양한 에너지원에 저장된 에너지 밀도, 에너지원의 가용성과 풍부함, 초당 전달되는 에너지인 동력, 그리고 에너지원을 찾아서 사용할 수 있는 효율성이다. 지구에 도달하는 태양빛이나 지열, 물의 흐름, 화석 연료 같은 에너지원은 이론상으로는 풍부하다. 문제는 이런 에너지를 사용할 수 있게 하는 혁신이다. 화석 연료의 발견처럼 에너지가 풍부해지면 에너지에 관한 관심은 사라진다. 마치 물고기의 물처럼 말이다. 그 대신에 우리는 같은 양의 에너지로 더 많은 일을 하기 위한 혁신, 특히 효율성 혁신에 집중하기 시작한다.

두 번째 삶의 법칙은 혁신 법칙이다

생명체는 경쟁에서 살아남기 위해 에너지를 효율적으로 포획하고 제어하는 방법을 새롭게 혁신한다. 이 혁신은 광합성부터 고기나 우유를 소화하는 능력 같은 생물학적 변화, 농업이나 내연기관 같은 기술, 기업이나 국가 같은 사회적 조직에 이르기까지 다양하다. 이러한 생물학적, 기술적, 사회적 혁신은 생명체가 더 많은 에너지를, 더 효율적으로 사용할 수 있도록 하여 사용 가능한 에너지의 양을 늘린다.

조명의 역사를 보자. 양초는 매우 낮은 효율로 빛을 낸다. 왁스에 포함된 화학 에너지의 0.04% 미만을 빛으로 전환한다. 나머지는 열로 손실된다. 에디슨이 처음 만든 전구의 효율은 1% 미만이었고 에너지의 99% 이상이 열로 손실되었다. 현대 백열등의 효율은 기껏해야 10% 정도이다. 형광등은 약 15%이다. 그러나 LED 조명은 훨씬 높은 효율로, 더 밝고 오래 지속되며 에너지 소비도 적다. 이론적으로는 100% 효율에 근접할 수 있다. '불을 끄세요'라는 말은 이제에너지 절약에서 가장 효과가 떨어지는 표어가 되었다. 기술 혁신덕분에 더 적은 자원으로 더 많은 일을 할 수 있게 됐다. 하지만 모든 혁신은 생명체가 서로 협력하면서 이뤄질 수밖에 없다.

세 번째 삶의 법칙은 협력 법칙이다

사용할 수 있는 에너지가 충분하고 몇몇 조력자가 도와주면 더 많은 에너지를 확보할 수 있을 때, 우리는 그 에너지를 포집하기 위해 도약하고 협력할 수 있다. 세포는 서로 결합해 복잡한 생물체로 뭉친다. 지역은 국가로 통합되며, 기업은 계약, 합병, 인수를 통해 커진다. 새로운 자원을 발견하거나 효율성을 높임으로써 더 많은 에너지를 창출하는 혁신은 **가능성의 공간**the space of the possible을 확장한다.

에너지를 더 많이 발견할수록 이 공간은 더 커진다. 또 이런 공간이 클수록 협력이 이루어지는 규모도 커진다. 더 큰 공간은 더 큰 동물과 더 큰 국가를 가능하게 한다.

이렇게 생각해 보자. 여러분이 사업을 시작했다. 혼자서 회사를 운영하고 모든 이익을 혼자 가져갈 수 있다면 그렇게 해야 한다. 하지만 다른 사람과 협력함으로써—직원을 고용하고, 공급업체와 계약을 맺고, 투자자를 영입함으로써—성공 가능성과 이익의 규모를 높일 수 있다. 비록 그 이익을 다른 사람과 나눠야 하더라도 말이다. 최적의 협력 수준은 이익을 얻을 확률이 높고, 당신이 얻을 수 있는 이익의 몫이 더 작은 집단이나 더 큰 집단에서 얻을 수 있는 몫보다 클 때이다.

보통 이를 의식적으로 계산하지는 않는다. 그 대신에 시행착오, 부분적 인과 모델, 선택을 통해 목표에 도달한다. 불필요한 직원을 두는 회사는 실패하거나 망하지는 않더라도 수익이 빈약할 것이다. 너무 적은 직원을 가진 회사도 역시 실패하거나 적은 이익을 누릴 것이다. 즉, 협력의 수준은 진화적 과정을 거쳐 도달된다.

네 번째 삶의 법칙은 진화 법칙이다

에너지 활용, 혁신 방식, 협력 기제는 대체로 지능적으로 설계된 해결책이 아니라 결국 성공이 실패를 능가하는 수백만 번의 시도의 산물이다.

에너지, 혁신, 협력, 진화라는 네 가지 법칙은 서로 연결된 네 가지 방식으로서 세계를 분할하며 지리, 제도, 문화, 역사가 어떻게 전개되어 왔는지 설명한다. 이 장의 끝에서 이 법칙을 더 자세히 다룰 것이다. 지금은 이 법칙이 우리 각자의 삶에서, 모든 생명의 역사에서 어떻게 나타나는지 먼저 살펴보자.

일상 속 에너지, 혁신, 협력, 진화 법칙

우리 모두는 일, 가족, 친구, 자기 자신에게 얼마나 많은 시간을 할애할지에 관한 선택의 기로에 서 있다. 이때 나는 주로 효율성에 집착하는 편이다. 나는 하루 24시간, 1년 52주, 평균적인 서양 남성이 평생 얻는 약 80년을 어떻게 최대한으로 활용할 수 있을지를 수년간 고민해 왔다. 이 집착에는 할 일 목록과 프로젝트 우선순위 지정 도구가 집중해야 할 심층 작업을 방해하지 않도록 효율적으로 나의 인지 자원 분배하기, 하루의 끝에 일을 끝내지 않은 채 두어 다음 날 다시 일을 시작하기 쉽도록 심리적 한계를 해킹하기(자이가르닉 효과Zeigarnik effect의 적용), 미루는 행동을 피할 수 없다면 생산적인 미루기—해야 할 일 중에서 우선순위가 낮은 일을 하면서 미루는 것—를 하기, 최적화 자체에 얼마나 많은 시간을 할애해야 하는지, 자발성을 위해 얼마나 많은 자유 시간을 확보해야 하는지 고민하기를 포함한다.

나의 집착은 어떻게 하면 세 자녀에게 더 좋은 부모가 될지, 배우자에게 더 나은 파트너가 될지, 어떻게 하면 효율적으로 휴식을 취할지에까지 이르렀다.

나는 빠르게 마음을 이완하려고 욕조에 앉아 감각을 차단하는 명상을 한다. 체온과 비슷한, 소금물로 채운 깜깜한 수조에서 귀마개를 끼고 있는 것이다. 마치 나만의 따뜻한 사해에 있는 것처럼 방황하던 마음이 저절로 정리되기 시작한다. 불안과 스트레스가 물속에서 녹아내린다.

나는 몸을 이완하려고 몸에 스트레스를 주기도 한다. 역도를 비롯해 내 몸에 스트레스를 주는, 내가 가장 좋아하는 방법은 독일식 아우프구스 사우나에서 땀을 빼는 것이다. 숙련된 아우프구스 사우나 마스터가 최소 85°C로 가열한 향기로운 증기가 10분에서 12분 동안 사우나 안, 손님 주위를 회전하며 몸을 두들긴다. 피가 뇌와 몸으로 쇄도한다. 스트레스에서 해방된 사우나 이용자는 이 집단 의식을 마치고 나와 비틀거리며 따뜻한 물로 짧게 샤워한 후 4~5°C의 차가운 물에 몸을 담근다.

그러나 문제가 있다. 아무리 이상한 심리학이나 괴상한 의식을 사용한다 해도 나의 효율성에는 한계가 있다. 결국 하루는 24시간뿐이며 지속적 효율성을 위해 8시간은 수면에 써야 한다(물론 효율적 수면은 아이디어를 떠올리는 데 최적이다). 24시간보다 더 많은 시간이 주어진다면 여러분과 내가 얼마나 더 많은 일을 할 수 있을지 상상해 보라.

24시간보다 더 많은 시간을 얻는 여러 방법이 있다. 한 가지 방법은 우리가 하는 일에 기계를 투입하는 것이다. 우리는 에너지를 활용하여 우리를 대신해 일을 시킴으로써 우리의 시간을 배가한다.

박학다식가인 버크민스터 풀러Richard Buckminster Fuller는 우리를 둘러싼 모든 기계의 작업을 동물이나 인간 노동으로 대체해 보는 사고 실험을 했다. 내 차는 아마도 200마력을 낼 것이다. 그것이 실제로 200마리의 말이라면 어떨까? 200마리의 말은 많은 양의 음식, 물, 휴식 없이는 오래 버티지 못할 것이다. 가득 찬 연료 탱크는 약 50명의 건장한 남성이 한 달 동안 일하는 노동력에 해당한다. 에너지로 구동되는 교통수단은 우리의 세계를 축소했다. 나는 몇 시간이 아니라 몇 분 안에 도시를 가로질러 친구를 만날 수 있고, 그다음 협업을 위해 몇 달이 아닌 몇 시간 만에 지구를 횡단할 수 있다.

모든 것에는 에너지가 필요하다. 우리가 먹는 음식도 마찬가지이다. 내가 스토브에서 파스타를 요리하거나 전자레인지에서 남은 음식을 몇 분 만에 데우기 훨씬 전에, 파스타의 원료인 밀은 천연가스의 수소와 공기 중의 질소를 결합하는 하버-보슈 공정Haber-Bosch process으로 합성한 암모니아를 비료로 뿌리기, 원유에서 유래한 살충제로 해충 죽이기, 화석 연료를 사용하는 트랙터로 땅 갈기를 통해 수확됐다. 그리고 마침내 파스타는 냉장 트럭, 배, 기차, 비행기로 슈퍼마켓에 배달되었다.

과학자 바츨라프 스밀Vaclav Smil이 지적했듯이 합성 암모니아 비료가 없었다면 지구 인구의 절반인 거의 40억 명의 인구가 살아남지 못했을 것이다. 합성 비료는 1만 2000년 전의 1차 농업혁명에 필적하는 2차 농업혁명이었다.

에너지는 어디에나 있다

우리 문명이 에너지를 동세하는 것은 에너지 법칙과 혁신 법칙의 산물이며 현재 우리 모두가 사는 가능성의 공간을 창출했다. 효율적인 에너지 기반 기술은 지구를 축소하고 우리의 시간을 효과적으로 연장했다. 하지만 24시간을 연장할 수 있는 방법이 한 가지 더 있다. 바로 다른 사람과 협력하는 것이다.

혼자서 모든 일을 하지 않아도 더 나은 회사를 만들고, 더 좋은 책과 논문을 쓰고, 더 나은 제품을 설계할 수 있다. 다른 사람과 함께 일할 때 서로 다른 전문 지식의 시너지 효과로 우리 모두의 유효 시간이 더욱 늘어난다. 더 빨리, 더 잘할 수 있는 일을 협력자와 직원에게 넘겨주면 자신의 비교 우위에 집중할 수 있다. 사실 에너지를 사용하기 위해서도 협력이 필요한데 혼자서 석탄을 채굴하고, 가공하고, 전기로 변환할 수는 없으니까 말이다.

내가 이 모든 걸 자세히 설명하는 이유는 우리가 개인적으로 직면하는 결정, 트레이드오프trade-off, 경쟁이 더 큰 시스템의 일부임을 알리기 위해서이다. 우리가 일상에서 마주하는 도전이나 사회가 직면하는 도전은 새로운 것이 아니다. 지구상의 생명체만큼 오래된 문제이다. 이 도전들은 동일한 기본 법칙을 따른다.

에너지, 혁신, 협력은 유전적, 문화적 진화의 힘으로 발전한 기술과 일하는 방식에 따라 형성된다. 에너지, 혁신, 협력, 진화, 이 네 가지 요소는 일상생활에도 영향을 주며 우리 사회와 생명 그 자체가 진화하는 방식을 축소해 보여 준다.

이 법칙은 우리의 개인적인 이야기를 지구상의 생명체라는 더 큰 이야기와 연결한다. 모든 생명체가 우리처럼 에너지 위기를 해결하고 갑작스러운 충격을 극복해야 했다. 이 법칙이 어떻게 작동하는지 알려면 태초로 돌아가 볼 필요가 있다. 잠깐이면 이 법칙이 얼마나 근본적인지 깨달을 수 있을 것이다.

모든 것의 간략한 역사

우주의 나이는 약 140억 년이다. 지구는 그중 3분의 1 정도인 약 45억 년을 살았다. 지구가 형성된 지 얼마 지나지 않아 화성 크기의 천체가 어린 지구와 충돌했다. 이 격렬한 충돌은 달을 만들기에 충분한 파편을 분출했다. 행운의 사고였다. 왜냐하면 달과 지구가 함께 생명을 창조했기 때문이다.

다른 행성의 위성들과 비교했을 때 우리 달은 상대적으로 크다. 지구의 4분의 1 이상의 크기이다. 실제로 일부 과학자는 지구와 달을 이중 행성, 즉 쌍성 행성으로 봐야 한다고 제안했다. 이는 서로 공전하는 두 행성을 의미한다. 하지만 쌍성 행성을 정의하는 하나의 기준은 두 천체의 질량 중심(두 물체가 모두 공전하는 지점)이 두 천체 바깥에 위치해야 한다는 것이다. 현재 지구-달 궤도는 그렇지 않다. 지구와 달의 질량 중심은 지구 표면 아래 약 1700km에 위치한다. 달은 지구로부터 천천히 멀어지고 있는데 이 멀어짐이 지구-달 시스템이 쌍성 행성의 정의에 부합할 만큼 빠르지 않다. 테이프를 거꾸로 돌리면 달이 지구와 훨씬 더 가까웠음을 알 수 있다. 조수 현상은 달의 중력이 해양을 끌어당겨 만들어지며, 초기 지구에는 거대한 조수가 있었다. 이는 원시 화학 수프를 섞고, 온기를 전달하며, 바닷물을 육지로 왕복하게 했다. 결과적으로 조수 웅덩이가 형성되어 해양 생물이 육지로, 조수 웅덩이 생물이 바다로 이동할 수 있었다. 이 중력 에너지가 생명의 시작을 가능하게 했다.

생명이 시작되다

비생명에서 생명이 탄생한 과정을 아비오제네시스Abiogenesis라고 한다. 아쉽지만 그 과정이 정확히 어떻게 일어났는지에 대한 합의는 아직 없다. 첫 번째 자가 복제 화합물이 어떻게 최초의 자가 복제하는 단세포 생명체가 되었는지 아직 모른다. 그러나 대략 35억에서 40억 년 전, 생명은 시작되었다.

에너지는 생명에게 움직임을 부여했다. 생명체는 가능한 많은 에너지를 사용하고 제어해서 여러 자원을 쓰며 더 많은 것을 만들어 내려고 한다. 에너지가 많을수록 더 많은 자원에 접근하기 위한 움직임도 증가한다.

진화는 생명체가 자원과 에너지를 둘러싼 경쟁에서 다양한 전략을 시도하는 과정을 설명한다. 이는 인간을 포함한 모든 생명체에 적용되며 모든 이야기는 바로 여기에서 시작된다.

인간 사회에 대한 이야기를 하기 전에 세포 사회에 대해 논의해 보자. 이를 통해 이런 법칙이 얼마나 근본적인지 알 수 있다.

세포는 내부 구조를 가진 미니 몸과 같다. 우리 몸에 장기가 있는 것처럼 세포에는 세포소기관이 있다. 초기 단세포 생명체는 현대의 원핵세포와 비슷했다. 원핵세포란 DNA가 저장된 핵이나 특정 기능을 하는 별도의 세포소기관이 없는 세포를 말한다. 원핵세포에서는 모든 것이 떠다니는 것처럼 보인다. 세포 자체도 바다에서 떠다니는 것처럼 자유롭다. 이 초기 생명체는 특히 유용한 세포소기관인 미토콘드리아를 갖고 있지 않았다.

발전소

학교에서 배운 잡다한 지식 중 '미토콘드리아는 세포의 발전소'라는 말을 기억할 것이다. 이 말의 진짜 의미는 미토콘드리아가

ATP라는 작은 화학적 당 배터리를 만든다는 것이다. 이 배터리는 식물이나 동물의 모든 부분에 전력을 공급한다. 근육에 더 많은 에너지가 필요하다고? ATP를 보낸다.

동물에서 미토콘드리아는 우리가 먹는 음식물에서 ATP를 생성한다. 식물에서는 엽록체가 태양 에너지를 ATP로 바꾼다. ATP는 세포가 에너지를 저장하고, 관리하고, 전달하는 일에 도움을 준다. 그러나 생명체는 미토콘드리아가 생기기 훨씬 전부터 있었다. 초기 생명체는 배터리를 생산하는 발전소가 없었기 때문에 에너지 문제에 직면했다. 이 문제는 오늘날 태양광 패널과 풍력 터빈이 직면한 것과 같은 문제이다.

태양광과 풍력은 전기를 생산할 수 있지만 태양이 비치지 않거나 바람이 불지 않을 때도 사용할 수 있도록 전기를 저장하는 방법이 필요하다. 에너지를 쉽게 저장할 수 있는 ATP 배터리 혁명이 일어나기 전에 세포는 온기를 유지하기 위해 햇빛의 양에 의존했다. 운이 좋았던 세포는 뜨거운 물과 기체가 지하에서 솟는 열수분출공의 따스함을 이용할 수 있었다. 달은 계속해서 따뜻한 물을 부드럽게 저었고 중력 에너지는 열 에너지와 유기체들을 이동시켰다. 그러다 결정적인 돌연변이가 발생했다.

약 35억 년 전, 이 단순한 단세포 생명체에 태양 에너지를 나중에 사용할 수 있도록 저장하는 돌연변이, 즉 광합성이 생겼다. 많은 새로운 발명품이 그렇듯 초기 광합성은 효율적이지 않았기 때문에 진화의 다음 단계는 효율성을 향상하는 혁신을 계속하는 것이었다. 이는 오늘날 배터리 기술의 발전과 유사하다.

현대의 충전식 리튬 배터리는 최고급 충전식 니켈 배터리보다 킬로그램당 저장 에너지가 2~3배 많아, 1800년대의 초기 배터리와는 비교할 수 없을 정도로 발전했다. 1990년대 충전식 리튬 배터리의 발명으로 현대적인 전기 자동차를 실용화하는 것이 가능해졌다. 그다음 단계인 수소 연료 전지는 에너지 밀도가 10~20배 더 높다. 이것이 바로 혁신 법칙이다. 일단 무언가를 발명한 후 다음 단계는 제품의 효율성, 견고성, 동력을 향상한다.

약 30억 년 전, 광합성 반응에 물을 추가하는 또 다른 혁신적인 돌연변이가 일어났다. 이 혁신은 광합성의 효율성을 향상했지만 톡톡한 대가를 치러야 했다. 이 새로운 광합성이 세상을 오염시키기 시작했다.

바로 산소이다.

첫 번째 기후 위기: 온실가스 부족

우리는 산소를 좋은 것으로 생각하는 데 너무 익숙해져 있다. 우리가 숨 쉬는 공기의 21%가 산소로 이루어져 있으며 산소는 동물의 생명에 매우 중요하기 때문에 산소가 얼마나 부식성이 강한지 잊고 지낸다. 산화는 불에 타게 하고, 사과와 바나나를 갈색으로 변하게 하며, 철을 녹슬게 하는 원인이다. 마치 오늘날 인간이 이산화탄소를 대량으로 배출하는 것처럼 이 단순한 생명체들이 내일이 없는 것처럼 대량의 산소를 배출하기 시작했다. 그 결과 많은 후손에게 정말로 내일이란 없었다.

약 25억 년 전, 지구에 대규모 재앙이 발생했다. 원핵생물 기후 변화 운동가라는 존재가 있었다면 이 재앙에 맞서 아무것도 할 수 없었을 것이다. 그런 존재는 다른 원핵생물에게 산소가 너무 빠른 속도로 배출되어 지구를 대멸종의 길로 이끌고 있다고 경고했을 것이다. 이 사건을 대산소화 사건The Great Oxygenation Event이라고 부른다. 당시 산소는 거의 모든 생명에게 독이었으며 공기 중 메탄과 결합해 이산화탄소를 생성했다.

이산화탄소CO_2는 현대의 기후 악당이지만 메탄CH_4과 비교하면 슈퍼 악당이라기보다는 조연에 가깝다. 이산화탄소는 메탄만큼 지구를 따뜻하게 하는 데 효과적이지 않다(기후 운동가가 소의 트림과 방귀에서 메탄이 배출된다는 이유로 소고기를 먹지 말자고 불평하는 이유도 여기에 있다). 그래서 메탄을 대체한 산소와 이산화탄소 때문에 지구는 냉각되어 긴 빙하기를 겪는다. 너무 적은 열과 너무 많은 산소는 거의 모든 생명을 죽이는 적대적인 환경을 만든다. 하지만 환경의 변화는 진화의 기회이기도 한다. 대산소화 사건은 인류의 초기 조상이 진화하는 계기가 되었다.

당분이 풍부한 광합성 원핵생물은 이용되기를 기다리는 작은 에너지 덩어리였다. 그들은 진화가 차지할 새로운 틈새시장을 대표했다. 그리하여 진화는 새로운 종류의 유기체를 선택했다. 새로운 생물은 광합성(식물의 속도로 성장하고 번식하기에 충분한 에너지만 제공하는 길고 고된 과정)을 통해 태양 에너지를 직접 사용하는 대신, 다른 생물을 잡아먹는 데 특화됐다. 이 생물은 비축된 에너지를 이용하는 약탈자였다. 자체적으로 에너지를 생성하는 과정을 건너뛰고 이미 저장된 태양 에너지를 활용하는 방법을 발견했다.

이런 논리는 비단 약탈자나 침입자, 다양한 종류의 박테리아뿐만 아니라 인류 역사에서 벌어진 수많은 착취 전쟁에도 동일하게 적용된다. 새로운 기술, 더 큰 협력, 더 많은 에너지 예산을 가진 더 큰 집단이 산업화를 통해 더 작고, 덜 강력한 기술, 더 낮은 협력, 더 적은 에너지 예산을 가진 집단의 자원을 착취하는 경우가 많다.

세포가 세포를 먹는 세상

생명체는 에너지를 얻기 위해 다른 생명체에 의존하기 시작했다. 이 과정이 바로 미토콘드리아로 이어졌다. 세포가 서로를 잡아

먹는 이 세계에서, 어느 날 한 원핵생물이 다른 원핵생물에게 잡아먹히고는 소화되지 않은 채 내부에서 살면서 숙주에게 에너지를 계속해서 제공했다. 이 불가사의한 사건이 바로 미토콘드리아의 진화이다.

우리는 이러한 초기 협력 관계에서 진화한 진핵생물의 후손이다. 경쟁과 협력은 우리 유전자에 내재되어 있다. 실제로 우리는 수십억 마리의 박테리아, 즉 마이크로바이옴microbiome(장내 미생물총)을 우리 몸속에 살게 하고 음식을 소화시킨다. 프로바이오틱스를 섭취하거나 요구르트, 소금에 절인 양배추 같은 발효 식품을 먹음으로써 장내 미생물을 의도적으로 늘릴 수 있다. 마이크로바이옴에 포함된 이런 유기체는 단순히 몸에 도움이 될 뿐만 아니라 필수적 존재이며 장내 미생물이 없으면 우리는 살아갈 수 없다.

약 5억 년 후, 즉 20억 년 전에 빙하기가 끝나고 생명이 다시 회복되기 시작했다. 진핵생물은 원핵생물보다 훨씬 많은 에너지를 가지고 있다. 더 매력적인 표적이 나타났다는 뜻이다!

진화는 한 진핵생물이 다른 진핵생물을 잡아먹는 새로운 혁신으로 이어졌다. 이 과정은 더 크고 복잡한 세포로 이어지는 군비 경쟁을 촉발했다. 작은 세포가 큰 세포 안에서 일할 수 있게 하는 협력의 기술 또한 진화가 개척해야 할 새로운 틈새시장이었다. 그 결과 세포소기관 같은 작은 일꾼이 가득한, 더 복잡하고 효율적인 세포가 탄생했다. 세포소기관은 폐, 간, 심장, 기타 장기가 인간에게 또는 식료품점, 병원, 미용실, 회계사가 우리 사회에 하는 일과 같은 일을 한다. 세포소기관에는 세포 내의 다른 구성원을 분리하는 막이 있다. 하지만 결국에 같은 게임이 이뤄진다. 이제 이 복잡한 진핵생물은 그 자체로 더 큰 에너지 공급원이 된다. 무슨 말인지 알겠는가? 그렇다! 새로운 혁신은 서로 잡아먹는 것이다. 그러나 이번에는

협력이 새로운 비밀 무기이다.

세포 내부뿐만 아니라 세포 간에도 협력함으로써, 세포 집단은 혼자 있는 세포를 능가하며 혼자 있는 세포를 잡아먹을 수 있다. 진화가 혁신과 협력 법칙을 개척한다. 가능성의 공간이 더 많은 일을 할 수 있을 만큼 여전히 넓기 때문이다. 생태계를 제약하는 한계는 식물이 화학 에너지로 변환하여 먹이사슬의 더 아래로 내려가서 섭취하는 태양 에너지의 가용성이다. 하지만 광합성을 위한 태양, 물, 자원은 충분하다. 이 넓은 가용 에너지의 공간에서 생명체는 세포 내부와 세포 간에 더 복잡한 협력 방법을 찾는다. 여기서 모든 것이 시작된다.

섹스의 즐거움

이 시점에서 생명체가 다양성을 창조하는 혁신의 유일한 원천은 복제 과정에서 발생하는 실수인 돌연변이뿐이다. 약 12억 년 전, 세포는 섹스의 즐거움을 발견했다.

오늘날에도 섹스는 서로 다른 유전자를 가진 두 개체 간의 새로운 협력 형태이다. 유전적 형질을 섞는 것은 재조합을 통해 다양성을 창출하고, 최고의 유전적 특징을 교환하는 일이다. 1972년 발명가 버나드 새도Bernard Sadow가 무거운 짐으로 고생하는 가족을 보고 쉽게 끌 수 있는 바퀴 달린 여행 가방을 발명한 것처럼 다양한 게놈의 재조합은 조합의 폭발을 일으켜 다양성을 증가시키고 진화를 가속화한다.

다세포 생명체가 정확히 언제 출현했는지는 분명하지 않다. 하지만 세포 집단은 곧 서로 협력함으로써 다른 세포 집단을 더 잘 활용할 수 있다는 사실을 깨달았다. 같은 세포의 군집으로 구성된 다세포 생명체는 여러 번 진화한 것으로 보이지만, 다양한 직업군이 존재하는 오늘날의 현대 다문화 사회처럼 다양한 종류의 세포가 더 복잡한 방식으로 협력하여 단일 동물을 형성하는 훨씬 복잡한 다세포 생명체는 약 6억에서 8억 년 전 각 계통에서 단 한 번 진화한 것으로 보인다. 이러한 협력과 에너지 경쟁을 통해 생명의 다양성이 폭발적으로 증가했다.

약 5억 4000만 년 전, 다윈이 "가장 아름답고 경이로운 형태의 끝없는 출현"이라고 묘사한 캄브리아기 대폭발이 일어났다. 캄브리아기 대폭발은 화석에 층층이 배열된 다채로운 동물의 시초이다.

자루에서 관까지

최초의 동물은 단 하나의 구멍을 가진 자루와 같았다. 이 구멍은 영양분을 섭취하는 입 역할과 배설물을 배출하는 항문 역할을 동시에 했다. 입과 항문을 분리한 일이 진화적으로 큰 도약이라는 점에 모두가 동의할 것이다. 이 변화는 우리를 단순한 자루 형태에서 복잡한 관 형태로 변화시켰으며 이 구조는 오늘날에도 우리 몸에 사용된다.

우리는 여전히 관이다. 음식은 한쪽 끝으로 들어가고 배설물은 다른 한쪽 끝으로 나온다. 오해하지 마라. 우리의 관형 몸은 생존 투쟁, 경쟁적 짝짓기 시장, 서로를 먹는 경쟁을 위해 더 세련되게 변해왔다. 그 과정에서 다른 유기체 전체를 마이크로바이옴의 일부로 흡수했다. 여러분은 단일 유기체보다는 전체 생태계를 이루는 아마존 열대우림에 더 가깝다. 우리 같은 관은 이동과 상호 작용을 원활하게 하려고 부속기관을 추가했다. 팔과 다리, 지느러미와 촉수 말이다. 또한 짝을 찾고, 먹이를 찾고, 먹히지 않기 위해 세상의 특정한 상태를 해석할 수 있는 감각을 추가했다. 예를 들어 우리는 가시광선이라고 부르는 전자기 스펙트럼의 좁은 대역을 '볼' 수 있지만, 와

이파이Wi-Fi의 전자기 범위는 '볼' 수 없다. 우리는 좁은 주파수 범위 내의 공기 진동을 '들을' 수 있지만, 박쥐의 반향정위음은 '들을' 수 없다. 우리는 썩은 달걀 냄새가 나는 황화물을 '맛보고', '냄새 맡을' 수 있지만, 무취의 일산화탄소는 '냄새 맡을' 수 없다. 우리는 사포의 거친 표면과 유리의 매끄러움을 '느낄' 수 있지만, 상어가 느끼는 약한 전기장이나 비둘기가 느끼는 자기장은 '느낄' 수 없다. 물론 이런 감각 중 일부는 여러분에게 유용할 수 있다. 일산화탄소 냄새를 맡을 수 있다면 생명을 구할 수 있고 강한 와이파이 신호를 감지하면 편리할 것이다. 하지만 이 기술은 우리의 현재 생리적 상태에 따르면 진화 과정에서 필수적이지 않았고 도달하기도 어려운 기술이었다.

일부 관형 동물은 부속기관과 감각에서 배운 것을 저장하고 처리하기 시작했다. 바로 두뇌와 인지의 시작이다. 그리고 이 과정은 계속되었다.

공룡

최초의 공룡은 약 2억 4000만 년 전에 나타났고 최초의 포유류는 그로부터 얼마 지나지 않아 나타났다. 길게 보면 수백만 년 후이지만 이러한 시간 척도에서는 그리 긴 시간이 아니다. 공룡은 오랜 시간 지구에 살았으며 일부는 다른 공룡이 진화하기도 전에 멸종했다. 어린 시절 좋아했던 스테고사우루스와 티렉스 같은 공룡은 아이들의 놀이방에서는 서로 싸웠을지 모르지만 안타깝게도 현실에서는 서로 만난 적이 없다.

그리고 6500만 년 전, 또 다른 대멸종 사건이 일어났다. 거대한 소행성이 지구에 충돌해 태양을 가리는 먼지 구름을 일으켰다. (이 시점에서 화학 물질을 움직이게 하고 생명체로 만드는 에너지는 궁극적으로 태양 에너지에 의해 제한된다는 점을 기억하자. 햇빛이 줄면 식물은 죽는다. 그다음으로 그 식물을 먹는 초식동물이 죽는다. 그리고 그 초식동물을 먹는 육식동물이 죽는다. 에너지 천장이 무너지며 큰 동물들이 살아갈 공간이 없어진다.) 이때 공룡이 멸종했다. 이 사건은 작고 따뜻한 피를 가진 우리 조상에게 유리한 기회를 제공했다. 그렇게 포유류의 시대가 시작되었고 결국 호모 사피엔스로 이어졌다.

인간의 발흥

호미닌과 침팬지의 마지막 공통 조상은 대략 400만에서 700만 년 전으로 거슬러 올라간다. 그동안 다양한 호미닌 종이 존재했다. 일부는 우리 조상이었고 다른 일부는 우리 사촌이다. 우리는 호미닌 중에서 마지막으로 생존한 종이다.

우리와 가장 가까운 호미닌 사촌인 네안데르탈인과 데니소바인은 약 35만 년 전에 진화했다. 모든 호미닌의 조상은 아프리카에서 처음 진화했으며 여러 집단이 아프리카를 여러 차례 떠나 다른 곳으로 이동했다. 유라시아에 정착한 집단은 네안데르탈인으로 진화했고, 시베리아에서 동남아시아로 이동한 또 다른 집단은 데니소바인으로 진화했다. 이 두 집단은 이전에 아프리카를 떠났던 다른 집단과 교배했다. 따라서 호미닌의 역사는 가계도보다는 그물망에 가깝다고 할 수 있다. 현생 인류도 예외는 아니며 약 15만에서 25만 년 전 아프리카에서 진화해 약 6만에서 7만 년 전에는 지구 대부분을 식민지화했다. 하지만 이 과정은 쉽지 않았다.

우리는 다른 인간종과 싸우기도 하고, 짝짓기도 했으며, 화산 폭발, 위험한 동물, 질병, 악천후 같은 여러 도전에도 직면했다. 우리는 계속해서 죽어 갔고 유전적 다양성은 줄어들었다. 유라시아에서 아메리카 대륙으로 건너간 최초의 집단은 아마도 70명 정도였을 것이다. 많은 계통이 사라졌다. 오늘날 남은 소수의 인류가 우리 모두의 조상이다. 결과적으로 우리의 요람인 아프리카는 세계 어느 곳보다도 인간의 유전적 다양성이 더 크다. 각각의 이주 물결은 인간 유전자 전체 범위의 일부만을 가져갔다. 오늘날 아프리카 밖에서는 유전적 다양성이 거의 없으며 콩고에서 뽑은 두 무리의 침팬지 사이의 유전적 거리가 베를린과 베이징에서 무작위로 선택한 두 사람의 유전적 거리보다 더 크다. 네안데르탈인과 데니소바인은 약 4만 년 전에 멸종했고 사피엔스가 마지막 호미닌으로 남았다.

마지막 호미닌

약 1만 2000년 전까지 우리 조상은 세계 곳곳에 흩어진 소규모의 수렵 채집 집단에서 살았다. 이 시기는 신석기 시대, 즉 말 그대로 새로운 석기 시대라고 부르는데 석기 시대 도구가 문화적으로 폭발한 마지막 시기이다. 약 1만 년 전, 농업의 등장으로 많은 집단의 규모가 크게 확장되었다. 약 6000년 전, 첫 번째 도시들이 세워지면서 신석기 시대가 막을 내렸다. 2500년 전 아테네는 민주주의를 실현했다. 약 260년 전 영국에서 방적기(1764년)와 함께 산업혁명이 시작되었다. 지금으로부터 약 55년 전(1969년), 최초의 메시지가 인터넷의 원형인 아파넷ARPANET을 통해 전송되었다. 약 35년 전(1989년) 팀 버너스리Tim Berners-Lee가 월드와이드웹WWW을 선보였다. 약 25년 전(1998년) 스탠퍼드대학교 박사 과정 학생인 래리 페이지Larry Page와 세르게이 브린Sergey Brin이 구글을 설립했다. 약 15년 전 우리는 낯선 사람의 집에 들어가거나 낯선 사람의 차에 타지 말라는 부모님의 조언을 무시하고 홈셰어링(에어비앤비, 2008년)과 차량 공유(우버, 2009년) 플랫폼을 이용하기 시작했다. 그리고 약 30분 전에 여러분은 이 장을 읽기 시작했다.

삶의 법칙은 모든 것을 지배한다

이 전체 시스템에 대한 궁극적 제약, 즉 가능성의 공간이 어디까지인지 상한선을 정한 것은 태양과 태양 에너지를 우리가 사용할 수 있는 형태로 전환하는 식물의 능력이었다. 대부분의 역사에서 에너지 천장은 유전적, 기술적 혁신과 상관없이 모든 생명체에게 낮은 수준이었다. 오늘날처럼 대규모로 협력하는 것은 의미가 없었고 우리가 얻을 수 있는 것은 주변의 다른 가난한 사람에게서 빼앗아야 했다. 어떤 혁신이나 협력도 에너지 법칙의 한계를 뚫을 수 없었다.

지난 수천 년 동안의 부, 에너지 확보량, 총인구 규모, 국가와 정치의 규모, 아동 생존율, 기타 발전 지표에 대한 그래프를 보면 이상한 점을 발견할 수 있다. 흔들림과 요동은 있지만 역사의 시작부터 1700년대 중반까지 모든 것이 꽤 평탄하다. 그러다가 모든 것이 폭발적으로 증가했다.

로마 제국의 몰락, 칭기즈 칸의 무력 정복, 흑사병 참사, 르네상

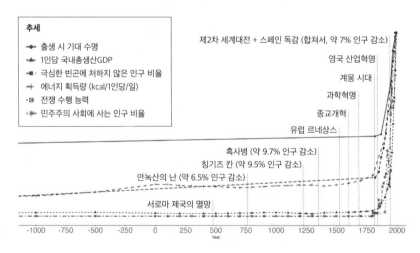

인간의 진보. 루크 뮬하우저Luke Muehlhauser가 수집한 그래프 및 데이터 기반(https://lukemuehlhauser.com/industrial-revolution/).

스의 혁신, 과학혁명의 발흥 등 고등학교 역사 수업에서 다룬 그 모든 주요한 세계 사건은 그저 한순간에 지나간 것에 불과하다. 산업혁명 이후 엄청난 발전이 이루어졌음에도 세계는 왜소해지고 있다. 삶의 법칙이 우리에게 그 이유를 알려 준다.

1700년대까지 에너지 천장은 낮게 유지되었다. 우리 조상이 할 수 있는 일의 양은 지렛대, 도르래, 풍차 등 몇 가지 드문 기계적 혁신으로 효율성을 높인 수작업과 소나 말 등 가축의 노동력을 합친 게 전부였다. 기술적으로 보완된 인간과 동물의 노동을 통해 얻은 것으로 식량을 생산하고, 기술을 만들고 유지하는 데 필요한 에너지 비용을 지불하고 나면 남는 에너지는 많지 않았다. 우리가 무엇을 하든 우리가 얼마나 영리하든 우리가 얼마나 열심히 일하든 우리가 달성할 수 있는 목표에는 한계가 있었다. 여분의 에너지가 너무 적기 때문이다. 그러던 중 고밀도의 태양 에너지 저장소를 발견했고 모든 것이 바뀌었다. 바로 이미 죽은 생명체였다.

식물, 해조류, 기타 고대 유기체는 태양 에너지를 화학적 형태로 저장하고 있었다. 시간과 압력이 그 모든 화학 에너지를 고밀도 석탄, 석유, 천연가스로 압축했다. 인류는 화석 연료를 발견하고 그것을 사용하는 방법을 배웠다. 이 화학 배터리들이 충전되는 데 수백만 년이 걸렸는데 우리는 수 세기에 걸쳐 배터리를 소진하면서 그 놀라운 힘으로 에너지 천장을 상상할 수 없는 수준으로 높였다. 그리하여 우리 문명은 지금과 같은 수준으로 발전할 수 있었다. 앞서 본 그래프에서 거의 수직선에 가까운 선 아래에는 화석 연료가 피운 불이 있다.

화석 연료는 그 안에 든 에너지를 효율적으로 사용하는 새로운 혁신을 이끌었다. 이 새로운 동력원을 사용하는 산업 사회는 산업 이전 사회를 식민지화하고 지배했다. 해방된 에너지와 그것으로 할 수 있는 모든 일은 협력을 장려해, 결국 전 세계 사람으로 구성된 더 크고, 더 복잡하며, 상대적으로 내부가 평화로운 새로운 문명을 이끌었다. 이런 대규모 집단은 원자력에서 태양에 이르는 대체 에너지원에 관심을 갖기 시작했다.

각 에너지원은 더 높은 효율로 더 높은 에너지 밀도를 가진 다음 에너지원에 접근할 수 있게 했다. 하지만 가용 에너지가 너무 풍부해지고 에너지 천장이 너무 높아지면서 우리는 몇 세대 동안 에너지에 한계가 있다는 사실을 잊었다. 엔지니어와 경제학자는 대부분 바닥만 바라보며 에너지 효율을 높이는 기술 혁신에 집중했다. 경제 성장 모델에 익숙한 사람들은 노동(L)과 자본(K)을 배가하는 기술항에 주목했다. 토머스 맬서스Thomas Malthus부터 M. 킹 허버트M. King Hubbert에 이르기까지 많은 사상가의 종말론적 예언은 인류의 기술 발전 덕분에 극복 가능하다는 사실이 여러 차례 증명되었다. 기술 발전은 맬서스의 함정, 즉 인구 증가 우려에서 우리를 구하고 허버트의 피크 오일 이론, 즉 석유 자원의 감소 문제를 지연한 것처럼 보인다. 그러나 이런 발전은 에너지 공급의 한계를 넓히는 방식이 아니라 기존 에너지를 더 효율적으로 사용하는 방향에서 일어났다. 아무리 멋지고 효율적인 기기라도 충전하지 못하면 사용할 수 없다. 더 많은 에너지를 확보하는 기술과 일상생활을 더 즐겁게 만드는 기술은 근본적으로 다른 영역이다. 우리는 에너지 공급을 당연하게 여기며 쉽게 무시하지만 재정 분야 전문가가 종종 강조하는 것처럼 과거의 성과가 미래의 결과를 보장하지 않는다.

에너지 천장이 무너지고 있다.

화석 연료의 채굴, 가공, 사용 비용이 점차 증가하고 있다. 한때 저렴하고 풍부했던 화석 연료는 이제 비싸고 부족해졌다. 효율성 혁신은 소수의 사람이 이런 자원을 확보하고 통제한다는 뜻이기도 하다. 이제는 지속 가능한 발전과 평화, 이를 통해 창출되는 문명을 유지하기 위해 다음 단계의 에너지원으로 전환해야 한다.

삶의 법칙이라는 렌즈를 통해 보면 모든 조각이 하나로 합쳐져 우리가 누구인지, 어떻게 여기까지 왔는지 이해할 수 있다.

그러면 에너지 법칙, 즉 천장 제약ceiling constraint으로 시작해 보자.

에너지 법칙

석탄과 우라늄을 채굴한다고 가정해 보자. 우라늄은 석탄보다 에너지 밀도가 훨씬 높아 최소 1만 6000배, 농축 시에는 약 200만 배의 에너지를 가지고 있다. 대단하다! 그러나 중요한 것은 그 에너지원에 접근하고 사용하는 데 얼마나 많은 에너지가 드느냐 하는 점이다. 이 비용에 대해 생각해 보자.

첫 번째 단계는 광석을 파내는 것이다. 맨손으로 땅을 파낼 수 있지만 이 방법은 시간이 많이 걸리며 손가락이 더러워지고 피투성이가 된다. 삽과 곡괭이를 사용하면 효율성이 크게 향상되지만 여전히 사람이 땅 전부를 파야 한다. 인간은 섭취하는 음식으로 얻는 에너지에 의해 제한을 받으며, 이는 다시 농업 기술과 거기에 필요한 에너지, 그리고 근육이 부족하고 힘이 약한 인간 유인원으로서의 유전적 한계에 의한 제한으로 이어진다. 인간은 다른 유인원이나 동물에 비해 힘이 약하다.

따라서 음식 대비 근육 비율이 더 좋은 다른 동물, 예를 들어 소를 사용하는 것이 더 나을 수 있다. 소는 먹이에 투자한 에너지 대비 회수율이 더 높고 초당 방출하는 에너지도 인간보다 많다. 그 힘으로 더 큰 쟁기를 움직여 단단한 바위 땅을 갈 수 있다. 하지만 소를 키우려면 충분한 먹이가 필요하다. 다시 말하지만 이것이 농업이라는 기술의 함수이다. 여러분과 가족, 지역 사회, 소를 먹일 수 있는 충분한 식량을 재배할 수 있는가? 소의 도움으로 재배한 식량이 인간과 동물로 구성된 공동체를 먹이기에 충분할까?

화석 연료와 같은 산업용 에너지원을 이용하는 경우 광물의 질, 채굴 과정, 처리, 저장, 운송의 편리함과 엔진 기술력에 따라 더 쉽게 수익을 창출하는 엔진을 사용할 수 있다. 때때로 이 과정에 다른 사람의 도움이 필요할 수 있다. 그러나 중요한 질문은 화석 연료를 통해 얻는 수익이 사람과 동물에게 필요한 음식을 제공하고, 모든 기계를 가동하는 데 필요한 에너지 비용을 충당하기에 충분한가 하는 것이다. 소를 이용한 농사와 본질적으로 동일한 문제이다.

이 개념을 찰스 홀은 투자 대비 에너지 수익률energy return on investment, EROI이라고 부른다. 혹은 투자 에너지 대 수익 에너지 비율 energy return on energy invested, EROEI이라고도 한다. EROI는 출력 에너지를 입력 에너지로 나누어 계산하는 비율로 정의된다.

$$EROI = \frac{출력\ 에너지}{입력\ 에너지}$$

이는 에너지를 되찾는 데 얼마나 많은 에너지를 소비하는지에 대한 비율을 나타내며, 잉여 에너지가 얼마나 많이 남았는지 알려주는 지표이다. 예를 들어 우리가 사냥하고 요리하고 섭취하는 동물의 크기와 비교하여 우리는 얼마나 많은 칼로리를 소모하는가? 사냥으로 얻는 칼로리보다 사냥에 소비하는 칼로리가 더 많다면 사냥꾼은 결국 굶어 죽는다.

에너지원마다 EROI는 다르며 시간이 지나 에너지원에 대한 접근성이 낮아짐에 따라 변화하기도 한다. 예를 들어 지표면에 가까운 석탄은 깊은 산속에서 어렵게 채굴해야 하는 석탄보다 EROI가 더

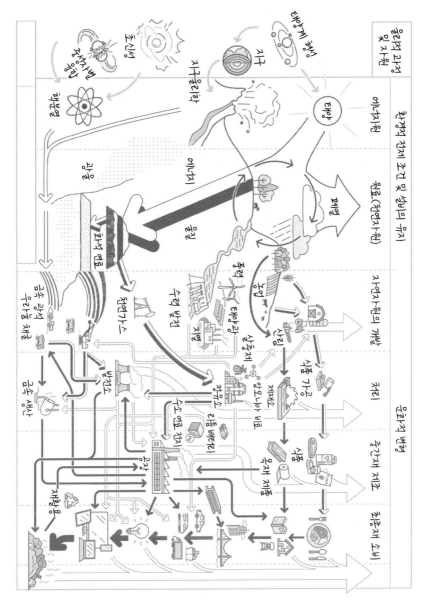

홀 외 1986(Hall et al., 1986) 논문에 나온 그림을 수정함. 마이클 무투크리슈나의 도움을 받아 베로니카 플랜트Veronika Plant가 다시 그림. ©Michaeal Muthukrishna 2022

높다. 경제사학자 토니 리글리Tony Wrigley가 《에너지와 영국의 산업혁명Energy and the English Industrial Revolution》에서 논증했듯이 많은 양의 석탄을 쉽게 구할 수 있던 것이 영국이 산업화를 가장 먼저 이룬 주된 이유 중 하나이다.

EROI값은 연구자가 입력 에너지에 무엇을 포함하느냐에 따라 달라진다. 예를 들어 한 국가를 침공하여 그곳의 국민과 함께 석유 일부를 '해방'하는 경우 미사일, 드론, 군인이 사용하는 에너지까지 모두 포함해야 할까? 이러한 문제는 차치하고라도 유사한 접근 방식으로 계산된 EROI를 비교하면 다양한 에너지원을 사용하는 데 따르는 어려움을 쉽게 파악할 수 있다.

석탄의 EROI는 약 10에서 80까지 다양하다. 즉, 석탄 한 덩어리로 10에서 80덩어리를 더 얻을 수 있다는 의미다. 석유와 천연가스의 EROI는 공급원이 다양하기 때문에 더 변동성이 크며 한 세기 동안 지속적으로 하락하고 있다. 석유 발견의 예를 들어 보자.

1919년에는 석유 1배럴로 최소 1000배럴을 더 발견했다.
1950년에는 석유 1배럴로 100배럴을 발견했다.
2010년에는 석유 1배럴로 5배럴을 발견한다.

또한 유황 함량이 낮은 구하기 쉬운 스위트 원유에서 정제하기 어려운 타르샌드 같은 석유 자원으로 이동함에 따라 EROI는 계속 감소하고 있다. 이것이 에너지 가격(그리고 그에 따른 인플레이션)이 상승한 이유 중 하나이지만 물론 유일한 이유는 아니다.

사우디아라비아와 쿠웨이트 같은 석유 수출국 간의 공조로 인해 EROI의 효율성은 인위적으로 억제되었다. 석유수출국기구OPEC는 석유 가격을 높게 유지하려고 공급을 인위적으로 제한해 왔다.

실제 이 국가들의 EROI와 석유의 가용량은 국가 기밀이다. 이 주제에 대해서는 9장에서 더 자세히 다루겠다.

화석 연료의 가용성과 EROI의 감소로 재생 가능한 에너지원으로의 전환이 대안으로 제시되었지만 여기에는 여러 가지 문제가 있다. 실제로 재생 에너지의 EROI는 화석 연료보다 훨씬 낮다. 현재 태양광 패널의 EROI는 한 자릿수, 통상 2~4 정도이며 더 높은 수치는 배터리를 추가할 때에만 가능하다. 즉, 2~4와트의 전기를 생산하기 위해 1와트의 전기를 소비해야 한다. 패널이 계획된 수명을 초과하면 EROI는 더 높아질 수 있지만 초기 비용이 여전히 많이 든다.

태양광 패널은 아직 기술 면에서 시작 단계에 있기 때문에 가격이 빠르게 하락하고 있으며 이로 인해 초기 비용이 점점 줄어들고 있다. 그러나 태양광 효율과 태양광 패널을 만드는 데 필요한 자원에 대한 비용 민감도에는 근본적 한계가 있다. 태양광 패널 가격은 구리 같은 재료의 가용성과 비용에 따라 안정화될 수도, 반대로 상승할 수도 있다. 현재의 전력 수요를 충족하기 위해 필요한 패널을 구축하려면 아직 갈 길이 멀다.

미국의 현재 전력 소비량을 충족하려면 미국 도로가 차지하는 면적보다 더 많은 태양광 패널이 필요하다. 이 계산에는 배터리, 배선, 기타 인프라를 포함하지 않았다. 또한 **지금 당장의** 전기 사용량만 고려한 것이다.

전기 자동차나 전기 난방으로의 전환과 같이 화석 연료를 직접 사용하는 것에서 벗어나 완전히 전기화된 전력망으로의 전환은 더 유연하고 효율적인 에너지 미래를 의미한다. 그러나 일부 추정에 따르면 미래에 태양광 패널로 전력을 공급하려면 캘리포니아주 전체보다 더 많은 공간을 차지하는 패널이 필요할 것으로 예상된다.

바람에도 비슷한 문제가 있다. 밤에는 태양이 비치지 않지만 바람은 불기 마련이다. 하지만 바람은 햇빛보다 훨씬 불규칙하기 때문에 바람의 EROI는 약 4에서 16까지 매우 가변적이다. 바람과 태양은 미래의 에너지 공급에 중요한 역할을 할 수 있지만 이 두 에너지원만으로는 다음 단계의 에너지 풍요로 전환하기 위한 EROI가 충분하지 않다. 반면에 크고 빠르게 흐르는 강이 터빈을 돌려 발전하는 수력 발전은 일반적으로 강의 크기와 경사도에 따라 EROI가 50에서 250 이상까지 다양하다. 수력 발전을 사용하는 데는 거의 단점이 없지만 캐나다처럼 크고 빠르게 흐르는 강이 있는 운 좋은 국가에 한정되어 있다. 캐나다에서는 비캐나다인에게는 어리둥절하게도 '수력'이라는 용어를 전기를 가리킬 때 쓴다. 캐나다는 강을 이용해 전체 전력의 60%를 생산한다. 하지만 EROI만 중요한 요소는 아니다. 가용성, 에너지 밀도, 동력, 초기 비용 등 다른 중요한 요소도 고려해야 한다. 재생 에너지로의 전환에서 겪는 어려움은 화석 연료와 비교할 때 더욱 두드러진다.

화석 연료는 밀집된 태양 에너지로 이루어진 자연의 배터리이다. 석탄은 **수백만 년 동안** 밀집된 태양광이 식물 물질(이탄)의 형태로 저장되어 검은 암석이 된 것으로, 단지 나무의 일생 동안 에너지 잉여분에 불과한 목재보다 약 2배 정도의 에너지 밀도를 가지고 있다. 석유와 천연가스는 수백만 년 동안 밀집된 태양광이 해조류와 동물성 플랑크톤으로 압력 조리되어 재탄생한 것으로 열과 압력 덕분에 밀도가 높고 운반 가능한 배터리가 되었다.

현재 활발하게 연구 중인 분야는 태양과 풍력 에너지를 일종의 인공 배터리나 연료에 저장하는 방법이다. 전자 기기와 전기 자동차를 구동하는 것과 유사한 화학 배터리에서부터 물을 오르막길로 펌핑하여 중력 위치 에너지로 저장했다가 내리막길로 흘려보내 에너지를 배출하는 방법에 이르기까지 다양한 잠재적 해결책이 있다. 태양 에너지를 사용하여 물(H_2O)을 분해해 수소를 생성하는 방식도 유망한 아이디어 중 하나이다. 이 방법은 햇빛과 물이 필요하지만 화학 배터리에 비해 지정학적 이점이 있다. 화학 배터리를 만드는 데 필요한 희귀 금속이 없는 국가도 이 방식으로 수소를 생산할 수 있다.

우리는 현재 하늘에 있는 거대한 융합 반응로인 태양의 힘을 저장하고 분배하는 능력이 거의 없는 초기 생명체와 같다. 우리는 현대의 ATP 배터리 혁명을 기다리고 있다. 초기 생명체가 고밀도 화석 연료 배터리를 충전하는 데 수백만 년이 걸렸다는 사실을 기억하라. 우리는 그 배터리를 몇 세기 만에 소모해 버렸다. 인공 배터리의 낮은 밀도는 재생 에너지가 해결해야 할 도전 과제이다.

많은 양의 에너지를 운반하고 많은 작업에 필요한 충분한 전력(초당 에너지)을 방출할 수 있으려면 에너지 밀도가 높은 배터리가 필요하다. 전기 자동차가 전기 비행기보다 더 실용적인 이유는 자동차가 무겁고 에너지 밀도가 낮은 배터리를 운반할 수 있기 때문이다. 비행기는 그 배터리를 공중으로 들어올려야 한다. 아무리 많은 말이라도 비행기에 동력을 공급할 수 없는 이유와 같다. 현재의 배터리로는 경비행기나 드론 정도에만 동력을 공급할 수 있다. 배터리를 통해 에너지를 전달할 때의 효율은 휘발유를 태우는 것보다 높지만 항공 연료는 훨씬 에너지 밀도가 높고 A380이 거의 1000명의 사람을 태우고 대서양을 건널 수 있을 만큼의 충분한 동력을 방출한다.

화석 연료에서 재생 에너지로의 전환과 관련된 최종적인 도전 과제는 초기 비용이다. 풍력 터빈, 태양광 패널을 건설하기 위해서는 많은 에너지와 희귀 자원이 필요하다. 재생 에너지의 가용성과 이미 낮은 EROI는 초기 에너지 투자가 보상을 받는 데 오랜 시간이

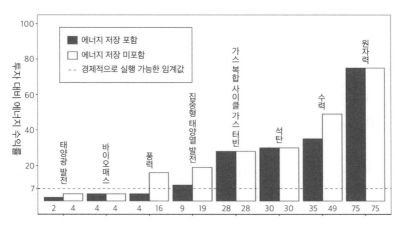

다양한 전력 생산 발전소의 투자 대비 에너지 수익률. 데이터 및 그래프 출처: D. Weißbach, G. Ruprecht, A. Huke, K. Czerski, S. Gottlieb, and A. Hussein, (2013), 'Energy Intensities, EROIs (Energy Returned on Invested), and Energy Payback Times of Electricity Generating Power Plants', *Energy*, 52, 210－21.

걸린다는 점을 의미한다. 이는 우리가 집에서 태양광 패널을 사용할 때 직면하는 것과 동일한 트레이드오프이다.

호주 퀸즐랜드에 사는 나의 어머니 샨티는 지붕에 설치된 태양광 패널을 매우 좋아하시는데 이 패널은 현재 필요한 만큼 전기를 생산하고 때로는 전력망에 전기를 팔아 약간의 수익을 창출해 준다. 그러나 연중 300일이 밝은 햇살로 가득한 퀸즐랜드에서조차 보조금으로 지원된 초기 투자를 회수하기까지 몇 년이 걸렸다. 일부 가정에서는 이를 감당할 수 있지만 국가 차원에서 전 국민을 대상으로 보조금이나 태양광 발전에 초기 투자를 하려면 막대한 돈이 필요하다. 이는 사실상 경제의 다른 생산적인 부분에 사용할 수 있는 에너지가 줄어드는 것을 의미하며 인플레이션과 물가 및 생활비 상승으로 이어질 수 있다.

그저 생존하는 것을 넘어선 삶의 질과 실질적 부는 남는 에너지에 달려 있으며 이는 다시 EROI와 에너지원의 가용성에 달려 있다.

따라서 빠르게 감소하는 잉여 에너지 예산에서 재생 에너지에 대한 선불금을 지불하려면 당분간 허리띠를 졸라매야 한다. 이는 휴가와 여가 활동은 물론이고 농장, 병원, 주택 난방 등에 필요한 에너지를 줄여야 하는 것이기에 다른 부문의 생산성 감소로 이어진다. 궁극적으로 에너지 전환을 하는 동안 에너지 요금은 오른다. 이런 부채는 전체 국부를 감소시키고 인플레이션을 초래한다. 이 책의 후반부에서는 에너지, 돈, 선불 보조금 간의 관계와 전반적인 부의 감소가 어떻게 불만과 협력 저하를 유발해 사람들을 통치하기 어렵게 하는지 자세히 다룰 것이다.

이는 해결할 수 없는 것이 아니며 해결을 기다리는 과제이다. 에너지원이라는 근본적인 물리적 토대와 거버넌스, 지속 가능한 협력이라는 근본적인 사회적 과제를 무시할 수는 없다. 이는 사피엔스가 등장하기 훨씬 전부터 적용돼 온 삶의 기본 법칙이다.

인간이 사용할 수 있는 총에너지는 다양한 에너지원의 가용성에 EROI를 곱한 값이다. EROI가 낮은 태양광 에너지의 경우, 태양의 에너지를 효율적으로 활용하기 위해 넓은 면적이 필요하다. 이는 태양광 패널을 설치하는 데 필요한 물질적 비용과 땅 사용으로 인한 생태적 비용을 포함한다. 재생 에너지가 우리의 에너지 예산을 크게 늘리지는 않을 것이다. 재생 에너지는 초기 에너지 및 자원 비용 외에도 많은 혁신을 필요로 한다. 하지만 혁신 역시 사용 가능한 에너지에 의존한다는 점이 중요하다.

혁신 법칙

이 장의 초반부에서 살펴본 바에 따르면 최초의 주요 에너지 혁명은 광합성 혁신이었다. 햇빛이 지구를 비추면서 광합성은 태양 에너지를 화학적 형태로 저장해 나중에 사용할 수 있는 방법을 제공했다. 에너지가 물질을 생명체로서 움직이게 하는 원동력이기 때문에 에너지를 저장할 수 있다는 것은 더 큰 일을 할 수 있다는 뜻이다. 이는 돈을 저축하여 더 비싼 상품을 구매하는 일과 유사하다. 저장 과정에서는 또한 잉여 에너지가 필요하며 이 잉여 에너지는 더 높은 에너지 밀도를 가진, 풍부한 에너지원을 동력화하여 EROI를 높이는 일에 사용될 수 있다.

인간이 불을 발견한 것은 에너지 잠금을 해제하는 첫 단계였다. 불은 죽은 나무 같은 유기체를 태워 다른 유기체의 에너지(음식의 칼로리로 저장된 화학 에너지)를 얻게 해 줬다. 나무는 태양 에너지가 밀집되어 저장된 형태로, 불을 통한 산화 과정으로 이 에너지를 해제할 수 있다. 과거의 나무는 오늘날 밀도가 낮고 빠르게 자라는 나무보다 더 많은 에너지를 가지고 있었다. 인간은 이 나무 에너지를 활용해 체온을 유지하고 포식자를 피하고 음식을 요리했다.

요리는 외부 에너지를 사용해 고기와 채소의 분자를 미리 분해하고 소화하는 과정이다. 이를 통해 치아의 기계적 움직임과 위산 합성을 보조하고 마이크로바이옴을 생장하게 해 그렇지 않았더라면 음식 소화에 더 많은 에너지와 시간을 들여야 해서 EROI가 낮았을 것이다. 우리 종은 에너지가 많이 드는 기관을 가지고 있기 때문에 요리를 해서 얻은 추가 에너지가 필요했다. 그 기관이 바로 뇌이다.

우리 뇌는 엄청난 양의 에너지를 소비한다. 휴식 상태에서도 뇌는 우리 몸의 모든 근육만큼의 에너지를 쓴다. 실제로 뇌 조직 1g은 근육 조직 1g보다 20배 더 많은 에너지를 소비한다.

요리 덕분에 우리는 고릴라처럼 하루 종일 식물을 씹거나 소처럼 네 개의 위가 없어도 충분한 에너지를 얻을 수 있게 됐다. 또 우리는 장의 크기와 근육량을 줄임으로써 에너지를 절약할 수 있었고 이 여분의 에너지는 더 커진 뇌에 연료를 공급하는 데 사용됐다. 커진 뇌를 이용해 우리는 더 크고 에너지 효율이 높은 동물을 사냥하는 방법을 알아냈다. 토끼를 사냥하거나 땅벌레를 뒤지는 대신에 사슴, 들소, 매머드 같은 대형 동물을 사냥하는 데 힘을 썼다.

육류는 식물에 비해 에너지 밀도가 높은 원조 슈퍼 푸드이다. 서양에서 일반적으로 소비되는 살코기뿐만 아니라 머리부터 발끝, 내장까지 모두 섭취하면 말 그대로 다른 동물의 몸에서 영양소를 훔치는 것처럼 우리에게 필요한 모든 영양소를 고밀도로 섭취할 수 있다. 이런 방식으로 인간은 사냥과 채집을 더 효율적으로 만들고 더 많은 혁신을 이어갈 시간을 확보했다. 결국 우리는 더 나은 음식 획득 방법을 발견했다. 바로 농업이다.

불을 이용한 요리에 이어 농업은 중요한 에너지의 원천이다. 우리는 사냥과 채집에서 농작물의 수확과 가공으로 전환했다. 불을 사용한 요리는 생식을 먹는 것보다 더 나은 에너지 효율을 제공했지만 여전히 독이 없는 식물을 찾고 도망가는 동물을 사냥하는 데 많은 에너지를 소모해야 했다. 사냥이나 낚시를 해 본 사람은 누구나 알다시피 그 수익은 불확실하다. 반면에 농업은 지구의 대지를 식량 생산지로 전환하는 것을 뜻했다. 농업은 태양 에너지를 효율적으로 활용해 식량을 증폭하는 태양광 기술이었다. 노동 집약적이긴 했지만 더 안정적이고 높은 EROI를 가진 칼로리 공급원이었다. 우리는 혁신을 계속해 농업 공정을 효율적으로 만들고 더 많은 잉여 에너지를 생산했다.

그 잉여 에너지를 어떻게 사용했을까? 더 많은 인구를 유지하고 더 높은 EROI를 가진 식량 공급원인 다른 동물을 길들이는 데 사용했다. 식물을 재배하는 것뿐만 아니라 동물도 재배했다. 이 동물들은 먹을 수 있을 뿐만 아니라 식물 에너지를 얻기 위해 밭을 갈아 더 많은 식량을 생산하는 데 사용됐다. 특히 말은 더 빨리, 더 멀리 이동할 수 있게 해 주어 세상을 좁히고 혁신을 위한 아이디어를 공유하는 데 도움을 줬다. 농업과 가축화는 함께 진화했다.

불이라는 문화적 혁신으로 더 많은 에너지를 해제했듯이, 농업과 가축화라는 문화적 혁신은 그 종류가 다양하지는 않지만 안정적인 식량 공급을 가능하게 했다. 수렵 채집인에 비해 농경인의 건강은 더 불량하며 키가 작고 수명도 짧았다. 고밀도 주거지에서 가축과 함께 살며 주로 곡물을 섭취하는 생활은 건강에 좋지 않았다. 하지만 농경인은 더 안정적인 식량 공급을 통해 전례 없는 속도로 인구를 확장할 수 있었다.

광합성을 하는 원핵생물이 다른 원핵생물에게 이용되고, 그들은 다시 복잡한 진핵생물에게, 그리고 그 복잡한 진핵생물은 협력적인 진핵생물 집단에게 이용되었듯이, 수렵 채집인은 주변 농부와의 경쟁에서 밀려나 사막이나 울창한 숲 같은 생태적 틈새로 밀려났다. 그곳은 농사가 적당하지 않은 땅이다. 그곳에서 오늘날까지도 소수가 생존해 있다. 곧 농업이 지배적 생계 수단이 되었다. 그러나 농업 집단의 수와 규모가 생산량에 비해 커지자 풍요는 결핍으로 바뀌었다. 인구가 증가함에 따라 1인당 식량의 양은 감소했다.

이는 해결하기가 두 배로 어려운 일이었는데 동물과 농기구 도입 같은 혁신으로 농업을 더 효율적으로 만들면서 농사에 필요한 사람이 줄어들었기 때문이다. 이로 인해 농부들은 내부 집단 및 다른 집단의 농부와 경쟁을 시작했다. 땅, 작물, 동물, 심지어 사람까지 훔쳤다. 다른 집단에서 빼앗은 사람을 노예로 삼아 최소한의 생활비와 식량을 지급하면 더 높은 EROI를 얻을 수 있었다(비록 전체 인구 관점에서는 그렇지 않았지만). 이러한 현상은 다음 에너지 혁명이 일어날 때까지 계속되었고 마침내 결핍과 폭력, 갈등으로 가득한 맬서스의 세계에서 벗어날 수 있는 산업혁명이 일어났다.

18세기 산업혁명은 우리를 훨씬 효율적으로 만들었다. 농부가 나무를 태우던 것과 달리 공장에서 수백만 년에 걸쳐 축적된 화석 연료를 태웠다. 공장은 이전이라면 수천 명 혹은 수백만 명의 사람이 필요했을 생산 속도를 달성했다. 헨리 포드Henry Ford부터 토요타 방식Toyota way, 테슬라의 로봇에 이르기까지 공장의 효율성을 높이기 위한 노력이 계속되었다. 우리는 또한 식량 생산의 효율성도 혁신하고자 화석 연료를 사용했다.

20세기 중반에 화석 연료를 기반으로 두 번째 농업혁명, 즉 녹색혁명을 시작했다. 화석 연료로 구동되는 농기계를 통해 농업을 기계화했을 뿐만 아니라 고대 화석 생명체를 비료와 농약으로 전환하여 새로운 생명을 탄생시키는 방법도 배웠다. 그 결과 농업의 생산성이 대폭 향상되었다. 이는 식량의 풍부함, 빈곤과 기근의 감소, 소득 증가, 아동 생존율 상승, 인구의 두 배 증가를 가져왔다. 인구의 절반은 자신의 생명을, 인구의 나머지 절반은 현재의 생활 수준을 두 번째 농업혁명에 빚지고 있다. 1970년 녹색혁명의 아버지인 노먼 볼로그Norman Borlaug는 노벨 평화상을 수상했다.

각각의 혁명은 새로운 사회 조직을 만들어 냈다. 일부 수렵 채집인 집단은 풍부한 자원이라는 축복을 바탕으로 재산권 개념을 도입하고 계층 사회를 발전시켰지만 이런 사회의 특징이 널리 퍼진 것은 농업이 주는 풍요로움 덕분이었다.

잉여 자원은 곧 저장을 의미했고 저장은 무언가에 대한 소유권 개념으로 이어졌다. 무언가를 소유한다는 것은 자신의 재산을 빼앗으려는 이들로부터 그것을 보호해야 한다는 뜻이다. 원핵생물과 진핵생물 이야기를 기억하는가? 소유욕은 인간만의 타락한 욕심이 아니라 필연적 산물이다. 소유권과 재산권이 확립되자 사람은 더 많이 소유하려고 경쟁하면서 생산성을 증가시켰다. 하지만 소유의 차이는 불평등을 심화하고 자원을 둘러싼 폭력을 증가시켰다. 결국 이는 사회적 계층, 정부 형성, 노동과 정보의 분업화로 이어졌다. 그리고 유전자 재조합과 유사한 문화적 현상인 **지적 차익 거래**intellectual arbitrage를 통한 혁신으로 이어졌다. 지적 차익 거래란 유전자를 결합하여 새로운 사람을 만들듯이 아이디어를 결합하여 새로운 혁신을 만들어 낸다는 뜻이다. 동물학자이자 작가인 매트 리들리의 표현을 빌리자면, "아이디어가 섹스를 했다."

문화의 진화는 서로 다른 규범과 제도, 정치 체제를 만들어 냈고, 협력하는 새로운 방식과 경쟁하고 착취하는 새로운 방식도 만들었다. 하지만 삶에서 혼자서 할 수 있는 일은 없다.

인류의 가장 위대한 업적과 최악의 잔혹 행위는 모두 협력에 의한 것이다. 에너지에 효율적으로 접근하고, 이를 포획하고 통제할 수 있게 되면서 더 큰 단위의 유기체와 조직이 함께 모여 에너지를 활용할 수 있는 새로운 틈새가 열렸다. 그러기 위해 우리는 함께 일해야 했다. 협력해야 했다.

협력 법칙

유기체와 사회가 새로운 에너지원을 발견하고 효율적으로 사용하는 방법을 배우면서 협력은 필수가 되었다. 더 높은 EROI을 갖춘, 풍부하고 밀도 높으며 동력이 큰 에너지원은 협력의 복잡성과 규모도 그와 상응하게 증가시킨다. 이런 규모의 증가는 잠재적 보상이 더 커지고 다른 사람들과 협력하여 그런 보상에 접근할 만한 가치가 있기 때문에 발생한다. 보상이 충분히 크면 공유하더라도 다른 사람들과 협력하는 게 이득이다. 에너지가 넘쳐나면 작은 단위여도 조정된 인센티브에 따라 더 큰 전체로 뭉치게 된다.

세포소기관은 세포를 구성하고, 세포는 유기체를 구성하고, 유기체는 군집을 구성하고, 군집은 복잡한 사회를 구성한다. 사람들은 부족과 약탈 집단으로 뭉치고 지역은 국가로 뭉친다. 국가는 연합으로 뭉친다. 그러나 서로의 인센티브가 일치하기 위해서는 모든 당사자에게 보상이 있어야 한다.

우리는 에너지 보상에 안정적으로 접근할 수 있는 수준에서, 다시 말해 에너지 보상을 작업자(또는 기초 조직, 팀, 조, 반 등등)의 수로 나누었을 때 혼자, 소규모 집단 또는 대규모 집단으로 일할 때보다 더 많은 에너지 보상에 접근할 수 있는 수준에서 함께 일한다. 새로운 에너지원이 개발되면 새로운 혁신과 새로운 풍요로 이어진다. 하지만 이런 자원 덕분에 인구가 증가하면 풍요로움은 결핍으로 바뀐다.

에너지에 접근하려면 많은 사람과 복잡한 과정이 필요하다. 광석을 캐는 사람, 파이프라인을 짓는 사람, 유전에서 일하는 사람, 석유를 운송하는 사람, 생태계와 비슷한 전체 사업을 보호하고 인프라를 제공하는 등 다양한 역할이 필요하다. 그러나 EROI가 플러스라는 말은 이런 비용을 넘어서서 잉여 에너지가 생산된다는 뜻이며 생물학자가 말하는 수용 능력(수용 가능한 최대 인구수)을 증가시킨다. 녹색혁명으로 인간의 수용 능력이 크게 늘어났고 인구도 이에 맞춰 증가하기 시작했다.

내가 태어났던 1980년대 후반에 지구에는 50억 명의 사람이 있었다. 그 후로 30억 명이 더 늘어났다. 더 많은 인구는 더 많은 혁신과 진보를 가져올 수 있지만 이는 그들이 자신의 잠재력을 충분히 발휘할 기회가 있을 때만 가능하다. 즉, 사람들이 집단적 두뇌에 합류하고 참여할 때에만 가능성의 공간이 비례적으로 확장될 수 있다. 그렇지 않고 가능성의 공간이 제한된다면 1인당 에너지 가용량이 줄어들어 빈곤, 폭력, 전쟁 같은 새로운 결핍, 새로운 분쟁이 발생할 수밖에 없다.

혁신 법칙은 에너지 사용의 효율성을 높여 동일한 에너지를 회수하는 데 더 적은 사람이 들게 한다. 혁신은 에너지 경제에 인력을 불필요하게 만들 수 있다는 뜻이다. 예를 들어 오늘날은 화석 연료를 사용하는 기계화된 농업 덕분에 과거보다 농부의 수가 적게 필요하다. 이는 과거의 혁신에서도 그랬고 미래의 혁신에서도 마찬가지일 것이다. 이런 혁신은 더 적은 인원으로도 1인당 동일한 수준으로 혹은 더 많은 수준으로 에너지를 생산할 수 있게 한다. 같은 이유로 전쟁이나 역병 이후에 1인당 사용 가능한 에너지가 증가할 수 있다.

14세기에 흑사병은 유럽 인구의 3분의 1을 죽였다. 그러나 대재앙이 대륙을 황폐화하기보다는 오히려 생존자의 1인당 자원이 증가했다. 결과적으로 봉건제가 약화되고 임금이 상승했으며 새로운 중산층과 새로운 사회 질서가 등장했다. 흑사병 이후에도 땅은 경작되어야 했고 생존한 일꾼의 협상력은 더 높아졌지만 효율성 혁신 덕분에 농부가 덜 필요해졌다. 이는 결과적으로 임금 상승, 기대 수명 증가, 평등 향상, 귀족 계층 약화로 이어졌다. 이런 변화는 직접적으로 르네상스로 이어졌을 수 있으며 유럽의 과학혁명, 계몽주의, 그리고 마침내 산업혁명에 기여했을 수 있다.

역사를 거치며 비슷한 패턴이 반복됐다. 20세기에 발생한 두 차례의 세계대전 동안 남성 노동력의 부족은 여성이 노동 시장에 진입하게 해 성별 평등을 증진했다. 그런데 현재는 인공 지능과 자동화의 효율성이 동일한 생산성을 위해 더 적은 인력이 들도록 이끌어 기존의 효율을 더욱 증가시키는 동시에 불평등을 야기한다. 인공 지능이라는 노동자들이 경제에 편입되고 있다. 이런 작업자는 훈련시킬 때 컴퓨터 서버에 방대한 에너지가 들어가지만 일단 훈련을 마치면 같은 작업을 수행하는 인간보다 적은 에너지와 비용으로 일한다. 인공 지능 노동자는 소수의 사람이 소유하기 때문에 높은 수준의 생산 결과를 소수가 통제하며 이 소수는 자신의 에너지 보상을 증가시킬 수 있다. 그러나 전반적인 에너지 가용성과 EROI의 감소는 가능성의 공간을 축소시킨다.

잉여 인력을 줄이는 데는 한계가 있다. 여전히 에너지와 자원을 추출하고 이를 바탕으로 효율적인 경제 시스템을 구축할 때 최소한의 인력이 필요하다. 발전소로 예를 들어 보자. 한 추정에 따르면, 발전소 건설에 필요한 노동년(몇 명의 근로자가 얼마나 오래 필요한가)과 발전소 용량(발전소가 전부 가동될 때 생성되는 전기의 양) 사이에는 거의 완벽한 상관관계(r = 0.98)가 있다. 하지만 이는 경제의 에너지 부분에 대한 최솟값에 불과하다. 진정한 인간의 부와 높은 삶의 질로 이어지는 것은 바로 잉여 에너지이다.

이상적인 세계에서는 경제의 극히 일부만이 에너지에 할당된다. 그런 에너지 수익률은 삶의 다른 모든 것을 지탱하기에 충분한 잉여 에너지가 있다는 사실을 뜻하기 때문이다. 직관에 반하지만 에너지 부문이 성장한다는 것은 EROI가 감소하고 사용 가능한 잉여 에너지가 줄어들며 삶의 질이 낮아진다는 뜻이다.

에너지, 혁신, 협력 법칙은 냉혹한 순환 패턴을 만들어 낸다. 첫째, 새로운 에너지원은 인구 수용 능력을 증가시킨다. 에너지 천장이 높아진다. 이는 새로운 에너지원에 접근하기 위해 사람들이 대규모로 협력하도록 유도하는 긍정적 인센티브인 **포지티브섬**positive-sum 조건을 만든다. 더 높은 수준의 협력은 더 큰 혁신 역량으로 이어지며 이는 차례로 더 적은 에너지로 더 많은 일을 할 수 있는 새로운 효율성을 낳는다. 이러한 효율성 혁신은 에너지 부문에 필요한 인력을 줄일 수 있다. 나머지 사람은 남는 에너지를 더 나은 삶을 위해 사용할 수 있다.

그러나 같은 양의 에너지에 접근하는 데 필요한 사람 수가 줄어든다는 것은 봉건제, 귀족, 과두제, 부패한 파벌 같은 소수의 협력 조직이 부를 통제하려 등장한다는 것을 의미한다. 결국 많은 사람에게 오히려 기회가 줄어들고, 인간의 잠재력이 감소하며, 삶의 질이 떨어지고, 혁신과 협력의 역량이 감소하는 결과로 이어진다.

인구가 증가하더라도 가능성의 공간이 비례적으로 확장되지 않거나 혁신이 저하되거나 다음 에너지 단계로의 전환이 없으면 풍요는 결핍으로 변한다. 이런 상황을 우리는 **제로섬**zero-sum 조건이라 부른다.

제로섬 조건은 다른 사람의 성공이 당신의 손실을 의미하는 상황, 즉 승승이 아닌 승패 관계를 만든다. 일자리, 계약 또는 대학의 자리가 한정됐을 때 이런 상황이 발생한다. 제로섬 조건은 다른 사람을 해치도록 유인한다. 그들의 실패가 당신의 성공을 뜻하기 때문이다. 만약 다른 사람이 그 일자리를 얻지 못한다면 여러분에게 기회가 생긴다.

반대로 포지티브섬 조건에서는 다른 사람의 성공이 여러분의 성공을 가져올 수 있다. 예를 들어 경제 호황기가 그렇다. 당신도 그들과 같은 일을 함으로써 성공할 수 있다. 커피 사업이 호황이라면 여러분도 스타벅스를 창업할 수 있을 것이다.

제로섬 조건과 포지티브섬 조건은 매우 다른 심리를 자극한다. 제로섬 조건은 사람이나 집단이 서로 경쟁하며 상대를 깎아내리는 파괴적인 경쟁을 촉진한다. 반면에 포지티브섬 조건은 사람들이 자원을 확보하고 혁신하기 위해 생산적으로 경쟁하는 상황을 조성한다.

값싼 에너지로 여겨지는 잉여 에너지는 경제 호황을 가져온다. 에너지 가격의 급등으로 측정될 수 있는 에너지 부족은 경기 침체를 부른다. 이는 우리의 심리, 행동, 협력 성향에 영향을 미친다.

인심은 곳간에서 나는 법이다.

이런 비유를 생각해 보라. 여러분이 버스를 기다리고 있다. 버스의 속도와 좌석의 가용성은 사용 가능한 총에너지와 같다. 버스가 5분마다 도착하고 모든 사람이 이용할 수 있는 좌석이 충분하다고 가정하자. 서비스가 편리하다고 생각하면 더 많은 사람이 이용하기 시작한다. 좌석이 충분하면 앞사람에게 자리를 양보하며 줄을 설 수 있다. 버스를 놓쳐도 5분 뒤 다른 버스가 오니까 큰 문제가 되지 않는다. 만약 특별 승차권을 가진 1%가 항상 줄의 맨 앞자리에 앉는다거나 친구나 일행을 편애해 앞줄에 앉히는 사람이 있다면 불평과 투덜거림이 생길 수 있다. 하지만 자리가 남아 있는 한 불평과 투덜거림은 그저 투덜거림일 뿐이다. 그러나 점점 사람 수가 좌석 수를 초과하기 시작하면 예전보다 좌석을 확보하기 어려워진다. 이제 버스 운행 빈도가 시간당 한 대, 하루에 한 대로 줄어든 상황을 상상해 보자. 1인당 에너지로 비유한 1인당 버스 좌석 수는 줄었지만 승객 수는 여전히 예전과 비슷하다. 이제 불평은 더 적대적인 행동으로 분출될 수 있다.

한 사회에서 제로섬 상황은 좋은 공립 학교에 입학하기가 어려워지고 학자금 지원이 줄어들고 병원 대기 시간이 길어지고 의료 서비스의 질이 떨어질 때, 또한 보수가 좋은 일자리를 찾기가 어렵거나 더 많은 시간 일할 것을 요구할 때 나타난다. 지역 주민은 이런 새로운 압박에 당연히 분노할 수 있으며 기존 자원이 새로운 이민자를 돕는 데 투입되면 분노는 더 커질 수 있다.

그러나 문제의 핵심은 결과의 불평등이 아니라 기회의 평등에 있다. 연구 결과 사람들은 모든 것이 평등하게 분배되기를 바라지 않는다. 그 대신에 공정함을 바란다. 사람들은 나이가 들거나 더 열심히 일한 결과로 특별 승차권을 받을 수 있다면 좌석 부족에 대해 크게 신경 쓰지 않는다. 버스 정류장에 일찍 도착해 자리를 확보할 수 있다면 줄이 길어져도 견딜 수 있다. 그러나 아무리 노력해도 더 나은 삶을 살 수 없다고 느껴지고 성공하지 못한 것이 일시적인 한계가 아니라 타고난 운명 때문이라 여겨지고 개인의 능력이 아니라 출신에 따라 성취가 결정된다고 생각된다면 협력의 기반은 흔들린다. 이런 상황이 발생하면 우리 사회를 결속하는 유대가 약화된다.

우리는 경쟁하기 위해 협력하고, 협력하기 위해 경쟁한다. 협력과 갈등은 동전의 양면이다. 협력과 갈등은 혁신을 이끌고 가끔은 우리의 총에너지 예산에 돌파구를 마련한다. 이러한 가능성은 인간의 의도적 설계나 결정에 따른 것이 아니다. 넓은 가능성의 공간에서 일어나는 탐색의 법칙, 즉 진화 법칙에 의한 것이다.

진화 법칙

진화론의 아버지인 찰스 다윈은 비둘기 육종가였다. 다윈은 육종가로서 인위 선택이 동물이나 식물의 형질을 어떻게 변화시킬 수 있는지 잘 알았다. 인간은 인위 선택을 통해 늑대를 푸들로, 풀을 밀과 다른 곡물로, 겨자 식물을 브로콜리, 방울양배추, 양배추, 케일, 콜리플라워, 콜라비, 가이란으로 만들었다. 이 모든 경우에서 인간 지성은 인위적으로 자신이 선호하는 형질을 선별한다.

혁신과 협력을 통한 에너지와 효율성을 추구하는 우리 삶에서 협력의 규모 및 갈등의 승자는 다양성, 전달, 선택이라는 세 가지 요소에 따라 결정된다. 이 요소들이 있으면 시스템은 필연적으로 적응적 해결책을 찾아낸다. 이것이 진화 법칙이다.

다윈의 자연 선택 이론이 품은 천재성은 **선택**selection에 있지 않다. 그것은 **자연**nature에 있다. 자원과 에너지를 둘러싼 경쟁에서 어떤 존재가 다른 존재보다 더 잘 살아남으면 자연이 선택을 할 수 있다는 깨달음이었다. 유기체의 생존은 그 유기체가 가진 전달 가능한

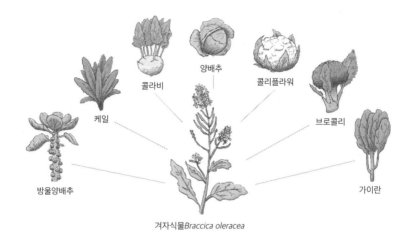

콜라비　　양배추　　콜리플라워

케일　　　　　　　　　　　　　　　　브로콜리

방울양배추　　　　　　　　　　　　　　가이란

겨자식물Braccica oleracea

생리, 인지, 행동에 달려 있다. 그런데 이런 형질은 무엇을 하려고 하는 걸까?

다윈은 경제학자 토머스 맬서스의 저작을 읽으면서 위대한 통찰을 얻었다. 맬서스는 동물이 번식하는 속도가 식물이 생장하는 속도보다 더 빠르기 때문에 어느 시점에서 동물의 개체 수가 식량 공급을 초과할 것이라고 주장했다. 이제 우리는 식물 개체군에게는 초식동물 개체군에 대한 수용 능력을 부과하는 에너지 가용성과 EROI가 있고, 초식동물 개체군에게는 다시 육식동물 개체군에 대한 수용 능력을 부과하는 EROI가 있다는 사실을 안다. 각각의 에너지원은 풍요로움과 그다음으로 결핍을 낳는다.

다윈의 통찰은 결핍이 선택의 강도를 높이며, 생존하고 번성하는 사람은 최고의 에너지 수익률로 이어지는 생리, 인지, 행동을 가진 사람이라는 것이다. 이는 새로운 식량 공급원에 더 효율적으로 접근하거나 에너지 요구량을 줄이는 것일 수 있다. 일부 인간 집단에서 성인이 되어서도 우유를 마시고 소화를 잘하는 유전적 능력이 진화한 것이 그 사례이다. 이는 대부분의 인간과 여타 포유류는 할 수 없는 일이다. 기근이 선택압을 제공했을 것이다. 유당 내성을 유발하는 돌연변이를 가진 사람은 어려운 시기에 우유를 통해 더 많은 칼로리를 섭취할 수 있었을 테니까.

같은 논리로 우리는 인구가 증가하고 자연의 배터리가 고갈되어 결핍이 우리를 따라잡기 전까지 화석 연료가 어떻게 우리를 맬서스의 함정에서 벗어날 수 있게 했는지 이해할 수 있다. 물론 이제 우리는 다시 끊임없는 갈등이라는 맬서스의 함정에 빠질지 아니면 더 큰 에너지원을 찾아 계속된 풍요로움으로 나아갈지 선택해야 한다.

화석 연료의 EROI는 감소하고 가용성도 줄어들고 있다. 천장이 내려오고 벽은 점점 좁아진다. 우리 모두 압박을 느끼기 시작했다. 항상 그것을 명확히 표현할 수 있는 건 아니지만 예전보다 공간과 기회가 축소했다는 사실을 모두 느끼고 있다. 혁신이 필요하다. 단지 효율성만이 아니다. 우리가 현재 의존하는 에너지는 점점 고갈되고 있다. 가능성의 공간이 줄어들었다. 잉여 에너지, 풍요로움, 1인당 높은 에너지 보상이라는 승승의 포지티브섬 세계로 돌아가려면 에너지 기술 자체에서 혁신이 필요하다. 이러한 혁신이 없다면 우리의 미래는 암울하다.

앞으로 올 것에 관한 힌트

처음 석유를 발견한 인류는 등유만 사용하고 나머지는 낭비했다. 말 그대로 쓸모없는 폐기물로 간주해 천연가스, 가솔린, 기타 비등유 제품을 태워버렸다. 지금 생각하면 끔찍한 일이다. 하지만 시간이 지나면서 경쟁은 더 큰 효율로 이어졌다. 전구의 에너지 효율이 높아진 것처럼 다른 모든 제품도 마찬가지였다.

새로운 에너지원을 발견하면 처음에는 사용법을 잘 모른다. 그런 다음 세포와 사회 같은 유기체 및 조직은 에너지에 더 효율적으로 접근하고 사용법을 배워 현재 태양광 패널에서 일어나고 있는 것처럼 특정 에너지원의 EROI를 증가시킨다. 효율 한계에 도달한 후에도 수력(강이 계속 흐르는 한), 지열(지열 활동이 있는 한), 핵융합(연료가 사실상 무제한이다)의 경우 EROI는 거의 동일하게 유지된다. 다른 경우에는 에너지원에 접근하기가 더 어려워지면 효율성이 다시 감소한다.

초기 혁신은 효율성을 크게 향상하지만 그 후 효율성 향상은 둔화되며 지속적인 성장과 진보는 새롭고 더 큰 에너지원 또는 획기적인 효율성의 돌파구를 요구한다. 앞으로 살펴보겠지만 수용 능력의 한계에 도달하여 혁신이 둔화되는 이 시기가 바로 경제학자 타일러 코웬Tyler Cowen이 말한 인류 역사에서의 거대한 침체Great Stagnation이다.

기업가 정신, 공학, 경제학은 대부분 혁신 법칙에 부응하기 위해 존재한다. 기업가는 비효율적인 요소를 파괴하고 이를 통해 더 효율적인 시스템을 만든다. 엔지니어는 더 많은 일을, 더 잘, 더 효율적으로 할 수 있는 기술을 개발한다. 그리고 경제학자는 희소한 자원을 효율적으로 배분하는 방법을 연구한다.

효율성의 혁신이 제프 베이조스Jeffrey Bezos가 부자가 된 이유이다. 이틀, 하루, 심지어 당일 배송, 방대한 시장, 손쉬운 고객 반품은 그 누구도 따라올 수 없다. 아마존은 몇 가지 효율적 혁신을 통해 서점을 제치고, 쇼핑몰과 번화가를 제치고, 웹 서버를 제칠 수 있었다. 아마존 웹 서비스AWS는 이제 가장 큰 웹 서비스 및 클라우드 컴퓨팅 플랫폼이 되었으며 아마존의 사업에서 가장 수익성이 높은 영역이 되었다. 이런 혁신은 지금은 사라진 많은 업체와 한때 경쟁하는 관계에 있던, 진화하는 시장에서 탄생했다.

하지만 이 모든 효율성 혁신은 에너지 혁신과 근본적으로 다르다. 적은 비용으로 더 많은 일을 함으로써 가능성의 공간을 넓혀 주기는 하지만 이런 혁신은 할인 상품을 찾거나 물자를 절약하는 일과 비슷해서 월급을 늘리는 것과 근본적으로 다르다. 언제나 수입을 늘리는 것이 지출을 줄이는 것보다 중요하다.

화석 연료의 시대가 저무는 지금, 내일을 준비해야 한다.

많은 사람이 재생 에너지원에 기반한 미래를 추구한다. 배터리 기술의 혁신과 막대한 초기 비용을 감당할 수 있는 충분한 에너지 잉여가 생기면 에너지에 굶주린 우리 문명의 현재 수요를 충족하는 재생 에너지원이 등장할 수 있다. 어쩌면 미래의 수요까지도 충족할 수 있을지 모른다. 미래에는 태양이 방출하는 엄청난 양의 에너지 덕분에, 특히 태양광 기술 덕분에 우리 필요를 훨씬 초과하는 능력을 갖추게 될 것이다.

물리학자 프리먼 다이슨Freeman Dyson은 이른바 다이슨 구Dyson sphere라는 아이디어를 제안한 적이 있다. 다이슨 구는 태양을 둘러싸고 태양 에너지의 상당 부분을 포집하여 우주를 여행하는 우리 후손의 에너지 수요를 충족하는 거대 구조물이다. 다이슨 구 또는 더 작지만 여전히 실현 가능성이 먼 다이슨 군집Dyson swarm 또는 다이슨 고리Dyson ring가 있다면 환상적 수준으로 에너지 풍요에 도달할 수 있을 것이다. 다이슨의 어떤 아이디어도 아직 시기상조인데 태양광의 낮은 EROI을 고려하면 필요한 태양광 패널을 전부 만드는 데는 엄청나게 많은 재료가 필요하다. 막대한 에너지와 자원이 들 것이며 이는 지구의 재량 예산으로는 감당할 수 없는 비용이다. 완전한 태양광 발전의 미래는 현재 우리의 에너지 예산으로는 불가능하다. 설령 우리가 삶의 방식을 바꿔 기꺼이 초기 비용을 지불한다고 해도 가능성의 공간이 줄어든다는 말은 멀지 않은 미래에 우리 삶의 질이 계속 악화될 것이라는 점을 뜻한다. 강압적인 인구 통제를 요구하는 제안은 폭력을 부를 뿐 아니라 혁신을 지체하고 가능성의 공간을 더욱 축소할 것이다. 사실상 현재 상황에서 태양광, 풍력, 기타 재생 에너지원만으로는 새로운 수준의 에너지 풍요를 달성하기에 역부족이다.

태양의 힘

현재 또는 가까운 미래의 기술 능력 내에서 모든 에너지원을 조사해 보면 인간의 에너지 천장을 극적으로 높이고 풍요의 다음 단계로 진입할 수 있는 수치를 갖춘 단 하나가 돋보인다. 핵 에너지이다.

현재 **핵분열** 기술은 풍부한 연료와 75라는 EROI를 보유한다. 핵분열은 거대한 초신성과 중성자별 충돌로 인해 작은 원소가 우라늄과 플루토늄 등 무거운 원소로 융합되면서 생성되는 엄청난 양의 압축 에너지를 활용한다. 이러한 원소가 분열하면 막대한 양의 에너지가 방출된다. 아인슈타인의 방정식 $E=mc^2$에서 알 수 있듯이 질량 손실은 빛의 속도(299,792,458m/s)라는 어마어마한 숫자에 곱해지며 여기에 제곱항(9.0×10^{16})을 곱하면 훨씬 더 커진다. 이것이 바로 우리가 얻는 에너지의 양이다. 핵분열은 어떤 화석 연료보다 풍부하고 환경에 좋으며 높은 EROI를 가지고 있다.

핵분열은 당장의 중기 미래를 위한 좋은 방법이다. 가용성, 에너지 밀도, EROI, 동력, 수익 대비 초기 비용 측면에서 모든 조건을 충족한다. 그러나 적어도 두 가지 문제점이 있다. 그러나 많은 사람의 우려와 달리 현대적 원자로에서 대부분 해결된 핵 폐기물과 안전성 문제를 말하려는 것이 아니다.

핵 폐기물의 절대량은 아주 적다. 핵 연료가 놀랍도록 밀집돼 있기 때문이다. 히로시마에 투하된 폭탄으로 인한 엄청난 파괴는 단 64kg의 우라늄이 만든 결과였다. 나가사키에 투하된 폭탄에는 플루토늄이 단 6kg에 불과했다. 1인치짜리 농축 우라늄 펠렛은 1톤의 석탄이나 120갤런의 석유와 거의 같은 에너지를 낸다. 사용 후 핵 연료는 다른 원자로에서 재사용하거나 건식 저장 용기에 보관할 수 있다. 이 컨테이너는 0.5인치 강철과 20인치 콘크리트로 돼 있어 특별한 보호 장비 없이도 안전하게 옆에 서 있을 수 있다. 실제로 네덜란드에서 COVRA 핵 폐기물 시설 투어를 신청하면 사용 후 핵 연료 용기를 직접 보고 그 옆에 서 볼 수 있는데 이러한 개방성은 대중의 신뢰를 높이고 두려움을 해소하는 데 도움이 된다. 물론 납보다 약 1.5배 밀도가 높은 감손 우라늄(천연 우라늄보다 우라늄235의 함량이 낮은 우라늄-역주)은 납만큼이나 해롭기 때문에 절대 먹지 말라! 그러나 감손 우라늄의 방사능은 비농축 우라늄 광석보다도 낮으며 인체 조직을 투과하지 못한다. 감손 우라늄은 장갑을 관통하는 감손 우라늄 포탄이나 병원의 방사선 차폐 시설에 사용된다. 슈퍼맨이 납을 투시할 수 없다면 감손 우라늄도 당연히 투시할 수 없다.

안전성은 다양한 방법으로 크게 향상되었다. 체르노빌, 스리마일섬, 후쿠시마의 3대 원자력 발전소 사고는 모두 초기 기술인 비등경수로형 원자로를 사용했는데 원자력 업계의 한 친구가 적절하게 설명해 준 바 이 원자로는 전력을 생산하는 데 사용되는 물과 원자로의 열을 순환하는 물이 밀폐된 장치 안에서 섞이는 거대한 가압주전자로, 이후 나온 차세대 원전보다 기본적으로 덜 안전하다. 이와는 대조적으로 캐나다의 CANDU 원자로처럼 20세기 후반에 개발된, 이제는 오래된 원자로조차도 핵 반응으로 가열된 물과 터빈을 돌려 전기를 생산하는 데 사용되는 물을 분리하는 기능을 갖춰 훨씬 더 안전하다. 중수를 사용하면 비농축 우라늄을 사용하거나 사용 후 연료를 재활용하거나 방사능이 약한 토륨 같은 다른 연료를 사용할 수 있다.

현대의 원자로 설계는 크기가 더 작고 안전성이 높으며 유연성도 갖추고 있다. 소형 모듈형 원자로small modular reactor designs, SMRs는 축구장 하나나 두 개 정도의 크기이며 핵 잠수함과 항공 모함에서 사용되는 것과 같은 더 작은 마이크로 원자로도 있다. 마이크로 원자로는 자동차 크기에서부터 선적 컨테이너 크기까지 다양하다. 이것은 지구에서 전력을 생산하는 것뿐만 아니라 우주 탐사와 다른 행성 및 소행성 채굴에서도 중요한 역할을 할 것이다. 1950년대 초반의 가장 초기 단계 설계를 기반으로 현재와 미래의 핵 발전소 설계의 안전성을 판단하는 일은 초기 모델을 기반으로 자동차나 비행기를 안전하지 않다고 판단하는 것과 유사하다.

1950년대 미국에서는 자동차로 10억 마일(16억km)을 여행할 때마다 약 60~70명의 사망자가 발생했다. 오늘날 이 수치는 10억 마일당 11명이다. 1950년대에는 1000만 회 비행 시 400명 이상이 치명적인 사고로 사망했다. 오늘날 이 숫자는 1000만 비행당 1명 사망에 불과하다.

안전벨트, 에어백, 충격 흡수 구역, ABS 브레이크, 차체 자세 제어, 차선 유지 및 여러 사고 회피 시스템의 도입으로 최신 자동차는 점점 더 안전해지고 있다. 비행기도 마찬가지이다. 핵 기술도 마찬가지이다.

하지만 극복해야 할 다른 실질적 과제도 있다.

첫 번째 주요 과제는 핵 확산이다. 거버넌스 수준이 낮고 분쟁 가능성이 높은 국가가 많은 상황에서, 가령 예멘이나 짐바브웨는 원자로를 건설할 준비가 되어 있을까? 이 까다로운 문제는 나중에 다시 다루도록 하겠다.

두 번째 주요 과제는 새로운 원자로에 드는 높은 비용이다. 다른 기술과 달리 원자력 발전소는 돈이 많이 들고 건설하는 데 오랜 시간이 걸린다. 이는 부분적으로는 규제 때문이고, 부분적으로는 이전 세대에 대한 두려움 때문에 혁신이 충분하지 않았기 때문이다. 20세기에 원자력의 미래를 추구했다면 오늘날 부와 삶의 질 측면에서 훨씬 더 나은 삶을 살 수 있었다.

규제는 현대의 핵 안전성을 보장하지만 자동차 산업과 마찬가지로 규제는 안전성을 보장하면서도 비용을 줄이는 혁신 가능성이 열려 있는 영역이다. 현재의 대규모 일체형 핵 발전소 설계에 비해 SMR과 마이크로 원자로 설계는 비용을 줄이면서도 유연성과 확장성을 높인다.

이러한 어려움에도 미래에는 태양과 핵분열 자원을 혼합해 사용하는 것이 필수이며 이는 달성 가능한 일이다. 핵은 금세기 에너지 수요를 충족하는 데 필요한 물리적 특성을 가진다. 태양 에너지의 혁신과 함께 원자력 기술에 대한 더 많은 투자와 혁신이 인류의 다음 단계를 만들 것이다. 그러나 핵분열만으로는 에너지 풍요의 다음 단계에 진입할 수 없다. 우리가 다음 세기에 필요한 모든 희귀 금속을 얻기 위해 별을 탐험하거나 소행성에서 채굴할 수 있을 정도로 에너지 예산을 근본적으로 확장하기는 어렵다.

다음 수준의 풍요를 달성하려면 태양과 같은 별이 에너지를 얻기 위해 사용하는 과정, 즉 **핵융합**이 필요하다. 핵융합은 지구 위의 모든 생명을 가능하게 한 에너지원이며 태양광 패널이 모으는 에너지이며 광합성을 통해 화학 에너지로 변환되어 화석 연료에 저장된 에너지의 원천이다. 바로 이것이 태양의 힘이다.

핵융합에서는 원자를 쪼개는 대신 두 개의 수소 원자를 헬륨으로 융합해 큰 원소가 쪼개지는 핵분열보다 훨씬 더 많은 에너지를 방출한다. 핵융합은 사실상 무한한 에너지와 영구적 풍요로움으로 우리를 이끌 잠재력을 가진다. 핵융합은 방사성 폐기물이 없어 깨끗하고 안전하다. 또한 우주에서 가장 풍부한 연료인 수소를 사용한다. 핵융합의 EROI를 높이려면 많은 혁신이 필요하지만 핵융합 연료의 미래에는 사실상 한계가 없다. 핵융합에 성공한다면 바다를 담수화하여 깨끗한 물을 공급하고, 새로운 강과 바다를 만들고, 소행성을 채굴해 희귀 자원을 획득하고, 태양광 패널로 된 다이슨 구조물을 건설해 후손에게 물려줄 수 있는 에너지를 확보할 수 있을 것이다. 그렇다면 핵융합은 언제쯤 가능할까?

핵융합의 도래는 다음 주 월요일부터 향후 30년 사이 어딘가에 있을 것이다. 그러나 핵융합의 미래가 단지 시기의 문제에 불과하다고 생각하기는 어렵다. 여기에는 많은 문제가 있으며 그중 일부는 예상보다 더 어려운 문제로 판명될 수 있다. 예를 들어 핵융합 반응에는 양성자 하나에 중성자 두 개가 불안정하게 결합된 희귀한 수소 동위원소인 삼중수소가 필요하다. 삼중수소는 매우 드물다. 하지만 이런 모든 문제에 대해 이론적 해결책은 존재한다. 가령 현재의 전통적 핵분열 원자로는 암을 진단하고 치료하는 데 필요한 의료 동위원소의 주요 생산 원천일 뿐만 아니라 부산물로 삼중수소도 생산한다. 원자로를 방문했을 때 내가 지속적으로 모니터링한 입자 중 하나가 바로 삼중수소였다. 핵융합 원자로는 리튬 '증식 블랭킷 breeding blanket'과의 접촉을 통해 융합 반응 동안 지속적으로 삼중수소를 생성할 수도 있다.

지난 10년간의 새로운 발전과 기록적인 성과 덕분에 처음으로 민간 및 국가가 후원하는 핵융합 분야의 스타트업 산업이 급성장하고 있다. 각 회사는 수십억 달러의 자금을 지원받아 서로 다른 유망 기술을 추구한다. 그럼에도 빌 게이츠가 존경하는 에너지 과학자 바츨라프 스밀은 핵융합이 20세기 중반인 2050년 이전에는 현재의 에너지 생산을 대체하기 어려울 것으로 예상한다.

핵융합에는 많은 투자와 혁신, 기술 발전이 필요하지만 앞으로 살펴볼 것처럼 다음 에너지 단계를 영원히 뛰어넘기 위한 장벽은 물리적, 기술적이라기보다는 사회적, 경제적, 심리적 장벽이다. 이런 도전을 극복하면 인류 역사상 가장 큰 투자 수익을 거둘 것이다.

우리가 다음 단계의 핵융합 에너지 수준에 도달하면 평화와 번영의 새로운 시대를 맞이하게 될 것이다. 미신과 마녀 사냥, 끔찍할 정도로 잔인한 정복 전쟁으로 점철된 중세 시대처럼 갈등이 가득한 현 시대는 우리 후손에게 원시적이고 야만적인 시대로 기억될 것이다.

문제를 해결하려면 먼저 문제를 파악해야 한다. 우리의 주기율표, 모든 인간에 대한 이론을 이해해야 한다. 삶의 법칙이 어떻게 인간이라는 동물을 창조했는지 이해하고 우리의 지능, 혁신, 협력 능력, 우리 삶의 모든 측면을 이해해야 한다. 그래야만 다음 단계의 혁신, 협력, 풍요로움에 도달하기 위해 우리가 무엇을 해야 하는지 분명해질 것이다.

2장

인간이라는 동물

인간은 놀라운 동물이다. 우리는 아프리카에서 직립 보행을 시작한 유인원의 후손으로, 전 세계를 걸어 다녔다. 우리는 특별히 빠르지도 않고 특별히 강하지도 않으며 지금 우리가 사는 많은 곳에서 번성할 수 있는 특별한 능력을 갖추고 있지도 않다. 우리 몸에는 캐나다의 겨울을 견딜 수 있는 충분한 지방이나 털이 없고, 호주의 사막을 견딜 수 있는 충분한 수분이 없으며, 야생의 많은 음식을 소화할 수 있는 적절한 단백질도 없다. 하지만 이런 신체적 한계에도 우리는 마천루를 세우고 화성에 로봇을 쏘아 올리고 전 세계 통신망을 통해 지구를 연결했다. 도대체 어떻게 해낸 걸까?

대개의 동물은 새로운 환경을 만나면 유전적으로 적응해야 한다. 그 지역의 포식자를 따돌리기 위한 강력한 근육, 동사를 방지하기 위한 털과 지방, 식물의 독성을 줄이는 단백질을 발달시킨다. 하지만 유전적으로 인간은 거의 변하지 않았다. 인류의 성공 비결은 유전자에만 있는 것이 아니다.

우리는 포식자를 피하는 대신 포식자를 사냥했다. 지방과 털을 진화시키는 대신 먹잇감의 가죽을 입었다. 우리 몸에서 독을 처리하지 않고 요리를 통해 식물의 독을 제거했다. 우리는 도구, 기술, 전통을 개발하여 이 모든 일을 해냈다. 모든 것이 문화 덕분이다.

문명과 '야만인'

6000년 전 최초의 도시가 세워졌다. 당시의 도시는 오늘날과 마찬가지로 인간 활동의 중심지였다. 에너지와 자원, 영구 이주민과 일시적 여행자가 끊임없이 유입되면서 서로 경쟁하고 물물교환을 하며 아이디어가 만나 혁신이 일어나는 허브가 탄생했다. 도시민은 이러한 혁신의 혜택을 누리며 스스로를 **문명인**이라고 생각하기 시작했다. 그들은 자신들의 사고방식과 기술을 인구 밀도의 덕으로 돌리기보다는 주변 **야만인**과 뭔가 다른 특별한 존재라서 이뤄 낸 일로 생각했다.

기원전 1000년경 황하 계곡의 중국인은 자신들을 둘러싼 야만인인 이족과 문명인인 화족을 구별했다. 비슷한 시기에 인더스 계곡의 고대 인도인은 자신들이 열등한 야만인인 플레차족에 둘러싸여 있다고 생각했다. 기원전 500년경, 인도인과 중국인 모두를 야만인이라고 여겼을 그리스인은 자신들 주변에 있는, 이질적인 언어를 사용하는 바바로족bárbaros에 비해 스스로를 문명인이라고 생각했는데 이로부터 영어 단어 야만인을 뜻하는 '바바리안barbarian'이 유래했다. 이러한 야만인에는 로마인도 포함된다. 로마인은 나중에 바지를 입는 프랑스 갈리아족부터 숲에 사는 독일 부족에 이르기까지 로마인이 아닌 모든 사람을 야만인으로 간주했다.

로마인은 더 먼 지역에 있는 사람을 더 낮게 평가했다. 로마의 정치가 키케로는 기원전 1세기에 친구인 아티쿠스에게 보낸 편지에서 "그 섬에는 은화 한 닢도 없고 노예를 제외하고는 전리품에 대한 희망도 없으며 문학이나 음악을 배운 사람은 기대할 수 없을 것"이라고 한탄하며 그 섬인 영국을 침공해도 얻을 수 있는 물자가 거의 없다고 걱정했다. 중앙아메리카의 아즈텍과 마야인, 가나, 말리, 요루바, 그레이트 짐바브웨, 아프리카의 다른 제국도 이웃 나라에 대해 비슷한 생각을 했을 것이다. 사람들이 국경 너머의 사람들과 소통하기 시작하면서 우리는 이런 태도를 흔하게 목도한다. 아이러니하게도 한때 야만인으로 낙인찍혔던 사람들이 혁신에 힘입어 신흥 부유층이 되었는데 개구리가 올챙이적 기억을 못 하듯이 이제 반대로 과거의 문명인을 야만인으로 낙인찍는다. 이렇게 시류는 변한다.

1068년 당시 이슬람 통치하에 있던 스페인 톨레도의 수학자이자 과학자, 카디(이슬람 율법 재판관)였던 사이드 알 안달루시Said al-Andalusi는 세상을 지식 및 고등 교육에 관심이 있는 문명인과 그 외의 모든 사람으로 구별했다. 문명인에는 아랍인, 칼데아인, 이집트인, 그리스인, 인도인, 유대인, 페르시아인, 로마인이 포함되었다. 나머지는 야만인으로 간주했으며 특히 중국인과 터키인을 "배우지 못한 자 중 가장 고귀한 자"라고 언급했다.

오늘날 '문명인'과 '야만인'이라는 용어는 유행이 지났다. 하지만 같은 태도는 여전히 남아 있다. 동부와 서부 해안 도시에 사는 미국인은 자신들이 중서부의 교육받지 못하고 시골티 나는, 비행기를 타고서야 겨우 갈 수 있는 주의 미국인과 구별되는 교육받은 도시 엘리트라고 생각한다. 교육 수준이 높고, 산업화되고, 부유하며, 민주적인 서구 사회, 이른바 위어드WEIRD[서구의(Western), 교육율이 높은(Educated), 산업화된(Industrial), 부유한(Rich) 민주적인 (Democratic)] 사회는 아직 개발도상국인 아프리카, 남미, 아시아 국가와 비교하여 자신들이 더 발전했다고 생각한다.

　문화적으로나 기술적으로 더 복잡한 사회에 사는 사람은 '원시인'이 문명화될 수 있는지에 대한 태도도 달랐다. 로마인은 갈리아인이 독일인보다 더 문명화됐다고 생각했다. 영국인은 아프리카인보다 인디언이 더 문명화됐다고 생각했다. 러디어드 키플링Joseph Rudyard Kipling의 《백인의 짐White Man's Burden》은 미국인이 필리핀을 합병해 '반은 악마, 반은 아이'인 원주민을 문명화해야 한다고 주장했다. 이에 반해 사우스캐롤라이나의 벤자민 틸먼Benjamin Tillman 상원의원은 필리핀 사람이 "우리 제도에 적합하지 않다"라고 주장하며 문명화 계획에 반대했다. 문명인이 비문명인의 삶에 어떻게 개입해야 하는지에 대한 논쟁이 있었지만 여전히 많은 이가 일부 사람은 '원시적'이라는 점에 동의한다.

　그러면 먼저 인간의 보편적 사고를 풀어내는 것에서 시작해 시간과 지리에 따라 사람들이 어떻게 그리고 왜 달라지는지 설명해 보자.

원시인?

　전 세계의 사람은 각기 다른 도구, 기술, 전통을 가지며 그들이 직면한 다양한 문제를 해결하는 각기 다른 문화적 측면을 갖고 있다. 이런 해결책을 체계적으로 정리한 인물은 현대 문화인류학의 아버지로 불리는 독일의 물리학자이자 인류학자 프란츠 보아스Franz

Boas이다. 보아스는 19세기 유럽에서 어린 시절을 보냈다. 그는 '야만인'에서 '문명인'으로 이어지는 사회의 위계, 즉 유럽인이 정점에 있고 다른 모든 사람이 그 아래에 있다는 당시의 서구적 가치에 젖어 성장했다. 이런 견해는 당시 문화인류학의 공식 입장이나 다름없었다. 또 다른 주요 인물은 영국의 인류학자 에드워드 버넷 타일러 Edward Burnett Tylor로 그는 오늘날에도 자주 인용되는 문화에 대한 정의를 최초로 제시했다. "문화 또는 문명은 넓은 민족지학적 의미에서 볼 때 지식, 신념, 예술, 도덕, 법률, 관습, 그리고 사회 구성원으로서 인간이 습득한 기타 모든 능력과 습관을 포함하는 복잡한 전체이다."

타일러가 말한 위계 중 가장 밑바닥에는 '미개인savages'이 있는데 말 그대로 야생이나 숲에 살면서 농사를 짓지 않고 땅을 일구며 살아가는 사람을 뜻했다. 타일러에 따르면 이누이트는 미개인이다. 약간 나은 것은 '야만인'으로 아랍인을 가리켰다. 물론 더 과거에는 아랍에서 타일러를 포함한 영국인을 야만인으로 간주했었다. 타일러에게 문명의 정점은 당연히 유럽이다. 그러나 타일러는 빅토리아 시대의 인종적 위계질서에 대한 믿음을 거부하고 그 대신에 인류의 보편성을 믿었다. 타일러에게 다른 사회는 지능이 부족해서 어리석은 것이 아니라 문명의 위계질서에 올라서는 데 필요한 지식이 부족할 뿐이었다. 시간이 충분히 있었다면 그런 지식을 성취할 수 있었을 것이다. 19세기 후반, 인간을 계층적으로 구조화하는 가정에 의문이 제기되기 시작했다. 그리고 이런 의문은 결국 인간이라는 동물, 그리고 사회의 역할에 대한 더 철저한 이해로 이어졌다.

1883년, 모험에 대한 열망으로 가득 차 있던 스물다섯 살의 프란츠 보아스는 막 물리학 박사 학위를 취득한 후 그린란드 서쪽에 있는, 캐나다 최북단의 배핀섬으로 향하는 게르마니아호에 탑승했

다. 게르마니아호의 임무는 극지방 기상 관측소에 있는 독일 과학
자를 대피시키는 것이었다. 보아스기 배핀섬에서 만난 사람은 성공
한 과학자와 무지한 미개인이 아니었다. 이누이트족 없이는 아무것
도 할 수 없는 무능한 과학자였다. 이 경험이 그의 감성을 뒤흔들었
다. 더 많은 에너지 예산과 복잡한 기술을 가진 사회에서 왔음에도
불구하고 독일의 기술과 문화는 북극에 적합하지 않았다. 당연한 일
이었다. 결국 독일인이 이누이트족을 방문한 것이지 그 반대가 아니
지 않은가? 반면 이누이트족은 얼어붙은 혹독한 환경에서 생존하고
번성하는 방법에 대한 깊은 지식을 가지고 있었다. 이누이트는 순록
과 다른 동물의 움직임, 그 동물들을 가두어 사냥하는 방법, 가죽이
가장 좋은 동물, 가죽을 따뜻한 옷으로 만드는 방법을 알았다. 보아
스에게 가장 인상적이었던 점은 세계에서 다섯 번째로 큰 이 섬의
풍경이 그와 그의 동료 독일인에게는 평범하고 형태가 없는 것처럼
보였지만 이누이트에게는 역사적 이야기가 넘치는 곳, 항해해 나갈
곳이 풍부한 곳이었다는 점이다.

　　보아스는 이누이트족의 생활 방식에 매료되어 물리학을 포기하
고 남은 생애를 이누이트족의 생활 방식, 즉 그들이 어떻게 살고, 살
아남고, 번성했는지 알아내는 일에 바쳤다. 그리고 결국 마거릿 미
드Margaret Mead, 루스 베네딕트Ruth Benedict 등 그의 제자가 전 세계 여
러 사회에서 같은 일을 하도록 훈련시켰다. 이들은 머나먼 땅에서
이론을 세워 추측하는 이론인류학자가 아니었고 오래전에 사라진
고대 문명을 연구하는 고고인류학자도 아니었다. 다양한 사회에서
그 사람들과 같이 지내며 연구하는 새로운 '문화인류학자'였다. 문
화인류학자는 각 사회의 구성원이 어떻게 전혀 다른 도구, 기술, 사
회 조직, 무역을 활용하여 다채로운 환경에서 생존하고 번영하는지
체계적으로 기록했다. 각 사회는 식량 확보, 주거, 국방, 자녀 양육,

사회적 조화 유지 등 전 세계 모든 인류가 직면한 문제에 대해 서로 다른 해결책을 가지고 있었다. 그렇다면 이런 사회는 애초에 여러 환경에서 생존하고 번성할 수 있는 방법을 어떻게 찾아낼 수 있었을까?

진화생물학에서 한 가지 분명한 해답이 등장했다. 찰스 다윈은 1859년에 《종의 기원On the Origin of Species》을, 1871년에 《인간의 유래The Descent of Man》를 출간했다. 다윈 자신은 유전학에 대해 아무것도 몰랐지만 그가 사망한 지 거의 20년이 지난 1900년에 무명의 아우구스티누스회 수도사 그레고어 멘델Gregor Mendel의 세심한 완두콩 육종 실험이 재발견됐다. 멘델의 연구로 유전자의 존재와 그 효과가 밝혀지면서 집단유전학이라는 새로운 분야가 열렸다.

과학자, 수학자, 통계학자는 20세기 전반기에 다윈의 '자연 선택' 이론과 유전학 및 나머지 생물학 이론을 이른바 현대적 종합 Modern Synthesis이라고 알려진 방식으로 조화하는 데 상당히 애를 썼다. 예를 들어 형질은 개별 유전자로 전달되는데 왜 키는 종 모양의 정규분포 곡선을 그리는 것일까? 멘델의 실험 결과 키가 큰 완두콩과 키가 작은 완두콩이 섞여 있었고 그 사이에는 아무것도 없었다. 멘델이 옳다면 사람에서도 키가 큰 사람과 키가 작은 사람이 섞여 있고 그 사이에는 아무것도 없어야 하지 않을까? 이러한 질문은 수학적으로도 실험적으로도 조정돼야 했다. 정답은 이렇다. 대부분의 형질은 다유전성, 즉 여러 개의 개별 유전자가 모두 키에 기여하기 때문에 종 모양의 연속적인 분포를 보인다.

현대적 종합은 생물학의 발전에 큰 변화를 가져왔다. 모든 동물이 어떻게 먹이 취득, 방어, 번식, 집단 생활을 위한 해결책을 개발했는지에 대한 수학적 이론, 이론적 틀, 경험적 증거를 제시했다. 대개의 동식물은 주로 유전적 진화를 통해 이를 달성했다. 동물이 생존하는 데 도움이 되는 유전자는 그렇지 않은 유전자를 희생해 살아남았다. 하지만 이것만으로는 다양한 생태계에서 성공한 인류의 발자취를 설명하기에 부족하다. 물론 각기 다른 지역의 인간은 각기 다른 생태계에 적응하기 위해 다른 머리카락, 피부, 눈, 코를 가지고 있지만 이것이 그들의 성공과 생존을 증진한 독특한 해법이 무엇이었는지 설명할 수 있을까?

치타를 북극으로 데려가면 치타는 추위에 덜덜 떨 것이다. 북극곰을 열대 지방으로 데려가면 더워서 헉헉거릴 것이다. 하지만 보아스 학파의 인류학자는 원주민에게서 많은 것을 배웠고 그들의 가이드와 지식을 바탕으로 현지에서 살아남았다. 원주민과 유전자가 다른데도 말이다. 당시 호주의 로버트 버크Robert Burke와 윌리엄 윌스William Wills, 북극의 존 프랭클린John Franklin과 같은 유럽 탐험가의 실종 스토리가 세계 곳곳에서 들려오고 있었다. 이들의 생존 여부는 개인적 능력이나 유럽에서 가져간 기술에 좌우된 것이 아니라 현지 사람들과 현지 지식(현지 식량을 찾고 가공하는 방법, 어떤 식물을 먹고 어떤 식물을 피해야 하는지 등)에 접근하는 능력에 달려 있었다. 그곳에 타일러를 비롯한 사람들이 상상한 원시인은 없었다. 인류가 세계 방방곡곡에서 성공한 것은 유전자 때문이 아니라 그들의 사회 덕분이었다. 도시민의 독특한 인지 능력과 성취는 일반적 '영리함'의 차이 때문이 아니었다. 특별한 기술과 성취는 더 크고 서로 연결된 사회에서 발산하는 아이디어, 은유, 지식, 사고방식에 대한 접근성에서 비롯된 것이다.

하지만 그들의 사회는 어떻게 이 모든 것을 알아냈을까? 아프리카 유인원의 후손은 어떻게 북극에서 생존하는 법을 배우게 되었을까? 이 질문에 대한 답은 진화생물학과 문화인류학의 교차점에서 찾을 수 있다.

합리적인 동물?

인간은 여러 면에서 다른 동물과 비슷하다. 인간은 먹고 싸고 짝짓기를 하고 번식하고 죽는다. 하지만 뇌의 크기나 사회의 규모 같은 다른 측면에서 보면 인간은 특이점이다. 어떻게 이런 일이 일어났는지, 다른 동물에게는 왜 이런 일이 일어나지 않았는지 분명하지 않다. 그러나 진화가 우리 종의 지능을 선택했다는 것은 분명해 보인다. 19세기 철학자는 인간을 합리적인 동물로 묘사했다. 인간은 인과적 추론을 통해 다른 동물과는 다른 방식으로 자신의 세계를 이해할 수 있다는 것이다.

하지만 20세기 후반과 21세기 초반에 실시된 생물학과 심리학 분야의 새로운 실험에 의하면 이런 가정은 잘못된 것으로 보인다. 인간을 가장 가까운 친척인 침팬지와 비교해 보았을 때, '합리적 동물로서의 인간'이라는 개념이 환상일 수도 있다는 것이다. 같은 시기에 경제학자도 행동과학의 혁명을 거치면서 같은 결론에 도달해 가고 있었다.

침팬지에서 시작해 보자.

혹성탈출, 종의 전쟁

영장류학자는 인간이 아닌 영장류를 연구한다. 발달심리학자는 인간 아동을 연구한다. 이 두 분야의 과학자는 종종 인간 아이를 어린 침팬지나 다른 유인원과 비교하는 실험을 공동으로 진행하기도 한다. 예를 들어 한 실험에서는 아이, 침팬지, 오랑우탄에게 일련의 인지 실험을 실시했다. 일종의 유인원 지능 지수IQ 테스트이다. 테스트의 절반은 물체를 머릿속에서 회전하는 것부터 더하기, 인과적 추론, 도구의 기능적/비기능적 특성을 이해하는 것까지 물리적 인지와 관련된 것이었다. 아이와 침팬지의 수행 능력은 거의 차이가 없었고 오랑우탄의 수행 능력은 이보다 조금 떨어졌지만 큰 차이는 아니었다. 나머지 절반의 실험은 다른 사람에게서 해결책을 배우는 것부터 의사소통 단서를 이해하고 생성하는 것, 다른 사람이 무엇을 하려는지 알아내는 것까지 사회적 인지와 관련된 것이었다. 이 테스트는 경쟁이 아니었으나 인간 아이는 특히 다른 사람에게 뭔가를 배우는 부분에서 침팬지나 오랑우탄 사촌을 크게 이겼다. 아이들은 **사회적 학습**에서 압도적으로 좋은 점수를 받았다.

2007년 《사이언스》 저널에 발표된 이 결과는 호모 사피엔스*Homo sapiens*의 '*sapiens*'가 정말로 의미하는 것이 무엇인지 확인해 주었다. 바로 지혜이다. 하지만 우리가 지혜로운 이유는 특별히 논리적이거나 인과적 추론에 뛰어나기 때문이 아니다. 우리는 다른 사람에게서 배울 수 있기 때문에 지혜롭다. 내 동료인 조 헨릭이 예전에 한번 언급한 것처럼 인간은 영리함보다 사회성이 더 낫다는 사실을 배웠다. 하지만 그 이상이다. 우리는 사회성을 통해 훨씬 더 영리해질 수 있다.

이런 사회적 학습의 차이를 명확하게 보여 주는 실험이 지리적으로 매우 다른 두 곳에서 진행됐다. 한 곳은 골프의 발상지이자 윌리엄 왕자가 미래의 아내 캐서린(케이트) 미들턴을 만난 세인트앤드루스대학교가 위치한 스코틀랜드, 다른 곳은 동아프리카 전역에서 구조된, 대략 50마리의 침팬지가 살고 있는 우간다의 응암바섬 침팬지 보호 구역이다.

2005년, 세인트앤드루스대학교의 빅토리아 호너Victoria Horner와 앤드루 휘튼Andrew Whiten이라는 두 연구자가 스코틀랜드의 아이와

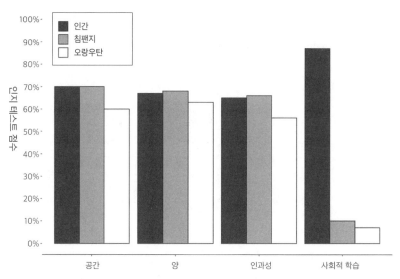

그래프 및 데이터 출처: E. Herrmann, J. Call, M. V. Hernández-Lloreda, B. Hare, and M. Tomasello (2007), 'Humans Have Evolved Specialized Skills of Social Cognition: The Cultural Intelligence Hypothesis', *Science*, 317(5843), 1360 – 6.

응암바의 어린 침팬지에게 스스로 생각할지 혹은 다른 이의 행동을 모방할지 선택할 수 있는 기회를 주었다. 연구자들은 검은 상자 하나를 준비했는데 상자 위쪽과 옆면에 구멍을 뚫었다. 상자 안에는 침팬지를 위한 과일 조각 혹은 어린이를 위한 스티커 같은 보상이 들어 있었다. 침팬지에게 막대기를 상단 구멍과 옆면 구멍에 차례로 밀어 넣으면 보상을 얻을 수 있음을 보여 주고 막대기를 침팬지에게 넘겨주었다.

침팬지가 언어 보드를 사용해 대화하거나 인스타그램을 스크롤하거나 작업 기억력 과제를 빠르게 해결하는 영상을 본 적이 있다면 그들이 얼마나 똑똑한지 알 것이다. 침팬지는 실험자의 동작을 완벽하게 모방해 막대기를 먼저 위쪽 구멍에 넣은 다음 옆면 구멍에 넣어 과일을 얻었다. 그들은 기뻐했다.

인간 아이에게도 같은 방법을 보여주었다. 막대기를 상단 구멍

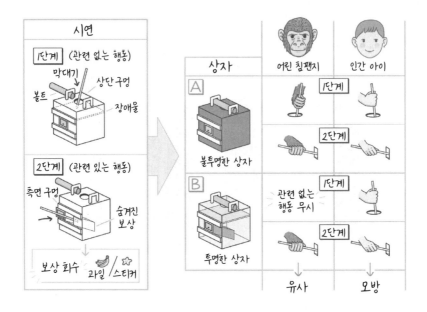

에 넣은 다음 옆면 구멍에 넣는 모습을 보여 주었다. 역시 침팬지처럼 막대기를 상단에 넣은 후 옆면에 넣어 스티커를 얻었다. 아이들이 기뻐했다.

그런 다음 새로운 실험 조건을 도입했다. 검은 상자를 동일한 모양의 투명 상자로 교체했다. 상자가 투명하기에 침팬지와 아이 모두 첫 번째 동작인 상단 구멍에 막대기를 넣는 행위가 실제로는 아무런 기능을 하지 않는다는 사실을 볼 수 있었다. 사실 상자 안은 구획돼 있어 보상은 오직 옆면 구멍을 통해서만 얻을 수 있었다. 상단 구멍은 아무런 관련이 없었다. 하지만 실험자는 여전히 상단 구멍에 막대기를 넣은 다음 옆면 구멍에 넣었다. 그리고 막대기를 침팬지에게 건넸다. 침팬지는 어떻게 했을까? 침팬지는 상당히 영리했다! 상단 구멍을 무시하고 바로 옆면 구멍에서 과일을 꺼냈다. '모방imitation'이 아닌 '유사emulation' 행동을 보인 것이다.

같은 실험을 아이에게도 반복했다. 아이들도 영리하게 행동했을까? 아니었다. 아무 상관 없는 위쪽 구멍에 막대기를 계속 찔러 넣은 다음 옆구리 구멍에 막대기를 넣었다.

이는 인간 아이가 인과관계를 이해하지 못했기 때문이 아니었다. 나중에 진행된 다른 실험에서 아이는 인과관계를 침팬지만큼 잘 이해하고 있음을 확인할 수 있었다. 하지만 아이는 어른이 자신이 모르는 무언가를 안다고 가정했다. 그래서 어른이 그렇게 행동한 이유를 역공학적으로 파악하려고 시도하기보다는 그저 단순하게 모방했다. 외관상 무의미해 보이는 두 번의 막대기 찌르기 방법이 사람들이 **일을 처리하는 방식**이라고 가정하고 모든 행동을 따라한 것이다. 인간 아이가 침팬지보다 더 잘 모방한다. 그렇게 함으로써 인간 아이는 실수를 하는 것이 아니라 오히려 뛰어난 능력을 발휘하고 있었다.

이전 세대로부터 성공적 행동, 신념, 도구, 사고방식을 복제함으로써 그 이유를 이해하지 못하더라도, 인간 아이는 자기 인지 능력의 한계를 뛰어넘을 수 있는 우리 종 특유의 과정에 참여한다. 이는 항생제, 민주 정부, 원자로로 이어진 문화적 진화 과정이다. 이 과정을 통해 인간은 서로의 작업을 기반으로 삼아 과거에 이미 이뤄진 작업을 당연하게 여기면서 현재 개발하고 혁신해야 할 과업의 범위를 좁혀 나갈 수 있었다. 반면에 침팬지는 여전히 모든 것을 스스로 파악하려고 시도하므로 비교심리학자 베넷 갈레프Bennett Galef가 했던 유명한 말처럼 "여전히 비를 맞으며 알몸으로 앉아 있다."

사실 아이들은 한 가지 착각에 빠졌는데 바로 어른이 최선의 전략을 보여 주고 있다고 생각한 것이다. 연구자가 실험의 목적을 위해 고의적으로 비효율적 행동을 한 것인데도 말이다(이는 나중에 설명할 어리석은 군중 행동에 대한 힌트이기도 하다).

아이는 상대적으로 자신보다 현명한 어른에게 배운다. 물론 그 어른은 자신이 아이였을 때 다른 어른을 모방했으며 그 다른 어른 역시 아이였을 때 또 다른 어른을 모방했다. 이런 과정이 시간을 끝없이 거슬러 올라간다. 이것이 실험실 밖 세상에서 벌어지는 인류의 진보이다. 각 세대의 아이는 다음 세대의 어른이 되어 도구, 기술, 전통 등 성공적인 비법을 머릿속에 가득 채운다. 이해라기보다는 선택적 신뢰를 따르는 것이다. 우리의 삶은 그것이 어디에서 기원했는지 잊어버린, 후천적으로 습득한 레시피로 가득하다. 사회적으로 전달되는 정보에 의존하는 방식은 본질적으로 탁월함으로 가는 지름길이다.

우리는 요리할 때 고기를 일정한 방식으로 자르고, 처음 혹은 마지막에 소금을 치곤 하는데 이유는 별다를 것이 없다. 부모님이 그렇게 가르쳤기 때문이거나 요리사 고든 램지Gordon Ramsay가 그렇게 하라고 했기 때문이다(고든 램지에게 욕먹는 것을 원하는 사람은 아무도 없을 것이다). 요리의 생물학이나 화학을 이해하지 못해도 소화가 잘되고 몸이 이용 가능한 칼로리와 영양소가 가득한 맛있는 요리를 만들 수 있다. 우리는 컴퓨터로 이메일을 확인하는데 사실 이는 마법과도 같은 기술이다. 몇 번의 클릭으로 다 읽지도 못할 만큼 많은 이메일이 쌓인 받은 편지함으로 들어간다. 와이파이가 다운되면 전원을 껐다가 다시 켠다. 대개는 해결된다. 프로세서, 소프트웨어, 랜덤 액세스 메모리가 어떻게 화면에 이미지를 생성하는지, 라우터가 어떻게 전파를 이용해 페이스북을 표시하는지 이해할 필요 없다. 남이 하는 대로 따라 하는 것이다.

아이가 어른을 복제한다는 것은 옳은 판단이지만 그 어른이 자신이 하는 일을 안다고 가정하는 것은 틀렸다. 재미있는 점은 어른도 자신이 무엇을 왜 하는지 모르는 경우가 많지만 마치 그것을 알고 있다고 느낀다는 것이다. 심리학자는 이를 **설명 깊이의 착각**illusion of explanatory depth이라고 부른다.

무지는 뻔하다

설명 깊이의 착각은 심리학에서 가장 깊고도 잘 알려지지 않은 발견이다. 이 글을 읽고 나서도 자각할 수 없을 만큼 근절하기 어려운 환상이기도 하다. 하지만 이야기를 계속하기 전에 반드시 짚고 넘어갈 것이 있다. 이 편향의 본질은 우리 모두가 실제로 아는 것보다 더 많이 안다고 생각한다는 것이다. 우리는 자신의 믿음, 행동, 사용하는 기술에 대해 이해하며 합리적인 인과 모델을 가지고 있다고 가정한다. 그렇지 않다고 생각하는 것은 우리의 자아감을 위협한다. 이 환상은 우리가 테스트를 받을 때, 즉 구체적인 설명을 요구받을 때 깨진다.

이제는 고전이 된 실험이 있다. 사람들에게 수세식 변기의 작동 원리를 이해하는지 물었다. 수세식 변기는 약간의 운과 충분한 섬유질만 있다면 우리가 매일 접하는 수백 년 된 기술이다. 여러분 역시 변기가 어떻게 작동하는지 어느 정도 알고 있다고 느낄 것이다. 하지만 생각해 보라. 누군가 당신에게 어떻게 물이 변기 안의 모든 것을 씻어내고 다시 같은 수준으로 차오르는지 묻는다면 설명할 수 있는가? 다른 변기를 그대로 흉내 내지 않고 직접 변기를 만들 수 있겠는가? 세부 사항을 설명하다 보면 처음에 생각했던 것보다 자신이 가진 이해의 폭이 좁다는 점을 깨닫게 된다. 와인병을 거꾸로 뒤집어 보라. 바닥이 오목하게 올라와 있는데 왜 그런지 아는가? 공중 보건 캠페인에서는 처방받은 항생제를 남김없이 먹으라고 권장한다. 왜 그럴까? 슈퍼 박테리아를 예방하기 위해서이다. 그런데 좀 이상하다. 모든 박테리아가 죽는 것은 아니니까 약을 다 먹은 뒤에도 기어이 살아남은 균이 가장 강력한 항생제 내성을 가지게 되는 것 아닐까? 그러나 이런 논리와 달리 항생제 복용을 일찍 중단하면 슈퍼 박테리아가 생길 가능성이 더 높아진다. 분명한 사실이다!

변기 압력의 차이, 와인병의 기하학적 구조와 역사, 항생제 사멸 곡선의 선택압에 대해 배우게 되면 이제 여러 기제를 이해한 것 같은 기분이 들 것이다. 사실 답을 알고 난 후에 생각해 보면 그 답이 뻔하게 느껴질 수 있다. 그러나 이 느낌 역시 같은 착각의 일부이다. 이 착각은 떨쳐 버릴 수 없는데도 어떤 사람은 자기는 그런 착각을 하지 않는다고 여긴다. 설명 깊이의 착각은 극복하는 것이 거의 불가능한 인간 심리의 특징이다.

지금 여러분은 아마 의자에 앉아 있거나 침대에 누워 있거나 자동차를 운전하고 있을 것이다. 그러나 의자나 침대, 자동차를 만들 수 있는가? 목재 가공, 광석 채굴 및 금속 제작, 섬유 생성 및 직조 등을 포함해서 말이다. 사실 여러분이 읽고 있는 이 책의 생산 과정도 생각보다 더 복잡하다. 이런 착각에는 많은 함의가 있다.

한 가지 함의는 다른 사람의 문제는 간단해 보인다는 것이다. 친구가 인간관계 때문에 괴로워할 때, 경력 때문에 고민할 때 그 해결책이 당신에게는 너무나 분명해 보인다. 사회적 문제, 특히 다른 사회가 겪는 문제에 대한 해결책도 마찬가지로 간단해 보인다. 이 경우에 당신의 심리는 어떤 문제의 진정한 복잡성에서 당신을 보호한다.

나는 이런 사례로 세상은 복잡하게 얽혀 있을 뿐만 아니라 우리 마음이 생각보다 훨씬 더 복잡하다는 말을 하고 싶었다. 그런데 우리가 이런 인과 모델을 갖고 있지 않다면 과연 누가 가지고 있을까? 이누이트, 월스트리트 은행가, 실리콘밸리의 슈퍼스타, 우리 모두는 성공을 위한 모든 정보를 어디에서 얻을 수 있었을까? 궁극적으로 그런 정보는 어디에서 왔을까? 우리는 무엇을 해야 할지 어떻게 알 수 있을까?

지식의 샘

세 가지 정보원이 우리의 행동을 이끈다. 첫째, 자신의 인생 경험에서 배우는 것이다. 1930년대에 하버드대학교의 심리학자 B. F. 스키너Burrhus Frederic Skinner는 쥐를 상자에 넣고 한쪽 레버를 누르면 보상을 주고 다른쪽 레버를 누르면 충격을 주었다. 쥐는 어느 레버를 눌러야 하는지 금방 학습했다. 스키너는 강화 학습의 법칙을 정립했고 이 법칙은 결국 현대의 기계 학습 알고리듬으로 이어진다.

과정은 간단하다. 만약 여러분의 개가 올바른 장소에서 배변을 하길 원한다면 올바로 할 때마다 보상을 주고 그렇지 않을 때 꾸짖어라. 모든 동물은 이러한 쾌락과 고통의 과정을 통해 학습한다. 뜨거운 난로에 손을 대면 화상을 입게 되고 다시는 그런 행동을 하지 않는다. 하지만 우리는 백지 상태가 아니다. 강화 없이도 쥐와 인간은 자연스럽게 단맛을 쓴맛보다 선호한다. 바나나가 방울양배추보다 맛있다. 바나나가 맛있는 것은 유전적 진화 덕분이다.

유전적 진화는 두 번째 정보원이다. 이것 역시 강화 학습의 한 형태이지만 개별적 강화 학습으로 배우기에는 행동에 대한 피드백 시간이 아주 긴 경우에 해당한다. 단맛이 나는 화합물은 영양분을, 쓴맛이 나는 화합물은 독을 예측하지만 시행착오를 거쳐 이 규칙을 학습할 때는 이미 죽었을 것이다. 그래서 단맛이 나는 당분을 맛있다고, 쓴맛이 나는 알칼로이드를 맛없다고 유전자에 암호화한 포유류는 그렇지 않은 포유류보다 더 나은 건강, 더 긴 생명, 더 많은 후손을 얻어 그 선호가 세대를 거쳐 우리에게까지 이어졌다.

인간을 포함한 모든 동물은 부모에게서 유전적 유산을 물려받는다. 역사적으로 우리의 생존, 번성, 번식에 도움이 되는 것에는 쾌감을 느끼고, 우리를 해치거나 죽이거나 혈통을 끊을 수 있는 것에는 고통을 느낀다. 예를 들어 인간의 경우 이런 유전자는 눈 모양, 피부색, 혈액형, 성인이 되어 우유를 마실 수 있는 능력(일부 인간에게만 있고 포유류에서 일부에게만 있는), 다양한 질병 성향 등에 영향을 미친다. 유전자는 인지 및 행동의 차이와도 관련이 있다.

하지만 진화 법칙은 강화 학습을 사용하는 새로운 방법을 발견했다. 그것은 유전자도 아니고, 개인의 학습도 아닌, 광범위한 문화적 유산을 이용하는 강화이다.

아기가 태어나면 그 후 20~30년 동안은 지난 수천 년의 인류 역사를 따라잡는 데 시간을 보낸다. 때로는 브로콜리와 방울양배추의 쓴맛을 좋아하는 법을 배워야 하는 등 유전적 소인을 무시해야 할 때도 있다. 우리는 어린 시절을 보내며 신념, 가치, 규범, 전통, 기술, 습관, 행동, 즉 문화를 습득한다.

문화는 사회적으로 전달되는 정보로 구성되며 우리는 서로 소통하는 과정에서 문화를 창조하고 발전시킨다. 우리가 타인의 연애나 삶의 선택을 비평할 때, 다른 사람의 육아 방식을 비밀리에 판단하거나 따라 할 때, 소셜 미디어에서 서로에게 '좋아요'를 주고받을 때, 새로운 것을 배우거나 다른 것을 시도하기로 결정할 때, 다른 사람에게 영감을 주거나 다른 사람에게 영감을 받을 때, 우리는 문화의 변화를 주도하고 있는 것이다. 유전 정보와 문화 정보 모두를 물려받는다는 주장을 이중 유전 이론이라 한다. 문화가 진화하는 규칙에 관한 이론은 문화적 진화라 한다. 이중 유전과 문화적 진화의 수학적 이론은 다음과 같은 질문으로 시작되었다. 자연 선택이 언제, 다른 사람에게서 배우는 학습이라는 형질을 진화시키게 된 것일까?

문화적 진화의 진화

유전적 진화는 환경에 적응하는 유전자로 이어지지만 수학적 연구를 통해 알게 된 사실은 환경이 지속적으로 변화할 때, 특히 변화는 있지만 과도하지 않을 때, 다른 사람을 통해 사회적으로 학습하는 행동이 유전적 진화보다 유리하다는 것이다. 동화《골디락스와 곰 세 마리Goldilocks and the Three Bears》에서처럼 환경의 변동성이 너무 안정적이지도 않고 너무 불안정하지도 않은 골디락스 영역이 있다(《골디락스와 곰 세 마리》는 19세기 영국의 전래동화로 소녀 골디락스는 곰 세 마리가 사는 집에 몰래 들어가서 음식을 먹고 의자에 앉고 침대에서 잠을 자는데 이때 최적의 음식, 의자, 침대를 고른다. 이로부터 생명체가 살기에 적합한 환경을 뜻하는 골디락스 영역이라는 단어가 유래했다-역주). 이 골디락스 영역은 동물의 수명과 세대 길이에 따라 달라지지만 이 영역 내에서 환경이 충분히 오랫동안 변동하면 모든 동물은 스스로 학습하는 행동 혹은 유전적 본능을 맹목적으로 따르는 행동보다는 다른 동물이 하는 일에 집중하는 행동을 보이게 된다. 이 모델은 수학적 방법으로 증명한 것이지만 수식 없이도 이해할 수 있다.

환경이 오랜 기간에 걸쳐 매우 안정적일 때, 즉 변화가 없을 때는 유전적 진화가 적응하는 가장 좋은 방법이다. 예를 들어 계절적으로 일조량이 변하기는 하지만 일조량은 위도(즉, 호주가 오스트리아보다 일조량이 더 많음)에 따라 상당히 안정적이다. 이런 경우에는 유전적 해결책이 선호된다. UV 방사선 조사량에 최적화된 인간 피부색이 그 예이다. 유럽에 사는 어두운 피부색의 사람은 충분한 보충제 없이는 비타민 D 결핍의 위험이 있고 호주에 사는 백인은 자외선 차단제 없이는 피부암이 발병할 위험이 있다. 인간의 피부색은 안정적으로 햇빛이 노출되는 수준에 대한 유전적 적응이다. 햇빛 노출의 영향은 개인적 또는 문화적으로 학습하기에는 너무 느리게 나타난다.

반대로 환경이 매우 불안정하면 큰 두뇌와 시행착오를 통한 학습을 선택하게 된다. 오늘은 물이 여기 있다가 내일은 저기 있을 수 있다. 오늘은 파란 열매를 먹었지만 내일은 사라져 빨간 열매를 먹을 수 있는지 알아내야 한다. 환경이 유전적 진화와 문화적 진화에 의존하기에는 너무 빠르게 변하기 때문에 시행착오를 통한 개별 강화 학습에 의존해야 한다. 하지만 환경이 유전적 적응에 비해 너무 빠르게 변화하는 반면, 개인적 학습에 비해 너무 느리게 변화한다면 어떨까? 우리는 이 두 극단 사이, 즉 환경이 세대 길이에 맞춰 변동할 때 부모와 조부모에게서 배울 가치가 있는 지식을 얻을 수 있다.

여러분이 고대 사회에 사는 어린이라고 상상해 보라. 인류는 아직 물리학, 화학, 생물학, 경제학, 심리학을 발명하지 못했다. 이 사회는 주기적으로 가뭄을 겪지만 당신과 당신의 부모는 가뭄을 경험해 본 적이 없다. 하지만 할머니는 어렸을 때 가뭄이 들어 산 너머 숲으로 가서 물을 찾았던 기억을 떠올리고 이 지식을 바탕으로 부족을 안전하게 이끈다. 이런 상황에서 과거 세대의 지식은 매우 중요하므로 사회적 학습이 필요하다. 실제로 기술 및 문화가 급변하는 시기에 노인에 대한 존경심이 줄어드는 이유도 바로 이 때문이다. 세상이 빠르게 변화하면 오래된 지식은 구식이 되고 노인은 지식의 원천으로서 설 자리를 잃는다.

이런 조상의 최적 가변 환경이 없었다면 사람들은 타인이 무엇을 하는지 별로 관심을 갖지 않았을 것이다. 인스타그램도 발명되지 못했을 것이다. 사회적 학습에 대한 의존성이 증가함에 따라 인과적 추론에 의존하는 것에서 벗어나 **문화적 추론**에 의존하는 방향으로 나아갔다.

112

문화적 추론

　때로 과학이 앞으로 나아가기 위해 필요한 작업은 기존의 가정을 버리는 것이다. 예를 들어 지구는 매우 평평하고 안정적으로 보이며, 우리 눈에는 동쪽에서 서쪽으로 하늘을 가로지르는 태양이 선명하게 보인다. 하지만 지구가 평평하고 태양이 움직인다는 가정을 버리면 태양계에 대한 더 나은 모델을 얻을 수 있다. 이 지식을 이용하면 우리는 화성에 갈 수 있다. 시간은 모든 사람과 모든 장소에서 똑같이 흘러야 할 것처럼 느껴지지만 그 가정을 버리면 우주에 관한 더 나은 모델을 얻을 수 있다. 2014년 개봉한 영화 〈인터스텔라〉가 제대로 가르쳐 준 것처럼 시간은 높은 고도에서 더 빨리 흐른다. 우리는 이 지식을 이용해 위성 위치 확인 시스템GPS을 구축했다. 생물학적 세계는 매우 혼란스러워 보이고 인간은 분명히 동물과 구별된 것 같지만 이런 가정을 버리면 자연에 대한 더 나은 모델을 얻을 수 있다. 그리고 그 지식을 통해 유전자를 편집하고 mRNA를 설계할 수 있다.

　인간과 사회과학의 발전을 가로막는 가정은 인간의 고유성이 인간 지능에 기반을 둔다는 가정이다. 오해하지 말라. 우리는 똑똑하다. 하지만 우리의 추론 능력 때문은 아니다. 우리에게는 어느 수준으로 추론하는 능력이 있지만 문화가 없다면 다른 동물에 비해 더 뛰어나게 추론할 수 없다. 이쯤 되면 조금은 회의적인 생각이 들 것이다. 좀처럼 기존 가정을 부정하기는 어렵겠지만 할 수 있다면 계속 해 보자. 인간의 지능이 소프트웨어가 아닌 하드웨어의 산물이라는 가정을 버릴 때 우리 자신에 대한 더 나은 모델을 얻을 수 있기 때문이다. 우리는 그 지식을 통해 모든 인간에 대한 이론에 도달할 수 있을 뿐만 아니라 더 나은 사회를 만들기 위해 그 지식을 사용할 수 있다.

경세학에서 악평을 많이 받는 '합리적 인간' 또는 호모 이코노미쿠스Homo economicus라는 가정은 인간을 순전히 이성적인 동물로 보는 19세기 철학적 관점에서 출발한다. 이 가정은 경제학에서 인간의 행동을 모델링할 때 널리 사용되었으며 20세기에는 물리학의 마찰과 탄성 같은 개념에서 영감을 받아 수학적으로 공식화됐다. 그러나 이 가정은 현실과는 거리가 멀다.

합리적 인간이라는 가정이 실제 인간 행동을 설명하지 못한다는 점을 밝혀낸 연구로 최소 세 차례에 걸쳐 노벨 경제학상이 수여되었다는 사실은 매우 의미심장하다. 허버트 사이먼Herbert Simon은 1978년에 인간의 합리성이 제한된 정보, 시간, 인지 능력에 의해 제약받는다는 이론으로 노벨 경제학상을 받았다. 우리에게는 충분한 정보도, 모든 가능성을 파악할 시간도, 진정으로 이성적으로 판단할 수 있는 두뇌 공간도 없다. 대니얼 카너먼Daniel Kahneman은 아모스 트버스키Amos Tversky와 함께 사람들이 이득보다 손실 가능성을 더 싫어한다는 비합리성을 보여 준 전망 이론prospect theory으로 2002년 노벨 경제학상을 받았다. 10만 100달러를 벌거나 10만 달러를 잃을 수 있는 동전 던지기를 제안하면 대부분은 자신에게 유리한 확률에도 불구하고 동전 던지기를 하지 않는다. 2017년에는 리처드 탈러Richard Thaler가 넛지nudge로 상을 받았다. 이 이론은 사람들이 비합리적 편견을 가지고 있음을 인정하고 편견을 활용하여 사람의 행동을 긍정적으로 변화시킬 수 있음을 보여 준다. 예를 들어 오스트리아에서는 사망 시 장기 기증률이 100%에 육박하지만 독일에서는 12% 정도에 불과하다. 이는 오스트리아 사람이 독일 사람보다 더 착하기 때문이 아니다(이에 대한 논쟁은 독일어권 친구에게 맡기겠다). 독일 사람은 장기 기증에 동의하는지를 결정하는 반면 오스트리아 사람은 장기 기증을 거부하는지를 결정한다는 차이점이 있을 뿐이다. 둘 사이의 차이점은 기본 선택권이었다. 사람들은 대개 당장 자신의 삶에 영향을 미치지 않는 결정에 대해서는 주어진 기본값을 고수하는 경향이 있다.

이래도 자신이 비합리적인 사람임을 믿지 않겠는가? 뭐 그렇다면 적어도 다른 사람은 비합리적이라고 생각할 것이다. 우리는 대개 자신만 이성적인 사람이라고 생각한다. 그건 다른 사람도 마찬가지이다. 행동경제학은 우리가 스스로를 합리적이라고 느끼더라도(동시에 다른 사람들은 그렇지 않다고!), 적어도 개별적으로 효용을 극대화하거나 일관된 선호도를 유지하는 면에서 우리 행동이 실제로는 합리적이지 않다는 사실을 깨닫게 해 준다. 오히려 인간은 수백만 년에 걸친 유전적 진화, 수천 년에 걸친 문화적 진화, 그리고 짧은 생애에 걸친 경험에 의해 적합성이 극대화되고 선호도가 조율된 **진화적 합리성**evolutionary rationality의 산물이다.

허버트 사이먼은 인간의 정보, 시간, 인지 능력에 한계가 있다는 사실을 밝힌 공로로 노벨상을 수상했다. 하지만 사이먼보다 진화가 이를 먼저 깨달았다. 인간은 스스로 답을 계산하기 위한 정보, 시간, 지능이 없었기 때문에 집단 전체에 계산을 분산하면서 세대를 거듭하며 천천히 답을 풀었다. 그런 다음 얻어낸 정답을 사회적으로 학습하기만 하면 됐다. 이런 접근법을 사용하면 우리의 이성이나 인과관계 이해를 세계에 관한 부분적 인과관계 모델을 약간 조정하는 방식으로 제한할 수 있다. 컴퓨터나 변기가 어떻게 작동하는지 이해할 필요 없이 컴퓨터 인터페이스를 사용하고 물을 내릴 수 있으면 된다. 전달해야 할 것은 어떤 버튼을 눌러야 하느냐이다. 다시 말해 기술의 작동 방식이 아니라 기술과 상호 작용하는 방법을 알면 그만이다. 따라서 우리는 정신적 능력과 실제로 알아야 할 필요 이상으로 많은 정보를 보유하는 대신에 우리의 큰 두뇌를 거대한 계산의 작은 부분에 집중하도록 할 수 있다. 우리는 사물을 충분히 잘 이해해 이로부터 이익을 얻거나 개선을 시도하지만 여전히 그 과정에서 집단의 지혜와 같이 더 큰 전체에 기여하는 작은 계산을 할 뿐이다. 우리는 우리 사회의 집단적 두뇌를 위한 더 큰 계산에서 우리가 맡은 작은 역할을 수행할 뿐이다. 물론 때때로 군중의 지혜는 군중의 광기가 되기도 한다.

진화적 합리성이 항상 정답을 제시하는 것은 아니다. 정답이 사실과 일치하지 않을 수 있기에 우리는 이익에 비해 손실을 지나치게 중시하고 콜리플라워보다 케이크를 과식하며 익숙한 정보에 지나치게 의존하는 경향을 보인다. 또한 정보의 출처가 서로 다른 신호를 줄 수 있어서 판단을 혼란스럽게 만들기도 한다. 유전적 진화는 반드시 당신이 행복하기를 원하는 것은 아니기에 문화에 따라 자녀를 더 적게 낳을 수 있고 평생의 경험에 따라 포르노부터 프링글스에 이르기까지 유전적, 문화적, 심지어 신체적 건강에 최적화되지 않은 쾌락의 지름길에 빠질 수 있다. 하지만 평균적으로 진화적 합리성은 적응적이었다(이에 대해서는 다시 논의할 것이다).

우리는 정말로 인과적 추론을 할 수 없는 것일까? 한편으로 실험에 따르면 사람들은 단순한 피드백 시스템조차도 풀기 어려워한다고 한다. 다른 한편으로 일부 연구자는 인공 지능이 할 수 있는 것과 인간 지능이 할 수 있는 것의 차이는 인과적 추론이라고 주장한다. 어린이를 대상으로 한 실험에 따르면 어린이는 때때로 성인보다 단순한 인과적 패턴을 더 잘 발견할 수 있는 것으로 나타났다. 그리고 확실히 우리는 카너먼이 말한 시스템 2, 즉 신중한 인과적 추론을 할 수 있는 능력이 있다고 느낀다. 하지만 동시에 우리 삶은 체계적 실수로 가득하다. 학생들에게 상관관계가 곧 인과관계는 아니라고 가르치는 이유가 바로 여기에 있다. 우리는 시간적 선행이나 비인과적 연관성을 인과적으로 간주하는 경향이 있다. 이것이 우리가 미신에 빠지고 같은 실수를 반복하는 이유이다. 또 우리가 인신공격 같은 논리적 오류에 빠지는 이유이기도 하다. 우리에게는 논증 자체보다 그 논증을 제시한 사람을 평가하는 경향이 있기 때문이다. 심리학이 프로이트식의 내성적 성찰을 포기한 이유이기도 한데 우리는 우리 자신의 생각에 관한 좋은 가이드가 아니다. 대개의 인간은 논리적이고 분석적인 철학자가 아니고 제한된 수준으로 인과적 추론을 한다. 그 추론은 생략 삼단논법, 또는 엔티멤enthymemes이라고 하는 투박한 종류의 논리이다.

엔티멤은 문화적 추론의 형식 중 하나로 우리가 사회나 문화 내에서 공유하는, 명시되지 않은 가정에 기초한 유사 논리적 추론을 말한다. 이러한 추론은 과거 세대에서 전해진 지식이나 가정을 바탕으로 한다. 엔티멤에는 전제가 명시적으로 드러나지 않는 경우가 많아 듣는 사람이 해당 문화적 맥락을 이해하고 있어야 그 의미를 온전히 파악할 수 있다. '모든 인간은 죽는다'라는 고전적 추론을 예로 들어 보자. '모든 인간은 죽는다. 소크라테스는 인간이다. 따라서 소크라테스는 죽는다' 같은 고전적인 연역적 논증은 SF TV시리즈 〈스타트렉Star Trek〉의 인기 캐릭터인 미스터 스팍(이성적 판단 능력이 뛰어난 외계인 주인공-역주)이 할 법한 말이지만 대개 인간은 그렇게 말하지 않는다. 실제 대화에서는 '소크라테스는 인간이라서 죽는다' 같이 더 간결하게 표현한다. 명시되지 않은 전제는 인간은 죽는다는 것이며 우리는 죽음을 경험하기 전에 이를 간접적으로 학습한다. 우리는 이러한 추론을 끊임없이 한다. '그녀는 열이 나기에 아프다.' '벤저민은 전형적인 캐나다인이어서 예의 바르다.'

우리는 문화적 인과 추론을 형식 논리와 달리 직관적으로 받아들인다. 가령 이건 어렵다. '월요일이면 지역 밴드가 유니폼을 입는다. 지역 밴드가 유니폼을 입었다. 따라서 월요일이다.' 논리적인가? 같은 구조의 이런 버전은 훨씬 이해하기 쉽다. '옷이 젖으면 갈아입어야 한다. 나는 옷을 갈아입었다. 따라서 나는 젖었다.' 문화적 인과 용어로 다시 말하면 두 진술의 비논리적 특성이 더욱 분명해진다. 인과적 추론과 문화적 추론 사이의 차이를 드러내는 웨이슨 선택 과제Wason selection task라는 실험이 있다. 다음의 그림이 주어졌을 때 '카드 한 면에 짝수가 나타나면 그 반대쪽 면은 별이다'라는 규칙의 진위를 검증하려면 어떤 카드를 뒤집어야 하는가?

아직 본 적이 없다면 해 보라. 아니, 정말 해 보고 답을 기억하자.

동일한 논리를 문화적 인과 용어로 바꾸면 답은 즉시 분명해진다. '술을 마시면 21세 이상이어야 한다'는 규칙의 진위를 검증하려면 어떤 카드를 뒤집어야 할까? 참고로, 첫 번째 문제에서 흔하게 나오는 오답은 숫자 8 카드와 별 카드이다. 정답은 숫자 8 카드와 삼각형 카드인데, 왜냐하면 규칙을 반증하기 위한 위반 사항을 찾아야 하기 때문이다. 두 번째 경우에는 맥주를 마시는 사람과 16세 청소년을 확인해야 한다는 답이 쉽게 나온다. 두 경우 사이의 차이점은 일반적으로 사기꾼을 탐지하는 모듈, 즉 본능적으로 누가 규칙을 어기고 있는지를 따지는 모듈 덕분이라고 설명한다. 이 경우 술을 마시면 안 된다는 규칙을 어기는 사람, 즉 사기꾼이 누군지 찾으려고 하기 때문에 문제 풀기가 더 쉽다는 것이다. 그러나 내 생각은 다르다. 나는 이 사례가 규범에 대한 더 일반적인 문화적 추론 심리의 일부라고 생각한다.

우리는 종종 엔티멤과 문화적 인과 논리로 논증을 구성한다. 과학자도 마찬가지이며 수학이나 컴퓨터 모델을 사용해 이론을 모델링할 때까지 자신이 얼마나 이를 남용하고 있는지 자각하지 못하는 경우가 많다. 모델링하는 과정에서 갑자기 모든 가정과 우리의 언어 이론에 명시되지 않고 문화적으로 공유된 모든 논리를 정확하게 명시해야 함이 드러난다. 명시되지 않은 잘못된 가정과 논리의 비약이 투명하게 드러나는 것이다. 이것이 많은 과학 분야에서 이론을 개발할 때 형식적인 수학 및 컴퓨터 모델을 선호하고 모델을 만드는 사람에게 모든 가정과 논리를 기록하게 하는 이유이다.

그럼에도 문화적 진화는 수 세기에 걸쳐 논리를 사용하는 능력을 향상했고 교육 시스템을 통해서 향상된 형식 추론 능력을 전수했다. 우리 주변의 모든 사람이 교육을 받았기 때문에 우리가 중요하게 여기는 형식적 합리성이야말로 다른 동물과 우리를 구별하는 특징이라는 인상을 준다. 다시 말해 학교 덕분에 과거보다 형식적인 인과적 추론을 훨씬 더 잘할 수 있게 됐다. 이를 확인하려면 학교 교육을 받지 않은 집단을 살펴볼 필요가 있다.

1930년대 러시아 심리학자 알렉산드르 루리야Alexander Luria는 교육이 인지에 미치는 영향을 이해하고자 우즈베키스탄으로 향했다. 당시 우즈베키스탄의 농촌 공동체에서는 교육 혁명이 일어나고 있었는데 이전에 제도 교육을 받지 않은 공동체에 학교가 도입되고 있었다. 루리야는 몇 가지 간단한 테스트를 실시했고 그가 발견한 결과는 많은 사람에게 충격을 주었다.

우리는 종종 이성과 논리를 다른 동물과 우리를 구별하는 요소로 생각한다(역시 사실이 아니다. 물고기와 초파리도 어느 정도 논리적 추론 능력을 가지고 있다). 루리야는 '만약 p라면 q이다' 같은 간단한 논리 명제를 테스트했는데 먼저 '눈이 내리는 먼 북쪽에서는 모든 곰이 흰색이다'라는 명제를 제시했다. 그리고 참가자에게 다음과 같은 질문을 던졌다. "노바야 젬랴 지역은 먼 북쪽에 있고 그곳에는 항상 눈이 내린다. 그곳에 사는 곰은 어떤 색일까?" 서구 사회의 어린이 혹은 정규 교육을 받은 우즈베키스탄인이라면 쉽게 대답할 수 있는 간단한 질문이었다. 하지만 정규 교육을 받지 못한 사람들은 이 간단한 질문에 의아해하며 대개 이렇게 대답했다.

"모르겠어요. 흑곰을 본 적은 있지만 다른 곰은 본 적이 없어요."

루리야의 결과는 놀라웠지만 어쨌든 20세기 초에는 지금과 같은 정교한 실험 통제와 통계적 방법이 없었다. 그래서 나는 인류학자 헬렌 엘리자베스 데이비스Helen Elizabeth Davis와 함께 나미비아와 앙골라에서 목축업에 종사하는 힘바족을 대상으로 동일한 실험을 해 보기로 했다. 우리는 루리야와 같은 결과를 얻었다.

학교에 다니지 않은 힘바족 사람은 교육을 받지 않은 우즈베키스탄인과 똑같이 행동했다. 예를 들어 헬렌이 이렇게 물었다. "모래로 배를 만드는 나라가 있다. 나는 이 나라에서 온 배를 가지고 있다. 이 배는 무엇으로 만들어졌나?" 정규 교육을 받지 않은 사람의 대답은 '모르겠어요' 또는 '아마 나무일 거예요'였다. 이렇게 가정을 다루고 추론하는 능력은 교육 시스템을 통해 문화적으로 진화하고 전수되는 **학습된** 기술이다. 학교에 다니지 않은 힘바 사람도 추론할 수 있지만 그 방식은 학교에 다닌 힘바 사람과 다르다. 오늘날 우리가 아는 일반적인 사람은 초등학교 및 고등학교 교육을 받았으며 그 개념과 사고방식은 TV 프로그램, 책, 주변 사람의 말투에 내재되어 있고 강화되며 암묵적으로 학습된다. 아이들은 이 세계에서 태어나 형식적으로 추론하는 법을 더 쉽게 배운다. 우리 사회에 이렇게 형식적 추론이 만연하다 보니 우리는 인간이 본래 태어날 때부터 이성적 동물이라고 믿게 된다.

혁신은 진화적 과정, 즉 우리 사회의 집단적 두뇌가 하는 거대한 계산으로 발생한다. 이 시스템의 핵심 특징은 단순히 사회적 학습뿐만 아니라 누구로부터 사회적 학습을 해야 하는지를 아는 것이다.

누구에게 배우는가?

현대 과학 기술 이전의 고대 사회에 살던 아이로 돌아가 보자. 그 아이의 마을에는 한 사냥꾼이 살고 있다. 그를 브루스라고 부르자.

브루스는 평범한 사냥꾼이 아니라 최고의 사냥꾼이다. 강인하고 존경받는 사냥꾼이다. 브루스는 사냥감을 가장 많이 잡으며 가장 큰 집을 가지고 있다. 남자들이 부러워하고 여자들은 짝사랑하며 모든 아이는 브루스처럼 되고 싶어 한다. 하지만 문제는 브루스의 성공 비결이 무엇인지 정확히 모른다는 것이다. 성공한 사냥꾼에 대한 증거 기반의 동료 검토 연구도 없고 내면의 사냥꾼을 깨우는 방법을 알려 주는 비즈니스책이나 자기 계발책도 없다. 그저 브루스가 멋지다는 점만 알고 있을 뿐이다.

사람들은 비형식적인 문화적 추론을 통해 브루스가 사용하는 무기, 사냥 시간대, 사냥 장소 등 몇 가지 요인이 브루스의 성공과 관련 있을 것이라는 가설을 세울 수 있다. 하지만 세상은 복잡하고 그만큼 인과관계가 얽혀 있다. 브루스의 성공은 무기와 훈련 덕분일 수 있지만 그가 신는 신발, 그의 수염, 그가 숭배하는 신 때문일 수도 있다. 어린 사냥꾼이 채택할 수 있는 최고의 전략은 브루스의 모든 특징을 모방하고 자신도 브루스처럼 성장하기를 바라는 것이다. 이런 심리, 즉 보상 전략pay-off strategy은 오늘날에도 여전히 유효하다. 이것이 자기 전문성과 전혀 관련이 없는 분야에서 유명인이 지나치게 영향력을 발휘하는 이유이다. 비욘세Beyoncé가 무엇을 마시는지, 어떤 향을 풍기는지는 그녀의 명성과 아무런 관련이 없음에도 그녀가 펩시나 향수를 선호한다는 사실이 판매량을 증가시킨다. 웨일즈 공주가 입은 드레스가 영국에서 빠르게 매진되는 이른바 케이트 미들턴 효과 Kate Middleton effec가 발생한다. 한때는 지방이 살을 찌운다고 믿었다가 (당연하다. 지방을 먹으면 살이 찐다) 그 후에는 설탕이 살을 찌운다고 믿었다가(이것도 어떻게든 이해가 간다. 사용되지 않은 칼로리는 지방으로 저장된다), 그리고 이제는 총칼로리가 문제라고 믿는 이유이다. 치실의 효과에 대한 근거가 약함에도 불구하고 치실을 사용하거나 치실을 사용한다고 치과의사에게 말하는 이유도 마찬가지이다. 또한 로컬 푸드(운송 비용이 매우 낮기 때문에 탄소 발자국이 더 큰 경우가 많음)나 리사이클링(경제적으로 가치가 없어 결국 매립지로 가는 경우가 많음), 대형 동물

사냥을 지지하거나 지지하지 않는 믿음(환경 보호에 필요한 자금을 마련하려고 늙고 병든 동물을 죽임), 심지어 지구가 구형이라는 믿음(이것은 사실이지만 더 정확하게는 지구가 대략적인 편구형이라는 믿음)을 가지는 이유이다. 가짜 뉴스와 잘못된 정보를 해결하려는 여러 접근법이 실패하는 이유이기도 하다. 문제는 정보가 아니라 우리가 누구를 신뢰하느냐에 관한 것이다. 그렇다면 우리는 이런 믿음을 어떻게 획득하는가?

인공, 자연, 문화, 심지어 기계 학습의 유전 알고리듬까지 모든 적응적 진화 시스템에는 세 가지 요소만 있으면 된다는 점을 기억하자.

1. 다양성: 모든 것이 다양해야 한다.
2. 전달: 정보 손실이 크지 않은 상태로 전달돼야 한다.
3. 선택: 적합도가 높은 형질이 적합도가 낮은 형질보다 더 잘 전달되거나 지속돼야 한다.

이 세 가지 모두 인간의 사회적 학습이라는 문화적 진화 시스템에 존재한다.

다양성은 삶의 진실이다. 사람들은 다양한 이유로 온갖 행동을 한다. 어떤 부모는 엄격하게 자녀를 교육하고 어떤 부모는 창의성과 자유로운 표현을 우선시한다. 어떤 사람은 과학을 좋아하고 어떤 사람은 인문학을 선호한다. 어떤 사람은 외향적이고 위험을 감수하며 단기적인 짝짓기를 하는 반면에 또 어떤 사람은 그 반대의 성향이다. 다양성이 있다면 이제 문화적 진화의 핵심은 전달과 선택에 달려 있다.

전달은 충실해야 한다. 정보가 너무 많이 손실돼서는 안 된다. 유전적 진화에서는 부모에게서 자식으로 유전자가 전달될 때 낮은 돌연변이율로 이를 달성한다. 문화적 진화에서는 타인에게 배울 때 유사가 아닌 모방을 통해서 이를 달성한다. 호너와 휘튼이 어린 응암바 침팬지와 스코틀랜드의 아이를 대상으로 한 실험을 기억하는가? 두 동물 모두 사회적으로 학습하는 동물이었지만 침팬지는 느슨하게 모방했고 아이는 충실하게 모방했다. 아이는 이해하지 못한 채로 행동을 복제했다. 하지만 임의대로 복제하지는 않는다.

우리는 불확실하거나 스스로 알아내기에는 비용이 많이 들 때 더 많이 모방한다. 우리는 성공한 사람, 전문가, 다른 사람이 모방하는 사람을 모방한다. 나와 비슷한 사람을 모방한다. 나이가 들수록 모방은 줄어든다. 우리는 앞서 말한 요구 사항을 충족하는 사람을, 특히 정직하고 진실해 보이는 사람을 모방한다. 이 과정은 완벽하지 않지만 세대를 거치며 집단 자체가 학습의 원천이 될 때까지 최선의 행동과 신념을 걸러 낸다. 이 시점에서 비로소 유행에 따르고 다수에 순응하기 시작한다.

우리는 이런 전략으로 학습하는 방법을 배우기도 한다. 실리콘밸리가 아니라면 정장이 성공의 신호라는 점을 알고 태어나지는 않는다. 그보다 정장은 영업직에 종사하고 있다는 신호이다. 여러분은 그것을 배웠다. 멋진 서체가 《뉴욕 타임스》 수준의 높은 신뢰성을 의미하지는 않는다. 이는 학습된 전략이며 여러분의 조부모가 전통적인 신문과 비슷한 디자인의 이상한 웹사이트를 합법적인 정보 출처로 혼동하는 이유이기도 하다. 주식 게시판을 보고 어느 회사에 투자할지 결정하거나 인스타그램에서 누구를 팔로우할지 결정할 때, 인기도와 누가 그 사람을 팔로우하고 있는지 살펴보는 소위 명성 전략prestige strategy을 적용한다.

진화 법칙은 효율성과 협력을 증가시키고 에너지를 활용하는 새로운 방법을 발견했다. 이는 효과가 있는 신념, 행동, 기술을 강화하고 그렇지 않은 것은 제거하는 규칙을 제공함으로써 누구에게 배울 수 있는지에 관한 규칙을 제공하는 것이다.

학습 전략

이런 전략을 우리가 가진 정보의 한계 내에서 가치 있는 지식을 찾는 방법으로 생각할 수 있다. 축구 선수가 되어 성공한 사람을 보았다면 우리는 최고의 축구 기술을 가진 사람을 찾아 그 기술과 전문가 전략을 배우려고 한다.

그러나 때로 어떤 기술이 성공을 불렀는지 모르기 때문에 우리는 부를 드러내는 겉모습 같은 전반적 성공의 단서를 찾는다. 이것이 성공 전략success strategy이다. 우리는 어떤 사람이 성공한 사람인지를 식별하고는 그가 성공을 거둘 수 있었던 정확한 특성은 알지 못한 채 일반적으로 모방한다.

또한 누가 성공했는지, 무엇이 성공을 구성하는 요소인지조차 아예 모르기 때문에 다른 사람이 누구에게 관심을 기울이는지 살펴보고 어떤 특성이 핵심인지 모른 채로 그저 그 사람을 과도하게 모방한다. 이것이 명성 전략이다.

명성 전략은 스스로 만든 성공의 거짓 신호가 현실이 되는 '유명해져서 유명해지는 현상'을 설명한다. 이것이 명성 전략을 작동시키는 명령이다. 우리는 다른 사람들이 누군가를 모방하기 때문에(또는 모방하는 것처럼 보이기 때문에) 누군가를 모방한다.

우리의 명성 전략은 그 사람이 가진 인맥의 수를 넘어 더 세밀하게 그 인맥이 누구인지를 고려한다. 예를 들어 엑스(트위터)에서 버락 오바마Barack Obama와 일론 머스크Elon Musk가 어떤 사람을 팔로우한다면 그것은 평범한 팔로워가 많은 것보다 더 중요한 단서이다. 이를 고유벡터 중심성eigenvector centrality이라고 하는데 연결뿐만 아니라 연결의 질을 고려해 명성을 정량화하는 방법이다. 이는 구글이 웹페이지 순위를 평가할 때 활용한 탁월한 방법이기도 하다. 래리 페이지와 세르게이 브린이 알고리듬을 개발하기 이전에는 검색 엔진이 페이지의 내용을 통해 사용자가 원하는 페이지를 찾는 데 도움을 주었다. 구글 이전의 세상에서는 '물고기'를 검색하면 물고기에 대해 언급하는 페이지들을 결과로 받았다. 하지만 페이지랭크 PageRank 알고리듬은 물고기가 언급된 페이지가 얼마나 많은지, 어떤 페이지와 연결돼 있는지 분석함으로써 웹사이트의 명성을 효과적으로 계산했다. 이로 인해 검색 결과의 질이 크게 향상됐다. 그런데 이는 이미 진화적 과정을 통해서 인간이 사용하는 인지적 전략이다. 구글은 애스크지브스, 알타비스타, 도그파일 및 다른 90년대 검색 엔진을 완전히 대체했다.

명성 전략과 함께 우리는 다른 사람이 기피하는 특성을 과도하게 피하는 따돌림 전략pariah strategy을 쓸 수도 있다. 예를 들어 아돌프 히틀러Adolf Hitler가 총리가 되자 독일에서 아돌프라는 이름과 칫솔 모양의 콧수염이 인기를 끌었다. 하지만 제2차 세계대전이 끝난 후 두 가지 모두 급격히 인기가 떨어졌다. 아돌프 히틀러의 이름이 한스 히틀러였거나 그가 턱수염을 길렀다고 해서 그의 악행을 막을 수 있었을 리 없다. 그럼에도 우리는 실패, 인기 없음, 그리고 이 경우에는 악과의 연관성마저도 피하는 자연스러운 경향이 있다.

한 사회의 사람들이 이런 사회적 학습 전략을 활용하면 효과가 없는 것을 걸러내고 효과가 있는 것은 더 인기 있게 만들 수 있다. 따라서 적응적 특성의 패키지를 더 쉽게 흡수하는 방법은 그저 다수가 하는 행동을 복제하는 것, 즉 순응이다. 위어드WEIRD 사회에서 우리는 순응을 피해야 할 가치로 생각한다. 하지만 순응하지 말라고 경고하는 이유는 순응이 인간의 강력한 성향이기 때문이다. 순응에 대한 부정적 생각은 대부분 서구 사회의 생각이다. 많은 사회에서는 다른 사람에게서 배우고 모방하는 사람을 능력 있고 똑똑한 사람으로 간주한다.

우리는 무의식적으로 순응하고 이 전략을 우리 삶의 모든 측면에 적용한다. 내가 가장 좋아하는 예는 우리가 다른 사람을 통해 누가 매력적인지 배운다는 신경과학 연구이다.

내 친구들이 누군가를 매력적이라고 판단하고 그렇게 말하면 나 스스로 그 사람을 판단할 때 그 사람의 호감도가 올라간다. 게다가 친구 역시도 매력적인 사람이라면 그 효과는 더 강할 것이다. 따라서 짝짓기 맥락에서 매력은 대칭, 깨끗한 피부 등 건강과 생식력을 신호하는 잘 보존된 단서의 산물이지만 문화적 진화의 영향도 받는다. 그리고 이것은 아름다움의 기준이 변화하는 이유를 설명한다.

옛날에는 뚱뚱하면 몸에 칼로리가 충분하고 지위가 높으며 부유하다는 것을 뜻했다. 오늘날에는 그 반대의 의미로 양질의 음식을 섭취하지 못하거나 운동할 시간이 부족하다는 점을 나타낸다. 옛날에는 피부가 창백하면 부유하며 실내에서 시간을 보낸다는 점을, 검게 그을린 피부는 밭에서 일한다는 점을 뜻했다. 오늘날 창백한 피부는 사무실에 갇혀 휴가를 보내거나 햇볕을 �찔 시간이 없다는 것을 뜻한다. 이런 사회적 학습 전략은 놀라울 정도로 영리하다. 다른 동물도 사회적으로 학습하지만 인간은 동물계에서 가장 정교한 사회적 학습 레퍼토리를 가지고 있다. 우리는 가장 전략적인 사회적 학습자이다.

전략적으로 모방하기

우리는 맹목적으로 모방하지 않는다. 위에서 언급한 전략들을 사용할 때 우리는 나와의 관련성을 고려한다. '볼티모어의 총알', 마이클 펠프스Michael Phelps는 자신의 뛰어난 수영 실력의 비결로 역대 최고의 수영 선수, '인간 어뢰Thorpedo' 이안 소프Ian Thorpe를 모방한 것을 꼽았다. 소년은 대체로 나이 많은 남성에게, 소녀는 나이 많은 여성에게 집중하는 경향이 있다. 사람들은 같은 인종이거나 같은 정치적, 사회적 집단에 속하거나 자신과 공통점이 있는 사람에게 더 많은 주의를 기울인다. 이러한 경향, 즉 자신과 비슷한 사람을 모방하는 경향은 대표성 및 역할 모델이 왜 그토록 중요한지 보여 준다.

또한 우리는 모방할 때 신념의 진정성과 정확성도 고려한다. 우리는 위선자를 싫어하고 진정성 없는 태도를 가리키는 징후를 주의 깊게 본다. 예를 들어 특정 보충제를 매일 섭취하면 생산성이 향상된다고 권장하는 사람이 실제로 그 보충제를 복용하는지, 그 보충제가 실제로 효과가 있는지 확인하고자 한다. 보충제를 복용하는 것이 비용이 많이 들거나 위험할 수 있기 때문에 실제로 성공한 사람이 그 보충제를 복용하는지 확인하려는 욕구는 자연스럽다. 이런 접근 방식은 나이키의 창립자 필 나이트Phil Knight가 채택한 마케팅 전략에서도 볼 수 있다. 그는 단순히 신발의 기능을 나열하고 신발이 얼마나 좋은지 설명하는 대신에 스포츠 스타를 후원하여 실제로 그들이 나이키 신발을 **신고** 경기에 출전해 우승하는 모습을 보여 줌으로써 소비자에게 강력한 신호를 보냈다. 말로만 하는 홍보보다 훨씬 더 큰 설득력을 얻은 것이다.

그렇다고 해서 성공한 유명인의 모든 이상한 믿음이 적응적이라는 말은 아니다. 하지만 적어도 모방될 가능성은 높다. 문화적 진화란 이런 사회적 학습 전략이 시간이 지남에 따라 평균적으로 효과가 없는 것을 걸러 내고 효과가 있는 것을 유지하는 과정이다.

행동과 성공적 결과 사이의 관계가 명확하지 않을 때는 비용이 많이 들고 진정성 있는 단서가 더 중요하다. 종교적 신념은 대개 직접 관찰되지 않고 인과관계가 명확하지 않기 때문에 종교의 전승은 설득력 있는 예가 될 수 있다. 종교의 전승은 값비싼 신호, 진정성 단서, 명성에 크게 의존한다.

만약 여러분의 부모가 다른 사람이 보지 않는 상황에서도 하루에 다섯 번 기도한다면 당신은 신실한 무슬림이 될 확률이 더 높다. 만약 부모가 모든 친구가 지켜 보는 금요 기도에만 참석한다면 부모님의 경건함이 진심이 아니라 공동체의 압력에서 비롯됐다고 추론할 수 있다. 이 때문에 많은 종교가 부모에게서 자녀로 신앙을 전수하려는 문화적 적응으로서 개인 기도를 요구한다. 자녀는 부모의 개인 기도를 관찰할 수 있으니 말이다. 이마를 땅에 대고 기도하는 이슬람의 기도 방식은 이마에 있는 굳은살이나 검은 반점을 뜻하는 제비바zebibah 기도 자국을 만들기도 하는데 이는 기도를 자주 한다는 위조하기 어려운 신호로 작용한다. 만약 여러분의 무슬림 부모가 자수성가했거나 혹은 당신 주변에 성공한 무슬림이 있다면 당신은 신앙을 내면화할 가능성이 높다.

종교는 종종 참된 믿음을 알리고 다른 사람의 신앙을 끌어올리기 위해 극단적 형태의 희생을 치르기도 한다. 2세기 가톨릭 교회의 초기 교부 중 한 명인 테르툴리아누스는 "순교자의 피는 교회의 씨앗"이라고 말하기도 했다. 뚜렷한 개인적, 집단적 이득 없이 현재의 삶을 포기하는 행동보다 더 내세에 대한 진정한 믿음을 보여 줄 수 있는 방법은 없다.

또한 사람은 특정 종류의 정보에 더 많은 주의를 기울인다. 이것이 내용 전략content strategy이다. 예를 들어 아이는 무서운(따라서 위험한) 동물에 대한 정보에 더 많은 주의를 기울이고 독이 있을 만한 식물을 피한다. 또한 우리는 사람들의 연애 생활에 대한 정보나 평판 등 가십에 많은 관심을 보인다. 그리고 사람은 자신의 가장 좋은 모습을 보여 주려는 경향이 있기 때문에 오히려 다른 사람의 부정적 정보에 더 많은 관심을 기울인다.

인기 연예인에 대한 두 가지 정보가 있다고 가정해 보자. 첫 번째는 그 연예인이 한 멋진 일이다. 두 번째는 그가 벌인 끔찍한 짓이다. 하나의 정보만 선택할 수 있다. 어떤 것을 선택할 것인가?

내 사람들, 그리고 그들이 하는 말

문화의 일부 측면은 명백하고 객관적으로 사실이며 인과관계가 분명하다. 예를 들어 돌도끼보다 쇠도끼가 더 잘 자르고, 칼보다 총이 더 효과적인 무기이다. 그래서 쇠도끼는 돌도끼를, 총은 칼을 대체해 집단의 경계를 넘어 확산됐다. 반면 결혼 관습 같은 문화는 집단 경계를 넘어 확산될 가능성이 낮은데 그 이유는 각 문화의 결혼식이나 결혼 전통이 일반적으로 다른 문화의 전통보다 객관적으로 더 낫지 않기 때문이다.

주관적이고 인과관계가 불분명한 내용이 확산하는 과정에 있는 중요한 문화적 변이는 그 내용이 객관적이라는 주장이다. 예를 들어 기독교가 확산하는 데 기여한 핵심적인 움직임 중 하나는 기독교의 신념이 객관적이라는 주장이었다.

많은 고대 종교는 자신의 신이 다른 신보다 낫다고 주장하며 어느 쪽이 참인지 판단하는 것은 전쟁터에서 거둔 승리나 번영의 여부에 맡겼다. 그런데 유대교는 신은 오직 하나라고 주장한 최초의 종교였다. 유대교의 신이 너희의 신보다 낫다는 것이 아니라 너희의 신은 아예 존재하지도 않는다는 말이었다. 이 주장은 이제 객관적인 언명이 됐고 세상을 개종하려는 유대교의 복음주의적 분파, 즉 기독교가 집단의 경계를 넘어 더 쉽게 퍼져 나갔다.

이는 지금까지 밝혀진 수많은 사회적 학습 전략 중 일부에 불과하다. 이런 전략을 이해하면 이제 어디서나 전략을 볼 수 있을 것이다. 물건을 팔려는 사람, 특별한 관심사를 선전하는 사람, 사이코패스, 또래의 압력과 괴롭힘의 본질 등 모든 곳에서 전략을 발견할 수 있다. 최신 인기 비즈니스 서적에서 이 전략을 어떻게 구현하는지 볼 수도 있지만 보통 우리는 배운 것을 내면화하면서 자연스럽게, 자동적으로 전략을 사용한다.

당신이 아는 것을 정말 아는가?

우리는 사회적 학습 전략들을 의식하지 않고 쉽게, 대개 무의식적으로 사용한다. 문법을 예로 들어 보자. 학창 시절에 배운 문법 수업(현재 분사, 과거 분사, 동명사 등)이 떠오를 수 있겠지만 언어 규칙인 문법은 대개 암묵적으로 사회적으로 학습된 것이다.

예를 들어 영어에는 형용사를 설명하는 순서가 있는데 비원어민은 이를 명시적으로 배우지만 영어 원어민이라면 이 사실을 널리 알린 마크 포사이스Mark Forsyth의 책을 읽지 않는 한, 자신이 안다는 사실조차 모를 수 있다. 형용사는 다음과 같은 순서로 배열된다. 의견-크기-나이-모양-색깔-출처-재료-목적 명사. 따라서 작고 오래된 직사각형의 푸른 프랑스제 실버 휘틀링 나이프lovely little old rectangular green French silver whittling knife라고 말하지 형용사 위치를 바꿔 푸른 프랑스제 낡고 작고 사랑스러운 은색 직사각형 휘틀링 나이프a green French old little lovely silver rectangular whittling knife라고 하면 상당히 이상하게 들린다.

마찬가지로 우리는 명망 있는 사람이나 다수의 주변 사람에게서 말투, 즉 억양을 습득한다. 이민 온 아이는 부모가 아니라 주변의 억양을 습득하는 경우가 많다. 따라서 억양은 문화적 영향력의 근원을 드러내는, 위조하기 어렵고 신뢰할 수 있는 신호이다. 연구에 따르면 사람을 평가할 때 억양이 인종보다 더 중요하다. 사람들은 억양, 옷차림, 매너 등 더 나은 문화적 단서를 통해 누군가를 구별할 수 있다면 인종을 개별화하고 '잊어버릴' 것이다. 우리는 피부색에 신경 쓰도록 진화하지 않았다. 오랜 세월 우리 주변 집단은 피부색이 같고 신체적으로도 비슷했다. 그러나 말과 행동은 서로 달랐고 그걸 통해서 구별할 수 있었다.

억양은 많은 정보를 드러내며 차별의 원인이 될 수 있다. 영국의 대학생은 노동 계급 또는 저학력과 연관된 특정 지역의 억양을 사용한다는 이유로 차별을 받는다. 미국에서도 특정 남부 억양, 특히 '촌놈'이라는 비하적 표현으로 낙인찍히는 애팔래치아Appalachian 억양에 대해 비슷한 차별 현상이 나타난다.

억양은 공동체를 구별하고 공동체 간의 통합과 문화적 전달의 정도를 나타내는 케케묵은 징표이다. 같은 사회에 속한 집단이 서로 다른 억양으로 말한다는 것은 분열된 사회라는 뜻이다.

암묵적이고 내면화된 사회적 학습은 마음의 소프트웨어를 구성하지만 암묵적이라는 특성 때문에 무엇이 진실이고 거짓인지, 무엇이 옳고 그른지에 대한 자신의 지식에 의해 저주를 받기도 한다. 여러분은 배운 모든 것을 다시 확인할 시간도 능력도 없고, 삶이 잘 돌아가고 있다면 굳이 그럴 필요도 없다. 사실 여러분은 지금 이 순간에도 암묵적으로(혹은 명시적으로!) 바로 이러한 사회적 학습 전략을 사용해 내가 말하는 것이 얼마나 합리적이며 유용한지 판단하고 있다. 내가 안다고 생각하는 지식을 바탕으로 내 주장이 당신의 직관에 얼마나 부합하는지, 당신이 내게서 배우는 것이 당신에게 도움이 될지, 내 정치 성향이 어떤지, 내가 당신의 내집단에 속하는지, 내가 진실한지 등을 테스트하는 것이다. 걱정하지 말라. 이미 여러분이 자신의 인생 경험과 이미 안다고 생각하는 것을 통해 내 주장이 얼마나 타당한지 시험할 수 있도록 다양한 사례를 제공하고 있으니까.

세계 각지의 사람은 문화적으로 진화했으며 사회적으로 학습된 신념과 행동이 서로 다르다. 뇌의 하드웨어를 형성하는 소프트웨어가 다르기 때문에 말 그대로 뇌 여러 영역의 크기와 기능이 달라진다. 이런 소프트웨어는 여러 세대에 걸친 정교한 선택적 사회적 학습을 통해 걸러진 다양한 문화적 적응 패키지를 구성하며 이를 통해 인류는 지구상의 모든 생태계에서 살아갈 수 있게 됐다. 우리는 카사바를 불려서 삶아야 하는 이유, 임신 중에 특정 음식을 피해야 하는 이유, 활을 특정 방식으로 구부리면 더 좋은 무기가 되는 이유, 하루에 두 번 양치질을 하고, 채소를 더 많이 먹고, 운동 전에 스트레칭을 하고, 식사 전에 손을 씻어야 하는 이유를 잘 알고 있다고 느낀다. 하지만 일반적으로는 그렇지 않다. 예를 들어 세균 이론을 당연하게 여기는 세상에서 자란 우리에게는 손 씻기가 당연하지만 의사가 시체를 검안한 뒤 아기를 분만하러 갈 때 손을 씻으면 산모가 사망하는 사고를 줄일 수 있다는 사실을 믿지 않았던 것이 불과 150년 전의 일이다.

우리는 두뇌와 사회의 소프트웨어를 구성하는 사회적 학습 전략을 통해 이런 모든 관행과 그 이상의 것을 습득한다. 우리의 독창성은 소프트웨어의 산물이며 우리 뇌의 하드웨어는 이를 따라잡기 위해 우리의 유전자와 함께 진화해 언어, 규범, 가십 등 특정 종류의 정보를 선호하는 성향을 만들었다. 근본적으로 우리가 배워야 할 내용이 너무 많아지면서 뇌의 크기가 최대한으로 커졌고 가장 유용하고 관련성이 높은 정보에만 집중하고 나머지는 당연한 것으로 여기기 시작했다.

우리의 문화적 패키지는 에너지와 마찬가지로 헤엄치는 물의 일부이며 삶에 필수적이지만 대부분 눈에 띄지 않는다. 우리의 문화적 패키지, 이토록 놀랍고도 정보 밀도가 높은 유산이 사람마다 다르다는 점을 볼 수 없기 때문에 우리는 서로를 내재적으로 더 정교한 존재로 혹은 덜 정교한 존재로 판단하게 된다. 이는 인간 본성을 문화적으로 전수된 기술에 기반해 사고하지 못하게 하고 우리 주변 사람과 오래전에 사라진 사람들이 정신적 소프트웨어를 만든 다양한 방식을 이해하지 못하게 한다. 하지만 문화적 패키지와 그것이 어디에서 왔는지를 아는 일은 우리가 누구이며 어떻게 여기까지 왔는지를 이해하기 위해 필수적인 과업이다.

나 자신이 이전 세대가 더하고 빼고, 성장시키고, 더 효율적으로 만들어 온 문화 패키지의 수혜자라고 생각할 때, 그 기원에 대해서는 거의 또는 전혀 알지 못한다고 생각할 때, 나는 겸손과 경외감이 교차하는 느낌을 받는다. 어쩌면 약간의 불안과 두려움도 느낀다. 하지만 우리가 어떻게 이 패키지를 획득하고 또 다시금 기여하는지 이해하는 일은 진화, 혁신, 협력, 에너지 법칙이 우리 종에게 어떻게 나타나는지 이해하기 위해 매우 중요하다.

또한 이런 이해는 다음 단계의 에너지 풍요에 도달할 수 있는 기회를 극대화하는 방법을 알아내는 작업에 필요하다. 그러려면 이런 전략이 어떻게 우리를 영리하게 만들었는지 아울러 이해해야 한다. 왜냐하면 사람들은 종종 우리의 성공 비결이 우리 지능 덕분이라고 가정하기 때문이다.

인간의 지능

우리 사회는 지능에 집착한다. 지능이 무엇인지, 지능이 무엇을 예측하는지, 지능을 측정하는 방법, 지능을 향상하는 방법, 누가 더 지능이 높은지, 지능이 선천적인지 후천적인지 등등. 이런 집착은 부분적으로는 에너지와 혁신 법칙, 심지어 협력 법칙의 배후에 지능이 있다는 암묵적, 명시적 가정에 기인한다. 우리가 불과 화석 연료를 제어하고, 놀라운 신기술을 혁신하고, 싸우고 속이는 것보다 협력하는 것이 더 낫다는 사실을 알게 된 요인은 지능 덕분이라는 것이다. 그러나 진실은 좀 더 복잡하다.

지능은 우리가 누구이며 어떻게 여기까지 왔는지 이해하는 데 필수 요소이다. 하지만 우리가 지능 덕분에 에너지를 제어하고 환상적인 기술을 혁신하고 협동하는 법을 배운 것은 아니다. 오히려 에너지를 제어하고 환상적인 기술을 혁신하고 협력하는 법을 배움으로써 우리는 더 똑똑해졌다. 다시 말해 지능은 문화적 패키지와 마찬가지로 삶의 법칙을 만든 원인이 아니라 법칙의 또 다른 산물이다. 지능은 느리게 진화하는 하드웨어가 아니라 빠르게 진화하는 소프트웨어의 산물이다.

사실 지능은 측정하기 어렵고 연구하기도 어려우며 정의하기 까다로운 개념이다. 지능을 연구하려는 시도는 오랜 역사를 가지고 있다.

프랜시스 골턴Francis Galton은 찰스 다윈의 사촌으로, 둘 다 저명한 에라스무스 다윈Erasmus Darwin의 외손자였다. 에라스무스는 18세기 후반 영국 중부 계몽주의를 대표하는 중요한 역사적 인물로 의사, 철학자, 생물학자, 시인이었다. 찰스 다윈이 태어나기(1809년) 7년 전, 프랜시스 골턴이 태어나기(1822년) 20년 전에 사망했지만 그럼에도 그의 명성은 두 사람의 어린 시절에 크게 영향을 미쳤다.

지능과 유전적 천재성의 대물림에 대한 프랜시스 골턴의 거의 종교적인 집착은 그의 사촌, 찰스 다윈이 집필한《종의 기원》(1859)을 읽은 후 시작됐다. 그는 책에서 영감을 받아 인간에게 진화가 어떤 함의를 가지는지 생각했다. 아마도 같은 집안의 천재인 찰스 다윈과 에라스무스 다윈에게도 영감을 받았을 것이다. 골턴은 그리스어로 '잘 태어난, 좋은 혈통의, 고귀한 종족'을 뜻하는 우생학eugenes이라는 과학을 철저히 연구하기 시작했다.

찰스 다윈은 수학에 별로 능숙하지 않았다. 다윈은 자서전에서 "나는 적어도 수학의 위대한 원리를 어느 정도 이해할 수 있을 만큼 멀리 나아가지 못한 것을 깊이 후회한다. 왜냐하면 이런 재능을 가진 사람은 마치 또 하나의 특별한 감각을 가진 것 같기 때문이다"라고 쓰기도 했다. 아마도 수학적 접근 방식을 사용해 연구를 수행한 젊은 골턴을 떠올렸을지도 모른다. 골턴은 '계산할 수 있으면 계산하라'라는 원칙에 따라 연구했다. 그의 목표는 '본성 대 양육', 즉 인간에 대해 각각이 미치는 기여도를 밝히는 것이었다.

1865년에 골턴은 〈유전적 재능과 성격Hereditary Talent and Character〉이라는 제목의 논문에서 자신의 우생학적 의제를 제시했다. 그는 "인간은 자신이 원하는 어떤 형태의 동물 생명체라도 만들어 낸다. 마찬가지로 나는 정신적 형질도 통제 가능하다는 사실을 보여 주고자 한다"라고 썼다. 그는 '저명한 사람들'의 전기를 살펴보며 여러 특징을 분석했는데 "천재의 자녀가 지능에서는 평범한 경우가 있다"라는 사실에도 불구하고 "재능은 매우 놀라운 수준으로 유전된다"라는 결론에 도달했다. 그러나 그는 지능의 유전에 관한 책을 쓰는 것으로는 만족할 수 없었다. 이를 현실에 적용하고자 했다.

골턴은 생각했다. 우리가 특정 형질을 만들기 위해 동물을 교배할 수 있다면 그런 방법으로 사회 전체의 지능을 증가시킬 수 있지 않을까? 골턴은 말했다. "만약 말과 소의 품종 개선에 쓰이는 비용과 노력의 20분의 1이라도 인류의 개선에 쓴다면 우리는 얼마나 많은 천재를 창출할 수 있을까!" 그렇게 시작된 골턴의 연구는 1869년에 출판한 책, 《유전적 천재Hereditary Genius》에서 '부유한' 사람과 '뛰어난' 사람 사이의 결혼을 제안하는 정책을 제안하며 절정에 달했다.

골턴은 우생학에 대한 자신의 비전을 종교적 열정에 버금가게 추진했으며 자서전에서 "나는 우생학을 매우 진지하게 받아들이며 그 원칙이 문명 국가에서 하나의 지배적 동기가 돼야 한다고 느낀다"라고 말했다. 골턴의 비전은 현실이 되었다.

20세기 초, 우생학은 당시 가장 저명한 과학자, 정치인, 사상가에 의해 여러 방식으로 지지된 주요한 과학적 주제였다. 우생학은 변두리에 있는 이상한 아이디어가 아니었다. 다양한 형태로 지지받았고 다양한 수준의 강제력을 가지고 실행됐다. 그때 우생학은 오늘날 많은 사람이 느끼는 즉각적 혐오감을 유발하지 않았다. 오히려 세상을 더 나은 곳으로 만드는 방법의 일부로, 즉 진보적 의제의 일부로 여겨졌다.

'긍정적 우생학'은 '좋은 유전자'를 촉진하는 정책을 포함했다(예를 들어 골턴이 제안한 천재를 계획 결혼시키기). '부정적 우생학'은 '결함 있는 유전자'의 확산을 방지하는 정책을 포함했다(예를 들어 '낮은 지능'을 가진 사람을 강제로 불임 수술하기).

나치의 우생학에 대한 집착과 아리안족의 이상을 달성한다는 명목으로 자행한 끔찍한 정책은 우생학에 대한 노골적 지지가 수그러들게 했다. 그러나 우생학은 인구 통제, 성별 선택적 낙태, 태아 유전자 검사, 최근에는 유전자 기반 배아 선택 등 모습을 바꿔 남아 있다.

골턴은 '재능과 성격'이 가족 안에서 유전되며 우생학이 진보적인 학문이라고 동료들을 설득할 수 있었지만 그가 개선하려고 한 것, 즉 지능을 직접 측정하는 작업에는 결국 실패했다. 숫자 세기를 좋아하는 사람에게는 실망스러운 일이었을 것이다. 하지만 그는 1905년에 최초로 널리 채택된 지능 테스트를 볼 수 있을 만큼 오래 살았다.

얼마나 똑똑한지 측정하기

20세기 초, 프랑스 교육부는 학생들을 같은 나이의 또래와 어떻게 비교되는지 측정해 학습에 뒤처진 학생에게 특별 교육을 제공하고자 했다. 이를 위해 두 명의 심리학자, 알프레드 비네Alfred Binet와 테오도르 시몽Théodore Simon에게 테스트 개발을 맡겼다. 1904년에 〈Méthodes nouvelles pour le diagnostic du niveau intellectuel des anormaux〉라는 제목으로 발표된 비네-시몽 테스트는 나중에 〈정상 이하의 지적 수준 진단을 위한 새로운 방법New Methods for the Diagnosis of the Intellectual Level of Subnormals〉으로 번역되었고, 1905년 로마에서 열린 회의에서 〈Méthodes nouvelles pour diagnostiquer l'idiotie, l'imbécillité et la débilité mentale〉 즉, 〈바보, 천치, 멍청이를 진단하기 위한 새로운 방법Methods for Diagnosing the Idiot, the Imbecile, and the Moron〉이라는 제목으로 발표됐다. 이것이 최초의 IQ 테스트였다.

문헌에 등장하는 바보, 천치, 멍청이라는 세 용어는 모욕적 의미가 아니라 그리스어 또는 라틴어에 기반한 과학적 분류였다(정신질환 진단편람 5판DSM-5에서는 과거와 달리 IQ가 아니라 적응적 기능에 기반해서 분류한다-역주).

'바보moron'는 '어리석은'이라는 뜻의 그리스어 'moros'에서 왔으며 어려운 질문에 답하지 못하거나 주의 집중을 하지 못하는 아이를 가리킨다(과거에는 IQ 50 이상 70 미만을 지칭했다. DSM-5의 경도 지적 장애와 비슷하다. 초등학교 6학년 수준의 학업 능력을 가지며 적절한 지도와 지원이 있으면 독립생활이 가능한, 교육 가능한 범주이다-역주).

'천치imbecile'는 '약한' '쇠약한'을 뜻하는 라틴어 'imbeccilus'에서 유래했으며 사물을 제대로 식별하지 못하고 터무니없는 대답을 하는 아이를 가리킨다(과거에는 IQ 25 이상 50 미만을 지칭했다. DSM-5의 중등도 지적 장애와 비슷하다. 초등학교 2학년 수준의 의사소통 수준을 가진, 훈련 가능한 범주이다-역주).

가장 낮은 등급의 '멍청이idiot'는 '무지한 사람'을 뜻하는 라틴어 'idiota'에서 왔으며 초콜릿 조각과 나무 조각을 혼동하고 둘 다 먹거나 둘 중 어느 것도 먹으려 하지 않는 아이를 지칭한다(보통 IQ 25 미만을 말한다. DSM-5의 고도 지적 장애와 비슷하다. 매일 자기 돌봄 활동을 지원하고 안전 감독을 해야 하는 수준, 의사소통이 거의 불가능한 범주이다-역주).

오늘날에는 이런 용어가 모욕적으로 들린다. 심리학자 스티븐 핑커Steven Pinker가 '완곡어 트레드밀euphemism treadmill'이라고 부른 현상의 예인데 불쾌한 대상을 간접적이고 온화하게 표현하는 완곡어가 다시 반어적 느낌, 즉 경멸어로 바뀌는 현상의 사례이다. 심지어 '저능아'라는 뜻의 일반어 'retard'도 비슷한 이유로 금기어가 되었다. 사실 'retard'는 '느린'이라는 뜻의 라틴어 'tardus'에서 유래한 'tardy'라는, 별 악의 없는 단어에서 왔다.

비네-시몽 테스트는 나중에 스탠퍼드대학교의 심리학자 루이스 터먼Lewis Terman이 영어로 수정 번역해 스탠퍼드-비네 지능 척도 Stanford-Binet Intelligence Scales로 불렸다. 당시는 나치 이전으로 우생학이 받아들여지던 시기로서 저명한 우생학자였던 터먼은 이밖에도 윌리엄 스턴William Stern의 아이디어를 받아들여 점수를 지능 지수로 표준화해 우리가 아는 이른바 IQ라는 개념을 도입했다.

고등학교 때 '지수'는 분수나 나눗셈을 뜻한다는 것을 배웠다. IQ의 경우 100점은 같은 연령대의 또래와 비교했을 때 평균 수준의 성적을 의미한다. 15점 높거나 낮을 때마다 이 평균에서 1표준편차 차이를 나타낸다. 예를 들어 IQ가 70 미만(평균보다 2표준편차 낮음)인 경우 하위 2.5%에 속하는 사람으로 분류된다. 반면에 IQ가 145(평균보다 3표준편차 높음)이면 상위 0.1%에 속하는 사람이다.

그럼 최초의 테스트는 어떤 식이었을까?

IQ 테스트는 모든 아이가 알아야 한다고 간주되는 여러 가지 개념을 측정했다. 이는 20세기 초반에 흔했던, 사물에 이름 붙이기에서 대충 그린 두 얼굴 중 더 예쁜 얼굴은 무엇인지 선택하기에 이르기까지 다양했다. 비네와 시몽이 말했듯이 처음에는 '정상 이하'의 수행 능력을 파악하려고 했다는 점을 기억하자. 테스트가 프랑스를 넘어 확산되면서 질문에 숨은 문화적 특성이 점점 드러났다. 사회마다 흔하게 사용하는 물건이 다르고 사용하는 단어도 다르다. 어떤 사람은 수학, 읽기, 쓰기를 전혀 배우지 못했다. 따라서 IQ 테스트에서 문화적 요소를 제거하려는 시도가 이루어졌다.

1936년 심리학자 존 레이븐John Raven은 레이븐 누진 행렬 IQ 테스트Raven's Progressive Matrices IQ test를 개발했으며 이는 오늘날 문화적으로 중립적인 IQ 테스트로 간주된다. 이 테스트에는 단어나 숫자가 없으며 오직 해결해야 할 패턴만 있다. 그러나 레이븐 테스트 역시 삼각형과 사각형처럼 자연에서 드물게 발견되며 우리 사회에서 아이로 하여금 이를 식별하도록 많은 시간 훈련시키는 인공적이고 2차원적인 모양과 패턴에 의존한다. IQ 테스트가 성인에게 사용되기까지 그리 오랜 시간이 걸리지 않았다.

미국심리학회는 제1차 세계대전 동안 군인을 대상으로 IQ 테스트를 했다. 남부와 동부 유럽 이민자는 북유럽 이민자보다 낮은 점수를 받았으며 이 점수는 액면 그대로 받아들여졌다. 이 결과는 부정적 우생학이 주장하는, 정신적 능력에 따른 이민 제한으로 이어졌다. 그런데 이 IQ 테스트는 지능을 판별하는 공정한 척도였을까?

IQ는 지능과 다르다. IQ 테스

비네-시몽 검사에 사용된 질문의 예.

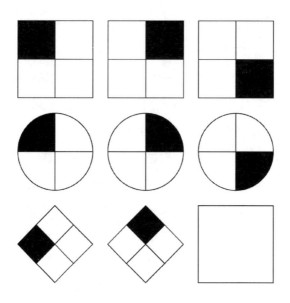

레이븐의 누진 행렬 IQ 테스트의 예. 8개의 패턴이 주어지면 피험자는 빠진 9번째 패턴을 찾아내야 한다. Life of Riley, CC BY-SA 3.0, https://commons.wikimedia.org/w/index. php?curid=17342989

트가 지능과 관련 있기는 하지만 이는 인치와 센티미터로 길이를 재는 것과 비슷하다. 물체에는 실제 길이가 있지만 우리는 이를 다양한 방식과 다양한 척도로 정량화할 수 있는 것처럼 말이다. 그러나 길이와 달리 지능이 무엇인지는 분명하지 않으며 널리 받아들이는 정의도 없다. 그런데 특정한 재능보다는 더 일반적인 지능, 즉 g 라고 하는 지능의 존재는 통계적으로 입증된 바 있다. 이게 무슨 뜻일까?

전반적인 체력을 측정하려 한다고 가정하자. 이를 f라고 부르자. 우리가 흔히 학업 및 업무 성과와 연결되는 일반 지능에 관심을 갖는 것처럼, 운동 및 스포츠 성과와 연결되는 일반 체력에 관심을 가질 수 있다. 그러나 학교의 과목과 직업이 각기 다른 것처럼 각각의 스포츠는 서로 다르다. 그럼에도 다양한 운동 능력의 근간이 되는 일

142

반 체력이 있을 수도 있다. 이것이 사실인지 어떻게 알 수 있을까?

여러 체력 테스트를 실시해 지구력, 힘, 속도, 유연성, 체성분 등 체력을 구성하는 다양한 측면을 측정해 볼 수 있다. 삐 소리 셔틀 달리기 테스트beep shuttle run test, 1회 최대 중량one-rep max, 100m 전력 질주 시간, 일정한 운동 후의 심장 박동 수, 최대 팔굽혀펴기 횟수, 발가락을 넘어 얼마나 멀리 손을 내밀 수 있는지 등을 측정하는 것이다. 일반 체력이라는 것이 있다면 이런 여러 점수 사이에 어느 정도 상관관계가 있을 것이다. 가령 유연성이 높은 사람은 더 빠를 수 있다. 여러 점수의 상관관계를 파악하기 위해 요인 분석을 수행해 모든 점수 간의 일종의 전반적 상관관계(이 경우 가설로 설정한 일반 체력 f)를 최대한 포착하는 기저baseline 또는 **잠재적** 요인을 찾는다. 요인 분석은 또한 일반 상관관계 f 요인이 있는 경우 각 테스트가 이를 얼마나 잘 측정하는지 알려 준다. 이를 통해 f가 여러 스포츠의 성과를 어떻게 예측하는지 확인할 수 있다.

이것이 바로 가설 수준의 일반 지능 g를 발견하기 위해 수행하는 작업이다. 문제 해결, 일반 지식, 언어 능력, 정량화 기술, 시각-공간 처리, 작업 기억 등 기본 지능과 관련 있다고 여겨지는 능력에 대한 다양한 테스트는 서로 상관관계가 있으며 기저 요인을 가진다. 그런 다음 다양한 테스트와 하위 테스트가 이 기저 요인, 즉 g와 얼마나 잘 상관되는지에 따라 평가할 수 있다. 이런 IQ 테스트를 사용해 g가 얼마나 신뢰성 있게 측정되는지, 그것이 얼마나 유전적인지도 살펴볼 수 있다. 결론부터 말하면 g는 안정적으로 측정할 수 있고 상당히 유전적이다.

오늘날 지능 연구자는 일반 지능, g를 거의 당연하게 받아들인다. 일부 연구는 이런 테스트에 왜 기저 요인이 있는지 설명하는 데 초점을 맞춘다. 신경 속도나 효율성 등 아직 발견되지 않은 뇌의 특징이 사람마다 다른 것일까? 아니면 여러 가지를 잘하면 서로 상승 작용을 해서 다른 영역에서도 성과를 향상하는 '긍정적 다양체'가 있는 걸까? 예를 들어 읽기와 말하기, 기타 언어 능력이 좋으면 학습 능력이 향상되므로 문제 해결과 정량화 기술이 향상될 수 있다. 시간이 지남에 따라 이런 다양한 기술은 서로 연관되고 강화될 것이다.

일반 지능의 개념은 이론이나 인과적 실험에 기반한 것이 아니라 인지 능력을 측정한다고 여겨지는 다양한 테스트 간의 상관관계에 기반한다. 골턴이 말했듯이 이런 높은 수준의 형질이 타고난 것인지 양육에 따른 것인지에 대한 논의는 계속되고 있다. 하지만 '모든 인간에 대한 이론'으로 무장한 우리는 골턴의 논쟁을 뛰어넘고 우생학적 질문에 답하며 IQ에 대한 더 설득력 있고 포괄적인, 이론적이며 경험적인 이해에 다다를 수 있다.

먼저 IQ에 대한 10가지 사실부터 알아보자.

IQ에 관한 10가지 사실

다음은 IQ에 관한 10가지 사실이다. 이런 사실은 일반 대중 사이에서는 논쟁의 여지가 있고 종종 논란이 되지만 IQ를 연구하는 과학자 사이에서는 그렇지 않다. 사회심리학자 리처드 니스벳Richard Nisbett을 포함해 심리학자, 경제학자, 행동유전학자, 그리고 전前 미국심리학회 회장을 포함한 지능 연구 분야의 저명한 학자로 구성된 학제 간 연구팀이 2012년에 발표한 논문은 10가지 사실을 지지한다. 그들의 전문 분야는 지능의 문화적 및 성별 차이, 지능에 영향을 미치는 사회적 및 유전적 요인의 효과, 생애에 걸친 지능 발달, 경제 발전과 지능 간의 관계, 역사에 따른 지능의 변화를 포괄한다.

1. IQ는 위어드 사회에서 적어도 학교 및 업무 성과를 예측하는 좋은 지표이다.

2. IQ는 예측력이 다르며 그중 인지적 능력이 낮게 요구되는 과제의 성과는 잘 예측하지 못한다.

3. IQ는 '결정 지능crystallized intelligence'과 '유동 지능fluid intelligence'으로 분리할 수 있다. 결정 지능은 기존 문제를 해결하는 데 사용되는 지식을 뜻하며 유동 지능은 새로운 문제를 해결하고 배울 수 있는 능력을 의미한다.

4. 교육적 개입은 기억력 훈련처럼 개입의 영향을 받는 유동 지능을 포함해 IQ의 여러 측면을 개선할 수 있다. 이런 개입 결과 중 상당수가 오래 지속되지는 않는 것 같지만 전체적으로 교육이 평생에 걸쳐 IQ를 높인다는 강력한 인과적 증거가 있다.

5. IQ 점수는 시간이 지남에 따라 극적으로 증가하고 있다. 처음 이 패턴을 알아차린 제임스 플린James Flynn의 이름을 따서 이를 플린 효과Flynn effect라고 부른다(2012년 논문의 공동 저자이기도 하다). 플린 효과는 최근에 산업화된 국가에서 가장 크다. 유동 지능의 좋은 척도이고 가장 '문화적으로 중립적인' 것으로 주장되는 레이븐 테스트에서 IQ가 큰 폭으로 상승한 것으로 측정되었다. 즉, 단순히 더 많은 단어를 배우거나 덧셈과 뺄셈을 더 잘하는 것으로 지능이 향상되는 것은 아니다.

6. IQ 차이는 신경학적 상관관계를 가지고 있다. 즉, 이런 차이를 뇌에서 측정할 수 있다.

7. IQ는 유전적이지만 정확한 유전성은 인구 집단에 따라 다르며 일반적으로 약 30%에서 80% 사이로 변동한다.

8. 유전성은 미국의 가난한 사람에서 더 낮지만 호주와 유럽에서는 부

의 수준 전체에 걸쳐 거의 동일하다.

9. 남성과 여성은 분산과 각 하위 척도의 평균 측면에서 IQ 점수에 차이가 있다.

10. 집단 및 인종에 따라 IQ 점수에 차이가 있다.

일부 사람이 이러한 주장에 의문을 제기하는 이유를 이해할 수 있다. 하지만 정치적 고려를 제쳐두고 과학적으로 이 사실을 어떻게 이해할 수 있을까?

심리학자 리처드 헌스타인Richard Herrnstein과 찰스 머리Charles Murray의 저서 《종형 곡선Bell Curve》(1994)부터 로버트 플로민Robert Plomin의 《블루프린트Blueprint》(2018)에 이르기까지 지능을 다룬 유명한 책은 이런 현상의 상당 부분이 유전자에 기인한다고 설명한다. 물론 사람이나 집단마다 유전자가 다르기 때문에 어떤 사람은 다른 사람보다 더 똑똑할 수 있다. 하지만 인간은 두 가지 유전 방식을 가진 종이다. 인간은 유전적 하드웨어뿐만 아니라 문화적 소프트웨어도 가지고 있다. 그리고 우리가 지구상에서 가장 지배적인 종이 된 것은 유전자가 아니라 문화 덕분이다. 축적된 지식에 의존하는 종에게 문화적 고려가 결여된 지능 테스트는 무의미할 뿐만 아니라 문화를 제거한 지능이라는 개념도 있을 수 없다.

지능의 문화

우리 각자는 인지적 능력을 비롯해 다양한 능력을 보유한다. 하지만 우리가 지능 또는 천재성을 구성하는 능력으로 간주하는 능력 집합은 사회마다 시대마다 다르다. 이누이트족을 비롯해 이동이 잦은 소규모 사회에서 가장 똑똑한 사람은 곳곳의 지리적 위치를 기억하는 뛰어난 공간 능력을 가진 사람이다. 초기 그리스도교 사회, 이슬람 제국에서는 성서를 외울 수 있는 사람이 가장 똑똑했다. 르네상스 시대에는 학자와 예술가였다. 20세기에는 한 가지 기술을 가진 장인과 수학 천재였다. 우리 시대에 인터넷을 통한 지식의 즉각적 접근성은 많은 양의 정보를 단순히 암기하는 능력의 가치를 떨어뜨리고 잡음 속에서 올바른 신호를 분류하고, 올바른 정보를 찾고, 대량의 데이터를 해석하고, 산만한 세상에서 집중할 수 있는 능력의 가치를 더 높여 주고 있다. 많은 사람이 암산 능력과 기억력 상실을 한탄하지만 각 세대의 집중력은 다른 영역의 결핍으로 이어졌다. 예를 들어 반플린 효과anti-Flynn effect 때문에 현대인의 반응 시간이 줄어든 것으로 보인다. 학교에 막 다니기 시작한 어린이의 경우, 길 찾기를 포함한 공간 능력이 나빠졌다. 요점은 과거 또는 다른 사회에서 고안된 IQ 테스트가 다른 능력, 즉 암묵적으로 다른 가치를 측정한다는 것이다. 인공 지능의 부상은 의심할 여지없이 위어드 사회에서 지능의 정의를 새롭게 바꿀 것이다.

IQ 테스트는 현재 위어드 사회에서 우리가 중요하게 여기는 자질을 측정하기 때문에 위어드 사회에서의 성공을 거의 그대로 예측한다. 따라서 IQ 테스트 점수가 학교 및 업무 성과를 예측하는 것은 놀라운 현상이 아니다. 그러나 컴퓨터로 업무를 처리하는 능력이 최신 싱크패드나 맥북 같은 고성능 하드웨어뿐만 아니라 엑셀이나 포토샵 등 적절한 소프트웨어에 따라 달라지는 것처럼 지능에 대해서도 하드웨어(유전자)와 소프트웨어(문화), 두 가지를 모두 고려해야 한다. 이에 대한 증거는 있을까?

문화는 월리스의 물고기가 헤엄치는 물과 같다. 어디에나 있지만 우리는 그것을 보지 못한다. 우리는 철저하게 교육받은 세상에 살고 있기 때문에 교육을 통해 전달된 문화의 산물이 얼마나 많은지 모른다. 모든 지능 테스트와 모든 실험 심리학 도구가 정규 학교 교육이 널리 보급된 이후에 개발되었다는 점을 생각해 보자. 사실 비네와 시몽은 최초의 IQ 테스트를 학교에 다니는 아이를 대상으로 개발했다. 현재 우리가 인간의 보편적인 핵심 능력으로 간주하는 추론 능력과 IQ 테스트에서 측정하는 능력의 대부분은 심리학의 경험적 발견에 기반한다. 하지만 이런 능력이 실제로는 문화적으로 전수된 것이라면, 예를 들어 IQ 테스트와 심리학 자체가 발명될 당시 이미 보편화된 교육 시스템을 통해 전수된 것이라면 이를 구별할 수 없을 것이다. 학교가 어디에나 있고 교육이 권리로 여겨지며 전 세계 어린이가 모두 학교에 다녀야 하고 우리 대부분은 학교 교육을 전혀 받지 않은 사람을 만나본 적도 없기에 학교 교육을 통해 획득한 사고방식은 보편적으로 보일 것이다. 그리고 모든 사람이 교육을 받는 세상에서 교육의 산물은 TV 프로그램과 책, 대화에 알게 모르게 스며 새로운 지식과 새로운 사고방식의 기준이 된다. 만약 이런 능력이 유전적 하드웨어가 아닌 문화적 소프트웨어에 있다면 이를 어떻게 알 수 있을까?

오늘날 거의 모든 사회에서 교육 부족은 극심한 빈곤과 그에 따른 다른 불이익을 드러내는 좋은 지표이다. 따라서 낮은 IQ 테스트 결과가 질병, 공해, 가정, 이웃, 사회적 환경, 문화 또는 유전자 중 어떤 요인 때문인지 파악하는 일은 매우 어렵다. 현대 사회의 교육은 문자, 숫자, 음소, 더하기, 빼기, 읽기, 쓰기, 삼각함수, 대수, 미적분 등 특정 문화 패키지를 효율적으로 다운로드하는 수단으로 발전해 왔다. 하지만 이런 교육 방식은 인류 역사의 관점에서 보면 새로운 것이다.

수렵 채집인은 명시적으로 가르치지 않는다. 그 대신에 아이는 어른과 어울리고 관찰하며 배운다. 직접적인 교육은 더 큰 문화적 말뭉치corpus를 가진 목축 사회와 농경 사회에서 더 흔하다. 우리 사회에서도 의무 교육은 상대적으로 최근에 생겨났다. 산업혁명으로 인해 최소한의 능력을 갖춘 공장 노동자가 필요했기 때문이다. 그 이후로 학교는 점점 더 중요한 문화 전파의 원천이 되었다. 그러면 이런 현상이 얼마나 중요한지 어떻게 측정할 수 있을까?

어린이를 대상으로 무작위 연구를 할 수는 없다. 교육을 더 많이 받거나 덜 받거나 아예 받지 못하도록 배정하는 것은 비윤리적이다. 설령 자연 상태에서 이런 일이 발생하는 경우라고 해도 이는 대개 상대적 부 같은 다른 요인 때문에 일어난다. 하지만 교육 기회가 무작위로 할당되는 '자연 실험'이 몇 가지 있었다. 이런 자연 실험의 결과는 명확하고 일관적이다. 교육은 지능과 IQ 테스트 성적을 높인다. 그 인과관계에 대한 강력한 증거로 두 사례를 소개하겠다. 하나는 노르웨이의 실험이고, 다른 하나는 남아프리카공화국의 실험인데 우연의 일치인지 모르겠지만 두 번째 연구도 역시 노르웨이인 덕분에 가능했다.

노르웨이는 여러 이유로 흥미로운 나라이다. 서유럽의 초기 역사를 끔찍할 정도로 폭력적인 상황으로 만든 바이킹의 본거지였으나 현재는 지구상에서 가장 평화롭고 번영하며 부패가 가장 적은 나라가 되었다. 20세기 중반에 노르웨이는 의무 교육 기간을 7년에서 9년으로 늘렸다. 정책의 급작스러운 변화로 며칠 차이로 태어난 아이 사이에서 2년의 교육 격차가 발생했다. 이 개혁 때문에 교육이 자녀 수, 십대 임신, 평생 소득 등 다양한 요인에 미치는 인과관계를 측정하는 많은 논문이 발표되었다. 그러나 노르웨이에는 추가 교육 기간이 IQ에 미치는 영향을 연구할 수 있게 한 또 다른 정책이 있는데, 바로 의무 군복무이다. 노르웨이에서는 남성 의무 병역 제도의 일환으로 19세가 되면 모든 징집병이 IQ 테스트를 받는다. 따라서 상관관계를 넘어 추가 교육이 IQ 테스트 성적에 얼마나 영향을 미쳤는지 인과적으로 파악할 수 있었다.

2년의 추가 교육을 받은 사람은 평균 7점 이상(표준편차 0.5점 정도) IQ가 상승해 지능이 크게 향상됐다. 그리고 이런 변화는 청소년 교육에만 영향을 미쳤기 때문에 교육이 IQ에 미치는 전반적인 효과를 과소평가한 것일 수 있다. 나이가 많은 개에게는 새로운 재주를 가르치기가 더 어렵듯이 조기에 개입할수록 효과가 더 큰 경향이 있다.

모든 자연 실험이 이 실험처럼 다른 잠재적 영향에서 자유로운 것은 아니다. 하지만 심리학자 스튜어트 리치Stuart Ritchie와 엘리엇 터커드롭Elliot Tucker-Drob이 총 60만 명이 참여한 42개 실험의 142개 지능 테스트에 관한 메타 분석을 실시한 결과, 교육이 IQ 테스트 성적에 미치는 전반적 영향은 1년간 교육을 받을 때마다 1~5점 사이라는 동일한 결론에 도달했다. 논문의 저자들은 "교육은 지능을 높이는 데 있어 지금까지 밝혀진 방법 중 가장 일관성 있고 강력하며 지속적인 방법으로 보인다"라고 결론지었다.

교육을 받지 않은 경우와 교육을 받은 경우의 효과를 인과관계로 테스트하려면 어떻게 해야 할까? 우리가 '학교'라고 부르는 서구식 교육 기관이 적어도 어느 정도는 전 세계 거의 모든 지역에 퍼져 있기 때문에 이는 매우 어려운 일이다. 학교는 건강과 기대 수명, 1인당 소득, 인간 발달과 관련된 기타 지표를 향상하는 데 큰 도움을 줬지만 교육이 어떻게 두뇌를 재구성하고 결과적으로 우리 사회를 재구성했는지 과학적으로 연구하기는 어렵다.

200년 전만 해도 전 세계 인구의 12%만이 읽고 쓸 수 있었다. 오늘날에는 14%만이 읽고 쓰지 **못한다**. 전부 학교 덕분이다. 하지만 학교가 어디에나 있는 상황을 학교가 전혀 없는 경우와 비교했을 때 학교가 우리의 두뇌와 인지에 어떤 영향을 미치는지 어떻게 알수 있을까? 충분히 무작위적인 자연 실험 방식으로 서로 다른 교육을 받는 곳이 있다면 어떨까?

2년 동안 전 세계를 뒤져 그런 장소가 존재하는지 찾았다. 2016년 마침내 나미비아와 앙골라의 국경에 있는 남부 아프리카에서 한곳을 발견했다. 공교롭게도 이 학교는 노르웨이인의 후원으로 지어진 학교였다.

쿠네네강은 앙골라 고원에서 남쪽으로 흐르다가 서쪽 대서양으로 흘러간다. 1886년, 멀리 리스본에서 독일과 포르투갈은 쿠네네강의 서쪽을 흐르는 부분을 경계로 두 식민지 사이의 국경을 선포하기로 결정했다. 이로써 나미비아와 앙골라가 탄생했다.

힘바족은 소를 몰고 다니는 반유목 목축인으로 쿠네네강 양쪽에 산다. 《내셔널 지오그래픽》에서 이들의 사진을 본 적이 있을 텐데, 붉은 황토와 동물성 지방을 섞어 만든 연고인 오치제otjize를 피부와 머리카락에 발라 남부 아프리카의 뜨거운 태양에서 스스로를 보호하는 것으로 유명하다. 힘바족은 새로운 국경에 대해 어떠한 협의도 한 적이 없지만 그렇다고 큰 영향을 받지도 않았다. 그들은 고립된 지역에 산다. 북쪽으로는 험준한 지형과 고지대로 인해 앙골라의 주요 도시와 단절돼 있고, 남쪽으로는 인구 약 2만 명의 나미비아 주요 도시 오푸오까지 약 160km나 떨어져 있다. 오늘날에도 힘바족은 강을 건너 서로 만나고 결혼하는 등 전통적인 생활 방식을 고수하지만 소를 데리고 강을 건너는 것은 어렵기 때문에 대부분 강의 양쪽에 나뉘어 산다. 하지만 자주 만나고 결혼하기 때문에 양안의 주민은 동일한 유전적, 문화적 집단을 이루고 있다.

나미비아에서는 학교 교육이 의무이다. 힘바족은 자녀를 오푸오 같은 도시나 수도 빈트후크에 있는 학교에 보내곤 했는데 많은 아이가 교육을 마친 후 도시에 눌러 앉았다. 도시의 기회, 흥분, 섹스, 마약, 로큰롤을 경험한 후, 전통적인 반유목민 복축 생활로 돌아가기 어려웠기 때문일 것이다. 힘바족의 부모는 자녀가 영원히 곁을 떠나는 것을 원치 않았다. 그래서 도시의 학교에 보내기를 중단했다. 이를 해결하기 위해 노르웨이 외무부의 지원을 받는 비정부기구인 노르웨이 나미비아협회NAMAS는 나미비아 정부 및 힘바족과 협력해 현지화된 버전의 국가 교육 과정을 갖춘 학교, 즉 천막 학교를 만들었다. 이 학교는 아이의 가족이 다음 수원지나 방목지로 이동할 때 함께 따라갔다. 교육 과정은 힘바족과 함께 만들었으며 소의 숫자를 세고 반유목민 생활의 여러 측면을 가르치는 등 나미비아의 국가 교육 과정을 문화적으로 적합한 방식으로 개선했다. 나미비아 힘바족 부모 중 일부는 다시 이 천막 학교에 아이를 보냈다.

그러면 앙골라에 사는 힘바족은 어떨까?

노르웨이인은 기꺼이 앙골라 쪽에도 천막 학교를 세우고 싶어했지만 정치적인 문제에 부딪혔다. '대가'가 필요하다는 확인되지 않은 소문이 돌았기 때문이다. 노르웨이인은 노르웨이인답게 이를 거부했다. 흥미로운 문화적 충돌이다. 국제투명성기구에 따르면 노르웨이는 당시에도 그랬고 지금도 세계에서 가장 부패가 적은 상위 5개 국가 중 하나이다. 나미비아의 부패 수준은 중간 수준이었으며 현재도 그렇다. 반면 앙골라는 당시 세계에서 **가장** 부패한 15개 국가 중 하나였다(이후 개선됐고 앞으로도 계속 반부패 순위가 상승할 것으로 예상된다). 그래서 강 남쪽에 있는 나미비아 힘바족과 달리 강 바로 북쪽에 있는 앙골라 힘바족은 앙골라 정부나 앙골라의 다른 지역과 거의 관련이 없는 탓에 정규 교육을 받지 못했다.

그래서 우리는 데이터를 수집하기 시작했다. 그 데이터로 발견한 건 무엇일까?

우선 학교를 이용할 수 있는 지역 사회가 그렇지 않은 지역 사회보다 IQ 테스트 성적이 더 높았다. 따라서 학교 교육은 적어도 우리 사회에서 중요하게 여기는 종류의 지능, 레이븐 테스트 같은 IQ 테스트가 정의하는 종류의 지능을 향상하는 것은 사실이다. 하지만 우리는 더 깊이 파고들고 싶었다. 아이가 자라며 더 많은 교육을 받는 것에 따른 변화도 살펴보고 싶었다.

위어드 사회에서 IQ 테스트 성적은 나이와 상관관계가 있다. 우리는 아이가 나이가 들수록 더 똑똑해진다고 가정한다. 그래서 비네와 시몽을 비롯한 그 이후의 모든 연구자는 연령대별 테스트 결과를 비교했다. 하지만 문제가 있다. 무단결석을 막는 제도 덕분에 우리 사회에서 나이는 학교를 다닌 연수와 거의 완벽한 상관관계가 있다. 나이는 교육에 대한 거의 완벽한 대리 지표이다. 그러면 아이가 더 높은 IQ 테스트 점수를 받는 것은 나이가 들어서인가, 아니면 더 많은 정규 교육을 받아서인가?

이를 알아보기 위해 학교에 다닌 힘바족과 다니지 않은 힘바족을 대상으로 문화적으로 중립적이라고 여겨지는 레이븐 누진 행렬 IQ 테스트 결과를 비교했다. 예상대로 정규 교육을 받은 아이가 그렇지 않은 아이보다 더 높은 점수를 받았다. 하지만 놀랍게도 학교에 가지 못한 아이 중 나이가 많은 아이는 레이븐 테스트 점수가 나이가 어린 아이와 거의 같았다. 이들의 점수는 학교에 다닌 힘바족이나 서구 사회의 아이처럼 나이가 들면서 향상되지 않았다.

정규 교육 여부와 관계없이 나이가 많은 아이도 여전히 성장하고 성숙하며 숙련도를 높여 간다. 앙골라의 힘바족도 다른 사람과 마찬가지로 생존하고 번성하며 성공한다. 하지만 이들의 능력은 서구 사회의 전통적인 IQ 테스트에 반영되지 않는다. 생각해 보라. 문화와 무관하다고 여겨지는 레이븐 테스트도 실제로는 우리가 아이에게 가르치는 색과 모양에 의존한다. 실제로 나는 아이의 생활 방식과 더 관련이 있는 다른 작업, 예를 들어 구슬 목걸이를 만드는 순서 기억하기 같은 작업을 통해 학교에 다니지 않는 아이에서도 발달 변화를 확인할 수 있었다.

그렇다면 지난 10년 동안 교육을 받은, 유전적으로나 문화적으로 구별할 수 없는 사촌인 나미비아에서는 어땠을까? 여기에서도 서구식 교육이 제공되는 사회와 동일한 패턴이 나타났다. 나이가 들수록(또는 정규 교육을 받은 양에 따라) IQ 테스트 성적이 높아진다. 학교에서 보내는 시간이 많을수록 나이와 관계없이 IQ가 높아진다. 다시 말해서 IQ 테스트는 우리 사회에서 학교가 무엇을 가르치는지 측정한다.

학교가 읽기, 쓰기, 산수를 가르치는 것보다 더 큰 역할을 한다는 건 분명하다. 학교는 규율과 지연된 만족감을 가르치며 나중을 위해 지금 앉아서 공부하는 법을 훈련시킨다. 학교는 책과 비디오를 통해 그리고 다른 사람을 통해 그 사회에 맞는 방식으로 학습하는 법을 가르친다. 또한 학교는 그 당시 사회에서 중요하게 여기는 사고 도구, 너무나 당연해 유전적으로 진화한 인간의 보편적 능력으로 생각하는 사고 도구를 제공한다.

이전 장에서 알렉산드르 루리야와 헬렌 데이비스, 그리고 내가 진행한 형식 논리적 추론 연구에 대해 설명했는데 루리야는 피험자에게 어린이 TV 프로그램 〈세서미 스트리트Sesame Street〉에 나오는 노래 '이런 것 중 하나One of These Things'와 유사한 질문을 던졌다. 예를 들어 루리야는 망치, 톱, 통나무, 손도끼 중 어느 것이 비슷한지 물었다. 다음은 교육을 받지 못한 서른 살의 라크마트Rakmat와 나눈 대화의 녹취록으로 그의 관계적 사고방식을 엿볼 수 있다.

"그건 모두 같아요"라고 그는 말했다.

"모두 여기 있어야 해요. 톱질을 하려면 톱이 필요하고, 무언가를 쪼개려면 손도끼가 필요하잖아요. 그러니 모두 여기에 있어야 해요."

우리는 다른 질문을 던지며 과제의 의미를 다시 설명하려고 했다.

"여기에 어른 세 명과 아이 한 명이 있어요. 그런데 아이는 어른과 다른 집단이겠죠?'

그러자 라크마트가 대답했다.

"하지만 아이는 다른 사람과 함께 있어야 해요! 세 사람 모두 일을 하고 있는데 물건을 가져오기 위해 계속 뛰어다녀야 한다면 일을 끝낼 수 없겠죠. 하지만 아이가 대신 뛰어다닐 수 있을 거예요. 그러면서 아이는 배울 수 있어요. 그게 더 낫겠죠. 모두 함께 더 잘 일할 수 있어요."

"이거 보세요. 여기 바퀴 세 개와 펜치 한 쌍이 있어요. 펜치와 바퀴는 전혀 비슷하지 않죠?"

"아니요, 모두 같아요. 펜치가 바퀴처럼 보이지 않는 건 알지만 바퀴에 무언가를 조여야 할 때 필요할 거예요."

"하지만 바퀴를 가리키는 한 단어가 있는데 그 단어로 펜치를 설명할 수 없잖아요?"

"네, 저도 알지만 그래도 펜치가 있어야 해요. 펜치로 철을 들어올려야 하죠. 철은 무겁잖아요."

이런 점을 염두에 둔다면 도대체 IQ 테스트는 무엇인 걸까? IQ 테스트는 사실 문화적 각인의 척도이다. 우리는 세계의 사물이 서로 어떻게 연관돼 있는지 배우고 이는 우리가 세계에 대해 생각하는 방식을 만들어 나간다. 하지만 이런 인지적 도구는 우리의 뇌를 더 깊은 층위에서 변화시킨다.

우리를 더 똑똑하게 만드는 문화

까마귀는 놀라운 동물이다. 까마귀가 가진 많은 능력 중 하나는 갈고리 도구를 만드는 능력이다. 금속 철사를 주고 긴 튜브에서 먹이를 꺼내는 실험에서 까마귀는 철사를 구부리면 갈고리가 된다는 사실을 알아내 먹이를 꺼낸다. 매우 인간 같은 행동이다. 그런데도 '인간만이 도구를 만든다'라고 할 수 있을까?

발달심리학자 세라 벡Sarah Beck은 까마귀에게 주어진 과제와 매우 유사한 과제를 이용해 영국 어린이를 대상으로 연구를 진행했다. 다양한 연령대의 아이에게 바닥에 스티커가 담긴 작은 바구니가 있는 긴 튜브를 주었다(아이들은 스티커를 좋아하고, 연구비가 부족한 과학자는 값싼 스티커를 좋아한다). 스티커를 가지려면 갈고리가 필요했다. 아이들은 학교에서 가지고 놀았을 철사로 된 파이프 청소 도구를 사용할 수 있었다. 까마귀도 해내는데 아이도 할 수 있을까?

세 살에서 다섯 살 사이의 아이들은 일관되게 실패했다. 파이프 청소 도구로 튜브를 찔러보고 쑤셔봤지만 파이프 청소 도구를 고리로 만들 수 있다는 사실을 파악하지 못했다. 아이의 신체상 불가능한 것도 아니었다(까마귀는 부리와 발톱으로 이 작업을 했다). 아이에게 시범을 보여 주자 그 즉시 이해했다. 이것이 바로 교육의 힘이다. 이것이 바로 교실에서 매일 일어나는 '아하! 그렇구나'의 순간이다. 응암바 침팬지 실험을 기억하는가? 우리는 탁월한 모방자이다.

발달심리학자 마크 닐슨Mark Nielsen은 벡의 연구 결과를 읽고 다른 많은 사람과 마찬가지로 크게 놀랐다. 그는 스스로 장난감을 만드는 데 익숙한 아이들이 이 작업을 더 잘할 수 있을지도 모른다고 생각했다. 그래서 남부 아프리카의 '부시맨' 아이를 대상으로 같은 실험을 진행했다(나는 남아프리카에서 자랐는데 여전히 그곳 아이들이 철사, 알루미늄 캔, 병뚜껑, 기타 폐품으로 만든 자동차 등속의 장난감을 보고 깊은 감명을 받곤 한다). 하지만 수제 장난감을 흔하게 만드는 부시맨 아이 역시 영국 아이와 같은 방식으로 행동했다. 어린 아이는 혼자서 갈고리 과제를 해결하지는 못했지만 일단 시범을 보이면 바로 해낼 수 있었다.

학교, 부모, 지역 사회, 텔레비전, 유튜브, 틱톡, 기타 미디어를 통해 전달되는 모든 종류의 문화적 지식은 소프트웨어와 같다는 사실을 기억하라. 이를 통해 우리는 동일한 하드웨어로 여러 가지 일을 할 수 있다. 엑셀 없이 복잡한 회계 계산을 한다고 상상해 보라. 중앙처리장치CPU의 속도나 코어 수가 아무리 좋아도 올바른 소프트웨어가 없으면 피벗 테이블을 만들 수 없다. 문화 소프트웨어도 마찬가지이다.

우리가 당연하게 여기는 것의 대부분은 우리보다 앞선 세대의 인류가 축적해 온 지혜와 노하우, 사고방식, 즉 우리가 태어나서 처음 몇십 년 동안 다운로드해 사용하는 소프트웨어 패키지이다.

그렇다고 해서 하드웨어가 중요하지 않다거나 사람마다 차이가 없다는 말은 아니다. 하드웨어는 중요하다. 공해, 질병, 납 노출, 영양 부족, 흡연, 알코올 및 기타 약물에 대한 노출은 모두 좋은 두뇌를 만드는 능력에 해를 끼친다. 그리고 우연이든 아니든 사람과 집단 간에는 분명히 유전적 차이가 있다. 하지만 이것만으로 앞서 설명한 IQ에 관한 10가지 사실을 설명하기는 어렵다. 문화적 소프트웨어는 유전적 하드웨어보다 변화하는 능력이 더 크며 사회 및 집단, 세대 간 차이의 대부분을 설명하는 요인은 바로 이 소프트웨어이다. 그리고 소프트웨어이기 때문에 미래에 변화할 가장 큰 잠재력을 가지고 있다. 이는 우리를 더 똑똑하게 만들고 우리에게 절실히 필요한 차세대 창의적 혁명을 촉발하는 데 중요한 역할을 한다. 이제 우

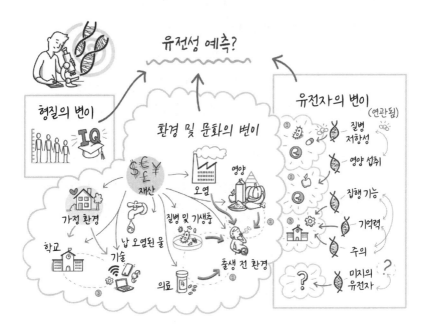

리 경험이 어떻게 우리를 더 똑똑하게 해 주는지 혹은 방해가 되는지 살펴보자. 그런 다음 10가지 IQ에 관한 사실을 다시 한번 보자.

물리적인 것을 정신화하기

머릿속은 사물에 대한 단어뿐만 아니라 한때 배워서 이제는 자연스럽게 사고에 사용하는 비유, 은유, 인식론, 도구로 가득하다.

아이는 손가락으로 수를 세는 방법을 배우면 곧 손가락을 명시적으로 사용하지 않고도 머릿속으로 손가락을 표상할 수 있다. 결국 이런 구체적인 숫자 표현이 자연스러워지면 손가락을 완전히 잊어버린다. 손가락이나 10이라는 숫자에 특별한 것은 없다. 여러 문화권에서는 손가락 관절부터 신체 부분까지 10이 아닌, 6부터 27까지 다양한 기수를 사용해 신체의 다른 부위를 세어 왔다. 또한 계산에 도움이 되도록 사물의 수를 외부화하는 다른 방법도 찾았다. 예를 들어 14세기 일본의 계산 도구인 소로반(산반算盤)이 있다. 학창 시절에 가지고 논 주판과 매우 비슷해 보이지만 크기가 더 작고 한 줄에 구슬이 10개가 아닌 5개가 달려 있다.

20세기 후반에 소로반은 다시 인기를 얻었다. 많은 일본 아이가 주산을 더 잘하려고 소로반 수업을 받기 시작했다. 하지만 손가락을 이용해 세는 것과 마찬가지로 시간이 지나면 소로반을 더는 쓰지 않고 그 대신에 머릿속에서 소로반을 소프트웨어로 표상하는 방식을 사용한다. 소로반으로 훈련받은 아이가 3267 + 9853 + 6531 + 7991 + 2641이라는 큰 숫자를 몇 초만에 암산하는 동영상이 있다. 정말 인상적인 능력으로 어떻게 우리가 본 것을 정신적으로 표상하는지, 어떻게 이런 비유, 은유를 사용하는지, 심지어 물리적 대상조차도 어떻게 정신적으로 표상하는지 그 방법을 보여주는 사례이다.

여기에도 또 하나의 교훈이 있다. 우리의 정신적 도구는 시대에

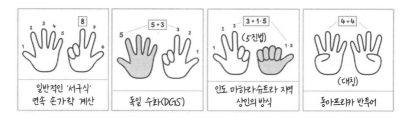

숫자 8을 나타내는 다양한 방법   **손가락 계산에서의 문화 및 역사적 다양성**

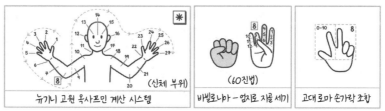

벤더 및 벨러 2011(BENDER & BELLER 2011)에 기반   * 마르마세 외 2000(MARMASSE et al., 2000)에 기반

뒤떨어질 수 있다. 소로반 수업이 인기를 잃은 것은 암산의 유용성이 떨어졌기 때문이다. 중학교 시절 선생님은 항상 우리가 주머니에 계산기를 넣고 다니지 않을 것이기 때문에 아이들이 덧셈, 뺄셈, 곱셈, 나눗셈을 빨리 할 수 없을 것이라고 걱정하곤 했다. 그러나 선생님은 아이폰의 등장을 예견하지 못했다. 이전에 사용하던 렌즈를 통해 세상을 보기 때문에 이런 과거의 추상적인 정신적 표현은 우리에게 방해가 되거나 심지어 우리를 잘못된 길로 이끌 수 있다.

시뮬레이터로서의 마음

우리가 무언가를 볼 때, 예를 들어 직사각형의 갈색 책상을 볼 때 우리는 자연스럽고 자동적으로 교육을 통해 배운 형태, 색상, 개념으로 그것을 분해한다. 우리가 아는 모든 렌즈를 통해 보이는 것을 재코드화한다. 우리는 책상의 생생한 이미지가 아니라 추상적 방식으로 책상의 특징을 머릿속에 저장한다. 우리가 무언가를 어떻게 정신적으로 표상하는지 자신을 시험해 볼 수 있는 한 가지 방법은 그 대상을 그려 보는 것이다. 우리는 본 것에 대한 완전한 그림이 아니라 추상적인 그림을 그린다. 우리는 기억에서 영상을 불러오기보다는 기억을 재구성한다. 이것은 유용한 형질이다. 원비트맵 이미지 파일을 저장하는 것보다 JPG와 같은 최적의 이미지 압축 알고리듬을 사용하는 것이 정보를 더 효율적으로 저장하는 방법이기 때문이다. 이런 능력이 부족해 모든 것을 완벽하게 세부적으로 기억하는 사람은 일반화하고, 학습하고, 학습한 내용을 연결하는 데 어려움을 겪을 것이다. 그러나 세상을 추상적인 아이디어와 기능으로 표현하는 방식은 세상을 있는 그대로 보지 못하는 대가를 치른다. 그 대신에 우리는 가정, 동기, 과거 경험을 통해 세상을 바라본다. 우리의 기억이 영화처럼 재생되는 것이 아니라 추상적 표현을 통해 재구성된다는 발견은 목격자 증언의 법적 우선권을 완전히 무너뜨렸다. 보는 것이 믿는 것이 아니다.

이제는 고전이 된 실험이 있다. 인지심리학자 엘리자베스 로프터스Elizabeth Loftus는 사람들에게 자동차 충돌 영상을 보여 줬다. 그런 다음 사람들에게 차량이 '접촉했을 때' '콩 부딪혔을 때' '쿵 부딪혔을 때' '콰앙 충돌했을 때' '짜부라졌을 때' 차량의 속도가 얼마나 빨랐는지, 그리고 깨진 유리를 봤는지 추정하게 했다. 집단별로 동일한 장면을 보여 주었지만 그 장면을 설명하는 수식어를 다르게 한 것이다. 자동차가 '짜부라졌을 때' 얼마나 빠른 속도로 달렸는지 질문을 받은 참가자는 '짜부라짐'에 대해 아는 모든 것을 동원해 충돌 속도를 추정했고 심지어 깨진 유리를 봤다고 주장할 가능성도 다른 사람에 비해 높았다. 그러나 영상에 깨진 유리는 없었다. 우리는 '짜부라진' 차량은 '접촉'만 한 차량보다 훨씬 더 많은 손상을 입었다고 정신적으로 시뮬레이션한다.

이런 표상을 통해 우리 마음은 세상을 시뮬레이션하고 예측한다. 우리는 세상이 어떻게 보일지를 예상함으로써 세상을 본다. 우리 마음은 컴퓨터보다는 시뮬레이터처럼 작동한다. 여러분이 문을 볼 때, 여러분의 뇌는 마치 터미네이터의 주인공처럼 '직사각형 물체. 손잡이. 계산 중. 계산 중. 문으로 확인됨'처럼 계산하지 않는다. 그 대신에 우리는 문을 기대하다가 실제로는 문을 그린 그림이거나 혹은 창문이라는 것을 알아차리면 깜짝 놀란다. 진짜 문이 아니라 문 그림처럼 뇌의 예측 시뮬레이션이 잘못된 예측을 하면 배측전방대상피질dorsal anterior cingulate cortex, dACC이라는 뇌 부위가 작동해 무언가 잘못됐다는 불편한 느낌을 받는다. 우리는 그림에 대한 기존 지식을 바탕으로 암묵적, 자동적으로 자신이 아는 것을 재확인하고 가능한 경우 새로운 정보를 수용하거나 혹은 기존 지식에 동화하려고 노력한다. 그런데 이미 아는 것을 통해 새로 본 것을 이해할 수 없을 때, 비로소 학습이 일어난다. 새로운 것을 배우기 위해 약간의 불편함은 꼭 필요한 것이다.

우리 마음은 사회가 우리에게 가르친 지식을 바탕으로 세상을 시뮬레이션한다. 사회는 우리에게 새로운 기술과 새로운 자연적 성향, 즉 타고난 것처럼 느껴지지만 사실은 문화적으로 만들어진 본능을 부여할 수 있다.

인지과학자 페터 쾨니히Peter König는 '필스페이스feelSpace'라는 이름의 촉각 피드백 나침반 벨트를 만들었는데 이 벨트는 항상 북쪽으로 진동한다. 쾨니히는 분명히 주변에서 이상한 시선을 받았을 것이다. "페터, 당신 바지가 떨려요." "아…… 저는 북쪽을 감지하는 거예요……."

쾨니히가 몇 주 동안 벨트를 착용한 후 이상한 일이 일어나기 시작했다. 자신이 걷는 도시의 지도가 자연스럽고 자동적으로 머릿속에 떠오르는 것이다. 이 이상한 진동 벨트를 벗었을 때에도 자신의 내비게이션 능력이 향상됐다는 사실을 알아차렸다. 쾨니히는 우연히 호주 원주민 구구이미티르 부족이 훈련과 언어를 통해 개발한 능력과 비슷한 능력을 갖게 된 셈이었다. 구구이미티르 언어는 왼쪽, 오른쪽, 뒤, 앞이라는 상대적 방향이 아니라 북쪽, 남쪽, 동쪽, 서쪽이라는 절대적 방향을 가리킨다. 따라서 한쪽 방향에서 테이블을 바라볼 때 램프가 테이블의 왼쪽에 있고 반대편에서 볼 때 오른쪽에 있다고 말하지 않는다. 그 대신에 자신의 방향과 상관없이 램프가 테이블의 동쪽에 있다고 말한다. 즉, 그들의 문화는 여러분이 학교에서 숫자 세기, 쓰기, 읽기 방법을 배운 것과 마찬가지로 항상 북쪽을 주시하도록 가르친다. 이는 학습된 기술이 인간의 본능이 된 전형적 사례이다.

예를 들어 문해력이 높은 사회에서는 이제 읽기가 본능이 되었다. 스트룹 효과stroop effect는 텍스트가 색상과 일치하는 경우('빨간색'이 빨간색 글씨로 쓰인 경우) 또는 일치하지 않는 경우('빨간색'이 파란색 글씨로 쓰인 경우)를 보여 주는 실험인데, 사람들에게 단어를 읽지 말고 색깔을 말해 달라고 요청했을 때 단어와 색깔이 일치하지 않으면 대답을 잘 못한다. 사람들은 보이는 대로 읽을 수밖에 없다. 색을 보는 것이 더 자연스럽다고 생각하겠지만 이제는 오히려 글을 읽는 것이 지배적 본능이 됐다.

독서의 역사에 대해 아무것도 모르는 금성의 심리학자는 우리가 추론이나 계산에 대해 하는 가정처럼 인간에게는 색상 인식이 아닌 독서에 대한 유전적 본능이 있다고 가정할 것이다.

이것은 우리 사회가 우리 두뇌의 소프트웨어를 만들고 이를 통해 특정 작업을 다른 작업보다 더 잘 수행하도록 만드는 여러 방법 중 일부에 불과하다. 이를 염두에 두고 IQ에 대한 이야기로 돌아가자.

IQ 다시 보기

IQ 테스트 성적은 학교 및 직장에서 얻는 성과를 예측하지만 IQ와 학교, 직장을 연결하는 공통 변수가 있다. IQ와 학교 시험, 업무 성과 모두 우리 사회에서 높은 가치를 지니며 우리 문화가 우리에게 훈련시키는 것들이다. 하지만 우리 사회에서 가치 있는 것이 다른 사회에서도 반드시 가치 있지는 않다. 나는 오래도록 교육을 받았지만 갑자기 자급자족해서 먹고 살라고 하면 살아남지 못할 것이다. 내가 현대의 시장과 현대의 기술을 이용할 수 없는 수렵 채집 사회로 강제 이주를 해야 한다면 나를 오게 한 사람들은 내가 세상에 대한 흥미로운 지식을 잔뜩 갖고 있지만 진흙과 초가로 집을 짓고, 활을 만들어 사냥에 사용하고, 동물 가죽을 옷으로 바꾸는 일에서는 완전히 무능력하다고 생각할 것이다. 나는 모든 인간에 대한 이론이라는 재미있는 이야기를 할 수 있는, 그러나 쓸모는 없는 사람으로 목숨이나 부지하고 살 것이다.

멀리 갈 것도 없다. 우리 사회도 전문화가 심하기 때문에 훈련받은 직업 외에는 다른 직업을 수행하기 어렵다. 내 직업이 갑자기 사라진다고 해서 내가 동네 건축업자, 자동차 정비소, 공인회계사, 마사지사, 영화 영사기능사, 사회복지사, 축구팀 코칭스태프 같은 일자리를 구할 수는 없다. 런던 같은 대도시에서 전문성을 키웠다는 것은 한 가지 분야에서 엄청나게 똑똑해지고 다른 거의 모든 분야에서 엄청나게 멍청해졌다는 뜻이다. 게다가 이건 현재의 직업과 사회만 고려했을 때의 상황이다. 시간이 지나면 기술은 변한다.

소로반 주판과, 아이폰을 모르는 내 중학교 선생님 이야기를 기억하는가? 오늘날 가치 있는 것이 미래에도 그러리라는 보장은 없다. 예를 들어 기억력은 점점 가치를 잃어가고 있다. 세계의 지식이 내 주머니 속 작은 사각형 스마트 박스를 통해 즉각적으로 접근 가능해졌기 때문이다. 인공 지능은 이러한 추세를 가속화할 것이다.

그러므로 IQ 테스트 점수가 고도의 인지 기술을 요구하는 작업 능력을 가장 잘 예측한다는 것은 자명한 사실이다. 이런 능력은 우리 사회가 가장 가치 있게 여기고 우선적으로 가르치는 기술이다. 마찬가지로 IQ를 결정 지능(우리가 아는 것)과 유동 지능(우리가 생각하는 방식)으로 나눌 수 있음에도, 우리가 아는 것이 우리가 생각하는 방식을 어떻게 형성하는지를 고려한다면 두 종류의 지능은 깔끔하게 분리될 수 없다. 그리고 우리의 사고 도구는 세대를 거듭할수록 좋아지고 있다. 교육이 개선되고 있을 뿐만 아니라 우리 사회의 복잡성도 비슷한 방향으로 나아가고 있다.

플린 효과, 즉 IQ 점수가 점점 상승하는 현상은 유전적 진화에 비해 너무 빠르며 교육을 더 많이 받은 개인이 더 적은 자녀를 가지는 경향이 있으므로, 실은 더 높은 IQ에 **반대되는** 유전적 선택이 있었다는 증거도 있다. 플린 효과를 액면 그대로 받아들이면 이전 세대의 상당수가 거의 인간으로서 기능하지 못할 정도로 낮은 IQ를 가지고 있었다는 뜻이다. 말도 안 된다. 플린 효과는 교육의 확대, 더 나은 교육법, 더 다양한 미디어 등 문화적 복잡성의 증가를 측정하는 척도로 해석하는 것이 가장 바람직하다. 지난 세기의 TV 프로그램과 영화를 오늘날의 것과 비교해 보라. 오늘날의 쇼는 더 길고 더 다채롭고 더 복잡한 캐릭터가 등장하며 더 복잡한 플롯을 가지고 있다. 60년대에 방영한 애덤 웨스트Adam West의 〈배트맨Batman〉은 줄거리가 단순하지만 2000년대에 개봉한 크리스토퍼 놀란Christopher Nolan의 〈다크 나이트The Dark Knight〉는 줄거리를 예측할 수 없을 정도이다. 1950년대의 〈아이 러브 루시I Love Lucy〉에서의 루시와 리키는 클리셰 가득한 단순한 유머를 들려줬지만 오늘날의 〈릭 앤 모티Rick and Morty〉는 복잡하고 다층적인 농담을 들려준다. 무슨 말인지 이해할 것이다.

IQ가 신경학적 상관관계를 가진다는 사실 역시 지능이 유전적인지, 환경적인지, 문화적인지에 대해 아무것도 말해주지 않는다. 내가 수업 중에 늘 하는 말이지만 "X 심리가 뇌에서 발견되다"라는 머리기사를 봐도 놀라지 말라. 아니, 그러면 뇌가 아니라 도대체 어디에서 발견되겠는가? "X 심리가 엄지발가락에서 발견되다"라는 기사를 볼 때가 진짜 놀랄 때이다.

한데 유전성과 성별, 집단 차이에 대해서는 조금 더 설명이 필요하다. 유전성부터 시작해 보자.

손가락 개수의 유전성은?

유전성Heritability은 유진과 매우 비슷하게 들리므로 이 둘을 혼동할 때가 있다. 우리는 IQ가 50% 유전된다는 말을 들으면 지능의 50%는 부모의 유전자에서, 50%는 학교나 다른 환경 등 외부에서 온다는 뜻이라고 생각한다. 하지만 이는 유전성이 의미하는 바가 전혀 아니다.

유전성이란 집단 내 변이가 유전자 변이에 의해 얼마나 예측되는지를 나타낸다. 아직은 추상적으로 느껴질 것 같아 쉬운 예를 들어 보겠다.

손가락 수의 유전성은 어느 정도라고 생각하는가? 유전성을 유전으로 생각한다면 거의 100%에 가깝다. 여러분과 부모님 모두 손가락이 10개일 확률이 압도적으로 높다. 손가락이 그보다 많다면 다지증일 것이며 이는 때때로 우성 유전으로 나타나지만 아주 드물다. 손가락이 10개보다 적다면 사고로 손가락을 잃었을 가능성이 높다. 사실 손가락 수의 유전성은 0%에 가깝다. 왜 그럴까?

손가락 수의 거의 모든 변화는 유전자가 아니라 손가락 손실을 유발하는 환경적 사고로 예측된다. 거의 모든 사람이 열 손가락을 만드는 유전자를 가지고 있다. 따라서 형질 변이는 매우 적고 유전자 변이도 매우 적다. 인지적 형질의 유전성에도 동일한 논리가 적용된다. 문해력을 생각해 보자.

문해력의 유전성은 연령과 국가에 따라 다르다. 호주에서는 유치원 시기 문해력의 유전성이 84%이고 초등학교 1학년에서는 80%로 대략 같다. 하지만 스웨덴과 노르웨이에서 유치원 시기 문해력의 유전성은 단지 33%이며 초등학교 1학년으로 올라가면서 79%로 상승한다. 호주와 스칸디나비아 아이 사이에 어떤 차이가 있는 걸까? 분명히 유전자는 아니다. 유전자는 스칸디나비아인에서 나타나는 유치원과 초등학교 1학년 사이의 변화와 호주인에서 나타나는 변화 없음을 만들지 못한다. 답은 문해력의 문화적 확산이다.

　호주 어린이는 유치원에서 읽고 쓰는 법을 배우기 시작한다. 반면 스칸디나비아의 유치원 교육 과정은 아이의 사회적, 정서적, 미적 발달을 강조한다. 문해력 교육은 초등학교 1학년 때부터 시작된다. 따라서 스칸디나비아에서는 1학년 이전의 문해력 차이는 가정에서 이뤄지는 학습의 산물이다. 그러나 1학년이 되면 누구나 읽기 학습을 시작하며 따라서 유전자의 영향이 더 중요하게 작용한다. 이는 어떤 교육 시스템이 더 나은지 논의하는 것이 아니다. 문화적 확산에 영향을 주는 교육 과정의 특성을 고려하지 않고 문해력의 유전적 기반을 평가하는 일에는 가늠하기 어려운 선택 편향이 있다는 뜻이다. 그러나 가정 환경에서의 문해력은 이미 문화적 진화로 형성돼 있으며 부모, 보호자, 지역 사회의 성인은 모두 문해력이 있다. 아이는 선진국에서 성장하는 것만으로도 읽기와 쓰기에 자연스럽게 노출된다. 다시 말해 '기저' 유전성은 존재하지 않는다. 유전성은 유전자와 문화를 모두 포괄하는 종합 척도이다.

　여기서의 교훈은 유전성은 유전적으로 전달되는 것의 산물(손가락의 개수는 분명히 유전적이다)일 뿐만 아니라 형질 변이와 예측 변수의 변이도 포함한다는 사실이다. 같은 이유로 NBA 선수 사이에서 키는 성공을 예측하는 주요 인자가 아니다. 모든 선수가 이미 키가 크기에 다른 요인이 더 중요하다. 이것은 또한 대학 입학을 위한 SAT나 GRE 등 표준화된 시험을 대학에서 거둘 성적 예측치에 기반해 배제하는 것이 잘못인 이유이기도 하다. 미국의 상위권 대학은 SAT와 GRE에서 상위권 성적을 받은 학생을 선발하기 때문에 다른 요인이 더 중요한 예측 변수가 된다. 하지만 이는 SAT와 GRE 점수의 전체 범위 중 일부만 있기 때문이며 이미 이 점수로 학생을 선발한 것이다. 만약 고등학교 성적, 추천서, 과거 학습 경험을 따지는 선택 기준을 제외한다고 하자. 그러면 선발 기준이 의심할 여지 없이 낮아지고 추천서를 확보하고 이력서를 화려하게 채울 수 있는 네트워크를 가진 학생의 이득이 높아질 것이다. 모든 사람을 동일한 기준으로 비교하는 선발 시험을 없애면 앞서 말한 특권이 없는 사람이 자신의 능력을 보여 줄 수 있는 기회가 사라진다. 이는 SAT나 GRE 점수가 특권에 영향을 받지 않는다거나 현재의 시험을 개선할 수 없다는 말이 아니다. 다만 다른 요인이 시험 성적에 영향을 미친다는 뜻이다. 이런 특권은 유전성 점수 자체에 반영된다.

부유한 미국인의 높은 유전성

IQ는 전체적으로 약 50% 정도 유전된다. 하지만 미국에서는 부유층에서 약 70%, 빈곤층에서 약 10%로 부유층에서 유전성이 더 높다. 어떻게 그럴 수 있을까?

그 답은 부자 사이에서는 학교, 가정 환경, 사회 집단, 이웃 간의 차이가 더 작기 때문이다. 엘리트 학교 A와 엘리트 학교 B의 차이는 미미하기 때문에 한 부유한 가정의 자녀가 다른 부유한 가정의 자녀보다 훨씬 더 나은 환경에서 살 가능성은 낮다. 기억하라. 우리가 한 사회 내에서 보는 차이에는 유전자뿐만 아니라 문화와 환경도 영향을 미친다.

부유한 미국인 사이에서는 문화와 환경 면에서 더 유사한 입력이 주어지므로 유전자에 따른 결과 차이가 더 많이 나타난다. 실제로 모든 사람이 동일한 기회, 동일한 환경, 동일한 가정 환경, 동일한 자원에 접근할 수 있는 유토피아적 세계에서는 유전성이 100%에 가까워질 것이다. 따라서 높은 유전성은 해당 형질에 대한 기회의 평등을 나타내는 척도라고 주장할 수도 있다.

이와는 대조적으로 가난한 미국인 사이에서는 그 차이가 매우 클 수 있으며, 종종 우연에 따라 차이가 나타나기도 한다. 가난한 가정의 자녀는 유전자가 아닌 거주 지역, 이용 가능한 사회 복지 서비스, 학교 추첨 등 인생의 복권 같은 행운에 따라 비슷하게 가난한 가정의 자녀보다 훨씬 더 나은 환경과 기회를 가질 수 있다. 따라서 유전자에 의해 예측되는 결과 차이는 적다. 톨스토이의 말을 빌리자면 부유한 미국 가정은 환경이 모두 비슷하고 가난한 미국 가정은 제각각 열악한 환경을 가진다.

결과적으로 어떤 개입이 효과가 있으려면 더 일찍 적용해야 한다. 더 일찍 입양되는 경우, 더 빈곤한 커뮤니티에서 더 많은 특권을 누리는 커뮤니티로 더 일찍 이동하는 경우, IQ를 비롯한 다양한 삶의 결과에서 더 큰 이득을 얻을 수 있다. 그리고 개입의 효과는 이미 부유한 커뮤니티에서 보편화된 조건을 그런 조건이 결핍된 커뮤니티에 적용할 때 더 잘 작동한다. 예를 들어 아이와 임산부에게 미량 영양소를 제공하는 정책은 빈곤한 지역 사회에서는 엄청난 효과가 있지만 안정된 식품 공급으로 이미 비타민을 충분히 공급받는 지역 사회에서는 그 효과가 작거나 없을 수 있다. 마찬가지로 능력과 성취가 고정돼 있지 않으며 열심히 일하고 원칙을 따르며 실수에서 배움으로써 나아질 수 있다고 가르치는 것, 즉 성장 마인드를 가르치는 정책은 이런 믿음이 아직 없거나 격차가 더 큰 빈곤한 지역 사회에서 큰 효과를 발휘한다.

그렇다면 유럽이나 호주처럼 평등한 국가나 교육 기회가 균등하게 주어지는 곳에서는 IQ의 유전성에 대해 어떤 결과를 기대할 수 있을까? 맞다. 유럽과 호주에서는 부유층과 빈곤층 사이의 유전성 차이가 거의 없다.

부유한 사람과 가난한 사람 사이의 IQ 테스트 점수 차이에 관한 이해는 IQ에 대한 마지막 두 가지 사실, 아마도 가장 논란이 많은 사실, 즉 IQ에서의 성별 차이와 집단 차이를 이해하는 데 도움이 될 것이다.

이 책은 이런 논란의 여지가 있는 주제 몇 가지를 다룰 것이다. 내가 취하는 태도는 다음과 같다. 까다로운 주제에 대해 솔직하고 정직하게 말하는 것은 과학에 대한 신뢰를 증진하는 데 매우 중요하다. 대중 과학서는 종종 연구 결과와 일반적 결론만 제시할 뿐 다양한 뉘앙스를 전달하지 못하며 이 때문에 기존 편견을 더 강화하곤 한다. 여기서는 가능한 한 섬세하고 정직하게 주제에 접근하고자 최선을 다할 것이다. 그리고 이 책 전반에 걸쳐 모든 경우에 가능한 한 객관적 방식으로 논의하려고 노력하며 과학적 사실을 최대한 잘 설명하려고 할 것이다. 어떤 저자도 이런 작업을 완벽하게 할 수는 없지만 그렇다고 시도조차 하지 않을 수는 없다. 편향이 있다는 사실을 인정하고 이론과 증거를 평가하는 방법에 대한 합의를 이루면서 서로를 자유롭게 비판할 수 있을 때, 과학은 비로소 과학자의 편견을 뛰어넘을 수 있다. 이 모든 것을 염두에 두고 성별 차이부터 시작해 보겠다.

지능의 성별 차이

과학, 기술, 공학, 수학science, technology, engineering, mathematics, STEM 분야의 일자리, 임금 수준, 정치적 대표성에서 나타나는 성별 차이는 뜨거운 논쟁거리이다. 연구자로서 그리고 두 딸의 아버지로서 나는 어떻게 하면 더 성 평등한 세상을 만들 수 있을지 고민한다. 특히 나는 더 많은 문제를 일으키는 사탕수수두꺼비 같은 근시안적 해결책이 아닌 시스템 수준의 해결책을 찾고자 한다. 문제를 해결하려면 먼저 문제를 이해해야 한다. 남성이 고임금, 고위직 일자리를 더 많이 차지하는 이유에 대한 한 가지 가설은 지능의 성별 차이다.

남성과 여성은 다양한 방식으로 다르다. 물론 일부 여성은 남성보다 키가 크고 힘이 더 세지만 평균적으로 남성이 더 크고 힘이 세다. 일단 이 두 가지는 확실하다. 잠시 후에 설명하겠지만 남성과 여성의 두뇌도 다르다. 키와 근육량이 유전적 성향, 영양, 운동의 결과인 것처럼 이는 유전적 성향과 문화적 입력의 결과일 것이다.

힘과 체격의 차이와 달리 지능의 성별 차이를 예상할 수 있는 선험적인 이론적 근거는 없으며 IQ 테스트 결과의 평균 차이에 대한 신뢰할 만한 증거도 없다. 그러나 IQ 테스트의 평균 성적은 테스트 설계, 특히 각기 다른 하위 테스트에 부여된 가중치에 따라 달라질 수 있다. 남성과 여성의 수행 능력은 하위 검사에 따라 상이한 결과를 내는데 이런 차이는 서로 다른 인구 집단을 대상으로 한 서로 다른 연구에서 서로 다른 결과를 냈다는 점에서 신뢰할 수 없다. 그렇다면 남성 또는 여성 중 누가 더 똑똑하다는 뜻인가?

지능의 전반적 성별 차이에 대한 가장 합리적인 주장은 신체 크기를 통제하더라도 남성의 뇌가 여성의 뇌보다 더 큰 경향이 있다는 것이다. 관련 분류군은 물론 같은 종 내에서도 뇌의 크기는 인지 능력과 약한 상관관계가 있다. 예를 들어 1만 3000명 이상의 영국인 참가자를 대상으로 뇌 MRI 스캔을 통해 뇌 용적을 측정한 최대 규모의 뇌 용적 데이터 세트에 따르면, 뇌 용적과 유동 지능 사이의 상관관계는 $r = .19$, 뇌 용적과 교육 성취도 사이의 상관관계는 $r = .12$로 나타났다. 참고로 완벽한 상관관계는 $r = 1$이다. 상관관계가 없으면 $r = 0$이다.

즉, 상관관계가 0은 아니지만 약한 수준에 불과하다. 게다가 다음 그래프를 보면 알 수 있듯이 엄청난 편차가 있다. 두뇌 용량 외에도 사고 능력에 영향을 미치는 요인은 매우 많다. 또한 뇌의

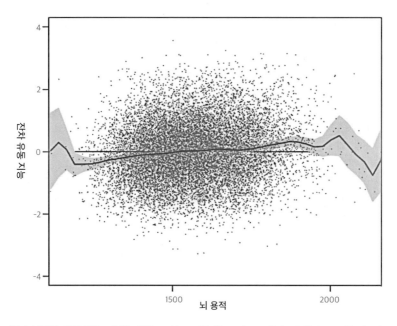

두뇌 크기와 유동 지능. 출처: Gideon Nave, Wi Hoon Jung, Richard Karlsson Linnér, Joe Kable, and Philipp Koellinger, 'Are Bigger Brains Smarter? Evidence from a Large-Scale Pre-Registered Study' (3 December 2018). SSRN version reproduced with permission from corresponding author, https://ssrn.com/abstract=3295349 or http://dx.doi.org/10.2139/ssrn.3295349 (Final version published in *Psychological Science*).

부피 자체는 앞서 설명한 것처럼 건강, 영양, 오염 물질 등 다른 요인의 결과일 수 있다.

남성의 뇌는 평균적으로 여성의 뇌보다 훨씬 크지만 인지 능력의 차이는 크지 않다. 이는 남성과 여성의 뇌가 인지 능력과 관련된 구조에서 정반대 방식으로 다르기 때문일 수 있다. 예를 들어 남성은 회백질이 더 많고 여성은 피질 두께가 더 두꺼운데 둘 다 인지 능력 향상과 관련이 있다. 따라서 현재로서는 평균 인지 능력에 성별 차이가 있다고 생각할 만한 이론적, 경험적 근거는 없다. 그러나 인지 능력의 **분산**, 즉 분포의 폭에 성별 차이가 있다고 믿을 만한 **이론적, 경험적 근거**는 있다.

심각한 발달 지연을 겪는 어린이 세 명 중 두 명은 남자아이다. 남성이 여성과 동일한 평균 인지 능력을 가지려면 다른 쪽 끝에서 분포를 보정해야 한다. 남성에서 지능의 가변성이 더 크다는 '더 큰 남성 변동성 가설greater male variability hypothesis'에 대해서는 논란이 있다. 2005년 하버드대학교의 래리 서머스Lawrence Summers 총장은 공학과 과학 분야의 다양성에 관한 기조 강연에서 과학과 공학의 최고위직에 남성이 더 많은 이유를 설명하는 세 가지 가설 중 변동성 가설을 인용했다. 이후 비난과 논쟁의 불똥이 튀었다. 비난은 변동성 자체보다는 인지 능력이 더 필요한 것으로 인식되는 위치에서 남성이 과대하게 대표되는 현상을 설명하고 정당화하는 수단으로 이 가설이 악용된다는 이유 때문이었다. 즉, 남성의 더 큰 변동성은 STEM 직업, 임금, 정치적 대표성에서 일어나는 성차를 설명하고 정당화하는 데 사용돼 왔다는 것이다.

남성과 여성의 지능 분포가 정규분포를 이루며 평균이 같지만 (즉, 남성과 여성의 평균이 동일), 남성의 변동성이 더 크다면(즉, 능력의 하단과 상단에 더 많이 분포되어 있다면), 남성이 분포의 하단과 상단에 모두 과대 대표될 것으로 예상할 수 있다. 예를 들어 가장 높은 급여를 받는 직업과 가장 낮은 급여를 받는 직업 모두에 남성이 더 많을 것이며 이런 성별 격차는 분포의 꼬리 부분에서 더 커질 것이다. 다시 말해 남성과 여성의 능력 분포 분산에 실제로 차이가 있고 그 분포가 정규분포라면, 최상위와 최하위에서 예상되는 남성과 여성의 격차는 사람들이 생각하는 것보다 훨씬 더 커야 한다. 정규분포는 지수함수이기 때문이다.

인간은 지수함수를 이해하는 데 서툴다. 우리에게는 지수함수에 관한 직관이 결핍돼 있다. 실은 잘할 수 있지만 학교 교육을 받으며 그 능력을 잃어버린 것인지도 모른다. 예를 들어 학교 교육을 받지 않은 어떤 집단은 세상을 자연스럽게 로그적으로 인식하는데 이는 기하급수적으로 증가하는 세계를 이해하기 쉽게 한다. 지수함수에 대한 이해 부족은 체스판의 64칸 각각에 쌀 한 알을 두 배씩 늘려 놓아 달라는 궁중 고문의 말에 왕이 그렇게 쉽게 속은 이유를 설명해 준다. 첫 번째 칸에는 한 알, 두 번째 사각형에는 두 알, 그다음에는 네 알, 이런 식으로 말이다. 64번째 칸에 필요한 쌀알의 총개수는 지금까지 존재했던 모든 쌀의 개수보다 훨씬 많은 수로 약 19개의 0이 있는 숫자다. 이는 0이 11개 정도밖에 없는 우리은하의 별보다 더 많은 수이다. 왕은 기하급수적 성장에 대한 교훈을 얻었고 궁정 고문은 머리를 잃었다. 마찬가지로 기하급수적 함수에 대한 이해 부족은 젊은 시절에 더 많은 투자를 하지 않는 원인이다. 벤저민 프랭클린Benjamin Franklin은 복리의 마법을 "돈이 돈을 낳고, 그 돈이 낳은 돈이 또 돈을 낳는다"라고 설명했다. 그러나 기하급수적인 성장은 직관적이지 않다.

지능이나 능력이 꼬리 부분까지 정상적으로 분포돼 있다면 평균의 작은 차이, 즉 이 경우에는 분산이 체스판의 처음 몇 배처럼 평균 근처에서는 작지만 분포의 끝(꼬리)에서는 엄청난 차이를 보인다는 사실을 뜻한다. 이 차이는 인구 규모가 클수록 더 눈에 띈다.

따라서 더 큰 남성 변동성 가설은 평균에 가까운 곳에서 남성과 여성 사이에 작은 차이만을 예측하지만 가장 낮은 급여를 지불받는 직업과 가장 높은 급여를 지불받는 직업(임금이 능력과 상관관계가 있다고 할 때)에서 남성의 과대 대표를 예측할 것이다.

정규곡선이 능력 분포와 맞는다면(그렇게 생각할 충분한 이유가 있다), 꼬리 부분에서도(반드시 그런 것은 아니지만) 남성과 여성의 변동성 차이(평균은 같음)만으로 선택 강도가 낮은 곳에서 작은 성별 차이가 나타날 것이다(경쟁이 약한 곳에서는 남성과 여성 간의 차이가 작게 나타날 것이라는 뜻-역주). 평균과 분산이 모두 다른 스포츠를 예로 들어 보자. 고등학교 남학생과 여학생의 운동 능력 차이는 국제 대회에서 남성 선수와 여성 선수의 운동 능력 차이보다 훨씬 작을 것이다. 그리고 앞서 언급했듯이 정규분포를 따르는 경향이 더 크고, 분포의 꼬리에 더 많은 수의 사람이 있는 경우(대기업 혹은 대규모 국가)에는 이런 차이가 더 클 것이다.

더 큰 남성 변동성 가설은 대부분 경험적 발견이다. 남성은 체중, 신장, 신체적 공격성, 뇌 구조, 협력 성향, 시간, 위험, 사회적 선호도뿐만 아니라 언어 및 공간 능력, 읽기, 수학, IQ 테스트 성적과 같은 인지 능력에서 하위권과 상위권에 과도하게 분포돼 있다. 이처럼 논란이 되고 민감하며 사람의 태도에 실제적인 영향을 미치는 주제에 대해서는 데이터가 의심받기 마련이다. 게다가 변동성 차이가 발견되지 않는 영역도 있으니 말이다. 남성이 여성보다 더 큰 변동성을 보이는 이유에 대해 널리 받아들여진 진화 이론은 없지만 대부분은 남성 간의 더 큰 경쟁, 즉 여성을 두고 벌어지는 수컷 간의 짝짓기 경쟁에서 비롯된 것으로 추정한다.

내 생각은 이렇다. 남성에서 변동성이 더 크게 나타나는 경향이 있다는 증거는 상당히 강하지만 이것이 문화적 영향이나 정책 선택에 따른 영향을 받지 않는다는 뜻은 아니다. 우리는 남성 변동성의 문화적 다양성에 따라 인지 능력의 분산에서도 국가 간 차이가 있음을 확인할 수 있다.

경제협력개발기구OECD의 국제학생평가프로그램Programme for International Student Assessment, PISA은 전 세계의 어린이에게 동일한 시험을 치르게 한다. 그 결과 40개국 중 34개국에서 수학 성적의 남성 변동성이 훨씬 더 크다는 명확한 패턴을 발견했다. 체코, 덴마크, 아일랜드, 네덜란드, 튀니지에서는 뚜렷한 차이가 발견되지 않는 등 일부 국가에서는 좀 더 모호한 결과가 나타났다. 인도네시아에서는 여성의 변동성이 더 큰 것으로 나타났다.

따라서 남성 변동성 가설이 사실이며 능력이 꼬리 부분에서도 정규분포를 이룬다고 가정할 때, 대규모 인구에서는 남성과 여성 사이에 큰 차이가 있을 것으로 예상해야 한다. 다시 말해 기회뿐만 아니라 격려까지 평등하게 하려고 해도 성공의 척도가 균등성에 있어서는 안 된다. 왜냐하면 균등성은 상위와 하위를 포함한 모든 영역에 적용되어야 하기 때문이다. 이것은 변명이 아니다. 나는 내 아들과 두 딸이 대체로 동등한 기회를 누리고 있다고 생각하지만 그들은 남성이나 여성이 과소 대표되는 영역에 동등하게 노출되고 동등한 격려를 받을 자격이 있다. 문화적 변화를 위해서는 나와 아내의 격려뿐만 아니라 사회 전체의 노력이 필요하다. 한편으로 능력에 기반한 선택을 줄이려는 정책은 결과를 평등하게 하려는 의도라는 면에서 가상하지만 장기적으로 그리고 시스템 수준에서는 남성과 여성 모두에게 해를 끼친다. 한 성별에 더 많은 피해를 주는 장벽을 허물고 성 평등을 지지하는 일은 중요하나 이런 노력이 불러올 결과를 판단하는 것은 그렇게 간단하지 않다.

이 중 어느 것도 확고하게 정립된 과학은 아니며 더 많은 이론과 비판적 검증이 필요하다. 하지만 여러 증거가 혼재돼 있다고 해서 모든 가설이 동등한 가능성을 보인다는 뜻은 아니다. 현재의 증거와 이론을 바탕으로 내기를 해야 한다면 나는 평균적 지능에서는 성별 차이가 없지만 남성의 변동성이 더 크다는 쪽에 내기를 걸 것이다. 그리고 나중에 논의하겠지만 문화, 제도, 정책이 각 성별이 잘하고 즐기는 일을 추구할 수 있는 기회와 격려를 균등하게 제공하기 위해 더 많은 일을 할 수 있다고 생각한다. 이 일반적 진리는 집단 간 차이 문제에서는 더욱 분명한 진실이다. 남성과 여성의 차이와는 달리 서로 다른 인구 집단에서는 명확한 차이가 존재하지 않는다.

집단 간 지능 차이

스티븐 핑커는 다른 여러 과학자와 함께 위험한 아이디어를 질문받은 적이 있다. 그는 '사람의 평균적인 재능과 기질이 유전적으로 다를 수 있다'라는 아이디어에 대해 "심리적 형질의 집단적 차이를 유전적으로 테스트하는 작업은 가능하지만 논란이 될 수 있는 일이라 현재 지식인 사회는 이를 감당할 준비가 부족하다"라고 답했다.

집단마다 IQ 테스트 성적이 다르며 이를 설명하는 많은 방식은 실제로 위험하다. 사람들이 이런 차이를 바꿀 수 없는 것, 타고난 것, 불변하는 것, 유전적인 것으로 오해하게 하고 낮은 기대치 탓에 차별적 정책이나 패배주의적 정책을 옹호하게 만들 수 있기 때문이다. 그러나 성별 차이와 마찬가지로 문제를 해결하려면 먼저 정직하고 개방적인 자세로 문제를 이해해야 한다. 집단의 지능 차이에 대해 알아보기 전에 먼저 집단 자체를 해체하고 이 주제에 대한 몇 가지 일반적 오해를 해결해 보자.

인종은 생물학적인 것이 아니라 사회적으로 구성된다는 말을 들어본 적 있는가? 대부분의 사람은 그 의미를 제대로 설명하지 못하는데 이에 반문하거나 이의를 제기하면 무례한 행동, 심지어 인종차별로 여겨질 수 있다. 구성주의적 입장은 세계 각지에서 온, 다른 조상을 가진 사람의 일상적 경험, 그들이 서로와 자기 자신을 분류하는 방식, 그리고 서류의 인종 구분란에 체크할 때 떠올리는 사람들의 일상적 인식과 모순되는 것처럼 보이지만 사실이다.

인종에 관한 직관적인 생물학적 이해는 트랜스인종주의 transracialism(자신에게 생물학적으로 부여된 인종과 다른 인종 정체성을 가지는 것-역주)라는 개념에 대한 부정적 반응 탓에 더 강화되는 경향이 있다. 국가적으로 주목을 받은 특징 사례 중 하나는 레이첼 돌레잘 Rachel Dolezal이다. 그녀는 전미유색인지위향상협회National Association for the Advancement of Colored People, NAACP 워싱턴주 스포캔 카운티 회장으로서 아프리카계 미국인으로 보였지만 실제로는 백인 부모에게서 태어나 파란 눈을 가진 금발 여성이었다. 돌레잘은 자신에게 아프리카계 미국인 조상이 있다고 주장했지만 그에 대한 증거는 없었다. 마찬가지로 아메리카 원주민 또는 기타 원주민 정체성과 관련해 상원의원 엘리자베스 워런Elizabeth Warren이 자신에게 아메리카 원주민 조상이 있다는 근거로 자신이 아메리카 원주민이라고 주장한 것이 선거 쟁점이 되기도 했다. 인종은 생물학적인 것이 아님에도 여전히 유전자와 혈통은 중요한 것처럼 보인다. 결국 워런은 DNA 검사를 받았고 그 결과 아메리카 원주민 조상의 유전자가 적은 비율이나마 있다는 사실이 밝혀졌다. 그렇다면 워런이 DNA 검사를 통해 아메리카 원주민 신분을 증명하고 돌레잘이 오랫동안 흑인이 아니라는 사실을 아무도 눈치채지 못했는데도 트랜스인종이 될 수 없었다면 어떻게 인종이 생물학적이지 않을 수 있는가? 그러나 인종에는 식별 가능한 유전적 차이가 있으며 그와 동시에 인종은 사회적으로 구성된다. 두 가지 모두 사실이다. 설명해 보자.

버락 오바마의 경우는 인종이 어떻게 사회적으로 구성되는지를 잘 보여 주는 예시이다. 백인 유럽계 어머니와 흑인 아프리카계 아버지를 둔 그는 미국에서 흑인으로 분류된다. 이는 아프리카 혈통이 한 방울이라도 있으면 흑인으로 간주되지만 유럽 혈통이 한 방울 있다고 해서 백인으로는 인정받지 못하는 사회적으로 구성된 개념을 반영한다. 이런 문화적 구조는 미국 사회에서 매우 자연스러워 보이지만 인류 보편적이지는 않다. 아파르트헤이트 시대의 남아프리카공화국이라면 오바마는 흑인도 백인도 아닌 유색 인종으로 간주될 것이며 19세기 아이티라면 밝은 피부의 물라토Mulatto로 사회 지도층에 속할 것이다.

인종은 색이 그렇듯 사회적으로 구성된다.

시각적 빛은 전자기 스펙트럼이라는 완만한 기울기이다. 빛에서 사회적으로 구성된 부분은 우리가 이 완만한 기울기를 어떻게 별개의 색상으로 구별하느냐이다. 서로 다른 사회는 파란색이 끝나는 지점과 녹색이 시작하는 지점, 그 사이 어디에 청록색이 있는지를 다르게 인식한다. 색과 마찬가지로 유전적 차이도 생물학자들이 말하는 '클라인cline', 즉 연속 변이를 이루는데 이는 급격한 절벽과 비교해 완만한 오르막과 내리막을 상상하면 된다.

집단 간의 유전적 차이는 완만한 기울기를 보인다(지리적 요인으로 사람들이 서로 만나 유전자를 교환하지 못해 급작스럽지만 작은 유전적 절벽 같은 변화를 일으키는 예외가 있긴 하지만). 그러나 유전적 차이의 경우, 단일 파장이 아니라 유전체의 다양한 위치에서 차이가 발생할 가능성이 있는, 넓은 공간에 의해 생성되는 다중 차원이다. 이런 다양한 차원의 분포에서는 스웨덴인에서 덴마크인, 독일인, 스위스인, 스페인인으로 이동함에 따라 모든 인간 집단 간에 엄청난 중첩이 생기며 완만한 기울기, 즉 클라인이 있다. 그러나 일부 집단에서 다른 집단에서보다 드문 대립유전자(유전자 변이)를 기반으로 유럽의 스웨덴인과 남부 아프리카의 스와질랜드인을 신뢰성 있게 유전적으로 구별할 수 있다. 이 대립유전자를 조상을 식별하는 데 사용할 수 있음에도 관찰 가능한 물리적 형질 차이(피부색)와는 아무런 관련이 없을 수도 있다. 물론 인지 능력과 관련된 유전적 복합체라면 더욱 그렇다. 유전자 돌연변이, 유전자 부동(유전자의 무작위 변화), 유전자 흐름 같은 완전히 무작위적이고 중요하지 않은 여러 요인이 차이를 만들 수 있으며, 더 먼 지역에 살기 때문에 교배가 거의 일어나지 않는 경우에도 이런 차이가 유지될 수 있다. 결과적으로 유전적 차이는 우리가 관심을 가지는 어떤 외적 차이를 일으키지 않고도 여전히 조상을 식별하는 데 사용될 수 있다.

따라서 사람들이 문화적으로 인종을 구성하는 방식에는 생물학적 표현형이 실제로 사용된다. 피부색, 모발 유형과 같이 눈에 띄는 특징은 유전적 근거를 가지며 이는 집단 차이와 관련이 있다. 그러나 사람들이 인종 분류에 사용하는 특징에는 상당한 자의성이 있으며 이는 문화마다 다를 수 있다.

예를 들어 아프리카 사람을 단일 인종으로 분류하는 것은 세계에서 유전적으로 가장 다양한 지역인 아프리카의 복잡성을 과소평가하는 것이며 따라서 이는 명백히 문화적 구성이다. 아프리카는 지구상에서 가장 큰 유전적 다양성을 가지고 있을 뿐만 아니라 나이지리아의 이그보족, 케냐의 마사이족, 수단의 딩카족, 에티오피아의 암하라족, 보츠와나의 츠와나족, 나미비아의 산족, 남아프리카의 줄루족 등 아프리카의 수많은 인종 집단은 두 번째로 큰 대륙에서의 낮은 이동성과 광대한 거리 때문에 발생한 변이로 각각의 집단을 구별하는 일이 유럽 인종 집단에서보다 더 쉽다. 이 때문에 아프리카에 익숙한 사람은 아프리카 인종 간의 평균적 차이를 금방 알아챈다. 이런 차이를 인식하지 못하는 것은 우리가 자란 문화의 결과이며 생물학적 차이 때문이 아니다. 흑인의 피부색에도 다양한 색조가 있을 뿐만 아니라 수많은 신체적 형질에도 차이가 있다.

이런 현실을 고려할 때 미국에서 흔히 사용하는 흑인, 원주민, 유색 인종Black, Indigenous, and People of Color, BIPOC 또는 아프리카계 미국인, 영국에서 흔히 사용하는 흑인 및 소수 민족Black and Minority Ethnic, BAME과 같은 범주는 우스꽝스럽기 짝이 없다. 이런 용어는 유전적 다양성, 문화적 다양성, 건강, 부, 소득, 교육 등 사회적 결과의 다양성을 지닌 사람을 임의로 선택한 몇 가지 형질(멜라닌 색소)로 묶어버리기 때문이다. 이런 접근 방식은 차별의 실제 수준을 가리며 도움이 절실히 필요한 사람을 찾아내고 지원하는 일에 방해가 된다.

집단의 경계가 자의적인 경우가 많기 때문에 편견에 기반한 정치는 더 깊은 편견을 숨기거나 실제 근본적인 집단 간 차이를 해결하기보다는 이를 정치적으로 편리한 도구로 남용할 수 있다. 내가 흔히 드는 두 가지 사례는 오자와 타카오Ozawa Takao 대對 미국(1922)과 바갓 싱 틴드Bhagat Singh Thind 대 미국(1923)의 법적 소송이다.

1922년 일본계 미국인 오자와 타카오는 1906년 귀화법에 따라 '자유 백인'에게 주어지는 미국 시민권을 신청했다. 그는 자신이 자유롭고 피부색이 하얗기 때문에 시민권을 신청할 자격이 있다고 주장했다. 그러나 대법원은 만장일치로 '백인'이라는 단어는 '일반적으로 코카서스 인종으로 알려진 사람을 가리키는 것'이라고 판결했다. 이 판결을 근거로 1년 후인 1923년, 인도 시크교도인 바갓 싱 틴드도 1906년 귀화법에 따라 비슷한 방식으로 시민권을 신청했다. 당시 인종 분류에 따르면 인도인은 백인이었고 북인도인인 틴드는 자신이 아리안이라고 주장할 수 있었다. 대법원은 오자와 타카오 대 미국 사건과 달리 그가 과학적으로 백인이거나 심지어 아리안일 수도 있지만 백인에 대한 '일반적 이해', 즉 충분히 하얀 피부나 유럽 태생의 조상을 가지고 있다는 점을 충족하지 못한다고 주장했다.

인종 분류의 불확실성과 그로 인한 모순은 직업이나 교육 기회 등 사회적, 경제적 혜택과 밀접하게 연결돼 있다. 특정 집단이 우대받는 상황에서는 그 집단에 속함으로써 얻을 수 있는 물질적 이익을 위해 자신을 그 집단과 동일시하려는 경향이 있을 수 있다. 이런 현상은 전 세계적으로 관찰되며 어떤 집단이 소수 집단 우대 조치를 받으면 그 집단에 속한다고 주장하는 사람의 수가 증가한다. 워런은 자신의 정체성과 조상에 대한 진정한 믿음으로 경력 초기에 '미국 원주민' 칸에 체크했을 수 있지만 물질적 이익이 걸린 상황에서 민족적 정체성을 밝히는 비율이 높아지는 현상은 물질적 이익이 없었다면 많은 사람이 그 칸에 체크하지 않을 것임을 시사한다. 또한 인종 구별의 모호성 때문에 노예의 후손이 아닌 아프리카 출신의 상류층 이민자가, 실제로 노예의 후손이며 더 밝거나 어두운 피부를 가진 가난한 흑인 원주민 집단에 속한 후보자를 희생시키면서 자신의 이권을 주장하는 상황도 발생할 수 있다. 그러면 자연스러운 질문이 하나 떠오를 것이다. 집단 간의 유전적 차이는 그것이 클라인이든 아니든, 세상에 존재하는 차이를 어느 정도까지 만들어 내는가.

집단 간 유전적 차이가 존재하지 않다는 주장에 대한 일반적 반박은 집단 간 유전적 차이가 작고 집단 간 차이보다 집단 내에서 더 변동성이 크다는 것이다. 이는 사실이다. 어떤 인간 집단 사이에는 서로 겹치는 부분이 많고 서로 다른 유전자의 상대적 빈도에는 차이가 작다. 예를 들어 붉은 머리를 위한 대립유전자는 드물지만 다른 어느 곳보다 북유럽에서는 더 흔하다.

그러나 작은 유전적 차이가 큰 효과를 낼 수 있다. 특히 사람들이 많이 이동하지 않는 경우, 다양한 유전자를 이용해 그들의 기원을 추적할 수 있다. 인구가 오랜 시간 동안 한 장소에 머물며 외부에서의 유전적 유입이 적을 때, 특정 지역 내에서 유전자 지도를 그리는 것이 가능하며 이는 160km 범위 내의 정확도로 이루어질 수 있다. 그러나 대부분의 집단에서는 이주 집단이 들어옴에 따라 시간이 지나며 유전자가 혼합돼 왔다.

호모 사피엔스에게 이주는 자연스러운 과정이었으며 이동 과정에서 다양한 집단의 사람과 짝짓기를 했다. 어떤 집단은 다른 집단에 비해 더 많이 혼합되기도 하고 반대로 덜 혼합되기도 한다. 유전적 고립은 단지 지리적 요인만이 아니라 문화적 관행에 따라 발생할 수 있다. 예를 들어 같은 집단 내에서 하는 결혼을 선호하거나 외부인과의 결혼을 금지하는 일부일처제 같은 관행은 유전적 다양성에 영향을 줄 수 있다.

아프리카계 미국인이나 라틴계 미국인 집단은 여러 인구 집단 간의 혼합으로 형성된 새로운 집단이기 때문에 유전적 요인을 기반으로 한 광범위한 일반화는 의미가 없다. 인도 바로 남쪽에 있는 눈물 모양의 섬으로 동아시아와 유럽의 중간 지점의 중심 무역항이었던 스리랑카 출신 후손도 마찬가지이다. 스리랑카는 과거 식민지 시절 포르투갈, 네덜란드, 영국의 지배를 받았다. 현대 스리랑카인은 밝은 피부, 파란 눈을 가진 버거스Burghers(네덜란드 조상의 언어에서 '시민'을 의미하는 용어이지만 유럽 조상을 가진 다른 사람에게도 쓰임)부터 중국과 말레이계 스리랑카인, 적도 위치에 더 잘 적응한 어두운 피부의 타밀족과 싱할라족에 이르기까지 다양한 형질을 가지고 있다. 하지만 아프리카계 미국인이나 라틴계 미국인과 마찬가지로 유전적으로 구별할 수 있을 만한 뚜렷한 차이는 아니기 때문에 인종으로 구별할 수 없다. 거의 모든 스리랑카인은 현대 미국인과 마찬가지로 피부색과 기타 유전적 차이가 잘 섞인 대립유전자를 가진 혼합 조상일 가능성이 높다. 그렇다고 해서 이런 유전적 차이가 중요하지 않다는 말은 아니다.

예를 들어 내 조상 중 일부는 지구상에서 가장 키가 큰 민족인 네덜란드인이다. 이로 인해 우리 집안 사람은 대부분 평균적인 스리랑카인보다 몇 표준편차 큰 키가 되었다. 스리랑카 남성의 평균 키는 167cm, 스리랑카 여성의 평균 키는 155cm이다. 나는 185cm로 우리 가족 중에서 지난 3세대 중 가장 키가 작은 남성이다. 193cm인

사촌, 190cm인 쌍둥이 동생, 187cm인 할아버지, 증조부, 삼촌보다 작다. 내 여동생은 177cm이다.

요컨대 인종은 사회적으로 구성되고 클라인은 매끄럽게 이어지지만 집단 간 유전적 차이도 현실적으로 존재하기 때문에 어느 정도 확신을 가지고 조상을 식별할 수 있다는 말이다. 집단이 많이 섞인 경우 이런 신뢰도는 낮아지고 지리적 범위는 더 넓어진다. 그렇기 때문에 '23andMe'라는 유전자 조상 검사 회사는 내 외모나 역사를 모르더라도 내 최근 조상이 넓게는 인도 남부 출신이며 더 먼 조상은 정확히 식민지 시대의 네덜란드 출신임을, 더 넓게는 프랑스와 독일인임을 식별할 수 있다. 현재의 네덜란드를 포함하는 유럽 전역이다.

집단 간 유전적 차이에 대한 논의는 향후 수십 년 동안 더욱 뜨거워질 것이다. 전 세계에서 새로운 DNA 데이터가 집단 간 유전적 차이를 분명히 드러낼 것이다. 유전적 차이가 없다면 그게 더 이상한 일이다. 앞서 언급한 네안데르탈인과 데니소바인 같이 오래된 호미닌 집단의 혼합과 지역적 적응으로 인해 새로운 유전적 차이의 원천이 생겨났기 때문이다. 유전적 차이가 키의 집단 차이를 어느 정도 설명할 수 있듯이 인지 능력의 측면에서 집단 차이를 어느 정도 설명할 가능성도 배제할 수 없다. 현재로서는 그게 사실이라고 믿을 이유는 없지만 이 가설이 성립하지 않는다고 해서 이를 근거로 우리의 도덕이나 정책을 만들 수는 없다. 이 주제에 관한 무조건적 비난이나 칭찬보다는 더 성숙한 태도가 필요하다. 이 같은 집단 유전학적 차이의 원인을 이해하기 위해 고대의 연애 사건에 들어가기 앞서 지역적인 유전적 적응부터 살펴보자.

지역적 적응은 때때로 문화와 유전자의 공진화, 즉 지역 환경과 문화에 대한 적응의 결과이다. 일부 유럽 인구에서 발견되는 유

당신의 조상 연대기

각 인구 집단의 가장 최근 조상이 몇 세대 전인가?

① 1960	② 1930	③ 1900	④ 1870	⑤ 1840	⑥ 1810	⑦ 1780	⑧ 1750	⑧+ 1720
남인도					**프랑스 & 독일**			

당 내성은 가장 잘 연구된 사례이다. 성인이 돼서도 우유의 유당을 처리할 수 있는 포유류는 없으며 이는 인간도 마찬가지이다. 유당불내성은 일부 사람에게 나타나는 견과류 알레르기 같은 것이 아니다. 포유류의 보편적 반응이며 인간 집단 대부분에서 관찰되는 현상이다. 그러나 일부 인간 집단, 특히 젖소를 키우지만 유당을 줄이기 위해 요구르트와 치즈를 재빨리 발명하지 못한 사람들은 달랐다. 그들은 우유에 함유된 유당이 제공하는 풍부한 칼로리를 소화할 수 있는 돌연변이를 얻었다. 최근의 연구에 따르면 기근으로 인해 강력한 선택압이 일어난 것으로 보인다. 요구르트와 치즈는 유전적이라기보다는 문화적인 해결책이다. 박테리아가 유당을 전처리해 유제품에 함유된 동일한 영양소를 낮은 유당으로 즐길 수 있다. 문화-유전자의 공진화는 활발히 연구되고 있는 분야로서 최근에도 새로운 지역적 적응을 계속 발견 중이다. 물론 지역적 적응 외에도 집단의 유전적 차이의 또 다른 원인은 고대 DNA이다.

　고대 뼈에서 DNA 염기서열을 분석하는 기술이 급속히 발전하면서 인구 이동과 혼합을 빠르게 그려내고 있다. 이런 연구는 이주가 인류 역사의 중심에 있음을 잘 보여 준다. 또한 네안데르탈인과 데니소바인 집단과의 혼합을 통해 유라시아에서 일부 구별 가능한 차이가 발생했을 것이라는 결론을 얻었다. 이런 고유한 DNA 원천이 아프리카에 없는 것은 아니다. 이주는 보편적 현상이고 일부 인구는 이 새로운 유전자를 가지고 아프리카로 돌아갔다는 점을 기억하라. 아프리카 대륙 내에서 아직 발견되지 않은 다른 인간 종과의 혼합을 통해 독특한 내립유전자가 나타났을 수도 있다. 2020년에 발표된 연구에 의하면 수많은 서아프리카인의 조상으로 추정되는 '유령 개체군'이 있었을 수 있다.

이런 연구들은 인구 집단 간 유전적 차이에 새로운 가능성을 열어준다. 하지만 이 유전적 차이가 지능, 교육, 업무 성과, 우리가 중요하게 여기는 다른 모든 영역에 얼마나 영향을 미치는지는 아직 불확실하다. 현재로서는 아직 모른다는 것이 정답이다. 그러나 만약 모든 인간에 대한 이론이 맞다면 앞으로 정답 가능성이 가장 높은 대답은 '아마도 그다지 중요하지 않을 것'이다. 현재로서는 유전자를 통해 집단 간의 인지적 차이 또는 기타 결과의 차이를 설명하는 강한 사례가 없지만 문화의 역할을 설명하는 강한 사례는 있다.

문화는 공해, 나쁜 식습관, 질병, 납(영국 식수 등 세계 여러 지역에서 여전히 심각한 문제이다), 영양 부족, 흡연 노출 같은 환경적 요소를 통해 우리의 '하드웨어'에 영향을 준다. 또한 가족의 안정성, 아이디어와 지식에 대한 접근성, 교육의 가치, 노력에 대한 동기 부여 같은 문화적 요소가 '소프트웨어', 즉 우리의 정신적 도구를 형성하는 데 기여한다. 이 모든 것에는 국가 간 차이뿐만 아니라 국가 내 인종 집단 간 차이를 설명할 수 있는 엄청난 집단 간 차이가 존재한다.

역사적으로 여러 시점에서, 때로는 현재까지도 소수 민족 집단이 다수 집단보다 더 뛰어난 성과를 낸 경우가 있다. 스리랑카에서는 타밀족이 싱할라족보다 학업 성취도가 높았고, 나이지리아에서는 이그보족과 요루바족이 하우사족보다, 에티오피아에서는 아므하라족이 오로모족보다, 말레이시아와 인도네시아에서는 중국 소수 민족이, 피지에서는 남아시아인이 피지 원주민보다, 미국에서는 동아시아인과 남아시아인이 백인보다, 백인은 아프리카계 미국인보다 뛰어나다. 이런 차이가 유전자 때문이 아니라는 점은 거의 확실하다.

아마도 이런 결과의 일부는 선택적 이주 때문일 가능성이 높다. 중국과 인도는 인구가 많고 미국으로 가는 이주 장벽이 높기 때문에 이 국가에서 가장 우수한 성적을 거둔 사람이 새로운 보금자리에서 좋은 직업이나 대학 자리를 확보하고 이주할 가능성이 높다. 인간의 심리는 인종 간 결혼을 막음으로써 유전적 경계보다 규범과 전통을 통한 문화적 경계를 더 잘 유지한다. 백인, 흑인, 라틴계, BIPOC, BAME 등과 같은 카테고리는 많은 유전적 변이와 결과에서 나타나는 하위 집단의 차이를 숨기고 있다.

미국 인구 조사 자료를 통해 본 인종 집단별 가계 소득 그래프는, 피부색 같이 외모적 특징이 비슷한 집단에서도 소득 차이가 크다는 점을 보여 준다. 유전자보다 역사, 문화, 선택적 이주, 차별, 제도적 요인이 더 나은 이론적 및 경험적 설명을 제공한다는 뜻이다. 역사적으로 서로 다른 사회가 서로 다른 시기에 지배적이었다는 점을 기억하자. '야만인'이 문명화 되기도 하고 문명인이 야만인이 되기도 했는데 이는 유전적 변화가 아니라 문화적 변화였다. 플린 효과와 기술 변화도 유전적 변화가 아닌 문화적 변화이다. 이제 인구 집단에 대한 더 깊은 이해를 바탕으로 인구 집단 간 지능 차이로 다시 돌아가 보자.

사실 신체적 형질이라는 의미에서 인종은 자연적으로 진화한 범주가 아니다. 우리는 그렇게 생각하지만 말이다. 대부분의 인류 역사에서 우리 주변 사람들은, 심지어 다른 집단 출신이라도 외모가 거의 비슷했다. 유전자는 클라인을 이룬다는 점을 기억하자. 반대로 억양이나 의복 스타일 등 문화와 소속 집단에 대한 더 정확한 정보가 있을 때 사람들은 무의식적으로 이런 정보를 인종적 특징보다 우선시한다. 결국 지난 장에서 살펴본 것처럼 이러한 문화 및 집

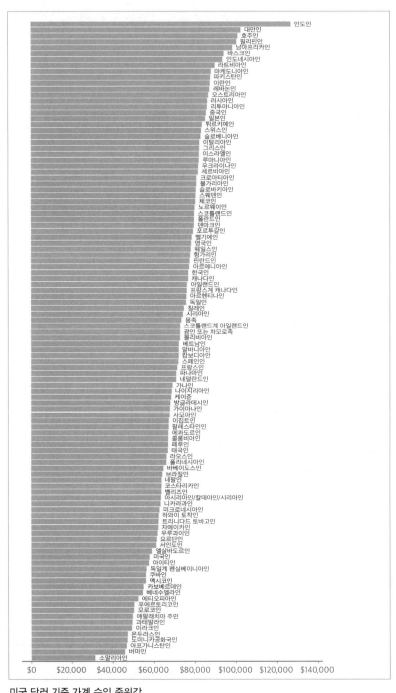

인도인
대만인
호주인
필리핀인
남아프리카인
바스크인
인도네시아인
라트비아인
마케도니아인
파키스탄인
이란인
레바논인
오스트리아인
러시아인
리투아니아인
중국인
일본인
튀르키예인
스위스인
슬로베니아인
이탈리아인
그리스인
이스라엘인
루마니아인
우크라이나인
세르비아인
크로아티아인
불가리아인
슬로바키아인
스웨덴인
체코인
노르웨이인
스코틀랜드인
폴란드인
덴마크인
포르투갈인
벨기에인
영국인
웨일스인
헝가리인
핀란드인
아르메니아인
한국인
캐나다인
아일랜드인
프랑스계 캐나다인
아르헨티나인
독일인
칠레인
시리아인
몽족
스코틀랜드계 아일랜드인
괌인 또는 차모로족
볼리비아인
베트남인
알바니아인
캄보디아인
스페인인
프랑스인
파나마인
네덜란드인
가나인
나이지리아인
케이준
방글라데시인
가이아나인
사모아인
이집트인
팔레스타인인
에콰도르인
콜롬비아인
페루인
태국인
라오스인
폴리네시아인
바베이도스인
브라질인
네팔인
코스타리카인
벨리즈인
아시리아인/칼데아인/시리아인
니카라과인
미크로네시아인
하와이 토착인
트리니다드 토바고인
자메이카인
우루과이인
요르단인
서인도인
엘살바도르인
미국인
아이티인
독일계 펜실베이니아인
쿠바인
멕시코인
카보베르데인
베네수엘라인
에티오피아인
푸에르토리코인
모로코인
애팔래치아 주민
과테말라인
온두라스인
도미니카공화국인
아프가니스탄인
버마인
소말리아인

$0 $20,000 $40,000 $60,000 $80,000 $100,000 $120,000 $140,000

미국 달러 기준 가계 수입 중위값

단 식별 단서는 차등적 대우와 차별 자체를 일으키는 더 주요한 원인이다. 다시 말해 인종은 우리가 진정으로 중요하게 생각하는 문화 및 소속 집단과 불완전한 상관관계에 있다.

다시 IQ 테스트 성적과 인구 집단 간의 차이로 돌아가면, 이를 현대의 잘 혼합된 인간 집단에서 발견되는 유전적 차이로 설명하기는 어렵다. 만약 우리가 종분화된 것이라면 그것은 주로 문화적 계통에 따른 것이며 문화는 수평적으로 전파될 수 있다. 문화적 전달의 장벽, 심지어 유전적 전달의 장벽까지도 문화적 요소에 따라 형성되는 경향이 있다. 이런 문화적 요소로는 차별, 불평등, 동일 민족 간 결혼 선호 등이 있으며 이는 인구 집단 간의 차이를 유전적이 아닌 문화적 차원에서 바라봐야 하는 이유이다.

핑커의 말처럼 이 문제는 우리가 아직 대처할 준비가 돼 있지 않은 위험한 생각이지만 점점 상호 연결된 세상에서 우리는 이 문제에 직면할 수밖에 없다. 과학은 사회적 담론을 앞질렀고 이제 사회적 담론이 과학의 발전 속도를 따라잡아야 한다. 부정과 무시는 해결책이 될 수 없다. 아무리 꾸짖거나 수치심을 안겨도 모두를 침묵시킬 수는 없다. 사실 정치적 양극화에 관한 연구를 보면 정직하고 공정한 연구자 중 상당수는 수치심과 억압에 직면했을 때 경력을 파괴하는 비난이나 지속적인 괴롭힘을 견디기보다 침묵을 지킨다. 그런 환경에서는 의제에 헌신하는 사람만 목소리를 낼 수 있다. 이 장을 쓰면서 받은 조언 하나는 이 책의 광범위한 메시지가 논란에 휩쓸려 사라지지 않도록 논란의 여지가 있는 주제를 모두 삭제해야 한다는 것이었다. 하지만 다른 해결책이 있다. 신중하고 개방적이며 정직한 과학 연구와 더욱 신중하고 개방적이며 정직한 과학 커뮤니케이션을 결합하는 것이다. 과학자가 신중하고 개방적이며 정직하다는 것을 믿을 수 없다면 과학도 믿을 수 없기 때문이다. 나는 최선을 다했다.

　요약하자면, 지능은 우리가 누구이며 어떻게 여기까지 왔는지를 설명하는 핵심 요인이지만 문화와 무관한 지능이란 존재하지 않는다. 지능은 문화적 진화라는 공진화의 산물이다. 지금 우리가 지능적으로 행동할 수 있게 한 특정한 인지 능력이 선천적 산물이 아니라 후천적 산물이라는 발견은 매우 중요한 함의를 갖는다. 바로 우리가 사는 변화무쌍한 세상에 가장 효과적으로 대처할 수 있는 소프트웨어와 하드웨어를 개발하도록 교육 시스템과 사회를 새롭게 구성하도록 이끈다는 점에서 말이다. 그렇게 함으로써 우리는 새로운 효율성, 새로운 에너지 기술, 상호 이익을 위해 함께 일하는 방식을 개선하며 우리 종의 능력을 극대화할 수 있다.

4장

집단적 두뇌의 혁신

과학 커뮤니케이터이자 작가이며 TV 다큐멘터리 〈코스모스〉의 진행자였던 천문학자 칼 세이건Carl Sagan은 "무無에서 사과파이를 만들려면 먼저 우주를 만들어야 한다"라고 말했다. 빅뱅으로 거슬러 올라가지 않더라도 우리는 무에서 창조되지 않는 음식, 기술, 제품, 관행에 둘러싸여 있다. 구글에서 정부에 이르기까지 우리가 의존하는 거의 모든 것은 우리가 발명하지 않았고 우리 생애에 발명되지도 않았으며 일반적으로 너무 복잡해서 재창조는커녕 제대로 이해하기조차 어렵다. 우리가 실제로 변화를 시도해 보지 않는다면 그 변화가 어떤 효과를 낼지 가늠하기 어렵다.

우리 인류의 성공은 놀라운 혁신 능력 덕분이었지만 이는 단순히 개인의 지능 덕분도, 남보다 더 멀리 볼 수 있는 유전적 천재들 덕분도 아니다. 사실 혁신을 위해 특별한 혁신가가 필요한 건 아니다. 마치 당신의 생각이 특정한 뉴런을 필요로 하지 않는 것처럼 말이다. 물론 최고의 아이디어에는 특정 뉴런이 관여하듯이 혁신에 크게 기여하는 혁신가가 있을 수 있다. 하지만 혁신은 지적인 사람이 모여 서로 배우고 아이디어를 공유하는 집단적 두뇌의 결과라고 보는 것이 더 정확하다. 이런 집단적 과정을 이해하는 일은 우리가 다음 에너지 임계점을 넘어서는 데 도움을 줄 것이다. 실제로 우리를 둘러싼 모든 혁신을 이끌어 낸 핵심이 바로 이러한 집단적 과정이다.

우리 삶에서 가장 단순한 사물조차도 수천 년에 걸쳐 축적된 지식의 산물이며 여러 세대에 걸쳐 여러 문화에서 차용되고 재결합된 것이다. 아무리 똑똑한 사람이라도 현대 세계의 아주 작은 부분을 처음부터 다시 만들 수는 없다. 세이건의 소박한 사과파이라도 마찬가지이다.

무에서 사과파이 만들기

캐나다인은 크래프트 맥앤치즈 혹은 캐나다식으로 부르자면 크래프트 디너를 사랑한다. 마카로니를 물에 삶아 물기를 뺀 다음 버터, 우유, 미리 포장된 파우더 치즈를 넣는 간단한 3단계 조리법을 따르기만 하면 된다. 이 조리법이 간단한 이유는 제조 과정 대부분이 캐나다 주방에 택배가 도착하기 훨씬 전에 완료됐기 때문이다. 하지만 처음부터 직접 만든다고 해도 모든 조리법에는 수렵 채집 생활을 하던 조상과는 달리 복잡한 역사, 글로벌 공급망, 농업 노하우, 정교한 가공 과정이 포함된다. 물론 우리는 더 이상 이를 생각하거나 이해할 필요조차 없다.

간단한 예시로 **실제로** 사과파이를 무에서 만들어 보자. 먼저 페이스트리 반죽을 만들자. 밀가루가 필요하다. 우리가 밀이라 부르는 중동의 풀을 어떻게 재배하는지 아는가? 더 쉽게 수확하고, 더 큰 알갱이를 만들기 위해 밀이 이미 수천 년에 걸쳐 인위적으로 선택됐다고 치자. 하지만 이런 선택의 혜택에도 불구하고 밀을 심고 돌보는 방법을 아는가? 곡물을 언제 수확할 지 아는가? 알곡과 왕겨를 분리하는 방법을 아는가? 아니, 왕겨가 무엇인지 아는가? 커피 그라인더나 믹서기 없이 곡물을 밀가루로 가는 방법을 아는가? 이러한 기기를 사용하기 위해 원료를 찾아 추출하고 그라인더와 모터를 제조하고 전기를 만들 수 있는가?

다음으로 설탕을 넣자. 이번에는 동남아시아에서 온 또 다른 풀, 사탕수수가 필요하다. 사탕수수를 어떻게 재배하고 언제 자르며 어떻게 설탕 결정으로 처리하는지 아는가? 사탕수수딱정벌레나 다른 벌레를 솎아낼 방법을 아는가? 비료는 어떻게 해야 하나? 많은 사람이 집안 식물 하나도 제대로 키우지 못한다!

식물을 잠시 제쳐두고 몇 가지 동물성 식품을 추가해 보자. 먼저 달걀. 이것은 우리가 닭이라 부르는 동남아시아 정글새가 낳는다. 닭을 어떻게 잡는지 어떻게 건강하게 기르는지 아는가? 어떻게 해야 더 많은 달걀을 낳도록 할 수 있는지 아는가?

버터를 잊지 말라. 이를 위해서는 최근에 출산한 유라시아 암소의 젖이 필요하다. 소를 길들이고 잘 보살펴서 출산 후에는 송아지를 지키는 대신 젖을 짜도 가만히 있도록 해야 한다. 이제 그 우유에서 지방이 많은 크림을 추출하라. 그런 다음 그 크림을 버터가 되게 휘저어라.

앞서 말한 설명 깊이의 착각을 기억하라. 요리의 각 과정에는 세세한 부분과 복잡한 절차가 있는데 우리는 아직 페이스트리를 만들고 파이를 굽는 방법조차 알지 못했다. 하지만 일단 사과파이의 조리법이나 재료에 대해 알게 되면 그 조리법은 재료가 만들어지기까지의 과정에 비해 더 쉽게 퍼질 수 있다. 시간이 지나면서 노동 분업과 효율적 공급망의 보이지 않는 손을 통해 사과파이라는 경이로움은 사소한 가족 조리법이 된다. 우리의 정신적 소프트웨어도 마찬가지이다.

수 세는 법 배우기

인간은 문화 없이 요리할 수 없다. 문화 없이 수도 셀 수 없다. 우리는 일부 소규모 사회에서 여전히 사용하는, 하나, 둘, 셋을 세는 수준에서 본격적인 수 시스템으로 전환했다. 수는 아마도 더 효율적으로 가축과 작물의 재고를 추적하기 위한 방법으로 등장했을 것이며 물론 거래에도 도움이 됐을 것이다. 누가 누구에게 무엇을 빚지고 있는지 알아야 하니 말이다! 발명은 필요에 의해 추동될 수 있지만 도약을 이루기 위한 적절한 비유나 은유, 적합한 정신적 모델도 필요하다. 이 경우 그 정신적 모델은 손가락이었다.

이전 장에서 잠깐 언급했듯이 오늘날 우리는 일반적으로 십진법을 사용한다. 이는 우리가 손가락 열 개를 이용해 세기 때문이다. 하지만 엄지를 이용해 열두 개의 지골(손가락 당 세 개의 뼈)을 세거나 몸의 다른 부분을 사용해 수십 개까지 세는 수 시스템을 가진 사회도 있다. 숫자 10에 특별한 의미는 없다. 하지만 신체 부위를 넘어서 세려면 다른 혁신이 필요했고 그것은 다른 정신적 모델을 요구했다. 바로 돌 같은 것이다.

'계산calculus'이라는 단어는 '조약돌pebble'(칼슘이나 석회암을 생각해보라)에서 유래했고 돌은 덧셈과 뺄셈에 사용됐다. 이것은 신체 부위를 가지고 얼마나 창의적으로 수를 셀 수 있는지를 넘어서 덧셈이나 뺄셈을 더 잘할 수 있는 한 가지 방법이다. 자, 여기 돌이 있다. 당신은 여기에 돌을 추가하거나 아니면 뺄 수 있다. 돌은 우리가 자연수라고 부르는 0보다 큰 수, 즉 1, 2, 3, 4, 5 등에 아주 적합하다.

하지만 돌만으로는 0 같은 것을 명확하게 생각하기에 충분하지 않았다. 0이라는 혁신에 도달하기까지는 수천 년이 걸렸다. 0개의 돌은 어떤 모습일까? 글쎄, 그것은 다른 모든 것의 0과 비슷하다. 아무것도 없는 것이다. 그리고 '아무것도 없음'은 상상하기 어렵다.

0의 개념이 나타나기 위해서는 위대한 수학자들이 필요했지만 수의 눈금을 새긴 직선, 즉 수직선數直線, number line의 발명은 아이에게도 0을 구체화하고 이해할 수 있는 정신적 모델을 제공했다. 오늘날 학교에서 수직선은 여전히 사용된다. 수직선은 18세기 영국 수학자 프랜시스 마세레스Fransis Maseres가 "방정식의 전체 교리를 어둡게 하고 본질적으로 너무 명백하고 단순한 것을 어둡게 만든다"라고 불평하긴 했지만 음수를 밝혀내는 데도 기여했다. 수직선은 수를 사물이 아닌 움직임과 위치에 대응하는 방식으로 이해한다. 이러한 문화적 혁신이 없었다면 우리의 유인원 뇌는 수를 직관적으로 이해하기 어려웠을 것이다. 그러나 할머니의 사과파이 조리법을 개선할 수 이는 것처럼 비유와 은유는 우리가 한발 더 나아가도록 도움을 줄 수 있다.

내 책상 위에는 흔히 '가장 아름다운 방정식'이라고 불리는 오일러의 항등식 $e^{i\pi} + 1 = 0$이 그려진 액자가 놓여 있다. 두 개의 초월수(e와 π), 그리고 1, 0이 모두 수직선에 직교하는 가상의 평면으로 연결돼 있다. 이는 세상이 복잡하고 혼란스러울 수 있지만(e와 π에는 패턴이 없다) 그 복잡함과 혼란에 질서를 가져다주는 숨겨진 규칙이 있다는 점을 의미한다. 일단 발견한 규칙은 전기 회로를 풀거나 푸리에 변환을 하는 등 이전에는 할 수 없었던 일을 하는 데 사용될 수 있다. 두 가지 모두 현대 기술에 필수적이며 복소수를 사용하면 더 쉽게 할 수 있다.

문화적 혁신은 말 그대로 우리의 생각을 바꾸고 새로운 역량을 부여한다. 이는 소프트웨어 업그레이드와 같다. 올바른 혁신을 통해 불가능했던 일이 가능해지며 더 나아가 혁신을 통해 우리가 발견한 것을 안정적으로 전달하는 방법까지 배울 수 있다. 어떤 혁신은 다른 혁신보다 더 일반적이다. 예를 들어 문자의 발명 덕분에 나는 페이지에 직선과 구불구불한 선을 그려 정보를 전달할 수 있게 되었다. 내 책은 지금 이 순간에도 문자 그대로 여러분의 뇌를 바꾸고 있다. 글쓰기가 더욱 표준화되고 배우기 쉬워지면서 엘리트의 전유물이었던 글쓰기는 이제 모든 사람에게 필수적인 기술로 확장됐다.

모든 인간에 대한 이론이 밝혀낸 인간의 창의력에 관한 지식을 바탕으로 우리 자신의 창의적 능력을 향상할 수 있을까? 구체적으로 실현 가능한 방법으로 말이다. 또한 기업과 사회의 혁신성을 어떻게 향상할 수 있을까? 혁신이 사회적 과정이며 집단적 두뇌의 산물이라는 사실을 깨닫는다면 답을 찾은 것이다. 이를 깨닫고 나면 정보를 찾고 사람들을 연결하는 방식을 의도적으로 개선해 좋은 아이디어가 출현하고 확산될 확률을 극대화할 수 있다.

그 목표를 달성하기 위한 나침반이 있다. 'COMPASS'는 내가 대학과 기업에서 가르치는 혁신의 7가지 비밀을 지칭하는 약자이다. 나는 영국과 북유럽의 우버 책임자인 제이미 헤이우드와 함께 이 힘든 시장에서 우버가 마주친 난제를 해결하는 혁신 전략을 개발하는 데 COMPASS를 어떻게 활용했는지 보여 줄 것이다. (우버는 미국 실리콘밸리의 접근 방식과 유럽의 전통적 접근 방식, 즉 비규제 혁신과 혁신적 규제가 충돌하는 갈등을 겪었다.)

COMPASS, 혁신의 7가지 비밀

발명가 토머스 에디슨Thomas Edison은 천재성과 혁신의 과정을 '1%의 영감과 99%의 노력'이라고 말한 것으로 유명하다. 하지만 실제로 그가 한 말은 아니다. 에디슨은 작가이자 강연가인 케이트 샌본Kate Sanborn이 한 말을 따라 했거나 아니면 기껏해야 당시 흔히 쓰던 말을 널리 대중화했을 뿐이다. 에디슨은 빌리고 훔치고 재조합하는 데 능한 사람이었다.

에디슨이 하지 않은 또 다른 일은 전구 발명이다. 에디슨은 기껏해야 영국의 화학자 조지프 스완Joseph Swan과 함께 에디슨 & 스완 유나이티드 전구 회사(에디스완, Edison & Swan United Electric Light Company, Ediswan)를 설립해 상업적으로 성공한 최초의 백열전구를 개발했을 뿐이다. 상업적 성공만이 누가 먼저 개발했는지를 둘러싼 값비싼 소송을 피할 수 있는 최선의 방법이었다. 에디슨이나 스완 모두 남보다 더 멀리 내다본 특별한 천재는 아니었다. 그 대신에 그들은 온갖 종류의 전구 디자인을 시도하는 사람으로 붐비는 시장에서 상업적으로 성공한 최초의 승자였다. 다양한 사람의 성공적인 디자인 덕분에 당시 백열전구 관련 특허는 최소 22개에 달했다. 그러니 여러분이 다음에 새로운 아이디어라는 상징적 의미를 내포하게 된 전구를 본다면 그 전구가 다양한 디자인, 밝기, 수명을 가진 수많은 전구 중에서 진화 법칙에 따라 선택된 최고의 전구라는 점을 기억하라. 하지만 우리는 불꽃에 끌리는 나방처럼 가장 밝은 전구, 즉 성공한 혁신에 이끌린다. 역사책에 기록되지 못한 다른 빛, 다른 전구로 가득했던 진화의 풍경을 잊어버린다.

전 세계의 인류는 중요한 발명을 신화적 대상에게 돌리는 경향이 있다. 불은 호주 원주민에게는 조상적 존재인 까마귀가, 인도인에게는 신적 존재 마타리슈반이, 그리고 그리스인에게는 타이탄의 신 프로메테우스가 준 것이다. 미미 정령Mimi spirits은 호주 원주민에게 캥거루 사냥과 요리법을 가르쳤고, 줄루 왕국의 창시자 샤카 줄루Shaka Zulu는 이클와 단창iklwa short spear을 발명했다. 서구 사회도 예외는 아니다. 에디슨(또는 스완)은 전구를, 구텐베르크는 인쇄기를, 벤츠와 포드는 자동차를 발명한 인물로 알려져 있다. 우리의 문화적 학습 심리는 가장 성공한 사람을 모방한다는 점을 기억하자. 그 성공한 사람이 비록 과거의 사람일지라도 우리는 그렇게 한다. 하지만 혁신은 개별 혁신가가 주도하지 않는다. 현실은 더 복잡하다. 그 현실을 바로 알면 우리가 어떻게 더 혁신적으로 변할 수 있는지 알 수 있다.

우리가 발명의 공로를 돌리는 주요 인물은 발명품을 최초로 대중화했거나, 같은 문제를 연구하는 커다란 사회적 네트워크에 떠돌아다니는 조각을 최초로 재조합했거나, 같은 시기에 같은 것을 발명한 많은 사람 중 한 명인 경우가 많다. 어느 정도는 이해할 수 있는 일이다.

과학자와 실리콘밸리 기업가는 자신의 독창성과 천재성을 왠지 모르게 확신하면서도 그 독창성과 천재성에도 불구하고 시장에서 도태되거나 경쟁에서 밀리는 것을 두려워한다. 그들은 주변 사람보다 더 멀리 보지만 한편 다른 이가 자신과 같은 것을 보지 않을까 두려워하는 역설 속에서 산다. 우리는 COMPASS을 통해 이 역설을 극복할 수 있다.

비밀 1. 집단적 두뇌 사고Collective brain thinking, C

발명가는 때로 그저 운이 좋다. 알렉산더 플레밍Alexander Fleming이 페니실린 항생제를 우연히 발견한 이야기를 들어 봤을 것이다.

1928년 플레밍은 우연히 열린 창문 옆에 황색포도상구균 박테리아가 담긴 페트리 접시를 놓았다. 그는 돌아와서 접시가 곰팡이로 오염돼 있고 곰팡이 근처의 박테리아가 죽어 가는 모습을 발견했다. 그는 곰팡이를 주의 깊게 연구한 끝에 그 곰팡이가 페니킬리움속의 일종임을 밝혀냈다. 그리고 1929년 곰팡이 액체의 이름을 '페니실린'으로 명명해 연구 결과를 발표했다.

플레밍의 면밀한 연구 결과 페니실린은 폐렴, 디프테리아, 뇌수막염 등 흔하지만 당시에는 치명적인 질병을 일으키는 다양한 박테리아를 죽일 수 있는 것으로 밝혀졌다. 항생제 이야기는 여기서 끝나는 것이 보통이다. 플레밍의 페니실린은 대량 생산이 매우 어려웠고 1940년대까지 널리 사용되지 못했다는 사실을 아는 사람은 많지 않다. 왜 이렇게 오래 걸렸을까?

1940년대 초, 전 세계 페니실린의 양은 약 100명의 환자를 치료하기에 충분한 정도에 불과했다. 기적의 약은 소수의 환자만 살릴 수 있었다. 당시에는 치료받은 환자의 소변을 저장했다. 이는 귀중한 항생제의 약 80%가 소변으로 배출되기에 다른 환자를 치료할 때 사용할 수 있었기 때문이다. 올바른 발명이 세상을 바꾸는 혁신이 되려면 적절한 상황과 적절한 시기, 공동의 노력이 필요하다. 페니실린이 전성기를 맞이하기 위해서는 제2차 세계대전이 필요했다.

유럽 열강과 동맹국이 전 세계에서 전쟁을 벌이며 많은 사람의 팔다리가 잘리고 몸이 갈기갈기 찢기는 상황이 되자 항생제는 단지 유용한 것을 넘어 긴급히 필요한 존재로 자리 잡았다. 100명의 환자를 위한 항생제만으로는 충분하지 않았기 때문에 병리학자 하워드 플로리Howard Florey와 에른스트 체인Ernst Chain이 이끄는 연구팀은 페니실린을 대량 생산해 플레밍의 업적을 이어 가려고 노력했다. 이들은 폭탄을 피하고 더 많은 자금을 확보하기 위해 런던에서 미국으로 이주했다. 처음에는 뉴욕으로 나중에는 곰팡이의 신진대사를 연구하는, 북부 지역 연구소의 새로운 발효 부서가 있는 일리노이주 피오리아로 향했다. 연구팀은 광고를 내고 전 세계에서 대량 생산에 적합한 다양한 곰팡이 균주를 찾았다. 1943년 피오리아 지역 과일 시장의 곰팡이가 핀 멜론에서 적합한 곰팡이를 발견했다. 이 곰팡이에는 플레밍의 원래 균주보다 훨씬 더 높은 생산량을 지닌 돌연변이가 포함돼 있었다. 연구팀은 엑스레이로 곰팡이에 추가로 돌연변이를 일으켜 페니실린을 1000배나 더 많이 생산했다. 오늘날 거의 모든 페니실린 균주는 1943년 우연과 시행착오, 재조합을 통해 집단적으로 발견한 이 곰팡이의 후손이다.

이 이야기에는 몇 가지 교훈이 있는데 이는 세상을 바꾼 다른 많은 발견 이야기에도 흔히 있는 교훈이다. 처음에는 운 좋은 돌파구, 약간의 재조합, 시행착오, 부분적 인과 모델을 통해 무슨 일이 일어나고 있는지 파악한 다음 적절한 상황, 적절한 시기, 문제에 대한 올바른 이해, 발명을 확산된 혁신으로 전환하는 집단적 노력이 결합됐다는 것이다. 이것이 바로 집단적 두뇌가 사고하고 혁신하는 방식이다.

새로운 발견의 원천으로서 우연과 재조합, 시행착오와 부분적인 이해를 통해 점진적으로 진행되는 혁신은 여전히 우리의 집단적 두뇌가 돌파구를 만드는 방식이다. 2013년 우연한 기회에 웁살라이트Upsalite 탄소 나노 구조체를 발견한 이야기나 2020년 자기장이 아닌 전기장으로 양자 컴퓨터를 제어할 수 있는 흥미로운 방법을 발견한 이야기가 바로 그런 사례이다.

하지만 운은 맹목적이지 않다. 우리는 스스로 운을 만들 수 있다. 의도적으로 우연과 유용한 재조합을 찾아낼 수 있다. 첫 번째 단계는 우리가 현재 어디에 있느냐 하는 문제가 우리보다 앞서 수십억 명의 사람이 어디로, 어떻게 가야 하는지 고민해 내린 수조 개의 작은 결정의 결과라는 점을 인식하는 것이다. 우리의 모든 발걸음이 최선은 아니었으며 현재 우리가 있는 곳에는 많은 비효율성이 있고 이는 잘 알려진 길을 벗어나는 시도를 통해 극복할 수 있다는 사실을 인식해야 한다.

비밀 2. 잘 알려지지 않은 길Off the beaten path, O

경로 의존성이란 과거와 역사가 미래를 제약하는 역할을 하는 것으로 초기에 내린 결정이 다른 선택을 하기 어렵게 우리를 가두는 현상이다. 예를 들어 화씨 단위 온도에 익숙하다면 섭씨 단위 온도를 택하기가 어렵고 그 반대의 경우도 마찬가지이다. 미국 건국의 아버지 제임스 매디슨James Madison과 동료들이 미국 헌법을 작성할 때 내린 결정이 당시에는 최선의 결정이었을지 몰라도 오늘날에는 최선이 아닐 수 있다. 그러나 헌법을 바꾸기란 쉽지 않다. 대학에서 화장품을 공부하기로 했다면 가치 있고 보람 있는 경력으로 이어질 수 있지만 나중에 토목 공학으로 전환하기는 어렵다.

내가 가장 좋아하는 경로 의존성의 예는 문자 그대로의 경로에 관한 것이다. 영국과 영국의 구식민지 상당수에서는 좌측통행이 일반적이다. 로마 시대부터 그렇게 해 왔다. 로마인은 길의 왼쪽에 수레와 말을 두고, 왼손으로 운전하고, 오른손으로는 무기를 잡았다. 이에 대한 증거 중 하나는 고대 로마 도로에 파인 홈 흔적이다. 배달하는 짐이 담긴 수레는 빈 수레보다 더 깊은 홈을 남긴다. 이를 통해 로마인은 도로의 왼쪽에서 운전했다는 사실을 알 수 있다. 그러나 정해진 길에서 벗어나는 일은 어렵긴 하지만 불가능하지는 않다. 오늘날 유럽 대륙에서는 도로의 오른쪽에서 운전하니 말이다. 그건 나폴레옹의 제국과 그 영향력 덕분이었다. 나폴레옹이 고의적으로 우측 주행하는 군사 전략을 선택한 것이 결국 대륙 전역으로 퍼졌다. 신생 국가였던 미국은 새로운 통행 방식을 선택할 수 있었다.

새로운 지도자의 힘, 비전, 영향력, 새로운 사회, 새로운 기업의 탄생은 모두 기존의 길을 벗어나 새로운 것을 시도할 수 있는 기회를 제공한다. 이것이 미국의 사전 편찬자 노아 웹스터Noah Webster가 미국을 위한 새로운 형태의 영어를 만들 수 있었던 이유이다. 웹스터는 'color' 같은 단어에서 볼 수 있듯 무성음 'u(colour)'를 삭제하여 영어의 일관성을 높이려고 노력했다. 그 결과 영국보다 미국에서 발음이 음소와 더 안정적으로 일치한다. 내가 알기로 'Leicester'시는 'Lie-sester(리세스터)'가 아니라 'Lester(레스터)'로 읽어야 한다. 옥스퍼드의 'Magdalen' 대학은 쓰인 대로 'Mag-de-len(막-달-렌)'으로 읽는 게 아니라 'Maud-lin(마우드-린)'으로 읽어야 한다.

작은 국가 에스토니아는 국제학업성취도평가PISA에서 동아시아 국가를 제외하고 과학, 수학, 읽기 분야에서 최고 점수를 받았다. 이 성취는 학생당 더 많은 돈을 지출함으로써 이뤄낸 것이 아니다. 에스토니아는 OECD 국가 평균인 1만 1000달러보다 훨씬 적은 약 8000달러를 지출했다. 미국(1만 4000달러), 호주(1만 2000달러), 캐나다(1만 2000달러)보다 훨씬 낮은 수준의 교육비를 지출하고도 이런 성과를 달성했다. 이 놀라운 결과는 소련에서 독립한 후 채택한 다양한 개혁을 통해 전 세계의 우수 교육 사례를 차용하고 이를 기술 기반의 새롭고 놀라운 교육 시스템에 통합함으로써 달성한 것이다. 표절은 나쁜 것이지만 다른 곳에서 효과를 거둔 방식을 차용해야 하는 정책 분야에서는 그렇지 않다. 8장에서 스타트업 도시와 프로그래밍 가능한 정치를 통해 기존 방식에서 벗어나 혁신하는 방법을 논의하고, 12장에서는 에스토니아가 구체적으로 무엇을 했는지 논의할 것이다. 에스토니아는 이른바 까치 전략을 사용했다.

비밀 3. 까치처럼 훔치기 Magpie strategy, M

민속학에서 까치는 둥지로 가져갈 반짝이는 물건을 찾아다니는 동물로 등장한다. 이는 재조합과 우연, 집단적 노력, 새로운 적용 맥락을 적극적으로 추구하는 혁신에 힘을 싣는 강력한 전략이다. 이와는 대조적으로 이디시어 '메이븐meyvn'에서 유래한 '고수maven'는 한 주제에 대해 깊고 철저한 전문 지식을 갖춘 사람을 의미한다. 고수는 멀리 갈 수 있지만 그들이 까치이기도 하다면 더 멀리 갈 수 있다. 내가 가장 좋아하는 피자를 개발한 까치 요리사 샘 파노풀로스 Sam Panopoulous를 예로 들어 보자.

항상 논란거리인 하와이안 피자는 아마도 지금까지 만들어진 음식 중 가장 다문화적인 음식이다. 캐나다로 이민 온 그리스인 샘 파노풀로스는 미국식 중화요리(새콤달콤한 맛이 나는)에서 영감을 받아 이탈리아 요리에 남미 식재료(파인애플)를 얹고 통조림 파인애플 브랜드의 이름이 '하와이안'이어서 이 폴리네시아주의 이름을 붙였다고 한다. 하와이안 피자는 사랑받는 피자이지만 분란을 일으킨다. 이 기회를 빌려 하와이안 피자를 싫어하는 사람들에게 자신이 내린 삶의 선택을 되돌아보라고 말하고 싶다. 하와이안 피자는 이민자가 혁신을 어떻게 강화하는지를 잘 보여 주는 연구 사례이다.

이민자는 다양한 경험에서 얻은 해결책을 관행, 기술, 기타 문화적 측면과 재조합해 새로운 고향에서 해결되지 않은 문제를 해결한다. 그들의 다양한 경험은 자연스럽게 그들을 까치로 만든다.

까치 전략에는 두 가지가 필요하다. 첫째, 내면의 까치가 반짝이는 것과 쓸모없는 것을 구별할 수 있을 만큼 문제를 깊이 이해하는 '준비된 마음'이다. 둘째, 자신의 지식 영역 밖에서 해결책을 적극적으로 찾는 '지적 차익 거래'이다.

하지만 까치가 되기 위해 다른 나라로 이주할 필요는 없다.

문제에 대한 해답은 종종 다른 사람의 머릿속에 존재한다. 정말 까다로운 문제의 경우, 해답은 여러 사람의 머릿속에 흩어져 있는 경우가 많다. 그렇기 때문에 여전히 가시밭길인 것이다. 해결책의 조각이 아직 하나로 모이지 않았기 때문이다. 여러분이 그 조각을 하나로 모으는 사람이 될 수 있다. 반짝이는 새로운 해결책을 발견할 확률을 극대화하려면 나와 의견이 다른 똑똑한 사람, 같은 분야와 산업에 속하지 않는 사람, 내가 속한 조직을 넘어선 사람과 대화해야 한다. 이런 대화가 우리를 더 창의적으로 만든다. 당신은 이미 가까운 친구가 무엇을 생각하는지 알지만 먼 친구에 대해서는 잘 모르며 적에 대해서는 더더욱 모른다. 당신의 둥지에 있는 문제를 잘 이해하는 것은 당신의 마음을 준비시킨다. 그런 다음 다양한 대화를 나누면 **지적 차익 거래**라는 기회를 얻을 수 있다.

차익 거래는 저가에 매수하고 고가에 매도하는 과정을 설명하는 멋진 용어이다. 예를 들어 중고품 가게에서 저렴한 가격의 책을 발견한 후 즉시 아마존에서 더 높은 가격에 판매하는 것이다. 지적 차익 거래는 이와 같은 접근 방식을 창의성에 적용한다.

대니얼 카너먼과 아모스 트버스키는 경제학자가 경제 모델의 예측을 위태롭게 하는 인지심리학의 발견을 아직 알지 못한다는 사실을 깨달았다. 카너먼과 트버스키는 준비된 인재로서 지적 차익 거래를 통해 경제학을 완전히 바꿔놓았고 과학계에서 가장 반짝이는 노벨상을 수상했다.

맥도날드 형제는 헨리 포드가 값싼 자동차를 생산할 수 있었던 조립 라인 방식을 저렴한 햄버거를 만드는 데도 적용할 수 있다는 사실을 깨달았다. 맥도날드 햄버거 체인점은 다른 사람들처럼 값비싼 교육을 받은 요리사를 고용하는 대신 교육 경험이 없는 사람을 저임금으로 고용해 한 사람은 빵을 썰고 한 사람은 햄버거를 뒤집고 한 사람은 치즈를 넣는 등 한 가지 일만 하도록 가르쳤다. 맥도날드 형제는 지적 차익 거래를 통해 경쟁사보다 더 빠르고 저렴하게 햄버거를 만들 수 있는 '스피디 서비스 시스템Speedee Service System'을 개발했다.

역사는 유명한 까치로 가득하다. 록스버리 고무 회사에서 가황 고무에 관한 아이디어를 얻은 찰스 굿이어Charles Goodyear(굿이어 타이어 회사의 이름이 된)의 이야기를 구글에서 찾아보라. 하워드 구달Howard Goodall의 다큐멘터리를 보면 비틀스의 위대한 히트곡이 교회 오르간 연주부터 폴 매카트니가 TV에서 들었던 피콜로 트럼펫 연주까지 다양한 경험에서 영감을 받아 탄생했음을 알 수 있다. 하지만 내가 가장 좋아하는 사례는 아마도 역사상 가장 성공한 까치, 바로 윌리엄 셰익스피어William Shakespeare이다.

셰익스피어는 수사학의 대가로 아마 영국 스트랫퍼드 어폰 에이번에 있는 지역 문법 학교에서 배운 것으로 추정되는 기술을 구사했다. 그 학교의 교육 과정이 수사학, 논리학, 문법학이라는 삼학으로 구성돼 있었다는 게 핵심이다. 오늘날 많은 학교는 문법학만을 유지하고 있다(잠재적인 셰익스피어들에게는 불행이다). 셰익스피어가 구사한 수사 기법, 예를 들어 유운assonance(모음의 유사성을 이용하기, 예를 들면 '블루 문'), 두운alliteration(자음의 유사성을 이용하기, 예를 들면 '시민에게 시민권을'), 교차 배열chiasmus(어구의 순서를 뒤집어 반복하기, 예를 들면 '국가가 당신에게 무엇을 할 수 있는지 묻기 전에 당신이 국가에 무엇을 할 수 있는지 물어라'), 디아코페diacope(구절 사이에 단어를 삽입해 나누기, 예를 들면 '본드, 제임스 본드') 등은 타의 추종을 불허한다. 아마도 영국 총리 윈스턴 처칠Winston Churchill과 미국 래퍼 에미넴Eminem 정도가 뒤를 이을 수 있을 것이다. 하지만 이들과 달리 셰익스피어는 표절가였다. 역사적 텍스트와 수사학적 감각을 결합한 표절가, 아니, 오히려 까치였다.

작가 마크 포사이스가 말했듯이 셰익스피어는 《안토니우스와 클레오파트라Antony And Cleopatra》를 집필하기 위해 역사를 찾아봐야 했다. 셰익스피어가 그리스어를 잘 알지 못했기 때문에 아마도 번역가 토마스 노스Thomas North가 영어로 번역한 플루타르코스의 《고귀한 그리스인과 로마인의 삶Lives of the Noble Greeks and Romans》에 의존했을 것이라고 추측할 수 있다. 노스의 번역서를 보면 셰익스피어가 어떤 식으로 표절을 했는지 정확히 알 수 있다. 하지만 수사학적 감각이 돋보이게 말이다!

노스: ……그녀는 키드노스강에서 선미가 금으로 된 바지선을 타고 나아가는 것 외에는 그 어떤 일도 하찮게 여겼다.
셰익스피어: 그녀가 탄 바지선은 마치 광이 나도록 닦아낸 왕좌 같았고 물 위에서 불타올랐다. 선미는 두들겨 만든 금이었다.

노스: 자주색 돛과 은으로 된 노, 그리고 플루트, 하우보이, 시턴, 비올라, 바지선에서 연주되는 악기들의 음악에 맞춰 노를 저었다.
셰익스피어: 돛은 자주색이었고, 그토록 향기로워서 바람마저 그들과 사랑에 빠졌다. 노는 은이었는데 플루트의 음조에 맞춰 노를 저으며 그들이 물을 치며 나아가는 것을, 물은 그들이 노 젓는 속도에 반한 듯 더 빨리 따라갔다.

셰익스피어가 대학에서 터니틴turnitin 표절 검사를 받았다면 낙제했을 것이다. 하지만 셰익스피어를 탓하기는 어렵다. 그는 수사학과 역사를 기민하게 재결합한 까치였으며 우리에게 아름다운 시만이 아니라 현대의 예술가가 계속 재조합하며 써먹는 다수의 관용구를 선사했다. 올더스 헉슬리Aldous Huxley의 《멋진 신세계Brave New

World》의 제목은 셰익스피어의 《템페스트Tempest》에서 빌려 왔다("오 멋진 신세계여, 그 안에 이런 사람들이 있다니"). 록밴드 스매시 마우스 Smash Mouth의 히트곡 〈올스타Allstar〉에는 "빛나는 모든 것이 금이다" 라는 구절이 있는데, 이는 《베니스의 상인Merchant of Venice》에 나온 문장("빛나는 모든 것이 금은 아니다")을 비튼 것이다.

우리 모두는 적극적으로 경험과 지식을 쌓으며 누구와 대화하 느냐에 따라, 어디서 해결책을 찾느냐에 따라 까치가 될 수 있다. 집 단적 두뇌 사고와 까치 전략을 자연스럽게 향상하는 한 가지 방법 은 다양한 아이디어와 사고방식을 활용하는 것이다. 흔히 인용되는 오래된 속담이 있다. '한 사람의 아이디어를 훔치는 것은 표절이고, 여러 사람의 아이디어를 훔치는 것은 연구이다.' 다양성이 높은 팀 이나 국가는 자연스럽게 재조합할 수 있는 수많은 아이디어를 모을 수 있다. 하지만 다양성은 혁신에 도움이 되기도 하고 해가 되기도 하는 양날의 검이다. 다양성은 해결해야 할 역설이다. 비용을 지불 하지 않고 다양성의 이점을 누리려면 이 문제를 해결해야 한다.

비밀 4. 다양성의 역설Paradox of diversity, P

가장 혁신적인 팀은 다양성 수준이 높지만 가장 혁신적이지 않 은 팀도 다양성이 높다. 이런 역설이 발생하는 이유는 다양성이 혁신 을 위한 재조합의 원동력이 되기도 하지만 본질적으로 분열의 원인 이기도 하기 때문이다. 공통의 이해, 공통의 목표, 공통의 언어가 없 으면 사회적 네트워크에서 아이디어의 흐름이 막혀 재조합을 방해하 고 혁신을 저해한다. 하지만 다양성은 혁신을 위한 가장 강력한 방법 이다. 많은 기업에서는 다양성을 그저 캐릭터 피터 그리핀Peter Griffin 의 피부색 도표로 소수자가 얼마나 있는지 세거나(애니메이션 〈패밀리 가이Family Guy〉의 주인공 피터 그리핀이 나오는 한 장면에서 시작된 밈. 국경 검문소 직원이 피부색 차트를 주인공의 얼굴에 대면서 미국 입국이 가능한지 판단하는 장면에서 유래했다-역주), 팀 내 여성 비율이 부끄러울 정도로 낮지 않은지 확인하는 불편한 작업 정도로만 취급한다. 회사는 모순을 해결하기보다는 '다르게 보이지만 나처럼 생각하는 사람'을 뜻하는 단일 문화, '좋은 조화'에 불과한 다양성을 선택한다.

다양성의 모순을 해결하는 것은 COMPASS의 중심에 있으며 혁신에 대한 집단적 두뇌 접근법의 핵심이다. 이 문제를 해결하려면 다양성의 차원을 분석해 상관없는 다양성은 무시하고 심층적인 다양성을 유지하며 분열적 다양성을 막는 공통된 기반을 찾아야 한다.

다양성의 많은 측면은 대체로 서로 관련이 없다. 음식 선호도를 예로 들어 보자. 당신은 초밥을 좋아하고 나는 슈니첼을 좋아한다는 건 별문제 없는 다양성이다. 피부색처럼 현재는 그렇지 않더라도 앞으로 상관이 없어야 하는 측면도 있다. 다양성의 모순을 해결하는 열쇠는 원활한 소통을 방해하는, 공유하지 않는 특징에 대해 공통 기반을 찾는 것이다. 최적의 동화, 통역 및 가교 역할, 하위 집단으로의 분할 같은 전략을 통해 소통과 조정을 해치지 않으면서 다양성을 유지하는 방법으로 이런 문제를 극복할 수 있다.

최적의 동화는 같은 언어를 사용하는 것을 뜻한다. 말 그대로 같은 언어를 사용하는 것뿐만 아니라 대화에 언제 끼어들어야 하는지, 언제 명령을 따라야 하는지, 이메일은 어떻게 작성해야 하는지, 메모는 어떻게 작성해야 하는지 등 의사소통의 뉘앙스를 이해하는 것이다. 불문율에 의존하는 대신 이런 규범을 명시하면 막 입사한 다양한 직원이 빠르게 적응하는 데 도움이 될 수 있다. 하지만 때로는 팀이나 부서 내에서 별도의 전문 용어가 필요할 때도 있다. 영업사원이 엔지니어가 할 수 있는 일과 할 수 없는 일을 이해하고, 엔지니어가 영업과 고객 관계의 어려움을 이해할 수 있을 때 일이 더 원활하게 진행되지만, 이런 집단은 자체적으로 전문 용어와 고유한 접근 방식을 개발함으로써 내부에서 더 효율적으로 일할 수 있다. 통역가, 즉 가교 역할을 하는 사람은 영업과 엔지니어링 모두에 대한 교육이나 경험이 있는 사람으로서 두 개 이상의 집단과 대화할 수 있다. 이런 사람이 있으면 집단 내에서 더 효과적으로 전문화를 달성하고 집단 간의 전반적인 성과를 개선할 수 있다.

전문화는 사회나 기업이 그 구성원의 두뇌 능력을 뛰어넘을 수 있게 해 준다. 이것이 어떻게 작동하는지 이해하고 싶다면 전문화가 어떻게 진화했는지 살펴보자. 음식, 주택, 의약품, 의복, 사회 규칙, 안보 등을 비롯해 생존에 필요한 기술 10가지가 있다고 상상해 보라. 그리고 한 개인의 인지 능력이 최대 10개의 뇌 단위라고 상상해 보라. 뇌가 클수록 더 많은 정보를 저장하고 관리할 수 있지만 제왕절개와 같은 의료적 개입이 발명되기 전까지는 더 큰 뇌를 가진 아이를 낳기는 어려웠다. 그래서 뇌 크기는 근본적인 한계에 부딪힌다.

우리 모두가 생존을 위해 10가지 기술을 모두 배워야 한다면 각자가 각 기술에서 하나의 기술 단위를 달성할 수 있다(두뇌 단위 10개, 기술 10개, 기술 레벨 1). 하지만 일부가 죽더라도 나머지 절반을 아는 사람이 충분히 있기 때문에 그중 절반만 배우면 된다고 상상해 보자. 충분한 수의 사냥꾼, 집 짓는 사람, 의료 전문가가 있어서 당신은 모든 것을 배울 필요가 없고 집을 짓는 사람 한 명이 죽더라도 다른 사람들이 집을 지을 수 있음을 안다. 이제 당신은 다섯 가지에 더 집중할 수 있고 다른 사람들은 그밖의 다섯 가지를 배운다. 이제 우리 사회는 기술 레벨 2에 도달할 수 있다.

이제 당신이 단 한 가지만 배우면 된다고 상상해 보자. 사회는 이제 기술 레벨 10에 도달할 수 있다. 당신이 놓친 아홉 가지는 나머지 인구가 달성한다. 더 세분화하면 10단위라는 제한된 두뇌에도 불구하고 한계가 없다. 개인은 몇 가지 분야에서 더 똑똑해지지만 다른 분야에서 더 멍청해지고 전문가들이 각기 다른 분야, 부서로 고립된다. 이는 결국 서로 다른 전문가 간의 협업을 어떻게 이룰 것이냐는 도전을 만든다. 이것이 다양성 역설의 전문가 버전이며 해결책은 동일하다.

작은 마을에는 일반의 한 명이 있겠지만 뉴욕에서는 의사가 신장 시스템의 작은 부분만을 전문화해 그 한 부분을 치료하는 데 매우 능숙해질 수 있다. 그러면 사회는 더 지능적인 집단적 두뇌로서 혁신을 이룰 수 있다. 지식을 더 효율적으로 공평하게 공유하며 이를 전달하는 방법을 배우는 크고 상호 연결된 다양한 사회는 혁신적이지만 이 잠재력을 실현하는 데는 많은 도전이 있다.

다양성의 모순을 해결하는 일은 우리 시대의 큰 도전 중 하나이므로 7장에서 사회적 수준의 관점에서 이에 대해 더 자세히 다룰 것이다. 사회적 수준에서 다양성이 과거보다 오늘날 더 큰 도전이 되는 이유는 문화적으로 더 먼 곳에서 온 사람이 이제 같은 사회에서 함께 살기 때문이다. 이것은 혁신에는 큰 이점이지만 더 큰 도전이기도 하다. 문화적으로 가까운 곳, 즉 인접한 곳의 다양성을 활용하는 방식이 더 쉬운 경우가 많기 때문이다.

비밀 5. 인접 가능성 Adjacent possibilities, A

구텐베르크는 1440년경에 최초의 인쇄기를 만든 것으로 알려져 있다. 많은 기술이 그러하듯 이는 와인이나 올리브유 압착에 사용되는 것과 같은 압착기를 까치처럼 재조합해 목판을 각 글자마다 개별 금속 활자로 교체하고, 여러 가지 오일과 검은색 안료를 사용해 최적의 잉크를 제조하는 시행착오를 거쳤다. 이는 대단한 성과였지만 한 세기 전이라면 천하의 구텐베르크라도 실패했을 것이다. 인쇄기 발명이 가능했던 이유는 값비싼 양피지를 대체할 수 있는 펄프 기반의 새로운 재료가 개발됐기 때문이다. 양피지는 대량 인쇄를 하기에는 너무 비싸서 경제적으로 타당하지 않았다. 구텐베르크의 인쇄기에는 값싼 종이가 필요했다.

'인접 가능성'이라는 용어는 진화학자 스튜어트 카우프먼Stuart Kauffman이 만든 것으로 작은 변화로도 도달할 수 있는 가능성의 범위를 의미한다. 예를 들어 날개는 인간의 인접 가능성에 해당하지 않는데 현재의 생리학으로는 너무 복잡해서 도달할 수 없기 때문이다. 하지만 손가락 두 개가 더 생기는 것은 인접 가능성에 속한다. 기술 역시 인접 가능성을 갖는다. 한 분야의 새로운 발전은 우리 문화 전체에 새로운 가능성을 열어 준다. 컴퓨터 칩의 가격이 하락하고 성능이 향상한 것은 상거래부터 데이트에 이르기까지 모든 일을 컴퓨터를 통해 이루어지게 했다. 유전자 염기서열 분석기의 가격 하락은 질병 추적을 용이하게 해 의학에 새로운 가능성을 열었다. 테슬라가 현대식 전기 자동차를 만들 수 있었던 것은 노트북용 고에너지 리튬 배터리의 발명 덕분으로 테슬라의 첫 번째 자동차는 사실상 노트북 배터리를 모터와 바퀴에 장착한 것이었다. 그리고 오늘날 인공 지능은 새로운 가능성, 우리가 이제 막 이해하기 시작한 가능성을 열어주고 있다.

까치가 되면 이미 존재하며 다른 분야에서 잘 사용하고 있는 것에서 재조합의 기회를 찾을 수 있다. 상호 보완적 접근 방식은 다양한 산업 분야의 기술 발전을 적극적으로 따르고 이를 설계되지 않은 영역에 적용하는 것이다. 현대 사회에서는 배워야 할 지식이 너무 많기 때문에 혼자서 이를 다 알기는 매우 어렵다. 이것이 바로 사회적 존재가 똑똑한 혼자를 이기는 이유이다.

비밀 6. 사회성이 똑똑함을 이긴다 Social beats smart, S

인구가 많은 곳일수록 더 혁신적이다. 더 많은 아이디어가 돌아다니기 때문이다. 집단이 친밀할수록 더 혁신적이다. 사람들이 서로를 알아 가면서 아이디어가 만난다. 규모가 크고 친화력이 높으며 서로 연결된 집단은? 가장 우수하고 영리한 집단이다. 좋은 아이디어도 필요한 사람들이 이를 알지 못하면 소용이 없다.

고고학자나 인류학자는 오랫동안 사회성(집단의 규모와 상호 연결성)과 문화적 복잡성(도구와 기술의 규모와 정교함) 사이의 관계에 주목해 왔다. 또한 사회성이 떨어지면, 즉 집단 규모가 줄어들거나 단절되면 기술과 문화도 함께 쇠퇴하는 것 같다는 사실도 발견했다. 대표적인 예는 호주 남부 해안의 큰 섬인 태즈메이니아다.

약 1만~1만 2000년 전 마지막 빙하기가 끝나고 해수면이 상승했다. 호주 본토 동해안 남쪽 끝에 있는 태즈메이니아는 육지와 단절돼 섬이 됐다. 이때부터 태즈메이니아 주민은 본토의 친척보다 기술의 정교함 수준이 떨어졌을 뿐만 아니라 자신의 조상보다도 기술 수준이 떨어질 정도로 문화와 기술을 잃기 시작했다. 태즈메이니아 사람은 낚시 창, 뼈 도구, 부메랑, 심지어 따뜻한 옷도 만들지 못했고 체온을 유지하려고 그저 몸에 지방을 문지르기만 했다. 집단 규모나 상호 연결성 감소에 따른 이런 문화 상실은 태즈메이니아에만 국한된 현상이 아니라 이누이트족의 역사 기록과 구석기 시대 유럽의 고고학적 기록에서도 찾아볼 수 있다. 사회적인 것이 똑똑함을 이기고 나아가 똑똑함을 만들어 낸다는 증거는 계몽주의의 뿌리에서 찾을 수 있다.

17세기와 18세기에 커피 하우스는 학습, 철학 및 정치 토론, 가십과 뉴스의 원천이었다. 팸플릿과 기타 출판물은 커피 하우스와 커뮤니티 사이로 아이디어를 전파했다. 커피 하우스는 아이디어가 만나 새로운 것으로 재조합될 확률을 높였다. 커피는 사람들이 서로 교류하도록 촉진했다. 카페인과 설탕이 도움이 됐을 것이다.

오늘날 계몽주의 시대 커피 하우스의 현대적 대응물은 엑스(트위터), 페이스북, 레딧, 디스코드와 같은 포럼 및 소셜 미디어이다. 팸플릿의 현대적 대응물은 팟캐스트, 위키백과, 블로그, 서브스택, 기사 및 동영상 공유이다. 열띤 토론과 논쟁, 입소문을 탄 게시물, '최신 게시물 보기'는 우리의 상호 연결성을 높이고 새로운 아이디어에 노출시킨다. 인터넷과 소셜 미디어는 우리가 서로 소통하는 곳이다.

집단적 두뇌가 일으키는 혁신은 우리가 서로 대화할 때 일어난다.

비밀 7. 공유가 핵심이다Sharing is critical, S

우리는 서로 대화해야 한다. 공통 언어의 부재 및 나와 정치적 견해나 집단 의식을 공유하지 않는 사람에 대한 적대감은 우리의 의사소통 능력을 해친다. 타인에게 비우호적이거나 서로 만날 기회가 부족한 현실도 마찬가지이다. 인간 혁신의 마지막 비결은 정보를 원활하게 공유할 수 있는 방법을 찾는 것이다.

통신 중에 보존되는 정보의 양을 전달 충실도transmission fidelity라고 한다. 초기에 유전적으로 진화했고 이후 문화와 유전자가 힘을 합쳐 개선한 전달 충실도는 다른 사람에게 주의를 기울이고, 다른 사람을 위협하지 않고서 함께 어울리고, 다른 사람이 무슨 생각을 하고 있을지 추측하는 것(과학자들은 '마음 이론theory of mind'이라 부른다)처럼 단순했다. 이것이 우리가 유인원 친척보다 더 잘하는 일이다.

언어도 전달 충실도에 큰 도움이 됐을 것이다. 전달해야 할 가치 있는 정보가 많아짐에 따라 언어가 진화했다고 볼 수 있다. 이는 다음 장에서 논의할 것이다.

이후 문화적으로 발전한 지식 공유 방식에는 (혁신을 집단적 두뇌에 비유하는 것처럼) 은유, 비유, 인식론 등을 통해 지식을 연결함으로써 사람들이 세상을 기억하도록 돕는 일과 서로를 더 잘 가르치는 학습 방법이 있다.

많은 수렵 채집 사회에서 가르침은 아이가 어른의 행동을 관찰하며 이루어진다. 일반적으로 더 크고 복잡한 문화적 말뭉치를 가진 목축 사회는 명시적 교육, 노력이 필요한 교육에 더 많은 시간을 할애한다. 수많은 산업 사회와 탈산업 사회에서 교육은 산업화되고 전문화됐다.

의무 교육은 산업혁명에 맞춘 대응책으로 등장했다. 공장에서 노동자들이 기계를 조작해야 했기 때문에 최소한의 기술 수준과 지시를 이해하고 의사소통할 수 있는 능력이 필요했다. 이런 교육을 빠르고 효율적으로 제공하려면 숫자, 음소, 문법 같은 문화적 패키지를 전달하는 방법을 공식화할 필요가 있었다.

오늘날 문화적 진화는 교육의 개선뿐만 아니라 인쇄기, 라디오, 텔레비전, 인터넷, 화상 회의, 다양한 소셜 미디어 플랫폼 기술을 통해 더욱 복잡한 문화적 세계에서 전달 충실도를 지속적으로 높이고 있다. 사람들은 짧은 틱톡 동영상, 긴 유튜브 교육 동영상, 세계 최고의 대학과 최고의 강사진이 제공하는 온라인 강좌를 통해 정보를 자유롭게 공유하며 이 중 상당수는 무료로 제공된다.

COMPASS를 적용하는 일은 자연스러우며 우리가 하는 많은 일을 포함한다. 문화적 진화는 우리의 혁신 능력을 향상하는 다양한 방법을 찾아내고 이를 인류에게 전달했다. 차이점은 이런 비결에 명시적인 이름을 붙이고 전략을 체계화하면 의도적으로 이를 사용해 더 창의적이고 혁신적으로 변모할 수 있다는 것이다. COMPASS를 조직 수준에서 어떻게 사용할 수 있는지 실제 사례를 하나 들어 보자. 차량 공유 서비스 우버의 사례이다.

우버의 5S 전략 수립

제이미 헤이우드는 불만족스러웠다. 그는 버진 모바일의 중국 및 인도 지사 CEO와 아마존 UK의 전자제품 담당 이사 등 성공적인 경력을 거치며 지리적으로나 사업적으로 세계의 많은 부분을 경험했다. 그는 기업이라는 개념 자체를 재고할 필요가 있다고 확신하게 됐다. 그가 보기에 기업의 목적은 단지 돈을 버는 것이 아니었다. 물론 기업은 돈을 벌어야 했지만 이윤은 인류의 가장 어려운 문제를 해결한다는 진정한 목적의 부산물일 뿐이었다. 이를 더 잘 해낼수록 더 많은 돈을 벌 수 있었다.

내 동료인 조 헨릭의 책《호모 사피엔스The Secret of Our Success》에서 집단적 두뇌라는 아이디어를 접한 후, 제이미는 마침내 자신의 30년 경력을 이해하는 데 도움이 되는 언어를 찾았다. 제이미의 설명에 따르면 기업은 합리적이고 계획적이며 위로부터 하향식으로 운영되는 단순한 경제적 수단이 아니다. 기업은 아래로부터 상향식으로 그 특성이 형성되며 기업이 사회에 폭넓게 제공하는 서비스에 따라 기업의 이해관계자에게 선택받는 사회적 기관이기도 하다. 최고의 기업은 인류가 직면한 가장 어려운 문제에 대한 지속적인 혁신적 해결책을 통해 사회와 경제의 이해관계를 일치시킴으로써 장기적으로 번창한다.

2018년 제이미는 영국과 북유럽에서 우버를 이끌 기회를 제안받았다. 당시 우버는 자유로운 혁신을 믿는 실리콘밸리의 전통적인 신념과 느리게 움직이고 광범위한 규제와 보호를 선호하는 유럽의 성향이 충돌하면서 위기에 처해 있었다. 제이미는 이것이 점점 더 참을성이 없어지는 주주의 요구 및 우버가 사업을 운영하는 도시의 요구가 상충하는 상황에서 우버가 어떻게 최선의 균형을 찾을 수 있을지 알아낼 절호의 기회라고 생각했다. 이 난제를 해결하는 데 중요한 요점은 우버의 집단적 두뇌를 더 똑똑하게 만드는 것이었다.

이를 위해 제이미는 나를 초청해 혁신의 7가지 비밀을 발표하게 하고 그의 팀과 함께 회사의 집단적 두뇌를 확장해 더 똑똑하게 만드는 새 혁신 전략을 개발했다. 까치처럼 훔치기, 준비된 마음 갖기, 다양성의 역설 해결, 인접 가능성의 추구, 사회적 존재와 공유의 중요성 인식 등 우리가 공동 개발한 5S 전략 자체가 집단적 두뇌로 사고한 산물이었다.

회사마다 상황이 다르기 때문에 이런 통찰을 기존의 규범과 업무 방식에 통합하는 일이 중요하다. 여러 차례의 회의를 통해 우버 유럽 지부를 위한 다음과 같은 5가지 원칙(5S)을 정리했다.

1. 문제를 단순화하라 해결책을 찾기 전에 문제가 무엇인지 명확히 파악하고 고객 사례를 활용하며 말과 정보 제공 방식을 단순화해 고객의 관심을 끌 수 있도록 한다.

2. 문제 해결을 사회화하라 문제를 해결할 때 공동의 노력으로 접근하고 문제를 폭넓게 '사회화'하는 시간이 생산적인 시간이라고 생각하자.

3. 회의 양식을 선택하라 (의사를 결정하거나 떠오르는 대로 말하는 회의가 아니라) 구체적으로 문제를 해결하기 위한 회의를 구성하도록 팀을 독려하고 그에 따라 계획을 세우자.

4. 피자 두 판의 규칙을 지켜라 문제 해결 회의에는 의미 있게 기여할 수 있는 참가자만 초대하자.

5. 다양성과 차이를 추구하라 기존 관행에 도전하는 건설적인 다양성과 의견을 구한다.

제이미의 리더십 아래 우버는 이런 원칙을 통해 런던의 규제 기관과 극적 타협을 이루고 전기 차량의 규모를 확대하며 앱에 자전거, 버스, 기차를 통합하는 등 가장 어려운 문제에 대한 해결책을 찾아낼 수 있었다.

제이미의 이야기는 우리가 누구이며 어떻게 여기까지 왔는지, 우리의 두뇌, 신체, 언어, 사회, 기업, 국가가 문화에 의해 만들어졌다는 사실을 인식할 때 어떤 일이 일어나는지 보여 주는 축소판이다. 이런 혁신은 개인의 지능뿐만 아니라 집단적 두뇌의 산물이다. 평균적인 엔지니어보다 10배 더 나은 엔지니어를 '10x 엔지니어'라고 한다. 10x 엔지니어 혹은 10x 직원이 가치가 있다는 사실에는 의심의 여지가 없지만 우리가 만들 수 있는 10x 팀과 10x 사회만큼은 아닐지도 모른다. 그것은 다시 더 많은 10x 엔지니어를 만들 수 있다. 집단적 두뇌를 최적화하는 일은 조직과 사회, 개인에게만 좋은 것이 아니라 다음 단계의 풍요로움을 위해 필요한 에너지 혁신에 도달한다는 목표에도 필수적이다. 우리가 누구냐는 질문에 대한 최종 답은 우리의 집단적 두뇌와 문화적 두뇌가 공진화하면서 우리의 모든 측면을 만들어 냈다는 것이다.

5장

문화의 창조력

인간은 왜 다른 동물과 다른가? 사람들에게 이 질문을 하면 보통 언어, 기술, 예술, 기억력, 유머 감각 등 매우 합리적인 여러 가지를 나열한다. 하지만 이 목록의 기저에는 사람들이 굳이 포함하지 않는 당연한 가정, 즉 인간이 다른 동물보다 똑똑하다는 가정이 깔려 있다.

우리가 다른 동물보다 더 똑똑한 건 거대한 뇌 덕분이다. 하지만 지금까지의 논의대로라면 인간의 지능과 혁신은 사람들이 흔히 생각하는 것보다 훨씬 복잡하다. 그렇다. 우리는 더 똑똑하지만 사람들이 으레 생각하는 이유나 방식으로는 아니다. 지금쯤이면 우리가 생각하는 방식, 지능의 문화적 특성, 서로 배우고 익히는 방식, 혁신을 위해 협력하는 방식 등 모든 인간에 대한 이론이 인간이라는 동물에 어떻게 적용되는지 더 잘 이해했기를 바란다. 우리 행동의 거의 모든 측면과 우리 사회의 본질은 이 모든 인간에 대한 이론으로 연결된다. 이를 통해 언어 능력부터 가부장제의 기원, 할머니의 역할에 이르기까지 모든 현상을 이해할 수 있다. 이는 2부에서 우리가 앞으로 나아가야 할 방향을 논의할 때 중요하다. 그리고 이 모든 것은 우리의 거대한 문화적 두뇌에서 시작된다.

인간의 뇌는 지난 수백만 년 동안 크기가 3배로 커졌다. 이제 인간 뇌는 침팬지 뇌보다 약 3배 더 크다. 당연하다고 생각할 수도 있다! 뇌가 크면 클수록 좋으니까! 큰 뇌를 원하지 않는 사람이 있을까? 큰 뇌는 더 많은 정보를 저장하고 관리할 수 있다. 하지만 뇌가 크면 클수록 좋다고 생각한다면 왜 모든 종의 뇌가 거대하지 않은지 생각해 봐야 한다. 무엇이 그들을 막고 있을까?

해답은 에너지 법칙에 있다. 뇌 조직은 같은 양의 근육 조직보다 20배 이상 많은 에너지를 사용하므로 에너지 비용이 많이 든다. 두뇌보다 근육을 진화시키는 쪽이 더 저렴하고 편리하다. 그래서 대개 동물은 더 똑똑해지기는커녕 더 강해지는 쪽으로 진화한다.

뇌가 클수록 포식자를 피하고 다른 구성원과 경쟁하고 가혹한 환경에서 더 잘 살아남을 수 있지만 그건 에너지 비용을 감당할 수 있을 때만 가능하다. 큰 뇌는 더 많은 먹이를 찾는 데 도움을 줌으로써 자신의 크기를 스스로 증명해야 한다. 인간을 포함한 동물 종은 대개 거의 모든 시간을 저녁 식사를 해결하는 데 보냈다. 따라서 동물이 진정으로 원하는 것은 먹이를 찾고 다른 동물과 경쟁하고 포식자를 피하는 등의 일을 해낼 수 있는 가장 **작은** 뇌이다. 뇌가 너무 크면 너무 큰 차를 운전하는 것과 같다. 이는 지속적인 연료비 지출로 이어진다. 따라서 큰 두뇌의 진화를 가리키는 대뇌화를 해명할 필요가 있다. 이는 우리 자신과 우리 사회의 서로 단절된 측면이 어떻게 맞물려 있는지 이해하는 데 도움이 될 것이다.

대뇌화 설명하기

사회적 뇌 가설social brain hypothesis에 따르면 뇌는 다른 집단 구성원을 마키아벨리식으로 조종하거나 단순히 집단 내 다른 사람을 주시하고 파악하기 위해 진화했다. 하지만 이제 우리는 그것이 전체이야기의 일부분에 불과하다는 사실을 안다. 뇌는 단순히 다른 사람을 속이거나 파악하기 위한 것이 아니라 정보를 저장하고 관리하고사용하는 등 생각이라는 일을 하기 위한 것이다. 그렇다. 생각하기위한 것이다! 그 정보는 다른 집단 구성원에 대한 사회적 정보일 수있지만 반드시 그럴 필요는 없다. 그 정보는 다른 사람에게서 얻을수 있지만 반드시 그럴 필요는 없다.

동물은 먹이가 있는 곳, 포식자를 피하는 방법, 다른 개체와 경쟁해 짝을 확보하는 방법 등 모든 종류의 적응 지식을 배울 수 있다. 이런 지식은 스스로 탐구하고 시행착오를 거치면서 학습할 수도있고 다른 사람에게서 배울 수도 있다. 물론 다른 사람에게 배우는것이 가장 효율적인 학습 방법이다.

극단적으로 말하면 수업 시간에 게을렀던 아이가 열심히 공부한 친구의 시험지를 훔쳐보듯이 직접 공부하는 것보다 답을 베끼는것이 더 쉽다는 뜻이다. 인간은 커닝하는 아이와 같다. 인간은 세상에 나와서 세상이 어떻게 작동하는지 알아내려고 노력하지 않는다. 이전 세대가 과거에 무엇을 했는지, 다른 사람이 보통 무엇을 하는지, 사회에서 가장 성공한 구성원이 무엇을 하는지를 알아내려고 한다. 그리고 2장에서 만났던 스코틀랜드 아이들처럼 그것을 모방한다. 물론 그렇게 간단한 일은 아니지만 이런 일반적인 사회적 학습방식은 우리 자신과 사회의 모든 측면을 완전히 변화시켰다. 이것이바로 **문화적 뇌 가설**Cultural Brain Hypothesis, CBH이다.

문화적 뇌 가설

문화적 뇌 가설은 동물의 생태와 사회적 학습 의존도에 따라 뇌 크기, 집단 크기, 혁신, 사회적 학습, 짝짓기 구조, 유년기 기간 사이의 상호 연결된 양방향 관계를 설명한다. 또한 이 가설은 짝짓기 전략과 조부모가 존재하는 이유를 설명하는 부차적인 함의도 가지고 있는데 이 부분은 나중에 자세히 다루겠다. 이 가설에 따르면 사회적 학습이 중요한 동물일수록 더 큰 뇌, 더 큰 집단, 더 많은 사회적 학습, 더 많은 적응적 지식, 더 많은 혁신, 더 긴 유년기 기간이라는 특징을 보인다. 왜냐하면 궁극적으로 뇌는 접근 가능한 정보와 그 정보를 통해 얻을 수 있는 칼로리에 맞춰 진화하기 때문이다.

앞서 언급했듯이 뇌는 정보를 저장하고 관리하고 사용하는 기관이다. 뇌가 클수록 더 많은 정보를 저장, 관리, 사용할 수 있다. 이런 정보는 시행착오를 통한 강화 학습, 인과적 이해 모델 구축, 스스로 알아내는 비사회적 학습과 집단의 다른 구성원이 하는 일을 모방하는 사회적 학습의 조합을 통해 습득할 수 있다. 하지만 어떤 방식으로 정보를 얻든 더 많은 정보를 통해 더 많은 에너지를 끌어낼수 있다면 환경이 먹여 살릴 수 있는 개체 수, 즉 집단의 수용 능력이 증가한다.

에너지와 혁신 법칙에 따르면 정보가 많을수록 에너지에 더 많이 접근할 수 있다. 따라서 더 많거나 더 나은 적응적 지식이 있으면 원칙적으로 생존 가능한 개체 수가 늘어난다.

농업혁명부터 녹색혁명에 이르기까지 식량 생산을 늘린 지식 향상이나, 항생제부터 백신까지 현대 의학의 놀라운 진보는 우리가 비료를 만드는 하버-보슈 공정 및 백신의 작동 원리를 이해하는지와 상관없이 우리 종이 더 많이 생존하도록 했다. 이 모든 지식은 더 많은 사람에게 전달된다.

마이클 무투크리슈나의 도움을 받아 베로니카 플랜트가 그림. ©Michaeal Muthukrishna 2020

사회적 학습자에게 더 큰 집단은 앞서 논의한 또 다른 방식으로도 유용한데 바로 나에게 배울 수 있는 사람을 더 많이 제공한다. 이는 마치 집단적 두뇌가 커지는 것과 같다. 따라서 뇌 크기와 집단 크기는 사회적 학습자 사이에서 더 강한 상관관계가 있다. 이 상관관계는 다른 사람을 속이고 추적하려는 직접적 목적이 아니라 집단이 사회적 학습자에게 제공하는 지식을 통해, 그리고 이 지식이 더 큰 집단을 형성하는 데 기여하기 때문에 생기는 것이다. 더 큰 뇌, 더 많은 지식, 더 큰 집단은 적응적 지식의 양을 통해 연결된 패키지라고 할 수 있다.

사회적 학습은 효율적인 학습 방법이다. 다른 사람에게서 배우는 방식이 혼자서 알아내려고 노력하는 방식보다 훨씬 효율적이다. 사실 집단에 충분한 정보가 있다면 사회적 학습자는 비사회적 학습자보다 더 작은 뇌를 가지고도 충분히 학습할 수 있다. 반직관적으로 보일 수 있지만 동물은 작은 뇌를 선호한다. 사회적 지능이 생존에 도움이 되기 때문에 작은 뇌를 가지고도 살아남을 수 있다면 작은 뇌가 큰 뇌와 경쟁하면서 뇌가 축소될 수 있다는 사실을 기억하자. 신기하게도 이런 뇌의 축소화는 실제 인류 역사에서 관찰되는 현상이다.

수백만 년 동안 성장해 온 인간의 뇌는 지난 1만여 년 동안 줄어들기 시작했다. 문화적 뇌 가설은 이 축소가 증가한 문화적 혁신과 일치한다고 예측한다. 문화와 우리의 집단적 뇌는 우리가 개별적으로는 그다지 똑똑하지 않더라도 더 많은 사람이 생존할 수 있게 해 준다. 우리는 주변의 많은 사람이 하는 행동을 단순히 복제하면 된다. 항상 최선의 답을 낼 필요는 없다. 예를 들어 의학에 대해 전혀 모르더라도 병원의 도움을 받을 수 있다.

그러나 뇌 축소화는 더 많은 지식을 배워야 한다는 압박이 크

영장류에서 두개골과 골반골 산도를 시각적으로 비교한 그림

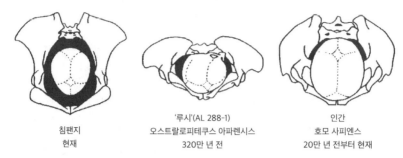

침팬지
현재

'루시'(AL 288-1)
오스트랄로피테쿠스 아파렌시스
320만 년 전

인간
호모 사피엔스
20만 년 전부터 현재

침팬지, 고대 호미닌 **오스트랄로피테쿠스**, 현대인의 머리 크기와 산도 비교. 출처:ArchaeoMouse
(https://commons.wikimedia.org/wiki/File:A_Visual_Comparison_of_the_Pelvis_and_Bony_Birth_Canal_Vs._
the_Size_of_Infant_Skull_in_Primate_Species.png)

지 않을 때만 발생한다. 배워야 할 적응적 지식의 양이 증가해 뇌가 처리할 수 있는 양보다 많다면 이는 더 큰 뇌에 대한 선택압을 만든다. 이것이 인류의 역사 내내 일어난 일이다.

우리 사회는 점점 더 똑똑해졌고 그 모든 지식을 따라잡기 위해 우리의 두뇌도 점점 더 커졌다. 하지만 어느 순간 뇌의 크기가 한계에 다다랐다. 어느 순간 큰 뇌를 낳는 것이 너무 위험해졌다. 인간의 출산은 아기의 머리가 산도에 비해 상당히 크기 때문에 믿을 수 없을 정도로 고통스럽다. 침팬지와 오스트랄로피테쿠스, 현대인의 아기 머리와 산도 크기를 비교한 위의 그림을 보자. 우리 모두는 다른 어떤 위대한 유인원보다 더 끔찍하고 힘들고 위험한 시련을 겪으며 우리의 존재를 보장해 준 어머니에게 진심으로 감사해야 한다. 당신의 머리가 크다면 더더욱!

몸보다 머리가 클 때 응급 제왕절개와 도구를 쓰는 겸자 분만을 하게 될 가능성이 높아진다. 머리 크기가 그렇게 다양하지는 않지만 그래프에서 볼 수 있듯 이 제한된 범위 내에서도 머리 크기가 85 백분위수에 달하면 응급 개입의 필요성이 치솟는다. 큰 뇌는 좋은 것

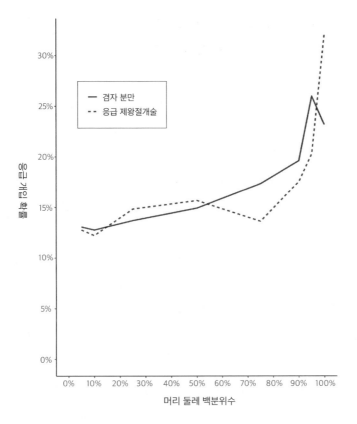

도구적 응급 개입(예: 겸자) 및 응급 제왕절개술을 예측하는 인자로서의 머리 크기. 출처: M. Lipschuetz, et al. (2015). 'A Large Head Circumference is More Strongly Associated with Unplanned Cesarean or Instrumental Delivery and Neonatal Complications Than High Birthweight', *American Journal of Obstetrics and Gynecology*, 213(6), 833 – e1.

이지만 안전하게 출산할 수 있을 때만 그렇다. 이런 편차와 큰 머리를 출산하는 일의 어려움은 여전히 큰 머리가 인간에서 선택을 받고 있음을 시사한다. 기본적으로 우리 종은 로스웰 외계인처럼 큰 머리를 원한다. 다만 출산하기가 너무 어려울 뿐이다. 제왕절개 없이는 말이다.

제왕절개 수술 건수는 계속 증가하고 있다. 지난 수십 년 동안 미국에서는 제왕절개 수술이 전체의 약 4분의 1에서 3분의 1로 증가했으며 전 세계적으로는 두 배로 증가했다. 제왕절개 및 기타 출산 중재 기술의 사용으로 미래에는 인간의 뇌가 더 커지고 출산할 때 의학적 의존도가 높아질 것이다. 다시 말해 자연 분만으로 출산하기에는 인간 아이의 머리가 너무 커질 수 있기에 어쩌면 팔다리가 길고 머리가 큰 전형적 외계인의 모습이 사실은 미래에서 온 인간일지도 모른다!

우리 종에게 자연 분만은 산모와 아기 모두에게 고통스럽고 위험하다. 역사적으로 산모 100명 중 1명이 출산 중 사망했다. 그러나 제왕절개 역시 비용이 따른다. 출산 후 몇 주 동안 침대에 누워 있어야 하고 대수술로 인해 감염과 장기적인 합병증을 겪을 수 있으며 조기 출산으로 아기의 인지 및 건강에 부정적 영향을 미칠 수 있다. 자연 분만에서는 마지막 질 압박으로 아기의 폐에서 양수가 제거되는데 제왕절개는 이 과정을 우회하므로 호흡 장애가 일어날 수 있다. 또 산모의 질에 있는 박테리아는 출산 과정에서 아기의 장내 미생물총에 씨앗을 뿌리는데 제왕절개 출산은 장내 미생물총의 이동을 저하해 아기의 전반적인 건강 수준을 떨어뜨릴 수 있다. 물론 이는 문화적 진화로 해결할 수 있는 문제이다. 실제로 이러한 위험을 완화할 수 있는 새로운 기술이 등장하고 있다. 예를 들어 이른바 자연적 제왕절개 혹은 부드러운 제왕절개로 불리는 방법으로 제왕절개 수술의 속도를 늦추는 것이다. 아기에게 어머니의 미생물총을 전달하기 위해 질 내에 소금물에 적신 거즈를 넣어 닦은 후, 아기에게 문지르는 질 세균 이식 기법도 있다. 이처럼 인간의 출산은 다른 동물의 출산과 다르다.

머리가 커지는 것이 부르는 모든 도전 과제를 고려할 때 증가하는 정보를 처리하는 문제에서 큰 두뇌만이 능사가 아니라는 점은 다행스러운 일이다. 진화 법칙은 다양한 전략을 시도할 수 있다. 예를 들어 어린 시절을 연장해 학습에 더 오랜 시간을 투자하는 것이다.

사람들에게 유인원 같은 얼굴을 만들어 보라는 요청을 하면 대개 입술을 내밀거나 뺨을 부풀리는 경우가 많다. 이로써 사람들이 실제로 하고 있는 일은 턱을 튀어나오게 하는 것이다. 인간은 아직 턱이 튀어나오지 않은 어린 침팬지와 닮았다. 진화에 의해 인간은 어린 시절을 연장하고 어린 유인원 상태를 유지하도록 진화했다. 이를 '유형성숙neoteny'이라고 한다.

유형성숙은 비교적 진화하기 쉬운 형질로 유년기의 특징을 연장하는 작은 변화이다. 실제로 인간은 늑대를 개로 길들이면서 이런 진화를 유도했다. 개는 어린 늑대이다. 우리도 어린 침팬지이다.

어린 침팬지가 성인 침팬지보다 덜 공격적인 것처럼 유형성숙은 우리 역시 덜 공격적 존재임을 가리킨다. 일종의 자기 가축화self-domestication이다. 유형성숙은 우리가 오랫동안 어린아이처럼 학습을 계속하는 이유도 설명할 수 있는데, 배울 것이 많을수록 학습하는 데 시간을 많이 투자해야 하기 때문이다. 어린 시절이 길어지면서 새로운 시기가 등장했다. 바로 청소년기이다.

청소년기는 사춘기가 시작되는 시기부터 완전한 성인이 되는 시기까지를 말한다. 그런데 점점 첫 출산 연령이 길어지고 가족을 부양할 집과 직장을 구하는 등 '정착'을 위한 일반적 준비 시기가 늘어나면서 독특한 시기가 나타나고 있다. 바로 키덜트kidult, 즉 문화적 청소년기라고 할 수 있는 시기가 새롭게 생겨났다. 처음에는 어린 시절의 유전적 연장이었던 것이 이제는 자신의 집을 마련할 능력이 없어 부모와 함께 살 수밖에 없는 성인의 문화적 연장이 됐다.

또한 세상은 더욱 경쟁이 치열해졌다. 내 세대만 해도 고등학교 학위만으로 노동 시장에서 일자리를 구할 수 있었다. 이제는 대학 학위, 그다음으로 STEM 학위, 그다음으로 석사 학위, 그다음으로 석사 학위와 하나 이상의 무급 인턴십이 필요하다. 이 때문에 학교에 머무르는 시간이 길어지면서 머리가 큰 아이를 낳을 수 있는 능력뿐만 아니라 나이가 들어서도 아이를 낳을 수 있는 능력이라는 새로운 선택압이 생기고 있다. 큰 머리와 긴 유년기는 우리 사회를 완전히 바꿔 놓았다. 남성과 여성의 관계부터 시작해서 말이다.

미숙한 아기, 성 규범, 자녀 양육

우리 아이들이 나이가 들면서 내 아내 스테판은 종종 아이들이 얼마나 많이 자랐는지 놀라워하며 "얘가 내 몸에서 살았을 정도로 작았다는 말이야?"라고 말하곤 한다. 완전히 성장한 인간의 머리는 출산하기에 너무 크지만 그건 어린아이의 머리도 마찬가지이다. 그래서 인간은 조기 출산으로 문제를 해결한다. 일부 아기가 조산으로 태어난다는 의미가 아니라 우리 모두가 다른 여러 종에 비해 실제로 세상에서 생존할 준비가 되기 전에 태어난다는 뜻이다(만숙성이라고 한다. 연약한 아기를 오래도록 천천히 키우는 생애사적 전략이다-역주). 인간에서 두뇌 성장의 대부분은 태어난 후에 이루어진다. 세 아이의 아버지로서 장담하건대 인간 아기는 엉성하고 무력하며 엉망진창이다.

우리는 갓 태어난 가젤과 달리 뛸 준비가 돼 있지 않다. 또한 아직 뇌가 다 성장하지는 않았지만 적어도 어머니에게 매달리고 알아서 우유를 마시며 빠르게 자라 더 많은 일을 할 수 있는 아기 침팬지만도 못하다. 인간 아기는 전적으로 우리의 보살핌에 의존한다. 나이가 들면서 덜 어눌해지고 덜 지저분해지지만 여전히 무력하고 오랫동안 부모에게 의존한다. 어떤 사람은 다른 사람보다 더 오래 그렇다.

우리의 큰 머리, 긴 유년기, 오랜 쓸모없음은 우리 종에게 새로운 문제를 일으켰다. 우선 우리의 어머니도 아기와 마찬가지로 도움이 많이 필요하다. 오늘날 일부 사회에서는 미혼모에게 보조금을 지급하듯이 제도화된 보육과 지원으로 일종의 협력적 육아를 제공한다. 하지만 이 문제를 해결하는 또 다른 방법은 아버지가 아이를 보호하고 먹이고 양육하는 일에 참여하는 것이다. 이는 자연스러운 해결책으로 보이겠지만 대형 유인원에서는 매우 드문 경우이다. 일반적으로 영장류 수컷은 새끼에게 무관심한 경우가 많다. 양육에 아버지를 참여시키는 것은 현명한 움직임이었지만 유전자는 스스로 퍼지려고 하기에 아버지는 연약하고 무력한 자식이 살아남을 가능성이 높다면 기꺼이 알아서 하게 놔뒀다. 하지만 아버지는 또한 그 무력한 자식이 정말로 자기 자식인지 확인하고 싶어 한다.

인간 남성이 다정한 아버지가 되게 유도하는 일반적인 방법 중 하나는 남성 자원의 통제권을 더 많이 가져오는 대신에 여성의 성에 대한 남성의 통제력을 강화하는 것이다. 현재도 여성의 성은 종종 규범적 통제를 받으며 양육비를 제공하는 압도적인 다수는 남성이다. 그러나 이렇게 서로를 향한 통제-양육 지원 방식만이 유일한 해결책은 아니다.

쓰촨성과 티베트 국경에 사는 모수오족은 만숙성 문제에 대해 매우 다른 해결책을 제시한 드문 사례이다. 이 부족에는 아버지가 없다. 그 대신에 어머니의 남자 형제들이 자매들의 아이를 돌본다. 우리처럼 핵가족 환경에서 아이를 돌보는 문화는 없다. 여성은 자유롭게 성 파트너를 선택할 수 있고 유전적 아버지에게는 정해진 의무가 없다. 아버지의 역할은 삼촌의 몫이다.

모수오족의 해결책은 유전적 근연도에 따라 작동한다. 형제자매는 조카와 평균 12.5~25%의 유전적 연관성이 보장된다(이복 여동생 혹은 이복 누나 여부에 따라 다름). 그러나 부모는 자녀가 친자식인지 아닌지에 따라 평균적으로 0% 혹은 50%의 근연도를 가진다. 남성의 경우, 근연도 예상값은 자녀가 내 자녀일 확률에 50%를 곱한 값이다. 모수오의 해법도 규범을 따르고 있지만 우리 사회의 규범과는 매우 다르다. 하지만 이 해결책은 모수오족이라는 맥락 외부에서 쉽게 적용할 수 있는 방법은 아니다. 모수오족 사회는 각 소집단이 서로 멀리 떨어져 있고 친척은 같은 집단에 살며 집단을 떠나거나 새로 들어가는 일이 많지 않다. 또한 가족이 크기 때문에 대개 형제자매를 가지고 있다.

모수오족의 방식은 흔한 경우가 아니지만 대뇌화라는 생물학적 진화가 문화적으로 결혼 및 짝짓기를 재구성한 여러 방법 중 하나이다.

전통적 결혼

모수오족은 이례적 해결책의 사례이지만 현대 서구의 핵가족도 마찬가지로 이례적이다. 역사적으로 그리고 여전히 많은 지역에서 일부다처제가 일반적이었고 지금도 그렇다. 예를 들어 남아프리카공화국의 제이콥 주마Jacob Zuma 대통령은 서구의 전통인 일부일처제를 거부하고 네 명의 부인을 두었다. 하지만 일부다처제가 일반화된 사회에서도 남성 대부분은 기껏해야 아내가 한 명뿐이었다. 추장이나 대통령처럼 가장 부유하고 권력 있는 남성만 아내가 두 명 이상 있었다. 여기서 문제가 생겨났다.

태어나는 여아의 수는 태어나는 남아의 수와 같은 경향이 있다. 따라서 한 사람이 두 명 이상의 아내와 결혼하면 다른 남자는 잠재적 배우자를 잃게 된다. 위어드 사회에서도 특히 권력자에게 '모노가미시monogamish', 즉 일부일처제하에서 어느 정도의 외도, 심지어 오랜 기간의 외도를 허용한다. 그러나 한 남성이 한 번에 두 명 이상의 아내를 합법적으로, 그리고 규범적으로 취하는 일은 허용되지 않는다.

따라서 부계제 사회에서 일부일처제가 아예 규범이자 법으로 정해진 현상은 진화의 미스터리이다. 일부다처 임계치 모델polygyny threshold model이라는 가설은 순수한 경제적 효용의 관점에서 결혼 행동을 분석한다. 불평등한 사회라면 여성은 자식을 위해서 2만 달러를 버는 남자의 자원 100%를 독점하느니 백만장자의 후처가 되어 재산을 절반 또는 합리적 비율로 차지하는 전략이 경제적으로 유리하다. 남성이 자원 대부분을 보유하는 불평등한 사회라면 이런 방식이 남성의 자원을 더 효율적으로 배분할 수 있다. 하지만 이는 사회를 불안정하게 만드는 부작용을 낳는다.

첫째, 여성의 결혼 연령이 낮아진다. 부유한 남성이 짝짓기 시장을 독점하면서 결국 결혼할 여성이 더 이상 없어진다. 따라서 남성은 더 많은 아내를 얻기 위해 더 어린 여성과 결혼해야 한다. 이는 21세기 서구의 도덕적 규범에 반하며 남성과 여성의 관계에 또 다른 영향을 미친다.

둘째, 배우자를 찾을 희망이 없는 젊은 미혼 남성이 많아진다. 모든 사회에서 폭력 범죄 대부분은 남성이 저지르며, 특히 젊은 남성은 더욱 그렇다. 그렇다면 배우자를 구할 수 있을 만큼의 부를 축적하지 못해 비자발적으로 독신 생활을 하게 된 남성은 어떻게 될까? 비윤리적이고 폭력적인 수단을 동원해서라도 부를 축적하기 위해 큰 위험을 감수할 것이다. 일부다처제는 폭력적이고 불안정한 사회를 만드는 지름길이다.

결혼 같은 일부일처제의 헌신적 연애는 말 그대로 남성의 테스토스테론을 감소시켜 남성을 길들인다. 일부다처제를 시행하는 사회에서는 젊은 남성의 좌절 문제를 해결하기 위해 다양한 전략을 사용해 왔다. 이런 전략에는 남성이 신부를 찾기 전까지 기다리도록 강제하는 정교한 의식부터 젊은 남성이 이웃 공동체를 습격하도록 고무하는 것까지 다양하다. 습격은 남성이 외부 부족의 여성 중에서 아내를 구하거나 자기 부족 내에서 배우자를 얻을 수 있도록 충분한 자원을 훔치거나 최악의 경우 습격 중에 사망하는 결과를 초래할 수 있다. 뭐, 이 모든 결과가 문제를 해결하는 것이기는 하다. 일부다처제가 일반적이지만 한 여성이 여러 명의 남편을 두는 일처다부제도 무력한 아기를 키워야 하는 문제를 해결할 수 있다.

일처다부제는 드물지만 자원이 부족해 한 명의 자녀를 부양하기 위해 두 명 이상의 남성이 필요한 경우에 발생한다. 부성 불확실성 문제를 해결하기 위해 여성은 종종 형제(여럿의 남편이 서로 형제라는 뜻-역주)와 결혼해 모든 자녀가 모든 아버지와 어느 정도 친자 관계를 갖도록 한다. 일처다부제는 또한 여러 남성과의 성관계가 성공적인 아이를 만드는 데 필요하다는 문화적 믿음, 즉 '분할된 부성partible paternity' 믿음에 따라 강화된다. 이런 사회에서 임신한 여성은 아이에게 탁월한 능력을 물려주려고 최고의 사냥꾼, 어부, 기타 숙련된 장인 등 여러 명의 남편을 찾아간다. 그 결과 남성들은 아이를 자신의 아이로 여기고 남의 아이라면 주지 않았을 보살핌과 자원을 제공한다.

이 모든 것은 짝짓기 관행의 문화적 진화가 그 자체로 제약을 받는 것이 아니라 우리의 생물학적 진화, 기술, 환경의 영향을 받는다는 사실을 뜻한다. 그러나 궁극적으로 이런 관행은 큰 뇌를 가지지만 무력한 아기라는 동일한 문제를 해결하려는 것이다. 사실 가부장제도 역시 대뇌화 때문에 나타났다.

가부장제의 기원

가장 엄격한 의미의 모권 사회matriarchy는 여성이 주도하는 사회를 말한다. 엄격한 인류학적 정의에 따르면 인류 역사상 모권 사회는 한 번도 존재한 적이 없다. 그렇다고 모든 사회가 똑같이 가부장적 사회, 즉 부권 사회patriarchy라는 의미는 아니다.

전통 생활 방식을 여전히 고수하는 사회 중에 다른 사회보다 더 평등한 사회가 있다. 예를 들어 인도 북동부의 카시족은 모계 혈통과 모계 거주를 실천한다. 모계 혈통이란 혈통과 상속이 여성의 혈통을 통해 이뤄진다는 뜻이다. 정통 유대인은 모계 혈통을 따르는 대표적인 사례이다. 모계 사회는 남편이 아내의 가족과 함께 살아야 하는 사회이다. 모계 사회는 현대 전통 사회의 20% 미만을 차지한다. 이런 사회 구조는 우리 심리에 영향을 미친다.

흔히 남성이 더 경쟁적인 성별이라고 생각하지만 실험 결과 카시족 여성은 카시족 남성보다 실험 게임에서 경쟁에 참여할 가능성이 더 높았으며(54% 대 39%), 마사이족 남성과 비슷한 수준의 경쟁심을 보였다. 마사이족은 매우 가부장적인 사회로 큰 키와 붉은 옷, 인상적인 수직 점프 춤으로 잘 알려져 있다. 마사이족을 대상으로 한 연구에서는 남성의 50%, 여성의 26%가 경쟁을 선택했다. 이 수치는 전 세계 모든 사회마다 큰 변이를 보인다.

이런 차이는 후기 산업 사회에서도 발견된다. 이 글을 쓰는 지금 현재(2021년), 덴마크, 네덜란드, 독일, 오스트리아, 프랑스, 스페인, 벨기에, 스위스, 체코, 몬테네그로, 캐나다의 현직 국방장관은 모두 여성이다. 반면 미국은 여성 국방장관은 물론 여성 참모총장도 배출한 적이 없다. 러시아나 중국도 이와 동등한 위치를 차지한 여성이 없다. 이 패턴을 어떻게 설명할 수 있을까?

앞서 살펴본 바와 같이 남성과 여성 간에는 몇 가지 확실한 발달적 차이가 있다. 그중 하나가 바로 신체적 힘이다. 실제로 평균적인 남성은 99%의 여성보다 힘이 더 강하다. 인간은 수렵 채집 생활에서 농업 생활로 전환하면서 쟁기, 목축 등 다양한 농업 기술과 관습을 발진시켰다.

쟁기가 모든 곳에서 똑같이 유용하지는 않았다. 얕고 경사진 땅이나 바위가 많은 땅에서는 사용하기 어려웠고 넓은 땅을 빠르게 갈아야 할 때 특히 유용했다. 또한 밀, 보리, 호밀, 벼 같은 특정 작물을 경작할 때 더 긴요하게 쓰인다. 쟁기질은 소의 도움을 받더라도 여전히 인간의 힘이 많이 필요하다. 따라서 자연스럽게 남성의 몫이 된다. 반면 괭이질은 남녀 모두 할 수 있는 일이다. 기후와 지리를 외생적 요인으로 사용해 분석한 연구에서 다음과 같은 사실이 밝혀졌다. 전통적인 괭이 기반 사회hoe-based societies가 쟁기 기반 사회plow-based societies보다 성 평등성이 더 높을 뿐만 아니라 대부분 농사를 그만둔 후에도 쟁기 농업의 후손은 남성과 여성에게 적합한 역할에 대해 더 보수적인 생각을 품는다. 이는 미국과 같은 국가로 이주한 이민자 2세에서도 마찬가지이다.

모든 인간에 대한 이론은 성차의 기원을 발견하는 강력한 도구를 제공한다. 예를 들어 연구자는 모든 인간에 대한 이론을 통해 만숙성 문제를 악화하는 관습을 찾을 수 있다. 목축업을 예로 들어 보자.

목축업에 종사하는 남성은 가축을 새로운 목초지로 데려가기 위해 장기간 가족과 떨어져 지내야 한다. 배우자와 떨어져 있으면 부성 불확실성이 커진다. 목축업에 종사하는 아버지는 아기가 자기 아이인지 확신하기 어려워진다. 이는 결국 여성의 성적 자유와 남성의 자원 통제 사이의 타협점을 찾아야 하는 상황을 심화한다. 이런 역학 관계는 자녀를 양육하는 환경 및 자녀에게 전달되는 문화적 패키지를 형성한다. 그 패키지의 일부는 성적 태도 같은 사회적 규범이다.

경제학자 안케 베커Anke Becker는 목축 관행과 목축을 생태학적으로 결정하는 요인이 여성 할례 관습의 증가, 여성의 성적 문란을 제약하는 규범의 강화와 연결된다는 사실을 밝혔다. 심지어 외출할 때 허가를 받아야 하고 외출 시 보호자를 동반해야 하는 등의 여성 이동성 제한 관행과도 연결된다. 이런 규범은 남성이 여성에게 강요하는 것만이 아니라(실제로 남성은 외출이 잦아 규범을 집행할 수 없는 경우가 많다), 사회 전반에 깊이 스며든 관행으로 다른 여성이 이 규범을 집행하는 경우도 많다.

인간은 사회적으로 학습하는 문화적 동물이 됐다. 이로 인해 배워야 할 지식이 너무 많아서 더 큰 두뇌가 필요하게 됐다. 더 큰 두뇌는 우리가 조산아로 태어난다는 사실을 가리켰고 이는 곧 어머니가 아기를 돌보는 데 더 오랜 시간을 소비해야 한다는 사실을 가리켰다. 다시 이는 공동체와 아버지에게서 더 많은 지원을 받아야 한다는 사실을 가리켰다. 아버지는 아기가 자기 자식이라는 사실을 확신하면 기꺼이 자원과 시간을 할당하고 다른 짝짓기 기회를 포기했다. 이런 문화적 패키지가 다양한 방식으로 우리 사회를 완전히 재편했지만 궁극적으로 이 모든 문화적 차이는 동일한 생물학적 사실에 기반을 두고 있다. 그리고 배울 것이 점점 많아지는 것은 말하기 능력과 함께 공진화했다.

말 배우기

지식의 나무가 자라면서 우리는 그 열매를 먹는 일에 중독됐다. 우리는 지식을 이용해 에너지를 얻는 더 나은 방법과 생존을 위한 더 나은 방법을 혁신했고 더 많은 칼로리를 소비하는 두뇌를 가진 더 많은 사람을 도울 수 있었다. 더 많은 칼로리, 더 많은 사람, 더 많은 혁신의 기회, 더 많은 배움의 기회, 우리는 그렇게 계속 늘어나는 정보를 처리하는 데 더 능숙해졌다. 한 가지 중요한 발전은 바로 언어의 진화였다.

언어는 정보를 전달하기 위한 가장 강력한 발명품이다. 나는 지금 이 정보를 여러분에게 전달하기 위해 언어를 사용하고 있다. 언어는 때때로 인간을 다른 동물과 구별하는 요소로 거론되지만 언어는 성공적인 인간을 만든 패키지로 다 설명되는 것이 아니라 퍼즐의 일부일 뿐이다. 중요한 것은 혼자만 사용하는 언어는 아무 의미가 없다는 사실이다.

언어는 조정의 문제다. 우리는 다른 사람이 우리의 언어를 이해하고 사용해야만 그것을 유용하게 사용할 수 있다. 따라서 시작의 문제가 발생한다. 최초에는 아무도 말하는 방법을 몰랐을 것이다. 사실 유인원에게는 언어에 특화된 인지 회로가 없기 때문에 말을 할 수 있는 능력이 없다. 다른 유인원에게 언어를 가르치려는 시도는 모두 실패했다. 비인간 유인원이 요청을 할 때 사용하는 간단한 수화나 글자판은 개가 배가 고플 때 짖는 것보다 약간 더 정교한 수준에 불과하다. 이러한 시작 문제를 부트스트랩 문제bootstrapping problem라고 한다. 언어가 유용해지기 전에 다른 사람도 역시 같은 언어를 사용해야 한다는 순환 의존성이 생긴다는 말이다. 이 용어는 자신의 몸을 스스로 들어 올리기는 불가능하다는 말에서 유래했다. 따라서 모든 것이 시작되기 위해서는 그 이전에 무언가가 일어나야 했다. 신발을 발명하고 신기 전에 두 발로 걸을 수 있어야 한다. 언어가 진화하기 위해서도 역시 '두발걷기'가 필요했다.

두발걷기는 언어가 진화하기 위한 중요한 전적응preadaptation이었을 수 있다. 두발걷기의 좋은 점은 손이 자유롭다는 것이다. 손이 자유로우면 몇 가지 일이 일어난다. 첫째, 손이 자유롭기 때문에 전달할 가치가 있는 정보가 있다면 투박한 발화를 제스처로 보완할 수 있다. 오늘날에도 말을 하며 과장되게 손을 흔드는 것은 이탈리아인만 하는 게 아니다. 우리는 말하면서 불가피하게 손짓을 더한다. 원시 언어와 전달할 가치가 있는 정보의 결합은 볼드윈 과정Baldwinian process을 일으킬 수 있다. 볼드윈 과정은 진화생물학자 제임스 볼드윈James Baldwin이 제안한 개념이다(작가이자 민권 운동가인 볼드윈이 아니다). 작동 원리는 다음과 같다.

중요하고 충분히 적응적인 무언가를 배울 수 있다면 그것을 더 잘 배우는 데 도움이 되는 유전자가 선택될 수 있다. 이 경우 손짓이나 끙끙거리는 원시 언어를 더 빨리 배우고 더 잘 알아듣는 작은 돌연변이가 선택될 수 있다. 그 제스처와 소리에서 얻는 정보가 조금이라도 생존에 도움이 되는 정보라면 선택되는 것이다. 오늘날에는 독서가 같은 범주에 속할 것이고, 당시에는 말하기를 배우는 과정에 볼드윈 과정이 일어났다.

전달할 가치가 있는 정보가 있을 때 이를 더 분명하게 표현하게 하는 돌연변이가 등장하고 선택됐다. 예를 들어 *FOXP2* 유전자가 있다. 이런 돌연변이 중 일부는 우리의 목구멍을 변화시켜 조음을 더 잘하게 했다. 물론 그 대가로 질식에 더 취약해졌지만 말이다. 말 그대로 서로 대화하고 싶어 목숨을 건 것이다. 이제 언어와 의사소통이 얼마나 중요한지 이해할 수 있을 것이다. 따라서 두발걷기를 통해 손이 자유롭게 된 것은 소통을 위한 새로운 매체를 제공함으로써 언어가 스스로 자기를 들어 올리게 했다. 두발걷기와 자유로운 손은 일거양득이었다. 또한 불이나 도구처럼 언어로 전달할 가치가 있는 유용한 것이 더 많이 생겨났으니 말이다.

손이 자유로워지면 손짓을 통해 말할 수 있을 뿐만 아니라 더 좋은 도구를 만들 수 있다. 자유로운 손은 또한 도구 비용을 절감했다. 네 발로 걷는 것은 도구를 운반하기 어렵게 만든다. 침팬지 같이 네 발로 걷는 동물은 이동할 때마다 또 다른 도구를 만들어야 하기 때문에 도구 제작에 너무 많은 시간이나 노력을 투자하고 싶어하지 않는다. 누가 네 발로 다니면서 큰 돌도끼를 들고 다니고 싶겠는가! 하지만 두발걷기 동물은 도구를 휴대할 수 있기 때문에 돌도끼를 예리하게 갈고 남에게 그 방법을 배우는 데 더 많은 시간을 할애할 여유가 있다.

최초의 석기 도구는 약 260만 년 전에 발견됐다. 석기보다 더 오래된 뼈 도구와 나무 도구도 있겠지만 이제는 남아 있지 않다. 나무와 뼈는 돌만큼 시간의 흐름에서 잘 살아남지 못한다. 오늘날 침팬지가 나무 도구를 만드는 것처럼 우리 조상도 그랬을 것이다. 초기 도구에 대한 직접적 증거는 없지만 우리 종에게 매우 중요했고 전달할 만한 가치가 아주 컸던 것에 관한 증거는 확실하다. 바로 불이다.

100만~200만 년 전에 불을 피웠다는 증거가 발견됐지만 사실 그보다 훨씬 오래전부터 불을 이용해 음식을 조리했을 것이다. 증거는 우리의 짧은 장과 약한 턱으로 이는 미리 소화되고 부드러워진 익힌 음식을 먹었음을 시사한다. 날 음식만으로는 생존할 수 없다. 오늘날의 채식주의자는 대량 생산되는 채식 시판 식품과 다양한 보충제에 의존한다. 후일 우리가 번식을 위해 제왕절개라는 문화적 발명을 해낸 것처럼 과거에는 음식을 조리해 먹기 위해 불이라는 문화적 발명이 필요했다.

라이터나 성냥, 스웨덴산 파이어스틸 같은 도구 없이 불을 피워본 적 있는지 모르겠지만 불을 피우는 것은 정말 어렵다. 따라서 요리를 통해 칼로리 섭취량을 높여야 뇌의 성장을 지탱할 수 있다는 점을 고려해 볼 때 불을 피우는 기술은 매우 귀중하고도 필수 불가결한 적응적 지식이었다. 불은 초기 인류의 EROI를 높이고 에너지

한도를 높였기 때문에 불을 피우고 도구를 만드는 혁신 기술을 전수하는 일은 매우 중요했다. 이것이 언어의 진화에도 도움이 되었을 것이다. 즉, 인류는 전수할 가치가 있는 무언가(불과 도구)를 갖게 됐고 두발걷기가 가능해짐에 따라 새로운 의사소통 수단(몸짓)을 갖게 됐다. 이것이 현재의 완전한 언어 능력으로 이어지는 볼드윈 과정을 시작하기에 충분했을 것이다. 그런데 누가 아이를 가르쳤을까? 어머니나 아버지? 아니면 여럿의 어머니, 여럿의 아버지?

아이를 키우는 데 필요한 한 마을

아기 침팬지는 어미 침팬지와 많은 시간을 보내기 때문에 어미 침팬지에게 많은 것을 배운다. 실제로 침팬지 사회에서는 암컷이 많을수록 더 많은 문화적 자료를 생산한다. 하지만 침팬지와 달리 인간은 서로가 서로를 도와 아이를 키우는 **협력적 양육자**였다. '아이 하나를 키우려면 온 마을이 필요하다'라는 말을 들어본 적이 있는가? 사실이다. 그리고 인류의 역사 내내 걸쳐 우리는 말 그대로 마을을 이루고 살았을 것이다.

협력적 양육은 큰 두뇌를 가진 아이를 키우기 쉽게 했다. 게다가 침팬지들이 서로에게서 무언가 배울 때 겪는 주요한 제약 사항을 없앴다. 바로 접근 가능한 대상이 부족하다는 제약이다.

침팬지는 돌멩이로 견과류를 깨고 나뭇잎 뭉치로 물을 마시고 막대기로 개미를 낚는 방법을 어미에게 배우는데 이는 어미가 자신을 종일 돌봐주기 때문이다. 하지만 협력적 육아를 했던 우리 조상은 어머니, 아버지보다 더 많은 이모와 삼촌이 있었다. 그래서 여럿의 이모와 고모, 삼촌 중에 가장 똑똑하고 훌륭한 선생님을 고를 수 있었다.

　반면 현대의 부모에게는 육아가 더 어렵다. 자녀가 배워야 할 지식이 너무 많을 뿐만 아니라 조상 대대로 내려오는 협력적 육아를 할 수 있는 마을이 없기 때문이다. 오늘날에도 육아에서 협력은 필수적이다. 전통적인 마을은 없지만 우리는 유료 보육과 학교를 통해 그 협력을 제도화했다. 또한 전문 교사, 글쓰기, 라디오, 텔레비전, 인터넷, 온라인 코스를 통해 교육 능력을 향상했다. 그러나 전문 교사와 온라인 마스터 클래스가 나타나기 훨씬 전부터 우리의 문화적 본성은 최초의 교수진을 진화시켰다. 그게 바로 할머니이다.

정보 할머니 가설

　인간만이 나이 든 암컷을 중요하게 여기는 종은 아니다. 코끼리 할머니는 무리를 이끌며 손주의 생존에 결정적인 역할을 한다. 폐경기를 겪는 종도 인간만이 아니다. 범고래와 향유고래를 비롯한 여러 고래도 폐경을 겪는다. 이런 할머니 사회와 폐경기 사회를 묶는 공통 특징은 문화, 즉 사회적으로 전달되는 정보이다.

　조부모, 특히 할머니는 자녀를 양육하고 가르치며 생존을 돕는 데 중요한 역할을 해 왔다. 학교, 책, 인터넷이 등장하기 훨씬 이전부터 조부모는 오랜 세월 동안 축적된 지혜와 지식의 주요 원천이었다. 조부모는 그 시대의 위키피디아였다. 글이 없었던 불안정한 세상에서 노년까지 살았다는 사실 자체가, 자손의 생존과 번식을 도울 수 있는 기술과 지식을 가지고 있다는 증거였다.

　우리가 십대 청소년기부터 번식할 수 있었음을 기억하라. 사춘기가 길어지는 문화가 나타나기 이전에 우리는 분명히 일찍부터 번식했을 것이다. 그런데 십대 부모가 뭘 할 수 있을까? 젊은 부모는 세상이 어떻게 돌아가는지 잘 알지 못했을 것이고 여전히 세상에서 살아남는 방법을 배워야 하는 부족한 부모였을 것이다. 이는 과거에도 마찬가지였다. 젊은 사람이 부모나 조부모만큼, 심지어 그들보다 더 많이 알 수 있게 된 것은 최근의 일이다. 지식의 출처, 특히 인터넷이라는 급속한 기술 변화의 산물이다. 과거에는 세상이 어떻게 돌아가는지 알 수 있는 출처가 적었고 세상은 천천히 변화했다. 과거의 할머니도 오늘날의 할머니처럼 식량을 모으고 요리를 하고 손주를 돌봤다. 하지만 아이들은 단순히 요리사와 베이비시터를 얻는 것이 아니라 과거를 가르쳐 주는 교수와 어울릴 수 있는 기회를 얻었다. 조부모는 그 사회에서 가장 훌륭한 구성원이었다.

오늘날에도 조부모는 자연스럽게 지식을 전달한다는 점에서 탁월하다. 신기하게도 치매 같은 노화 관련 질병에도 불구하고 조부모는 오랫동안 이야기꾼으로서의 능력을 유지하는 것처럼 보인다. 마치 그들이 아는 모든 지식을 전달하기 위해 마지막 노력을 하는 것처럼 말이다. 베이비붐 세대의 대규모 은퇴에 따른 경제적 부담을 줄이는 한 가지 방법은 다음 세대에게 간병인으로서의 전통적 역할을 다시 부여하는 정책이다. 런던 남서부의 유대인 커뮤니티가 설립해 운영하는 나이팅게일 하우스라는 세대 간 요양원 겸 보육 센터가 대표적 사례이다. 이 센터는 어린이와 노인 모두에게 유익한 잠재적 모델을 제시한다. 나이팅게일 하우스에서는 매일 아이와 노인이 함께 모여 요리하고 책을 읽고 콘서트를 하거나 게임을 한다. 아이는 학습과 발달에 필요한 자극을 받고 노인은 우울증과 외로움이 줄어드는 등 양쪽의 신체적, 정신적 건강이 개선된다.

조부모와 협력적 양육은 어떤 측면에서 인간이 가능성의 공간을 혁신하고 탐색하는 방법이었다. 그러나 협력 법칙은 우리가 함께 일하기 위한 훨씬 더 많은 해결책을 발견했다. 더 많은 에너지를 모으면 더 큰 무리로 묶일 수 있고 가족과 친구를 넘어 우리가 관심을 갖는 대상에 대한 도덕적 범위를 넓힐 수 있다.

6장

협력이라는 수수께끼

이제 1부의 마지막 장에 이르렀다. 우리는 에너지, 지능, 혁신, 두뇌, 신체, 사회에 대한 우리의 통제라는 문제에서 모든 인간에 대한 이론이 밝혀낸 사실을 살펴봤다. 하지만 이 모든 것은 한 가지, 즉 함께 일하는 우리 능력에 달려 있다. 네 가지 삶의 법칙은 서로 맞물려 있다. 에너지에 대한 우리의 통제력과 혁신 능력은 우리의 협력 능력에 의해 강화된다.

지난 2세기 반 동안 우리는 에너지 통제, 혁신, 인구 규모에서 폭발적인 성장을 목격했다. 예전의 적은 친구가 됐고 과거에 억압받던 자는 이제 그 억압자와 함께 일하고 있다. 우리는 가장 최근의 조상이라도 전혀 상상할 수 없었을 정도로 높은 수준에서 협력하고 있다.

어떻게 미국이나 유럽연합처럼 국가적 연합의 차원에서 대규모 협력을 이룰 수 있었을까? 이 질문에 답하는 시도는 협력을 보장하고 우리가 지금까지 이룩한 모든 진보가 다시 무너지지 않도록 하기 위한 필수 과정이다. 2부에서는 협력을 위협하는 요소와 이를 극복하기 위해 우리가 해야 할 일을 살펴볼 것이지만 그보다 먼저 우리가 어떻게 여기까지 왔는지 구체적으로 이해해야 한다.

협력은 왜 수수께끼인가?

나는 세계 곳곳의 대학, 기업, 공공 기관에서 강연을 요청받곤 한다. 나는 그런 자리에서 청중에게 낯선 사람을 이렇게나 많이 한자리에 모으는 것은 정말 흔치 않은 일이라고 말한다. 종 간의 관점에서 보면 특히 그렇다. 낯선 침팬지로 가득한 방은 곧 죽은 침팬지로 가득 차게 된다. 인간의 역사도 그랬다. 수백 년 전만 해도 낯선 사람은 잠재적 위협이었고 낯선 사람을 만난다는 것은 스스로를 위험에 빠뜨리는 일이었다. 오늘날에는 지리적 차이도 있다. 소말리아에서 강연하는 것보다 스위스에서 강연하는 것이 훨씬 더 안전할 것이다. 그럼에도 오늘날 전 세계에는 충분히 안정적이고 크고 다양하며 평화롭고 우리 모두에게 더 나은 삶을 제공하는 혁신을 지원하는, 잘 연결된 집단적 두뇌를 갖춘 인구가 많은 곳이 있다. 어떻게 이런 일이 일어났을까?

수십 년에 걸친 연구에도 불구하고 여전히 어려운 질문이다. 2005년 《사이언스》지는 '협력 행동은 어떻게 진화했는가?'를 향후 25년 동안 풀어야 할 25가지 큰 질문 중에 하나로 꼽았다. 수수께끼의 본질을 이해하기 위해 1968년 개릿 하딘Garrett Hardin이 쓴, 지금은 고전이 된 논문을 보자. 그는 이 수수께끼를 '공유지의 비극tragedy of the commons'이라고 불렀다.

하딘은 농부가 소를 방목하는 공동의 목초지를 상상해 보라고 요청했다. 소의 성장과 발육에 필요한 충분한 칼로리를 섭취하는 소의 수는 풀밭의 크기, 즉 수용 능력에 따라 제한된다. 하지만 이 풀밭을 공유하려면 협력을 지원하는 어떤 기제가 필요하다. 왜 그럴까? 풀밭이 오랫동안 존재할 수 있도록 방목에 신중을 기하는 것이 모든 농부에게 최선의 이익이 되기 때문이다. 그러나 소를 최대한 많이 방목해 자기 소가 최대한 크게 자랄 수 있도록 하는 것이 개별 농부에게 최선의 이익이 된다. 협력은 이기적인 충동을 억제하는 방법을 찾아야 한다. 선의에만 의존하는 정책은 나쁜 정책이다. 이기심과 이타심 사이에서 다른 모든 조건이 동등하다면 결국 이기심이 승리하기 때문이다. 다른 사람을 이용하는 것이 더 많은 자원을 얻는 더 쉽고 효율적인 방법이다. 따라서 진화와 혁신 법칙에 따라 이타적 돌연변이보다 이기적 돌연변이가 우세해질 것이다.

이 딜레마는 많은 영역에서 볼 수 있다. 자신의 몫을 다하지 않거나 다른 사람의 공을 가로채 무임승차하는 직장 동료를 떠올려 보라. 이런 행동이 경력 발전으로 이어지지 않는다면 좋겠지만 이기적인 동료가 승리할 때가 많다. 국제적 차원에서 기후 변화를 완화하려는 노력은 우리 세계의 공유지를 관리하는 한 사례이다. 그렇다. 우리 모두가 탄소 배출량을 줄이는 데 동의한다면 장기적으로 우리 모두가 더 좋아질 것이다. 하지만 이 책의 서두에서 언급했듯이 지구를 구하기 위해 경제를 둔화시킬 가능성은 거의 없다. 글로벌 정부를 세우거나 다른 국가의 탄소 감축 약속을 강제할 수 있는 믿을 만한 방법이 없다면 모든 개인, 모든 기업, 모든 국가는 각자 감당할 수 있는 만큼의 최대 에너지를 사용한다. 일부가 감축한다고 해도 결국 감축 행동을 한 이는 그렇지 않은 이와의 경쟁에서 밀릴 것이다.

항상 **나**에게 최선인 것과 **우리**에게 최선인 것 사이에는 긴장이 존재한다. 혹은 수가 더 적은 우리에게 최선인 것이 수가 더 많은 우리에게 최선인 것보다 우선하는 경우도 있다. 사회는 이기적인 경향을 억제하고 사람들이 이타적으로 행동하도록 동기를 부여하는 새로운 균형으로 나아갈 때 성공할 수 있다. 함께 일할 때 활용할 수 있는 에너지가 있다면 사회는 더 많은 에너지와 자원을 확보해 확장할 수 있다. 하딘이 상상했던 목초지를 관리할 수 있을 뿐만 아니라 그 면적을 넓힐 수도 있다.

이런 협력의 역학 및 다양한 장소와 조건에서 사람들의 행동을 연구하기 위해 과학자는 종종 공유지의 비극과 관련된 경제 게임을 실시한다. 각 게임은 협력 수수께끼의 다양한 측면을 포착하고자 게임 참여자의 이런저런 결정에 따른 보상을 변경한다. 공공재 게임을 예로 들어 보자.

공공재 게임에서 사람들은 정해진 돈을 받고 이를 공공재에 기여하거나 자신을 위해 보유할 수 있다. 공공재에 기여한 돈은 곱해져서 모든 플레이어에게 균등하게 분배된다. 깨끗한 공기와 물, 도로, 소방관, 경찰관 등 우리 모두가 누리는 서비스를 위해 세금을 내는 것과 같다. 이 경우 모두가 공평한 몫의 세금을 내면 모두가 더 나은 삶을 살 수 있음에도 세금을 내지 않고 다른 사람의 기여에 무임승차하는 것이 개인적으로는 이득이다.

공공재 게임 실험의 데이터에 따르면 사람들은 자신이 사는 사회의 협력 규범에 가깝게 행동하는 것으로 나타났다. 적어도 처음에는 말이다. 위어드 사회에서 사람들의 첫 번째 본능은 협력하는 것이며 기여하지 않음으로써 더 많은 돈을 벌 수 있다는 사실을 깨달은 후에만 이기적으로 행동하기 시작한다. 본능적으로 협력하는 것은 다른 협력자에게 둘러싸여 있을 때 의미가 있다. 하지만 여러분을 착취하려는 사람만 가득한 곳에서 자랐다면 본능적으로 회의하는 태도를 취하며 즉각 이기적인 행동을 할 것이다.

협력적 행동은 이기적 행동에 쉽게 압도당할 수 있다. 이기적 행동은 내시 균형Nash equilibrium, 즉 최적 전략이며 가장 큰 이득을 제공하는 우월 전략이다.

이 게임에서도 처음에 협동적인 결정을 내렸던 플레이어는 조금 이기적으로 행동하면 더 많은 돈을 벌 수 있다는 사실을 서서히 깨닫고, 결국 후속 라운드에서 공공재에 대한 협력적 기여를 줄인다. 이기주의에 빠지는 것이다. 이 실험은 우리 사회에서 일어나는 일의 가속화된 버전이다.

가장 협력적이고 부유한 산업화 사회에서도 우리는 항상 이기심과 갈등으로 후퇴할 위험에 처해 있다. 많은 사람이 차명 계좌, 세금 허점, 조세 피난처 등을 이용해서 가능한 한 세금을 피하려 하고 그 결과 점점 더 많은 사람이 세금을 내지 않으려고 골몰한다. 다른 사람들이 정당한 몫을 내지 않는데 그들의 이익을 위해 자발적으로 기여하는 멍청이가 되고 싶은 사람은 아무도 없다. 그렇다면 모두가 이렇게 행동하는 파국을 막는 기제는 무엇인가?《사이언스》지가 제기한 질문에 대한 답은 협력을 유지하는 다양한 기제가 있다는 것이다.

협력의 기제

《사이언스》지가 협력의 문제를 제기하기 전부터 적지 않은 생물학자, 경제학자, 심리학자가 이기심보다 협력을 장려하는 다양한 기제를 밝혀냈다. 하지만 이러한 기제는 얼마나 많은 협력을 달성할 수 있는지, 협력의 대상이 누구인지에 관한 문제에서 여러 한계가 있었다. 오늘날에 이르러서야 우리는 동물의 협력 방식과 인간이 협력의 최고점에 도달한 방법에 대해 더 완전한 그림을 그릴 수 있게 됐다. 인간의 경우, 가장 낮은 수준의 협력은 가족 구성원 간의 협력이다.

사랑하는 가족

사랑은 미스터리라는 흔하고 진부한 표현이 있다. 가족 간의 끈끈한 유대는 설명하기 어렵다는 말이다. 한때는 이것이 사실이었을지 모르지만 이제 우리는 사랑과 가족의 유대 관계를 과학적으로 깊이 이해하게 됐다.

이를 설명하는 이론이 포괄 적합도inclusive fitness 혹은 혈연 선택kin selection이며 가족의 유대는 가장 기본적인 수준의 협력이다. 이 이론은 왜 할머니, 할아버지가 손주를 기꺼이 가르치려고 하는지, 우리가 왜 자녀를 사랑하는지, 모든 동물이 왜 누구보다도 가까운 친척을 편애하는지를 설명한다. 사자가 다른 사자의 새끼는 죽이지만 자신의 새끼는 죽이지 않는 이유, 여러분의 아기가 울 때는 견딜 만하지만 남의 집 아기가 울 때는 짜증이 나는 이유까지도 설명한다. 기본 아이디어는 생물학자 J.B.S. 홀데인J. B. S. Haldane이 한 농담으로 요약된다.

한 친구가 홀데인에게 물었다.

"이봐 친구, 동생을 구하기 위해 목숨을 버릴 수 있어?"

홀데인에게는 여동생이 한 명 있었지만 그는 '아니'라고 대답했다.

홀데인이 말을 이었다.

"하지만 두 명의 형제 혹은 여덟 명의 사촌이라면 기꺼이 목숨을 버리지."

이 아이디어는 1964년에 윌리엄 해밀턴이 공식화해 기본적인 진화적 논리, 진화생물학의 $E = mc^2$가 되었다. 바로 $rb > c$라는 법칙이다. 그 논리는 다음과 같다.

유전자 관점에서 자신의 복제본을 더 많이 전달하는 유전자는 더 적은 복제본을 전달하는 유전자보다 경쟁에서 우위를 차지할 것이다. 이것이 리처드 도킨스Richard Dawkins가 유전자를 이기적이라고 설명한 이유이다. 유전자가 자신을 더 많이 복제할 수 있는 한 가지 방법은 개체가 자식을 갖도록 유도하는 것인데 이것이 바로 자연 선택의 표준 논리이다. 자녀는 내 유전자의 50%를 공유한다. 하지만 당신 주변의 다른 사람들과 유전자를 공유하는 비율이 0%인 것은 아니다. 내 동생 대니얼은 유전자 염기서열 분석 결과 자신과 유전자 25%를 공유하는 이복동생이 있다는 사실을 알고 깜짝 놀랐다. 그 '이복형제'는 사실 이복형제가 아니라 내 아들, 조카 로버트였다 (조카와 이복형제의 유전적 근연도가 똑같다는 말-역주).

따라서 유전자는 조카나 먼 친척과 같이 동일한 유전자의 사본을 가진 친척을 식별하고 선호함으로써 퍼질 수 있다. 하지만 진화는 친척에게 얼마나 자원을 제공할 것인지 그 정도도 결정한다. 대니얼은 일란성 쌍둥이 형제인 크리스에게 더 많은 자원을 제공해야 하며 조카보다는 자신의 자녀에게 더 많은 자원을 제공해야 한다. 좀 더 공식적으로 말하자면 가족 구성원과의 근연도(r)에 이익(b)을 곱한 값이 본인이 지불하는 비용(c)보다 클 때 협력해야 한다. 유전적 근연도가 더 가깝고 이익도 더 크다면 협력이 강하게 일어난다.

포괄 적합도는 수천 년 동안 지속되어 온 수렵 채집 부족에서 친족 간 협력을 이룰 수 있게 한 기제이다. 하지만 이것으로 오늘날 인간 사이에서 나타나는 협력을 설명하지는 못한다. 우리는 정기적으로 낯선 사람과 협력한다. 포괄 적합도와 혈연 서택은 개인에게 큰 이득을 주는 행동 앞에서 무릎을 꿇는다.

눈에는 눈, 이에는 이

대규모로 협력하기 위한 더 강력한 기제는 직접 호혜성direct reciprocity, 호혜적 이타주의reciprocal altruism 혹은 동료 처벌이다. 이는 '네가 내 등을 긁으면 나도 네 등을 긁어 주겠다' 혹은 '눈에는 눈, 이에는 이'라는 격언으로 요약할 수 있다. 삶의 법칙을 기억하자. 궁극적으로 우리는 아무 이유 없이 협력하는 것이 아니라 에너지와 자원을 효율적으로 이용하기 위해 협력한다. 그리고 네트워크를 형성하고 호의를 베풀면 그 대가로 미래에 나를 도와줄 사람들을 도울 수 있다.

직접 호혜성은 마을 수준이나 직장 수준에서 협력을 이끌어 낸다. 이것이 바로 우정을 설명한다. 다른 동물도 직접적 호혜를 통해 협력한다. 모든 사람이 서로를 알고 정기적으로 교류하는 한 서로 돕는 사람은 돕고, 해치는 사람은 해친다. 마을 사람이나 직장 동료를 감정적으로 좋아할 필요는 없다. 호의에 대한 보답 약속이나 보복의 위협만으로도 사람들은 충분히 잘 지낼 수 있다. 하지만 직접 호혜성은 다음과 같은 문제점이 있다.

첫째, 지속적 관계가 필요하다. 호의를 돌려받을 수 있는 합리적인 확률이 있어야 하며 그렇지 않으면 이용당하고 있는 것이다. 사기꾼은 특정 집단에서 사기 행각을 벌이다가 들키면 곧 다른 표적을 찾아 나선다.

둘째, 눈에는 눈, 이에는 이를 고집하면 마하트마 간디Mahatma Gandhi의 말처럼 "세상에는 장님만 남을 것이다." 즉, 직접 처벌은 보복의 악순환을 초래할 수 있다.

마지막으로, 직접 처벌은 처벌을 시행한 사람에 대한 보복을 부르기 때문에 2차 무임승차자 문제가 발생한다. 이것은 사람들이 공공의 선에 기여하기를 꺼려하는 것이 아니라 다른 사람이 나서서 처벌하기만 바라고 굳이 자신이 처벌을 행하려 하지 않는 현상이다.

여러분이 줄을 선다고 상상해 보라. 누군가가 새치기를 한다. 당신은 화가 난다. 누군가는 새치기 한 사람에게 항의해야 한다! 하지만 다른 누군가가 대신 화를 내주면 좋겠는데…… 만약 내가 그랬다가 보복이나 피해를 입으면? 아무도 규범을 집행할 의사가 없다면 결국 새치기가 횡행하면서 집단은 무너진다.

만약 이런 문제를 어떻게든 해결한다고 해 보자. 비인간 동물 집단도 그렇고, 작은 집단에서는 흔히 일어나는 일이며 또 지금까지 어떻게든 해결해 왔으니까 말이다. 그러나 현대의 대규모 익명 사회, 즉 도시나 국가 수준에서는 직접 처벌만으로 협력을 이끌어 낼 수 없다. 여기에 무엇인가가 더 있어야 한다.

평판이 전부이다

직접 호혜성 외에도 좋은 평판을 조건으로 하는 협력인 **간접** 호혜성indirect reciprocity을 활용할 수 있다. 직접 호혜성을 위해서는 누군가를 개인적으로 알고 정기적으로 교류해야 한다. 하지만 간접 호혜성의 경우, 모든 사람을 직접 알 필요는 없다. 단지 그 사람에 관해 들으면 그만이다. 상대방의 평판을 알아내서, 협력을 되돌려준다는 평가를 받는 사람에게는 조건적으로 협조하고 그렇지 않은 사람은 피할 수 있다. 이를 통해 우리는 자신의 평판도 높일 수 있다.

회사에서 프로젝트를 위해 팀을 구성한다고 생각해 보라. 이전에 알고 지내거나 함께 일한 적이 있는 사람으로 구성하는 것이 가장 이상적이지만(직접 호혜성), 네트워크를 확장하기 위해서는 평판이 좋은 사람인지 아닌지 조사해 새로운 사람을 영입해야 한다. 주위에 물어보고 소문을 듣거나 다른 방법이 없을 경우 소셜 미디어, 예를 들어 링크드인의 추천 글을 읽기도 한다. 이게 우리가 수다를 너무 좋아하게 된 이유이다. 평판에 대한 정보를 추적하는 것이다.

간접 호혜성을 위해서는 상대방에 대해 알고 그에 대해 신뢰할 수 있는 정보가 있어야 한다. 우리가 식당 리뷰 앱에서 올라온 가짜 레스토랑 리뷰를 보고 앱을 지워버리는 것처럼 평판 정보가 불확실하거나 사실이 아닌 경우 협력은 무너질 수 있다. 강조하지만 적어도 온라인 평판 관리 이전의 평판 평가는 **익명의** 낯선 사람으로 구성된 대규모 사회에서 그렇게 강력한 협력 기제는 아니다.

리바이어던

현대 선진국에서 우리가 가장 자주 접하는 협력 유지 기제는 제도적 처벌이다. 유전적 관계에 의존하거나 사람을 직접적으로 처벌하거나 평판 확인에 의존하기보다 정부, 경찰, 법원, 사법부 등 우리를 대신해 처벌을 수행하는 기관에 세금을 납부함으로써 협력에 있는 모든 어려움과 문제를 우회한다.

올바른 규칙에 따른 제도적 처벌은 대규모 협력을 안정시키는 데 매우 효과적이다. 물론 올바른 제도가 오늘날 우리가 목격하는 대규모 협력을 안정화할 수 있으며 실험 결과 적어도 위어드 국가의 사람은 다른 기제보다 제도적 협력을 선호한다는 사실이 밝혀지기는 했지만, 여러 국가를 여행한 경험이 있거나 역사적 지식이 있거나 지정학적 지식에 해박한 사람이라면 제도 역시 훼손될 수 있고 종종 훼손됐다는 사실을 안다.

제도는 신뢰를 증권화한다. 우리는 서로를 직접 신뢰하기보다는 우리의 이익을 보호하고 공정하게 행동하는 기관을 신뢰한다. 이는 결국 빅 브라더가 우리를 지켜보고 있다는 사실 덕분에 서로에 대한 신뢰가 점점 높아지는 것이다. 하지만 우리 정부와 미국 식품 의약국FDA, 식품표준청FSA, 유럽 의약품청EMA, 미국 질병통제예방센터CDC 등의 규제 기관, 경찰, 사법 시스템이 편견 없이 공정한 의사 결정을 내린다고 인식되지 않을 때 문제가 생긴다. 아는 사람, 미래의 호의, 금전적 보상에 따라 법이 선택적으로 적용된다고 느껴지거나 로비, 정치적 후원, 개인적 인맥에 따라 법 체계가 훼손되고 있다고 생각된다면 협력을 유지하는 제도의 힘이 무너진다. 우리는 이를 차별, 인종차별, 부패라고 부른다. 그렇다면 무엇이 기관을 편향되게 만들까? 무엇이 기관을 매개로 한 높은 수준의 협력을 약화할까? 놀라지 말라. 그 이유는 협력 때문이다.

기관은 궁극적으로 우선순위를 두고 서로 경쟁하는 사람들이 협력해 만든 것이다. 여기에는 가족, 친구, 평판 등 모든 협력의 기제가 맞물려 존재한다. 한 차원에서의 이타주의는 다른 차원에서의 이기주의이다. 친구보다 가족을, 지역 사회보다 친구를, 우리의 도시나 국가, 세계보다 지역 사회를 우선시하는 것은 한편으로는 협력적 행동이지만 다른 한편으로는 부패한 행동이다. 따라서 국가처럼 높은 수준의 협력은 가족이나 친구 간에 나타나는 낮은 수준의 협력에 의해 훼손될 수 있다. 그런 사례는 무궁무진하다.

불안정한 개발도상국의 족벌 왕조가 공익을 희생시키면서까지 자신들의 부를 축적하는 행동은 궁극적으로 제도적 처벌을 약화하는 혈연 선택이다. 서구의 시각에서는 이런 부패가 설명할 수 없는 현상처럼 보일 수 있지만 그렇지 않다. 부패는 공정성보다 훨씬 더 자연스러운 현상이다. 어떤 곳에서는 부패를 극복했고 어떤 곳에서는 극복하지 못했다는 사실이 문제이다.

협력에서 부패로

민주주의에 자연스러운 것은 없다. 완전히 낯선 사람과 함께 공동체 생활을 하는 것은 자연스럽지 않다. 익명의 사람과 하는 대규모 협력은 자연스럽지 않다. 하지만 다른 사람보다 가족을 우선하는 행동, 친구나 지인을 돕는 행동은 매우 자연스럽다. 받은 호의를 돌려주는 행동도 자연스럽다. 이런 의무는 서양의 학연 네트워크나 동양의 관시關係같은 문화적 의무로 구체화돼 있다. 동물의 왕국에서 볼 수 있는 협력 기제이다.

대통령이 아들에게 정부 계약을 밀어줄 때, 이를 족벌주의 nepotism라고 부른다. 하지만 이는 포괄 적합도를 높이는 행동이기도 하다. 기업 관리자가 개인의 정보 때문이 아니라 관계 때문에 친구나 친구의 친구에게 일자리를 줄 때, 이를 정실주의cronyism라고 부른다. 그러나 이는 우리의 공정한 능력주의를 훼손하는 직접 혹은 간접 호혜성이기도 한다. 뇌물은 두 사람 사이의 협력 행위이다. 가족 중심의 문화를 가진 인도, 중국, 아시아의 여러 지역, 라틴아메리카의 많은 지역에서 족벌주의가 흔하다는 사실은 놀라운 일이 아니다.

우리는 가족을 부양하는 것을 미덕으로 생각한다. 하지만 정말로 '가족이 모든 것이다(la famiglia è tutto, 이탈리아 속담-역주)'라고 생각한다면 공평하고 공정한 사회를 이루기는 어려워진다. 친족을 다른 사람보다 우선하는 규범은 국가적으로 모두가 더 나은 결과를 얻는 것을, 연줄이 없어도 성공하는 것을 방해한다. 이런 문화는 성공적인 제도를 지탱하는, 하지만 보이지 않는 기둥인 문화의 또 다른 측면이다.

보이지 않는 문화적 기둥에 기반한 제도

법이 당신이 공정해야 한다고 말하더라도 친구와 가족을 우선하는 것이 관례라면 무의미한 말이다. 지도자조차도 법 위에 있지 않다는 생각을 강제하는 법치주의 관례가 없다면 헌법이 뭐라고 말하든 무의미하다. 성공적인 제도는 사람이 아닌 원칙에 따라 통치돼야한다. 그리고 이에 관한 규범은 전 세계적으로 다양하게 나타난다.

네덜란드 심리학자 폰스 트롬페나르스Fons Trompenaars가 제시한 딜레마가 이 규범적 차이를 잘 포착한다.

당신이 친한 친구가 운전하는 자동차에 탔다. 그런데 친구의 차가 보행자를 치었다. 당신은 최대 속도가 시속 약 30km인 구역에서 친구가 시속 약 50km 이상으로 달리고 있었다는 사실을 안다. 목격자는 없다. 친구의 변호사가 당신이 선서를 하고 그 차의 속도가 시속 30km였다고 증언하면 친구를 중한 처벌에서 구할 수 있다고 말한다. 여러분은 어떻게 할 것인가? 친구를 보호하기 위해 거짓말을 할 것인가? 친구가 여러분의 도움을 기대할 권리가 있는가? 반면에 법을 지키기 위해 이 사회에서 여러분이 따라야 할 의무는 무엇인가?

전 세계 응답자의 대답은 극명하게 갈렸다. 한국인, 러시아인, 중국인의 대다수는 친구를 위해 거짓말을 할 수 있다고 답했다. 그러나 스위스인, 캐나다인, 미국인, 스웨덴인, 영국인, 네덜란드인의 90% 이상이 친구에게 도움을 기대할 권리가 없거나 일부만 있으며 자신은 도와주지 않을 것이라고 답했다.

공정성과 법치주의는 민주주의 제도가 잘 작동하기 위해 필요한 두 가지 규범이다. 부패한 지도자가 학교, 병원, 도로를 건설해야 할 수십억 달러의 국가 자금을 빼돌리는 일은 흔하다. 왜 널 부패한 지도사를 뽑지 않는 것일까? 그러나 부패는 더 좋은 리더로 대체하면 되는, 리더의 인성 수준의 문제가 아니라 친구, 가족, 가까운 관계를 선호하는 행동이 일으키는 전체 문화의 문제이다. 기업 관리자가 친구에게 일자리를 주고, 공무원이 인맥이 있는 사람에게 일을 봐주고, 장관이 조카에게 정부 계약을 따주는 등의 모든 부패는 문화적 수준의 문제이다. 여기서 차이는 행동 자체가 아니라 그걸 어느 수준까지 용인하는지에 있다.

직장을 어떻게 구했는지에 관한 설문 조사를 보면 유럽 내에서조차 공정성에 차이가 있음을 볼 수 있다. 스위스, 독일, 노르웨이에서 사람들은 주로 구인 광고로 직업을 찾았다. 구인 광고는 모든 사람이 이용할 수 있어 경쟁의 장을 평준화하고 더 크고 공정한 경쟁을 만든다. 반면에 부패율이 높은 포르투갈, 이탈리아, 그리스, 스페인에서는 주로 친구나 가족을 통해 일자리를 구했다.

가족 간의 의무보다는 개인주의와 공정성을 중시하는 규범은 주로 유럽에서 민주주의 제도와 함께 발전해 왔다. 그러나 유럽에서의 설문 결과 차이가 극명하게 보여주듯이 이런 규범을 완전히 구현하기는 어려워 각각의 국가는 항상 더 자연스럽고 낮은 수준의 협력으로 돌아갈 위험에 처해 있다. 이것이 바로 전 세계에 민주주의와 더불어 공정하고 공평하고 가족주의적이지 않은 기업을 전파하는 것이 어려운 이유이다.

예를 들어 과거 노예였던 미국인들이 건국한 라이베리아는 국기뿐만 아니라 많은 제도를 미국에서 가져왔지만 민주주의, 인간 개발, 부패, 폭력 등 거의 모든 지표에서 미국과 반대편에 있는 국가이다. 따라서 제도만으로는 결코 충분하지 않다. 제도를 받치는 문화적 기둥도 필수이다. 하지만 월리스의 물처럼 이 기둥은 부패가 덜

한, 성공한 국가의 국민에게는 잘 느껴지지 않는다. 이런 기둥이 없는 나라에서 살아 보지 않았다면 심리, 규범, 제도의 차이를 가늠하기 어렵다. 사람의 다양성, 관계를 다루는 방식, 다른 나라의 다채로운 규범적 의무를 이해하지 못하면 외교 정책에서 재앙적인 결과를 초래한다. 예를 들어 아프가니스탄에 민주주의를 이식하는 데 실패한 역사를 생각해 보라.

아프가니스탄에서 얻은 교훈

2021년 탈레반의 카불 점령 이후 바이든 대통령은 아프가니스탄에서 미군을 철수하기로 한 자신의 결정을 옹호하며 "우리는 그들에게 스스로 미래를 결정할 모든 기회를 줬다. 우리가 그들에게 제공할 수 없었던 것은 그 미래를 위해 싸울 의지였다"라고 말했다. 하지만 바이든은 아프간 국민이 원하는 미래가 어떤 모습인지 정말로 이해했을까? 우리가 가진 몇몇 데이터와 더 깊은 역사적 맥락을 살펴보면 그렇지 않다. 아프간인이 원하던 미래는 미국 외교 정책을 담당하는 이들이 상상한 것과는 많이 달랐다.

미국은 2001년에 아프가니스탄을 점령했다. 점령이 한창이던 2013년 여론 조사 기관 퓨 리서치 센터의 조사에 따르면 아프가니스탄 국민의 99%가 샤리아를 공식 법으로 제정하는 방침을 선호했다. 이는 다른 어떤 무슬림 국가보다 훨씬 높은 수치였다.

그러나 '샤리아'라는 단어는 단순히 이슬람 율법을 뜻하는 것일 뿐이며 사람마다 다른 의미를 가질 수 있다. 그렇다면 구체적인 정책에 관한 질문은 우리에게 무엇을 알려줄까?

아프가니스탄인의 81%가 절도죄에 대해 채찍질이나 손 절단과 같은 처벌을 찬성한다.

샤리아 법에 대한 지지

샤리아를 자국의 공식 법으로 만들기를 선호하는 무슬림의 비율

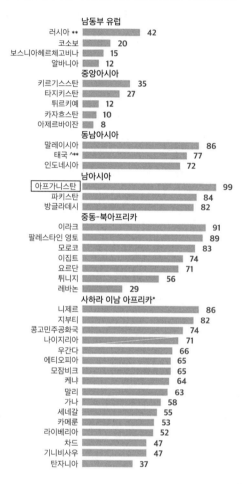

남동부 유럽
- 러시아 ** — 42
- 코소보 — 20
- 보스니아헤르체고비나 — 15
- 알바니아 — 12

중앙아시아
- 키르기스스탄 — 35
- 타지키스탄 — 27
- 튀르키예 — 12
- 카자흐스탄 — 10
- 아제르바이잔 — 8

동남아시아
- 말레이시아 — 86
- 태국 ^** — 77
- 인도네시아 — 72

남아시아
- 아프가니스탄 — 99
- 파키스탄 — 84
- 방글라데시 — 82

중동-북아프리카
- 이라크 — 91
- 팔레스타인 영토 — 89
- 모로코 — 83
- 이집트 — 74
- 요르단 — 71
- 튀니지 — 56
- 레바논 — 29

사하라 이남 아프리카*
- 니제르 — 86
- 지부티 — 82
- 콩고민주공화국 — 74
- 나이지리아 — 71
- 우간다 — 66
- 에티오피아 — 65
- 모잠비크 — 65
- 케냐 — 64
- 말리 — 63
- 가나 — 58
- 세네갈 — 55
- 카메룬 — 53
- 라이베리아 — 52
- 차드 — 47
- 기니비사우 — 47
- 탄자니아 — 37

* 나이지리아를 제외한 모든 국가의 데이터는 "관용과 긴장: 사하라 이남 아프리카의 이슬람과 기독교
(Tolerance and Tension: Islam and Christianity in Sub-Saharan Africa)"에서 수집.

^ 인터뷰는 남부 5개 주의 무슬림에게만 실시함.

** 샤리아가 무슬림이 많이 사는 지역의 법이 돼야 하는지에 관한 질문으로 수정.
우즈베키스탄에서는 이 질문을 하지 않음.
퓨 리서치 센터 Q79a.

출처: 'The World's Muslims: Religion, Politics and Society', Pew Research Center,
Washington, D.C. (2013), https://www.pewresearch.org/religion/2013/04/30/the-worlds-
muslims-religion-politics-society-overview/

84%가 간통죄에 대한 처벌로 투석형을 찬성한다.

79%가 이슬람을 떠난 사람에 대한 사형을 선호한다.

퓨 리서치 센터는 이 데이터가 인구를 대표한다고 주장했지만 특정 지역에서는 여성이 과소 대표됐다. 아프가니스탄 여성을 인터뷰하는 연구자가 여성이었더라도, 그 여성 옆에 남성이 없었더라도, 아프가니스탄 여성은 남성과 마찬가지로 현재 수용되는 규범에 맞춰 대답했을 가능성이 높다. 남성이나 여성 모두 대안적 법과 규범이 있다는 사실을 잘 알지 못했을 수도 있다. 사실 대도시에서는 여전히 소수이기는 하나 많은 여성이 인권이 더 신장돼야 한다는 의제를 지지한다. 그러나 앞서의 정책 지지도를 볼 때 그 수치는 결코 소수의 의견이 아니다. 게다가 아프가니스탄의 다른 많은 규범과 조건도 성공적인 민주주의 제도 정착에 도전적인 상황을 만들고 있다.

아프가니스탄은 서로 다른 언어와 역사를 가진 열두 개 이상의 부족으로 구성된 국가로, 주로 친족 수준에서 협력한다. 사람들은 생존을 위해 친족의 지원과 호의에 의존한다. 아프가니스탄의 사촌 간 결혼 비율은 46%에 달할 정도로 아프가니스탄 사람은 친족 간 결혼이 흔하다. 친족에 기반한 의무는 자유민주주의가 요구하는 공정한 제도를 약화하고 그 대신에 당파적, 부족적 정치가 득세하게 한다. 반드시 최고의 인물을 뽑을 필요가 없다. 우리 사람이 권력을 가지는 것이 중요하다. 이런 생각은 당연히 올바른 의사 결정을 방해한다. 안타깝게도 이런 규범은 자생력을 갖고 있다.

정부나 기타 기관의 지원을 기대할 수 없기에 사람들은 친구와 가족에게 의존하고 이런 관계를 매우 중요하게 여긴다. 현금을 선호하고 은행보다는 가족에게 돈을 빌리며 헌혈을 하거나 낯선 사람에게 자선을 베푸는 것 같은 광범위한 친사회적 이타주의에 잘 참여하지 않는다. 이런 지역에 사는 사람에게 자선은 가정에서 시작되며 자선이 끝나는 곳도 가정이다. 이런 국가들은 자생적 균형self-sustaining equilibrium에 갇혀 더 높은 수준의 협력에 도달하지 못한다.

이 같은 문화에 사는 사람을 만나본 적 없다면 앞서 아프가니스탄의 데이터를 받아들이기는커녕 이해하기조차 어려울 것이다. 서구 위어드 사회의 사람에게 아프가니스탄 데이터를 보여주면 그런 문화적 차이를 본능적으로 불신하거나 도덕적 분노를 일으키는 모습을 볼 수 있다. 다른 나라 사람이 위어드 사람의 감성과 완전히 다른 욕구를 가질 수도 있다는 생각은 위어드 사람이 다른 나라 사람을 깔보고 동정하는 듯한 태도를 불러일으킨다. 이런 태도는 문화적 맥락을 파악하는 일이 필요한 상황에서 실패한 외교 정책을 만드는 원인이 된다. 앞서 제시된 데이터를 보고 좀처럼 믿기지 않는다 해도, 혹은 설문 결과를 곧이곧대로 받아들이지 않더라도, 여전히 위어드 사회에서 흔히 볼 수 있는 권리와 규칙을 모든 사람이 원하지 않을 수도 있다는 요점만은 염두에 두면 좋겠다. 성공적인 외교 정책을 만들기 위해서는 다른 나라의 규범과 가치를 온전히 이해해야 한다. 경제 발전에만 좁게 초점을 맞추더라도 대규모 협력을 장려하고 경제를 발전시키는 데 위어드의 규범 및 제도 패키지가 유일한 해답은 아닐 수 있다. 다음 장에서 살펴볼 것처럼 유럽의 협력 방식은 진화 법칙에 따라 유럽의 특정한 역사적 궤적에서 인접 가능성 중 하나로 유럽만의 협력 방식을 발견했을 뿐이다. 다시 말해 다른 해결책도 가능하다. 특히 아시아 국가인 한국과 홍콩은 성공적으로 위어드 제도의 요소를 차용하고 재조합해 지역 문화와 상황에 맞게 적용했다.

한국은 위어드식 기업과 제도를 자기만의 방식으로 성공적으로 통합했다. 과거 영국의 식민지였던 홍콩은 중국 발전의 원동력으로,

문화적으로는 중국과 영국 사이의 중간 지점에 위치한다. 한국과 홍콩에서는 위어드 스타일이긴 하나 조금 더 집단주의적 문화에 맞춰진 기업과 제도가 발전했다. 이것이 말하는 메시지는 협력과 갈등은 같은 동전의 양면이라는 사실이다.

소설가 나피사 하지Nafisa Haj가 인용한 고대 아랍 속담, "나는 내 형제들과 맞선다. 나와 내 형제는 내 사촌에 맞선다. 나와 내 형제, 내 사촌은 세계와 맞선다"라는 말은 협력과 경쟁 사이의 진화적 춤사위, 인간 조건의 이중성을 상징한다.

인간은 서로 겹치거나 서로를 포함하는 집단 차원에서 협력하며 이런 집단은 상황과 조건에 따라 때로는 협력하고 때로는 갈등한다. 대규모 에너지 자원이 있으면 강력한 경쟁을 통해 더 큰 규모의 협력에 도달할 수 있다. 이런 기제를 문화-집단 선택cultural-group selection이라고 한다.

문화-집단 선택

문화-집단 선택은 문화적 특성의 집단 간 경쟁을 설명하는 개념이다. 중요한 점은 어떤 문화적 특성을 가진 사람의 집단이 아니라 문화적 특성 자체가 집단으로서 경쟁한다는 것이다. 이는 사람들이 일생 동안 다양한 특성을 습득하고 변화시킬 수 있기 때문이다. 문화와 집단 선택을 이야기할 때 '문화-집단'이라는 대시를 넣는 것은 사람의 집단 사이에서 일어나는 문화적 형태의 집단 선택을 말한다는 오해를 피하고자 함이다(집단 선택은 집단 간 형질의 분명한 차이, 유전자 흐름의 제한, 확고한 집단 식별 기제의 존재 등 몇 가지 조건이 성립하지 않으면 일어나기 어렵다. 저자는 이러한 점을 감안하여 문화-집단 선택이 기존의 집단 선택 이론과 다르다고 주장하고 있다. 사실 저자의 주장은 집단 선택이라기보다는 밈 이론에 가깝다-역주). 이 개념에는 민주주의에 대한 민음, 여성의 권리 부여, 근면성실, 약속 시간 준수, 자선 단체 기부, 어떤 스포츠에 자금을 더 많이 지원해야 하는지 등 다양한 문화적 특성이 포함될 수 있다. 이런 문화적 특성을 유지하고 발전시키기 위해서는 규범적 행동을 일으키는 심리, 규범을 따르는 사람은 보상하고 그렇지 않은 사람은 처벌하는 평판 심리, 다른 규범을 가진 집단과 그 하위 집단을 식별하는 심리가 필요하다.

문화-집단 선택의 가장 엄격한 형태는 문화-집단의 특성과 사람들의 집단이 완전히 겹치는 경우이다. 예를 들어 민족 언어 집단이 그렇다. 뉴기니의 작은 부족에서 볼 수 있듯이 그들의 고유한 신념 체계가 부족의 고유한 언어와 완전히 일치하는 경우가 있다. 그러나 이런 사례는 드물다. 대부분의 경우, 우리는 서로 겹치거나 일부가 다른 일부를 포함하는 여러 층위의 문화-집단에 속한다. 자유 민주주의와 특정 종교를 공유하는 문화-집단, 구글 이용자와 국방부 직원으로 구성된 문화-집단 등이 그 예이다. 영국의 가톨릭 신자와 스페인의 가톨릭 신자, 뉴욕에 사는 미국인, 전 세계에 흩어져 있는 아마존의 직원도 마찬가지다.

이런 집단들이 경쟁하는 기제에 관한 몇몇 연구가 있지만 아직 발견되지 않은 기제가 더 많이 있을 것이다. 가장 잘 연구된 기제는 다음과 같다.

직접적 경쟁direct competition 집단이 갈등을 통해 서로 경쟁하거나 다른 집단이 사라지고 살아남는 경우. 전쟁 혹은 기업 파산 등이 있다.

선택적, 동질적 이주selective, assortative migration 특정한 문화적 형질을 지닌 개인은 다른 사람보다 더 빠르게 특정 지역으로 이동한다(남아프리카에서 북미로 이주하는 사람이 그 반대의 경우보다 더 많다). 이런 이민자 혹은 그 후손이 미국의 지배적인 가치에 적응하는 만큼 문화-집단으로서의 미국은 남아프리카공화국을 희생시키면서 성장할 것이다. 이민자가 적응하지 않고 현지 문화를 변화시킨다면, 즉 남아프리카공화국 출신의 트레버 노아Trevor Noah와 일론 머스크가 다른 미국인이 현재 구현하는 가치, 규범, 신념, 행동의 변화를 가져왔다면 이는 문화적 변이 혹은 재결합이다(하와이안 피자를 생각해 보라). 만약 그들이 출신 집단과 별개의 공동체로 분리된 경우, 이는 더 큰 문화-집단 내에서 잠재적으로 경쟁하는 작은 문화-집단을 만든다. 한 회사에서 다른 회사로 이직하거나 인수합병으로 일부 직원이 회사에 남거나 떠나는 경우도 선택적 집단 이동에 해당한다.

인구학적 쇄도demographic swamping 어떤 집단은 다른 집단보다 더 빠르게 성장한다. 예를 들어 수렵과 채집을 하지 않는 농업 집단, 다산을 강조하고 대가족을 강조하는 친다산 종교, 더 많은 투자나 더 큰 이익을 확보하는 기업 등이 해당한다.

명성 편향 문화-집단 선택prestige-biased cultural-group selection 집단은 종종 더 성공적이거나 명망이 높은 집단의 문화적 특성을 한꺼번에 모방한다. 이런 현상은 많은 전통 문화가 미국화되거나 서구화되는 과정에서 볼 수 있다. 아프리카계 미국인만의 문화를 넘어 전 세계적으로 힙합 문화가 확산된 것이 그 예이다. 도쿄에서 열리는 일본인의 힙합 공연을 보면 음악 스타일뿐 아니라 헤어스타일과 패션까지도 영향을 받았다. 또한 성공한 기업의 정책과 관행을 무조건적으로 차용하는 기업의 사례도 이와 유사하다.

문화-집단 선택 및 협력과 갈등의 이중성을 가장 명확하게 보여주는 사례는 종교의 진화이다.

종교의 진화

최근 몇 년 동안 '신은 위대하다'라는 뜻의 '알라후 아크바르'라는 짧은 찬양 기도문은 일부 비무슬림에게는 폭력적인 테러 공격과 연관되어 인식됐다. 특히 9/11 테러 이후 종교 자체가 종종 갈등의 원인으로 지목된다. 물론 종교는 갈등을 일으킬 수 있지만 이와 동시에 평판 심리와 리바이어던 같은 전체주의적 국가 통치 체제를 연결하는 독특한 인간 협력의 원천이기도 하다. 종교는 평판에 기반한 시스템에서 공정한 정부 기관으로 올라가는 사다리 역할을 했다. 그러나 종교는 모든 협력 기제와 마찬가지로 서로 경쟁하는 협력 집단을 만드는 수단이기도 하다. 이 협력 기제의 작동 방식은 다음과 같다.

종교는 대개 목에 십자가, 얼굴에 히잡, 이마에 비부티vibhuti, 손목에 피릿pirit 끈, 머리에 야물케yarmulke 같은 부족적 표식을 사용한다. 표식을 통해 종교인은 서로를 식별할 수 있다. 신의 형벌과 인과응보에 대한 두려움 또는 신을 기쁘게 하기 위해 같은 종교를 믿는 형제자매나 움마(모든 무슬림 공동체)에 속한 사람에게 잘해야 한다는 등의 신념과 연결돼 있고 공동체에 의해 유지되는 표식이라면, 표식을 공유하는 두 사람이 만났을 때 다른 사람보다 서로를 신뢰할 가능성이 더 높을 것이다. 히잡이나 제비바(기도 매트에 닿아 이마에 생긴 굳고 변색된 무슬림 특유의 기도 자국)는 다른 사회에는 없는 드문 관습이며 이런 표식이 무슬림의 신념을 나타내는 상징인 세계에서 서로를 모르거나(간접 호혜성) 서로 알더라도(직접 호혜성)도 히잡, 제비바, 얼굴 털, 옷 스타일 등을 통해 동료 종교인을 인지하고 서로 도울 수 있다. 이런 표식이 동료 종교인을 잘 대해 주어야 한다는 신념, 즉 공동체가 권장하거나 강제하는 규범을 뜻한다는 사실을 알기 때문이다. 하지만 궁극 원인과 근연 원인을 구별해 보자. 세계의 주요 종교가 흔히 이런 친사회적 신념을 공유하기는 하지만 반드시 그럴 필요는 없다. 실제로 역사적으로 많은 종교가 그렇지 않았다. 그렇다면 이런 신념은 어떻게 진화했을까?

종교를 고안하려면 마음속에 다른 마음을 표현하는 능력인 정신화, 모든 일에는 목적과 이유가 있다는 목적론적 사고, 마음과 몸이 분리돼 있다는 직관적 심신 이원론 같은 기본적인 인지적 편향이 필요하다. 그런데 편향만으로 전 세계에서 볼 수 있는 다양한 종교적 신념을 완전히 설명하기에는 충분하지 않다. 인지 편향은 기껏해야 초월적인 처벌자에 대한 믿음을 통해 규범을 이해시키고 강제하는 근연적 구성 요소일 뿐이다. 물론 종교마다 적을 사랑하는 것부터 아이를 희생시키는 것까지 다양한 신념을 갖고 있다. 친사회적 믿음이 어떻게 보편화됐는지에 대한 단서는 다양한 규모를 가진 사회의 종교적 믿음을 비교하는 데 있다. 소규모 사회의 신은 세계 주요 종교의 거대한 신과 매우 다르다. 소규모 사회에서는 신이 나무 베기나 수질 오염 같은 구체적이고 국소적인 행위에 관심을 가지지만 성적 습관이나 서로에 대한 친절함에는 상대적으로 관심이 적다. 관심의 범위, 처벌 권한, '선함'의 범위에 제한이 있는 것이다. 반면에 기독교의 신, 알라, 카르마와 같은 대규모 사회의 신 또는 초자연적 처벌 주체는 모든 것을 보고 모든 것을 알고 강력한 처벌 능력을 갖고 있다. 협력하면 현세나 내세에서 보상을 약속하는 선한 존재이다.

사람들은 황금률, 가족 우선주의, 거짓말 하지 않기나 속임수를 쓰지 않기 등 주요 세계 종교의 교리에 공통점이 많다는 사실에 놀란다. 이런 신념이 세계의 주요 종교에 공통적으로 나타나는 현상은 집단이 성장하고 번성하는 데 도움이 되는 형질을 선별한 진화 과정 덕분이다. 즉, 이런 종교가 오늘날까지 성공적으로 유지될 수 있었던 것은 공동의 종교인 사이에서 대규모 협력을 가능하게 했기 때문이다. 실제로 종교가 **초민족적** 범주로서 역할을 했기 때문에 기독교나 이슬람교 같은 종교는 유럽의 여러 민족과 아라비아의 여러 민족처럼 서로 대립하는 수많은 민족이나 부족을 하나로 묶는 역할을 했다. 이런 종교는 교세를 확장하면서 더 많은 수의 집단을 통합했다. 이는 조상이나 지리적 위치에 상관없이 누구나 가톨릭 신자나 무슬림 신자가 될 수 있음을 뜻한다. 따라서 종교는 특정 문화-집단의 신념에 대한 헌신인 동시에 한 집단의 사람들에 대한 헌신의 표현이기도 하다. 종교는 협력을 촉진하는 중요한 수단이지만 동시에 종교적 문화-집단이 서로 경쟁하면서 더 큰 규모의 갈등을 일으킬수 있다.

종교만이 갈등을 일으키는 것은 아니다. 협력과 갈등은 모든 협력 기제를 통해 발생한다. 《햄릿》의 몬터규가家와와 캐풀릿가, 드라마 〈햇필드와 맥코이〉의 햇필드가와 맥코이가처럼 가족과 가족, 마을과 마을, 지역과 지역, 국가와 국가, 그리고 이제는 나토NATO나 유럽연합처럼 공통의 문화적, 종교적 유산으로 묶인 대규모 연합이 또 다른 대규모 연합에 맞서 싸우는 경우가 있다. 그러나 여러 종교가 많은 공통점을 공유하지만 서로 다른 신념이 문제가 되며 이런 신념들은 선택을 받는다.

현재 소수의 종교가 전 세계를 지배하고 있다. 기독교(23억 명), 이슬람교(19억 명), 힌두교(12억 명), 불교(5억 명)가 대표적이다. 이 종교는 왜 강력하고 선하며 초자연적인 형벌을 내리는 힘에 대한 믿음, 가족에 대한 의무, 타인을 돕는 행동의 중요성에 대한 믿음을 공유할까? 문화적 진화의 관점에서 보면 그 이유는 단순하다. 이 정도로 확산된 세계 종교라면 그 종교의 특징이 확산을 촉진했기 때문이다.

서로에게 친절하고 다산을 장려하는 신념은 안정적이고 서로 돌보는 대가족의 형성을 뜻한다. 다만 이 신념이 모든 종교에 보편적으로 있는 신념은 아니다. 어떤 신념은 그것이 종교의 성장과 확산을 촉진하지 못했기 때문에 그런 신념과 종교가 더 이상 우리와 함께하지 못하고 사라진 것이다. 바위에 머리를 부딪히라는 교리는 오래 가기 어려울 것이다.

예를 들어 여러분은 퀘이커교 친구를 사귈 수는 있어도 셰이커교 친구는 사귈 수 없다. 셰이커는 모든 사람의 독신주의를 믿는 퀘이커교에서 파생된 종교로 성직자 계급뿐만 아니라 평범한 사람도 성관계를 하지 말아야 한다고 믿었다. 그래서 셰이커교는 사라졌다.

이런 종류의 신념이 반드시 종교적일 필요는 없다. 행동에 영향을 미치기만 하면 된다. 종교는 잠시 제쳐두고 아메리칸 드림이라는 믿음을 생각해 보자. 사람들로 하여금 위험을 감수하고 더 열심히 일하도록 이끌고, 국가 차원에서도 이런 행동이 성과를 낼 수 있는 충분한 자원과 에너지가 있다면, 국가가 더 많은 에너지를 이용할 수 있기 때문에 그 믿음은 지속될 것이다. 아메리칸 드림이나 '언덕 위의 빛나는 도시'로서의 미국이라는 믿음이 반드시 사실일 필요는 없지만 행동으로 이어질 만큼 충분히 믿을 만하면 족하다. 그리고 그런 행동이 더 강한 미국으로 이어진다면 그 신념은 지속될 것이다. 평등, 자유, 조화, 명예, 애국심도 마찬가지이다.

우리의 가장 위대한 승리와 가장 어두운 비극, 모두를 성취하려면 개인들의 집단이 함께 협력해야 한다. 협력의 규모가 커질수록 더 크고 협력적인 집단 간의 갈등도 커질 수 있다. 우리는 이 책임을 개인에게 돌리는 경향이 있지만(앞서 설명한 것처럼 배워야 할 모델과 피해야 할 모델을 찾는 경향이 있기 때문에), 그 누구도 혼자서는 행동할 수 없다.

블라디미르 푸틴Vladimir Putin은 주머니에 석유를 넣고 다니지 않는다. 러시아 자원에 대한 그의 통제는 자원의 일부 지분을 통해 이익을 얻는 사람(소수 재벌)과 그 재벌의 지지자, 그 재벌의 지지자의 지지자, 그리고 다른 나라의 정치인과 언론으로 이어지는 정치적 후원, 호의, 재성적 이익의 네트워크에 의존한다. 푸틴이 이런 일을 할 수 있는 이유는 효율성 혁신으로 러시아의 에너지를 애초에 필요한 것보다 더 소규모의 협력 집단이 통제하고 이용할 수 있게 됐기 때문이다. 하지만 이런 부패와 갈등에도 불구하고 폭력은 전반적으로 감소했다.

장기 평화?

인간의 마음은 친절할까, 잔인할까? 우리는 근본적으로 협력적일까, 경쟁적일까? 우리는 인종차별주의자일까, 아니면 서로의 차이를 넘어설 수 있을까?

인간의 역사와 끊임없이 이어지는 뉴스피드가 분명히 보여 주듯이 이런 질문에 대한 답은 둘 다라는 것이다. 우리는 멀리 떨어진 사람에게 친절을 베풀 수 있다. 우리는 가까운 사람을 잔인하게 대할 수 있다. 우리는 집단 내에서 협력하지만 그 집단은 경쟁하기도 한다.

인류 역사의 긴 흐름에서 잔인하고 파괴적인 경쟁은 점점 감소해 왔다. 과거에 결투 스포츠는 주류 엔터테인먼트였다. 로마의 원형 극장에서 검투사는 서로 싸우거나 맹수와 대결했다. 오늘날 우리는 피를 흘리지 않는 스포츠를 즐긴다. 과거에 우리는 오락을 위해 고양이를 고문하곤 했다. 오늘날 우리는 유튜브에서 귀여운 고양이 동영상을 보며 즐거워한다.

한스 로슬링Hans Rosling, 스티븐 핑커가 자세히 기술한 바와 같이 지난 수 세기, 지난 수천 년 동안 폭력으로 인한 사망은 전반적으로 감소했다. 여기에는 살인과 전쟁으로 인한 사망도 포함된다. 오늘날 전 세계 거의 모든 곳에서 사람이 사망할 확률은 과거 수 세기 전보다 낮아졌다. 그러나 이 감소세는 20세기에 큰 상처를 남긴 두 차례의 세계대전, 1980년대와 1990년대의 코카인 유행, 1994년의 르완다 대학살, 발칸반도 및 중동 분쟁 등 엄청난 악과 격렬한 폭력의 시기로 점철돼 들쭉날쭉하다.

이런 때일수록 역사의 흐름이 평화와 정의로 향한다는 사실을 상기하면 작은 위안이 된다. 태어나기 전에 자신의 성별, 피부색, 성적 지향, 장애를 모른다면, 그리고 역사의 한 순간을 골라 태어나야 한다면 아마도 지난 수십 년 중에 하루를 고르는 결정이 현명할 것이다. 물론 오늘날에도 엄청난 불평등과 심각한 불공정, 끔찍한 폭력이 만연해 우리 세계에 많은 고통을 야기하는 상황에서, 통계는 그렇지 않다고 제시하거나 특정 시점을 짚어 내는 일이 무의미할지 모른다. 그러나 또 다른 폭력적인 세계 분쟁이나 내전으로 한 세대를 잃게 될 위기, 이런 사건이 불러올 경제적 여파에 직면할 때마다 그래도 폭력이 전반적으로 감소하고 있다는 사실을 상기하는 것은 작은 위안이 될 수 있다.

더 정의롭고 평화로우며 안전한 세상을 만들고 싶다면 왜 폭력이 전반적으로 감소하는지, 왜 감소하는 패턴이 시간, 지역, 사회 집단에 따라 큰 편차를 보이는지에 대한 질문에 답해야 한다. 평화가 지속될지, 아니면 더 확대될지 알기 위해서는 애초에 우리가 어떻게 더 평화로워졌는지 알아야 한다.

앞서 언급했듯이 긴 평화를 설명하는 대중적인 대답은 많다. 유발 하라리Yuval Harari는 인간의 상상력과 지성 덕분이라고 말한다. 스티븐 핑커는 국가의 부상, 상업, 계몽주의적 가치관, 이성의 힘 등 다양한 요인을 꼽았다. 그러나 우리는 평화로우면서도 호전적인 많은 것을 상상할 수 있고, 선과 악을 위해 지성과 이성을 사용할 수 있으며, 계몽수의는 다양한 사상을 낳았고, 국가의 부상 자체에 대해서는 별도의 궁극적인 설명이 필요하다. 특정 사상이 평화를 만든다고 말하는 태도는 유전자가 협력을 가능하게 한다고 말하는 것과 같다. 유전자는 유전적 선택의 자양분이고 사상은 문화적 선택의 자양분이다. 문제는 왜 어떤 사상은 확산되고 어떤 사상은 확산되지 않았는가 하는 것이다.

계몽주의를 생각해 보라. 독일의 철학자 임마누엘 칸트Immanuel Kant는 "자유는 인간이 타고난 유일한 권리이며 인간성의 힘에 의해 주어진다"와 같은 찬사를 받을 만한 사상을 제시하기도 했지만 "인간성은 백인 종족에서 가장 완벽하게 발휘된다"와 같은 개탄할 만한 사상을 제시하기도 했다. '계몽주의적 가치'는 설명이라기보다는 현재 우리가 가진 가치에 대한 찬양에 가까운 순환적 추론이다. 우리가 지금 '칭찬할 만하다'라고 여기는 가치의 확장과 '개탄스럽다'라고 여기는 가치의 거부는 설명이 아니라 세상이 더 평화로워졌다는 것을 보여 주는 또 다른 예일뿐이다. 우리에게는 궁극적 설명이 필요하다.

삶의 법칙은 크고 작은 갈등을 거치며 폭력이 전반적으로 감소하는 패턴을 만들 수 있다. 이를 설명하기 위해 나와 에릭 슈넬Eric Schnell, 로빈 시멜페니히Robin Schimmelpfennig는 에너지 잠금을 해제하기 위해 다양한 수준의 협력을 요구하고, 잠금 해제된 에너지가 다양한 수용 능력을 요구하는, 서로 다른 EROI를 가진 여러 에너지원의 맥락에서 협력을 공식적으로 모델링했다. 이 모델은 사슴 사냥이라는 협력 모델을 기반으로 한다.

사슴 사냥 게임은 두 사람이 협력의 두 가지 수준 사이에서 결정을 내리는 역학 관계를 포착한다. 두 사람은 (1) 상대방이 무엇을 하든 상관없이 혼자서 토끼를 사냥해 식량 1단위를 보장받거나 (2) 서로 협력해 에너지가 더 큰 사슴을 잡으려고 노력한다(가령 식량 6단위를 획득해 각각 3단위를 받는다). 문제는 사슴을 잡을 수 있을지 확실하지 않다는 것이다. 우리 조상은 물론이고 현재의 수렵 채집인도 십중팔구 사냥에 실패하고 빈손으로 돌아온다. 따라서 보장된 토끼를 잡으러 가는 대신에 불확실한 보상을 얻으려고 사슴을 사냥하러 가야 한다. 게다가 상대방이 사슴을 사냥할 의지가 확고한지도 불확실하다. 하지만 혼자서 사슴을 잡으려고 하면 아무것도 얻을 수 없다. 이것이 사슴 사냥의 기본적 딜레마이다. 우리는 다양한 규모의 협력 및 폭력 감소를 포착하기 위해 수식을 수정했다.

현실 세계에는 사슴뿐만 아니라 버펄로와 고래처럼 더 큰 동물도 있다. 나무뿐만 아니라 석탄, 석유, 천연가스, 핵분열, 핵융합도 있다. 그리고 현실에서는 단지 두 명의 플레이어만이 아니라 더 많은 사람이 있다. 각 보상에는 협력자 수에 따라 다른 수준의 불확실성을 가진 다른 수의 협력자가 필요하다. 이런 복잡성을 모델링하면 현실과 정확히 일치하는 결과를 얻을 수 있다.

각 에너지원은 대규모의 에너지 잉여를 해제해 더 큰 수용 능력을 만들어 낸다. 우리 사회는 이 잉여 에너지로 운영된다. 잉여 에너지는 곧 더 많은 잠재적 협력자를 뜻한다. 더 큰 에너지원은 최소 인원을 더 많이 필요로 한다. 주어진 에너지원의 경우, 사람이 많을수록 에너지원을 성공적으로 포획할 확률은 높아지지만 사람이 많을수록 1인당 에너지는 감소한다. 이는 몇 가지 흥미로운 역학 관계로 이어진다.

첫째, 이미 대규모로 협력하고 있다면 더 큰 규모의 협력에 도달하기가 더 쉽다. 산업화된 사회는 (적절한 기술을 이용할 수 있더라도) 산업화 이전의 농경 사회보다 핵융합에 더 쉽게 도달할 수 있으며 수렵 채집 사회보다 농경 사회가 산업화하기가 더 쉽다. 50명 또는 500명이 필요한 프로젝트보다 5명이 필요한 프로젝트를 위해 팀을 구성하는 일이 얼마나 쉬운지 생각해 보라. 아무것도 없이 처음부터 팀을 구성하는 일은 어렵다. 대규모 프로젝트의 경우, 기존 구성원에 몇 명만 더 추가하면 되는 대규모 협력 집단이 있다면 기존 팀을 확장하는 방식이 아예 처음부터 새로 만드는 것보다 훨씬 쉽다.

이 모델에 따르면 새로우며 더 많이 이용할 수 있고 EROI가 높은 에너지원이 등장해 더 큰 가능성의 공간을 만들 때마다 폭력이 줄어드는 결과가 나타났다. 그러나 흥미로운 점은 수용 능력이 필요한 협력자 수를 초과함에 따라 우리가 보통 부패라고 부르는 현상이 발생해 오히려 소규모 협력이 우세해진다는 점이다. 소규모 집단은 대규모 집단보다 더 많은 양의 잉여 에너지를 포획하기 위해 협력해 1인당 더 높은 에너지 수익을 얻을 수 있었다. 게다가 인구가 늘어나거나 에너지 천장이 낮아지면 풍요가 결핍으로 바뀌면서 대규모 집단 간에 갈등이 발생한다. 간단히 말해 에너지가 충분하면 국가 같은 대규모 협력 집단 내에서 전반적으로 협력이 증가하고 그에 따라 폭력도 감소한다. 그러나 이런 평화는 1인당 에너지 수익이 더 높은 소규모 협력 집단의 폭력(더 적은 에너지로 더 많은 일을 할 수 있게 하는 효율 혁신으로 소수의 사람이 같은 에너지를 더 많이 확보해 발생한다)이나 때때로 희귀 자원을 두고 경쟁하는 대규모 협력 집단 간 폭력에 의해 중단된다. 내부 갈등과 더 큰 규모의 갈등으로 폭력이 감소하는 경향이 중단되는 현상도 같은 패턴의 일부이다. 그러나 평화가 아예 멈추는 일은 드물기에 현실 세계에서 이를 통계적으로 감지하기는 어렵고 마치 잡음처럼 보일 수 있다. 이런 설명은 협력의 기제를 포함해 우리가 아는 모든 인간에 대한 이론과 일치한다. 제1차 세계대전과 제2차 세계대전 같은 전쟁은 잡음이 아니었다.

EROI가 낮아지고 에너지가 부족해질수록 내부 충돌과 대규모 충돌은 피할 수 없다. 우리가 그 갈등의 근본 원인, 즉 에너지 부족과 대규모 협력에 대한 여타의 위협을 해결하지 않는 한 말이다.

요약하자면, 사람들은 가용 에너지와 자원에 접근하기 위해 점점 더 큰 집단으로 협력한다. 이런 집단 내에는 더 많은 평화와 협력, 친절이 존재한다. 그러나 이런 집단 사이에는 종종 잔인함, 착취, 파괴적 폭력도 존재한다. 더 큰 집단은 법 앞에 만인이 평등하다는 생각, 차별에 대한 낙인찍기, 능력주의의 공정화 같은 가치와 규범을 발견하고, 이 가치와 규범은 평판과 제도를 통해 확산된다. 가치와 규범은 자명하지는 않지만 충분한 자원이 있다면 더 큰 규모의 협력을 지원할 수 있다. 그런데 우리의 협력, 혁신, 지능은 서로 다른 상호 연결된 규범을 가진 가능한 세계 중에서 선택하는 진화적 힘의 결과이다. 성공적인 신념은 이성, 인과적 이해, 지식이 아니라 그것이 세계와 인간에 미치는 효과에 의해 지속된다.

대분기Great Divergence는 산업혁명으로 인해 유럽이 산업화 이전의 모든 제국을 제치고 유라시아를 비롯한 다른 지역의 제국을 추월한 현상을 지칭한다. 그 후 다른 여러 국가가 이 기간 동안 축적된 에너지와 혁신을 바탕으로 이른바 '대수렴Great Convergence'이라는 이름으로 유럽 국가를 따라잡았거나 따라잡기 위해 노력 중이다.

산업화 이후 급격한 부의 증가, 에너지 확보, 인구 규모, 국가와 정치의 규모, 아동 생존율, 인권, 기타 모든 진보와 사회 발전의 지표는 역사학자 이언 모리스Ian Morris의 말처럼 "세계 초기 역사의 모든 드라마를 조롱거리로 만들었다"라고 할 수 있다. 그러나 이런 급속한 발전은 모두 화석 연료, 문화-집단 선택, 우리가 함께 일하고 혁신하며 더 똑똑해지는 방법을 진화를 통해 찾아낸 덕분이다. 하지만 놀라운 발전은 가혹한 맬서스의 논리에서 일시적으로 벗어난 것에 불과할 수도 있다.

우리가 이룩한 모든 성과는 풍부하고 밀도가 높으며 EROI가 높은 에너지원에 대한 지속적인 접근이 전제돼야 하며 그렇지 않으면 다시 추락할 것이다. 에너지 요금은 오르고 재량 예산은 줄어들고 내 집 마련은 점점 더 어려워질 것이다. 물가 상승 때문에 여행하고 친구들과 외식을 즐기며 가족을 부양하고 우리가 좋은 삶의 일부라고 생각하는 모든 일을 하기가 어려워질 것이다. 모두 EROI와 에너지 풍요의 감소 때문이다. 우리의 여유는 모두 잉여 에너지에서 나온다. 에너지 풍요가 결핍으로 바뀌면서 우리가 뼛속 깊이 느끼는 것은 바로 우리가 점진적으로 추락하고 있다는 감정이다. 그 뒤에는 사회 전체의 자유 낙하가 기다릴 것이다.

삶의 법칙으로 돌아가기

에너지를 사용할 수 있게 되면 생명체는 더 크고 복잡한 단위로 협력하고 그 에너지로 더 많은 일을 할 수 있는 혁신적인 방법을 발견한다. 지열 에너지와 태양이 데운 물을 달이 휘저어주는 것만으로도 단순한 자기 복제 단세포 생명체가 진화하기에 충분했다. 그러나 일단 단세포 생명체가 이 에너지를 활용하도록 진화한 후에는 나중에도 활용 가능한 에너지 저장 패키지가 진화했다. 그래서 협력하고 함께 일하는 단일 세포의 모임, 즉 다세포 생명체는 이 에너지 저장소를 먹도록 진화할 수 있었다. 이런 과정을 통해 태양 에너지를 활용하는 데 특화된 식물, 식물에 저장된 태양 에너지를 먹는 데 특화된 초식동물, 초식동물의 저장된 에너지를 먹는 데 특화된 육식동물이 진화했다.

인류 역사 내내 에너지 수익은 시간에 대한 일대일 수익이었다. 수렵 채집인이 채집하는 식량의 양은 식량을 채집하는 데 소비한 시간의 함수였다. 사냥감이 크고 쉽게 구할 수 있다면 인구는 이 에너지 천장을 충족할 때까지 늘어나고 풍요는 다시 결핍으로 바뀌었다. 이어서 더 큰 인구와 더 큰 집단적 두뇌는 더 효율적인 사냥, 채집, 식품 가공을 혁신해 잉여 에너지를 증가시켰다. 두 가지 주요 혁신은 불과 요리였다. 하지만 다시 한번 풍요가 결핍으로 바뀌었다. 이를 깨뜨리기 위해서는 더 높은 에너지 천장이 필요하다.

가계 예산을 생각해 보라. 적은 노동으로 많은 돈을 번다면 훨씬 더 많은 일을 할 수 있다. 그리고 소득 증가는 항상 지출 감소를 능가한다. 더 많은 수입이 더 큰 효율성을 낳는다. 잉여가 있어야만 가정이나 사회가 기본적 수준을 넘어 다음 단계로 갈 수 있다. 잉여가 있어야만 기업이 성장하고 새로운 시장을 정복할 수 있다. 더 많은 예산을 가진 기업이 더 적은 예산을 가진 기업을 이긴다.

나무를 태우고 요리법을 배운 다음, 인류가 이뤄 낸 주요 에너지 혁신은 농업이었다. 농업은 인류 최초의 에너지 혁명이었으며 태양 에너지를 의도적이고 효율적으로 활용해 안정적 식량을 확보함으로써 에너지가 풍부하지 않은 소규모 수렵 채집인과 경쟁할 수 있었다. 안정적 식량 공급은 인구 증가로 이어졌고 이는 다시 결핍을 가져왔지만 재차 에너지를 더욱 효율적으로 사용할 수 있는 혁신으로 이어졌다. 이제 동물을 먹이고 길들일 수 있는 충분한 잉여 식량이 생겼다. 따라서 쟁기를 손으로 잡는 대신 소에게 쟁기를 달 수 있었고 우리가 재배한 농작물과 기른 가축이라는 형태로 포획한 태양 에너지를 통해 일할 수 있는 양을 효과적으로 늘릴 수 있었다.

다음으로 에너지의 문을 연 것은 고대 유기체가 고밀도로 저장한 태양 에너지, 즉 화석 연료를 태우는 것이었다. 이는 산업혁명으로 이어져 할 수 있는 일의 양을 대폭 늘렸다. 다시 말하지만 인구가 증가하면서 혁신 역량도 함께 증가했다. 소로 쟁기질을 하는 대신에 화석 연료를 사용하는 트랙터를 사용할 수 있게 됐다. 그 결과 산업 사회는 비산업 사회를 압도했다. 에너지를 사용할 수 있게 되면 혁신 과정을 통해 에너지를 더 효율적으로 사용할 수 있고 더 많은 자원을 활용할 수 있으며 심지어 이전에는 살 수 없었던 곳(두바이나 애리조나주 피닉스 같은 곳)에서도 살 수 있게 된다.

모든 에너지 혁명이 그렇듯이 인구는 다시 증가했다. 화석 연료의 에너지는 너무 풍부해서 풍요로움이 결핍으로 바뀌는 데 무려 2세기가 걸렸다. 그리고 지금이 바로 결핍의 시점이다.

적절한 조건만 갖춰진다면 현재의 에너지 예산으로도 에너지 활용에서 획기적인 발전을 이룰 수 있다. 하지만 이것이 필연적이지는 않다. 에너지가 감소함에 따라 에너지가 풍부한 대규모 협력 집단 간의 갈등이 발생할 가능성이 커진다. 협력의 규모가 작은 집단은 항상 적은 인원으로 1인당 더 많은 에너지를 확보하려고 노력할 것이다. 에너지가 부족할 때 부패와 내전으로 인한 비용은 더 커진다. 에너지 천장이 낮아질수록 국제 전쟁과 내전의 위협은 더욱 가까이 다가온다.

모든 복잡한 생명체는 박테리아, 바이러스, 암과 같은 저차원적 협력체와의 싸움을 계속하고 있다. 이런 사실은 코로나19 팬데믹으로 그 어느 때보다 분명해졌다. 마찬가지로 모든 선진 사회는 여전히 부패, 속임수, 자기 집단 편애 같은 저차원적 협력을 맞닥뜨리고 있다. 그러나 이런 하부 질서가 초래할 위협은 어느 정도 에너지 가용성에 달려 있다.

유기체와 사회는 스스로를 돌보지 않을 때, 즉 자원과 에너지가 제한돼 있을 때 병이 든다. 주차장에 갔는데 다른 차가 부당하게 주차 공간을 차지한다면 어떻게 반응할까? 빈 곳이 충분하다면 기꺼이 양보할 수 있다. 하지만 모든 공간이 꽉 차 있고 30분 동안 차를 몰고 빙빙 돌아다녔다면 상황은 다르다. 인종, 민족, 정치, 경제적 지위에 따른 소수 집단 등 사회에 항상 존재하는 균열이 양극화되고 분열할 수 있다. 우리가 관심을 갖는 대상에 대한 도덕적 범위가 좁아질 수 있다.

곳간에서 인심 나는 법이다.

하딘의 목초지 넓히기

삶의 법칙에 따라 우리는 풍부하고 높은 EROI를 가진, 밀도 높은 에너지원이 창출하는 가능성의 공간을 가로지른다. 우리는 더 적은 자원으로 더 많은 일을 하기 위해 분투하며 협력의 규모를 전환한다. 이런 역학 관계에 대해 생각하는 좋은 방법은 개릿 하딘의 말을 다시 떠올리는 것이다.

공유지의 비극은 정해진 수의 농부와 그 가족을 부양할 수 있는, 고정된 크기의 단일 밭을 공유하며 발생하는 과잉 사용과 그에 따른 자원 고갈 문제를 설명한다. 노벨 경제학상 수상자인 엘리너 오스트롬Elinor Ostrom은 이 문제를 해결할 수 있는 공동 운영의 원칙을 제시했는데 이 원칙은 지역 사회가 공동으로 자원을 관리하며, 목초지를 지속 가능하게 보장하는 협력 기제를 포함한다. 대부분의 논의는 이 지점에서 설명을 멈추지만 모든 인간에 대한 이론은 여기서 한발 더 나아간다.

우리가 첫 번째 목초지를 보존하고 풍요와 안정성을 경험하면 어떤 일이 일어나게 마련이다. 먼저, 진화 법칙에 따라 잉여가 발생하면 우리가 영원히 가족과 함께 같은 목초지에서 정체돼 살 리 없다. 농부 중 일부는 새로운 목초지를 찾아 떠날 것이다. 일부는 더 큰 목초지를 만들어 더 많은 사람을 부양할 수 있다. 어떤 목초지에는 사람이 너무 많아서 다른 목초지를 점령할 필요가 있을 정도로 과잉 인구가 생길 수도 있다. 이런 목초지 간 경쟁이 없다면 소수의 농부가 마을 전체를 희생시키면서까지 자신과 가족을 위해 더 많은 자원을 가져가려고 할 수 있다. 이것은 경쟁을 거쳐 선택된 혁신과 협력을 통해 서로 다른 신념, 행동, 규범, 사회 조직이 분야 간, 분야 내로 확장되는 진화 과정이다.

충분한 목초지와 농부, 잉여 식량으로 인해 농부의 자녀 중 일부는 이제 농사 이외의 다른 일을 하며 시간을 보낼 수 있다. 일부는 길들인 소로 쟁기를 끌거나 연료를 넣고 트랙터를 운전하는 방법을 알아낼 수 있다. 이런 혁신은 목초지를 더 효율적으로 경작할 수 있게 하며 목초지를 더 넓히거나 더 친환경적으로 만들 수 있다. 에너지 활용을 통해 효율성을 높이는 혁신은 농사짓는 시간에 비해 더 많은 식량을 수확할 수 있다는 사실을 뜻하며 더 적은 수의 농부가 더 많은 마을에 식량을 공급할 수 있게 된다.

더 많은 사람과 더 많은 에너지는 더 많은 사람이 과학과 공학뿐만 아니라 예술, 문학, 엔터테인먼트 등 다른 분야를 개선하고 다른 기술과 지식을 개발할 수 있음을 뜻한다. 이는 필연적으로 에너지와 에너지 제어에 관한 혁신을 부르는 새로운 아이디어로 이어진다.

효율성 혁신과 더 큰 에너지 제어 혁신으로 주도되는 성장과 확장, 풍요와 결핍이라는 패턴은 우리가 공유하는 목초지를 불태우지 않으려는 우리 감성에서 비롯된다. 이것이 인류 여정의 핵심이다.

모든 인간에 대한 이론과 삶의 법칙에 구현된 이런 패턴은 우리의 유전적, 문화적 유산을 이해하고 우리가 함께 학습하고 알고 혁신하는 방식을 파악하며 한 종으로서 우리가 어디까지 왔는지, 그리고 어디로 향하고 있는지를 엿볼 수 있는 렌즈이다. 앞을 내다볼 때 우리는 배를 더 잘 조종할 수 있다.

이 책의 두 번째 부분에서는 우리가 어디로 가고 있는지 알아볼 것이다. 우리가 가야 할 곳은 다음 단계의 에너지 풍요로움이다. 이를 위해서 몇 가지 수수께끼를 풀어야 한다. 예를 들어 경제학을 괴롭히는 한 가지 수수께끼는 왜 컴퓨팅과 기술 분야에서 큰 혁신이 있었음에도 불구하고, 즉 인터넷의 등장으로 생산량이 증가했는데도 왜 생산성, 즉 생산 속도는 더디게 증가하는지에 관한 것이다. 경제학자 로버트 솔로Robert Solow는 "모든 것이 컴퓨터 시대에 있다. 생산성 통계만 빼고"라고 말했다. 그 이유 중 하나는 인터넷과 컴퓨팅이 산업혁명보다는 그에 앞선 계몽주의와 더 비슷하다는 것이다.

계몽주의는 말 그대로 인간 로켓을 우주로 쏘아 올린 발사 플랫폼이자 초기 점화 장치였다. 계몽주의가 밝혀낸 지식은 결국 에너지 밀도가 높은 화석 연료를 제어하는 물리적 혁신으로 이어져 인류가 할 수 있는 일을 크게 앞당겼다. 우리는 생산량뿐 아니라 생산성을 진정으로 향상한 이 혁명의 혜택을 누리며 살아가고 있다.

그러나 다음 단계로 나아가는 진보를 가로막는 장벽이 있다. 어떻게 하면 그 장벽을 넘어설 수 있을까? 어떻게 하면 인류를 재결합하고 21세기를 위한 통치 제도를 개발하고 더 공정한 세상을 만들고 창의적 폭발을 일으키고 모든 사람의 잠재력을 극대화할 수 있을까? 그리고 반대로 우리를 분열시키고 공동체의 권리를 박탈하고 불평등을 심화하고 혁신을 늦추고 인간의 잠재력을 낭비하는 등 우리를 반대 방향으로 밀어붙이는 힘을 어떻게 극복할 수 있을까?

2부

우리는
어디로 가고 있는가

생물학자 E. O. 윌슨E. O. Wilson은 "우리는 스타워즈 문명을 창조했다. 구석기 시대의 감정, 중세의 제도, 신적인 기술이 함께 나타나는 문명이다"라고 말한 적이 있다. 그는 인류가 이룩한 놀라운 업적과 우리 개인의 한계를 설득력 있게 병치했다.

1부에서는 우리가 누구이며 어떻게 여기까지 왔는지, 지구상의 모든 생명체를 설명하는 네 가지 삶의 법칙과 우리 종을 설명하는 모든 인간에 대한 이론을 알아봤다. 이를 통해 우리는 우리 자신과 사회, 우리의 지능과 창의성, 협력과 잔인함을 동시에 지닌 우리의 능력을 이해할 수 있게 됐다.

루소는 인간의 본성은 선천적으로 선하지만 사회에 의해 타락한다고 믿었다.

홉스는 인간의 본성은 악하고 잔인하지만 사회에 의해 문명화된다고 믿었다.

홉스는 틀렸고, 루소도 틀렸다.

그들은 질문조차 제대로 하지 않았다. 이제 우리는 인간 본성이

단일한 성질이 아니라는 사실을 안다. 인간의 본성은 양육에 깊이 뿌리박고 있으며 우리가 양육하는 방식은 우리의 본성에서 나온다. 우리는 이제 인간 행동에 대한 본성 대 양육 논쟁이 인간의 보행에 대한 오른쪽 다리 대 왼쪽 다리 논쟁만큼이나 말이 되지 않는다는 사실을 안다. 우리는 서로 떼려야 뗄 수 없는 이중적인 유산을 물려받았다.

인간의 본성은 협력, 에너지, 혁신 법칙으로 형성된 우리의 규범 및 제도와 함께 진화해 왔다. 이런 관점에서 볼 때 우리가 그동안 해방한 에너지가 만든 가능성의 공간에 감탄을 보낼 수밖에 없다. 막대한 에너지 예산을 효율적으로 사용할 때 우리의 생산성은 증가한다. 화석 연료는 우리의 에너지 예산을 천문학적으로 확장했다. 잉여 에너지는 효율성과 협력을 위한 기술 발전과 사회적 혁신의 원동력이 되었다. 에너지 예산의 미래가 다음에 무엇이 올지를 결정할 것이다. 우리가 나아가는 곳은 필연적이지 않다. 그것은 선택이다. 누가 그 선택을 하고 어떻게 선택할 것인가?

모든 인간에 대한 이론과 삶의 법칙으로 무장하면 오래된 문제에 새로운 해결책을 제시할 수 있다. 우리는 궁극적인, 시스템 차원에서 원인을 이해하고 앞으로 다가올 도전을 예측하며 과학을 적용해 새로운 해결책을 만들 수 있다. 우리는 과학이 데려다줄 수 있는 한도까지 갈 것이며 거기서 조금 더 나아갈 것이다.

산업혁명 이후 10세대가 지났다. 지금까지 에너지 천장은 성장과 풍요의 상승기에 있었다. 그 천장이 너무 오랫동안 높았기 때문에 오늘날 살아 있는 거의 모든 세대가 어떤 한계도 없다고 느낀 시기를 살았다. 오늘날 살아 있는 그 누구도 그 이전 시대를 기억할 수 없다. 데이터는 너무 추상적이어서 제대로 이해하기 어렵다.

산업혁명 이후 발명된 우리의 경제 체제는 거의 전적으로 효율성 혁신, 즉 적은 에너지로 더 많은 일을 하는 방법(혁신 법칙)에 초점을 맞추고 있으며 **잉여 에너지의 총가용량**(에너지 법칙)은 무시하고 있다. 하지만 이제 에너지 천장이 무너지고 있다. 성장의 시대는 끝났고 에너지 확장이 필요하지 않은 기술 혁신으로도 효율성을 개선할 수 있는 방법이 없어 생산성의 대침체를 겪고 있다.

에너지 천장은 효율성 측면에서 기술 혁신보다 훨씬 더 중요하다.

집의 난방 시스템을 얼마나 더 효율적으로 만들 수 있는지에는 한계가 있다. 결국 집을 따뜻하게 유지하려면 최소한의 에너지가 필요하다.

더 좋은 무기나 더 나은 기술로 사냥한다고 해도 그 효율성에는 한계가 있다. 결국 칼로리 수익은 우리가 사냥하는 동물에 따라 달라진다.

새로운 기술이 주어진 에너지에서 끌어낼 수 있는 효율성에도 한계가 있다. 포드사의 조립 라인은 더 효율적인 공장을 만들었지만 여전히 최소한의 에너지가 필요하다.

에너지가 너무 오랫동안 풍부했기 때문에 우리는 그것을 당연하게 여겼고 우리의 더 크고 똑똑한 집단적 두뇌는 더 적은 자원으로 더 많은 일을 할 수 있도록 효율성을 혁신했다.

이제 에너지 천장이 낮아지고 효율성 혁신이 한계에 도달함에 따라 가능성의 공간은 축소되고 있다. 이 압박은 사회에 균열을 일으키고 심지어 사회를 파괴하고 있다. 다가오는 세기는 우리가 에너지 천장을 지탱하고 천장을 높이며 지구를 청소하고 우주를 여행하는 은하계 문명이 되는 발판을 마련할 것인지, 아니면 천장이 무너져 다음 에너지 단계로 도약하는 데 필요한 고가용성, 고밀도의 EROI를 가진 에너지 자원이 서서히 고갈되며 혼란스럽고 기후가 변화한 지구에 영원히 갇혀 있을 것인지 결정하게 될 것이다.

EROI가 떨어지고 고밀도 에너지원이 부족해짐에 따라 우리는 자원을 파고 시추하고 채굴하고 남은 자원을 놓고 다투면서 지구에 상처를 입히고 있다. 기후 변화로 가뭄과 홍수가 반복되고 생활필수품의 공급이 중단되는 일을 겪으면서 한정된 자원을 둘러싼 새로운 도전 과제가 생겨났다. 21세기의 첫 10년 동안 시리아에서는 가뭄으로 비옥했던 땅이 사막으로 변했다. 흉작으로 농작물 수확량이 줄자 사람들은 농장에서 도시로 이주했다. 부족한 자원과 갑작스러운 이주민 유입은 불만을 일으켰다. 불만은 시위로 이어졌다. 시위는 내전으로 번졌다. 얼마 지나지 않아 문제는 시리아 국경을 넘어 유럽으로 번졌다. 예상치 못한 손님을 위해 식료품을 충분히 사지 못한 집주인처럼 유럽은 난민을 수용하기 위해 분주하게 움직였다. 모든 사람이 새로운 이민자의 유입을 반기는 것은 아니어서 유럽 전역에서 우파 포퓰리스트의 명성과 세력이 커졌다. 난민 위기가 절정에 달했던 2015년, 영국인의 45%는 유럽 대륙의 난민 위기가 브렉시트 국민 투표에서 탈퇴에 투표할 가능성을 높였다고 답했다. 외국인 혐오증은 탈퇴 투표를 강력하게 예측하는 변수였다. 난민 위기가 브렉시트의 원인은 아니었지만 투표 결과를 뒤집는 데는 충분했을 수 있다. 2016년, 영국은 스스로 경제적, 정치적 외딴섬이라고 선언하며 투표로 유럽연합 탈퇴를 결정했다. 그러나 시리아에서 일어난 일은 그리 특별한 일이 아니다.

아프리카에서는 '전례 없는'과 '사상 최고'가 새로운 세기의 기후 캐치프레이즈가 됐다. 부족한 강수량과 범람하는 강은 식량 불안을 야기하고 농부와 목축업자, 그리고 여러 지역 간의 물과 목초지, 토지를 둘러싼 폭력적 분쟁을 증가시켰다. 불안정한 정세와 재난으로 수백만 명의 이주민이 우간다와 수단 같은 국가로 밀려들었다. 서방은 자신의 문턱에 오지 않은 문제는 그냥 무시했다. 그러나 우리는 일시적으로 나쁜 시기를 겪고 있는 것이 아니다. 모두 앞으로 다가올 어려움을 예고하는 징후이다.

오늘날 우리가 기술의 경이로움 속에서 살 수 있는 것은 오래전에 죽어 화석화된 생명체의 희생 덕분이다. 충전되는 데 수백만 년이 걸린 탄소 배터리를 불과 몇 세기 만에 소진하면서 우리는 더욱 세계화되고 더욱 다양해졌다. 이런 세계화는 전문화를 통해 효율성을 높였지만 중앙집중식 생산으로 이어졌다. 중앙집중식 생산은 공급망의 탄력성과 유연성을 떨어뜨렸다. 정보 경제의 핵심인 자원과 기술을 예로 들어 보자.

대만에서만 전 세계의 휴대전화, 노트북, 웹 서버를 구동하는 컴퓨터 칩 10개 중 9개를 생산한다. 리튬은 현대 생활에 필수적인 다른 전자 제품 중에서도 배터리 기술에 매우 중요하다. 전 세계 리튬 매장량의 거의 절반이 칠레에 있다. 매장량의 나머지 40%는 호주와 중국에 있다. 이런 의존도는 태양광 패널에 전력을 공급하고 기술을 구축하는 데 필요한 거의 모든 필수 광물 자원에서도 마찬가지이다. 태양광 패널 10개 중 7개는 중국에서 제조된다. 20%는 동아시아와 동남아시아에서 제조된다. 그런데 우리는 앞으로 올지도 모를 공급망 충격에 대비하고 있지 않다.

우리 사회의 문화적 다양성은 혁신을 강화하지만 동시에 분열을 초래할 수도 있다. 또한 전 세계적으로 제도와 개인 간의 신뢰가 저하되고 있다. 기술적 효율성이 향상됨에 따라 소수의 인물이나 집단이 막대한 부를 축적할 수 있게 됐다. 이는 부의 불평등과 권력의 불균형을 심화하며 정치적 의사 결정 과정에 편향을 초래한다. 따라서 세대가 바뀔 때마다 에너지 예산 배분의 효율성이 떨어지고 있다.

이런 사회적 도전만으로도 벅찬데 더욱 다양하고 불평등하며 분열된 우리 사회는 브라질과 유럽의 수력 발전을 중단시키는 가뭄과 건조한 여름, 식량 공급 감소로 이어지는 가스 부족, 전 세계적인 팬데믹과 그에 따른 모든 결과에 이르기까지 갑작스러운 충격에 대처해야 하는 과제를 안고 있다. 게다가 소셜 미디어 덕분에 공통의 관심사를 기반으로 새로운 부족을 만들고 있으며, 서로가 서로를 곱지 않게 보고 있다.

현실 세계와 온라인의 공공 공간은 모두 전쟁터와 같다. 이곳에서 다양한 문화-집단이 세상을 향한 아이디어와 비전을 제각기 떠벌리며 우위를 점하기 위해 서로 경쟁하고 진화 법칙에 따라 다양한 규모의 협력을 창출하는 동시에 에너지를 놓고 경쟁한다. 이런 아이디어 중 일부는 희망의 이유이고 일부는 절망의 이유이기도 하다. 저자로서 내 염원은 이 책을 읽고 나면 지저분하고 혼란스러운 인간 세상이 조금 덜 지저분하고 혼란스럽게 느껴지는 것이다. 그리고 앞으로 더 나은 결정을 내릴 수 있도록 마음의 준비를 갖추게 되기를 바란다. 왜냐하면 오늘 우리가 내리는 결정이 우리의 미래가 어떤 모습일지, 우리에게 남아 있는 선택지가 무엇인지를 결정하기 때문이다. 어떤 미래가 **우리의** 미래일까?

어떤 미래에서 우리는 EROI가 계속 감소함에 따라 과거의 멜서스적 디스토피아에 갇혀 영원한 제로섬 갈등 속에 산다. 현재와 같이 다양한 이방인으로 구성된 대규모 사회에서 협력을 이끌어 내는 충분히 크고 접근 가능한 에너지원이 없기 때문이다. 이런 미래에서 우리는 상황에 따라 어쩔 수 없이 선택하게 되고 소규모 협력 집단으로 양극화되며 이념적 선을 넘나들며 명료하게 생각하지 못하고 자기만의 입장에 고착될 것이다. 이런 미래에서 우리는 점점 더 격화되는 갈등 속에서 서로 싸우게 될 것이다. 여러분도 눈치챘겠지만 우리는 이러한 변화의 시작점에 서 있다.

붕괴는 하루아침에 일어나지 않는다.

붕괴는 점진적인 쇠퇴이다.

에너지가 비싸지면 요금 청구서의 금액이 올라간다. 음식, 교통비, 그 밖의 모든 인프라가 죄다 비싸진다. 오늘날 처음으로 자식 세대가 부모보다 더 열악한 삶을 살고 있고, 인간의 잠재력을 최대한 발휘하는 창의적 욕구부터 식량, 물, 주거에 대한 기본적 욕구까지, 심리학자 에이브러햄 매슬로Abraham Maslow가 창안한 욕구 단계에서 점점 더 많은 사람이 기본적 욕구만 충족하는 아래 단계로 내려가고 있다. 우리가 아무리 지속 가능성을 높이거나 절약을 강조해도 현실을 피할 수는 없다. 수 세기에 걸쳐 빈곤을 줄이기 위해 우리가 이룩한 진전이 불과 몇 년 만에 역전되고 있으며 통제할 수 없는 힘에 맞서 싸우면서 우리의 높은 이상은 사라지고 있다. 자유민주주의, 표현의 자유, 다원주의는 더 풍요로운 시대의 이상이 되어 늘 결핍을 느끼는 현실에서 배부른 소리로 여겨진다.

이런 미래에서는 불평등이 계속 증가하고 혁신은 계속 정체돼 정부의 모든 경기 부양 시도가 빛을 발할 수 없다. 우리는 믿을 만한 사람으로 구성된 더 작은 부족 내에서만 협력하며 그 외의 집단과는 싸울 것이다. 태즈메이니아인처럼 우리는 과거로 퇴보해 우리 조상이 이룩한 기술과 지능의 진보를 잃어버리고 있다. 우리는 지구에 남은 한정된 에너지와 자원을 두고 우리 자신과 서로를 폭력적으로 찢어놓고 있으며 더 이상 다음 에너지 단계를 열기에 충분한 에너지와 협력을 확보하지 못하고 있다.

우리는 지금 춥고 어두운 길을 가고 있다. 하지만 피할 수 없는 것은 아니다.

더 밝은 미래에서 우리는 경쟁하는 다양한 문화-집단의 대규모 인구를 적절하게 다루기 위해 모든 인간에 대한 이론을 활용해 민주주의를 확장한다. 이런 미래에서는 우리 각자가 공정한 경쟁을 통해 부를 쟁취하며 궁극적으로 막대한 에너지 예산을 어떻게 배분할 것인지에 대한 통제권을 놓고 경쟁할 기회를 갖게 돼 불평등의 우려는 사라질 것이다. 이 경쟁은 태어날 때의 우연한 환경에 좌우되지 않는 건강한 경쟁이다. 우리는 창의적 폭발을 통해 혁신에 활력을 불어넣고 에너지 제어에 대한 현재의 모든 노력을 모아 영구적인 핵융합 연료라는 풍요로움에 투자할 것이다. 우리는 별을 향해 나아가고 운이 좋다면 은하계를 아우르는 문명의 첫 세대가 될 수도 있다.

우리 후손은 어떤 미래를 물려받게 될까? 그것은 여러분과 내가 오늘 무엇을 결정하느냐에 달려 있다.

7장

인류를 재결합하기

우리 사회는 분열되고 있다. 미국은 정치적으로나 사회적으로 더욱 양극화되고 있다. 유럽은 우파 민족주의 정당에 대한 지지가 한 세기 만에 최고치를 기록했다. 전 세계적으로도 비슷한 양상이 나타나고 있다.

이런 규모의 사회 문제에는 시스템 차원의 해결책이 필요하다. 시스템이 어떻게 작동하는지 이해하지 못하면 문제는 그대로 남거나 새로운 문제로 이어질 수 있다. 근시안적인 해결책은 새는 파이프를 찾아서 수리하는 대신 구멍에 덕트 테이프를 붙이는 것과 같다. 철학자이자 작가인 로버트 퍼시그Robert Pirsig는 이렇게 말했다.

공장이 무너져도 그 공장을 건설한 합리성이 그대로 남아 있다면 그 합리성은 또 다른 공장을 건설할 것이다. 혁명이 정부를 파괴하더라도 그 정부를 만든 시스템적 사고 패턴이 그대로 남아 있다면 그 패턴은 반복될 것이다.

우리를 묶는 끈은 우리를 갈라놓는 바로 그 끈이기도 하다. 우리는 탐욕과 이기심을 탓하기 쉽지만 이런 악덕은 인류의 역사를 통해 우리의 동반자였다. 악덕은 그 자체로는 설명이 되지 않으며 물론 시스템 차원의 설명도 아니다.

평화롭고 번영하는 사회에서 분명하게 드러나는 높은 수준의 협력을 파괴하는 요인은 낮은 수준의 협력이다. 자기 가족의 부를 위해 국민의 돈을 훔치는 대통령, 친구에게 일자리와 특혜를 주는 기업의 관리자가 그렇다. 이런 유혹은 항상 존재하는데 일자리가 충분하지 않고 세상이 제로섬으로 느껴질 때 우리는 낮은 수준의 협력을 장려하는 악순환의 고리에 빠지고 만다. 사람들의 머릿속에서 제로섬이라는 스위치가 켜지면 분열이 확대되고 협력이 무너지며 소수가 다수를 희생시키면서 점점 더 많은 이익을 얻는다.

우리 사회에서 월급으로 겨우 살아가는 사람은 임금 정체, 양질의 교육 부족, 부담스러운 의료비 등 제로섬이 주는 영향을 가장 먼저 체감한다. 이들은 탄광의 카나리아이다. 이들에게 고통을 안기는 사회적 힘은 결국 우리 모두에게 해를 끼칠 것이다.

성공적인 사회의 목표는 단순한 관용이 아니라 우정과 호의 안에서 조화롭게 협력하는 것이어야 한다. 더 높은 수준의 협력은 세계 주요 종교의 가르침과 일치하는 세속적 열망이다. 높은 수준의 협력을 달성하기 위해서는 공정한 경쟁이 일어날 수 있는 인센티브가 주어져야 한다. 인간은 반드시 완벽한 결과의 평등을 기대하지는 않지만 결과를 추구하는 경쟁 과정은 공정하기를 원한다. 실질적으로 이는 이민을 통해 인구 규모가 증가하면 모든 사람에게 충분한 인프라를 제공할 수 있도록 인프라에 투자해야 한다는 사실을 뜻한다.

주택, 의료, 교육, 기타 필수품에 대한 접근성은 인구 증가와 보조를 맞춰야 한다. 인종주의, 차별, 민족주의, 부족주의, 양극화는 궁극적인 원인이 아니라 이 문제가 해결되지 않았을 때 우리가 처하게 되는 상황에 대한 근접적인 증상일 뿐이다. 이는 결국 악순환의 고리로 이어져 우리가 돌봐야 할 대상의 범위를 줄일 수 있다. 버스 운행이 느려지고 주차장을 찾기 힘들어지면 우리는 자기 가족, 친구, 계급, 인종을 편애하고 공동의 선을 위해 함께 일할 수 없게 된다. 이런 일이 얼마나 쉽게 일어날 수 있는지, 이로 인해 얼마나 다른 미래가 펼쳐질 수 있는지 노르웨이와 영국의 사례를 통해 살펴보자.

노르웨이 대 영국

모든 노르웨이인은 약 25만 달러의 유산을 상속받고 태어난다. 550만 명의 노르웨이 국민은 일명 '석유 펀드'로 알려진 노르웨이 정부 연금 펀드를 통해 1조 달러가 넘는 자산을 상속받고 인생을 시작한다. 석유 펀드는 1969년 북해에서 발견된 막대한 매장량의 석유 수익을 관리하기 위해 설립됐다. 이후 이 펀드는 세계 최대 기업에 수익을 재투자했다. 로스앤젤레스 인구의 절반에 불과한 이 작은 나라는 이제 전 세계 주식 시장의 1.5% 이상을 소유한다. 이는 세계 최대 규모의 국부 펀드이다. 2021년에 미국 시장에서만 1000억 달러 이상의 수익을 올렸다.

노르웨이 정부는 이 막대한 부를 모든 노르웨이 국민의 높은 삶의 질을 보장하는 데 사용한다. 예를 들어 의료비는 연간 200달러로 상한선이 정해져 있으며 그 이상은 모두 무료이다. 초중등, 고등, 대학 교육은 외국인 학생에게도 무료이다. 노르웨이 사람들은 운이 좋은 사람들이지만 전적으로 운만은 아니며 물론 필연적인 것도 아니다. 그것은 구체적인 의사 결정의 결과였다. 이들이 가지 않은 길을 보려면 북해 건너편에 있는 영국을 보면 된다.

영국도 비슷한 시기에 북해에서 비슷한 양의 석유를 발견했으며 이후 노르웨이와 거의 같은 양의 석유를 생산한다. 물론 영국의 인구가 더 많지만 영국은 또한 많은 양의 석탄을 캔다.

당시 영국 정부는 이런 자원으로 국부 펀드를 조성해 모두에게 혜택을 주기보다는 민간 기업의 이익과 일부 부유층의 주머니를 우선시했다. 미래를 계획하거나 모든 국민의 잠재력을 극대화하는 방법을 고려하기보다는 그 이익에 대한 세금을 줄여 주로 부유층에게 혜택을 주는 감세를 통해 정치적 지지를 강화했다. 이 돈의 대부분은 이미 부유한 사람들이 가진 부동산으로 흘러가 영국의 주택 시장을 부풀리고 모든 사람의 생활비를 올렸다.

따라서 영국 석유 수익의 대부분은 모든 영국 시민에게 돌아가지 않고 석유 회사 주주와 부유한 시민에게 돌아갔다. 석유 산업과 가까운 곳에 있는 사람은 더 높은 급여와 지역 경제 활성화로 혜택을 받았지만 석유 가치에 비하면 이는 은행 계좌와 애버딘(석유 회사들이 몰려 있는 스코틀랜드의 도시-역주) 경제로 흘러 들어가는 작은 파급 효과에 불과했다. 전략적 투자도 없어 영국의 다른 지역은 그저 물방울에 불과한 미미한 혜택을 보았다.

그리고 영국 정부는 계속해서 소수에게 유리한 결정을 내리고 있다. 오늘날 영국의 최빈층은 서유럽의 주요 국가 중 가장 가난하며 소득 분배율도 가장 낮다. 그러나 노르웨이인과 그 후손은 앞으로도 여러 세대에 걸쳐 부유할 것이며 어쩌면 영원히 그럴 것이다. 그러나 지금의 영국인과 그 후손은 반대이다.

어떻게 이런 일이 일어났을까?

1965년 영국과 노르웨이는 중앙선을 기준으로 북해 대륙붕을 분할했다. 1969년 9월 영국 해역에서 석유가 발견됐다. 3개월 후 노르웨이 해역에서도 석유가 발견됐다. 방대한 자원의 발견은 큰 행운처럼 보이지만 항상 해당 국가의 부를 증가시키는 것은 아니다. 적어도 모두에게 부를 가져다주지는 않는다. 때때로 갑작스러운 자원의 발견은 개발 저해, 불평등 심화, 부패 증가 등 이른바 '자원의 저주'라고 불리는 결과를 초래하기도 한다. 사람들이 자원을 놓고 싸우고 승자는 그 돈으로 패자를 억압하며 국가는 더 깊은 빈곤에 빠지기 때문에 자원이 발견되지 않았을 때보다 모든 것이 더 나빠진다. 삶의 법칙을 통해 이런 역학 관계를 이해할 수 있다.

자원의 저주는 국가가 자원을 시민의 집단적 이익을 위해 활용할 만큼 충분히 큰 규모에서 협력하지 않을 때 발생한다. 자원의 저주하면 흔히 다이아몬드, 금, 석유, 희귀 광물 같은 풍부한 자원에도 불구하고 세계에서 세 번째로 가난한 콩고민주공화국 같은 국가가 떠오른다. 영국을 콩고민주공화국과 직접 비교할 수는 없지만 비슷한 원인으로 콩고민주공화국보다 좀 더 온건한 버전의 자원의 저주를 겪었다고 할 수 있다. 그러면 이를 '자원의 흑마술'이라고 부르자.

영국과 콩고, 두 나라 모두에는 계급 또는 민족에 기반한 소규모 협력 집단이 존재한다. 이들은 다른 사람들과 문화적으로 격차가 크기 때문에 전체로서의 국가에 빚진 것이 없다고 여기며 다른 사람의 개입 없이도 자원을 독점할 수 있는지 자문한다. 대답은 종종 '그렇다'이다. 예를 들어 석유 회사의 임직원은 공통의 목표를 공유하는 협력적 집단으로 집권 정당 등 국가 내 소수의 사람과만 협력해 효과적으로 자신들의 이익을 추구한다. 그러면 석유 회사는 국가 전체에 석유 혜택을 분배하기보다 더 적은 비용으로 석유에서 얻은 수익을 권력을 유지하는 데 쓸 수 있다. 이런 방식으로 소수의 사람이 소규모로 협력해 자원을 통제함으로써 부자가 되지만 나머지 인구는 경제적으로 곤경에 처한다. 자원을 통제하는 소수는 단지 더 부유해질 뿐만 아니라 국가 전체를 지배하고 자신의 이익을 최우선으로 삼을 수 있는 수단을 갖게 된다.

지난 장에서 푸틴은 주머니에 유전을 가지고 다니지 않는다고 했다. 그의 권력은 그가 통제하는 자원의 일부에서 이익을 얻는 사람들(예를 들어 재벌)의 협력에서 나온다. 그리고 재벌은 그들에게서 더 적은 몫을 얻는 사람들(재벌의 지지자의 지지자)로부터 권력과 영향력을 얻으며 이런 연쇄는 지역 경찰관, 판사, 중소기업 소유주에 이르기까지 계속된다. 역사학자 뤼트허르 브레흐만Rutger Bregman은 〈폭스 뉴스〉의 진행자 터커 칼슨Tucker Carlson을 두고 "억만장자의 지원을 받는 백만장자"라고 비난한 적이 있다(이 인터뷰는 당연히 방송에 나가지 못했지만 여전히 유튜브에서 볼 수 있다). 칼슨의 수입원에 대해 잘 모르기 때문에 브레흐만의 주장이 정확한지 판단할 수 없지만 일반적으로 대중의 복지를 저해하는 부패한 협력적 권력 구조는 억만장자가 백만장자에게 자금을 지원하는 방식으로 이뤄지는 경우가 많다. 백만장자는 다시 평범한 사람들에게 자금을 지원한다. 평범한 사람들이란 이런 포획된 경제에서, 특히 대안이 없는 상황에서 적당한 소득을 얻어 식탁에 음식을 올리고 머리 위에 지붕을 얹을 수만 있으면 만족하는 사람들이다. 이 부패한 협력 네트워크에 연결되지 않은 사람들은? 안타까운 일이다.

노르웨이는 자원의 저주를 이해하고 이를 피하려고 적극적으로 노력했다. 지금까지는 성공하고 있다.

1971년, 노르웨이는 새로 발견된 방대한 석유 자원이 현재와 미래의 모든 노르웨이 사람에게 혜택을 줄 수 있도록 '석유 10계명'을 제정했다. 이 계명은 노르웨이인이 막대한 부를 공익을 위해 사용할 수 있도록 서로 협력하고 강제할 수 있는 공식 제도, 즉 성문화된 규범인 석유 펀드의 시초가 되었다. 노르웨이는 이 길을 계속 걸어 2008년 세계 금융 위기 당시 석유 펀드가 전 세계 모든 기업의 주식 0.5%를 매입할 수 있을 정도로 막대한 자금을 축적했다. 시장이 회복되자 석유 펀드의 60% 이상이 주식 시장 수익으로 이루어졌다. 현재 이 펀드의 CEO인 니콜라이 탕겐Nicolai Tangen은 "노르웨이는 석유를 두 번 발견했다. 첫 번째는 대륙붕에서, 두 번째는 자본 시장에서"라는 말로 이 상황을 우아하게 요약했다.

영국은 그 지점에 도달하지조차 못했다. 2008년 세계 금융 위기 이전과 이후에도 오랫동안 소수가 다수를 희생시키면서 이익을 가로챘다.

영국과 노르웨이의 차이점은 무엇일까? 분명한 대답은 영국 정치인이 자신의 주머니와 연결된 부유층의 주머니를 채웠고 노르웨이 정치인은 그렇지 않았다는 사실이다. 그러나 이것은 근연적 설명이며 질문을 한 단계 뒤로 미룬 것일 뿐이다. 왜 영국 정치인은 소수의 이익을 위해 행동하고 노르웨이 정치인은 다수의 이익을 위해 행동했을까? 삶의 법칙을 고려하면 궁극적 설명을 얻을 수 있다.

영국은 저렴하고 쉽게 얻을 수 있는 석탄을 기반으로 산업혁명을 시작했다. 에너지는 충분했지만 이를 사용하기 위해서는 혁신과 인력이 필요했다. 문화적 진화와 문화-집단의 선택을 통해 사회적, 기술적 인프라와 협력이 발전해 가용 에너지를 활용할 수 있었다. 소규모 집단으로 자원을 활용하기에는 아직 효율성이 높지 않았기 때문에 수많은 사람이 교육과 훈련을 받았고 이를 통해 에너지에 접근하고 삶을 개선할 수 있었다. 영국은 계급으로 나뉘어 분열된 사회였지만 이렇게 대중에게 권한을 부여하자 기존 질서를 뒤흔들었다. 해제된 에너지는 영국을 더 큰 규모의 협력으로 이끄는 발판이 되었다. 이 에너지와 협력을 바탕으로 영국은 부유하지만 덜 협력적인 다른 국가를 착취해 세계를 식민지화하고 지배하는 제국을 건설했다.

유라시아는 실크로드 같은 무역로를 통해 동서 방향으로 쉽게 가로지르며 기술과 아이디어를 교환했다. 기후와 지리적 변화가 심하고 남북 방향으로 이동이 어려운 아프리카와 아메리카 대륙은 효과적인 집단적 두뇌로 연결되지 못했기 때문에 경쟁에서 뒤처졌다. 그러나 유라시아 내에서도 영국을 비롯한 유럽 열강은 새로운 에너지원을 확보하고 이를 바탕으로 산업화를 이루면서 중국과 인도를 비롯한 유라시아의 다른 지역은 경쟁에서 밀려났다. 18세기부터 20세기 초까지 영국은 강대국이었다. 그러다 세계대전이 시작되었다.

제2차 세계대전 중 영국은 가혹한 상황 속에서도 더욱 단결한 왕국이었다. 귀족은 19세기 후반부터 약화되기 시작했고 전 귀족의 자녀들이 부유한 산업가와 결혼하면서 계급이 서로 섞였다. 실존적 위협에 직면하면 사람은 서로 뭉치는 경향이 있고 집단은 '자기 사람'이 아니라 최고의 사람에게 권력을 이양하기 때문에 부패가 감소한다. 전쟁 중이 아닐 때는 처남이 군대를 운영하는 것이 아무런 해가 되지 않는다. 하지만 적이 당신의 문 앞에 있을 때는 다르다. 능력과 전쟁 경험을 갖춘 사람, 즉 승리할 수 있는 사람이 책임자가 되기를 원한다.

근연적 심리 수준에서 고통을 공유하면 협력이 강화돼 낯선 사람이 형제애로 뭉친다. 제2차 세계대전의 고통은 전례 없는 수준의 국가적 동지애로 이어졌다. 계급과 문화의 오래된 분열은 공동의 목적을 위해 사라졌다. 영국은 더 많은 사람에게 도움이 되는 개혁의 물결에 휩쓸렸다.

이미 약화되고 있던 계급 간 경계는 1940년 65%에서 1945년 최고 75%까지 인상된 유산세(미국에서는 사망세라고도 한다)로 인해 더욱 약화됐다. 1942년 사회 선언문인《베버리지 보고서Beveridge Report》는 보편적 사회 보장, 무상 의료 서비스, 고용 혜택, 궁극적으로 복지 국가 건설을 위한 계획을 제시했다. 전쟁이 끝난 후인 1946년, 이 혁명적 권고안이 시행되면서 영국은 사회 안전망과 무상 국민보건 서비스NHS를 갖춘 복지 국가로 거듭났고 오늘날에는 정말 그런 적이 있었나 싶겠지만, 당시에는 '세계가 부러워하는 국가'라는 평가를 받기도 했다. 하지만 제2차 세계대전의 종전은 대영제국의 종말이기도 했다. 영국은 막대한 부채에 시달렸고 광산에서 채굴되는 석탄의 생산성과 가용성은 떨어지고 있었다. 20세기 중반은 많은 영국인에게 애틋한 기억으로 남아 있다. 쇠락해가는 제국의 마지막 몸부림을 봤기 때문이다. 불안과 쇠퇴가 임박했다는 느낌에도 불구하고 오늘날 미국인이 그렇듯 영국인의 삶은 여전히 좋았다. 붕괴는 점진적이었다. 영국의 에너지 천장이 내려가고 있었다. 세계 최대 제국의 해가 저물고 있었다.

대영제국의 종말은 새로운 영국의 시작이었다. 1945년 이후, 한때 제국의 가장 먼 곳으로 아들과 딸을 보냈던 이 나라는 이제 제국의 가장 먼 곳의 아들과 딸이, 영국이 개입하면서 자초한 어려운 환경을 피해서 또는 더 나은 삶을 찾아서 영국으로 왔다. 이제 계급 분열 외에도 서로 다른 조건에서 문화적으로 진화한 심리를 가진, 서로 간에 문화적 거리가 매우 먼 사람들이 같은 공간에서 살게 됐다. 다양성이 항상 재앙을 불러오는 것은 아니지만 자원이 부족한 상황에서 다양성이 존재할 때는 문제가 될 수 있다. 다양성의 역설이 작용했다. 그것은 위대함을 성취하기 위한 기회이기도 했지만 분열의 기회이기도 했다. 분열이 승리했다. 도대체 무슨 일이 일어났을까?

분열된 국가는 잘못된 결정을 내린다. 모두에게 에너지와 자원이 충분하지 않으면 협력의 규모가 무너진다. 영양실조에 걸린 유기체가 암세포와 박테리아처럼 낮은 협력 규모를 가진 놈들에게 지배되면 병들어가듯 자원이 부족한 사회에서도 계급과 민족의 분열에 지배되면 병에 걸리기 쉽다. 영국은 자원의 감소, 부의 불평등과 계급 분열, 빠르게 증가하는 다양성에 직면했다. 영국은 협력이라는 과제를 해결할 수 없었다.

이미 확립된 문화가 새로운 이민자를 많이 맞이할 때 통합이라는 과제는 더욱 복잡해진다. 아메리카와 호주 등 신대륙에 많은 유럽 이민자가 정착했을 때와는 다르다. 그들은 통합에 대해 생각할 필요 없이 원주민을 폭력적으로 몰아냈다. 그 결과 문화적으로 비슷한 기원을 가진 이민자가 다수를 차지하게 됐다. 그러나 유럽 국가에는 이미 대규모의 문화-집단이 형성돼 있었기 때문에 아프리카, 카리브해, 아시아에서 영국으로 들어오는 문화적으로 먼 이민자 집단과 매우 다른 역학 관계를 만들었다.

전후 영국에서 이주민 인구는 10년에 약 20%씩 증가하고 있었다. 당시 다양한 이민자 커뮤니티의 수는 약 300만 명으로 전체 인구의 5%를 조금 넘었지만 그 수는 빠르게 증가하고 있었다. 영국은 다문화 영국이라는 아직 새롭고도 통합된 정체성을 형성하지 못했고 사라지지 않았던 오랜 경제적 계급이 내부 결속력을 강화하기 시작했다. 경제가 호황을 누리고 있지도 않았고 문제를 해결할 의지와 능력이 있는 정부도 없었다. 영국이 감당하기에는 너무 벅찬 상황이었다. 급격한 변화는 지역 사회에서 차별과 폭력의 형태로 나타난 인종 갈등, 정부에서의 정치적 갈등, 다시 부유층을 우대하는 정책으로 이어졌다.

1968년 보수당 하원의원 에녹 파월Enoch Powell의 악명 높은 '피의 강' 연설은 문화적, 정치적 분열을 잘 보여 주는 예시이다. 연설은 당시 시민이 품은 제로섬 게임에 대한 두려움, 다양성에 대한 우려를 표현했다. 파월은 "아내가 출산할 병상을 구하지 못하고 자녀가 학교를 배정받지 못하며 집과 이웃이 몰라볼 정도로 변하고 미래에 대한 계획과 전망이 무너졌다"라고 역설했다. 파월은 긴급하고도 즉각적으로 이민을 중단하고 역이민할 것을 촉구했다. 당시로서는 매우 인종차별적이고 감정적 언어를 사용한 주장이었기 때문에 파월의 연설은 외면당했다. 하지만 파월은 다른 정당이 다루지 않고 노골적으로 표현하지도 않았던 진짜 문제를 건드린 셈이었다. 1970년 총선에서 보수당이 좌파 성향의 노동당을 상대로 예상치 못한 승리를 거둔 것은 파월의 연설과 그가 제기한 문제의 중요성 때문이었다고 말하는 사람이 많다.

1970년대와 1980년대에 영국은 인종에 기반한 폭력으로 큰 고통을 겪었다. 영국 흑인은 경찰의 괴롭힘에 항의하는 폭동을 일으켰고 남아시아 커뮤니티는 반이민 단체의 일상적인 표적이 됐다. 이런 폭력은 통합 정책의 실패에 따른 것으로 지역 사회를 더욱 양극화하고 분열을 심화하며 사람들이 안전을 위해 자발적으로 서로를 배제하도록 유도했다. 협력이 낮은 수준에 머물렀다.

또한 영국은 오래된 계급과 부의 계통이 차례로 계속 무너져 내렸다. 1969년 85%로 정점을 찍었던 유산세는 곧 허점이 많고 온건한 상속세로 대체됐고 이마저도 1980년대에는 전쟁 이전 수준인 40%로 계속 하락해 오늘날까지 이어지고 있다.

민주주의와 대규모 협력은 목표와 가치를 공유할 때 더 이루기 쉽다. 국민이 근본적인 가치에 동의하면 공유된 비전을 실현할 수 있는 최적의 인물을 권력에 앉힐 수 있다. 그러나 근본적 가치에 대한 의견이 일치하지 않을 경우, 사람들은 서로 다른 가치를 대변하는 사람을 뽑기 위해 싸우게 된다. 예를 들어 여러분이 문화적으로 동질적인 사회인 덴마크에 산다면 보편적 의료 서비스를 제공하는 정책이 바람직하다는 데 동의할 것이고 그 목표를 잘 실행할 수 있는 사람에게 투표할 것이다. 만약 여러분이 보편적 의료 서비스가 근본적으로 바람직한지에 대해 둘로 분열된 미국에 산다면 그 목표를 반드시 실행할 사람 또는 절대 실행하지 않을 사람에게 투표하게 된다. 사람들은 최고의 후보보다는 자신의 편에 서는 사람에게 권력을 주고자 한다.

부의 불평등이 낮으면 더 많은 사람에게 권력을 잡을 수 있는 기회가 생기고, 더 많은 사람이 혜택을 얻는 정책을 보장할 수 있다. 그러나 불평등이 크면 소수의 부유층이 자신에게 유리한 방향으로 정치적 결정을 내린다.

영국의 정치 계급은 다른 나라와 완전히 다른 문화적 소프트웨어를 가지고 있어 남들과 다르게 말하고 다르게 세상을 본다. 이는 단순한 특권의 산물이 아니라 수 세기에 걸쳐 연마된 매우 효과적으로 제도화된 특권의 산물이다. 사립 학교 코스는 문화적 병목 현상을 일으키고 그 학교의 산물인 권력자의 이익을 영속화하는 시스템이며 그 결과 자신의 자녀를 사립 학교 코스에 밀어 넣는 결과를 낳는다. (영국에서 '공립 학교public school'라는 용어는 엘리트 사립 학교를 의미해 다소 혼란스러울 것이다. 수 세기 전 이러한 엘리트 사립 학교가 처음 등장했을 때는 해당 학교가 종교나 길드, 특정 집단에게만 한정된 입학 조건이 없었기 때문에 '공립'이라고 불렸다. 가장 유명한 두 개의 공립 학교는 이튼 스쿨과 해로 스쿨이다. 영국 용어에 익숙하지 않은 독자의 이해를 돕기 위해 이 문제를 사립 학교 코스라고 지칭하되 이 특정 엘리트 학교는 계속 공립 학교로 지칭하겠다.)

사립 학교 코스는 전통적으로 8세부터 기숙 학교인 준비 학교 prep boarding school에서 시작되지만 4세부터 보내는 경우도 있다. 더 이상 부모와 함께 살지 않고 넓은 지역 사회와 격리되는 사립 학교 코스는 즉시 동질적 문화 소프트웨어로 아이의 두뇌를 프로그래밍 하기 시작한다. 이후 대부분 사립 중등학교에 진학하는데 이때도 대부분 기숙사 생활을 하며 외부 문화의 유입이 제한된다. 이 중등학교는 영국 최고의 엘리트 대학인 옥스퍼드와 케임브리지에 학생을 보내는 데 성공한 학교들이다. 이 학교에 다니는 아이의 행동, 억양 (억양은 문화적 정체성을 나타내는 중요한 단서임을 기억하자), 사고방식이 일반 학생과 어떻게 다른지 알면 놀랄 것이다. 전 재무장관이자 전 총리인 리시 수낵Rishi Sunak은 사립 학교 출신으로 21세 때 다큐멘터리에서 인터뷰를 한 적이 있다. 친구들의 다양성에 대한 질문에 그는 답했다. "저는 귀족 친구도 있고, 상류층 친구도 있고, 노동 계급 친구도 있어요. 뭐, 그런데 제가 노동 계급은 아네요."

수낵과 같은 많은 사립 학교 학생은 공유된 경험과 세계관에 기반한 배타적이고 자급자족하는 권력 네트워크의 일부가 되어 정부나 금융계에서 권력 있는 자리에 오른다. 영국의 지도자와 수많은 엘리트층은 실력으로 정상에 오른 최고 인재가 아니다. 오히려 엘리트 계층, 특히 정치인, 미래의 총리, 재무장관, 신문사 대표, 주요 공기업 및 사기업 수장은 한때 자기들끼리만 노는 놀이터에서 친구로 지냈기 때문에 지금의 위치에 있는 것이다. 영국의 역대 총리 55명 중 45명이 사립 학교 출신이다. 이튼 스쿨 출신 총리만 20명이었다.

1969년 북해에서 석유 붐이 일었고 그 이후 수십 년 동안 평범한 국민의 경험과 동떨어진, 엘리트층이 지배하는 계급 체계가 확고하게 자리잡았으며 엘리트층은 문화적 다양성이 가져오는 도전에 개인적으로 영향을 받지 않았고 그 해결에도 무관심했기에 영국은 보물을 발견해도 그 전리품을 모두가 공유할 수 없게 됐다. 석유 붐은 탄광의 EROI 하락으로 인한 경제 쇠퇴를 일시적으로 막아 줬지만 영국의 미래를 보장하는 방식으로 투자가 이루어지지 않았기에 결국 쇠퇴는 다시 이어졌다.

반면 1969년 노르웨이는 인구가 영국의 10분의 1도 안 되는 400만 명 미만이었고 인종적으로 동질적이며(다양성의 역설을 기억하자) 경제적으로 더 평등했고 사회적 이동성이 더 높았다. 오늘날 노르웨이는 협력을 통한 상생인 포지티브섬 생산 사이클을 누리고 있다. 노르웨이의 에너지 예산과 석유 기금은 모든 노르웨이 국민에게 지속적으로 혜택을 주고 있으며 현재 노르웨이의 소득, 가계 자산, 생활 수준, 사회적 이동성은 세계에서 가장 높은 수준이다. 특히 높은 사회적 이동성은 진정한 기회 균등의 힘을 보여 준다.

영국과 노르웨이의 석유 붐 대처 방식에서 나타난 차이는 경로 의존성 및 각 국가 내에서 이루어진 구체적인 정치적 결정의 결과이다. 미국과 유럽연합처럼 점점 분열되고 양극화되는 사회에서도 동일한 역학 관계가 나타나고 있다. 쇠퇴는 점진적으로 일어나지만 다른 사회에서도 같은 악순환이 모든 측면에 침투해 사람들을 찢어 놓고 있다. 우리는 점점 증가하는 다양성의 역설에 직면해 있다. 우리 자녀의 삶은 우리 세대보다 더 힘들어질 것이기 때문에 이 역설을 해결하는 일이 매우 시급하지만 안타깝게도 해결책을 찾기는 점점 어려워지고 있다. 그래서 많은 사람이 누구나 알지만 이 주제를 언급하는 것이 금기시되어 말하기를 꺼린다.

다양성의 역설 해결하기

　과학자는 자신의 말이 증오, 무자비함, 외국인 혐오로 왜곡되고 오용될 수 있다는 두려움 때문에 일부 주제에 대해서는 논의하기를 꺼린다. 아무도 자신의 연구가 세상을 나빠지게 하길 원하지 않는다. 물론 모든 연구 주제가 논란을 불러일으키거나 정치적으로 악용될 가능성이 있는 것은 아니다. 나비의 짝짓기 행동을 아는 것과 집단 간 불평등의 원인을 파악하는 것, 이민을 지속 가능하게 관리하고 조화로운 다문화 사회를 유지하는 방법에 관한 연구는 매우 다르다.

　이런 주제가 논의하기 어려운 이유는 실제 사람, 즉 어머니, 아버지, 아이 그리고 그들의 생계, 자유, 안전에 실질적인 영향을 미치기 때문이다. 이 분야에서의 발견은 공학에서 이중 용도 기술dual-use technologies이라고 부르는 것과 비슷한데 이는 평화적 목적과 폭력적 목적 모두에 사용될 수 있는 기술을 뜻한다.

　원자력 기술로 발전소를 만들 수 있지만 폭탄도 만들 수 있다. 로켓은 위성을 발사할 수 있지만 핵탄두도 발사할 수 있다. 게다가 이론에서 시작해 실제 핵탄두를 개발하고 발사하기까지 많은 단계와 자원이 필요하지만 인간사회과학 분야에서는 단순한 발견과 이를 언급하는 말 한마디로도 큰 해를 끼칠 수 있다. 그렇다면 어떻게 해야 할까?

　한 가지 접근 방식은 환영받지 못하는 가설은 연구하지 않는 것이다. 환영받지 못하는 결과는 사회적 해악을 우려해 억압하거나 부정하고 비난하는 것이다. 과학자에게 고귀한 거짓말을 강요하고 주제에 관한 논의 자체를 금지해 더 깊은 논의는 이루어지지 않는다. 유혹적이지만 위험한 길이다.

과학을 검열하는 것은 자기 패배적 행위이다. 과학자가 자신을 보호하려고 '진실'을 억압하기 때문에 과학을 신뢰할 수 없다는 논리에 힘을 실어 준다. 이는 결국 진실의 추구보다는 양심적이지 않은 과학자, 사이비 과학자가 특정 사회적, 정치적 의제에 따라 수행하는 의심스러운 연구로 그 공백을 채워버린다. 이런 정보는 인터넷의 어두운 구석에 있다가 때로는 언론에 의해 보도되며 해당 주제에 관한 구글 검색의 유일한 출처가 된다. 이로 인해 사람들은 정부, 학계, 엘리트 집단이 자신의 편이 아니라는 인식을 갖게 되고 이는 결국 잘못된 정보, 음모론, 기관에 대한 신뢰도 하락으로 이어진다. 중요한 것은 정보 자체가 아니라 우리가 누구를 우리편으로 생각하고 누구를 신뢰할 수 있다고 생각하는지에 관한 것임을 기억하자.

최근의 사례를 살펴보자. 코로나19 팬데믹 초기, 대중은 마스크를 제대로 착용하지 않으면 효과가 없다는 말을 들었다. 이는 의료 종사자를 위해 당시 부족했던 마스크와 개인 보호 장비PPE 물자를 확보하려는 근시안적 시도였다. 대중에게 잘못된 정보를 전파해 영향을 미치려 했던 이런 시도는 관련 물자 공급이 안정적으로 이뤄져 마스크 착용이 중요하다는 메시지를 다시금 전파해야 했을 때 비싼 대가를 치렀다. 이 근시안적 결정은 사람들이 애초에 착용했어야 할 마스크가 적합한 PPE 공급품(N95/FFP2 또는 N99/FFP3), 즉 전염성 환자를 다루는 의사가 착용하는 마스크와 같은 종류였으며 써봤자 효과가 없다고 들었던 바로 그 마스크와 동일한 마스크라는 말을 듣지 못하게 했다. 이제 사람들은 공공 메시지를 믿지 않았고 이것은 공중 보건 메시지 시스템의 치명적 실패였다. 누가 정부의 말을 믿을 수 있을까? 이런 변칙적 메시지로 인해 생긴 불신은 앞으로 수십 년 동안 생명을 앗아갈 것이다.

과학이 신뢰를 얻으려면 까다로운 주제에 대해서도 솔직하고 진실해야 한다. 과학자를 신뢰할 수 없다면 과학을 신뢰할 수 없다.

어떤 채널을 보느냐에 따라 '다양성이 곧 힘'이라거나 '다양성이 우리를 파괴하고 있다'라고 말하는, 상반된 대중 메시지가 넘쳐나는 세상이다. 그렇기에 다양성은 양날의 검과 같다는 사실을 인정하는 태도가 중요하다. 집단적 두뇌가 우리에게 가르쳐 주듯이 다양성은 다양한 아이디어를 새로운 혁신으로 재결합해 혁신과 경제 발전의 원동력이 될 수 있다. 이민이야말로 미국이 혁신과 기술 분야에서 초강대국이 될 수 있었던 원동력이었다.

1924년 4월, 《뉴욕 타임스》는 "용광로로서의 미국이 끝났다"라고 선언했다. 이는 출신 국가에 따라 이민자 인종 할당제를 설정한 1924년 새로운 미국 이민법의 결정을 가리키는 표현이었다. 이는 '덜 우호적인' 유럽인, 즉 남유럽과 동유럽 출신에 대한 제한이었다. 1882년 중국인 배제법 같은 제한 조치로 이미 비백인 지역에서 미국으로 오는 이주가 줄어들고 있었고 미국은 생명줄을 잃고 있었다. 최근 분석에 따르면 1924년 이민법으로 이탈리아인과 유대인 등이 주로 일하던 산업에서 특허와 같은 혁신 지표가 기준치 대비 무려 68%나 감소했다. 다른 산업 분야의 혁신도 전반적으로 감소했는데 혁신이 퍼졌다가 자리를 잡아 모든 곳에서 혁신이 줄어든 것이다. 특정 시기의 특정 인구 집단에서 나온 이러한 결과를 어느 정도까지 일반화할 수 있을까?

이민자에 대한 일반화와 관련된 첫 번째이자 가장 명백한 문제는 '이민자'라는 범주가 유용하지 않다는 것이다. 이민자가 경제에 기여하는지, 범죄를 더 많이 저지르는지, 새로운 집에서 행복한지 불행한지를 묻는 것은 시민이 경제에 기여하는지, 범죄를 더 많이 저지르는지, 행복한지 불행한지를 묻는 것만큼이나 조잡한 질문이다. 우리 내부 집단에 대해 이야기할 때는 긍정적이든 부정적이든 광범위하고 포괄적인 주장을 세분화해야 한다. 이민 당시의 경제 특성, 문화, 연령, 경제 상황, 이주 원인, 교육 수준 등 이민자와 현지 인구의 특성별로 세분화할 필요가 있다.

인간은 이주하는 종이다. 인류는 수천 년 동안 지구를 가로질러 이동해 왔을 뿐만 아니라 이동하는 과정에서 서로를 대체하고 짝짓기를 하고 협력하고 싸우기도 했다. 이전에 살던 인구 집단을 대체하는 죄를 저지르지 않은 집단은 거의 없다. 하지만 19세기 후반 대량 이주 시대 전까지만 해도 이주는 주로 지리적, 문화적으로 가까운 곳에서 이루어졌다. 대형 선박과 비행기가 없었기 때문에 지구를 빠르고 저렴하게 횡단할 수 있는 능력이 없었다. 이제는 더 이상 그렇지 않다.

오늘날에는 문화적으로 멀리 떨어진 사회에서 온 사람들과 더 많이 함께 살게 됐다. 전 지구적 차원에서 볼 때, 문화적으로 먼 그들의 출신 국가들은 세계적 문제를 두고 전례 없이 서로 협력해야 하는 상황에 처하게 됐다. 세계는 더 작아졌지만 다양성은 여전하다. 문화적으로 먼, 이 새로운 형태의 이주와 협력은 우리 사회를 더욱 풍요롭게 만들었으나 새로운 문제를 야기한다.

다양성은 지구상에 존재하는 모든 복잡한 생명체의 성공에 핵심적인 역할을 해 왔다는 사실을 기억하자. 다양성은 생명체의 진화에 필요한 새로운 형질을 제공한다. 성의 재조합 능력은 진화 가능성evolvability(진화가 반드시 무작위적이고 맹목적인 방향으로 일어나는 것이 아니라 지금 당장 적합도가 떨어져도 진화의 잠재력이 높은 개체가 궁극적으로 선택받는다는 개념-역주)과 유전적 진화의 속도를 증가시켰다. 오늘날 다양한 사회는 다양한 문화적 형질을 재조합해 문화적 진화를 가능하게 한다. 예를 들어 하와이안 피자 외에도 외국인이 창업한 비즈니스는 수익성이 높고 확장 가능성이 더 높은 경향을 보인다. 하지만 문화적 형질이 만나고 재결합하는 데에는 많은 장벽이 있다. 이런 장벽은 의사소통, 조정, 협력 문제 등 대개 다양성 자체가 만드는 장벽이다.

성공적인 이민 정책을 위해서는 문화를 동질적 덩어리(중국인은 X, 캐나다인은 Y)가 아니라 다양한 형질의 분포로 간주하는 인구학적 사고가 필요하다. 우리는 뉴욕 문화 또는 영국 문화에 대해 이야기할 수 있지만 이 두 곳에 사는 모든 사람이 완전히 동일하지는 않다. 이런 차이는 서로 다른 신념, 가치, 행동의 상대적 빈도 차이를 반영한다. 모든 미국인이 규범을 어기는 것에 대해 자유방임적이지는 않지만 규범을 따라야 한다고 주장하는 독일인보다는 분명히 더 자유방임적이다. 이민 정책은 궁극적으로 이민을 받아들이는 국가가 이 같은 다양한 분포와 형질을 표본으로 삼을 수 있도록 하는 정책이다. 이를 수행하는 방법에는 여러 가지가 있다.

수도 중요하다. 특정 인구 집단에서 이민자가 소수만 들어오면 그들이 현지 인구와 통합될 가능성은 더 높다. 캐나다 노바스코샤의 한 마을에서 노르웨이인 가족 두 명이 들어온다면 그들이 현지인과 통합되기는 쉬울 것이다. 하지만 이민자가 대규모로 유입될 경우에 그들은 하나의 응집력 있는 문화-집단을 형성할 수 있으며 때로는 이민자의 출신 지역 문화를 화석화된 버전으로 보존하기도 한다. 내 인도인 친구는 런던의 인도인 사회에서 데이트를 하는 태도가 자신의 부모 세대와 비슷하다는 사실을 발견하고 충격을 받았다. 그 친구의 말이 맞았다. 그 친구가 방문한 지역 사회의 가치관을 지켜 온 것은 부모 세대의 이민자였기 때문이다.

난민의 대량 이동으로 이어지는 인도주의적 위기 상황처럼 이민자가 제한 없이 대규모로 도착하는 경우, 이민 받는 국가가 마치 난민 국가의 전체 인구 분포에서 무작위로 샘플을 추출하는 것과 다름없는 일이 발생한다. 모든 사람이 자기 출신 국가의 일반적인 규범을 따르지는 않지만 제한 없는 이주는 한 국가에서 발견되는 모든 다양성을 더 많이 대표할 가능성이 있다.

새로운 이민자는 이민을 받아들이는 국가와는 다른 문화적 가치, 규범, 관행, 심리를 가져온다. 이 차이를 보는 것은 즐겁다. 우리 사회를 문화적으로 향상해 화요일에는 맛있는 타코를, 목요일에는 매콤한 카레를 즐길 수 있게 한다. 모든 멕시코인이 타코를 잘 만들지는 않겠지만 타코를 잘 만드는 기술을 가진 사람의 비율은 미국보다 멕시코에서 더 높다. 영국에서는 멕시코 이민자가 충분하지 않아 좋은 타코를 먹기가 거의 불가능하다. 하지만 이민자들이 음식만 가져오는 것은 아니다.

근면성, 교육열, 기업가 정신 등 일부 가치 있는 문화적 형질은 현지인보다 더 높은 비율로 존재할 수 있다. 그러나 납세 준수율 저하, 양성 평등에 대한 지지 감소, 법치주의에 대한 믿음 저하 등 바람직하지 않은 문화적 특성도 현지인보다 이민자 사이에서 높게 나타날 수 있다. 문화적 차이가 작아도 이런 이민자 사회는 새로운 커뮤니티를 형성한다.

현재 미국의 지역적 차이 중 일부는 미국의 건국 초기 이민자 집단에서 유래했다. 예를 들어 청교도는 뉴잉글랜드에 교육을 중시하는 문화를 가져왔다. 스코틀랜드계 아일랜드인은 예의, 타인의 기분을 상하게 하지 않기, 평판 유지, '부적절한 행동'을 비난하는 명예 문화를 최남부 지역에 들여왔다. 이런 경향은 계속되어 문화가 재혼합되고 이전에 도착한 형질과 양립하기도 한다. 예를 들어 괭이 대신 쟁기를 사용하는 농경 사회에서 온 이민자는 2세대가 되어서도 '일자리가 부족할 때는 남성이 여성보다 더 많은 권리를 가져야 한다' '남성이 더 나은 정치 지도자가 된다' 같은 진술에 동의할 가능성이 더 높다. 단순한 신념이 아니다. 이 집단에 속하는 여성은 실제로 취업률이 낮다.

이런 결과는 항상 분포를 가리는 전체 평균 효과라는 점을 강조해야 한다. 청교도 혈통의 뉴잉글랜드 사람 중에도 교육을 중시하지 않는 사람이 있고 스코틀랜드-아일랜드 혈통의 남부 사람 중에도 명예 문화에 따르지 않으며 쟁기 중심의 농경 사회 출신인 사람 중에도 양성 평등 의식이 고도로 발달한 사람이 있다.

평균이 아닌 전체 분포를 기준으로 집단 간의 문화적 차이를 측정하기 위해 개발한 새로운 방법론이 있다. 그중 한 가지 지표인 문화적 고정 지수cultural fixation index, CFst는 0(동일한 문화적 형질 분포)에서 1(완전히 겹치지 않는 문화적 형질 분포) 사이의 점수를 제공한다. 예

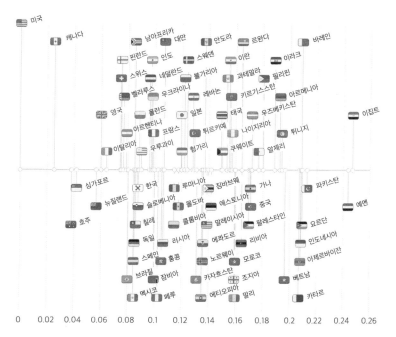

세계 가치관 조사에서 CFst를 사용하여 계산한 미국과의 문화적 거리. 출처: Muthukrishna et al. (2020).

를 들어 미국을 비교 문화로 사용하면 대부분의 국가가 미국과의 문화적 거리가 0에서 0.3 사이로, 전 세계 모든 민족 간에 문화적 형질이 크게 겹친다는 점을 알 수 있다. 그런데 이러한 문화적 거리와 범위를 고려하면 성격, 가치관, 부패, 심지어 헌혈이나 분실 지갑 반환 경향에 이르기까지 광범위한 문화적, 심리적 격차를 예측할 수 있다. 앞서의 그림은 각 국가가 미국에서 얼마나 멀리 떨어져 있는지 보여 준다. 막대의 높이는 각 국가를 표시한 것이며 오른쪽으로 갈수록 문화적 거리가 멀어짐을 시각적으로 보여 준다.

당연히 미국과 문화적으로 가장 가까운 국가는 캐나다, 호주, 뉴질랜드, 영국이다. 싱가포르도 문화적으로 미국과 가까운데 이는 많은 싱가포르인이 미국식 교육을 받은 결과이며 이를 가리켜 문화적 다운로드라고 할 수 있다. 문화적으로 가장 먼 국가는 이집트, 예멘, 요르단, 아제르바이잔, 파키스탄, 인도네시아 순이다. 나는 국가 내에서도 문화적 거리가 크다는 사실을 발견했는데 다음 그림에서 다각형이 클수록 문화적 거리가 먼 것을 알 수 있다. 따라서 미국과 문화적 거리가 비슷하다고 해서 서로 문화적 친밀도가 높다는 사실을 뜻하지는 않는다. 영국과 볼리비아는 미국과 지리적으로 비슷하게 멀리 떨어져 있지만 두 나라는 서로 지리적으로 가깝지 않다. 마찬가지로 콜롬비아와 불가리아는 미국과 문화적으로 비슷하게 멀리 떨어져 있지만 서로 문화적으로 상당히 가깝지 않다.

미국은 인구가 많은 중국, 인도, 유럽연합에 비해 매우 다양한 문화를 갖고 있지만 지역적으로는 훨씬 더 유사하다. 미국의 다양성은 지역에 따른 것이 아니다.

그러므로 새로운 이민자는 바람직한 문화적 가치와 바람직하지 않은 문화적 가치를 모두 가져온다. 다른 실험 연구에서는 부패가 심한 나라에서 살았던 캐나다인이 그런 행동을 내면화했거나 그

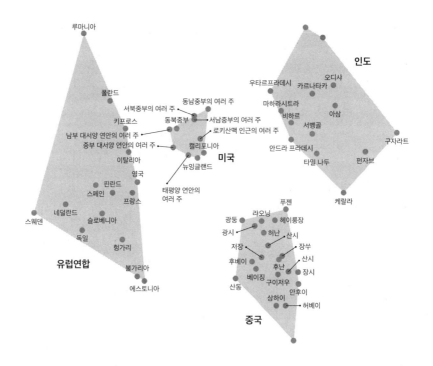

중국, 인도, 미국, 유럽연합의 지역 간 문화적 거리를 나타내는 비계량 다차원 스케일링non-metric multidimensional scaling, NMDS 플롯으로 모양이 클수록 문화적 거리가 더 멀다는 것을 나타낸다.

런 행동에 노출됐기 때문에 자신이 속한 실험 집단을 더 부패한 방식으로 행동하게 만든다는 것을 발견했다. 뇌물 옵션을 선택한 사람이 더 높은 보상을 받으면 다른 사람은 호구가 되고 싶지 않기에 전체 집단이 점점 더 부패해진다. 우리가 아는 한 뇌물을 주거나 받는 경향은 캐나다인의 고유한 특성이 아니며 혈통에 따른 영향은 발견되지 않았다. 그러나 이런 특성은 퍼질 수 있다.

세금 제도의 허점을 이용하는 행동 연구에서 세금 허점 이용 행동을 예측하는 큰 변수는 세금 허점을 통해 이익을 얻을 수 있는지뿐만 아니라 그런 허점을 이용해 빠져나가는 사람을 알고 있는지 여부이다. 영국의 국세청HMRC이나 미국의 국세청IRS 같은 세무 당국에 적발될 실제 확률은 알 수 없기 때문에 많은 사회에서 세금 위반에 대한 실제 처벌보다는 처벌의 불확실성에 따른 규범 준수에 의존하는 경우가 많다.

거의 모든 나라에서 대부분의 사람은 범죄를 저지르지 않는다. 따라서 이민자도 거의 범죄를 저지르지 않는다. 그러나 선별적 이주가 아니라면 이민자는 출신 국가와 비슷한 비율로 문화적 형질을 보유한다. 일부 인구 집단은 출신 국가의 교육적 태도와 일치하는 높은 수준의 교육 성취도를 가진다. 일부 인구 집단은 출신 국가의 폭력 수준과 일치하는 폭력성을 보인다. 또한 성범죄는 출신 국가에서 여성을 덜 평등하게 여기는 젠더 문화와 관련될 수 있다. 매우 심각하면서도 크게 주목받는 통계가 있다. 지난 몇 년 동안 스웨덴에서 수백 건의 폭탄 테러가 발생했는데 주로 폭력 비율이 높은 지역에서 온 외국 출생 또는 이민 2세대 사회에서 이뤄졌다는 충격적인 통계가 나왔다. 마찬가지로 스웨덴에서 발생하는 강간 및 강간 미수의 약 50%는 외국 태생의 거주자가 저지른다. 대부분 성평등에 대해 부정적 태도를 보이고 여성 혐오 비율이 다른 유럽 국가보다 높은 국가 출신이다. 외국인 범죄의 이런 경향은 노르웨이, 덴마크, 핀란드, 스위스에서도 일반적으로 발견된다. 이 패턴은 유럽에만 국한되지 않는다. 예를 들어 호주에서는 수단에서 폭력을 경험한 수단 이민자가 폭력 범죄를 포함한 범죄 통계에서 과대 대표된다.

이런 통계는 감정을 과열하고 사람들을 양극화하는 통계로 좌파에서는 무시되고 우파에서는 과장되는 경우가 많다. 이 통계를 언급하는 것만으로 기존의 편견과 편향이 강화될 수 있다. 또한 이 통계는 자기 강화적 피드백 고리로 이어질 수 있는데 이주민 집단에게 문제가 있다고 인식하면 해당 집단에 대한 폭력과 반이민 표적이 증가해 문화적 균열이 더욱 확대될 수 있다. 대개의 이주민은 범죄를 저지르지 않으며 교육 수준이 뛰어나지도 않지만 이 두 가지 비율이 출신 문화권에서 발견되는 비율과 일치할 수 있다는 점을 기억하자. 여기서 중요한 지점은 특정 범죄가 아니라 이민은 문화적 형질을 표본으로 삼아 바람직한 것과 바람직하지 않은 것을 모두 동화하는 과정이라는 점이다. 그리고 문화는 단순히 정체성이나 출신 국가에 관한 것이 아니라 머릿속에 있는 신념과 가치관, 행동 방식이다. 이런 신념과 가치는 교육이나 부에 따라 다르게 형성될 수 있다. 예를 들어 외국에서 태어난 독일인은 독일에 거주하는 독일인보다 높은 비율로 범죄를 저지르지만 비슷한 교육 수준과 부를 가진 독일 토박이와 비슷한 비율로 범죄를 저지른다. 교육 역시 문화적 차이의 한 형태이다.

이 모든 정보를 어떻게 활용해야 할까? 다양성은 양날의 검일 수 있지만 그냥 버리기에는 너무 강력한 검이다.

가장 먼저 해야 할 일은 선택한 표본 추출 전략의 중요성을 인식하는 것이다. 교육, 재산, 언어 또는 무작위로 이민자를 선정하고 있는가? 이런 요소들이 서로 다른 문화적 형질과 어떤 상관관계가 있는가?

선택이 항상 쉽지는 않다. 무작위 표본 추출의 한 가지 예는 전쟁이나 기근을 피해 유럽으로 이주한 시리아 이민자와 호주로 이주한 수단 이민자처럼 난민의 대규모 이주이다. 백만 명의 난민이 국경에 몰려들었을 때 경제적 잣대를 들이대는 것은 옳지 않은 선택이다. 대규모 난민 이주는 우리가 최선을 다해 극복해야 할 인도주의적 위기이다. 우리는 궁극적으로 강제 이주라는 가슴 아픈 트라우마를 안고 이주하는 이주민을 이해하면서, 동시에 이들을 받아들이는 과정은 이주민의 출신 국가에 있는 모든 문화적 형질에서 무작위 표본 추출을 진행하는 과정이라는 점을 인식해야 한다.

불법 이민자에게서 채취한 표본은 그들의 상황이 어떻든 간에 입국 장벽을 극복하려는 의지, 동기, 능력과 상관관계가 있다. 이런 형질에는 기꺼이 위험을 감수하려는 성향과 새로운 사업을 시작하려는 의지가 포함된다. 하지만 개인에 따라 법을 위반하려는 의지도 포함된다. 경제 통합 수준이 높은 미국에서는 이민자가 현지인보다 범죄를 덜 저지른다. 그러나 불법 이민자는 합법 이민자보다 더 많은 범죄를 저지른다.

합법 이민은 교육을 포함한 문화적 형질을 기준으로 이민자를 선별할 수 있는, 더 나은 기회를 이민 받는 국가에 제공한다. 예를 들어 이민 수용국은 이민자의 개인적 성공 가능성, 수용국에 경제적 이익을 제공하는 문화적 형질을 선별하는 정책을 개발할 수 있다. 자국 내 부족한 기술 산업을 부흥하고자 고숙련 이민을 장려하는 정책이 대표적이다. 미국, 캐나다, 영국, 호주 등은 과학, 공학, 의료 관련 산업 교육을 받은 이민자가 많은 혜택을 누린다. 미국의 기술 분야는 특히 주목할 만한 성공 사례로, 고도로 숙련된 이민자를 활용해 증가하는 고급 공학 기술 수요를 충족하고 있다.

선별적 정책을 통해 사람들을 받아들인 후 다음 단계는 **최적의 문화적 동화 정책**을 시행하는 것이다. 문화적 동화와 통합은 변화를 강요받을 것이라는 두려움, 정체성을 잃을 것이라는 우려, 어떤 문화가 더 낫다는 가치 판단이 수반된 과정이라는 점에서 부정적인 의미를 내포하기도 한다. 최적의 문화적 동화는 기업 합병 과정처럼 의사소통과 조정을 방해하는 문화적 차이에 초점을 맞춘다. 목표는 이민자와 현지인 모두에게 이익이 되고 문화적 결속력을 위해 그 차이를 좁히는 것이다. 이를 위해서는 이주민과 현지인 양측의 이해와 소통이 증진돼야 한다. 문화적 격차를 해소하는 작업은 경제 불황의 시기에 유대를 강화하고 에너지 천장이 무너지는 현실에 맞서 화합을 강화하는 데 필수적이다.

최적의 문화적 동화

비효율적인 이민 및 다문화 정책은 이민자와 기존 집단 모두에게 해롭다. 잘못된 정책은 이민자가 기대만큼의 성과를 거두지 못하게 한다. 이민에 제한이 생기면 결과적으로 이민자 자신과 수용국의 이익을 위해 더 많은 성공을 부를 수 있는 다른 이민자의 유입을 막는다.

한 국가가 강력한 사회 복지 시스템을 갖추고 있다면 이는 더 많은 기여를 하는 현지인과 이주민이 더 적은 기여를 하는 현지인과 이주민에게 보조금을 지급하거나 심지어 기여한 것보다 더 많은 비용을 지불한다는 것을 뜻한다. 더 나아가 기여 수준이 낮고 분열된 사회라면 복지 국가 자체에 대한 지지가 위협을 받는다.

이민과 다문화 정책을 올바르게 세우는 일은 그만한 가치가 있다. 싱가포르의 건국자 리콴유Lee Kuan Yew는 정치학자 조지프 나이Joseph Nye에게 이렇게 말했다고 한다.

중국은 13억 명의 인재 풀을 활용할 수 있지만 미국은 전 세계 70억 명의 인구를 활용해 한족 민족주의가 할 수 없는 방식으로 창의성을 발산하는 다양한 문화로 재결합할 수 있습니다.

리 전 총리는 다양성의 역설을 해결하는 것이 얼마나 어려운 일인지, 이를 통해 얻을 수 있는 큰 보상이 얼마나 큰지 잘 알았다. 그는 논란의 여지가 많은 지도자였지만 그의 통치 아래 싱가포르는 힌두교를 믿는 인도인, 이슬람교를 믿는 말레이계, 불교, 도교, 기독교를 믿는 중국인 등 다양한 문화, 언어, 종교, 계층을 하나로 묶어 지구상에서 성공적인 국가 중 하나로 성장했다. 크고 친절하고 서로 연결된 집단이 최고가 된다는 사실을 기억하자. 싱가포르가 교육 수준, 낮은 범죄율, 비즈니스, 반부패 등 여러 분야에서 최상위권에 있는 것은 놀라운 일이 아니다.

그렇다면 어떻게 하면 다양성의 역설을 해결하고 그 혜택을 누릴 수 있는 성공적인 다문화 사회로 나아갈 수 있을까? 먼저 세 가지 일반적인 다문화 전략을 최적의 문화적 동화를 달성하는 정도에 따라 평가해 보겠다. 물론 각 국가마다 다른 정책이 있으며 시간에 따라 정책은 계속 변화한다. 이런 분류는 전반적인 다문화 정책 철학에 대한 일반화라는 점을 인지하자.

하이픈 없는 모델

2018년 프랑스는 FIFA 월드컵에서 우승했다. 23명으로 구성된 남자 축구 대표팀 중 14명이 아프리카계 선수였다. 남아프리카공화국 출신의 〈더 데일리 쇼The Daily Show〉 진행자 트레버 노아는 아프리카가 월드컵에서 우승했다며 농담을 던졌다. 노아는 "저 선수들 좀 보세요"라며 "프랑스 남부에서 놀면 저런 태닝을 할 수 없죠"라고 했다.

외교관이 코미디언과 싸우는 일은 흔하지 않지만 미국 주재 프랑스 대사인 제라르 아로Gérard Araud는 이 농담에 분노했다. 그는 노아의 농담이 선수들의 프랑스 정체성을 부정하고 극우의 주장을 지지하는 행태라며 비판했다. "백인만이 프랑스인의 유일한 정의라고 주장하는 이데올로기"를 정당화했다는 것이다. 그는 프랑스의 이상

318

을 전달하면서 이렇게 썼다.

프랑스는 분명히 다문화 국가이지만 모든 시민은 프랑스 정체성의 일부이며 모두 프랑스 국가에 속한다. 미국과 달리 프랑스는 시민을 그들의 인종, 종교, 출신지를 기준으로 구별하지 않는다. 우리에게는 하이픈 정체성hyphenated identity(아시아계 미국인, 아프리카계 영국인처럼 하이픈으로 연결된 다중 정체성을 뜻한다-역주)이 없으며, 뿌리는 개별적 현실이다.

알제리계 프랑스인이나 독일계 프랑스인 같은 것은 없다. 무슬림계 프랑스인이나 기독교계 프랑스인도 없다. 그저 프랑스인이다. 적어도 이론상으로는 프랑스는 우리가 다문화주의의 **하이픈 없는 모델**no hyphen model이라고 부를 수 있는 것의 전형적 사례이다.

프랑스는 이런 동화주의 모델의 오랜 역사를 갖고 있다. 잔혹한 식민지 지배 국가였던 프랑스였지만 프랑스어와 프랑스 문화를 받아들인 사람은 진정한 프랑스인이자 공화국의 일부라는 선언이 공식 정책이었다. 다른 민족을 하위 범주로 인정하지 않는 방식이 도덕적으로 옳은지는 논란의 여지가 있지만 실질적으로 높은 수준의 통합을 달성할 수 있다면 다양성의 역설을 해결할 수 있을 것이다. 그러나 이것은 큰 도전이며 사실 프랑스의 현실은 종종 이상에 훨씬 못 미친다.

예를 들어 북아프리카의 경우 프랑스의 하이픈 없는 동화주의 모델은 현지 문화를 억압하는 정책으로 이어졌다. 정책을 강제하고 반대를 억누르기 위해 대량 살해, 고문, 강제 이주 같은 폭력을 사용했으며 이와 동시에 국가의 부를 착취했다. 북아프리카인은 프랑스어와 일부 프랑스 규범을 흡수했지만 북아프리카 출신과 프랑스 출신 사이의 불평등한 지위는 오늘날 프랑스 내 집단 관계와 북아프리카 이주민의 경험에 영향을 미쳤다. 식민지가 경험한 프랑스 문화가 통합의 길을 더 쉽게 만들었고 실제로 많은 북아프리카 이민자가 오늘날의 프랑스 문화에 계속 기여하고 있다는 것은 의심할 여지가 없다. 하지만 문화적, 사회경제적 격차는 여전히 존재하며 차별과 편견, 식민지 시대의 유산으로 인해 프랑스 내 북아프리카 정체성과 하위 문화가 형성됐다. 즉, 현재의 현실은 하이픈이 없는 이상과는 거리가 멀다.

하이픈 없는 모델을 실현하려면 특정 국가 출신의 이민자 수가 적어 개별 문화권이 형성될 가능성이 낮거나 이민자가 (사회경제적, 문화적 근접성을 포함해) 문화적으로 가까워서 쉽게 통합할 수 있거나 통합 의지가 있는 이민자를 중심으로 선별적 이주가 벌어지는 경우에 가능하다. 이상적으로는 이 세 가지 조건을 모두 충족해야 한다.

또한 현지인이 새로운 이민자를 문화 전달에 중요한 사교 모임에 적극 받아들이고 유대감을 조성하기 위해 노력해야 한다. 대개 이를 위해서는 우정의 기반이 되는 공통점을 나눌 수 있는 충분한 자원과 사람이 있어야 한다. 그러나 이런 많은 조건은 쉽게 충족되지 않는다. 이민자는 신념과 행동, 직업과 직종, 우정 집단의 구성 등 모든 면에서 프랑스인의 가치와 규범에 동화되지 않는 경우가 많다. 이런 대인 관계의 역학은 한편으로는 하이픈 없는 모델과 집단 간 불평등, 다른 한편으로는 개인의 이익을 극대화하기 위해 비슷한 타인과 협력하고 제휴하려는 인간의 성향으로 인해 발생한다. 프랑스가 지속적으로 겪는 투쟁이 바로 여기서 기원한다. 이런 투쟁의 증상은 만연한 차별, 통합의 부재로 이어지고 급기야 히잡 착용에 대한 대중적 논쟁에 이르기까지 모든 곳에서 나타난다.

하이픈 없는 모델의 반대 극단에는 이주민의 통합을 전혀 장려하지 않는 접근 방식이 있다. 이 방식은 이민 커뮤니티가 별도의 협력 집단을 형성해 기존 집단과 공존하도록 장려한다. 이 모델을 모자이크 모델, 또는 더 부드럽게 '샐러드 그릇 모델'이라고 한다.

모자이크 모델

캐나다에 입국하면 캐나다의 상징적인 인사말인 '헬로 봉주르'가 여러분을 맞이한다. 이는 영어와 프랑스어를 사용하는 독립 식민지가 서로 협력해 공동의 국가를 건설했음을 보여 준다. 이런 역사 덕분에 캐나다는 다양성 문제에 접근할 때 이른바 모자이크 모델을 적용해 왔다. 각 커뮤니티는 전 세계의 문화를 대표하는 각각의 모자이크 조각과 같으며 함께 모여 하나의 일관된 몽타주를 만든다. 모자이크 모델에서는 한 국가 내에 다양한 문화-집단이 서로 분리돼 있지만 동시에 서로 연결된 상태로 공존한다.

모자이크 모델에는 여러 장점이 있다. 각각의 커뮤니티는 출신 국가의 위성 역할을 하며 아이디어, 자본, 사람이 유입되는 통로 역할을 한다. 집단이 진정으로 협력하고 소통한다면 모자이크 모델은 다문화주의의 가장 큰 장점이지만 잘 활용되지 않는 장점, 즉 전 세계의 우수한 문화적 특성을 빌려 와 이를 공유하고 재결합해 완전히 새로운 사회를 강화하는 능력을 장려할 수 있다. 한 집단이 잘하고 있다면 다른 집단은 그 이유를 알아내려고 하고 만약 성공에 도움이 되는 방법이라면 그것이 무엇이든 모방하려고 노력한다.

하지만 장점만 있지는 않다. 오늘날 캐나다는 아주 평화롭지만 모자이크는 유리창을 녹여 만든 유리보다 더 깨지기 쉽다. 특히 모자이크가 압박을 받는 상황이라면 더욱 그렇다. 자원이 줄어들거나 제로섬 게임이라는 인식이 촉발되면 사람들은 다른 사람이나 다른 집단이 한정된 크기의 파이에서 큰 조각을 빼앗아 자신이나 자기 집단의 성공이 어려워진다고 여긴다. 나란히 사는, 그러나 분리된 공동체는 스트레스를 받으면 자연스럽게 분열될 수 있다. 즉, 모자이크 사회는 근본적으로 취약하다. 특정한 경제적 조건하에서는 산산조각날 수 있다. 프랑스어를 주로 사용하는 퀘벡주와 영어를 주로 사용하는 온타리오주 사이에, 때로는 일부 민족 공동체와 다른 민족 공동체 사이에 불화가 발생할 때면 이런 위험성이 떠오른다. 경기 침체 기간에는 캐나다를 포함해 모든 국가에서 반이민 정서가 증가한다. 캐나다의 실험이 성공할 것인지는 시간이 지나야 알 수 있다. 그러나 모든 인간에 대한 이론에 따르면 모자이크 모델은 깨지기 쉬운 모델이다.

하이픈 없는 모델과 모자이크 모델 사이에는 용광로 모델 혹은 미국을 묘사할 때 자주 사용되는 단어인, 멜팅팟melting pot 모델이 있다.

용광로 모델

성공적인 용광로 모델은 하이픈 없는 모델과 다른 방식으로 통합을 추구한다. 용광로는 기존 문화로의 동화를 장려하는 대신에 전 세계의 모든 사람을 끌어들여 새롭고 혼합된 미국만의 정체성을 촉진하도록 설계됐다. 하나의 문화가 지배하는 것이 아니라 모든 문화가 미국 고유의 문화를 창조하는 데 기여한다는 생각이다. 물론 미국 사회가 완전히 융합된 사회는 아니며 여전히 다문화적 요소가 강하게 남아 있다. 하지만 원칙적으로 용광로 모델은 효과적인 중간지대가 될 수 있다. 그걸 달성할 수만 있다면 말이다.

미국이 용광로가 된 건 세계 여러 곳에서 유입된 이민자의 오랜 역사 덕분이다. 이는 미국 문화의 여러 측면을 형성했다. 예를 들어 오랜 이민의 역사 덕분에 미국은 자신의 감정과 타인의 감정에 대해 명시적인 표현을 매우 중시하는 문화가, 즉 표현력이 풍부한 문화가 만들어졌다. 많은 미국인이 감정 표현을 중시하고 이를 당연하게 여기지만 사실 보편적 현상은 아니다.

미국인은 활짝 웃고 화도 잘 내며 그 밖의 여러 감정 표현이 분명한 편이다. 이런 특징은 이민 역사가 오래된 나라에서 흔히 볼 수 있는 특징이다. 이웃이 같은 언어를 사용하지 않거나 같은 문화를 공유하지 않을 때 감정은 의사소통의 공통 기반이 된다. 명확한 표현은 상대방의 의도를 정확히 이해하는 데 매우 중요하다.

1990년, 철의 장막이 무너진 후 미국의 상징인 맥도날드가 러시아에 첫 번째 체인점을 열었다. 우선 과제 중 하나는 러시아 직원에게 진정한 맥도날드 경험의 일부로서 미소 짓는 법을 가르치는 일이었다. 처음에는 직원과 고객 모두 힘들어했다. 러시아에서는 웃을 일이 아닌 데도 웃는 사람을 미친 사람으로 보기 때문이다. 하지만 충분한 교육을 통해 직원과 고객은 새로운 미소 표준을 받아들였다. 이제 러시아인은 농담 없이도 웃는 사람은 미친 사람 아니면 미국인일 수 있다고 생각한다. 러시아인은 맥도날드의 현지 규범을 받아들인 것이다. 물론 그렇다고 러시아의 전반적인 문화가 바뀌지는 않았다. 2018 FIFA 월드컵 개최를 앞두고 러시아는 오랜 이주의 역사를 가진 나라에서 온 관광객이 러시아에 대해 불친절하다는 인상을 가지지 않게 하려고 다시 한번 미소 교육을 했다.

비교 문화 심리 연구에 따르면, 미국인의 감정 표현은 일본 같은 단일 문화권 국가와 대비된다. 대개 일본인은 감정 표현을 더 절제한다. 일본은 동질적 문화 덕분에 문맥만으로도 다른 일본인이 느끼는 감정을 쉽게 알 수 있다. 수치스러운 상황이나 분노를 유발하는 상황이 발생하면 겉으로 감정을 드러내지 않아도 즉시 알아챌 수 있다. 반면에 외부인은 문맥적 단서에 둔감하다. 그러므로 자신이 언제 집주인의 기분을 상하게 했는지 깨닫지 못한다.

이런 감정 통제는 부가 효과를 낳는다. 예를 들어 동질적인 동아시아 문화권에서는 입보다 눈이 감정 표현의 중심이 되는 경우가 더 많다. 그 결과 미국으로 이민 온 아시아계 사람들은 가족에게도 '사랑한다'와 '고맙다'라는 표현을 잘 하지 않는다. 너무 노골적이라 며 부끄러워한다. 인도나 중국에서는 가족에게 이렇게 노골적 표현 을 하는 것이 좀 이상하거나 심지어 모욕으로 여겨질 수도 있다. 암 묵적 의사소통은 모든 사람이 동일한 규범과 이해를 공유할 때 더 효율적일 수 있지만 다른 사람의 실수를 통해 숨겨진 규범과 규칙 을 발견해야 하는 신규 이민자에게는 어렵게 느껴진다. 명시적 의사 소통에 관한 폭넓은 정책은 비록 처음에는 불편하고 낯설겠지만 신 규 이민자가 더 쉽게 적응하도록 돕는다.

용광로 모델은 노예제와 차별의 역사로 인해 그 이상이 훼손됐 지만 여전히 미국에서 대체로 성공적인 이민의 역사를 이끌어 왔다. 그러나 미국에서 용광로 모델이 성공한 이유는 부분적으로 풍부한 자원 덕분일 수 있다. 사람들은 자연스럽게 여러 개의 겹치는 집단 을 형성하기에 소규모 집단의 소속을 강조하지 않으려는 노력이 필 요하다. 가능성의 공간이 줄어들면서 오늘날 미국의 상황은 더욱 어 려워지고 있다. 물론 현실에서는 집단 및 부와 권력의 수준이 다르 면 이른바 앙크모포크Ankh-Morpork를 만들 수 있다. 앙크모포크는 영 국의 판타지 소설가 테리 프래챗Terry Pratchett이 제안한 가상의 도시 국가로 '이따금 녹지 않는 덩어리로 인해 오염되는 세계의 용광로' 를 말한다.

앞서 설명한 모든 모델과 은유는 단지 이상일 뿐이다. 실제로는 여러 모델이 섞여 다양한 수준으로 나타난다. 프랑스, 캐나다, 미국 등에서 통합, 분리, 융합의 정도는 지역, 주, 도시, 커뮤니티에 따라 상이하다. 어떤 곳은 하이픈으로 묶인 분리된 사회(종종 억양으로 구 별할 수 있음)가 지배적이지만 동시에 폭넓은 통합주의를 추구하기도 한다. 실제로 미국은 엄격한 이민 정책 덕분에 자국에 많은 기여를 하는 이민자를 선별적으로 받아 용광로에 집어넣을 수 있었다. 이것이 바로 불법 이민에 관한 입장과 그 영향을 둘러싸고 정치적 분열이 일어나는 주 원인이다. 불법 이민 문제는 차치하더라도 세 가지 다문화 모델 모두에는 사각지대가 존재한다.

하이픈 없는 모델, 모자이크 모델, 용광로 모델은 모두 인종 집단 간, 서로 다른 이민자 사회 간, 이민자와 원주민 간, 지역 사회와 국가 간 관계에만 초점을 맞춘다. 모두 문화와 정책뿐만 아니라 그들이 공유하는 가능성의 공간에 의해 형성되는 상호 작용의 더 넓은 맥락을 무시한다.

같은 문화와 정책이라도 자원이 풍부할 때는 성공할 수 있지만 자원이 부족할 때는 실패할 수 있다. 이런 복잡성을 포괄하는 더 나은 모델이자 은유를 나는 **우산 모델**이라고 부른다.

우산 모델

우산 모델은 성공적인 기업 문화를 성공적인 국가 문화의 은유로 활용한다. 훌륭한 회사에서는 사람들이 함께 일할 수 있어야 한다. 공통 목적과 공통 문화를 가져야 한다. 따라서 협력, 소통, 조율에 중요한 요소인 문화적 적합성이 필요하다. 사람들은 종교, 신분, 인종이 다르더라도 기꺼이 함께 일할 수 있어야 하며 공통의 목표, 조율된 행동, 동일한 도덕적 가치관을 가져야 한다. 같은 언어를 사용해야 하고 같은 도로에서 운전해야 한다. 서로 다른 문화적 특성은 논의를 거쳐 타협한다.

성공적인 이민 정책은 성공적인 다국적 거대 기업을 구축하는 정책과 비슷하다. 이 다국적 기업에는 다양한 부서 혹은 자회사가 존재할 수 있고 중앙 부서는 이들의 운영에 손을 떼거나 세세하게 관여할 수 있다. 핵심 브랜드나 기업의 정체성은 명확하게 제시될 수도 있고 여러 브랜드와 정체성으로 분산될 수도 있다. 어떤 형태이든 훌륭한 조직은 최고의 인재를 채용하고 그들의 성장을 지원해 개인과 조직 전체에 이익이 되는 방법을 알고 있다. 우리는 더 큰 혁신, 자원과 에너지의 효율적 활용, 성장과 이익이라는 목적을 실현하기 위해 미처 생각하지 못한 기술이 무엇인지 열심히 찾아 헤맨다.

이 우산 모델 안에서 자매 회사는 서로를 지원하며 공급망 조정과 수직적 통합을 통해 모든 관련된 회사를 지원하는 시너지를 창출한다. 모든 사람이 비를 피할 수 있도록 우산을 받쳐 주는 상황을 상상하자. 우산을 크게 들어 올려서 그 아래에서 비를 피할 수 있도록 돕는 것이다. 충분한 자원과 인프라 투자를 통해 학교, 일자리, 병원, 기타 공공재를 위한 자원을 확보하도록 우산을 크게 만들어야 한다. 그리고 시민에게 제공하는 교육은 지역 사회에서 필요한 일자리와 일치해야 한다.

우산이 너무 작으면 젖는 사람이 생기고 결국 누가 비를 맞아야 할지 다투게 된다. 사람들은 더 많이 젖을수록 더 투덜대며 우산을 장악하려고 할 것이다. 결국 이런 갈등은 우산을 망가뜨리고 모든 사람이 비를 맞게 될 것이다.

성공적인 대기업에서 직원들은 스스로를 팀의 일원으로 여기고, 비전을 공유하며, 서로의 미래가 연결돼 있다고 생각한다. 회사가 성장하려면 충분한 자원을 확보하고 인프라에 투자해야 하며 직원들이 일할 수 있는 공간이 있어야 한다. 이것이 우산 모델이 추구하는 바이다.

사람들이 일자리를 얻지 못하면 결국 몇 안 되는 소중한 일자리를 두고 싸우게 된다. 이런 갈등은 결국 회사를 망치고 모두 실직자가 될 것이다.

이제 은유는 제쳐두자. 사실 이런 조화를 이루는 데에는 여러 가지 어려움이 있다.

채용과 마찬가지로 **이주 역시 지속 가능한 관리**가 필요하다. 한 꺼번에 너무 많은 인원이 들어오면 적응하기 어렵다. 그렇다고 너무 적은 인원이 들어오면 회사가 성장할 수 없다. 회사나 국가를 발전시키는 방법을 가장 잘 개발할 수 있는 직원, 또는 이민자를 공정한 경쟁을 통해 채용해야 한다. 선별적 이민 정책은 이민자 수가 적절해야 하고 신규 이민자가 기존 시민과 함께 잘 어울릴 수 있도록 도와주는 정책이 포함돼야 한다. 또한 기존 시민도 신규 이민자의 성공적 정착을 도와야 한다는 점을 스스로 이해해야 한다. 이민에 대한 사고의 문화적 전환이 필요한 것이다.

위대한 기업이란 가장 필요한 기술을 가진 최고의 인재를 채용하는 것이다. 단일 문화로도 위대한 기업을 만들 수 있지만 다양성이 번성할 수 있는 여건이 조성될 때 더 위대한 기업을 만들 수 있다. 포용적인 곳, 소속감을 느낄 수 있는 곳에서는 사람들이 자신의 재능을 기꺼이 발휘한다. 엔지니어, 간호사, 교사, 간병인 등 절실하게 필요한 기술을 가진 이민자라고 해도 문화적 차이가 심하다면 이들이 자신의 기술을 최대한 활용할 수 있도록 투자를 더 많이 해야 한다. 예를 들어 브라질 출신의 유능한 소프트웨어 개발자는 밴쿠버에서 자바스크립트 지식을 즉시 쓸 수 있겠지만 그 전에 캐나다의 일상적 삶이나 업무 환경에 대해 알고 적응할 수 있어야 한다.

문화적으로 멀리 떨어진 집단이 많을수록 국민 화합에 더 큰 도전이 되지만 잠재적으로 더 큰 이득이 될 수 있다. 이주를 돕기 위해 언어 및 기타 문화 번역 프로그램이 필요하며 현지인이 새 이민자를 환영하는 역할을 해야 한다.

물론 민족성만이 문화적 다양성의 유일한 형태는 아니다. 교육은 종종 문화적 다양성을 만드는 더 큰 원천이다. 교육은 특정 가정과 사고방식이 담긴 문화 패키지를 다운로드하는 강력한 기제라는 점을 기억하자. 심리학자 신델 화이트Cindel White와 나는 전 세계의 고등교육을 받은 사람 사이의 문화적 거리를 측정했다. 그 결과 고학력자 간의 문화적 거리는 저학력자 간의 거리보다 가까웠다. 글로벌 문화가 형성되는 데에는 교육과 영화, 텔레비전, 기타 미디어가 매개 역할을 한다. 실제로 한 국가 내에서도 교육은 국수주의자와 세계주의자, 어딘가에 사는 사람과 어디에서나 사는 사람, 노동 계급과 노트북 계급을 구별하는 요소로 작용하기도 한다.

이런 모든 이유로 기술 수준이 낮고 문화적 배경이 불확실한 저숙련 난민을 인도주의적 차원에서 환영하되 이들이 초래할 수 있는 더 큰 도전과 경제적 비용을 미리 인식하고 대비해야 한다. 앙겔라 메르켈Angela Merkel 독일 총리가 깨달았듯이 단지 의지만으로는 성공할 수 없다.

2015년 유럽 이주민 위기 초기에 시리아 난민이 대거 유럽으로 이주하면서 메르켈 총리는 "우리는 할 수 있다!Wir schaffen das!"라는 유명한 선언을 했다. 그러나 1년이 지난 후, 많은 사람이 메르켈에게 등을 돌렸다. 심지어 부총리는 독일이 난민 문제를 과소평가했으며 "한 국가의 통합 능력에는 한계가 있다"라고 인정했다. 일부 난민은 그 이후로 취업에 성공했지만 이 갑작스럽고 계획되지 않은 유입이 독일 문화, 국가 규범, 기관, 더 넓게 유럽연합에 미친 영향은 수십 년이 지나야 분명해질 것이다.

우산 모델을 명시적으로 사용하는 국가는 없지만 우산 모델에 가장 근접한 국가는 호주이다.

호주에서 얻은 교훈

호주는 경제 성장을 저해하지 않으면서도 문화적 통합을 보장하는 지속 가능한 이민 관리 전략을 채택해 왔다. 일반적으로 호주의 유능한 공무원은 매우 실용적이며 적재적소 필요한 곳에 다양한 전략을 차용한다.

호주는 성공적인 이민과 관련된 요소에 더 많은 점수를 부여하는 점수 기반 이민 시스템을 사용한다. 예를 들어 25~32세 연령대의 지원자를 우대한다. 이 연령대는 일반적으로 이미 어느 정도 교육이나 훈련을 받았으며 향후 30~40년 동안 직장에서 경제적 기여를 할 수 있는 최적의 연령대이다. 또한 영어 실력이 뛰어나 더 넓은 커뮤니티에 충분히 참여할 수 있는 사람을 우대한다. 호주는 노동력이 가장 필요한 산업 분야에서 숙련된 경력을 가진 사람, 교육을 받은 사람을 우선적으로 받아들인다. 이런 기준은 변화하는 필요와 새로운 데이터에 따라 업데이트된다. 이는 기업이 채용에 증거 기반 접근을 사용하는 방식과 유사하다.

호주는 특정 기술이 필요한 지역으로 이주하는 이민자에게 인센티브를 제공하는 방식으로 이민자 수를 제한한다. 국경은 엄격하게 통제되며(호주에는 육지 국경이 없어 통제가 더 쉽다) 불법 이민은 역외 처리를 통해 인센티브를 박탈한다. 물론 이런 정책 패키지의 일부 항목에 대해서는 논란의 여지가 있으며 결코 완벽한 시스템은 아니다. 긴 행정 처리 시간은 이민을 억제하는 역할을 하지만 비인도적이라는 논란을 부를 수 있으며 국내 혹은 국제적 분노의 원인이 될 수 있다. 이것은 난민 기준에 맞으면 선별 없이 받아들이는 호주의 난민법과 모순되기도 한다.

호주는 사회 통합에 많은 돈을 투자한다. 난민은 먼저 5일간 도착 전 오리엔테이션 프로그램인 호주 문화 오리엔테이션the Australian Cultural Orientation, AUSCO 프로그램을 듣는다. 이민이 어떻게 진행되는지, 호주에 도착하면 어떤 지원을 받을 수 있는지, 호주 생활 방식과 사회 및 문화적 규범에 대한 소개, 숙소 찾기, 교통수단 이용하기, 은행 업무 처리하기, 의료보험 등록하기 등 필수적인 일상생활 기술, 양성 평등, 종교, 차별, 권리와 책임에 관한 호주 법률을 배운다. 호주에 도착하기도 전에 호주인이 되는 방법을 습득하는 단기 교육 과정이다.

호주에 도착하면 추가 지원이 제공된다. 내 아내 스테파니는 난민 정착 프로그램의 자원봉사자로 일했다. 문화와 트라우마로 인해 격차가 클 수 있지만 이 격차를 줄이기 위해 기꺼이 자원을 투자한다. 난민에게는 호주에서 어떤 과일과 채소를 구할 수 있는지, 그것으로 이민자 음식에 맞게 어떻게 요리할 수 있는지(대개 같거나 비슷한 문화권 출신 봉사자가 가르친다), 대중교통을 어떻게 이용하는지, 심지어 친구를 어떻게 사귀는지 등에 이르기까지 광범위한 지원을 제공한다.

스테파니는 여성 자원봉사자와 대화하기를 거부한 한 난민을 경험했다. 그는 오직 남자와 대화하기를 원해 남성 자원봉사자가 도착할 때까지 기다렸다. 몇 시간 후 그는 자리를 떠났고 다음 날에도 역시 그랬다. 사흘째 되던 날, 그는 마지못해 여성 자원봉사자의 도움을 받아들였다.

이 이야기는 난민을 환영하기 위해 공동의 노력을 기울였던 당시의 정책을 보여 줄 뿐만 아니라 특정 규범에 대해서는 타협할 수 없다는 분명한 메시지를 전한다. 각 국가는 그런 규범이 무엇인지 파악해야 한다. 이 같은 일반적 접근 방식은 종종 다양한 문화적 규범을 충분히 고려하지 못한다는 비판을 받기도 하지만 바로 이것이

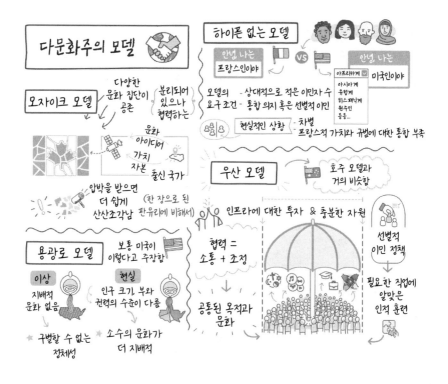

호주의 결속력과 국가성을 유지하는 데 도움이 된다.

호주는 식민지가 된 마지막 땅이었으며 아직 개발되지 않은 막대한 자원을 보유한 행운의 나라라고 불린다. 원주민은 호주에서 4만 년 이상 살아왔고 실제로 지구상에서 가장 오랫동안 지속된 문화를 일궜다. 현대의 호주는 영국 정착민이 영국의 문화와 가치, 제도를 이 자원이 풍부하고 생태적으로 독특한 땅에 가져와 심은 것이다. 경제학자이자 시사 방송 진행자인 노아 스미스Noah Smith는 호주를 "광산촌에 있는 이국적 동물원"이라고 농담 삼아 표현한 적이 있다. 노르웨이와 마찬가지로 호주도 오랫동안 넓은 공간을 신중하게 관리해 왔지만 노르웨이와 달리 다양성의 역설이라는 어려운 문제를 해결하기 위해 적극적으로 노력했다. 오늘날 호주는 대규모 국가 중 중위 가구 자산이 가장 높은 나라이다(40만 달러 이상).

경로 의존성을 따른 문화의 지속성을 포함해 다른 많은 측면도 성공에 도움이 됐다. 죄수와 간수의 후손이 만든 호주의 문화에는 공식적 법 집행과 비공식적 규범 집행을 비롯해 법치주의가 강력하게 작동한다. 예를 들어 속도 제한이나 휴대폰 사용 제한 등 도로 규칙을 엄격하게 시행하며 심지어 경찰이 덤불 속에 숨어 위반자를 잡는 것으로 알려져 있다. 가뭄이 심할 때는 이웃끼리 정원에 물 주는 행동을 신고하는 규칙도 시행한다. 호주는 국가를 하나로 묶고 더 많은 사람을 대변하는 강력한 민주주의적 혁신을 널리 적용하고 있다.

물론 호주도 완벽하지 않다. 과거 원주민 정책은 매우 부끄러운 일이었고 오늘날까지 해결되지 않은 문제들이 여전히 남아 있다. 부패도 문제인데 동업자들이 서로 호의를 교환하고 특별 이익을 독점하는 연합을 형성했다. 많은 이민자가 뇌물을 써서 정치인의 도움을 받아 공식 시스템을 우회한다. 경제학자 카메론 머리Cameron Murray 와 폴 프리터스Paul Frijters가 2022년에 출간한 책《조작: 강력한 동료 네트워크가 어떻게 일상적으로 호주인을 갈취하는가Rigged: How Networks of Powerful Mates Rip Off Everyday Australians》에 따르면 많은 호주인이 주택 산업과 연금 기금에서 얼마나 많은 돈이 사실상 도난당하고 있는지 모른다. 호주는 정실주의에 취약한 나라이다.

호주는 모든 인간에 대한 이론에서 제시하는 이상적인 우산 모델에 가까운 나라로 평가되지만 현재 세계 어느 나라라도 에너지 부족으로 가능성의 공간이 줄어들 때 사회를 통합적으로 유지할 수 있는 능력이 충분하지 않다. 자원 부족과 잠재적인 사회적 분열이 현재 부유한 국가들에 어떤 영향을 줄지는 불확실하다. 이런 상황에서 잘 연구된 사례 중 하나는 1인당 국내총생산GDP이 세계에서 가장 낮은 대륙인 아프리카이다.

문화적, 역사적, 제도적, 지리적 차이를 고려하면 아프리카 연구를 다른 상황에 일반화할 수 있는지는 분명하지 않다. 아프리카의 어느 한 상황을 다른 상황으로 얼마나 일반화할 수 있는지도 확실하지 않다. 그러나 사람은 어디서나 사람이며, 비슷한 조건에서는 사회가 어느 정도 비슷한 역동성을 보이기 마련이다. 이런 이유로 자원이 제한된 상황에서 다양성이 어떤 영향을 미치는지 예측하기 위해 아프리카에 대해 더 깊이 알아볼 필요가 있다.

아프리카의 다양성과 부족한 자원

19세기 후반의 아프리카 쟁탈전은 유럽 열강의 아프리카 대륙 식민지화가 시작되는 계기가 되었다. 나미비아가 앙골라에서 분리되고 힘바족이 멀리 리스본에 있는 사람들의 결정에 따라 둘로 나뉜 것처럼, 아프리카 국가의 국경은 기존의 민족이나 부족의 경계는 고려하지 않은 채 그려지고 다시 그려졌다. 이로 인해 아프리카인은 식민주의 말기에 다양한 집단과 함께 살게 됐다. 식민지 열강이 세운 외부 기관, 과거의 동맹, 현재의 적, 같은 언어 혹은 다른 언어를 쓰는 집단, 동족 혹은 이족 등과 말이다. 국경은 때때로 서로 다른 집단을 전체 집단에 모두 포괄하거나 하나의 집단을 둘로 나누기도 했다(그래서 지금은 서로 다른 나라에 산다). 이러한 자의적인 식민지 경계로 인한 다양성은 현재의 갈등과 협력 실패를 예측하는 주요 원인 중 하나이며 자원의 저주와 유사한 비극을 초래한다. 분단된 조국에서는 정치적 폭력이 그렇지 않은 경우보다 57% 더 높게 발생하며 같은 민족을 위해 국경을 넘어 군사적으로 침입하는 비율도 더 높다. 짐바브웨를 보자.

짐바브웨는 금과 다이아몬드가 풍부해 자원의 축복을 받은 나라이지만 식민 지배 이후에 생긴 다양성 때문에 충분한 협력이 이뤄지지 않는, 다양성의 저주를 받은 나라다. 짐바브웨에는 16개의 공식 언어가 있으며 다양한 민족이 권력을 차지하기 위해 폭력적으로 경쟁한다. 갈등은 주로 다수 민족인 쇼나족(80%)과 두 번째로 큰 민족인 은데벨레족(15%) 사이에서 발생한다.

쇼나족 출신인 로버트 무가베Robert Mugabe 대통령은 2만 명이 넘는 은데벨레 반체제 인사를 살해했다. 이는 아프리카 국가에서 부족 내 협력은 이뤄지지만 부족 간 갈등이 심해 국가 경제를 제대로 꾸리기 위해 대규모로 협력하며 자원을 활용하지 못하는 상황을 전형적으로 보여 준다. 국제투명성기구에 따르면 무가베의 실패한 국가는 2007년과 2008년의 초인플레이션 시기에 국제 뉴스를 장식했는데 당시 100조 달러짜리 지폐 발행으로 화폐의 미친 듯한 상승을 보여주는 하나의 아이콘이 됐다.

2022년에는 이라크 및 콩고와 거의 같은 수준이었다. 이는 짐바브웨 남쪽의 보츠와나와 극명한 대조를 이룬다.

보츠와나 역시 땅속의 보물인 다이아몬드의 축복을 받았다. 하지만 보츠와나는 다이아몬드를 두고 싸우는 대신 이 자원을 활용해 세계에서 가장 가난한 나라에서 아프리카 대륙에서 가장 높은 1인당 실질 GDP(구매력을 조정한 실질 GDP 기준)를 기록한 국가로 도약했다. 보츠와나의 부패 수준은 아프리카 대륙에서 가장 낮으며 이스라엘이나 한국처럼 민족적으로 동질적인 다른 선진국과 비슷한 수준이다. 보츠와나는 다양성의 역설을 해결하고 자원의 저주를 피할 수 있는 이상적인 삶의 법칙 패키지를 갖추고 있었다.

보츠와나는 아프리카에서 가장 인종적으로 동질성이 높은 국가이다. 인구의 대다수는 츠와나족(단수인 경우 모츠와나, 복수인 경우 바츠와나라고 함)으로 이들은 같은 언어를 사용하고 씨족clan들이 밀접하게 교류하며 서로 통혼한다. 이는 소말리아처럼 동질적 민족으로 구성됐다고는 하나 명목상에 불과하며 각 씨족이 분열된 경우와 대조된다. 또한 츠와나족은 족장이나 추장이 주최하는 공개 회의인 고틀라kgotla라는 원시적 민주주의 제도를 갖고 있으며 이 회의에서 토론과 투표를 통해 의사를 결정한다. 이런 민주주의는 츠와나족의 목동들이 추장의 결정이 마음에 들지 않으면 쉽게 떠나버려 외부에 맞서 각 부족을 결속할 필요성 때문에 생겼다. 그 덕분에 1852년 남아프리카의 백인 보어족과 벌인 디마웨 전투에서 바츠와나는 힘을 합쳐 싸웠고 결국 승리했다. 민족적 동질성, 원시적 민주주의 제도, 외부의 위협이 결합된 보츠와나는 다이아몬드를 발견하자 보츠와나 전체의 이익을 위해 더 높은 수준의 협력을 이룰 수 있었다. 즉, 보츠와나는 아프리카의 노르웨이였다.

경제 및 인간 개발에 영향을 미치는 요인은 다양하지만 보통의 경험칙으로 보면 부패를 줄이는 정책은 이해관계 충돌의 궁극적 원인인 낮은 수준의 협력을 억제해야 한다. 예를 들어 많은 국가가 족벌주의에 시달린다. 어떤 집단은 집단끼리의 결혼을 장려하고 집단외 결혼을 금지하는 동족 결혼을 통해 집단의 경계를 유지한다. 사촌혼처럼 가까운 친족과 결혼하는 문화로 친족 간 경계를 더욱 공고히 하는 경우도 있다. 사촌혼은 한때 전 세계 어디서나 흔하게 일어났고 오늘날에도 남아시아, 중동, 아프리카 등지에서 행해진다. 사촌혼이 일반적인 경우 삼촌은 단지 어머니의 형제가 아니라 여러 관계를 통해 나와 연결되는 것이며 이런 유대감은 친족 간의 밀접한 문화적 의무를 통해 더욱 강화된다.

이와 대비되는 현상으로 로마 가톨릭 교회의 사촌혼 금지와 중세 유럽의 결혼 관행 변화를 들 수 있다. 2019년 연구에서 조너선 슐츠Jonathan Schulz와 두만 바흐라미라드Duman Bahrami-Rad, 조너선 P. 보샹Jonathan P. Beauchamp, 조지프 헨릭은 이런 변화가 어떻게 모든 친척이 여러 관계를 통해 서로 연결되지 않고 엄마, 아빠, 자녀, 이모, 삼촌, 할아버지, 할머니로 구성된 현대의 핵가족을 창조했는지 보여 줬다. 유럽의 대가족을 약화한 요소는 가족이라는 그물망을 퍼뜨리는 것이 아니라 핵가족이라는 나무의 탄생이었다. 핵가족 관행이 일찍 도입된 곳일수록 부패가 적고 공정성이 높으며 오늘날과 같은 민주적 제도가 더 강력하다. 반면에 가족 중심 집단에서는 족벌주의가 여전히 만연하다.

수 세기에 걸친 변화 끝에 서구에서는 (아직 남아 있긴 하지만) 족벌주의가 점차 사라졌다. 그 대신 정실주의, 로비, 회전문 인사 관행 등 직간접적인 상호주의가 부패의 더 흔한 원인이 되고 있다. 사촌결혼과 기타 확장된 친족 모델을 약화하자 족벌주의가 줄어든 것처럼 직간접적인 상호 작용을 약화하면 정실주의가 줄어든다. 성공적인 부패 방지 전략에는 정책에서 산업계로 이동하기 전에 긴 냉각 기간을 설정하는 일이 포함되며 사람들을 순환하게 해 효율성을 해치는 파벌 형성이나 과도한 상호 관계 형성을 억제하는 방침도 중요하다. 예를 들어 보츠와나는 공무원을 정기적으로 재배치해 같은 부족이나 지역 출신이 오랫동안 함께 일하는 현상을 방지한다. 이런 전략은 모두 낮은 수준의 협력을 줄이려는 시도이다.

협력 법칙을 기억하자. 최적의 집단 규모는 구성원당 자원량을 최대화하는 규모이다. 즉, 자원을 개인별로 나눌 때 그 개인이 더 작거나 더 큰 집단에서 얻는 것보다 더 많은 자원을 얻을 수 있는 크기이다. 때때로 이 법칙은 집단 간 동맹을 통해서도 달성할 수 있다. 예를 들어 과거나 지금이나 미국에서 흔히 볼 수 있는 성직자와 부유층 사이의 동맹, 즉 종교와 돈의 동맹이 있다. 이런 집단은 혼자 있을 때보다 함께 있을 때 더 큰 힘을 발휘한다. 마찬가지로 능력주의 제도의 약화는 전통적으로 표준화된 시험에서 더 낮은 성적을 거두는 집단과 부유층 간의 동맹으로 볼 수 있으며 이 두 집단은 SAT 같은 표준 입학 시험의 폐지를 통해 이익을 얻는다.

협력 법칙에 따르면 하위 협력 유대를 약화해 상위 협력을 강화하는 일반적인 원칙이 여전히 적용된다. 앞서 언급했듯이 다양성과 자원을 넘어 국가 간에는 많은 차이가 있지만 적어도 협력과 부패의 측면에서 가능성의 공간이 축소될 때 위어드 사회의 제도와 규범이 협력을 유지하기에 충분한지는 의문이다. 나는 충분하지 않다고 생각한다. 게다가 인터넷이라는 새로운 도전도 등장했다.

인터넷은 새로운 부족을 만들어 냈고 어쩌면 우리를 제2차 계몽주의로 이끄는 중인지도 모른다.

새로운 부족과 제2차 계몽주의

성인 코미디 〈리틀 브리튼Little Britain〉에서 다피드 토마스Dafydd Thomas는 자신이 "마을에서 유일한 게이"라고 주장하는 개그를 선보인다(해당 TV 프로그램은 스케치 코미디 TV 시리즈로 2003년부터 2006년까지 방송됐으며 영국 사회의 다양한 인물과 지역을 과장되고 풍자적으로 묘사한 일련의 스케치로 구성된다. 휠체어를 타지만 실제로는 걸을 수 있는 인물, 다이어트 클럽을 운영하는 비만 여성, 컴퓨터를 다루지 못하는 은행 직원, 그리고 자신이 게이라서 소외받는다고 주장하면서도 다른 게이는 인정하지 않는 다피드 등이 등장한다-역주). 당연히 그는 유일한 게이가 아니다. 하지만 그는 만나는 게이마다 다 게이가 아니라고 주장한다. 그런데 과거에는 그랬을지도 모른다. 옛날 옛적 마을에는 다피드 같은 사람이 잘해야 수십 명에 불과했을 테니까.

우리의 세계는 한때 정말 작았다. 대부분의 사람은 가까운 곳에 있는 사람, 때로는 친척과 결혼했다. 유전학자 스티브 존스Steve Jones 는 자전거의 발명을 최근 인류 진화 역사에서 가장 중요한 사건으로 꼽는다. 그 덕분에 함께 자란 동네 사람을 넘어 자전거가 닿는 다른 마을 사람까지 데이트 상대를 넓힐 수 있게 됐다. 하지만 소수자인 경우 자전거를 타고 다녀도 비슷한 사람을 만나기는 어렵다. 여러분은 마을에 있는 극소수의 성소수자 중 한 명일 수 있다. 도자기 접시 수집이나 목공예 등 흔하지 않은 취미에 관심이 있다면 동호회를 만드는 일도 아주 어려울 것이다. 요컨대 과거에는 소수에 속하거나 드문 관심사를 가진 경우 커뮤니티를 형성할 수 있을 가능성이 낮았다. 하지만 인구 증가와 인터넷 덕분에 더 이상 그렇지 않다.

오늘날에는 매우 독특하고 특이하고 드문 취미와 관심사를 가진 사람도 전 세계 인구라는 엄청난 규모의 인터넷과 소셜 미디어를 통해 다른 사람과 연결될 수 있기에 누구나 커뮤니티를 형성할 수 있다.

혹시 주머니에 모래를 넣고 다니거나 주머니 모래의 다양한 장점에 대해 같이 이야기 나누고 싶은가?

아니라고?

그러나 4만 명이 넘는 사람이 인터넷 커뮤니티 레딧에서 '주머니 모래/r/pocketsand'라는 하위 게시판을 만들어 커뮤니티를 형성하고 있다. 주머니 모래는 주류가 아닌 틈새 취미이다. 스테이플러로 나무에다 빵 한 조각을 박은 뒤 사진을 찍어 올리는 것이 더 대중적인 취미일 정도이다. 30만 명이 넘는 사람이 스테이플러로 나무에 빵 박기r/BreadStapledToTrees 게시판을 만들어 열광적으로 활동하고 있다. 구글 이미지 검색에서 '나무에 스테이플러로 붙인 빵'을 검색해보라. 인터넷 덕분에 당신의 취향을 발견할 수 있을지도 모른다.

이런 사례는 무수히 많다.

초연결성은 모든 종류의 집단과 커뮤니티에 큰 도움이 됐다. 희귀 질환을 앓는 사람이 서로를 찾아 치료법과 어려움을 나누고 변화를 위해 함께 뭉칠 수 있게 됐다. 흔하지 않은 관심사를 가진 소수자가 서로를 찾아내고 자신의 틈새 취미에 관심을 보이는 다른 사람을 끌어들여 집단을 형성한다. 본질적으로 인터넷은 새로운 협력적 문화-집단, 즉 새로운 인간 부족을 만들어 내고 있다.

인터넷이 새로운 부족을 쉽게 만들 수 있다는 점이 바로 인터넷이 파괴적 힘을 발휘하는 이유 중 하나이다. 좋기도 하지만 나쁘기도 하다.

인터넷은 사회 변화를 촉진하고 모든 종류의 정보를 폭넓게 공유할 수 있게 한다. 아랍의 봄 운동가는 서로 협력할 수 있고 딥러닝 애호가는 새로운 애플리케이션을 찾을 수 있으며 구제 불능의 인종차별주의자는 인종차별을 정당화하는 근거를 찾을 수 있고 큐어넌QAnon 음모론자는 최신 일급 기밀의 해제 소식을 알 수 있다. 모두가 서로를 찾고 문화를 형성하고 옹호하고 협력한다. 인터넷과 소셜 미디어는 소규모 집단도 다른 협력 집단 및 사회 전체와 협력하고 성장하고 경쟁할 수 있게 한다. 이는 부패와 동일한 역학 관계로, 한 규모의 협력이 다른 규모의 협력을 약화한다. 따라서 좋든 나쁘든 이런 커뮤니케이션 기술은 엄청난 파괴력을 가진다. 물론 과거에도 같은 생각을 가진 사람들이 변화를 위해 협력하는 헌신적 집단으로 모여 변화를 이뤄내 왔다. 다만 지금은 그런 집단을 결성하고 목소리를 내는 것이 더 쉬워지고 더 많아졌을 뿐이다.

인터넷은 또한 기존의 현실 집단을 증폭한다. 도널드 트럼프Donald Trump는 트루스 소셜Truth Social이라는 자신의 소셜 미디어로 가기 전까지 엑스(트위터)에서 소셜 미디어 팔로워만이 아니라 현실의 지지자를 늘렸다. 러시아-우크라이나 전쟁은 아마도 전장뿐만 아니라 소셜 미디어 타임라인에서도 벌어지고 있는 최초의 전쟁일 것이다.

소셜 미디어 알고리듬이 별도의 소셜 네트워크 피드, 즉 에코 챔버echo chamber(특정한 의견이나 관점을 가진 사람들이 집단을 형성하고 서로의 의견을 반복적으로 공유하며 강화하는 현상-역주)라는 메아리방에 우리를 고립시키며 급진화하는지, 아니면 우리를 둘러싼 버블 바깥의 아이디어에 우리를 노출하는지에 대해 논란이 있다(소셜 미디어가 같은 생각을 가진 사람만 만나게 하는지, 다른 생각을 가진 사람도 만날 기회를 주는지 논란이 있다는 뜻-역주). 현재로서는 일반적인 해답이 없는 경험적 질문이다. 사실 해답이 없을 수도 있다.

일단 알고리듬 자체가 사용자의 참여를 유지하기 위해 끊임없이 진화하고 있다. 또한 소셜 미디어가 지닌 특정 형식에 따라 역학 관계가 달라질 수 있다.

페이스북 집단은 공통 관심사를 가진 사람들이 쉽게 모일 수 있고 쉽게 쫓겨날 수도 있기 때문에 에코 챔버가 되기 쉽다. 틱톡의 알고리듬은 불투명하지만 더 젊고 감수성이 높은 사용자를 대상으로 하기에 영향력이 매우 클 수 있다. 반면에 엑스(트위터)와 페이스북의 공개 게시물은 사람들이 강력하게 동의하지 않는 아이디어에 노출되도록 만든다. 사람들은 화를 내지만 이는 좋은 현상이다.

하지만 사람의 마음을 바꾸는 것은 정보가 아니라 사람이라는 사실을 기억하자. 우리는 누구에게 아이디어를 들었느냐에 따라 본능적으로 동의하거나 격렬하게 반대하는 경우가 많다. 솔직히 말해서 증거를 검토하거나 기사를 읽지도 않고 동의하는 경우가 많다.

사실 인터넷을 떠도는 여러 아이디어 자체는 〈폭스 뉴스〉와 〈MSNBC〉, 《워싱턴 포스트》와 《뉴욕 타임스》, 《데일리 메일》과 《가디언》 등 전통적 미디어에서 쏟아낸 바이럴 게시물, 그곳에서 유래한 단어로 이루어진 복잡한 생태계의 일부에 불과하다. 기사에서 등장한 아이디어는 소셜 미디어로 가서 여러 집단으로 퍼지고 이는 다시 주류 매체의 기사를 위한 자료가 된다.

나는 소셜 미디어가 양극화의 궁극적인 원인은 아니라고 생각한다. 그보다 소셜 미디어는 우리 사회를 비추는 거울이자 서로의 차이를 드러내는 장이다. 이는 전 세계 거의 모든 사람이 소셜 미디어를 사용하지만 양극화가 모든 곳에서 동일한 수준으로 나타나지 않는 이유이기도 하다. 일부 국가에서는 페이스북 같은 플랫폼이 사실상 인터넷 자체와 동일한 역할을 한다. 그런데 미국은 미국보다 소셜 미디어를 사용하는 사람이 훨씬 더 많은 다른 나라에 비해 특히 더 양극화돼 있다. 이는 부분적으로는 미국의 다양성이나 표현의 자유 문화, 집단의 규모 때문일 수 있다.

인구가 많으면 소수 집단의 비율도 제법 크다. 인터넷이 없는 상황이라도 마찬가지이다. 예를 들어 감염되면 거의 확실하게 사망에 이르는 곰팡이 질병이 많지만 대부분의 사람은 면역력이 약하지 않고 면역력이 있는 사람은 치명적인 곰팡이 질병에 걸리지 않기 때문에 질병에 맞서 싸울 필요가 없다. 하지만 의료 기술의 발전으로 10년 전만 해도 이미 사망했을 질병을 이겨 내서 살아남은 사람의 숫자가 점점 늘어나고 있다. 즉, 장기 이식을 받은 후 면역억제제를 복용하며 살아가는 사람, 선천성 질환이나 HIV/AIDS, 암 때문에 면역 체계가 손상된 채 살아가는 사람이 많아지고 있다. 추정치에 따르면 거의 3%에 달한다. 높은 비율은 아니지만 미국처럼 인구가 많은 나라에서는 약 1000만 명에 해당한다. 현대 의학의 경이로움 덕분에 다행히도 더 많은 사람이 생명을 이어 나가고 있고 따라서 곰팡이 질병에 취약한 사람도 점점 늘어날 것이다.

문화적 형질의 경우 인터넷의 글로벌한 특성 덕분에 소수 중 소수에 속하는 개인이라도 서로를 발견하고 대규모로 성장할 기회를 가진다. 그래서 아이러니하게도 인터넷은 우리에게 더 넓은 범위의 공통 지식에 접근할 수 있게 하는 동시에 공통의 관심사, 동기, 가치, 목표에 따라 그 지식의 하위 집합을 분류하고 결합할 수 있게 한다. 다시 말해 인터넷은 문화적 진화와 문화-집단의 선택에 힘을 실어 준다.

이런 변화의 세계적 중요성을 고려하면 그에 걸맞은 명칭을 부여할 필요가 있다. 나는 이를 '제2차 계몽주의'라 부른다. 제1차 계몽주의가 우리 문화에 도전하고 사회를 재편한 것처럼 제2차 계몽주의는 민주주의를 비롯한 여러 견고한 제도에 도전하고 있다.

제1차 계몽주의는 프랑스혁명과 미국 독립혁명, 그리고 산업혁명으로 이어졌다. 제2차 계몽주의는 사회 및 기술의 혁명으로 이어져 새로운 에너지와 새로운 형태의 협력을 이끌어 낼 수 있다. 이는 진정한 제2차 산업혁명으로 이어질 수 있는 잠재력을 갖고 있다.

영국과 노르웨이는 한 사회의 분열이 자원 배분 방식에 어떤 영향을 미치는지에 관한 교훈을 남겼다. 지금까지는 이민과 고착화된 경제적 계급 차이가 분열을 초래하는 주요 원인이었지만 인터넷은 새로운 부족을 위한 새로운 공간을 열었고 그 결과 새로운 분열의 원인도 만들었다. 따라서 다양성과 마찬가지로 인터넷은 혁신을 촉진하고 다음 단계의 에너지 풍요를 가져올 수 있는 힘을 가지고 있지만 이는 더욱 연결되고 다양해진 세상에서 서로 협력할 수 있는 새로운 방법을 발견할 수 있느냐에 달려 있다. 이를 위해서는 우리가 서로를 조정하고 통제하는 제도적 장치가 진화해야 한다. 민주주의도 진화해야 한다.

우리의 민주주의는 사람들이 지리적으로 고립된 지역 사회에서 교류하던 시절에 구축됐다. 자전거는 흔하지 않았고 다피드는 마을에 사는 몇 안 되는 게이 중 한 명이었다. 미국의 선거인단 같은 제도는 여전히 이점이 있을 수 있지만 그 제도가 만들어진 여러 조건, 해결하고자 했던 문제는 더 이상 존재하지 않는다. 만약 미국 건국의 아버지들이 오늘날 살아 있었다면 미국의 민주주의는 지금과는 매우 다른 모습으로 발전했을 것이다. 실제로 현재 방식의 민주주의는 잘 확장되지 않는 것 같다. 우리에게는 21세기를 위한 거버넌스가 필요하다.

8장

21세기의 거버넌스

21세기 인간 집단에게 이상적인 조직 구조는 변화하는 사회의 요구와 도전에 적응하고 진화할 수 있는 조직이다. 세계가 더욱 다양하고 다면적이며 고도로 연결됨에 따라 기존의 계층적 구조는 더이상 협력, 혁신, 발전을 촉진하는 데 효과적이지 않다. 그 대신에 우리는 아이디어의 교환을 이끌고 우리가 직면한 문제에 맞춰 참신한 해결책을 만들 수 있는 새로운 형태의 거버넌스를 모색해야 한다. 이제 우리는 인류가 어떻게 여기까지 왔는지는 어느 정도 이해하게 됐다. 다음으로 우리는 어디로 가야 할까? 어떻게 하면 협력을 증진하고 혁신을 극대화하며 정치 조직이 다음 에너지 단계로 나아가는 우리의 능력을 방해하기보다 장려하게 할 수 있을까? 답은 우리가 아직 모른다는 것이다. 하지만 답을 찾을 수 있는 방법은 안다.

1992년 미국의 정치학자 프랜시스 후쿠야마Francis Fukuyama는《역사의 종말과 마지막 인간The End of History and the Last Man》이라는 대담한 제목의 책을 출간했다. 거기서 그는 서구의 자유민주주의가 최종적 통치 형태라고 선언했다. 우리는 스스로를 통치하며 평화롭고 혁신적인 대규모 사회를 보장하는 문제에서 전 세계적으로 최적의 정부 형태를 만들어 냈다는 것이었다. 당시에는 이 주장이 옳아 보였고 어쩌면 당연해 보였다. 경쟁하는 유일한 통치 형태였던 공산주의는 1991년 소련의 몰락과 함께 실패로 돌아갔다. 그러나 전 세계가 중국의 부상을 목격하고 있는 오늘날, 인간 복지와 경제 성장을 증진하는 것처럼 보이는 중국의 독특하고도 새로운 정치 체제를 목격하고 있는 오늘날, 후쿠야마조차 자신의 책이 현재 상황과 맞지 않는다고 인정한다. 그러나 중국 역시 적어도 역사적인 관점에서는 효율적으로 진화하는 조직의 기본 요소 중 일부를 구현하고 있을 따름이며 다른 곳에서 발명된 혁신을 차용, 재조합, 구현하는 추격형 국가라는 이점을 갖고 있다.

민주주의를 법률, 정책, 리더십이 국민에 의해 직간접적으로 결정되는 정부라고 정의한다면, 관대하게 말해서 중국의 정치 체제는 **위어드식 선택에 의한 민주주의**와 달리 **찬성에 의한 민주주의**라고 할 수 있다. 선택에 의한 민주주의에서 국민의 의사는 자신의 이익을 가장 잘 대변하는 사람이나 정당을 선택함으로써 표현된다. 현실에서 이런 시스템은 당내 정치에 따라 어떤 식으로든 제약을 받고 부동층과 경합주(스윙 스테이트)의 의사가 종종 정책에 더 큰 영향을 미친다. 일반적으로 선택에 의한 민주주의는 일반 대중이 자신의 이익을 통치하고 대변하는 데 가장 적합한 정당이나 사람을 선택할 수 있다고 가정한다. 그러나 사람들이 경제 성장과 충분한 일자리를 보장하고 범죄를 줄이고 전쟁을 막으며 도로를 유지하고 물을 마실 수 있도록 보장하기에 가장 적합한 사람을 선택하는 일에 특별히 능숙하다고 믿을 이유는 없다. 가장 중요한 것은 권력을 잡은 정부가 이런 일을 해내는 것이며 이를 보장하는 방법에는 국민의, 국민에 의한, 국민을 위한 정부 외에도 다른 방법이 가능하다.

중국의 역사는 사회를 뒤흔든 대중 혁명, 그리고 이후 장기간의 안정기가 반복되는 특징을 보인다. 중국 공산당은 이런 역사를 잘 알고 있으며 다음에 일어날 대중 혁명에 대한 끊임없는 두려움 속에 살고 있다. 중국 공산당은 혁명을 막기 위해 정보의 흐름을 통제하고 혁명을 조직하거나 위협을 가할 가능성이 있는 집단이나 사람을 폭력적으로 탄압하기도 한다. 그러나 지속적인 경제 성장을 보장함으로써 검열과 억압에 드는 비용을 줄이면서 권력을 계속 유지할 수 있다는 사실 역시 잘 안다. 사람들의 삶이 지속적으로 개선된다면 사람들은 누가 어떤 자리에 올랐는지 무관심해지게 될 것이다.

시진핑Xi Jinping 주석 아래 중국에서는 능력주의에 기반한 인재 선발 기제가 해체됐지만 시진핑 이전에도 중국은 결코 자유주의 국가가 아니었다. 어떤 정의로도 중국은 자유민주주의 국가가 아니다. 그런데 자유에 대한 열망은 인간의 보편적 욕구가 아니다. 인간의 보편적 욕구는 식량, 안전, 자녀의 더 나은 삶에 대한 열망이다. 중국 공산당이 이런 보편적 욕구를 더 이상 충족해 주지 못하면 중국 공산당의 통치 정당성, 그에 관한 국민의 찬성은 약화될 것이다. 그러나 이 조건이 충족되는 한 중국 국민은 공개 발언에 대한 두려움, 대안적 정보의 부족, 대안적 정부 형태에 대한 공포와 더불어 물질적 부유함이 주는 안락과 세계에서 중국이 차지하는 위상에 대한 자부심에 젖어 기꺼이 공산당을 지지할 것이다. 그러나 경제가 약화되는 상황에서는 좀 다르다. 그때는 중국 공산당이 권력을 유지하려면 훨씬 더 큰 탄압을 가하거나 대만이나 미국과의 전쟁 위기를 고취하는 등 공동의 적이 필요할 것이다.

지난 수십 년간 중국의 부상은 부분적으로는 중국이 새로운 혁신의 필요성이 낮은 추격 모드에 있었기 때문일 수 있다. 중국은 서구를 모방해 중국 상황에 맞게 재조합할 수 있었고, 중국 정부는 반대파를 상대하지 않고도 다른 나라에서 효과가 있었던 정책을 쉽게 도입했다. 독재 국가는 전통적으로 새로운 해결책을 혁신하는 능력은 취약하지만 중국은 이런 전통적인 독재 국가의 잠재적 문제를 어느 정도는 해결했다.

예를 들어 자유민주주의의 힘은 개인의 권리와 자유를 보호함으로써 다양한 아이디어가 협력적이고 자유롭게 사고하는 집단적 두뇌 속에서 번성하고 재결합할 수 있도록 허용한다. 루이스 브랜다이스Louis Brandeis 판사는 미국을 "민주주의를 위한 실험실"이라고 표현했는데 능력주의의 기반을 둔 대학부터 국가에 이르기까지 최고의 아이디어가 최고로 인정받을 수 있는 기제와 결합하면 사회 및 기술 혁신에 도움이 되는 환경이 조성된다.

중국은 브랜다이스가 말한 민주주의를 위한 실험실 접근법 대신 경제특구 형태의 경제 성장을 위한 실험실과 지역 단위의 경제 성과를 기반으로 지역 지도자를 발탁하는 방식을 추구했다. 이는 전례 없는 규모의 정책 실험으로 이어졌지만 사실 세 가지 힘에 의해 방해를 받고 있다. 첫째, 중국 공산당 내 소규모 연합이 부정부패에 협력해 능력주의적 선발을 약화한다. 둘째, 지역 수준에서 지역 지도자의 성공이 항상 국가 수준에서도 재현되는 것은 아니다. 그런 성공은 우연이나 엄청난 노력에 따른 것이거나 또는 지역 지도자가 인위적으로 끌어올린 결과여서 국가 단위에서 똑같이 재현되지 않는다. 마지막으로, 다양성과 표현의 자유, 정보의 자유로운 흐름을 제한하는 것이다. 이는 궁극적으로 중국의 집단적 두뇌와 혁신 능력을 약화한다. 중국은 재현 가능한, 21세기에도 지속할 수 있는 경제 성장 모델이나 거버넌스 모델을 제시하지 못할 것이다.

동시에 자유민주주의는 적이도 특정 전제 조건 없이는, 그리고 자원이 한정된 상황에서는 크고 다양한 온라인 소셜 네트워크 집단으로 잘 확장되지 않는 것 같다. 그렇다면 21세기의 거버넌스는 어떤 모습일까? 한 가지 출발점은 문화적으로 비슷한 나라에서 시도된 새로운 민주주의 혁신과 새로운 형태의 민주적 참여를 적극적으로 추구하는 것이다. 예를 들어 미국인은 민주주의를 사랑하지만 호주인은 새로운 민주주의 정책을 지속적으로 혁신하면서 더욱 민주주의에 대한 사랑을 표현한다. 실제로 호주는 인구 비율로 볼 때 호주인이 미국으로 이주하는 것보다 더 많은 미국인이 호주로 이주하는 유일한 국가이다.

호주의 민주주의 정책 중에는 비밀 투표(호주에서 대중화돼 종종 호주식 투표라고 불림)가 있다. 또 다른 효과적인 정책은 18세 이상 모든 국민에게 의무적으로 투표를 강제하는 정책이다. 선거일에는 많은 투표소에서 무료 또는 저렴한 가격으로 음식(일명 '민주주의 소시지'라고도 불리는 바비큐 소시지)을 인센티브로 제공한다.

호주에서는 투표가 하루 일과에 포함돼야 하는 의무로 여겨진다. 선거일에는 사람들이 일상적인 일의 하나로 투표소에 들른다. 투표 당일 다른 계획 없이 잠옷 차림으로 투표하거나 해변으로 가는 길에 비키니와 서핑 반바지 차림으로 투표하는 사람들을 어렵지 않게 볼 수 있다.

투표는 여러모로 비합리적인 행위이다. 한 표 한 표가 선거에 영향을 미칠 가능성은 거의 없지만 소수 집단이 정치를 지배하는 현상을 막기 위해서는 높은 투표율이 필수적인 집단적 행동이다.

의무 투표는 이 문제를 해결한다. 또한 정치인이 다른 나라에서 흔히 일어나는 것처럼 정치적으로 활발한 극단주의자나 잘 조직된 특수 이익 집단의 표를 받으려 싸우게 하는 대신 대다수 온건파의 지지를 호소하도록 강제한다. 선거에서 승리하려면 정치인과 정당은 다수의 유권자가 원하는 정책을 제시해야 한다.

이와 더불어 호주에서 투표는 선호하는 후보자의 순위를 매기는 방식이다. 이것 역시 혁신이 잘 일어나는 영역으로서 정당은 패배할 경우를 대비해 유권자에게 자기 당의 입장과 가장 일치하는 다른 정당을 지지해 달라고 제안하기도 한다.

1980년대부터 2016년경까지는 유권자가 후보자 순위를 정하고 싶지 않을 경우 하나의 정당을 선택하면 됐고 정당이 과반수를 얻지 못하면 해당 정당은 자신의 입장을 가장 잘 대변하는 다음 정당에 표를 넘길 수 있었다. 이것은 정당 간 표 거래로 이어졌기에 현재 호주는 강제로 순위를 매기게 하거나 모든 정당에 순위를 매길 필요가 없는 선택적 순위 지정 방식을 실험하고 있다.

이런 지속적인 거버넌스 혁신 과정은 종종 데이터를 기반으로 이뤄지며 목표는 투표의 편의성을 보장하는 것과 민의를 최선으로 대변하는 것 사이의 균형을 맞추는 일에 있다. 이런 조치는 사표에 대한 우려 없이 자신의 관심사를 가장 잘 대변하는 군소 정당에 투표할 수 있도록 하며 이로써 다당제가 활발해진다.

지적재산권법이 더 온건해지기를 원하는가? 해적당이 도와드리겠다. 무료 주차를 원하는가? 주차 미터기 금지당에 투표하자. 총기 및 낚시 관련 법률을 약화하고 싶은가? 총잡이, 어부, 농부당을 선택하면 된다. 정당 대신 이슈에 관한 투표를 원하는가? 플럭스당flux party을 이용하라.

이런 선호 투표 시스템preferential voting system은 가장 선호하는 정당이 선출되고 가장 선호하지 않는 정당은 선출되지 않게 하는 방식이다. 이와 대조적으로 캐나다에서는 어떤 일이 일어나는지 보자.

캐나다도 다당제를 채택하고 있지만 유권자의 30%가 한 좌파 정당(신민당the New Democratic Party, NDP)에 투표하고 나머지 30%가 다른 좌파 정당(자유당the Liberals)에 투표하면 국민의 60%가 보수당 정부를 원하지 않음에도 보수당이 40%의 득표율로 승리하는 분할 투표가 이뤄진다.

캐나다에서 볼 수 있는 이런 종류의 선두 당선 제도first-past-the-post system는 미국에서도 사용하는 방식인데 이는 양당 체제 및 양당의 양극화를 강화한다. 선호 투표를 하지 않기 때문에 정책 변화는 정당 내에서만 일어날 수 있다. 미국에서는 좌파를 바꾸려면 민주당 자체가 바뀌어야 한다. 우파를 바꾸려면 공화당 자체가 바뀌어야 한다.

미국에서는 무소속으로 출마하면 다수당에 타격을 줄 위험이 있다. 랠프 네이더Ralph Nader와 팻 뷰캐넌Pat Buchanan은 2000년 선거에서 앨 고어의 표를 약화해 조지 W. 부시의 선거 승리를 불렀다는 비난을 받았다.

미국인은 자신들의 접근 방식이 당내에서만 변화가 일어날 수 있는 중국 공산당과 매우 유사하다는 사실을 깨달으면 경악을 금치 못할 것이다. 다만 중국은 일당제고 미국은 양당제라는 점만 다를 뿐이다.

기존의 민주주의적 혁신은 우리가 있는 곳에서 더 쉽게 달성할 수 있는 인접 가능성이다. 그러나 다른 비전은 더 급진적이다. 사실 거버넌스의 미래에 관한 많은 비전이 유토피아적이다. 유토피아는 현재의 정치 체제, 현재의 규범, 현재의 인센티브에 의해 구속되지 않으며 따라서 이런 아이디어는 환상에 불과하거나 최소한 전쟁, 재난, 혁명 같은 엄청난 충격이 있어야만 실현 가능하다. 우리가 다음에 어디로 가야 하는지는 분명하지 않다. 분명했다면 진작에 그렇게 했을 것이다. 하지만 거버넌스의 미래가 어떤 모습이냐는 이 까다로운 질문에 몇 가지 경계 조건을 설정할 수 있다. 우선 현대 사회의 규모와 다양성을 고려할 때 미국 건국 당시처럼 55명이 한 방에 앉아 다른 250만 명의 미래에 영향을 미치는 결정을 위에서 아래로, 즉 하향식으로 내릴 수 있는 시대는 오래전에 지났다. 이제 인구는 너무 많고 다양하며 교육 수준이 높고 서로 밀접하게 연결돼 있어서 위에서 아래로 급진적 개편이 이뤄지기는 어렵다.

거버넌스나 민주주의의 미래를 설계하는 대신 민주주의 자체의 원칙을 활용해 민주주의의 **진화**를 도와야 한다. 하지만 이를 위해서는 급진적인 다양성과 능력주의적 선발을 결합해야 한다.

로마 제국의 멸망은 결국 현대 세계로 이어진 거버넌스의 새로운 혁신을 위한 길을 열어 줬다. 로마 제국의 몰락이 남긴 공백은 새로운 아이디어와 새로운 접근 방식을 시도할 수 있는 환경을 조성했고 문화적 진화, 문화-집단 선택, 협력, 에너지, 혁신 법칙을 통해 최고의 사람이 다른 사람을 압도할 수 있게 했다. 그러나 이 과정은 폭력적이고 혼란스러운 과정이었으므로 다시 되풀이하지 않는 것이 좋다.

다만 일반적인 원칙은 여전히 적용 가능하므로 다시 생각해 봐야 한다. **효율적** 제도를 설계하기보다는 더 **효율적으로 진화하는** 제도를 설계하는 것이다.

실제로 미국의 강력한 민주주의는 바로 이런 접근 방식에 기반하며 이는 연방 구조와 강력한 중앙 권한이 부재한 덕분에 가능했다. 각 주는 서로 다른 정책을 시도하는 국가처럼 서로 다른 전략을 시도한다. 실패하면 주 차원에서 실패한 것이다. 하지만 성공하면 다른 주에서 이를 차용할 수 있고 결국 연방 차원으로 확산할 수 있다. 다시 말해 각 주는 스타트업처럼 운영된다.

군대에서도 이와 동일한 모델을 소위 '팀 오브 팀team of teams' 접근법이라는 이름으로 성공적으로 사용한다. 힌두교가 지속되는 데도 동일한 접근법이 도움이 됐다. 마크 트웨인Mark Twain의 말처럼 "100개의 민족과 100개의 언어, 1000개의 종교와 200만 개의 신이 있는 나라"인 인도에서는 예수를 포함한 힌두교 판테온이 있는 사진을 찾는 것이 어려운 일이 아니다(힌두교 신앙에 속하는 신의 집합이 매우 다양하다는 사실을 말함. 주로 브라흐마와 비슈누, 시바, 데비 등이 유명하지만 그 외에도 수없이 많은 신이 있으며 심지어 예수도 있다-역주). 이것은 카르마와 삼사라 윤회 같은 공통된 신념을 바탕으로 결속된, 혼합주의를 통한 다양성 모델이다.

시간의 시험을 견딘 다른 기관도 비슷하게 분산된 진화적 접근 방식을 사용했다. 로마 가톨릭 교회는 다양한 명령과 지역적 규칙을 통해 어느 정도의 자율성을 허용함으로써 2000년 동안 중앙집권적 구조를 유지하는 데 성공했다.

미국 개신교 교회의 역사 연구에 따르면 보수적인 규칙을 강요하는 교회가 그들의 영역을 유지하다가 더 진보적인 교회에 의해 경쟁에서 밀려나는 공통 패턴이 나타난다. 그러나 진보적인 교회는 결국 지나치게 자유주의적으로 성장해 분열하거나 실패한다. 안정과 변화 사이의 균형을 유지하려면 혁신을 창출할 수 있는 기제가 필요하다.

이런 접근 방식은 기업에 활력을 불어넣는 데 사용되었다. 2014년부터 마이크로소프트의 CEO 사티아 나델라Satya Nadella는 위계적이고 획일화된 거대 기업을 스타트업 생태계로 전환해 회사의 혁신 역량을 활성화함으로써 노쇠한 기술 대기업에 활력을 불어넣어 주가를 끌어올렸다.

각 사례마다 구체적인 내용은 다르지만 일반 원칙은 권한과 행정이 중앙에 집중되는 대신 권력을 지방이나 주, 도시로 이전해 시장의 기업처럼 사람과 노동력, 아이디어의 자유로운 이동을 통해 서로 원하는 대로 협력하고 경쟁하게 하고, 일부 집단이 다른 집단을 이기고 성장할 수 있어야 한다는 것이다. 이것이 바로 문화의 진화이자 문화-집단 선택이자 권한이 부여된 집단적 두뇌이다. 그리고 이것이 바로 실리콘밸리이다.

거버넌스의 미래를 위해 이런 성공을 어떻게 재현할 수 있을까? 많은 접근 방식이 권력을 지방으로 이양하라고 말하지만 이는 궁극적 해결책의 약한 버전이다. 이런 권한 이양은 일을 관리하고 실행하는 방식에서 변화를 크게 일으키지는 못한다. 궁극적으로 여러 기관과 모든 규정은 혁신되지 않고 그대로 유지된다. 지방은 지리적으로 묶여 있고 해결책은 거의 공유되지 않는다.

장기적인 관점에서 시도할 만한 급진적인 대안은 잠시 후에 논의할 프로그래밍 가능한 정치이다. 그러나 단기적으로는 현재 우리가 처한 상황에서 인접한 접근법으로 실현 가능한 대상은 바로 스타트업 도시이다.

스타트업 도시

점점 더 많은 사람이 도시에 거주하고 있다. 2007년은 역사상 처음으로 전 세계 도시 인구가 농촌 인구를 넘어선 해로 추산된다. 도쿄, 상하이, 델리, 서울, 뉴욕 등 일부 도시는 여러 국가의 전체 인구보다 더 많은 인구를 가진 거대 도시가 됐다.

싱가포르와 홍콩은 교육 수준이 높고 소득이 높으며 부패가 적은 부유한 대도시로서 번성하고 있다. 이 두 국가는 미국과 캐나다에 비해서도 교육 수준이 높고 기대 수명이 길며 소득이 높고 부패가 낮다. 싱가포르와 홍콩 모두 인류 발전의 거의 모든 지표에서 우위를 점히고 있다는 점뿐만 아니라 원래부터 그런 것은 아니었다는 점에서 주목할 만하다.

싱가포르와 홍콩 모두 한때는 후미진 어촌 마을이었다. 예를 들어 1841년 홍콩이 영국에 양도됐을 당시 홍콩은 총인구가 8000명도 안 되는 해안 마을 몇 개로 구성돼 있었다.

두 도시 국가의 성공 비결은 영국에서 문화, 제도, 자본을 수입한 것이다. 그것들은 여기에서 문화적으로 진화하고 지역 문화와 재결합하면서 도시 국가 수준에서 구현되고 관리됐다. 오늘날 새로운 문화 측정 연구에 따르면 홍콩은 문화적으로 중국과 영국의 중간 지점에 있는 것으로 나타났다. 이 같은 성공은 규모가 큰 국가에서는 관리하기 어려울 수 있다. 큰 회사보다 작은 회사를 관리하는 것이 더 쉽다. 지리적으로 큰 국가보다는 도시를 관리하는 것이 더 쉽다.

중국은 이런 사실을 이해했다. 1997년 홍콩이 중국에 반환됐을 때 홍콩은 문화, 제도, 자본을 본토로 수출하는 발전의 엔진 역할을 했다. 중국은 홍콩을 중국 전역에 복제하기보다는 선전과 광저우시와 같은 경제특구의 모델로 삼았다. 이 특구는 홍콩과 비슷한 성공 궤도를 달렸다. 이 도시들은 모두 스타트업 도시이다.

스타트업 도시는 민주주의와 거버넌스에 실리콘밸리 생태계를 도입한다. 나는 구글이 처음 캠퍼스라고 부르는 자사에 무료 식사를 제공했을 때를 기억한다. 그때는 투자자의 돈을 낭비하는 것처럼 보였다. 하지만 구글이 성공한 이후 다른 회사도 직원들이 일터에서 행복을 느끼는 데 도움이 되는 무료 식사 같은 유사한 전략을 모방했다.

스타트업 도시도 같은 접근 방식을 취한다. 구글 같은 성공적인 기업의 사례는 다른 기업에서 대놓고 흉내 내거나 혹은 구글 직원이 다른 회사로 이직하거나 아예 창업하는 방식을 통해 전파된다. 마찬가지로 스타트업 도시는 서로에게서 배우고 새로운 도시의 씨앗을 뿌려 주변 지역의 발전을 도울 수 있다. 이런 경제 개발 모델은 현재 중국이 아프리카와 아시아를 중심으로 한 수십 개의 프로젝트에서 거의 신식민주의적인 방식으로 적극 활용하고 있다. 그런 프로젝트 지역은 종종 부채에 묶여 중국에 통제된다.

스타트업 도시가 신식민주의적일 필요는 없다. 중국이 이런 방식으로 영향력을 확대하는 유일한 초강대국이 되는 모습을 우리 모두가 원하지 않는다면 중국만이 이런 접근법을 사용하는 국가가 돼서는 안 된다. 더구나 경제 발전이 전부는 아니다. 싱가포르, 홍콩, 특히 중국은 자유 지수 순위가 낮다. 표현의 자유가 없는 것은 체제 안정에는 도움이 될 수 있겠지만 급진적이고 새로운 혁신을 창출할 수 있는 집단적 두뇌의 잠재력을 축소해 혁신은 점진적 수준으로 제한된다.

스타트업 도시를 다른 국가에서 구현할 필요는 없으며 심지어 국가가 나설 이유도 없다. 스타트업 도시에 필요한 것은 삶의 법칙에 따라 모든 집단이 필요로 하는 것이다. 바로 에너지 법칙과 효율성 혁신에 기반한 넓은 가능성의 공간, 협력 법칙에 따른 강력한 협력 기제, 다른 집단적 두뇌와 연결된 집단적 두뇌에서 적응, 진화, 혁신, 협력, 정보 공유가 자유롭게 일어나는 정보 흐름이다.

스타트업 도시에는 자본, 문화, 제도가 필요하다. 기업처럼 경쟁하고 협력하는 스타트업 도시의 생태계는 새로운 거버넌스 혁신과 더 빠른 의사 결정을 이끌어 낼 수 있다. 실제로 스타트업 도시는 위에서 아래로 내려오는 방식이 아니라 협업을 통해 만들어질 때 더 정당성을 가진다. 상향식, 협력적 접근 방식은 스타트업 도시의 정신에 더 부합하며 기존의 헌장 도시(특별 행정 구역)나 경제특구와도 차별화된다.

또한 스타트업 도시는 처음부터 새로 만들 필요도 없고 실제로 그렇게 해서도 안 된다. 이라크 점령 당시 미국 외교 정책의 실패 요인은 사담 후세인Saddam Hussein의 바트당을 숙청한 것이었다. 미국은 새로운 지도자가 등장해도 사회가 계속 작동할 수 있게 하는 노하우와 인맥을 가진 공무원이 필요하다는 사실을 이해하지 못했다. 심지어 테러리스트나 반군도 정권을 장악할 때 기존 인프라를 활용해야 한다는 사실을 안다. 따라서 스타트업 도시는 기존의 문화적 형질을 지닌 사람들과 기존 헌법 및 제도를 출발점으로 삼을 수 있다. 제도는 보이지 않는 문화적 기둥 위에 놓여 있으므로 제도와 규범 모두 성공을 위한 필수 요소이다.

제도와 지역 규범이 문화적으로 멀리 떨어진 곳에서 스타트업 도시를 실행할 때는 더 구현하기 쉬운 인접 가능성을 가진, 가까운 곳의 성공 사례를 차용하는 방식이 효과적일 수 있다. 시나리오 작가인 데비 문Debbie Moon이 엑스(트위터)에 쓴 글은 유권자들이 더 나은 인접 가능성을 향해 나아갈 수 있는 방법을 잘 보여 준다.

투표는 결혼이 아니라 대중교통이다. 완벽한 '그 사람'을 기다리는 것이 아니라 그저 버스를 타는 것이다. 목적지까지 가는 버스가 없다고 해서 여행을 하지 않는 것이 아니라 가장 가까운 버스를 타는 것이다.

마찬가지로 콩고민주공화국에서 덴마크로 가는 길은 쉽지 않겠지만 콩고민주공화국은 르완다에서 배울 점이 있을 수 있다.

스타트업 도시는 중국과의 가교 역할을 하는 홍콩이나 동남아시아의 다른 지역과의 가교 역할을 하는 싱가포르처럼 문화적 역사가 오래돼 다른 지역과 연결되는 문화를 가진 기존 도시, 혹은 기존 제도와의 협력으로 만들어지는 것이 이상적이다.

정치, 경제, 문화적으로 도시의 지배력은 점점 더 커지고 있으며 앞으로도 더욱 커질 것이다. 2050년에는 인류 인구의 3분의 2가 도시에 거주할 것이다. 도시에 더 큰 정치적 통제권을 부여하고 도시 국가 연합의 탄생과 형성 방식을 개선하고 공식화하며 스타트업 도시 생태계를 조성함으로써 우리는 민주주의의 느린 의사 결정과 독재 국가의 빠른 의사 결정 사이의 오래된 딜레마를 해결할 수 있다. 경로 의존성 때문에 우리가 갇힐 수 있는 함정, 즉 차선의 균형 suboptimal equilibria에서 더 빨리 벗어날 수 있다. 그 함정에는 적어도 현재 형태의 자유민주주의 자체도 포함된다.

오늘날 성공한 많은 위어드 국가는 대의민주주의의 한 형태로 신속하게 의사 결정을 내려야 할 때 전시권을 갖고 있다. 그러나 이런 긴급 권한을 사용해야 할 때와 사용하지 말아야 할 때가 애매한 경우가 많기 때문에 의사 결정 속도(전시권 행사 시기)라는 두 번째 과제를 안게 된다. 반대로 중국과 같은 독재 국가는 훨씬 더 빠르게 움직일 수 있다. 그러나 그들은 어떤 방향으로든 심지어 잘못된 방향으로도 훨씬 더 빠르게 움직일 수 있다. 대약진 운동은 죽음과 재앙을 향한 도약이었다.

구조화되고 실패가 빠른 스타트업 도시 환경은 낮은 수준에서 위험을 공유하고 성공적인 해결책을 더 높은 수준으로 끌어올려 진화 가능성이라는 과제를 해결한다. 이는 협력과 진화 법칙을 구현한 것으로 다양성을 확립하고 사람들이 자신의 노동과 입장에 따라 투표할 수 있도록 한다. 이것은 거버넌스에 대한 새로운 해결책을 설계하는 것이 아니라 해결책을 진화시키는 것이다.

'잠깐, 마이클, 이것은 전형적인 테크 브로의 공상적 해결책처럼 들리는데?' '도대체 누가 이 도시에 들어가 산단 말인가?' '만약 도시가 실패하면 어떻게 할 것인가?'라고 내게 핀잔하기 전에 새로운 스타트업 도시를 설립하는 방법에는 여러 가지가 있을 수 있다고 말하고 싶다(테크 브로 해결책은 기술 기업의 창업자 등이 사회 문제를 해결하기 위해 기술적 방식의 개선책을 제안하는 것을 말한다. 대개 기술 중심 접근, 시장 중심 접근, 규제의 광범위한 완화를 주장하는데, 일론 머스크나 마크 저커버그, 빌 게이츠 등이 대표적이다. 그러나 기술에 대한 과신, 사회적 책임 회피, 윤리적 문제, 효과성 미검증이라는 비판을 받고 있다-역주). 대기업은 본사를 저개발 지역으로 이전하고 거버넌스에 더 많이 관여할 수 있다. 한 집단의 사람들이 커뮤니티를 형성하고 마을의 법을 바꿀 수 있다. 한 국가가 다른 국가 내의 한 지역을 관리할 수도 있다. 다양한 집단이 모여 소외된 지역을 활성화하기 위해 컨소시엄을 구성할 수도 있다. 기존의 대도시가 인근 도시와 합병해 확장할 수도 있다. 핵심은 다양한 법률, 헌법, 사명을 시험하고 사람들을 경쟁시키고 최고의 아이디어가 확산할 수 있는 환경을 조성하는 것이다.

누가 이러한 도시에 합류할 것인지, 실패하면 어떻게 될 것인지에 대한 문제는 직원이 기존 회사에 남을 것인가 새로운 스타트업에 들어갈 것인가 중 하나를 선택할 때 늘 직면하는 일반적인 스타트업 문제와 동일하다. 초기 스타트업에 입사하는 직원은 젊고 자녀가 없는 경우가 많다. 하지만 대기업으로 성장한 스타트업은 자연스럽게 더 많은 인력을 유치해야 한다. 스타트업이 처음에는 무료 식사, 탁구대, 마사지 서비스를 제공할 수 있지만 성장함에 따라 부모를 위한 보육 및 기타 지원도 제공해야 한다. 스타트업 도시도 마찬가지이다. 초기 시민은 젊고 열정이 넘치며 위험을 감수할 수 있는 사람일 것이다. 하지만 실험이 성공하면 도시는 성장할 것이다.

민주주의의 혁신은 너무 오랫동안 정체해 있었다. 이제 교육을 받고 인터넷으로 연결돼 있으며 소셜 미디어를 소비하는 다양한 집단의 압력으로 균열이 생기고 있다. 스타트업 도시는 가까운 미래에 실현 가능한, 인접 가능성이 높은 대안이다. 무엇이 가장 효과적인지 미리 알기는 어렵지만 천 송이 꽃을 피우면 그중에 내가 원하는 꽃이 있을 것이다. 이는 실리콘밸리의 성공 원리와 같은 이치이다.

실리콘밸리의 성공 비결은 여러 가설이 난무하는 인기 있는 주제이다. 초기 마이크로칩 회사들이 우연한 기회에 여기서 창업을 시작하고 이들을 중심으로 커뮤니티가 형성되는 창업자 효과 때문일까? 스탠퍼드대학교와 여기서 파생된 기업이 적극적으로 군사 자금을 유치했기 때문일까? 아니면 스탠퍼드대학교의 시너지 효과, 자본의 성장, 인재의 성장, 그리고 기업이 서로를 먹여 살린 결과일까? 19세기에 캘리포니아에서 경업 금지 조약을 금지한 덕분에 이동이 쉬워진 덕일까?

아마 이런 모든 요인이 실리콘밸리의 집단적 두뇌를 강화하는 데 영향을 미쳤을 것이다. 하지만 많은 사람이 잊는 것은 실리콘밸리가 성공의 요새라기보다는 실패의 무덤이라는 사실이다. 그것이 바로 실리콘밸리를 혁신적으로 만드는 이유 중 하나이다. 진화에는 다양성과 선택 사이의 미묘한 균형, 적응과 적응성adaptability 사이의 교환이 존재한다. 이를 진화 가능성이라고 한다. 나는 기업 자문을 하면서 가끔씩 최적의 혁신 문화가 무엇이냐는 질문을 받곤 한다. 기업이 혁신 잠재력을 억제할 수 있는 방법에는 여러 가지가 있지만 단 하나의 혁신 문화는 존재하지 않는다. 그 대신에 진화 가능성에는 트레이드오프가 있다.

국가와 기업, 사람들이 무언가 다른 일을 하기로 결정하면 대부분 실패한다. 평균을 개선하는 것이 그렇게 쉬웠다면 벌써 많은 사람이 그렇게 했을 것이고 평균은 빠르게 개선됐을 것이다. 혁신이라는 큰 도약은 드물고 어렵고 예측하기 어렵다. 다양성과 편차는 자연스럽게 불평등으로 이어지며 소수의 승자가 큰 상금을 가져가고 패자는 군중을 따랐을 때보다 더 적은 보상을 얻는다. 집단과 시장의 규모가 커질수록 그 격차는 더 커진다.

반면에 충분한 편차와 다양성이 없다면 진화가 선택할 수 있는 형질은 아무것도 없다. 다양성은 최적의 전략에서 일탈하는 것을 뜻하며 이를 위한 방법에는 여러 가지가 있다. 그중 한 가지 전략은 일본이 잘 포착했다.

일본은 지속적인 소규모 개선(카이젠, 改善)과 오랜 시간 동안 스승을 따른 후에야 변화를 추구하는 문화(슈하리, 守破離)를 만들었다. 이런 철학은 많은 기예 분야에서 더욱 정교하게 다듬어지지만 큰 편차는 거의 발생하지 않는다. 이미 성공한 각본을 따르면 더 많은 사람이 실패하지 않고 성공할 수 있으며 결과의 불평등이 줄어들고 더 많은 사람이 잘살 수 있다.

한정된 대학 진학 기회 및 취업 기회를 두고 경쟁이 치열한 아시아 사회에서는 창의성보다는 순종과 끈기를 중시하고 자신의 강점을 살리기보다는 약점에 집중해 손실을 줄이는 방식을 더 중요하게 생각한다. 안전한 베팅은 더 많은 개인에게 평균적으로 더 나은 결과를 가져다주지만 인구 전체에 큰 돌파구를 마련할 가능성은 낮다.

미국이 채택한 또 다른 전략은 개인의 자유나 창의성에 초점을 맞추어 자기답게 행동하라는 것이다. 이는 신중한 위험 회피 전략이라기보다는 큰 성공을 거두거나, 아니면 손 털고 집으로 돌아가는 양자택일 전략이다. 보통은 개인 차원에서 아시아의 전략이 더 많은 성공을 거두며 결과의 불평등을 줄이겠지만 집단 차원에서는 미국의 전략이 더 나은 결과를 얻을 수 있다.

아마존과 애플과 같은 일부 기업의 큰 성공은 국가에 더 많은 불평등이 존재하더라도 전체 국민이 더 부유해지도록 이끌었다. 그

다음 문제는 이 부를 가장 잘 분배하는 방법이다. 이에 대해서는 다음 장에서 논의하겠다.

여러분의 기업, 국가, 스타트업 도시에 '더 나은' 전략은 무엇일까? 여러 가지 요인에 따라 달라진다.

모든 국가, 기업, 스타트업 도시, 개인이 실패를 감당하지는 못한다. 규모가 중요하다. 규모가 큰 국가나 기업은 성공적인 각본을 고수하는 방식이 더 나은, 소규모 국가나 회사보다 수익성이 높고 위험 부담이 큰 모험을 시도할 수 있다. 마찬가지로 자본도 중요하다.

기업가가 되는 중요한 예측 인자 중 하나는 자신에 대한 과신(자신이 남보다 낫다고 믿는 것. 이렇게 믿는 대부분의 사람이 자신이 실패할 것이라는 사실을 알고 있음에도)이나 과신에 대한 과신(자신이 남보다 낫다고 생각하는 과신이 옳다는 과신. 이는 기업가와 '기업가 지망생'을 구별하는 요소이다), 좋은 아이디어, 좋은 교육, 좋은 인맥이 아니다. 바로 부자 부모를 두는 것이다. 실패의 위험을 감당하고 창의력을 펼칠 수 있는 안전망을 갖출 만큼 부유해야 한다. 같은 이유로 집단 수준에서는 강력한 파산법과 사회 안전망이 모두 필요하다. 실패해도 다시 일어설 수 있어야 한다.

페이스북, 구글, 애플, 넷플릭스 외에도 마이스페이스, 쿠일스, 비틀스 등 여러분이 들어본 적도 없고 오랫동안 잊고 있었던 실패한 회사가 많다. 놀라운 성공을 거둔 기업을 유니콘이라고 부르는데는 다 이유가 있다. 신격화된 유니콘 창업자 뒤에는 차라리 월급쟁이로 일하는 것이 더 나았을, 그저 그런 실력에도 불구하고 과신에 빠진 기업가가 훨씬 더 많다. 그러나 위험을 감수하도록 장려한 문화 덕분에 우리 모두는 더 나은 삶을 살게 됐다. 성공적인 제도는 결코 미리 설계된 것이 아니다. 우리가 목도하는 성공 사례는 진화 과정을 거쳐 살아남은 승자이다. 우리는 승자를 배우려고 노력하지만 엇비슷한 능력을 가졌던 패자는 모두 잊어버린다. 기독교나 이슬람교가 되지 못한 종교, 애플이나 알파벳이 되지 못한 회사, 웨스트민스터 의회 제도와 중국 공산당, 미국의 정치 체제를 제외한, 실패한 정치 구조까지 말이다.

미국 건국의 아버지들이 이상적인 정부 형태를 구현하지 못했을 수도 있지만 구세계 유럽의 기득권 세력과 달리 더 나은 정부 형태로 이끌 수 있는 핵심 돌연변이를 갖고 있었다고 생각해 보라. 그러나 이제 미국은 구세계 유럽처럼 됐다. 경로 의존성의 고착화 때문에 오늘날 급변하는 세계에서, 새로운 해결책을 시급히 필요로 하는 상황에서, 미국식 거버넌스가 필요한 변화를 일으키기는 어렵다. 적어도 전통적인 유럽식 접근 방식, 즉 혁명 없이는 말이다.

기술 분야에서 스타트업 모델은 기술적 경이로움을 이끌어 냈다. 스타트업 도시들도 사회적, 정치적 영역에서 비슷한 역할을 할 수 있다.

스타트업 도시는 자신들의 이민 정책을 선택할 수 있으며 무정부 상태로 운영하거나 시민을 '고용'하는 다국적 우산 모델에 따라 운영할 수도 있다. 비영리 단체, 기존 정부, 기술 기업과 협업할 수도 있다. 그러나 스타트업 도시를 설립한 주체가 누구든 초기 형태와 변화의 과정이 어떠했든 스타트업 도시는 궁극적으로 여전히 지리적 위치를 갖고 있다. 이는 사람들이 자유롭게 이동하고 협업하며 국경에 구애받지 않고 원격으로 일하는 현대의 기업이나 대학과 대조된다. 이런 특권적 위치는 엄청난 혁신으로 이어지며 21세기와 22세기를 위한 완전히 새로운 형태의 정치 조직을 위한 모델, 즉 내가 **'프로그래밍 가능한 정치'**라고 부르는 급진적 가능성을 제시한다.

프로그래밍 가능한 정치

일론 머스크가 남아프리카공화국에 머물렀다면 세계에서 가장 부유한 사람이 됐을지 의문이다. 머스크는 우연히 서스캐처원주 레지나에서 태어난 어머니 덕분에 캐나다 시민권을 취득했고 이를 통해 자신의 재능을 최대한 활용하는 기회의 세계를 열 수 있었다.

세계에는 훌륭한 사람이 가득하지만 많은 사람이 정부나 인프라가 제대로 갖춰지지 않은 나라에서 살아간다. 우리의 기회는 종종 우리의 시민권에 따라 정의된다. 잘 운영되는 나라에서 잠재력을 덜 가진 사람이 잘 운영되지 않는 나라에서 훨씬 더 많은 잠재력을 가진 사람보다 더 나은 삶을 살 수 있고 우리의 미래에 더 많이 기여할 수 있다. 자신의 재능을 최대한 활용하기 위해 사람들은 이동하지만 우리의 이동 능력은 시민권 때문에 방해를 받는다.

예를 들어 잘 인지하지 못하지만 여권은 불평등의 원인이다. 어떤 여권은 지구에 있는 거의 모든 국가를 자유롭게 이동할 수 있게 하며 비자를 필요로 하지 않고 비자를 요구하더라도 단순히 형식적인 절차로 취급한다. 그러나 어떤 여권은 여행을 비싸고 스트레스가 많고 때로는 불가능한 일로 만든다. 내가 주최한 한 학술대회에서는 참가자를 다양화하려고 많은 노력을 기울였으나 훌륭한 연구자가 유럽이나 북미에 와서 자신의 연구를 발표할 수 없어 결국 지리적 다양성을 확보하지 못했다. '좋은' 여권을 가진 사람은 좀처럼 이해하지 못하는 일이다.

우리는 국민국가의 세계에 살고 있지만 어떤 사람에게는 국경이 사실상 개방돼 있어 가장 가치 있는 곳에 자유롭고 효율적으로 인재를 배치할 수 있다. 하지만 어떤 사람에게는 아무리 재능이 뛰어나도 국경이 사실상 폐쇄돼 있다. 이런 국민국가 중심의 세계는

17세기경에 시작해 19세기경에 일반화됐다는 점을 기억할 필요가 있다.

국민국가는 방위, 도로 및 기타 인프라, 입법 및 법 집행 같은 영역에서 정부 기관을 통해 협력하는 시민의 공동체이다. 현재 각 세대의 출발점은 오래전에 죽은 사람들이 내린 과거의 결정에 기초하고 있다. 철학자 G. K. 체스터턴G. K. Chesterton이 말한 것처럼 전통은 "죽은 자들의 민주주의"이다. 그러나 이제 우리는 문화적 진화와 문화-집단 선택에 힘을 강화하고, 정치와 거버넌스의 빠른 혁신을 가능하게 하며, 부패와 소규모 협력이 대규모 협력을 저해하는 위협을 제거하고, 끈끈한 내집단 챙기기와 끈끈한 의존의 문제를 극복해 우리 자신을 더 유연하게 통치할 수 있는 새로운 기술, 즉 **프로그래밍 가능한 정치**를 갖게 됐다.

기술은 우리 삶의 많은 측면을 향상했다. 인터넷, 소셜 미디어, 기타 커뮤니케이션 기술은 전례 없는 방식으로 우리를 연결한다. 조부모는 전 세계에 있는 손자 손녀와 대화할 수 있다. 주머니에 있는 마법의 블랙박스만 있으면 많은 시름을 잊을 수 있다. 우리 모두는 수많은 유료 및 무료 플랫폼을 통해서 자신의 지식과 기술을 전 세계와 공유하려고 하는 각계각층의 재능 있는 사람과 연결될 수 있다.

기술은 또한 협력을 강화했다. 우리는 사교 모임에서 무작위로 누군가를 만나는 비효율성에 의존하지 않고 친구의 친구를 넘어서는 사람을 만나 데이트할 수 있다. 온라인 평판 추적은 간접적인 호혜성을 통해 더 큰 규모의 협력을 촉진해 자동차와 집을 공유하고 다른 사람의 경험을 바탕으로 레스토랑, 제품, 서비스를 더 신중히 선택할 수 있게 한다. 그러나 기술이 훨씬 더 미미한 영향을 미친 분야 중 하나가 바로 거버넌스와 정치이다.

오늘날 디지털 인터페이스가 정부 및 공공 서비스에서 사람과 종이 양식을 대체하고 있다. 또한 프로그래머가 소프트웨어 패치를 제출하거나 학계의 에디터가 논문을 편집하는 것처럼 법률을 편집하고 주석을 달 수 있는 깃Git 버전 관리 시스템 기술(소프트웨어 개발에서 소스 코드의 변경 사항을 추적하고 여러 사람이 동시에 같은 파일 작업을 효율적으로 협업할 수 있도록 설계된 시스템-역주)을 도입하려는 시도도 있었다. 하지만 근본적으로 민주주의와 투표, 법을 결정하는 방식, 심의하고 토론하는 방식, 법이 시행되는 방식은 우리의 조부모 세대 이전에 있었던 방식과 별로 다르지 않다.

우리는 여전히 아날로그 시스템의 지배를 받는 디지털 세대다.

프로그래밍 가능한 정치는 국가를 구성하는 모든 계약, 규칙, 변화 기제를 일련의 프로그래밍 가능한 정치체로 구현하는 방법이다. 이런 정치체를 만드는 기술은 탈중앙화 자율 조직decentralized autonomous organizations, DAO과 같은 커뮤니티에서 빠르게 등장하고 있다. 결정적인 돌파구를 제공할 수 있는 기술로 블록체인blockchain이 있다.

비트코인, 도지코인, 이더리움, 암호화폐 등 이와 관련된 기술에 대해 이야기하는 사람을 온라인이나 실제 세계에서 쉽게 만날 수 있다. 암호화폐 분야는 많은 관심과 자본이 서로를 먹고 자라는 곳으로서 비록 과대 광고가 많지만 그럼에도 창의적인 해결책과 사기가 반복적으로 등장하는 생태계이다. 하지만 현재 블록체인 기술은 여전히 문제를 해결하는 답이다. 그 문제라는 게 어쩌면 국민국가의 미래일 수도 있다. 블록체인은 프로그래밍 가능한 정치를 구현할 수 있는 유일한 기술일 수 있으므로 이 기술이 무엇이며 어떻게 등장했는지 이해하는 작업이 중요하다.

돈이 재미있어졌을 때

2008년, 정체불명의 개인 또는 단체가 사토시 나카모토Satoshi Nakamoto라는 이름으로 백서를 발표했다. 백서의 제목은 〈비트코인: 개인 간 전자 현금 시스템Bitcoin: A Peer-to-Peer Electronic Cash System〉이었다.

이 백서는 디지털 화폐 커뮤니티의 오랜 과제에 대한 해결책을 제시했다. 디지털 화폐는 기본적으로 계좌 장부와 유사하게 누가 돈을 줬는지, 누구에게 줬는지 등 차변과 대변을 추적한다. 문제는 이 원장元帳을 누가 신뢰할 수 있느냐는 것이었다.

사토시의 해결책은 아무도 믿지 않는 것이었다. 즉 신뢰 없는 원장으로서 디지털 화폐를 두 번 사용하는 이중 지출의 문제 없이, 누가 누구에게 얼마를 지불했는지에 따라 상품과 서비스에 대한 청구로서의 돈을 추적하는 것이었다. 비트코인은 어려운 컴퓨팅 문제를 해결함으로써 생성할 수 있지만 시간이 지남에 따라 점점 더 얻기 어렵게 돼 있다. 이는 마치 서서히 고갈되는 금을 채굴하는 일과 같다. 이 컴퓨팅 퍼즐을 풀면 원장의 거래도 확인된다는 영리한 트릭이었다.

비트코인에는 많은 문제가 있다. 모든 인간에 대한 이론의 관점에서도, 비트코인은 가능성의 공간을 성장시키는 것과 무관한 인플레이션을 일으킨다. 물론 채굴을 위한 에너지 소비와의 관계는 흥미롭다. 그럼에도 비트코인은 디지털 화폐에 대한 설득력 있는 개념 증명이며 화폐의 유일한 관리자로서 국가의 권력을 제거하는 중요한 진전이다.

사토시 나카모토가 정확히 누구인지는 미스터리로 남아 있다. 개인인지 집단인지도 알 수 없다. 이들의 아이디어는 2009년에 오픈 소스 소프트웨어로 구현됐다. 사토시는 비트코인 제네시스 블록

Bitcoin: A Peer-to-Peer Electronic Cash System

Satoshi Nakamoto
satoshin@gmx.com
www.bitcoin.org

Abstract. A purely peer-to-peer version of electronic cash would allow online payments to be sent directly from one party to another without going through a financial institution. Digital signatures provide part of the solution, but the main benefits are lost if a trusted third party is still required to prevent double-spending. We propose a solution to the double-spending problem using a peer-to-peer network. The network timestamps transactions by hashing them into an ongoing chain of hash-based proof-of-work, forming a record that cannot be changed without redoing the proof-of-work. The longest chain not only serves as proof of the sequence of events witnessed, but proof that it came from the largest pool of CPU power. As long as a majority of CPU power is controlled by nodes that are not cooperating to attack the network, they'll generate the longest chain and outpace attackers. The network itself requires minimal structure. Messages are broadcast on a best effort basis, and nodes can leave and rejoin the network at will, accepting the longest proof-of-work chain as proof of what happened while they were gone.

으로 알려진 첫 번째 비트코인 블록, 50비트코인을 채굴했다. 그리고 블록을 계속 채굴하다가 2010년 오픈 소스 소프트웨어의 통제권을 넘겨주고 다시는 소식을 들을 수 없게 됐다.

나는 2011년에 비트코인에 대해 처음 들었다. 비트코인은 최근 미국 달러와 동등한 수준에 도달했다. 당시에는 '수도꼭지'라는 테스트넷에서 무료로 비트코인을 얻을 수 있었다. 나는 쓸모없어 보이는 공짜 디지털 코인을 모았고 컴퓨터를 사용하지 않을 때 알아서 코인을 채굴하게 됐다. 그러다 얼마 후 흥미를 잃었고 하드 드라이브를 정리할 때 지갑을 삭제했다. 그때의 결정은 아직도 내 머릿속을 맴돌고 있다.

비트코인은 공학적 문제로도 흥미로웠지만 나는 사토시의 동기가 훨씬 더 흥미로웠다. 블록이 채굴되면 그 정보는 블록에 영원히 저장되며 각각의 새로운 블록은 이전 체인에 의존한다. 사토시는 제네시스 블록에 '더 타임스 2009년/1월/03일 은행들의 두 번째 구제 금융을 앞둔 영국의 재무장관'이라는 메시지를 남겼다. 2008년 글로벌 금융 위기로 또 다른 구제 금융이 필요함을 보도한 영국《더 타임스》신문의 머리기사였다.

사토시는 나중에 자신의 소프트웨어를 소개하는 게시물에서 다음과 같이 비트코인에 대해 설명했다.

기존 화폐의 근본적 문제는 화폐가 작동하기 위해 모든 사람의 신뢰가 필요하다는 것이다. 중앙은행이 통화의 가치를 떨어뜨리지 않을 것이라는 신뢰가 있어야 하지만 법정화폐의 역사는 이런 신뢰가 무너진 사례로 가득하다. 은행은 우리의 돈을 보관하면서 전자적으로 이체할 수 있다는 신뢰를 줘야 하지만 실제로는 신용 거품에 휩싸여 준비금이 거의 없는 상태에서 돈을 빌려줬다.

이는 은행이 대출을 할 때 최소한의 준비금을 보유해야 하는 부분 지급 준비금 제도를 말한다. 은행이 보유한 자금과 대출하는 자금 사이의 격차가 기존 시스템에서 새로운 화폐가 창출되는 지점이다.

사토시는 누구나 무엇이든 암호화해 개인 정보를 제어할 수 있는 암호화를 화폐에도 적용하고 싶었다. 게이트키퍼가 없는 화폐. 하지만 블록체인 기술은 화폐 그 이상을 가능하게 한다. 블록체인은 헌법과 법률을 완전히 프로그래밍하고 자동으로 구현하는 분산자율조직DAO을 만들 수 있게 한다.

예를 들어 계약에서는 집을 사고 월급을 지급하고 보험금을 지급하는 등 거래가 완료될 때까지 상대방을 신뢰해야 한다. 상대방이 계약을 어기면 법정으로 가야 하는데 이 경우 정부와 사법 시스템이 공정하게 개입해 계약을 이행할 것이라는 신뢰가 필요하다. 이와 대조적으로 프로그래밍할 수 있는 정치적 해결책은 스마트 계약이다. 여기서 계약은 양 당사자가 합의하고 코드로 구현하며 사전에 합의된 조건이 충족되면 자동으로 실행된다. 양 당사자가 동의하는 한 계약은 변경될 수 있지만 상대방이나 집행자의 공평성과 공정성에 대한 신뢰가 필요하지 않다. 계약과 그 이행은 코드에 내재돼 있어 하나이며 동일하다.

현재 통화는 중앙은행에 묶여 있다. 통화를 구매해 특정 국가에서 사용하는 것은 어떤 의미에서 투자이며 해당 국가의 법과 세금이 적용된다. 서로 다른 통화의 상대적 매매는 환율에 영향을 미치고 궁극적으로 한 국가의 상품과 서비스의 가치에 영향을 미친다.

하지만 통화가 국가에 묶이거나 중앙은행에 의해 통제되지 않는 세상을 상상해 보라. 서로 다른 법률과 세금이 서로 다른 프로그래밍 정책에 따라, 서로 다른 프로그래밍 방식으로 내장된 세상을 상상해 보라. 이는 자동으로 계약이 체결되고 자동으로 집행되는 세상이다. 운이 좋은 소수의 사람이 여러 개의 '좋은' 시민권을 가지고 있는 것처럼 여러 개의 정치와 정치 연합에 참여할 수 있는 세상이다. 여권이나 시민권이 더 이상 당신을 제한하지 않는다.

이 세계에서는 국가, 주, 지역, 도시, 정치, 그리고 이들 간의 동맹이 서로 경쟁하는 생태계에 효과적으로 프로그래밍돼 있다. 예를 들어 어떤 프로그래밍된 정치 체제는 모든 거래의 1%를 병원에 할당할 수 있다. 또는 블록체인이 여러 갈래로 분기하며 동일한 사본인 포크를 만들되 해당 통화를 사용하는 학교, 소방관, 경찰을 지원하는 자금을 포함할 수 있다. 또는 거래에 기본 소득을 포함하고 고액 거래에 대해서만 세금을 부과하거나 통화를 사용하는 일정 기준 이하의 사람에게 돈을 할당할 수 있다. 이 중 일부를 폐기하고 그 대신에 환경 보호에 자금을 할당하거나 사용자가 지지하는 대의에 투표히게 할 수도 있디. 또 디른 블록체인 포크는 모든 문제에 투표하거나 모든 사람에게 투표하는 것이 아니라 자신이 가장 중요하게 생각하는 문제에 투표하는 표를 할당해 자신이 어떤 것에 얼마나 관심이 있는지를 표현할 수 있도록 하는 2차 투표를 구현할 수도 있다.

프로그래밍 가능한 정치는 크고 작은 문제, 또는 단순히 작업 증명이나 지분 증명, 거래 검증 방법과 같은 세부적인 사안에 대해 분기, 토론, 심의를 가능하게 한다. 그리고 북대서양조약기구NATO, 유럽연합, 미국 주정부가 협력하듯이 프로그래밍 가능한 정치도 협력할 수 있다. 암호화폐는 오늘날 달러, 파운드, 유로화처럼 수요와 사용량에 따라 변동하는 환율로 교환할 수 있다.

이런 아이디어 중 일부는 실제 암호화폐 및 DAO 프로젝트를 기반으로 하지만 프로그래밍 가능한 정치의 가능성은 무한하다. 그러나 이 모든 것은 꽤 어렵게 느껴지며, 많은 사람에게는 식료품 구매, 급여 받기, 자녀를 학교에 보내기, 휴가 가기 같은 그들의 일상 경험과 무관하게 느껴질 수 있다. 즉, 프로그래밍 가능한 정치라는 비전을 실현하기 위해서는 DAO, 스마트 계약, 디지털 헌법, 결제 플랫폼 같은 인프라가 필요하며 이 모든 것이 지금 활발히 개발 중이다. 결국 다양한 암호화폐로 결제하는 것은 신용카드로 외화를 결제하는 것만큼이나 간편해질 수 있으며 다양한 프로그래밍된 정치체에 속하는 것은 웹사이트에서 물건을 구입하는 것만큼 자연스러워질 수 있다.

공공재 게임을 하는 여러 가상 정치 체제에서 사람들이 때때로 동료 처벌이나 제도적 처벌이 없는 게임을 선택하는 경우가 있다. 이는 일종의 무정부 상태를 뜻한다. 그러나 플레이어는 이런 제도가 공공재 제공을 지속할 수 없다는 사실을 금방 깨닫고 이동이 허용되면 처벌 체제로 이동한다. 적어도 위어드 사회에서는 세금을 징수하고 무임승차자를 처벌하는 제도적 처벌자가 선호된다. 이 세계에서 실제 처벌이 거의 일어나지 않을 수도 있지만 처벌에 대한 확실한 위협만으로도 사람들의 협력을 유도하기에 충분하다. 이는 실험실 환경에서도 매우 빠르게 일어난다. 사실 현실 세계에서도 경제 정책과 정치 체제에 따라 국가가 성장, 축소, 성공, 실패하는 과정에서 동일한 문화-집단 역학 관계가 발생한다. 하지만 실패한 지도자가 외국에서 원조나 차관이 올 때까지 식량이나 의료 서비스 부족으로 국민을 인질로 잡고 있기 때문에 이 과정이 방해받기도 한다. 현실에서는 '정답'을 알고 있음에도 그 변화가 이루어지는 과정이 느리고 어렵다.

프로그래밍 가능한 정치의 세계에서는 정책과 통화가 경쟁하고 가격이 형성되며 사람들이 어떤 통화를 사용하느냐에 따라 환율이 결정된다. 오류를 범하는 세무관이나 거대한 관료 조직을 임명할 필요 없이 세금이 자동으로 추출된다. 투표와 신원은 이 생태계 내에 저장돼 협력하는 커뮤니티 간에 공유될 수 있다. 우리는 가장 효과적인 규칙과 제도에 도달하고 합의할 때 큰 국가처럼 자유롭게 합쳐질 수도 있고 스타트업 도시처럼 다양한 접근 방식을 실험하는 작은 공동체로 갈라질 수도 있는, 여러 개의 중첩되고 내재적인 커뮤니티에 속하게 될 것이다.

프로그래밍 가능한 정치의 전체 역사가 펼쳐지면 인공 지능은 네트워크를 평가하고 학습해 어떤 변화를 만들고 다음에 어디로 가야할지 결정하는 일에 도움을 줄 수 있다.

프로그래밍 가능한 정치는 결국 우리가 아는 민주주의와 국민국가의 틀을 깨고 더 공정한 세상을 만들 수 있다. 21세기의 거버넌스는 설계되는 것이 아니라 진화할 것이다.

이 비전은 진화 법칙이 경로 의존성에 방해받지 않고 협력 법칙을 최적화하는 새로운 방법을 위한 근본적인 방법을 제시한다. 궁극적으로 이런 협력은 우리의 집단적 두뇌를 강화해 에너지와 혁신 법칙을 더욱 효율적으로 만들 것이다. 하지만 이 비전을 제대로 이해하려면 먼저 정치, 돈, 에너지, 재화, 서비스, 그리고 이 모든 것의 불평등 사이의 관계를 이해해야 한다.

9장

불평등의 유리 천장 깨기

불평등은 인간 잠재력의 낭비이며 우리 모두에게 해를 끼친다. 불평등은 사람들이 집단적 두뇌에 최대한으로 기여하지 못하게 한다. 고착화된 불평등은 우리의 혁신성을 떨어뜨리고 다음 단계의 에너지 풍요로움으로 나아갈 수 없게 한다. 진화생물학자 스티븐 제이 굴드Stephen Jay Gould는 "나는 아인슈타인의 뇌 무게와 피질 주름보다 그와 거의 같은 재능을 가졌어도 목화밭과 방직 공장에서 일하다가 죽은 사람에게 더 관심이 간다"라고 말했다.

불평등이 여러 세대에 걸쳐 지속될 때 특히 해롭고 거의 근절이 불가능한 영구적인 엘리트 계층을 만든다. 이 장에서는 불평등의 문제가 정확히 무엇인지, 더 많은 사람에게 풍요와 기회가 주어지는 공정한 세상을 만들기 위해 우리가 할 수 있는 변화에 초점을 맞추고자 한다.

부의 대물림이 이뤄지는 불평등한 세상에서 출생이라는 우연은 우리가 합리적으로 성취할 수 있는 목표에 한계를 설정한다. 이런 세상에서 아메리칸 드림과 같은 이상은 환상에 불과하다. 사람들은 부, 네트워크, 교육 기회, 성공으로 이어지는 문화적 형질의 습득에서 엄청나게 차이가 나는, 완전히 다른 세상에 살고 있다. 우리는 서로 다른 정신 소프트웨어를 실행하고 완전히 다른 방식으로 세상을 바라보며 서로 다른 경험을 한다.

어떤 사람은 3루에서 인생을 시작하면서 다른 사람이 1루에서 모든 것을 다 쏟아붓는 모습을 돌아보지 않는다. 어떤 사람은 완전히 다른 리그에서 완전히 다른 스포츠를 하며 완전히 다른 트로피를 손에 쥔다. 그리고 우리는 서로 다른 세계에 살며 이런 차이가 얼마나 큰지 진정으로 이해하지 못한다.

미국인의 평균 자산은 약 12만 달러이다. 백인의 경우 이 금액은 평균 19만 달러이며, 주택을 소유하고 있거나 65세 이상인 경우에는 25만 달러, 대학 학위가 있는 경우에는 30만 달러이다. 따라서 100만 달러 미만의 자산을 가진 평균적인 미국인은 백만장자와 억만장자의 차이를 이해하기 어려울 수 있다.

그러나 그 차이는 엄청나다.

실제로 그 차이가 얼마나 큰지 알아보기 위해 돈을 우리가 더 잘 이해하는 시간으로 환산해 보겠다.

달러를 초 단위로 환산하면 순자산이 1000만 달러인 사람과 10억 달러인 사람의 차이는 4개월과 32년의 차이다.

1월부터 4월까지 대 2020년부터 2052년까지의 차이다.

1000만 달러는 미국에서 상위 1%에 속하기 위해 필요한 대략적인 금액이다. 그러나 상위 1%는 스스로 부유하다고 느끼지 않는데 약 4억 달러의 순자산이 필요한 자기 위의 1%가 있기 때문이다. 4억 달러를 가진 상위 0.01%도 자기 위의 1%가 있기 때문에 그다지 부유하다고 느끼지 않는다.

일론 머스크, 제프 베이조스, 블라디미르 푸틴의 순자산은 2000억 달러가 넘을 것이다. 이를 시간으로 환산하면 3000년이 넘는다.

이스라엘 백성이 약속의 땅에 도착한 순간부터 현재까지의 시간이다.

그리고 이는 잘 추적된 부에 한정한 이야기이다. 사우디 왕실의 순자산은 약 1조 5000억 달러로 추정된다. 이는 호주, 한국, 캐나다 같은 부유한 국가의 GDP 전체에 해당하는 금액이다. 이는 호주 원주민이 호주에 처음 도착한 시점부터 현재에 이르기까지 약 4만 5000년 동안의 시간이다. 이 모든 부를 단 한 가족이 소유한다.

시간으로 환산하더라도 헤아릴 수 없는 수준의 부이다. 내가 여러분에게 매년 100만 달러를 지급하는 일자리를 제안했다고 상상해 보라.

그걸 모아서 2000억 달러에 도달하려면 5세기가 넘게 걸릴 것이다. 대부분은 하루에 100만 달러는커녕 1년에 100만 달러도 벌지 못한다.

미국 최저임금이 시간당 15달러이고 당신이 약 25만 년 전에 태어난 인류 최초의 구성원 중 한 명이라고 상상해 보라. 그리고 당신이 불멸의 존재라고 상상해 보라. 당신은 잠도 자지 않고 하루 24시간, 매년 매일, 현재까지 열심히 일했다. 이 비현실적인 가정에 따르면 현재 당신의 재산은 약 330억 달러로 미국의 석유 재벌 코크 형제의 찰스 코크Charles Koch가 보유한 순자산의 절반 정도에 불과하다. 2000억 달러에 도달하려면 얼마나 걸릴까? 정답은 100만 년이 훨씬 더 걸린다. 호모 사피엔스가 존재한 시간보다 더 긴 시간 동안 시간당 15달러를 받고 밤낮으로 고된 일을 했는데도 말이다.

부유한 사람이라면 10달러가 얼마나 큰 돈인지 상상하기 어렵다. 가난한 사람이라면 20만 달러가 그리 큰 돈이 아니라는 것을 상상하기 어렵다.

많은 사람이 이런 엄청난 수준의 부의 차이가 존재해서는 안 된다고 주장한다. 억만장자는 금지돼야 한다는 것이다.

나는 동의하지 않는다.

개인의 재산과 사회에 대한 기여도 사이에 밀접한 관계가 있다는 점에는 가치가 있다. 더 많은 인구와 기술의 힘으로 개인이 그만큼 큰 기여를 하는 것이 가능하다.

기술 혁신은 거대한 인구 집단과 맞물려 혁신에 기반해 합법적으로 막대한 부의 축적을 가능하게 한다. 모든 오스트리아 사람에게 위젯을 개당 10달러의 수익으로 판매할 수 있다면 약 9000만 달러를 벌 수 있다. 같은 위젯을 모든 미국인에게 판매할 수 있다면 33억 달러를 벌 수 있다. 하지만 모든 사람이 위젯을 팔아 부자가 되지는 못한다. 부자가 되는 **방법**은 인류의 발전과 다음 단계의 에너지 수준에 도달하는 데 중요하다.

일부 억만장자는 실제로 가능성의 공간을 확장함으로써 수십억 달러를 벌었을 수도 있다. 부의 획득이 에너지 또는 효율성 혁신에서 비롯된 것이라면 그것은 실제 부의 풀, 즉 가능성의 공간이 확장됐음을 의미한다. 이는 어떤 의미에서 '창조된' 부다. 그리고 이런 혁신으로 보상을 받는 억만장자는 자신이 만든 새로운 가능성의 공간 일부를 가져가는 것이다. 경제학자 조지프 슘페터Joseph Schumpeter의 표현대로 '창조적 파괴'를 당해 폐업한 사람들이 덜 잘살게 되더라도 그들의 혁신은 전반적인 삶을 개선한다. 마찬가지로 뛰어난 혁신가의 성공에 베팅해 그 기업에 투자한 사람도 부의 일부를 얻는다. 이것이 바로 **부의 창출**이다.

이와 반대로 경제학에서 말하는 지대 추구(생산에 기여하지 않고 부를 획득하는 것)라고 부르는 것은 인간 활동에 기여하지 않고 다른 사람의 파이 조각을 가져가는 행태에 불과하다. 이는 가능성의 공간을 확장하는 것이 아니라 그 공간의 일부를 통제하고 그 통제에 대해 임대료를 부과하는 일에 불과하다.

이런 부는 우리의 혁신 능력을 해친다. 여기서 부의 수준은 사회에 대한 기여와 일치하지 않는다.

부의 창출과는 대조적으로 이것은 **부의 편취**이다.

부의 창출과 부의 편취를 혼동하는 경우가 많은데 이를 혼동해서는 안 된다. 이 둘은 우리 사회에 정반대의 영향을 미친다.

우리는 특정 직업에서 우리의 시간을 숙련되게 사용한 대가로 돈을 받는다고 생각한다. 우리는 그 돈을 원하는 대로 지출할 자유가 있다. 하지만 우리가 소비하기로 선택한 상품은 생산에 영향을 미친다. 더 많은 돈을 가진 사람은 생산에 더 많은 권한을 갖는다. 상품 생산과 서비스 제공 측면에서 우리의 에너지 예산이 어떻게 할당되는지에 대해 더 많은 권력을 갖는 것이다.

위조 지폐를 원하는 만큼 찍어낼 수 있는 마법의 화폐 프린터를 가진 사람이 있다고 상상해 보자. 그를 벤저민이라고 부르겠다. 벤저민의 프린터는 마법으로 위조 지폐를 진짜 지폐와 구별할 수 없게 한다. 이제 벤저민은 원하는 상품은 무엇이든 살 수 있는데 그가 좋아하는 것은 도넛이다. 하지만 벤저민은 나쁜 사람이 아니다. 사실 그는 이타적인 사람이다. 그는 마법 프린터의 축복에 감사하며 습진 연구와 탈모 연구 등 자신이 가장 중요하다고 생각하는 일에 돈을 기부하려고 한다. 벤저민의 자선 활동과 지역 경제에 현금을 투입하는 행동이 좋은 일인 것처럼 보일 수 있다. 열심히 일해서 월급을 받는 다른 사람의 돈을 훔치는 것이 아니니까 말이다. 사실, 그는 돈을 훔치고 있다.

벤저민의 돈은 다른 사람이 생산하는 제품을 통제하고 궁극적으로 우리의 에너지 예산을 어떻게 할당할지를 결정한다. 벤저민은 도넛에 대한 애정에 따라 최고로 사치스러운 도넛을 만들기 위해 맞춤형 미식 도넛 산업을 일으켰다. 벤저민은 슈퍼 요트와 해안가의 고급 저택도 좋아한다. 그래서 그는 슈퍼 요트를 제작하고 운영하는 데 많은 에너지를 쏟으며 가장 좋은 해안가 부동산 대부분이 이제 벤저민의 것이다. 벤저민의 자선 활동은 다른 모든 사람의 자선 활동을 압도한다. 이제 습진과 탈모 연구는 가장 많은 연구비를 지원받는 분야이며 전 세계에서 가장 뛰어난 두뇌가 이를 연구한다. 벤저민은 마법 프린터 덕분에 자신이 어떻게 부를 획득했는지도 잊은 채 열심히 일하는 다른 사람의 기회를 편취하고 있다.

이 이야기의 요점은 소비가 생산을 결정하므로 누가 더 많이 소비할 수 있는지가 중요하다는 것이다. 이는 우리 모두를 더 잘살게 하고 인류의 미래를 보장할 수 있는 가능성의 공간을 확장하는 방식으로 에너지 예산을 배분할 것인지, 아니면 단순히 대부분의 사람이 괜찮은 집을 사고 적절한 시간만 노동하며 멋진 휴가를 갈 수 있게 하는 능력을 몰아낼 것인지의 여부가 중요한 문제이다.

부의 창출

일론 머스크, 제프 베이조스, 빌 게이츠, 래리 페이지, 세르게이 브린 등 수많은 기업가가 막대한 부를 축적할 수 있었던 것은 효율성 혁신 법칙의 결과인 경우가 많다. 머스크가 전기 자동차를 만들고(테슬라), 저렴한 로켓으로 인공위성과 우주비행사를 우주로 보내고(스페이스X), 베이조스가 웹 애플리케이션을 더 효율적으로 호스 팅하고(아마존 웹 서비스), 번화가와 쇼핑몰을 소비자가 선호하는 수 직 정렬된 효율적인 상거래로 바꾼(아마존) 기술 변화가 그 예이다. 소프트웨어는 한번 만들고 나면 배포하는 데는 비용이 적게 들기 때문에 한계비용이 낮고 한계이익은 높은 소프트웨어를 만드는 빌 게이츠(마이크로소프트)나 전 세계 지식의 보고에 더 효율적으로 접 근할 수 있도록 한 페이지와 브린(구글과 알파벳)도 마찬가지로 혁신 법칙의 결과로 부를 얻었다.

이런 효율성 향상은 직접적이든 간접적이든 우리 모두가 더 나 은 삶을 살 수 있게 했다. 그리고 앞서 언급한 부자들, 그들의 회사 에 투자한 투자자 및 이해관계자가 얻은 부는 사회에서 좋은 베팅 을 한 사람들, 즉 적은 자원으로 더 많은 일을 해내거나 새로운 것 을 창조한 사람이 더 큰 부를 가질 수 있게 하는 시스템의 결과이 다. 그들은 이제 에너지 예산에 대한 더 큰 통제권을 가지게 됐다.

계속해서 좋은 베팅을 한다는 가정하에 그들은 더 큰 베팅을 할 수 있는 권한을 부여받고 만약 실패한다면 돈을 잃는다. 일부는 자 본주의에 반대하겠지만 중앙집중식 계획 같은 대안은 훨씬 더 나쁘 다. 제대로 된 자본주의는 혁신가나 투자자로서 좋은 베팅을 하는 사람에게 창출된 부를 통제할 수 있는 권한을 집중적으로 부여한다. 그럼 우리 모두가 더 잘살 수 있다.

부의 집중은 장기간 지속되는 대규모 프로젝트에 필요하다. 수 많은 경이로운 건축물과 위대한 예술 작품, 과학의 획기적 발전은 모두 집중된 부를 잘 활용한 결과이다. 그러나 과거에는 자본주의가 오늘날보다 더 불공평했고 그 부를 누리는 사람들은 부를 낭비했다. 노동자나 노예에게서 지대를 갈취하고 개인의 이익을 위해 부를 쌓 기만 하며 제로섬 거래로 다른 집단의 부를 빼앗으려는 지배권 전쟁을 벌이기도 했다.

숙련된 노동력과 돈을 시장이 기꺼이 지불할 수 있는 비용으로 원하는 기업에 자유롭게 할당하는, 현재 형태의 자본주의와 시장이 진화하면서 부의 집중이 발생했다. 이 시스템은 완벽하게 공정한 경쟁의 장을 갖춘 능력주의를 보장하지 않으며 창출한 것과 획득한 부가 비례하지 않는다는 상당한 왜곡이 있다. 하지만 이런 불완전함에도 현재 시스템은 성공에 대한 합리적인 보상을 제공하고 성공한 사람이 더 큰 베팅을 할 수 있게 한다.

오늘날 머스크는 페이팔에서 거둔 성공을 바탕으로 우주 탐사, 에너지 기술, 소셜 미디어 회사에 큰 베팅을 하고 있고 게이츠는 마이크로소프트에서의 성공을 바탕으로 헬스케어 분야에 베팅을 하고 있다. 때로는 특히나 이윤 추구와 맞물려 있을 때 집중적인 집단 행동에 대한 대안 기제로서 이런 방식이 정부보다 더 효율적일 수 있다. 최소한 보완책으로 활용할 수 있다.

그러나 부의 창출조차도 공정한 시스템에서 일어나는 일이 아니다. 마이크로소프트나 테슬라에 투자하고 싶어도 투자할 자본이 없어서 그러지 못하는 사람이 많다. 그들은 적절한 시기에 적절한 나라의 적절한 가정에서 태어나지 못했다.

어떻게 부자가 되는지가 중요하다.

부의 편취

부의 편취는 사회에 기여하지 않고 부를 획득하는 것을 뜻한다. 여기서 에너지 예산에 대한 통제권은 우리 사회를 더 나은 사회로 만드는 방식이 아니라 자원을 통제함으로써 어떤 노력이나 개선도들이지 않고 에너지 사용료를 전적으로 자신의 이익을 위해 사용하는 사람의 손에 쥐어진다. 지대 추구, 세대에 걸친 부의 이전, 부정부패 등이 그 예이다.

영국은 부의 창출보다 부의 편취를 통해 막대한 부를 축적하는 유럽에서 마지막으로 남은 국가이다. 아마도 이는 영국 사회의 고위직으로 가는 데 유리한 사립 학교 코스 덕분일 것이다. 그러나 그 이유가 무엇이든 이는 영국의 혁신 역량을 무력화하고 자금 세탁이나 러시아 재벌의 부동산 매입 등 불법적인 자금 출처를 통한 금융 이체에 의존할 수밖에 없게 만든다. 부의 불평등으로 영국은 혁신보다는 이런 외부 자본의 유입에 의존하고 있다. 부의 불평등은 측정하기 어렵기로 악명이 높지만 토지의 오랜 불평등이 그 대리 지표이다.

영국 토지의 절반을 단 2만 5000명이 소유한다. 이 숫자는 영국 인구의 0.5%도 되지 않는다. 즉, 영국 국민의 1% 미만이 영국의 절반을 소유한 것이다. 이들은 대부분 대대로 부유한 지주, 왕족, 귀족으로 구성돼 있다. 반면 영국 인구의 20%(2021년 기준 1340만 명)가 빈곤선 이하에서 살거나 생계를 유지하기 위해 일하는 이른바 확장된 생산 노동자 계급이다. 이 두 집단은 극명한 대조를 이룬다.

영국에서 가장 인기 있는 부동산 웹사이트인 라이트무브에서 검색을 하면 런던 중심부 마블 아치에 있는 침실 9개, 욕실 8개짜리 저택 매물을 찾을 수 있는데 해당 저택의 세부 정보는 법적인 이유로 삭제됐다. 이 저택은 임대차 매물로 이 부동산은 소유자가 실제로 부지를 완전히 소유하지 않고 그 대신에 자유보유권freehold을 가진 실소유자에게 수수료를 지불해 임차 계약leasehold을 해야 하는 부동산이다. 임차 기간은 보통 99년 정도로 매우 길기 때문에 대개의 영국인에게는 별 의미가 없지만 수 세대에 걸쳐 부를 쌓아 온 사람에게는 큰 의미가 있다. 임차 계약에서 소유권은 환상에 불과하다

(영국에서 자유보유권은 부동산의 소유권을 의미하며 소유자는 해당 부동산의 '지상권'과 '공중권'을 포함한 모든 권리를 소유한다. 이와 대조적으로 임차권은 부동산을 일정 기간 동안 사용할 수 있는 권리를 의미하며 이 기간이 만료되면 부동산은 자유보유권자, 즉 지주에게 돌아간다-역주).

이 특정 저택의 경우, 수수료가 매 세기 1000만 파운드가 아니라 매년 10만 파운드가 부과된다. 이 수수료의 용도는 무엇일까? 소유주가 자유보유권을 통제한다는 사실 외에는 아무것도 없다. 어떤 부가가치를 위한 돈의 교환이 아니다. 자유보유권자는 수수료를 받을 뿐, 말 그대로 무임승차자이다. 웹사이트 광고에는 "자유보유권은 판매하지 않습니다"라고 명시돼 있다. 왜 그럴까? 그런데 자유보유권자, 즉 지주는 애초에 이 부동산을 어떻게 얻었을까?

이 저택의 소유자는 포트먼 부동산이다. 포트먼 부동산은 16세기에 헨리 8세(마음에 들지 않은 아내가 많았던 왕이다)가 대법원장 윌리엄 포트먼William Portman에게 런던 중심부에 있는 100에이커가 넘는 땅을 물려주면서 시작됐다. 포트먼 가문은 제2차 세계대전 중 상속세가 인상될 때까지 4세기 동안, 즉 400년 동안 이 재산을 소유했다.

연구에 따르면 부는 충격과 변화에 탄력적으로 반응하지만 제2차 세계대전 말처럼 상속세가 실제로 시행되면 세대 간 부의 이전을 약화할 수 있다.

윌리엄 포트먼의 후손인 7대 포트먼 자작이 1948년 사망했을 때 높은 상속세(75%)가 부과됐다. 그러나 부는 부를 보호하는 방법을 제공하기 때문에 초부유층에게 과세하는 일은 매우 어렵다.

윌리엄 포트먼은 가족을 위해 대부분의 부동산을 신탁에 맡기기로 부동산 개발업자와 계약을 맺었다. 이로써 많은 것을 잃었지만 또한 많은 것을 유지했다. 높은 상속세의 이점은, 그것이 귀족과 부유한 토지 소유주로 하여금 더 생산적인 사업으로 전환하게 해 부를 창출하도록 강제했다는 것이다.

포트먼 부동산에서 멀지 않은 곳에 그로스브너 부동산이 있다. 2016년 웨스트민스터 6대 공작인 제럴드 그로스브너Gerald Grosvenor가 사망했다. 2016년에는 윌리엄 포트먼이 사망한 1948년보다 상속세가 훨씬 약했다. 2016년에는 부를 보호하는 방법도 훨씬 더 효과적으로 발전했다. 그 덕분에 제럴드의 25살 아들이자 조지 왕자의 대부인 웨스트민스터 7대 공작 휴 그로스브너Hugh Grosvenor는 신탁과 사업에 투자한 덕에 93억 파운드라는 재산을 가질 수 있었다.

그로스브너 가문은 부동산 개발업으로 성공적으로 방향을 틀었다. 제럴드 그로스브너는 내성적인 사람으로, 막대한 재산과 비즈니스 제국의 상속자로서 자신의 위치에 대해 공개적으로 고민하는 인물이었다. 한번은 《파이낸셜 타임스》 기자가 그에게 젊은 기업가에게 어떤 조언을 해줄 수 있는지 물었다. 그의 솔직한 대답은 "정복자 윌리엄의 절친한 친구였던 조상이 있는지 확인하라"라는 것이었다. 그로스브너는 1066년 정복자 윌리엄과 함께 배를 타고 영국으로 건너가 싸웠던 노르망디족 프랑스인 조상 질베르트 르 그로스브너르Gilbert le Grosveneur를 말하는 것이었다. 약 1000년 전의 일이다.

희귀 성씨를 이용해 영국의 사회적 이동성을 측정한 연구에 따르면 1세대가 부를 만들고 2세대가 부를 유지하며 3세대가 부를 잃는다는 속설과 달리 엘리트의 후손이 평균적인 시민 수준으로 떨어지려면 약 10세대, 즉 3세기 넘게 걸리며 그 편차도 매우 크다는 사실이 밝혀졌다. 연구는 부의 상속이 혁명과 전쟁 중에도 내성이 강하다는 사실을 입증했다. 사실 혁명과 전쟁은 엘리트 간 경쟁으로 볼 수 있는데 엘리트는 각 파벌의 중하층 혁명가를 선택적으로 늘리고 지원해 승자 또는 때로는 패자까지 양쪽 모두에게 효과적으로 투자하려고 한다.

그렇게 많은 돈을 완전히 잃는 것은 매우 어렵다. 돈은 늘어나며 게다가 복리로 증기한다. '돈이 돈을 낳고 돈이 낳은 돈이 다시 돈을 낳는다'라는 말을 기억하자. 일부 엘리트는 엘리트 간 경쟁에서 패배하지만 많은 엘리트가 살아남고 그 과정에서 혁신, 성장, 복지, 잠재력이 모두 손상된다.

누구도 자신의 조상을 선택할 수 없고 가난하게 태어난 사람을 비난할 권리가 없는 것처럼, 귀족이나 부유한 집안에서 태어난 사람을 비난할 수는 없다. 그들이 처한 상황은 그들에게 주어진 것이며 부동산에 투자해 수익을 내는 집주인의 행동을 비난하는 것은 적절하지 않다. 문제는 개인이 아니라 자원 배분에 관한 것이다. 우리는 부를 창출하는 존재이면서 동시에 부를 편취하는 존재라는 양면을 가진다. 그러므로 문제의 본질은 플레이어가 아니라 게임의 규칙에 있다. 이것은 시스템 차원의 문제이며 해결 방안도 시스템적으로 부의 집중을 방지하거나 줄일 수 있는 방향으로 찾아야 한다. 그러나 문화적 규범도 중요한 역할을 하기에 문제 해결의 첫 단계는 부의 창출과 부의 편취 사이의 차이를 인식하는 것이다.

조세 회피, 신탁처럼 재산을 보호하기 위한 여러 나쁜 방법이 있다. 하지만 부유층과 회계사가 부를 보호하기 위해 발견한 다양하고 영리한 방법과 별개로 부유층으로 태어나는 것은 부자끼리 서로 협력하는 강력한 사회적 연결망을 제공한다. 이런 네트워크는 지속되며 소수에게만 주어지는 기회를 열어 준다. 이것이 바로 부유층이 대중의 봉기에도 불구하고 영향력을 유지하는 이유이다. 예를 들어 엘리트를 표적으로 삼았던 1949년 공산주의 혁명 이후부터 중국의 성씨를 분석한 결과 오늘날에도 여전히 엘리트 성씨가 중국 상층부에 과도하게 분포하는 것으로 나타났다. 스웨덴처럼 사회주의적이고 평등하다고 여겨지는 국가에서도 비슷한 현상이 관찰된다는 연구가 있다.

이런 요인은 불평등이 단순히 개인이 내린 선택의 결과가 아니라 고착화된 권력 시스템을 반영한다는 사실을 보여 준다. 상속세가 약하면 필연적으로 계급 분열이 지속될 수밖에 없고 이따금 전쟁이나 혁명, 충격에 의해서만 계급이 뒤섞여 불완전하게 해소될 뿐이다. 이는 영국 같은 선진국뿐만 아니라 많은 개발도상국이 처한 상황이며 호주와 미국처럼 상속세가 약하거나 약화되고 있는 국가도 무언가 조치를 취하지 않으면 비슷한 미래를 맞이할 것이다. 두 나라 모두 불로소득의 세대 간 이전을 최소화하는 기제가 약하거나 전보다 약화되어 가고 있기 때문에 과두제, 소수 엘리트로의 부의 편중, 혁신 능력의 약화로 향하는 느리고 멈출 수 없는 행진이 계속될 것이다.

그런데 이것이 왜 문제인가?

소비가 생산을 결정한다. 따라서 벤저민의 마법의 프린터처럼 개인 제트기와 슈퍼 요트 연료에서부터 대중이 생각하고, 믿고, 행동하는 방식을 형성하는 미디어 및 기타 수단에 대한 통제까지 에너지 예산이 잘못 배분되기 때문에 문제이다. 〈폭스 뉴스〉처럼 영향력 있는 대형 미디어 기업의 소유주인 루퍼트 머독Rupert Murdoch이 뉴스에서 거의 언급되지 않거나 제프 베이조스 같은 새로운 억만장자가 〈워싱턴 포스트〉를 인수한 일은 우연이 아니다.

부의 창출보다 부의 편취가 압도적인 상황은 우리를 점차 능력주의, 즉 메리토크라시meritocracy에서 범인凡人 정치, 즉 미디어크라시 mediocracy로 이끈다(메리토크라시는 출신이나 가문보다는 능력에 따라 출세가 결정되는 사회 체제이며 미디어크라시는 최고가 아닌 평범한 사람의 지배를 말하는데, 종종 낮은 수준의 미디어에 의해 좌우되는 대중이 지배하는 사회 체제를 말한다-역주).

최고가 지배하는 세상?

귀족 정치, 즉 '아리스토크라시aristocracy'라는 단어는 '최고에 의한 지배'라는 뜻으로 교육을 비롯한 여러 기회가 사회의 일부 계층에게만 주어지고 귀족이 실제로 최고의 교육을 받았으며 부의 축적에 힘입어 다양한 지식과 정보에 접근할 수 있는 유일한 사람이었을 때, 그래서 그들에게 최고의 결정을 내릴 수 있는 능력이 있었을 때는 정확한 표현이었을 것이다. 그러나 이런 방식은 잠재력을 기준으로 최고를 선택하는 것은 아니었다. 같은 특권을 가졌더라면 더 많은 목표를 성취했을 귀족이 아닌 사람도 있었다. 때로는 부와 권력, 특권이 평범하거나 평범 이하의 사람을 가리고 숨긴다.

도널드 트럼프는 상속받은 막대한 부를 잃고 주식 시장 평균을 크게 밑도는 수익률을 기록한 인물이지만 여전히 많이 남은 상속 재산과 인맥을 활용해 강력하고 영향력 있는 인생의 경력을 구축한 신탁 기금 상속자의 대표적 사례이다. 코크 형제Koch brothers와 코크 네트워크(코크토푸스Kochtopus라고 불림)도 비슷한 사례로 대학, 싱크탱크, 정치인을 통한 영향력이라는 생태계에 전략적으로 돈을 투자해 미국 사회를 형성했다.

우리 사회에서 상속으로 큰 부를 받은 사람이 여전히 많은 에너지 예산을 어떻게 쓸지 결정하는 데 가장 적합한 사람일까? 다른 사람에게도 같은 기회가 주어지면 어떤 변화가 생길지 생각할 필요가 있다.

미국에서 기업가가 되는 주요 예측 요인 중 하나는 부유한 부모를 둔 자녀가 거액의 상속금이나 현금을 받는 것이다. 상위 1% 소득 계층에서 태어난 자녀가 발명가가 될 확률은 중위 소득 이하의 가정에서 태어난 자녀보다 10배 높다. 실제로 저소득층 가정에서

당신이 돈을 획득하고 투자하며 사용하는 방법이
우리의 미래에 도움이 되거나 방해가 되는 경로

수학 성적이 상위 25%에 속하는 우수한 학생이 부유한 가정에서 수학 성적이 하위 25%에 속하는 하위권 학생보다 대학 졸업장을 받을 가능성이 낮다.

부유하게 태어난다는 것은 (1) 젊은이에게 위험을 감수할 수 있는 사회적 안전망을 제공하고 (2) 양질의 교육, 정보, 문화적 지식에 접근할 수 있으며 (3) 아이디어를 현실로 바꿀 수 있는 인맥이 있다는 사실을 뜻한다.

베이조스나 머스크, 게이츠의 비범한 성공에서도 이러한 승수 효과를 확인할 수 있다. 하지만 주의해야 할 점은 그들의 이야기가 생각보다는 복잡하다는 것이다.

제프 베이조스는 결혼 후 얼마 지나지 않아 이혼한 10대 부모 사이에서 태어났다. 그는 어머니와 쿠바에서 이민을 온 양아버지에게서 자랐다. 텍사스에 대규모 목장을 소유한 조부모와 자수성가한 양아버지 덕분에 어느 정도 경제적 안정을 누렸다. 양아버지는 엑손에서 고액 연봉을 받는 자리를 얻기도 했다. 베이조스는 31살이 되어 인터넷 상거래의 잠재력이 아직 충분히 실현되지 않았다는 직감에 따라 사업을 하기로 마음먹었고 그의 부모님은 아마존에 25만 달러를 투자할 정도로 저축한 돈이 많았다. 1995년이었으니 지금 돈으로 환산하면 미국 주택의 평균 가격인 50만 달러 정도에 해당하는 금액이다. 이런 안전망, 자본, 교육이 없었다면 베이조스와 아마존은 지금 어디에 있을까?

일론 머스크의 배경은 베일에 가려져 있어서 추측에 기반한 제한된 정보를 통해서만 알 수 있다. 그의 아버지는 에메랄드 광산의 지분을 소유했던 것으로 추정되며 그 덕에 엄청나게 풍족하지는 않더라도 꽤 부유했던 것으로 보인다(물론 머스크와 그의 어머니 메이는 이를 부인한다). 머스크는 남아프리카공화국에서 비싼 사립 학교에 다넸기 때문에 어린 시절에 여러 가지 이점을 누렸을 것이다. 하지만 아버지와 사이가 소원해 헌신적인 어머니 밑에서 자랐다. 어른이 된 후에는 분명히 자신의 길을 스스로 개척했으나 그럼에도 가족이 안 전망을 제공했다.

빌 게이츠는 논란의 여지 없이 부유한 가정에서 태어났다. 그의 아버지는 변호사였고 어머니는 IBM의 CEO와 함께 이사회에 참여 해 재능 있는 아들에게 기회를 열어 준 교사이자 사업가로 잘 알려 져 있다. 게이츠는 친구들이 거의 컴퓨터를 접할 수 없었던 시기에 컴퓨터를 배울 수 있는 엘리트 사립 학교에 다녔다.

어떤 식으로든 이 세 기업가의 성취를 폄하하는 것은 아니다. 모두 뛰어나고 열정적이며 성실하고 엄청난 성공을 위해 필요한 여 러 특성을 갖고 있다. 그들이 자신의 성장 배경이 해 준 역할을 기 꺼이 인정할지도 모르지만 비슷한 능력을 가진 많은 사람이 그들에 비해 훨씬 낮은 성취를 보인다는 사실은 흔히 무시된다. 그리고 그 들과 같은 잠재력을 가진 많은 사람이 그들과 같은 이점을 갖고 있 지 않았다는 사실도 무시되기 쉽다.

가장 안타까운 것은 베이조스, 머스크, 게이츠가 아니라 같은 잠 재력을 가졌지만 필요한 자본과 안전망, 필요한 지도와 문화, 아이 디어를 현실화할 수 있는 네트워크, 인맥, 멘토십, 자원을 갖지 못한 모든 사람이다. 베이조스가 자란 휴스턴 인근의 빈곤한 히스패닉 사 회, 머스크의 고향인 프리토리아 인근의 남아프리카공화국 흑인, 게 이츠의 고향인 북동부 시애틀 남동쪽에 있는 실업자 등 안정적 일 자리가 없는 사람들이야말로 우리가 해결해야 할 문제이다.

자본주의와 상업을 근절해야 한다는 말이 아니다. 가격을 책정 하고 인간의 잠재력을 극대화하는 데 이보다 더 좋은 모델은 존재 하지 않는다. 하지만 자본주의는 더 공정해져야 한다. 공정성이란 그 자체로도 훌륭한 목표이지만 공정한 자본주의가 더 효율적이기도 하다. 자본과 부의 비효율적 배분은 비효율적인 가격과 비효율적인 발전으로 이어진다.

궁극적으로 자본주의를 바로잡기 위해서는 각 세대에게 더 공정하고 공평한 경쟁의 장을 만들어야 한다. 생애 내내 공정한 세금을 부과하는 정책도 중요하나 그보다 더 중요한 것은 부의 대물림으로 경제, 에너지, 미래에 대한 통제권까지 소수 엘리트 세대에게 대물림되지 않도록 하는 일이다. 세대 간 부의 대물림을 막으면 현재 계급이나 인종에 따라 고착된 부의 격차가 몇 세대 안에 영구적으로 사라질 것이다. 현재의 재분배 정책은 호주의 사탕수수두꺼비 도입처럼 경제적으로 비효율적이며 근시안적 해결책에 불과하다. 자본주의를 더 공정하게 개선하면서 경제적으로 더 효율적으로 만들 수 있는 방법이 있다.

더 공정한 게임

노예제, 정복 전쟁, 노골적 착취는 모두 부를 편취하는 방법이다. 버크민스터 풀러가 말한 **에너지 노예**, 즉 우리를 위한 일에 에너지를 쓰기 전에는 실제 노예를 부려먹는 일이 흔했다. 노예제는 노예의 에너지를 강압적으로 노예 주인에게 전달한다. 노예제는 그 부도덕성은 차치하더라도 다른 형태의 부의 편취와 마찬가지로 타인의 노동 가치와 자유를 빼앗아 가능성의 공간을 넓히지 못하게 한다. 우연히 혁신이 나올 수는 있지만 이는 공정하거나 효율적인 집단적 두뇌에 따른 것이 아니다. 더욱이 새로운 부가 거의 창출되지 않기 때문에 제로섬 경쟁을 유도한다.

공정한 사회는 성취, 기회, 교육의 문화를 조성해 더 많은 사람이 발전할 수 있도록 돕는다. 세습 엘리트가 권력을 장악하면 그들은 다수보다 우월해지고 다수를 통제하기 위해 소규모 협력 집단 내 네트워크를 만드는 문화를 형성한다. 더 불평등하고 사회적 이동성이 낮아지는 세상에서 사람들은 점점 자신의 노동력보다는 부모와 가족의 부 및 자원에 의존한다. 따라서 당연하게도 이런 세상에서 상속세는 인기가 없다. 슬픈 자기 강화 고리이다. 그러나 상속세는 중요한 정책이다. 할머니의 집을 팔아 몇천 또는 몇백만 달러를 받을 수도 있고 받지 못할 수도 있는 차원의 문제가 아니다. 베이조스나 머스크, 게이츠가 사망했을 때 이들의 막대한 재산이 어떻게 될지를 결정하기 때문이다. 과연 그들의 자녀가 부모의 재산이 대표하는 막대한 에너지 예산을 통제하는 가장 최적의 인물인가?

그 답이 '네'라면 상속 없이도 그 자녀들은 부모가 그랬던 것처럼 비슷하게 그리고 지속적으로 부를 성취할 수 있을 것이다. 상속을 영원히 제한하자고 주장한 존 스튜어트 밀John Stuart Mill은 그의 저서에서 다음과 같이 말했다.

나는 누구든지 자신의 능력을 행사하지 않고 타인의 호의로만 얻을 수 있는 재산에는 그 한도를 정하고, 더 많은 재산을 원한다면 그것을 얻기 위해 노력하라고 요구하는 것에 반대할 이유가 없다고 본다.

상속세는 본능적으로 자녀를 보호하고 교육하며 부양하려는 충동, 그래서 우리가 가진 것보다 더 많은 것을 주고자 하는 인간의 원초적 충동에 반하는 세금이다. 상속세는 우리가 열심히 일해서 일군 재산을 자녀가 누리지 못하거나 앞으로 다가올 가혹한 세상에서 기회를 박탈당할지도 모른다는 두려움으로 이어진다.

그러나 우리가 경쟁의 장을 공정하게 만들면 극소수 억만장자의 자녀를 제외한 거의 모든 사람의 자녀가 지금보다 더 나은 삶을 살게 될 것이다. 그리고 부유한 사람의 자녀라고 해도 더 가난해지는 것은 아니다. 더 많은 사람이 우리 모두를 부유하게 만드는 데 기여할 수 있는 사회에서 살면 모두에게 이익이다. 공정한 경쟁의 장이 왜 필수적인지 이해하려면 우리가 부를 물려받는 것과 같은 방식으로 빚을 물려받는다고 상상해 보라.

세대를 거쳐 부채가 상속된다면 어떤 사람은 아무리 열심히 일해도, 아무리 높은 소득을 확보해도 매우 빠르게 세대를 거쳐 대물림되는 빈곤에 영원히 갇히게 될 것이다. 부채에 대한 이자는 세대에 걸쳐 복리로 증가해 결국에는 아무리 일해도 갚을 수 없다. 많은 사람이 부채에 갇힌다는 말의 의미를 쉽게 이해한다. 하지만 그 반대인 부의 대물림이 사회에 미치는 영향 역시 같다.

마법의 화폐 프린터를 가진 벤저민 같은 몇몇 사람과 그들의 후손은 우리 사회와 에너지 예산을 왜곡하고 가능성의 공간과 혁신의 능력을 감소시키고 궁극적으로 모두를 더 잘살게 하는 다음 에너지 수준으로 도약하지 못하게 할 것이다. 우리 사회는 결국 새로운 봉건주의로 진입한다.

2013년 프랑스 경제학자 토마 피케티Thomas Picketty는 《21세기 자본Capital in the Twenty-first Century》이라는 책을 출간했다. 그는 696페이지에 걸쳐 불평등이 자본주의의 자연스러운 결과임을 보여 주는 실증적 증거를 표와 그래프로 꼼꼼하게 제시했다. 특히 자본 수익률이 경제 성장률을 초과하면 자본을 가진 사람, 즉 부유층이 노동 소득을 얻는 사람보다 더 빠른 속도로 부자가 된다는 사실을 강조했다. 예상치 못하게 그의 책은 크게 성공했고 《뉴욕 타임스》에서 선정한 베스트셀러가 되었다.

삶의 법칙이라는 렌즈를 통해 피케티의 발견을 직관적으로 이해할 수 있다. 에너지나 효율성을 통해 가능성의 공간이 커지면 새로운 부가 창출된다. 이때가 바로 경제가 성장하는 시기이다. 이 공간이 커질 때 이미 부를 가진 사람의 상대적 몫은, 부는 증가하지만 전체 공간은 그대로 유지되는 경우보다 적다. 이는 마치 집을 위아래로 증축해 공간을 늘리는 것과 같다. 당신은 큰 집을 가질 수 있고 이웃도 큰 집을 가질 수 있다. 하지만 한정된 공유지에 수평으로 증축을 하면 점차 이웃이 집을 증축하거나 새로 집을 지을 수 있는 공간이 줄어들 것이다.

아마존과 세탁기는 우리에게 더 많은 시간을 돌려줬다. 마이크로소프트와 구글은 업무 효율을 높였다. 인슐린과 자궁경부암 백신은 우리 수명을 연장했다. 이런 효율성을 창출한 사람은 그들이 만든 가능성의 공간 중 일부를 가질 자격이 있다. 새로운 에너지 기술이 개발될 때도 마찬가지이다.

가능성의 공간이 고정돼 있다면 부자는 더 부자가 되어 한정된 공간을 더 많이 차지한다. 가난한 사람은 갈 곳이 없고 점점 더 압박을 받으면서 부스러기를 두고 다툰다. 이동성은 떨어지고 불평등은 커진다.

그러나 만약 공간이 에너지나 효율성 혁신을 통해 커진다면 실제로 공간이 커진 것이고 공간을 키우는 데 기여한 사람은 늘어난 공간의 일부를 돈의 형태로 가질 수 있다. 나머지는 세금이나 자선 사업 등 직접적 혜택으로 재분배된다. 또는 이런 혁신을 다른 사람이 자신의 혁신과 일에 활용할 수 있기 때문에 간접적으로 재분배될 수도 있다.

EROI가 감소하는 세상에서는 이 모든 것이 더욱 어려워진다. 이것이 바로 오늘날 우리가 보는 현실이다.

불평등은 사회를 개선할 수 있는 재능을 가진 사람에게 이를 실현한 기회를 주지 못하기 때문에 혁신의 효율성을 떨어뜨린다. 에너지와 경제 측면에서 보면 돈의 명목 가치(숫자 가치)는 상승하는 반면 실질 가치(돈으로 할 수 있는 일)는 감소하고 있다. 이는 진정한 부의 창출이 줄어들고 있기 때문이다. 경제는 더 이상 예전처럼 성장하지 못하고 있으며 포지티브섬의 세계에서 제로섬의 세계로 이동 중이다. 이는 결과적으로 협력에 부정적 영향을 미치며 다시 악순환이라는 피드백 고리를 만들어 낼 것이다.

우리는 각 세대에서 최고를 선발하고 있지 않다. 최고의 사람이 지휘봉을 잡도록 보장하고 있지도 않다. 또한 새로운 부를 창출할 능력이 부족하지만 막대한 재산을 물려받은 상속자는 사회에서 자신의 지위를 공고히 하는 방법을 찾는 데 돈을 쓰며 상속세가 인상됐을 때 영국 귀족에게 일어난 일과는 정반대의 현상, 부의 창출에서 부의 편취로 이어지고 있다.

불로소득에 따른 세대 간 부의 이전을 통제하는 일은 한 사회의 건강과 지속적인 혁신 능력을 위해 중요하다. 각 세대를 위한 공정한 게임을 만들려면 경쟁의 장을 평평하게 만들어야 한다. 산 자를 위해 죽은 자에게 세금을 부과해야 한다.

세금, 세금, 세금

스위스 다보스에서 열리는 세계경제포럼World Economic Forum이 입소문을 타는 경우는 많지 않지만 2019년에는 네덜란드의 젊은 역사학자 뤼트허르 브레흐만이 세금에 대해 한 말이 많은 사람에게 회자됐다. 네덜란드 사람은 직설적인 것으로 유명한데 역시나 브레흐만은 우리를 실망시키지 않았다.

다보스에 처음 와봤는데 솔직히 말해서 꽤 혼란스러운 경험이었습니다. 우리가 어떻게 지구를 망치고 있는지에 대한 데이비드 애튼버러 경Sir David Attenborough의 연설을 듣기 위해 1500대의 개인 제트기가 이곳으로 날아왔죠. 사람들이 참여, 정의, 평등, 투명성에 대해 말하는 것을 듣지만 정작 조세 회피에 대한 문제를 제기하는 사람은 없습니다. 그렇죠? 부자들이 정당한 몫을 내지 않는 일에 대해서 말이죠. 자선 이야기는 그만두고 세금 이야기를 합시다. 며칠 전, 여기에 한 억만장자가 왔는데 이름이 뭐더라? 네, 마이클 델Michael Dell입니다. 그는 최고 한계 세율 70%가 실제로 효과가 있는 국가를 하나만 꼽아보라고 질문했습니다. 그리고 아시겠지만, 저는 역사학자입니다. 그것이 실제로 효과가 있었던 곳은 바로 미국입니다. 1950년대 아이젠하워 공화당 대통령 시절이죠. 미국에서는 마이클 델과 같은 부자에게 매기는 최고 한계 세율이 91%에 달했습니다. 마이클 델 같은 사람에 대한 최고 상속 세율은 70% 이상이었죠. 이것은 로켓 과학처럼 어려운 문제가 아닙니다. 보노Bono(밴드 U2의 보컬이자 사회운동가-역주)를 다시 초대해 노래를 들을 수도 있겠지만 지금은 세금 이야기를 해야 합니다. 그게 전부입니다. 세금, 세금, 세금. 나머지는 모두 헛소리예요.

자료집에 없던 다소 장황한 말이었지만 이 발언은 공감을 불러일으키며 빠르게 퍼졌다. 삶에서 확실한 것은 죽음과 세금뿐이라고들 하는데 요즘에는 죽음만이 확실하다.

브레흐만은 이 문제를 단순화한다. 이미 논의했듯이 초부유층에게는 영리한 회계사가 있고 조세 회피에 투자할 수 있는 더 많은 돈을 갖고 있기 때문에 이들에게 세금을 부과하기는 정말 어려운 일이다. 20세기 중반에 부과된 높은 세금도 이들은 다양한 방법으로 회피하거나 약화했다. 부유층은 법의 허점과 정교한 구조화를 통해 세금을 회피할 방법을 찾았다. 예를 들어 민간 재단은 부유층이 재산 일부를 공익을 위해 기부하는 대신 상속세를 피하는 타협점이다. 많은 자선 재단이 이 모델에 따라 세워졌다. 물론 재단은 다양한 방식으로 사회를 발전시키고 좋은 일을 많이 한다. 하지만 현재 에너지 예산의 방향을 결정할 수 있는 강력한 능력을 갖고 있기도 하다. 다시 강조하건대 소비가 생산을 결정한다. 재단이 결정하는 기부의 우선순위와 막대한 부는 과학자, 연구자, 정치인이 추구하는 우선순위에 직간접적으로 영향을 미친다.

재단은 이론상 로비 활동에 참여할 수 있는 범위가 제한돼 있지만 이름만 다르지 실질적으로는 로비 활동을 한다. 예를 들어 학계와 싱크탱크를 선택적으로 지원해 정부와 미국 국세청을 포함한 공공 기관에 영향력을 행사한다. 이런 권력은 법 자체를 변경하는 데도 사용되는데 예를 들어 상속세(미국에서는 설문 조사 결과 일반인조차 '상속세'보다 '사망세'라는 이름일 때 이를 거부할 가능성이 더 높다는 사실이 밝혀진 후 부정적 이미지를 널리 퍼뜨리고자 '사망세'로 명칭을 변경함-역주)를 약화해 납세 의무를 줄여 불평등을 더욱 심화한다.

신탁은 개인 세금을 회피하기 위해 존재한다. 미국 대선 후보였던 밋 롬니Mitt Romney는 자신의 말에 야유를 퍼붓는 사람들과 대화하면서 "이봐, 기업도 사람이야"라는 유명한 말을 남겼다. 실제로 기업은 '법인legal persons'이며 신탁을 통해 사람은 일종의 법인이 되어 사실상 불멸의 존재가 될 수 있고 여러 생애에 걸쳐 자신의 소망과 부를 존속시킬 수 있다. 하지만 신탁이나 기타 법인도 사람이라면 피와 살을 가진 사람에게 그러하듯이 이들에게 제한을 가하고 사회적 공익을 위해 돈을 내도록 의무를 부과할 수 있다.

이 문제에 대한 해결책은 간단하지 않다. 무엇에 과세할지, 얼마를 과세할지, 어떻게 세금을 관리할지 명확하지 않다.

성장이 지속될 수 있도록 세금은 경제적으로 효율적이어야 한다. 혁신을 저해하는 자기 파괴적 왜곡이 있어서는 안 된다. 사람들이 일을 덜 하도록 조장해서도 안 된다. 또한 국가별로 세율을 차등 적용하면 일부 지역이 조세 피난처로 활용되기 때문에 세율을 설정하는 것 자체도 어려운 일이다. 공공재 게임에서 일부 사람이 무임 승차하듯이 일부 국가는 부의 해외 도피를 부추긴다. 세율은 문화-집단 선택 과정에서 여러 국가가 서로 경쟁하는 또 다른 방법이다.

그리고 이런 어려움 때문에 조세 회피에 대한 대응책이 없는 경우가 많다.

〈파나마 페이퍼스〉〈파라다이스 페이퍼스〉〈판도라 페이퍼스〉 같은 조세 회피 문건이 그 충격적 실태를 폭로했듯이 탈세 및 기타 불공정에 대한 증거가 나돌고 있다. 몇몇 사람이 직장을 잃었지만 많은 사람이 자리를 보전했고 시스템은 변하지 않았다. 우리가 무엇을 옹호해야 하는지도 명확하지 않아 어려운 상황이다. 하지만 우리는 몇 가지 목표를 설정하고 몇 가지 옵션을 평가하며 목표를 달성하기 위한 방법을 마련할 수 있다. 목표부터 시작해 보자.

공정한 시스템은 기회의 평등을 보장해 각 세대의 가장 뛰어난 인재가 정상에 오를 수 있도록 하는 시스템이다. 우리는 각 세대의 젊은이에게 우리 종을 발전시킬 수 있는 지식, 인맥, 자본을 제공하고자 한다. 그러나 우리는 또한 다른 모든 사람이 자신과 자녀에게 중요하다고 생각하는 일에, 가능성의 공간을 확장하는 일에 투자를 할당하는 것을 포함해 집단적 두뇌에 기여할 수 있는 지식, 인맥, 자본을 갖도록 원한다.

공정한 능력주의는 경쟁의 장이 공평해야만 작동할 수 있다.

하지만 부가 부를 낳으면 힘 있는 소수의 사람이 결탁해 제도를 부패시킬 수 있다. 결국 우리는 이중고를 겪는다. 생산에서 덜 가진자가 차지하는 실질적 몫이 점점 줄어들면서 혁신과 경제 성장이 둔화된다. 그리고 합법적이든 불법적이든, 창출되었든 편취되었든 부는 한 사람의 평생을 넘어 지속된다.

자연스러운 출발점은 억만장자가 더 많은 세금과 더 많은 상속세를 내게 해 평생 받을 수 있는 총액에 상한선을 두는 것이다. 이런 접근 방식에는 여러 문제가 있다.

첫째, 세금 제도의 허점이 존재한다. 앞서 언급했듯이 조세 규정은 지역마다 다르기 때문에 조세 피난처로 돈을 옮기면서 부의 도피로 이어진다. 정보 유출 사건이 터질 때마다 드러나듯이 조세 제도 자체의 책임자를 포함해 상당한 부를 가진 거의 모든 사람이 조세 피난처에 돈을 숨기고 있다. 플레이어를 미워하지 말고 게임의 규칙을 미워하자. 물론 플레이어를 부끄럽게 하는 것도 나쁘지 않지만 말이다. 이런 사례를 감사하고 적발해 자금을 회수하는 것은 어려운 일이다.

둘째, 상속세는 노후에 자녀에게 더 많은 재산을 물려주고 싶은 욕구로서의 생산 동기를 저해하지 않는 선에서 책정해야 한다.

셋째, 빌 게이츠부터 워런 버핏Warren Buffett에 이르기까지 많은 사람이 부유세와 상속세가 좋은 정책이라는 데 동의하고 재산의 대부분을 자선 활동에 쓰는 기부 서약 캠페인에 서명했다. 그러나 이런 자선 활동은 부가 더 이상 그 부를 창출한 사람의 직접 통제하에 있지 않더라도 현재의 에너지와 생산에 대한 불공평한 통제권을 효율적으로 배분하는 자일 수도 있고 아닐 수도 있는, 선출되지 않은 무책임한 사람들의 손에 넘겨주게 된다. 자선 재단에 세금을 매기면 될까? 그러나 우리 정부가 이 새로운 자금을 더 많은 드론, 미사일, 측근을 위한 정실 계약이 아니라 인간의 잠재력과 경제 성장에 도움이 되는 방식으로 사용할지도 불투명하다.

상속세는 인류 발전에 매우 중요하지만 이를 달성하고 구현하는 정책은 쉽지 않다. 물론 그렇다고 해서 시도를 하지 말라는 말은 아니며 많은 문제를 피할 수 있는 다른 옵션이 있다. 여기서 전반적인 목표는 비생산적인 돈에 세금을 부과해 부의 편취와 지대 추구를 줄이는 것이다. 하나의 해결책은 노르웨이가 북해의 석유가 풍부한 땅에 세금을 부과한 사례에서 찾을 수 있다.

비생산적인 자금에 과세하기

'부루마블'은 가족을 찢어놓는 무자비한 게임이다. 주사위를 굴리고는 탐욕스러운 지주에게 엄청난 임대료를 뜯길 것을 뻔히 알면서도 전진해야 하는 일보다 짜증나는 것은 없다. 보드 게임이 가족을 분열시키는 것처럼 현실에서도 이와 유사한 상황이 사회를 분열시킨다. 매번 플레이할 때마다 조건이 초기화되는 보드 게임과 달리 이런 불평등은 세대에 걸쳐 지속되며 더 커진다. 지난번 게임을 중단한 지점부터 다시 시작해야 한다면 부루마블이 얼마나 끔찍할지 상상해 보라. 하지만 그게 현실이다. 현실에서는 게임이 초기화되지 않는다. 세대를 뛰어넘는 지속성이라는 이 핵심 문제는 부루마블의 한 바퀴를 돌 때마다 기본 소득을 지급한다고 해서 해결되지 않는다.

부루마블은 사실 우리가 논의해 온 무절제한 자본주의의 역학 관계가 얼마나 불공정한지 알려 주려고 고안된 게임이다. 단순히 재미있는 게임을 넘어 견제받지 않는 자본주의는 필연적으로 소수에 의한 지속적 지배로 이어진다는 사실을 가르치는 도구이다. 이 게임의 원조는 '지주 게임'으로, 불공정의 논리를 전달하는 색다른 방법을 고안하는 것으로 유명한 활동가 리지 매기Lizzie Magie가 설계했다.

매기는 한때 남편감을 찾아 자기 자신을 팔기 위한 광고를 낸 적이 있다. 매기는 자신을 "지저이고, 교양 있고, 세련되고, 진실하고, 정직하고, 정의롭고, 시적이고, 철학적이고, 마음이 넓고, 대범하고, 무엇보다도 여성스러운" 사람, 즉 "젊은 여성 미국 노예"라고 소개했다. 19세기 사회에서 노예나 다름없는 여성의 불평등한 지위를 비꼬는 그녀만의 방식이었다.

사실 지주 게임은 정치경제학자 헨리 조지Henry George의 연구, 즉 지대세(토지보유세라고도 한다-역주)를 통해 더 공정하고 효율적인 자본주의를 만들 수 있다고 강조한 그의 이론을 소개한 작품이다. 헨리 조지의 이론은 사회주의가 아니었다. 사실 카를 마르크스Karl Marx는 헨리 조지의 제안을 좋아하지 않았다. 그의 주장이 자본주의 모델에 머물러 있기 때문이었다. 조지는 더 나은 자본주의를 제안했다. 소유가 부르는 중대한 왜곡을 제거한 자본주의 말이다. 조지의 해결책은 오늘날에도 여전히 유효하다.

지대세는 모두가 더 나은 세금 제도라고 인정하나 혁명을 일으키지 않는다면 어떻게 도입해야 할지 잘 모르는 제도이다. 기본 아이디어는 주식, 사업체, 특허권, 예술품 등 우리가 소유할 수 있는 다른 모든 대상과 달리 토지는 누가 만들어 내는 것이 아니며 결코 부를 창출하지 못한다는 사실에서 시작한다. 토지는 전적으로 부의 편취이며 토지 개발이 없다면 땅만으로는 가능성의 공간이 확장되지 않는다. 따라서 지대세는 토지 위에 건축되고 개발된 것을 제외한, 토지의 가치에 세금을 부과한다. 인접한 세 개의 토지 블록 중 하나는 주택이 있고 다른 하나는 아파트 블록이 있으며 다른 하나는 개발되지 않은 토지라고 하자. 이 세 블록은 동일한 수준의 납세 의무를 진다. 따라서 가장 생산적인 용도로 토지를 개발, 개선, 재배치하도록 추동한다. 이와 더불어 미개발 토지를 단지 투기 목적으로 보유하려는 욕구를 억제한다.

지대세는 사람들이 유휴 토지 투기 대신 성장과 부동산 개발에 자금을 재분배하도록 유도해 토지의 효율적 사용, 가용 토지의 증가, 저렴한 주택의 공급으로 이어진다. 일반적으로 지대세는 자본의 흐름을 비생산적인 지대 추구나 부의 전유에서 벗어나 더 생산적인 부를 창출하는 인센티브를 제공한다. 소득세를 인상하면 사람들이 다음 과세 구간으로 이동하거나 세금 회피에 돈을 쓰게 될까 봐 더 열심히 일하지 않게 되는 부작용이 있는데 이와는 대조적이다. 생산성 감소와 조세 회피는 전체 세수를 감소시킨다. 지대세는 생산에 대한 인센티브를 왜곡하지 않는다. 케이맨 제도로 땅을 옮기는 일은 불가능하므로 회피할 수 없는 세금이라는 장점도 있다. 지대세는 사람들이 자신이 소유한 토지를 더 생산적인 용도로 재할당하고 더 생산적으로 사용할 수 있는 사람에게 판매하도록 장려한다. 지대세는 경제적으로 효율적이고 왜곡되지 않으며 자금의 흐름을 촉진하고 다른 부유세와 달리 토지를 이동할 수 없기 때문에 재산 도피의 위험이 없다. 지대세는 단순한 세금이고 단순한 세금은 일반적으로 회피하기가 더 어렵다. 실제로 어떤 사람은 지대세가 도입되면 다른 종류의 세금은 필요 없어질 것이라고 주장한다.

세금 없는 세상을 상상해 보자. 소득세, 부가가치세, 양도소득세가 없는 세상이다. 환상처럼 들릴지 모르지만 지대세는 넓은 정치적 스펙트럼에 걸쳐 다양한 경제학자의 지지를 받았다. 1974년 노벨 경제학상 수상자인 프리드리히 하이에크Friedrich Hayek는 여러 저서를 통해 지대세를 지지했다(헨리 조지가 하이에크를 경제학으로 이끈 것으로 알려져 있다). 1976년 노벨 경제학상 수상자인 밀턴 프리드먼Milton Friedman은 지대세를 "가장 덜 나쁜 세금"이라고 표현했다. 2001년 노벨 경제학상 수상자인 조지프 스티글리츠Joseph Stiglitz는 지대세로 다른 세금 없이 공공 지출의 100%를 충당하는 조건을 제시한 '헨리 조지 정리Henry George theorem'를 정립했다. 2008년 노벨 경제학상 수상자인 폴 크루그먼Paul Krugman은 헨리 조지 정리가 도시 성장에 필요한 자금을 조달하는 데 알맞은 세금이라고 말했다. 크루그먼은 비록 주식 시장과 기타 자산에 더 많은 경제적 자원이 집중돼 있기 때문에 다른 모든 세금을 대체할 만큼 충분히 세금을 걷지 못할 수도 있지만 지대세는 주택 가격을 낮추고 개발을 촉진하며 임대료 추구(런던처럼)를 없애는 데 효과가 있다고 주장했다. 지대세가 정부 지출에 필요한 모든 세금을 대체할 수 있을지에 대해서는 아직 논쟁이 많다. 다만 보수적 추정치를 따르더라도 최소한 소득세와 부가가치세를 대체할 수 있을 것으로 보인다.

미국에서는 토지로 축적된 부가 많지 않지만 6%의 지대세로 사회 보장, 국민 건강 보험, 전체 국방 예산 등을 충당할 수 있다. 호주나 영국과 같이 토지에 더 많은 부를 보유한 국가에서는 다른 모든 세금을 효과적으로 대체하고 저렴한 주택 부족 문제를 해결할 수 있다. 또한 대출의 상당 부분이 부동산을 구입하는 데 쓰이기 때문에 부의 편취가 아닌 부의 창출을 위해 더 많은 새로운 자금이 생겨나 인플레이션을 줄일 수 있다.

지대세가 직면한 가장 큰 과제 두 가지는 현행 시스템에서 지대세 시스템으로 전환하는 방법과 건물과 같은 개량물을 제외한 토지의 가치를 평가하는 방법이다. 두 가지 모두 해결책이 있다.

지대세로의 전환

미국, 영국, 기타 많은 선진국에서는 중산층이 토지를 소유하기 때문에 전환의 문제가 발생한다. 그러나 대개의 중산층 토지 소유주는 자신들이 얼마나 적은 토지를 소유하는지 모른다. 심지어 가장 부유한 사람이 소유한 토지의 양조차 초부유층에 비해 극히 적다. 앞서 영국의 토지 소유 격차에 대해 논의했지만 미국에서도 상위 10%의 부유층이 전체 개인 소유 토지의 약 3분의 2를 소유한다. 중산층이 알아야 할 것은 지대세 제도하에서 그들이 훨씬 더 부유해질 수 있다는 사실이다. 한 가지 전환 경로는 소득세, 부가가치세, 양도소득세를 줄이고 궁극적으로 폐지하는 한편 이를 보완하기 위해 지대세를 점차 비례적으로 인상하는 것이다. 이 경로는 또한 부의 편취에서 부의 창출로 전환할 수 있는 시간과 동기를 제공한다. 왜냐하면 세금이 부과되는 대상은 토지만이고 토지 위에 있는 건물의 가치는 아니기 때문이다.

'재산property'이라는 단어는 토지property와 동의어이기 때문에 심리적으로도 지대세는 재산권이라는 개념을 약화하는 것처럼 보인다. 하지만 토지 소유에 반대하는 도덕적 근거도 있다. 토지는 현재 우리가 소유하는 다른 모든 대상과 다르다. 토지는 물이나 공기와 비슷하다. 우리가 만든 것이 아니다. 따라서 지대세에 대한 경제적 논거 외에도 공익을 위해 세금을 내지 않고 무한정 토지를 소유해서는 안 된다는, 즉 공유지에 대한 통제권을 무한정 부여해서는 안된다는 도덕적 논거가 있다. 다른 자산과 비교해 토지 소유자의 독특한 지위 때문에 토지의 세대 간 이전이 지속되는 경우가 많다. 그런데 토지의 소유는 종종 정복, 노예, 절도, 기타 다른 방식의 착취같은 모호한 수단을 통해 취득한 경우가 많다. 이런 초기 단계의 토지 취득 수단은 더 이상 허용되지 않기 때문에 신규 진입자는 소수의 사람이 사실상 영구적으로 통제하는 대규모 토지에 거의 접근할 수 없다.

그 결과 영국과 미국 모두에서 부유층과 빈곤층의 격차가 무한정 지속될 것이라는 연구 결과가 있다. 미국의 경우 이런 격차는 노예제의 역사가 있기 때문에 인종과도 관련이 있다. 지속적인 흑백 간 부와 지산 소유의 커다란 격차를 해소하기 위해 배상금이 제안되기도 했다. 그러나 배상은 미국인 전체로 보면 지지도가 낮을 뿐 아니라 노예제의 수혜자와 노예제의 희생자를 정확하게 구별하기 어렵고 그들이 얼마나 많은 혜택과 고통을 받았는지 정확히 계산하기 어렵기에 현실적, 윤리적 어려움이 많다.

지대세는 직접 배상이 직면한 여러 문제를 우회한다. 이와 동시에 현재의 비효율적인 재분배를 효율화하고 소수 집단 우대 조치라는 땜질식 대응으로 해결 중인 과거의 불공정한 역사에 맞서 공평한 경쟁의 장을 마련하는 우수한 해결책이다. 지대세는 역사의 경로 의존성을 제거하고 혈통, 신분, 피부색에 따른 부의 대물림의 현실적, 윤리적 문제를 제거하는 시스템 차원의 해결책이다. 노예제 폐지와 같은 우리 종의 가장 위대한 도덕적 승리는 우리가 어떻게 토지를 과세의 기초로 전환할 수 있는지에 대한 지침도 제공한다.

오늘날 미국이나 영국 같은 선진국을 포함한 세계 일부 지역에서는 여전히 노예제나 그와 비슷한 것이 존재하지만 이는 불법일 뿐만 아니라 상상할 수도 없는 일이다. 한때 노예제는 흔한 것이었고 논란의 여지가 없는 개념이었다. 다른 사람을 소유할 수 있다는 생각은 모든 주요 문명에서 당연한 일로 받아들여졌다. 실제로 성경과 코란을 비롯한 세계 주요 종교의 경전에는 노예를 소유하지 말라고 권고하기보다는 노예를 어떻게 대해야 하는지에 대해 설명하고 있다.

이런 전환이 어떻게 일어났는지는 다른 도덕적 전환을 이끄는 지침이 된다.

미국에서는 고착화된 노예 소유 계급을 제거하기 위해 남북전쟁이 필요했지만 미국을 비롯해 여러 나라에서 노예제를 폐지하는 작업에는 경제적 해결책도 필요했다. (노예 자신이 아니라) 노예 소유주는 종종 자신의 '재산' 손실에 대한 보상을 받았다. 예를 들어 1833년 영국의 노예제 폐지 법안은 영국 제국 전체의 모든 노예를 해방했지만 재무부 연간 예산의 40%를 비용으로 지출했으며 이때 대출한 예산은 2015년이 돼서야 모두 상환할 수 있었다. 물론 보상을 통해서 혁명 혹은 전쟁을 피할 수 있었지만 말이다.

마찬가지로 지대세로의 전환을 달성하는 가장 효과적인 방법은 토지 소유자에게 어떤 형태의 보상을 주는 것인데 사업, 기업 운영, 주식 시장, 기타 생산적 투자로의 전환을 장려하는 세금 감면을 통해 부의 창출로 이끄는 방법이 있다. 여기에는 부동산 개발에 대한 세금 공제, 토지세 증가에 비례한 소득세 및 판매세 감면 등이 포함될 수 있다. 특허법에서 얻을 수 있는 교훈적 모델도 있다. 지적 재산의 소유권에 시한이 있는 것처럼 토지 소유권에도 시한을 도입해 그 이후에는 사망 시점이나 토지 양도 시점에 높은 세금을 부과하는 것이다. 여기서는 토지에 초점을 맞추기 때문에 신탁, 기업, 기타 유사 수단으로는 세금을 피할 수 없으며 물론 토지를 해외로 이전할 수도 없다. 이런 해결책은 나쁜 시스템에서 더 나은 시스템으로 전환하고, 천연 자원에서 이익을 얻는 기업이 토지에서 추출하는 부의 가치에 따라 더 많은 비용을 지불하도록 강제하며, 토지 소유자가 토지에 대한 통제권을 유지하는 데 필요한 세금을 납부하기 위해 더욱 혁신과 개발에 주력하도록 고취하는 추가적 이점이 있다. 더 이상 빈 땅을 사서 가치가 오르기를 바라며 보유할 필요가 없다.

집값이 정치적 의제로 떠오르면서 소득세, 부가가치세, 양도소득세를 낮추거나 없애겠다는 공약을 제시하는 정치인이나 정당에 대한 대중의 지지가 있을지도 모른다. 이런 변화로 거의 모든 사람이 세금 부담을 덜게 될 것이다. 퍼즐의 마지막 조각은 토지 위에

지어진 것을 빼고 토지의 가치를 어떻게 평가하느냐에 관한 것이다. 이 문제에 대한 해결책은 많다.

토지 가치 평가

가치 평가 문제에는 다양한 해결책이 있다. 지대세는 건물과 같은 개량물이 아닌 토지에만 과세한다는 점에서 재산세와 다르며 이 때문에 많은 사람의 재산세가 감소할 것이다. 토지는 본질적으로 그 밑에 있는 것(천연 자원)이나 그 근처에 있는 요소에 따라 가치가 결정된다. 주택 같은 건물은 토지에 가치를 더하지만 토지의 가치와 건물의 가치는 분리될 수 있다. 예를 들어 똑같이 생긴 건물이 있는 두 개의 구획 중 하나는 도시에 가깝고 다른 하나는 멀리 떨어져 있다고 해 보자. 건물의 가치는 동일하지만 토지 가치로 인해 전체 가치가 달라진다. 마찬가지로 인접한 두 개의 동일한 토지 중 한 곳은 집이 있고 다른 한 곳은 비어 있는 경우 집의 가치에 따라 전체 가치가 달라진다. 두 경우 모두 토지만 세금의 대상이다. 따라서 첫 번째 경우에는 동일한 건물이 있음에도 도시에 더 가까운 부동산이 더 높은 납세 의무를 진다. 두 번째 경우에는 인접한 두 부동산 중 한 곳에만 주택이 있음에도 동일한 납세 의무를 진다. 토지 위에 있는 것에 과세하지 않고 토지에만 과세하는 방법에는 여러 해결책이 있다.

이런 해결책에는 예를 들어 개량으로 생긴 부가가치 또는 다른 위치에 있는 유사한 부동산의 임대 가치를 기준으로 토지 가치를 계산하는 방법이 있다. 여러 방법 중 내가 가장 좋아하는 해결책은 자가 평가이다. 단순하기 때문이다. 사람들은 여러분에게 자신의 부동산 가치가 얼마인지 스스로 알려 준다. 물론 사람들이 가장 낮은 금액으로 자체 평가해 세금을 적게 낼 것이라고 반박할 수 있다.

그러나 과연 그럴까? 그렇다면 그 가격에 기꺼이 부동산을 판매할 의향이 있어야 한다. 예를 들어 정부는 이런 부동산을 매입해 싱가포르의 주택개발청과 유사한 병행 공공 주택 시스템을 구축해 모든 시민이 공공 주택 소유권을 가지나 자신이 거주하는 부동산만 소유하게 할 수 있다. 또한 미개발 토지에 대한 투기적 보유를 억제해 더 생산적인 용도로 토지를 활용할 수 있다. 자체 평가는 부동산을 임대하지 않을 때에도 사용할 수 있는 제도이다. 이 제도는 가치를 낮게 평가하기보다는 높게 평가하도록 장려해 세수를 늘릴 수 있다.

실제로 자체 평가 방식은 오랜 역사를 갖고 있다. 17세기 덴마크의 크리스티안 4세 국왕은 선박의 선장이 화물의 가치를 스스로 신고할 수 있도록 한 사운드 세금sound tax으로 유명하다. 검사는 실시하지 않았지만 왕실은 신고된 가격으로 화물을 구매할 수 있는 권리를 가졌다.

여기서 '사운드'는 원래 덴마크와 스웨덴 사이의 해협을 뜻하지만 이 해결책은 '건전한' 세금이라는 뜻에서도 일맥상통한다. 자체 평가 같은 해결책은 공정성을 담보하는 긴급한 해결책의 한 종류이며 부패에 덜 취약하기 때문에 선호된다. 또 다른 예로는 '당신이 자르면 내가 고르는' 방식이 있다. 이는 케이크를 자른 사람이 마지막 조각을 가져가도록 해 공정하고 효율적인 분배를 장려하는 방식이다. 스타트업 도시나 프로그래밍 가능한 정치는 이 해결책을 구현하고 테스트하기에 이상적인 장소이다.

지대세는 현재의 세금 제도보다 훨씬 간단하고 효율적이다. 이 글의 목표는 모든 세부 사항을 살펴보는 것이 아니라 현재의 정치적 논의의 핵심에 있지는 않지만 더 나은 제도가 존재한다는 사실을 알리는 것이다. 실제로 헨리 조지와 지대세는 많은 사람의 기억에서 지워져 널리 논의되지 않는다. 거론하고 싶지 않은 사람이 많으니 말이다. 모든 엘리트가 노예를 소유하지는 않았던 노예제를 비롯해 엘리트 간 경쟁의 여러 측면과 달리 대개 엘리트는 토지를 소유하며 토지에 세금을 부과하는 정책을 원하지 않는다. 광활한 땅, 가장 가치 있는 부동산을 보유한 사람들은 그에 비해 작은 부동산이나 가족 농장, 가족 주택을 가진 사람들이 자신의 땅을 잃을지도 모른다는 두려움 때문에 토지세를 논의하거나 시행되지 않기를 바라도록 은근히 떠민다. 그러면 불평등의 정도를 깨닫지 못하는 대다수의 사회 구성원이 결국 땅 한 평을 두고 싸우게 된다. 지대세가 성공하려면 해당 세금이 부과될 때 각자 얼마나 더 많은 것을 가질 수 있는지 보여 줄 필요가 있다. 또한 주택 가격이 실제로 모두에게 더 저렴해질 것이라는 점을 설득해야 한다. 그리고 토지를 넘어 초부유층을 제외한 모든 사람이 전반적으로 줄어든 세금의 혜택을 누릴 수 있어야 한다.

지대세는 비생산적인 돈에 부과되는 세금의 일종이다. 이는 특별히 사회주의적인 입장은 아니다. 앞서 언급했듯이 마르크스는 자본주의를 공고히 할 것이라며 지대세에 반대했다. 지대세는 편취된 부를 재분배할 수 있지만 돈의 생산적인 사용을 저해하지는 않는다. 그러나 재분배는 목표가 아니라 부산물일 뿐이다. 우리의 목표는 세대마다 에너지와 자원의 생산적 사용을 장려하는, 경제적으로 효율적이고 공정한 자본주의 시스템을 만드는 것이다.

비생산적인 돈에 세금을 부과함으로써 공산주의나 극단적인 사회주의처럼 인센티브를 없애버려 황금알을 낳는 거위를 죽이지 않는, 더 나은 자본주의를 만들 수 있다. 또한 일할 동기를 부여받고 자신의 재능을 모두의 이익을 위해 발휘할 수 있는 사람의 집단을 넓힐 수 있다.

노르웨이의 북해 자원에 대한 세금은 불로소득이 어떻게 모두를 위해 쓰일 수 있는지를 보여 주는 예이다. 비생산적인 돈, 지대 추구, 부의 편취에 세금을 부과하면 다른 형태의 사회 복지 재분배의 필요성이 줄어들고 어디서 어떤 부모에게 태어났는지에 따라 삶이 결정되지 않게 된다. 이는 더 공정한 자본주의를 보장하는 방법이다.

철학자 존 롤스John Rawl는 자신의 출생 환경을 알 수 없도록 베일을 씌운다고 상상해 보라고 했다. 자신이 남자인지 여자인지, 똑똑한지 평균인지, 흑인인지 백인인지, 섹시한지 아닌지, 부자인지 가난한지, 어느 나라에서 태어날지 모른 채 어떤 사회에서 살지 결정하는 것이다. '네가 자르고 내가 선택하는' 해결책처럼 공정한 사회는 롤스의 베일 뒤에서 설계된 사회이다. 문자 그대로 지대에 세금을 부과함으로써 롤스식의 자본주의와 공정한 경쟁의 장을 실현할 수 있다. 인센티브와 협력의 규모가 일치하고 세상이 포지티브섬이 될 때 탐욕은 선이 될 수 있다. 보이지 않는 손은 올바른 규칙이 집행될 때 가장 잘 작동한다.

이 시점에 빨리 도달하는 일이 시급하다. 베이비붐 세대가 은퇴를 앞두고 있으며 이들의 엄청난 불평등이 다음 세대로 대물림될 것이다. 이는 몇백만 달러의 주택 포트폴리오를 가진 사람이 아니라 영국의 절반을 소유한 2만 5000명의 사람처럼 수억, 수십억 달러의 자산가들이 다른 모든 사람을 압도하는 문제에 관한 것이다. 우리는 지금 더 나은 해결책으로 이끄는 패키지의 일부로서 행동해야 한다. 혁신을 장려함으로써 은퇴자들도 더 저렴하고 질 좋은 상품과 서비스를 이용할 수 있게 될 것이다. 과거가 더 나은 미래로 나아가는 데 방해가 되어서는 안 된다.

1971년에 무슨 일이 있었는가?

유리 천장을 깨뜨리기 위해서 세금을 통해 부를 배분하고 재분배하는 기제를 고려해야 하지만 에너지와 기술 혁신의 효율성에 따라 달라지는 파이의 총 크기, 즉 가능성의 공간도 고려해야 한다. 전체 부와 부의 분배가 분리되는 현상은 1970년대 이후 우리 사회에 일어난 일들을 살펴보면 가장 분명하게 드러난다.

한 인기 웹사이트에서 이런 질문을 던졌다. 1971년에 무슨 일이 일어났나요? 일련의 그래프는 1971년경부터 시작된 불평등 심화, 중산층의 임금 하락, 생활비 증가, 만혼, 출산율 하락, 전반적인 삶의 질 저하를 보여 준다. 이 웹사이트는 '닉슨 쇼크'가 원인이라고 암시한다.

1971년 8월 15일, 리처드 닉슨Richard Nixon 대통령은 미국을 금본위제에서 벗어나게 함으로써 브레튼우즈 체제를 사실상 종식했다. 이로써 연방준비제도이사회는 호황과 불황을 피하기 위해 경제 성장의 강약에 맞춰 통화 공급을 조절할 수 있는 유연성을 갖게 됐다. 통화 공급을 통제한다는 말은 이제 연방준비제도 같은 중앙은행이 통화 가치를 떨어뜨리지 않을 것이라고 믿어야 함을 뜻했다. 또한 에너지 자원과 효율성 혁신뿐만 아니라 화폐 공급에 더 가까이 다가감으로써 부자가 될 수 있다는 사실을 뜻하기도 했다. 금융 부문은 혁신과 효율성 향상을 위해 최고의 인재를 빼앗아 수백만 달러의 보너스와 함께 엄청난 연봉을 지급했다. 하지만 이런 급여는 수십억 달러라는 전체 이익에 비하면 새발의 피다. 금융 부문과의 접점이 깊어질수록 혁신 및 경제 성장과는 분리된 가능성의 공간에서 더 큰 공간을 차지하고 새로운 돈의 원천에 다가갈 수 있다. 이는 주식의 지분 희석에 해당하는 금전적 가치, 즉 실제 부가 아닌 부의 상징을 확보하는 것을 뜻한다. 경제 내에서 당신의 돈은 마치 당신이 경제에 가진 지분처럼 작용한다. 새로운 부를 창조하지 않은 채로 새로운 돈이 만들어지고 분배될 때, 즉 에너지나 효율성을 통한 가치 창출 없이 돈의 양만 늘어날 때, 당신이 가진 돈의 경제적 지분 가치는 하락한다. 이런 현상을 인플레이션이라고 한다.

생산성이 정체돼 있어도 돈이 계속 유입되기 때문에 왜 인플레이션이 지금보다 더 많이 증가하지 않았는지 궁금할 수 있다. 하지만 이는 인플레이션을 측정하는 방법에 따라 달라진다. 인플레이션은 일반적으로 식료품, 의류, 교통비, 공공요금 등 가정에서 소비하는 상품과 서비스라는 장바구니로 측정한다. 이 지표에 따르면 인플레이션은 일반적으로 낮다. 이 장바구니의 가격이 낮게 유지되는 한 인플레이션을 인위적으로 낮게 유지할 수 있다. 인플레이션을 주택, 주식 시장, 비트코인 등 자산 가격의 상승으로 측정한다면 화폐 발행과 낮은 생산성을 고려할 때 인플레이션은 실제로 두 자릿수이며 예상한 대로 높을 것이다. 그러나 이제 이런 눈속임은 어려워지고 있다. 상품 바구니로 측정한 물가도 점점 높아지고 있으며 각국의 잉여 에너지에 대한 접근성에 따라 그에 상응하는 물가 상승을 볼 수 있을 것이다. EROI와 에너지 가용성이 떨어지는 동안 새로운 화폐가 창출되면 인플레이션은 심화될 것이다.

1973년 무렵 혁신의 대정체가 시작되면서 혁신적이고 새로운 효율성을 확장할 여지가 줄어들었지만 1971년의 문제가 전적으로 닉슨의 책임이라고는 할 수 없다. 그 대신에 1973년부터 시작된 값싼 석유 시대의 종말이 가능성의 공간을 축소했고 이것이 진정한 출발점이었다.

1973년 사우디아라비아의 주도로 창설된 석유수출국기구는 아랍-이스라엘 분쟁 또는 욤 키푸르 전쟁 당시 이스라엘을 지원한 미국, 영국, 캐나다를 비롯한 여러 국가에 대해 석유 금수 조치를 취했다. 하룻밤 사이에 유가는 배럴당 3달러에서 배럴당 12달러로 4배 뛰었다. 이로 인해 1973~1975년의 불황이 시작됐다. 1979년 이란 혁명으로 석유 생산량이 감소했다. 이로 인해 1980~1983년의 불황이 이어졌다.

우리는 이제 에너지 천장이 왜 낮아졌는지, 가능성의 공간이 왜 줄어들었는지, 그리고 우리가 하는 모든 일이 궁극적으로 풍부한 에너지에 지속적으로 접근할 수 있느냐에 달려 있다는 사실을 분명히 볼 수 있다. 재정적 측면에서 이는 값싼 에너지, 특히 값싼 석유를 뜻한다.

따라서 해결책은 불평등을 심화하고 혁신 능력을 해칠 수 있는 통화 공급이나 금융 정책에만 있는 것이 아니다. 적절한 중립 금리를 설정하거나 소비자 신뢰를 높이는 것만이 해결책이 아니다. 이는 궁극적으로 우리가 얼마나 많은 잉여 에너지를 생산할 수 있는지에 관한 문제이며 에너지원의 EROI와 가용성의 함수에 따라 결정된다. 보조금과 기타 왜곡으로 인해 불완전하기는 하지만 에너지 가격을 통해 이를 직접적으로 느낄 수 있다. 궁극적으로 우리의 미래는 가능성의 공간을 확장하는 데 달려 있다.

다음 단계는 아마도 배터리 기술을 계속 연구하고 태양 에너지를 사용할 수 있는 곳을 서서히 확대하는 것이다. 그러나 우리에게 진정으로 필요한 것은 핵 시대로의 전환, 즉 초기 원자로의 문제점이 부른 두려움 때문에 실현하지 못한 혁명을 완수하는 것이다. 이미 과거의 문제는 현대의 핵 기술을 통해 해결되었다. 일부 국가에서는 이미 이를 실현하고 있다.

예를 들어 중국은 내가 글을 쓰고 있는 2022년에 228개의 원자로를 개발하는 등 독자적으로 원자력 시대에 진입했다. 이는 적어도 중국 및 중국과 같은 길을 선택한 여러 국가들이 한 차원 높은 에너지 풍요로움에 도달해 부와 권력, 영향력을 증대하는 데 도움이 될 것이다. 값싼 석탄이 영국에 가져다준 풍요처럼 말이다. 그리고 이 부와 힘, 영향력은 다음 단계의 에너지인 핵융합으로 이어질 수 있다.

그러나 핵융합에 도달하거나 재생 가능한 배터리와 EROI 문제를 해결하려면 창의적인 폭발을 일으켜야 한다.

창의력을 폭발시키기

1956년 4월 26일, 노스캐롤라이나의 한 트럭 운전사가 우리의 삶을 영원히 바꿔 놓았다. 말콤 맥린Malcolm McLean과 그가 개발한 표준화된 선적 컨테이너 덕분에 생산 비용이 가장 저렴한 지역에서 상품을 제조한 후 전 세계 어디든 배송할 수 있게 됐다. 이런 효율성 혁신은 세계 경제의 판도를 완전히 바꿨다. 소비자의 선택폭이 넓어진 새로운 세계화 경제에서 상품이 전 세계를 넘나들면서 지리적 위치는 더 이상 장벽이 아니다.

1956년 뉴저지 뉴어크에서 텍사스 휴스턴까지 맥린의 컨테이너 58대가 역사적인 항해를 시작하기 전에는 트럭으로 부두까지 물품을 운송한 다음 배에 실어야 했다. 하지만 먼저 배로 막 도착한 상품을 하역해야 했다. 부두 작업자들이 로프, 도르래, 널빤지를 이용해 통을 굴리고 거대한 자루를 옮기는 옛날 사진을 본 적이 있는가?

맥린이 등장하기 전에는 그런 일이 벌어졌다. 이 과정은 비용이 많이 들고 비효율적이며 시간도 많이 걸리는 작업이었기 때문에 물품이 부두에 몇 주 동안 방치되는 일이 잦았다. 높은 비용과 긴 대기 시간으로 장거리 무역은 손해였다. 상하기 쉬운 물건을 배송할 수 있는 방법도 없었다.

맥린은 중고 트럭 한 대로 시작해 여러 대의 트럭을 소유하게 된 기업가였다. 그는 마크 저커버그가 운영하는 페이스북 스타일, 즉 '빠르게 움직이고 파괴하는' 접근 방식을 취했다. 이 경우에는 말 그대로 배를 타는 일을 반복했다. 처음에 그는 단순히 트럭 자체를 배에 실어 날랐다. 이는 물건을 싣고 내릴 때보다 개선된 방식이었지만 엔진과 바퀴가 차지하는 공간 낭비를 금방 깨달았다. 그래서 맥린은 트레일러만 적재했다. 이 트레일러는 크레인으로 더 쉽게 움직일 수 있도록 점진적으로 개선됐고 기차로 운송하기도 편해졌다. 기차에서 트랜지스터에 이르기까지 많은 혁신이 그러했듯이 이는 엄청난 순이익을 가져다줬다. 하지만 언제나 그렇듯이 이런 창의성은 직업을 없앴다. 선착장 노동자들이 일자리를 잃었다.

표준화된 컨테이너 덕분에 상품을 상자에 포장해 트럭, 기차, 배에 싣고 다시 기차, 트럭을 타고 창고로 옮겨 유통할 수 있었다. 물론 절차를 조정하고 물류 혁신, 규정 개정 등의 과정을 거쳐 원클릭 주문으로 익일 배송이 가능한 시대가 오기까지는 15~20년의 시간이 더 걸렸다.

해운 컨테이너는 아시아 제조업의 급속한 성장과 미국 제조업의 쇠퇴로 이어졌다. 제철이 아닌 과일과 채소를 일 년 내내 저렴하게 구입할 수 있게 됐다. 텔레비전 세트는 중국에서 미국으로 대당 2달러, 아이패드는 유럽으로 단 5센트에 배송할 수 있었다. 햇빛을 좋아하는 토마토는 현지 온실에서 재배하는 것보다 더운 곳에서 재배한 후 배송하는 것이 탄소 발자국을 줄일 수 있는 효율적인 운송 방법이다. 현지에서 먹는 것이 항상 환경에 더 좋지는 않다.

상품 가격도 하락했다. 이는 제조업체가 지구상 어디에서나 가장 저렴한 노동력을 찾은 다음 그 상품을 가장 높은 가격에 팔 수 있는 곳으로 값싸게 배송하는, 차익 거래의 기회를 활용했기 때문이다. 서양에서는 더 많은 사람이 이전에는 사치품이었던 제품을 살 수 있게 됐다. 동양에서는 수출이 임금을 높이고 싱가포르, 홍콩, 한국, 대만, 이후 중국 등 아시아 호랑이로 알려진 국가의 경제를 성장시켰다. 모든 곳에서 생활 수준이 향상했다.

표준화된 8피트×8.5피트×10피트, 20피트 또는 40피트의 전천후 강철 선적 컨테이너 이야기는 혁신 법칙에 따른 에너지 절약을 통해 부를 창출하고 가능성의 공간을 확장한 사례이다. 그리고 4장에서 배운 많은 혁신의 교훈을 따르고 있다.

그것은 인접 가능성이다. 더 많은 사람이 차를 운전하면서 도로에 정체가 생겼다. 트럭 운송의 효율성은 감소했다. 트럭을 배에 싣는 아이디어는 맥린 혼자만의 생각이 아니었다. 기본 개념은 군에서 고안됐으며 가장 효율적인 컨테이너 크기와 물류를 계산해 표준화된 접근법을 마련하려는 시도도 있었다.

오늘날, 제조된 상품의 80~95%가 해상 컨테이너를 통해 운송된다. 해운업의 다음 혁신의 물결은 자율 로봇 크레인이 화물을 싣고 내리는 전기 자율 주행 선박이 될 것이다. 바다에서는 차선도 없고 보행자도 없다. 도로의 자동차보다 자율 주행하기가 더 쉽다. 그러나 해상 컨테이너 자체의 발명에 비하면 점진적일 것이다.

혁신은 가능성의 공간을 확장함으로써 경제 성장을 촉진한다. 우리의 혁신은 진화 법칙과 우리의 집단적 두뇌에 따른 것이다. 우리의 혁신 노력은 배송 컨테이너와 같은 효율성에 초점을 맞춰 왔지만 효율성을 더 높이는 방식은 이제 한계에 다다랐다. 높은 수입이 절약보다 낫고 높은 수익이 낮은 경비보다 낫다는 사실을 기억하자. 새로운 에너지 기술이 없다면 효율성 개선의 폭은 점점 더 작아지고 찾기 어려워진다. 경제학자 타일러 코웬Tyler Cowen이 말하는 '대침체Great Stagnation'로 이어진다.

대침체

우리의 이야기는 일상의 배경음처럼 느리지만 꾸준한 발전, 즉 새로운 에너지를 창출하는 신기술 혁신으로 촉발된 인간 역량의 도약으로 점철돼 있다. 이는 다시 협력을 증가시키며 진화 법칙에 따라 효율성을 혁신적으로 개선한다. 수렵 채집인에서 농부, 산업가, 기술자에 이르기까지.

일부 혁신은 새로운 가능성을 열고 가장 쉽게 달성할 수 있는 목표를 찾아 경쟁을 일으킨다. 인터넷은 웹사이트와 전자상거래의 폭발적인 성장을 이뤘고, 아이폰은 앱의 확산을 이끌었으며, 인공 비료는 녹색혁명을 통해 농업을 크게 개선했고, 컨테이너는 무역에 혁명을 일으켰으며, 리튬 배터리는 합리적인 주행 거리를 가진 전기 자동차를 가능하게 했고, 유전자 편집 기술 크리스퍼CRISPR는 농업 생산의 효율성을 높였으며, 기계 학습과 인공 지능은 인간 인지를 보완하거나 대체할 수 있다.

그러나 진정한 도약은 이런 혁신이 에너지 한도를 높일 때 일어난다. 따라서 인터넷이 산업혁명만큼이나 큰 도약인 것처럼 보일 수 있으나 사실은 그렇지 않다. 오히려 인터넷은 제2차 계몽주의에 가깝다. 이것이 진정한 제2차 산업혁명, 즉 에너지 혁명으로 이어져야 한다.

인터넷 기반의 페이스북, 엑스(트위터) 같은 공간은 과학자, 엔지니어, 정치인, 기업가를 비롯한 모든 사람이 트윗, 팟캐스트, 블로그, 뉴스레터, 틱톡 동영상, 기타 현대적 팸플릿을 공유하는 제2의 커피하우스이다. 이 새로운 계몽주의는 우리 모두를 포함한다. 우리는 가짜 뉴스의 증가와 명백한 양극화를 한탄하지만 인터넷이 한 일은 잘못된 정보가 퍼지고 이를 정정하는, 늘 있어 왔던 과정을 더 빠르게 진행했을 뿐이다.

당근이 시력을 개선한다거나 나폴레옹이 키가 작다거나 우주에서 만리장성을 볼 수 있다는 등의 가짜 뉴스는 지난 수십 년 동안 지속돼 왔다. 하지만 인터넷이 발달하면서 잘못된 정보가 빠르게 확산되고 이에 맞춰 정정 보도도 빠르게 이뤄지고 있다. 랜들 먼로Randall Munroe는 인터넷에서 잘못된 정보를 바로잡아야 한다는 절박함을 만화《듀티 콜Duty Calls》에서 절묘하게 표현했다. 주인공에게 "안 자?"라고 물었더니 그가 말한다. "못 자. 중요한 일이 있어. 인터넷에 틀린 말을 하는 사람이 있어." 인터넷에서 누군가 틀린 말을 하고 있으면 이를 바로잡아야 직성이 풀리는 절박한 심리를 뭐라고 할까? 네티즌은 위키의 창시자인 워드 커닝햄Ward Cunningham의 이름을 따서 커닝햄의 법칙Cunningham's Law이라고 부른다. 알렉산드리아 도서관을 능가하는, 현대 세계에 가장 큰 공헌을 한 것으로 평가받는 인터넷 백과사전 위키피디아는 바로 이 끈질긴 교정 욕구에서 비롯됐다.

커닝햄의 법칙에 따르면 인터넷에서 정답을 얻는 가장 좋은 방법은 질문을 하는 게 아니다. 바로 오답을 게시하는 것이다. 소프트웨어 엔지니어링을 전공하는 한 친구는 프로그래머를 위한 질문 답변 플랫폼인 스택오버플로우에서 질문 글을 쓸 때 익명 계정으로 질문에 대한 오답을 올린다고 했다. 그럼 틀린 답을 고치려는 프로그래머가 몰려든다.

"인터넷에 누군가 틀린 말을 하고 있어! 내가 바로잡아야 해!"

그냥 질문만 하면 답변이 훨씬 적게 달린다.

계몽주의가 산업혁명의 기반을 마련하고 이를 강화했듯이 인터넷을 통해 유통되는 다양한 아이디어, 논쟁과 묵살, 명성과 추락, 취소 문화cancellation culture(유명인의 마음에 들지 않는 언행에 대해서 사과를 요구하거나 지지를 철회하는 인터넷 문화-역주)와 신념의 경계를 넘어서는 읽기 등은 다음에 올 진정한 에너지 혁명의 토대를 마련하고 있다. 그 혁명과 함께 다음 단계의 인간 잠재력이 열리게 될 것이다.

다음 에너지 혁명은 핵융합이 될 것이다. 아마도 하늘의 핵융합로, 즉 태양의 에너지를 활용하는 방법과 직접 핵융합을 실행하는 방법이 혼합된 형태가 될 것이다. 에너지를 더 잘 제어할 수 있게 되면 비교적 가까운 곳에 있는 방대한 자원에 접근할 수 있다. 예를 들어 소행성에서 로봇으로 희귀 금속을 채굴하면서 더 효율적으로 채굴할 수 있는 방법을 점차 알아낼 수 있다. 애니메이션 〈우주가족 젯슨The Jetsons〉은 우리에게 하늘을 나는 자동차를 약속했다. 〈백 투 더 퓨처Back to the Future〉는 호버보드를 약속했다. 휴대 전화, 화상 회의, 로봇 수술은 과거에는 SF의 소재였으나 이제는 익숙하다. 이와 대조적으로 하늘을 나는 자동차, 호버보드, 달 기지, 행성 간 여행은 좌초된 핵 시대와 다음 에너지 단계인 핵융합으로의 전환 때문에 발목이 잡혀 있다. 핵융합을 실현한다면 이 모든 것이 다시 한번 가능성의 영역으로 들어간다.

핵융합이 발전함에 따라 핵융합의 EROI가 증가할 것이다. 수소의 사실상 무한한 가용성은 상상할 수 없을 정도로 큰 가능성의 공간을 열 것이다. 우리 후손이 도달할 높이가 어디까지일지 예측하는 일은 불가능하지만 그 높이는 엄청날 것이다. 우리의 삶과 화석 연료를 바탕으로 이룩한 모든 문명이 후손에게는 마치 중세 시대처럼 원시적으로 보일 것이다.

하지만 이를 위해서는 협력의 규모를 늘리고 부의 분배보다 부의 창출을 장려하며 창의적 폭발을 일으켜야 한다.

융합의 도화선

문화적 진화는 점진적인 혁신과 함께 우연과 재조합을 통한 비약적인 혁신도 가끔씩 만들어 낸다. 이런 혁신 중 일부는 새로운 공간을 열어 혁신의 골드러시로 이어지기도 한다. 최근 컴퓨팅 및 정보 기술 분야에서는 마이크로칩, 인터넷, 리튬 배터리, 통신, 기계 학습, 가장 최근에는 인공 지능에 이르기까지 크고 작은 다양한 혁신이 골드러시를 이뤘다. 어떻게 하면 다른 분야에서도 이와 같은 창의적 폭발을 일으킬 수 있을까? 4장에서는 COMPASS라는 7가지 혁신 비밀과 이를 개인과 기업 차원에서 활용해 집단적 두뇌와 문화적 진화의 속도를 크게 향상할 수 있는 방법에 대해 살펴봤다. 우리는 모든 인간에 대한 이론에서 얻은 유사한 통찰력을 사회적 차원의 실제 정책에 적용할 수 있다. 다음은 몇 가지 예시이다.

제한 없는 표현의 자유

언어, 말하기, 서로 대화하기. 이는 우리의 집단적 뇌에서 작동하는 사회적 시냅스이다. 이 시냅스의 발화를 제한하면 서로에 대한 신뢰가 줄어들고 혁신의 역량이 무력화된다. 이는 집단적 뇌 손상이다.

자유를 강력히 옹호한 철학자 존 스튜어트 밀은 "비관습적인 것에 관해서는 최대한 자유로움을 부여하는 일이 중요하다, 그러면 시간이 지나면서 이 중 어떤 것이 관습으로 전환될 수 있는지 나타나기 때문이다"라고 말했다. 밀은 지금 우리가 문화적 진화라고 부르는 것, 즉 다양한 아이디어를 평가하고 가장 효과적인 아이디어가 확산되는 현상을 말했다. 문화적 진화는 아이디어가 자유롭게 흘러갈 때 가장 효율적이다. 표현의 자유를 제한하는 일은 진보의 파이프를 막는 일과 같아서 우리가 세상을 있는 그대로 보지 못하게 한다. 세상을 있는 그대로 보지 못하면 세상을 고칠 방법도 찾을 수 없다.

우리는 한때 지구가 우주의 중심이라고 믿었다. 그렇지 않다고 말하면 곤경에 처했다. 우리는 어떤 사람이 다른 사람을 소유할 수 있다고, 그것이 당연하다고 믿었다. 노예제를 없애기 위해서 전쟁이 필요할 정도였다. 관습적이지 않은 것이 관습이 되려면 대안을 접하고 평가할 수 있어야 한다.

문제를 해결하려면 먼저 문제를 이해해야 한다. 예를 들어 성별 임금 격차(모든 여성과 모든 남성의 평균 소득 격차, 흔히 1달러당 70센트의 격차가 있다고 한다)를 생각해 보라. 이런 격차의 주된 원인이 편견, 차별, 성차별이라고 고집스럽게 주장한다면 편견과 성차별을 구성하고 유발하는 요소를 구체적으로 식별하지 못하거나 더 나쁜 경우에는 효과가 없는 해결책으로 뛰어들어 오히려 새로운 문제를 야기할 수 있다. 인적 관리 분야에서 암묵적 편견에 관한 교육을 실시하거나 면접위원이 가진 편견을 제거하려는 시도는 증거가 부족한 정책, 실패한 정책의 사례이다. 2019년 8만 7418명이 참여한 492건의 암묵적 편견 연구를 검토한 결과 암묵적 편견 교육 프로그램이 행동 변화를 가져온다는 증거는 찾지 못했다. 다른 연구에 의하면 다양성 교육이 오히려 역효과를 일으켜 편견을 키울 수 있다.

이에 관한 대안적 접근법은 가설의 자유로운 논의, 증거에 기반한 비판적 시험 및 개선이다. 1달러당 70센트는 모든 직종에 걸쳐 모든 남성과 여성의 중간 임금, 즉 조정되지 않은 임금 격차를 살펴보는 통계이다. 이 통계는 고임금을 받는 대다수 남성 CEO와 저임금을 받는 대다수 여성 사회복지사를 비교한다. 이처럼 남성과 여성이 서로 다른 업무를 하고 임금과 생활 방식도 다른 직업에 종사하는 이유는 선택의 제한, 남학생과 여학생이 서로 다른 직업을 추구하도록 격려한 교육 방식, 오랫동안 진화해 온 업무 유형의 선호도 차이, 남녀 육아 참여의 불평등, 육아와 일의 균형을 위한 사회적 지원 부족 등 여러 원인이 있을 수 있다. 직업, 경력, 노동 시간 같은 관련 요인을 통제하면(조정된 임금 격차) 격차의 크기가 줄어들거나 사라진다. 그러나 이런 통제는 그 방식이 무엇이든 간에 임금 격차를 해소하는 데 필요한 정책 수단이자 잠재적 해결책이다.

쉬운 답이나 정답에 대한 확신, 더 나아가 불리한 가설에 대한 제재는 진실을 발견하고 그에 따라 행동하는 우리의 능력을 방해한다.

세상은 복잡한 곳이며 우리가 생각하거나 희망하는 답이 항상 옳지는 않다. 서로 다른 배경을 가진 사람들이 각자 좋아하는 가설과 그렇지 않은 가설을 포함해 모든 가설과 아이디어를 따져 보고 다양한 환경에서 어떻게 각 가설이 입증, 기각되는지 확인해야 진실에 접근할 수 있다. 문화의 진화를 위해서는 다양성과 표현의 자유라는 연료가 있어야 전달과 선택을 위한 변형을 만들 수 있다. 이런 탐구를 위해서는 서로 다른 경험을 가진 다양한 사람이 자유롭게 발언할 수 있는 안전한 공간이 있어야 한다.

이것이 바로 과학이 가장 잘 작동하는 방식이다.

우리 모두에게는 편견이 있다. 우리 모두는 어떤 논쟁에서든 자신이 사실적으로나 도덕적으로 옳은 편에 서 있다고 생각한다. 우리 중 누구도 편견에서 자유로울 수 없으며 편견의 사각지대를 포함해 편견의 전체 모습을 조망할 수 있는 사람도 없다. 나는 과학자라면 새로운 증거에 직면했을 때 마음을 바꿀 가능성이 더 높다고 믿고 싶지만 편견을 갖지 않으려 최선을 다하는 과학자라도 이런 경우가 드물다는 사실을 안다.

과학은 우리가 깨달은 인간이기 때문에, 각자의 이익과 삶의 경험을 넘어서서 모든 것을 볼 수 있기에 작동하는 것이 아니다. 새로운 증거를 접하면 이내 과거의 믿음을 쉽게 버리기 때문도 아니다. 과학은 어떻게 진실을 발견할 수 있는지 그 방법에 관해 전념하고, 무엇이 증거로 인정되는지에 관해 합의하며, 특히 다른 사람의 주장이 가진 오류를 찾아내려는 동기에 기반해 작동한다. 이는 진실을 향해 서서히 수렴하는 집단적 행동이다. 하지만 현재의 정치적 정서가 정답이라고 생각하는 것과 정반대의 진실을 자유롭게 찾아낼 수 있어야만 우리의 연구 결과를 신뢰할 수 있다.

2020년 베두르 알셰블리Bedoor AlShebli, 킹가 마코비Kinga Makovi, 타랄 라완Talal Rahwan은 권위 있는 《네이처》의 자매 학술지인 《네이처 커뮤니케이션즈》에 논문을 발표했다. 논문 제목은 〈학술적 공동 작업에서 경력 초기 비공식 멘토링과 주니어 저자의 성과 간 연관성The Association between Early Career Informal Mentorship in Academic Collaborations and Junior Author Performance〉이었다. 연구진은 과학 논문, 인용 네트워크, 저자에 대한 정보로 구성된 마이크로소프트 학술 데이터베이스를 사용해 여성 멘토를 둔 여성 과학자의 연구가 남성 멘토를 둔 여성 과학자보다 과학적 영향력이 낮다는 사실을 발견했다. 연구진은 이 연구 결과가 "이성의 멘토링이 과학 경력을 쌓는 여성의 영향력을 높일 수 있는 가능성을 제시한다"라고 주장했다. 이런 연구 결과는 과학계에서 여성의 지위를 가장 잘 높일 수 있는 방법에 대한 정책 논의에 새로운 관점을 더한다.

당연히 이 논문은 소셜 미디어에서 즉각적으로 큰 반향을, 물론 부정적 반향을 일으켰다. 이 연구 결과로 여성 연구자가 능력 있는 여학생을 모집하는 데 어려움을 겪을 수 있으며 만약 그렇다면 현재의 연구 결과가 부정적 피드백 때문에 더 강화될지 모른다는 우려였다. 부정적 반응 때문에 결국 논문이 철회됐다. 여기서 이야기가 끝난다면 이 연구는 단지 연구 결과의 함의를 부주의하게 제시한 불량 논문의 사례였다고 치부할 수 있을 것이다. 하지만 이 이야기는 편견이 어떻게 과학에 스며들어 진실을 왜곡하고 세상을 이해하는 우리의 능력에 영향을 미칠 수 있는지에 대한 이야기이다.

불과 2년 전인 2018년에 《네이처 커뮤니케이션즈》는 베두르 알셰블리와 타랄 라완, 웨이 리 운Wei Lee Woon의 논문을 실었다. 논문 제목은 〈과학적 공동 작업에서의 인종 다양성의 우월성The Preeminence of Ethnic Diversity in Scientific Collaboration〉이었다. 저자들은 2020년 연구에서 사용한 것과 동일한 마이크로소프트 학술 데이터베이스를 사용해 "인종 다양성이 과학적 영향력과 가장 강한 상관관계를 가진다"라는 결론을 얻었다. 인종 다양성의 효과를 더욱 명확히 분리하고자 무작위 기준선 모델을 사용했고 그 결과 다시금 인종 다양성과 과학적 영향력 사이의 명확한 연결성을 발견했다. 연구진은 "채용 담당자는 항상 인종 다양성을 장려하고 촉진해야 한다"라고 결론지었다.

두 명의 동일한 저자가 동일한 데이터 세트를 사용하여 유사한 방법으로 연구하고 동일한 저널에 발표한 이 논문은 찬사를 받았고 철회되지 않았으며 기록에 남았다.

모든 논문이 그렇듯이 두 연구 모두 장단점이 있다. 지지자와 반대자는 이 장점과 단점을 근거로 그중 하나의 논문 혹은 두 논문 모두 철회돼야 하거나 혹은 출판되지 않아야 한다고 주장할 수 있다.

그러나 이런 식의 연구 비판은 종종 논문이 끼칠 유해한 효과를 걱정하기 때문에 나타나는 일이다. 동일한 데이터 세트를 사용한 연구이지만 여성 멘토가 여성 과학자에게 좋지 않다는 결과는 해롭다고 여기고, 인종 다양성이 과학적 영향력에 좋다는 결과는 유익하다고 보는 것이다. 이런 해로움과 이점이 모두 사실일 수 있지만 이런 근시안적 사고는 장기적 대가를 치른다. 정확성이 아닌 해악에 근거한 선별적 비난은 플라톤이 말한 고귀한 거짓말, 즉 사회에 긍정적 영향을 미칠 것이라는 기대 때문에 유지되고 조장되는 거짓말이다. 특히 편견을 노골적으로 드러내는 고귀한 거짓말은 과학적 신뢰성을 떨어뜨린다. 진실이 무엇이든, 어떤 발견과 그에 반대되는 발견이 모두 발표될 수 있다는 믿음이 없다면 과학은 선전에 불과하다. 우리가 이미 믿는 가치만을 반영하고 지지하는, 믿을 수 없는 선전에 지나지 않게 된다.

잘못된 정보에 대한 해결책은 더 많은 정보이다. 극장에 비유하자면, 누군가 '불이야!'라고 거짓으로 외칠 때 '아니야, 거짓말이야'라고 외치는 다른 목소리가 필요하다. 그리고 우리는 평판을 추적해 양치기 소년 같은 거짓 화재 경보자를 삶의 영역에서 신뢰할 수 없는 출처로 만드는 간접적 호혜성을 활용해야 한다.

많은 사람이 표현의 자유에 관한 정책에 문제가 있다고 지적하는데 이 문제는 발언을 제한한다고 해서 해결되지 않는다. 예를 들어 어떤 사람들은 권력 차이 때문에 특정 목소리가 다른 목소리보다 더 커져서 진정한 표현의 자유가 보장되지 않는다고 우려한다. 그렇다고 표현의 자유를 제한하면 문제는 더욱 악화될 뿐이다. 표현의 자유가 보장되는 환경에서는 큰소리로 외치는 힘 있는 목소리가 점점 포효로 커지는 속삭임과 균형을 이룰 수 있다. 하지만 자유가 제한된 환경이라면 강력한 목소리가 미약한 목소리를 완전히 침묵시킬 것이다.

이것은 좌파나 우파의 문제가 아니다. 양쪽 모두에서 발언을 제한하는 입법안을 발의한다. 민주당이 집권하는 주에서는 혐오 표현과 극단주의와 관련해 소셜 미디어 기업을 규제하는 법안을 발의했다. 공화당이 집권하는 주에서는 소셜 미디어 기업이 혐오 표현을 삭제하지 못하도록 하는 법안을 제안했다. 과학자는 기부자나 후원자를 화나게 하거나 생계를 잃을지도 모를 발언을 하는 것을 꺼린다. 일부에서는 과학자의 발언을 명시적으로 제한하는 법안을 통과시키려 시도했다. 이는 우리 모두에게 영향을 미치는 초당파적인 문제이다. 우리 중 누구도 자신이 동의하지 않는 것, 자신의 생계를 해치거나 자신에게 유익한 세상의 특징을 비판하는 이야기를 듣고 싶어 하지 않는다. 사람들이 어떤 이야기를 좋아하는지 확인 가능한 충분한 정보가 있다면 사람들은 대개 자신의 물질적 안녕, 명성, 지위를 직간접적으로 높여 주는 발언을 옹호한다는 사실을 알 수 있다.

무제한적인 표현의 자유는 역사적으로 이례적인 일이다. 그렇기 때문에 미국 수정헌법 제1조에 명시적으로 보장된 것이다. 신성 모독, 모욕적 언행, 군주 모욕 등을 처벌하는 법이 존재하던 시대에 이는 특별하고 중요한 문화적 혁신이었다. 모욕죄는 아시아와 유럽에서 여전히 남아 있다. 2009년 오스트리아의 한 여성은 예언자 무함마드를 모욕한 혐의로 벌금형을 받았고 2011년 유럽인권재판소는 이 판결을 유지했다. 2022년 엘리자베스 2세 여왕이 사망한 후 '내 왕이 아니다Not My King' 플래카드를 든 영국 반군주주의 시위대가 체포 위협을 받았다. 영국 경찰은 영국에서 허용되는 표현이 아닌, 인종차별, 모욕, 혐오 발언으로 간주되는 온라인 게시물과 댓글을 올린 사람을 체포한다. 표현의 자유가 불확실한 곳에서는 사람들이 자신의 솔직한 의견을 표현하려는 의지, 혁신과 창의성으로 이어지는 아이디어를 자유롭게 교환하려는 의지에 찬 물을 끼얹는다.

물론 미국 수정헌법 제1조는 정부에 대해서만 제한하고 있지만 자유롭고 개방적인 교류, 특히 우리가 금지하고 싶은 발언까지 보호하는 표현의 자유라는 광범위한 원칙은 과학과 진보를 위해 필수적이다. 수정헌법 제1조는 표현의 자유를 문화적으로 확장했고 이는 보호할 가치가 있는 문화이다.

심리적 안전에 대한 연구에 따르면 자신의 마음을 말할 수 있는 안전한 공간과 세상이 실제로 어떻게 돌아가는지 자신의 생각을 드러낼 수 있는 공간이 중요하다.

구글이 실시한 유명한 분석 연구인 '프로젝트 아리스토텔레스'에서는 심리적 안전성, 즉 자신이 진정으로 생각하는 바를 자유롭게 표현할 수 있고 마음에 들지 않는 아이디어를 들을 수 있는 탄력성이 성공적인 팀, 특히 다양성이 있는 팀이 되기 위한 핵심 전제 조건이라는 점이 드러났다. 다양한 생각을 가진 사람들이 서로를 신뢰할 때 비로소 뛰어난 집단적 두뇌로 결합할 수 있다. 사람들이 서로를 신뢰하면 자신의 진짜 생각을 더 편안하게 말할 수 있다. 이는 자신이 틀린 이유를 다른 사람에게 털어놓거나 다른 사람의 머릿속에 고립돼 있던 생각과 신념이 교차하는 지점에서 새로운 진실을 발견하는 데 매우 중요하다.

소프트웨어 공학에서 견고성 원칙robust principle (혹은 포스텔의 법칙Postel's Law)이라 불리는 원칙이 있다. 이는 대인 관계에서 '내 일은 보수주의적으로, 다른 사람의 일은 자유주의적으로'라는 원칙을 지키도록 함으로써 심리적 안전 문화를 조성하는 것이다. 프로그래밍에서 이 원칙은, 예를 들어 형식이 맞는 파일을 출력하되 다른 프로그램에서 만들어진, 형식이 맞지 않는 파일 역시 받아들이는 것을 의미한다. 섹션이 누락되거나 세미콜론이 이탈된 파일을 만들지 말되 이런 실수가 있는 파일도 읽을 수 있어야 한다. 의사소통에서는 상대방의 의도를 관대하게 받아들이되 개인적으로는 명확하게 소통하기 위해 노력하는 태도를 뜻한다. 다시 말해 허수아비 때리기 straw-manning의 방식으로 상대를 받아들이지 말고 철인 만들기steel-manning의 방식으로 받아들이는 것이다. 철인 논증은 상대방의 주장을 자신의 주장보다 더 나은 버전으로 만들려고 노력함으로써 상대 주장의 핵심을 진지하게 이해하고 고려하려는 태도이다. 논쟁을 단지 이기기 위한 스파링이 아니라 서로 함께 진실에 도달하기 위한 수단으로 생각하는 사람이 사용하는 전략이다. 허수아비 때리기 전략은 그 반대이다. 상대방의 주장을 고의적으로 왜곡하거나 가장 약한 형태로 단순화해 공격한다.

장기적으로 무엇이 해를 끼치고 무엇이 해를 끼치지 않을지 미리 알기는 어렵다. 따라서 금지해야 할 표현에 대한 기준은 엄청나게 높아야 하며, 일반적으로는 발언을 금지하거나 억압하지 않는 편에 서야 한다. 현실은 복잡하고 과학은 결코 정해진 것이 아니기 때문에 과학 분야에서의 표현의 자유는 특히 더 중요하다. 과학자들이 자유롭게 말한다고 믿을 수 없다면 어떻게 과학을 신뢰할 수 있을까? 예를 들어 우리가 3장에서 논의한 집단 간 차이와 유전자의 역할을 보자. 내가 읽은 증거에 따라 나는 문화가 차이의 주요 원인이라고 생각하지만 그렇지 않다고 믿는 사람도 똑같이 자신의 입장을 옹호 가능한 방식으로 표현할 수 있어야 한다. 이런 자유가 보장될 때 독자는 나의 주장을 신뢰할 수 있을 것이다. 예의를 차려야 하는 공공장소에서 들을 수 있는 유일한 목소리가 내 목소리뿐이라면 다른 주장이 있다는 사실을 어떻게 알 수 있을까? 다른 주장의 근거를 어떻게 들을 수 있을까?

불쾌함을 느끼지 않을 권리는 누구에게도 없고 그런 기대조차도 합리적이지 않다. 상대방이 편협하고 나쁜 사람이라고 치부하는 것이 아니라 그들이 어떻게 생각하고 왜 그렇게 생각하는지 알아내야 진전을 이룰 수 있다. 그들이 어떤 증거를 갖고 있는지, 그들의 마음을 바꾸려면 어떤 결정적 증거가 필요한지 고민해야 한다. 우리가 누군가의 의견에 동의하지 않는다면 그 이유는 집단 소속이나 편견이 아니라 논리와 증거에 있어야 한다. 실수는 인간 본성이지만 틀렸다고 해서 사람들의 생계를 막아서는 안 되고, 다른 말을 할 수 있는 능력을 제한해서도 안 된다. 실수를 하면 앞으로 그들이 하는 말의 신빙성이 의심스러울 수는 있겠지만 입까지 틀어막는 일은 곤란하다. 한 번 파산했다고 해서 영영 다른 회사를 창업하지 못하게 할 수는 없지 않은가. 이렇게 폐쇄적인 문화에서는 수많은 혁신이 사라질 것이다. 표현의 자유는 특히 사회를 혁신하기 위한 창의적 발견과 폭발을 촉발하는 과정에 매우 중요하다. 격렬한 토론, 싸움, 시위, 심지어 인종주의와 반인종주의의 양극단 토론까지, 미국의 활기찬 분위기는 자유롭게 말할 수 있다는 신념의 산물이다. 하지만 논쟁에서 이기는 것이 목표가 아니라 진실에 도달하는 것이 목표여야 한다. 이 과정에서 우리가 논쟁하는 방식에 대한 규범은 매우 중요하다.

세상은 복잡한 곳이다. 어제의 명백한 진실이 오늘의 거짓이 되기도 하고, 그 반대의 경우도 있다. 과학자로서 우리는 상대방의 주장을 철인의 방식으로 이해하기 위해 최선을 다한다. 목표는 논쟁에서 이기는 것이 아니라 진실에 도달하는 것이다. 상대를 적으로 보지 않고 진실을 추구하는 동료로서 본다. 상대의 주장에 전혀 동의하지 않더라도 논쟁을 더 나은 방식으로 발전시키도록 노력한다.

그렇기 때문에 정부가 운영하는 허위정보재판소에 의한 검열이나 마크 저커버그, 일론 머스크 또는 그들이 지정하는 사람이 진실과 거짓에 대한 중재자가 되는 방식은 허위 정보가 일으키는 문제를 해결할 수 없다. 그런 임시방편적인 해결책은 새로운 문제를 일으킨다. 허위 정보는 정말 어려운 문제이지만 발언을 금지하거나 억압하는 방식은 해답이 아니다.

진실을 결정하는 책임자가 항상 내가 원하는 사람이 아닐 수도 있다. 언젠가 야당이 정권을 잡을 수도 있고 다른 정치적 성향을 가진 사람이 기업을 운영할 수도 있다. 법은 롤스의 방식으로 만들어져야 하며 여러분과 여러분의 것이 더 이상 책임을 지지 않을 때를 대비해야 한다. 우리는 사람이 아닌 원칙으로 통제해야 한다. 잘못된 정보에 대처하기 위해 우리는 더 많은 맥락과 정보를 제공하는 것 같은 시스템 차원의 긴급한 해결책을 원한다.

사회적 학습 편향을 악용해 실제 사람들의 생각을 대표하지 않는 콘텐츠를 소셜 네트워크에 넘쳐나게 하는, 봇과 가짜 계정을 최소화하는 정책에는 가치가 있다. 하지만 실제 사람들의 발언에 제약을 가해서는 안 된다.

표현의 자유가 부족하면 집단적 두뇌가 마비된다. 그것은 우리 삶을 근본적으로 변화시킬 다음 불을 지필 수 있는 정보, 즉 사람과 사람 사이를 오가는 아이디어의 불꽃을 박탈한다. 과학적 발견의 차이를 통해 아이디어를 분류하는 것은 문화적 진화와 문화-집단의 선택이다.

그렇다고 해서 이중 용도 발견이나 우리가 우려하는 악영향을 고려해야 하는 개인으로서의 책임이 사라지지는 않는다. 좋은 과학과 좋은 정책은 우리가 발견한 것이 미치는 광범위한 영향과 그것이 대중의 소비를 위해 어떻게 맥락화될 수 있는지에 대한 신중한 고려를 필요로 한다. 공학에서는 이를 이중 용도 기술이라고 한다. 앞서 설명한 것처럼 원자력 기술은 발전소와 폭탄을 모두 만들 수 있다. 로켓은 인공위성과 탄두를 발사할 수 있다. 이런 연구 분야는 에너지 풍요로 향하는 길이라 할지라도 주의가 필요하다.

심지어 자신이 격렬하게 동의하지 않는 발언조차도 엄격하게 보호하는 조치야말로 창의적 폭발을 촉발하는 가장 중요한 정책이다. 대인 관계 수준에서 표현의 자유를 보호하고 심리적 안전을 제공하는 법과 문화적 규범은 아이디어가 흘러넘칠 수 있도록 보장한다. 제도적 차원에서는 사람들이 다른 사람의 아이디어와 발견에 더 많이 접근할 수 있도록 보장함으로써 같은 효과를 거둘 수 있다. 이런 제도와 장치는 지식과 기술을 촉진하는 역할을 한다.

지식 및 기술 촉진자

사람 간의 연결성을 높이고 다양한 문화적 패키지와 사고방식, 비유, 은유, 기술, 지식에 대한 접근성을 높이면 교육 및 소득 측면에서 더 큰 성과를 얻을 수 있다. 대인 관계에서는 의견이 다른 사람과도 대화해야 할 때가 많으며 다른 생각을 연결하는 고리에 자신을 개방해야 할 때가 있다. 최고의 아이디어와 새로운 직업은 정기적으로 교류하는 사람들, 즉 나와 같은 취향을 공유하고 같은 정보를 소비하며 나와 같은 생각을 하는 강력한 연결고리가 아니라 외부의 다른 네트워크에 속한, 주변의 아는 사람들에게서 나온다. 긴밀하고 폐쇄적인 커뮤니티일수록 새로운 해결책을 발견할 가능성이 가장 낮다.

대인 관계의 역동성 외에도 양질의 교육, 도서관, 인터넷에 대한 접근성은 모두 졸업률, 소득, 평생의 성과를 높인다고 나타났다. 한 연구에 따르면 한 학군의 연간 인터넷 접속에 비용을 지출한 것이 학업 성취도 향상을 매개해 학생들의 소득 측면에서 최대 300%의 이득을 가져온 것으로 나타났다. 이는 엄청난 수익률이다. 칼로리가 부족한 지역 사회에 미량 영양소를 공급하는 정책과 마찬가지로 학교에서 인터넷 접속을 가능하게 하는 정책이 주는 이득은 가정에서 인터넷에 접속하는 비율이 낮은 지역 사회에서 더 클 것이다.

인터넷이라는 촉진자가 등장하기 전에는 사람들이 공공 도서관을 통해 정보를 찾았다. 20세기 초 세계 최고 갑부였던 앤드루 카네기Andrew Carnegie가 미국 전역에 무료 도서관을 만들었을 때 카네기 도서관이 없는 도시에 비해 도서관이 있는 도시의 특허율이 7~11% 더 높았다. 이는 정부가 제공하는 것이 아닌, 카네기라는 개인에게 집중된 부가 만든 일종의 자선 지출이다. 카네기는 자선 부문으로 혁신가로서 역할을 할 수 있고 정부는 성공적인 아이디어를 선별해 소수 자선가의 힘만으로는 할 수 없는 수준으로 그런 아이디어를 확장하는 유익한 거래가 이뤄진다. 민간 부문이 탁월한 성과를 거두는 혁신을 창출하면 공공 부문에서는 그 이점을 대규모로 사회 전체에 적용할 수 있다.

문화적 종의 두뇌는 양질의 정보와 기술 전달에 접근할 수 있을 때 잘 발달한다. 실제로 이것이 실리콘밸리가 혁신을 거두는 이유 중 하나다.

최적의 지적재산권 법률 및 경업 금지 조항

프로메테우스가 신에게서 불을 훔친 이야기는 사실상 지적재산권에 관한 이야기이다. 프로메테우스가 불을 훔친 후에도 신은 여전히 불을 갖고 있었지만 이제는 인간도 불을 갖게 됐다. 그리고 그 지적 재산을 훔친 덕분에 우리는 모닥불을 피워 요리를 하고 강철을 제련하며 로켓을 쏘아 올려 상상할 수 없는 진보를 이뤄냈다. 지적 재산을 재조합하는 능력은 혁신의 핵심이다.

일본 브랜드는 한때 열악한 품질과 동의어였다. 자동차 산업이 좋은 예이다. 초창기 일본 자동차는 유럽과 미국 자동차 모델을 저품질로 모조한 상품이었다. 개중에는 일본 자동차 제조업체가 베낄 수 있는 다양한 디자인을 혼합한 것도 있었다. 하지만 결국 모방은 재조합으로 전환됐다. 현대식 분재盆栽로 이어진 세심하고 점진적인 개선의 문화는 서구 문화와 재조합돼 앞에서 말한 카이젠 문화 또는 이른바 토요타 방식 등 지속적이고 점진적인 기술 개선 방법 같은 새로운 프로세스를 만들었다. 그 결과 토요타, 닛산, 마쓰다, 기타 일본 자동차 회사들이 오늘날 신뢰받는 브랜드가 됐다.

화웨이와 하이얼 같은 중국 브랜드도 비슷한 과정을 거치고 있다.

특허법은 발명가에게 일정 기간 자기 발명에 대한 독점적 권리를 부여한다. 특허와 혁신의 관계는 균형의 문제이다. 특허법이 너무 강하면 다른 사람의 발명 활용을 제한해 재조합을 억제한다. 특허법이 너무 약하면 발명에 도달하기 위해 감수한 위험에서 경제적 이익을 얻을 수 없어 혁신 동기가 약해진다. 변화가 빠른 산업에서는 발명을 공개하는 정책이 더 많은 혁신을 장려하는 동시에 발명가가 선도자의 이점을 누리게 한다.

기술 분야에서는 교차 라이선스를 통해 특허의 제약을 극복한다. 기업은 서로의 지적 재산에 상호 의존한다. 특허 소송을 통한 특허 냉전과 상호 파멸의 가능성에 직면한 업계는 합리적인 범위 내에서 타인의 특허를 자유롭게 사용할 수 있도록 허용하는 정책을 채택했다.

캘리포니아에서는 경업 금지 계약을 강제하지 않기 때문에 실리콘밸리에서는 지적재산권, 아이디어, 기술, 문화의 흐름이 원활하게 이뤄진다. 이직은 흔한 일이며 지적 재산과 인재를 확보하는 한 가지 방법은 특정 제품 개발을 담당한 엔지니어를 고용하는 것이다. 이는 기술과 문화적 특성이 여러 스타트업에서 재조합돼 실리콘밸리의 집단적 두뇌가 재결합할 수 있다는 사실을 뜻하며 서부 해안은 혁신에 있어 동부보다 뚜렷한 우위를 점해 그 결과 미국은 다른 국가에 비해 우위를 점할 수 있었다.

또한 실리콘밸리에서는 성과에 대한 경쟁이 치열하고 그에 상응하는 보상이 주어진다. 이 같은 인센티브에 기반한 성과 입증은 오픈소스 소프트웨어 운동에 힘을 실어 주는 부작용도 있다. 장기적으로 평판은 큰 보상으로 이어지기 때문에 사람들은 무료로라도 자신이 할 수 있는 일을 보여 주고 싶어 한다. 능력주의와 능력에 대한 보상은 성공한 기업과 제국에서 강력한 힘을 발휘한 오랜 역사가 있다.

능력주의와 능력에 대한 보상

능력주의 시스템이 집단 구성원이나 지인을 기반으로 하는 시스템보다 경쟁력이 있다는 증거는 많다.

중국의 과거 제도는 배경에 관계 없이 최고의 인재를 선발해 수세기 동안 지속된 광대한 제국을 관리하는 학자 계급을 만들었다. 칭기즈 칸은 부족이나 가문에 관계 없이 가장 뛰어난 인재를 가장 중요한 직책에 발탁하는 능력주의 제도를 시행한 것으로 유명하다. 칭기즈 칸의 능력주의는 추종자에게 피비린내 나는 정복에서 최선을 다하도록 동기를 부여했다. 그들은 자신의 능력으로 평가받으며 성취할 수 있는 목표에는 정해진 한계가 없다는 사실을 잘 알았다. 미국도 원자폭탄을 개발하는 맨해튼 프로젝트와 달 착륙을 위한 아폴로 프로그램 등 능력주의에 입각한 공동의 노력으로 성공한 오랜 역사가 있다.

오늘날 능력주의는 객관적 척도가 속이기 쉬운 척도로 대체되면서 위협을 받고 있다. SAT나 GRE와 같은 표준화된 시험은 점점 사라지고 교사 평가, 추천서, 소수만 할 수 있는 업무 경험 등 주관적이고 비교하기 어렵고 조작하기 쉬운 측정 기준이 선호되고 있다. 이미 말한 것처럼 이런 측정 방식은 외부 영향에 취약하며 앞서 설명한 불균등한 경쟁의 장을 만들어 그에 따른 불평등을 일으킬 수 있다. 일부 특권층 학생은 다른 학생보다 시험 준비에 더 많은 기회를 가질 수 있지만 객관적 시험은 누구에게나 기회를 주며 우수한 재능을 가진 잠재성 있는 가난한 아이에게도 자신을 증명할 수 있는 원천이었다. 반면에 추천서를 받으려면 인맥이 필요하다. 직장 경험을 쌓기 위해서는 시간, 기회, 자금이 필요하다. 이 모든 것이 빈곤층에게는 부족한 자원이다. 능력에 대한 객관적인 측정을 피하려는 이런 움직임은 특권을 지키려는 부유층과 더 다양한 대표성을 확보하기 위해 유연성을 원하는 이들의 합작품이다. 일부는 고결한 동기를 갖고 시작했겠지만 결국 우리의 혁신 역량을 해치고 도움을 주려는 사람에게 해를 끼치는 불행한 동맹이 될 것이다. 이는 결국 우리 모두에게 해가 된다.

또한 이런 정책은 집단 간 분열을 조장하고 다른 집단의 동료와 비슷하거나 심지어 더 뛰어난 능력을 가지나 소수자인 지원자에게 낙인을 찍을 수 있다. 한 집단에 대한 기준이 다른 집단에 비해 낮아 보이면 해당 집단의 졸업생이나 예비 채용자의 실제 능력이 그렇지 않더라도 비교적 떨어진다고 인식될 수 있다. 이는 12장에서 논의할 합리적 인종주의자와 베이지언 편견Bayesian bigots의 문제로 이어진다. 어떤 사람은 기술적 우위나 인지적 능력이 아니라 통제 불가능한 요인에 기반해 다른 사람들을 제치고 명망 높은 위치를 차지한다. 그리고 그들은 개인 간 경쟁을 상호 배타적인 집단 간 제로섬 경쟁으로 바꾸어 놓는다. 바로 엔론 효과Enron effects다.

엔론 효과 피하기

2000년에 대형 에너지 회사인 엔론 주식회사는 승승장구하고 있었다. 시가총액이 1000억 달러가 넘었고 주가는 20달러에서 80달러 이상으로 상승했다. 그러나 2001년 말에는 주당 1달러로 폭락했고 회사는 파산했다. 엔론 스캔들로 알려진 이 사건은 엔론의 실패와 진짜 가치를 숨기는 광범위한 사기, 불법 회계 관행으로 발생했다. 사기 공모의 결과 회계 법인인 아서 앤더슨도 무너져 회계 법인 빅 파이브가 빅 포로 바뀌었다(딜로이트, 언스트 앤 영, KPMG, PWC만 남았다). 수만 명이 일자리와 투자금, 퇴직금을 잃었다. CEO인 제프리 스킬링Jeffrey Skilling은 징역 24년형을 선고받았지만 12년 만에 석방되었다.

스킬링은 진화론의 열렬한 팬이었다. 그가 가장 좋아하는 책은 리처드 도킨스의 《이기적 유전자The Selfish Gene》였다. 스킬링은 비즈니스 관행과 기업 문화에 진화적 원리를 적용하려고 노력했다. 하지만 조금 아는 것은 위험하다. 스킬링은 진화의 핵심이 선택과 경쟁이라는 점을 이해했지만 진화에는 다양성과 협력도 존재한다는 사실을 잊었다. 스킬링의 정책은 제로섬 환경을 조성했다. 다른 사람의 실패가 곧 다른 사람의 성공으로 이어지는 환경이다. 이를 엔론 효과라고 한다.

'순위 매겨 내쫓기Rank and yank'는 엔론의 유명한 정책 중 하나였다. 실제로 당시 이 정책은 비즈니스 서적과 언론에 소개될 정도였다. 성과 평가는 종 모양의 곡선으로 직원들의 순위를 매기는 것이었다. 상위 5%는 우수한 직원으로 간주해 가장 큰 보상을 줬다. 하위 15%는 해고했다. 이로 인해 사람들은 일자리를 잃지 않으려고 거짓말을 하고, 속이고, 동맹을 맺고, 서로를 깎아내리는 파괴적 경쟁 문화를 만들었다. 일자리가 많을 때 친절하기가 더 쉽다는 사실을 기억하자. 순위 매겨 내쫓기가 스킬링이 발명한 정책은 아니었지만 그런 문화가 나타나는 곳이라면 생산적 경쟁보다는 파괴적 경쟁에 도움이 되는 제로섬 조건이 만들어진다. 사람들은 더 나은 사람이 되기 위해 노력하기보다 서로를 해치기 위해 열심히 일한다.

반직관적으로 보일지 모르지만 과거 적대국이었던 나라의 발전을 도와 엔론 효과를 피하는 방법은 세계 전체에 좋은 일이다. 과거 적국이었던 독일을 포함해 서유럽의 재건을 돕고자 원조를 제공한 마셜 플랜Marshall Plan은 제2차 세계대전 이후 유럽의 오랜 평화에 기여했다.

우리 문화가 영리하기 때문에 우리가 영리한 것이고 우리가 나눌 것이 많기 때문에 관대한 것이다. 보상을 공유하고 타인의 성공이 나의 성공에 기여하는 조건을 만들어야 우리를 하나로 묶을 수 있다. 그렇지 않으면 언제나 존재하는 다양성이 우리를 갈라놓을 수 있다.

오늘날 우리는 불평등 심화, 성장 둔화, 경기 침체로 촉발된 제로섬 편향, 개인과 집단 간의 파괴적 경쟁을 부추기는 엔론 효과에 직면해 있다. 이는 결국 다양성의 역설을 해결하는 방책 중 하나를 약화하고 있다. 바로 구조화된 다양성이다.

다양성을 구조화하기

마이크로소프트와 미국, 로마 가톨릭 교회는 모두 하나의 공통점을 갖고 있다. 바로 지속성과 역사적 성공이다. 이들은 모두 자기 조직에 구조적 다양성을 도입해 지식을 증진하고 해결책을 확산했다. 이들은 다양성의 역설에 대한 중도적 해결책을 제시한다.

다양성을 배분하는 방법은 여러 가지가 있다. 앞서 논의했듯이 극단적인 예로 각 개인이 더 다양한 경험을 갖도록 함으로써 다양성의 역설을 해결할 수 있다. 예를 들어 학제 간 교육을 받은 근로자와 연구자는 다양한 기술과 지식을 보유하고 있다. 마찬가지로 문화적으로 다양한 배경을 가지고 있거나 전 세계 여러 곳에서 살았던 사람, 특히 '제3문화 아이'라고 불리는 사람은 매우 다채로운 문화적 경험을 갖고 있다. 가장 유명한 제3문화 아이는 아마도 다른 문화권의 부모와 양부모를 두고 인도네시아와 하와이에서 자란 버락 오바마 대통령일 것이다.

개인적 다양성의 다른 극단에서는 다양성이 완전히 분산되어 있지만 공통된 의사소통 프로토콜을 사용하는 경우도 있다. 서로 다른 훈련 및 교육 배경을 가진 사람으로 구성된 학제 간 팀이나 공통의 과제를 수행하는 다국적 팀이 그 예이다.

더 실현 가능한 전략은 서로 다른 부분이 공통의 목표를 향해 협력하는 클러스터형 문화 다양성이다. 여기에는 행정 단위와 주, 부서와 부서, 업무 기능과 전문 분야가 포함되며 이들은 서로의 미래와 불가분의 관계에 있다.

이 수수께끼의 핵심은 생물학에서 **진화 가능성** 또는 **적응성**이라고 부르는 개념이다. 가장 혁신적인 집단은 다양하다. 가장 혁신적이지 않은 집단도 마찬가지이다. 차이점은 서로를 얼마나 신뢰하고 함께 일할 수 있을 만큼 충분히 정보를 공유하느냐에 있다. 이 역설을 해결하기가 어렵기 때문에 많은 기업과 일부 국가는 동질성을 선택한다. 표면적으로는 성별이나 피부색에 따른 다양성 정책을 채택할 수 있지만 실질적으로는 '나와 더 비슷한 사람'이라는 전략에 따라 채용하는 방식이 더 쉽기 때문이다. 이는 최소한의 요건만을 충족하고 외부에서 불편해하지 않도록 최소한의 노력만 하는 것이다. 예를 들어 조직에서 상징적 수준으로 여성 관리자를 한 명 정도 임명해 다양성을 실천하는 것이다. 그러나 우리가 과감히 난관에 맞서 적절한 구조화를 이루어 다양성 역설을 해결하면 엄청난 보상을 받을 수 있다.

마이크로소프트 CEO 사티아 나델라의 성공적인 전략 중 하나는 마이크로소프트를 스타트업 생태계로 전환하는 방침이었다. 이 것이 바로 스타트업 도시 접근 방식을 조직에 적용한 것이다. 중앙 집중화와 분산 사이에는 트레이드오프가 있다. 나델라가 마이크로 소프트를 중앙집중형에서 분산형으로 바꾼 것은 혁신하기 위한 방 법이었다. 미국 역시 연방이라는 구조와 강력한 중앙정부의 부재로 인해 각 주가 민주주의를 혁신하기 위한 실험실이 되는 이점을 누 린다. 또한 로마 가톨릭 교회는 각각의 주교가 자신의 교구에 대해 어느 정도의 자율성을 갖고 있다. 다른 종교 조직도 마찬가지이다.

물론 모든 국가나 기업이 이런 접근 방식을 취할 수 있는 것은 아니다. 고위험 연구 및 개발 프로젝트인 스컹크워크skunkworks(록히 드 마틴의 고급 개발 프로그램 부서의 비공식적인 이름으로 요즘은 비밀리에 진행하는 혁신적 연구 개발 프로젝트를 지칭하는 말로 쓰인다-역주)를 진행 하거나 막대한 사업적 위험을 감수하거나 내부 분열을 허용하려면 일정 수준 이상의 규모가 필요하다. 규모가 작은 기업과 국가도 위 험을 감수할 수 있겠지만 성공적인 전략을 모방하고 학습함으로써 이점을 얻을 수 있다.

우리 인류는 차세대 산업혁명, 즉 진정한 에너지 혁명을 필요로 한다. 이를 위해서는 창의적 폭발이 필요하다. 다양성과 위험 감수 성을 해치지 않도록 정보를 자유롭게 전달하고, 실패를 지나치게 처 벌하지 않고, 성공적인 결과에 대해 보상을 보장하는 정책은 창의적 폭발을 촉발하는 최고의 기회를 제공한다. 이런 정책이 반드시 필요 한 곳이 바로 제2차 계몽주의가 탄생한 곳, 바로 인터넷이다.

11장

인터넷을 개선하기

인터넷은 우리 삶의 모든 측면에 깊숙이 들어와 있다. 인터넷은 우리가 일하는 방식, 노는 방식, 사교하는 방식, 데이트하는 방식에도 영향을 미친다. 하지만 인터넷은 우리가 즐겨 찾는 웹사이트와 앱 그 이상이다. 인터넷은 우리를 깊이 엮는 방식으로 우리 인류의 집단적 결과물과 지식을 대표한다. 인터넷은 삶의 모든 법칙과 상호 작용한다. 인터넷은 문화적 진화를 가속화하고 새로운 협력 집단을 만들며 혁신을 지원한다. 인터넷은 우리를 차세대 핵분열과 핵융합으로 이끌 집단적 두뇌를 연결하고, 이런 중요한 기술을 보급하고 지원하는 데 필요한 지식을 확산하는 데에도 매우 중요하다. 인터넷은 또한 우리 자체를 변화시키고 있다.

인터넷과 소셜 미디어가 우리에게 미치는 영향에 대해 많은 말이 있다. 주의력 감소, 집중력 저하, 멀티 태스킹 경향의 증가, 몇 초만에 찾아볼 수 있는 모든 것에 대한 기억력 저하를 지적하는 부정적인 말이다. 소셜 미디어가 민주주의를 파괴하고 정신 건강을 악화하며 분열과 양극화를 조장한다는 말도 있다. 이 모든 말이 사실일 수도 있지만 인터넷과 소셜 미디어의 가장 강력한 파괴적 영향은 전례 없는 방식으로 우리를 연결하여 문화적 지식이라는 보고를 저장하고 접근할 수 있게 한다는 점이다.

우리 문화는 이런 초연결성에 대처하는 최선의 방법을 찾고 있고 서서히 따라잡는 중이다. 예를 들어 노년층은 잘못된 정보에 더 취약하다. 그들이 학습하는 방식은 권위와 신뢰의 신호를 쉽게 속일 수 있는 오늘의 세상과 불일치하기 때문이다. 젊은 사람은 명백히 가짜처럼 보이는 사기를 쉽게 간파한다. 그러나 그들 역시 멋진 포즈를 취한 사진, 필터를 사용한 사진, 선별적인 정보를 통해 타인의 성공과 최고의 모습만을 보는 현상, '좋아요'와 팔로워 수에 지나치게 가치를 두는 현상에 적절하게 대응하지 못하고 있다. 특히 젊은 여성 사이에서 열등감이나 자신만 뒤처질 수 있다는 두려움이 정신 건강 문제로 이어지기도 한다.

소셜 미디어는 장기적으로 유익할 수도 있는 방식으로 우리를 혼란스럽게 한다. 우리는 동의하지 않는 아이디어에 더 많이 노출된다. 우리는 이른바 '지옥 같은 사이트hell sites'에 부러 들어가서 무한 스크롤을 하며 분노하고 좌절한다. 하지만 혐오스러운 생각을 접함으로써 우리와 다르게 생각하는 타인의 존재를 인지한다. 이를 통해 우리는 자신의 주장을 다듬고 누가 더 나은 주장과 증거를 갖고 있는지 판단한다. 또한 우리는 사회의 광범위한 변화를 반영하는 불평등에 더 많이 노출돼 있다. 특권과 부를 누렸던 이전 세대의 사람은 부의 격차를 드러내지 않는 법을 알았다. 그리고 상속받은 부를 우월한 것으로 여기는 사람은 '졸부'라고 무시당했다. 그러나 지금 세대는 온라인을 통해 더 많은 사회 계층과 연결돼 있으며 매우 다른 생활 방식을 뽐내고 있기 때문에 부의 격차가 더 눈에 띈다. 초부유층 자녀가 어떻게 사는지 알고 싶다면 존슨앤드존슨의 제이미 존슨Jamie Johnson이 만든 다큐멘터리 〈본 리치Born Rich〉를 보라. 22살의 이방카 트럼프Ivanka Trump가 출연하는 다큐멘터리이다.

인터넷은 또한 우리가 같은 생각을 가진 사람을 찾고, 같은 목적을 위한 일시적 집단을 형성할 수 있게 한다. 러시아를 해킹하는 익명의 집단부터 실제 생활에서 서로 만난 적이 없는 사람들이 참여하는 오픈 소스 소프트웨어 프로젝트, 지리적 거리에 관계 없이 서로의 작업을 발견하고 생산적으로 협력하는 방법을 찾는 학자와 기업가에 이르기까지 매우 다양하다.

이런 추세는 앞으로도 계속될 것이다. 예를 들어 기계 번역의 놀라운 성공은 언어 장벽을 녹여 내고 있어 언어별로 다소 분리돼 있는 인터넷 세계를 완전히 개방할 수 있다. 기계 번역은 이미 국제 무역의 효율성을 높여서 수출을 약 10% 높였다. 이 추세는 계속 증가할 것이며 과거 해운 컨테이너가 그랬던 것처럼 세계를 더욱 좁힐 것이다.

인터넷은 또한 문화의 진화를 가속화한다. 하지만 이런 변화의 대부분은 우연히 일어났다. 시행착오와 A/B 테스트를 거친 작은 변화가 전 세계에 큰 파장을 일으켰다. 예를 들어 사용자가 특정 팔로워를 차단하거나 뮤트할 수 있는 기능, '좋아요' 표시를 별에서 하트로 바꾸는 기능, 더 다양한 감정을 표현할 수 있는 기능, '좋아요' 수나 팔로워 수를 보여주거나 숨길 수 있는 옵션, 우리 자신을 표현할 수 있는 캐릭터 등이 있다. 이런 변화를 도입한 엔지니어들은 이 변화가 어떤 결과를 가져올지, 그들이 무엇을 했는지조차 잘 모를 수 있다. 인터넷과 소셜 미디어의 변화는 모든 사용자에게 즉각적으로 큰 영향을 미치기 때문에 이런 플랫폼을 평가하고 개선하기 위해서는 모든 인간에 대한 이론, 특히 문화적 진화에 대한 이론을 적용하는 작업이 필요하다. 가장 달성하기 쉬운 목표는 어떻게 사람들이 사회적 학습을 하도록 진화했는지 이해하고 이에 부합하도록 소셜 미디어의 설계에 반영하는 것이다.

사회적 학습에 관한 지식으로 소셜 미디어 개선하기

우리가 상호 작용하는 사람들은 무의식적으로 우리의 의견과 생각을 형성한다. 우리는 사회적 학습 전략이 우리 뇌의 소프트웨어를 작성하는 방식을 인식하지 못한 채 본능적으로 전략을 사용한다. 우리는 우리가 소비하는 것, 즉 누구와 무엇을 보고 읽고 듣고 말하는지에 따라 결정되는 산물이다.

페이스북, 인스타그램, 엑스(트위터), 유튜브, 틱톡, 레딧, 쿼라, 포챈 등에서 많은 시간을 보내다 보면 다수를 대표하지 않는 별난 세계관을 갖기 쉽다. 소셜 미디어에서 보는 의견, 그 의견이 담긴 게시물은 전 세계 대부분의 사람을 대표하지 않을 뿐 아니라 심지어 소셜 미디어 플랫폼에 있는 다수를 대표하지도 않는다. 이런 플랫폼은 극단적 의견과 그 의견을 공유하고자 하는 강한 욕구를 가진 사용자를 자체 선택한다. 이 데이터는 90-9-1 법칙에 가까운 결과를 낳는다. 바로 1%의 사람이 콘텐츠를 만들고 9%의 사람이 댓글을 남기며 90%의 사람은 남의 글을 읽기만 하는 방관자라는 법칙이다.

이는 소셜 미디어에만 국한된 문제가 아니다. 우리는 모두 보이지 않는 거품 속에 살고 있다. 기자들이 쓴 기사를 읽고, 같은 TV 프로그램을 보고, 엑스(트위터)에서 같은 사람을 팔로우하고, 같은 고소득층 또는 중산층 커뮤니티에 살고, 자녀를 같은 학교에 보내고, 같은 사교 모임에 참석하는 정치인과 정치 자문가가 만들어 낸 삶을 산다. 칵테일을 마시며 나누는 대화나 학교 픽업 장소에서 나누는 수다를 통해 우리의 생각은 필터링된다. 그리고 우리가 그 견해를 공유하면 그 견해는 다른 사람의 인식과 업무에 반영된다. 이런 거품을 터트리기 위해 우리가 할 수 있는 최선의 방법은 네트워크를 최대한 확장하고 다른 사람과 더 많이 교류하는 것이다. 이는 이웃이나 우리가 자주 마주치는 사람에 의해 형성되는 현실의 물리적 상호 작용에서는 어려운 일이다. 하지만 소셜 미디어와 인터넷은 보이지 않는 거품을 의도적으로 터뜨리는 데 사용될 수 있다.

보이지 않는 거품 터트리기

인터넷과 소셜 미디어 덕분에 이전에는 접할 수 없었던 지식과 대화에 접근할 수 있게 됐다. 페미니스트와 남성 인권 운동가, 와하비 무슬림과 정통 유대인, 백인 우월주의자와 효율적 이타주의자 집단에 가입해 그들이 나누는 대화를 들을 수 있다. 레딧, 텔레그램, 왓츠앱, 서브스택, 디스코드, 포럼, 기타 소셜 미디어에서 특정 집단의 내부자가 자기 집단 내 구성원과 나누는 공개된 대화를 엿들을 수 있다. 하지만 대부분의 사람이 이렇게는 하지 않는다.

그 대신에 우리는 사용자 참여를 유지하는 것이 유일한 목표인, 알고리듬이 생성한 뉴스피드의 수동적 수신자가 되는 경우가 많다. 하지만 소셜 미디어를 반드시 그런 식으로 설계해야 하는 것은 아니다. 소셜 미디어를 사람들을 참여시키면서 집단적 두뇌를 확장하도록 의도적으로 설계할 수 있다. 또한 우리가 본능적으로 관심을 기울이는 요소를 더 잘 활용하도록 설계할 수도 있다.

명성 및 그 밖의 보상 편향

많은 소셜 미디어 플랫폼은 인기도를 나타내는 팔로워 수를 보여 준다. 인기는 우리의 사회적 학습 심리가 주목하는 신호이지만 소셜 미디어 팔로워 수는 실제 세계에서 우리가 주목하는 데이터에 비해 매우 약한 지표이다.

현실 세계에서 우리는 특정인을 얼마나 많은 사람이 아는지, 얼마나 많이 팔로우하는지 뿐만 아니라 그 사람이 어떤 사람인지도 중요하게 생각한다. 명성 혹은 평판은 단순히 팔로워를 모으는 것이 아니라 팔로워를 많이 보유한 팔로워를 모으는 데서 발생한다. 네트워크 이론의 관점에서 보면 우리는 직접 중심성direct centrality(연결의 수)만이 아니라 고유벡터 중심성(연결과 연결의 연결)에도 관심을 기울인다.

쉽게 말해서 고등학교 스포츠 스타는 친구가 많겠지만 그 친구들이 모두 고등학생이라면 명성이나 평판이 그리 높지 않다. 오히려 친구 수는 적지만 친구 중에 전직 대통령, 유명인, 성공한 사업가가 있는 사람의 명성과 평판이 더 높다.

높은 고유벡터 중심성은 커뮤니티 내에서 영향력의 원천이며 팔로워 수보다 더 정확한 명성의 지표라는 점이 경험적으로 입증됐다. 누군가의 팔로워가 과연 어떤 인물인지 살펴본 적 있다면 당신은 암묵적으로 고유벡터 중심성을 찾고 있었던 것이다. 실제로 구글이 이전 검색 엔진에 비해 성공할 수 있었던 것은 페이지 랭크, 즉 웹페이지를 링크한 사람과 그 사람을 링크한 사람을 계산해 웹페이지 순위를 매기는 고유벡터 중심성을 사용했기 때문이다. 하지만 이제 소셜 미디어에서 이런 정보를 찾을 수 없다.

그 밖의 다른 편향도 있다. 바로 전문성과 성공을 보여 주는 더 정직한 지표이다. 소셜 미디어의 영향력은 쉽게 위조된다. 사실 사회적 학습과 협력에 중요한 단서인 평판은 소셜 미디어에서 제대로 확인하기 어려운 경우가 많다.

평판 개선하기

앞서 온라인 평판이 차량이나 방을 공유하기 위한 협력을 강화하는 일에 도움이 될 수 있다고 말했다. 하지만 온라인 정보에서 평판이 활용되지 않는 경우가 많다.

어떤 기사나 게시물을 볼 때 작성자에 대한 자세한 맥락이 제공되는 경우는 거의 없다. 작성자가 누구인지, 전문 분야는 무엇인지, 어떤 글을 썼는지, 몇 번이나 맞았는지 틀렸는지, 다른 사람들은 어떻게 생각하는지, 그 다른 사람은 어떤 사람인지 등이다. 이런 정보는 존재하지만 집계되지 않기 때문에 우리가 중요하게 생각하는 사람의 가장 강력한 특성, 즉 다른 사람이 그 사람에 대해 어떻게 생각하는지에 관한 평판은 추적되지도 활용되지도 않는다.

대부분의 사람이 개인적 평판 대신에 이른바 **담보화된 평판**을 활용한다. 즉, 어떤 개인 기자의 평판 대신 《뉴욕 타임스》《워싱턴 포스트》, 그 밖의 저널, 잡지, 신문 등 매체의 평판에 의존한다. 개별 평판이 충분히 높은 기자는 서브스택 같은 개인 뉴스레터 플랫폼으로 이동해 담보화된 평판에서 벗어날 수 있다. 하지만 여기에서도 평판이나 명성 정보가 종종 누락돼 있어 가치 있는 새로운 정보의 원천을 찾는 우리의 능력을 제한한다.

평판 정보에는 과거 작업, 전문성, 다른 사람이 작성자에 대해 어떻게 생각하는지, 자금 출처와 이해 상충, 과거에 내렸던 옳은 판단과 틀린 판단, 작성자에 대해 어떤 사람이 어떤 생각을 갖고 있는지 등이 포함된다. 그러나 이해 상충에 대한 진술이 유용할 수 있는 것과 마찬가지로 인센티브에 대한 정보도 유용할 수 있다. 우리가

인센티브 감사監査라고 부르는 것은 특히 이해관계가 얽혀 있는 경우에 유용하다.

인센티브 감사

인센티브 감사는 자진 신고한 세금에 대한 세무 감사와 마찬가지로 이해 상충을 자진 신고하는 것이다. 인센티브 감사는 개인의 신념과 관련이 있을 만한 정보를 더욱 두드러지게 만든다. 예를 들어 누구와 친구인지, 개인적 상황, 함께 일하거나 일하는 회사의 소유주, 수입원 등이 해당한다. 사람들의 신념 표면을 긁어 보면 이기적인 동기를 발견할 수 있다. 옛 속담에 "그의 생계가 무엇을 이해하지 못하는 데 달려 있다면 그가 그것을 이해하도록 만드는 일은 어렵다"라는 말이 있다. 당신이 어떤 의견을 보유한 사람에 대해 충분히 알고 있다면 누가 어떤 입장을 지지할지 짐작할 수 있을 것이다.

예를 들어 교육 수준이 높을수록 능력주의에 대한 신념이 강하고 소득 분포의 상위층일수록 세금 인하를 주장할 가능성이 높으며 집단 내 지지를 얻기 위해 그 신념을 표명할 가능성이 높다.

때때로 신호화된 신념은 개인적으로 비용이 들지 않는다. 그저 우리가 어딘가에 소속되어 있음을 알리거나 우리 소속 집단이 판단한 대로 내가 좋은 사람이라는 신호를 보낼 뿐이다. 인간의 기원에 관한 입장, 지역 사회에 경찰 예산을 줄일 것인지에 관한 입장, 트랜스젠더 운동선수가 여자 스포츠 경기에 출전할 수 있는지에 관한 입장은 자신의 삶과 거의 관련이 없음에도 사람들이 강한 의견을 갖는 주제이다. 우리는 해당 논란에 관한 이해관계가 없거나 그것이 자신의 일상생활에 별 영향을 미치지 않는데도 특정 집단을 옹호하고 소속감을 강화할 수 있다. 우리는 안전한 지역 사회에서 살고 엘리트 스포츠에 참여하지 않으면서도 의학에 대한 진화적 접근법의 혜택을 계속 누릴 수 있다. 따라서 이런 영향을 줄이는 한 가지 방법은 관련 정보와 잠재적 편견을 공개하고 그런 공개를 일상화하는 문화를 장려해 신호에 비용이 많이 들도록 하는 것, 신호의 중요성을 높이는 것이다.

인센티브 감사는 우리 자신에게도 적용할 가치가 있다. 우리가 가진 지식의 한계와 우리가 편향된 지식만을 찾는 경향이 있다는 한계를 인정하고, 우리가 우리 이익에 도움이 되지 않는 것을 적극적으로 무시하며, 경쟁하는 신념이 있을 때 우리에게 가장 도움이 되는 것이 항상 진실은 아니라는 점을 믿는 겸손함이 필요하다. 어떤 신념은 직접적인 경험을 통해 습득되지만 대부분은 인과관계가 복잡하거나 불분명한 다른 신념을 통해 간접적으로 습득된다는 사실을 기억하자. 증거가 혼재된 불확실한 세상이라면 진실이든 아니든 나에게 가장 도움이 되는 것을 믿지 않을 수 없다.

그러나 이런 이기적 편견은 때때로 자신에게 해를 끼칠 수 있다. 예를 들어 덜 중요하지만 더 통제 가능한 결정에 대해 노심초사하게 만들 수 있다. 사람들은 종종 샴푸의 파라벤이나 비유기농 채소의 살충제가 건강에 미치는 영향을 걱정한다. 그러나 유기농이든 아니든 채소를 많이 먹는 습관이 훨씬 건강에 좋다. 파라벤을 걱정할 시간에 헬스장에서 운동을 하는 편이 더 유리하다.

또한 정보가 사회적으로 획득되며 사회적 관계를 통해 무엇을 믿을지 선택하고 인과관계가 명확하지 않을 때 이기적인 신념을 갖기가 더 쉽다. 이는 우리의 믿음 중 어떤 믿음이 인과관계에 필요한지 알지 못한 채 그런 믿음을 가장 충실하게 복제하는 경우이기도 하다. 대표적으로 종교적 믿음과 행동은 직접 찾아낸 것이 아니라 대개 간접적으로 전달된 것이다. 따라서 종교는 의례적 행동을 하면서 정확하게 의례를 모방하도록 강조한다.

예를 들어 2000년대 초 일부 가톨릭 사제가 유아 세례를 할 때 기존의 "성부와 성자와 성령의 이름으로 세례를 베푼다"라는 표현 대신 "우리는 생명의 창조주, 유지자, 해방자의 이름으로 세례를 베푼다"라는 성 중립적인 표현을 사용하기 시작했다. 일부 사제는 위험을 피하고 싶어서 "성부, 성자, 성령이시기도 하십니다"라고 덧붙였다. 이는 가톨릭 신자가 아닌 사람에게는 사소한 변화로 보일 수 있고 어쩌면 바람직한 변화일 수도 있지만 유아가 정말 세례를 받았는지 여부를 놓고 논쟁을 초래했다. 세례를 받은 영혼의 운명이 애매해진 상황에서 논란은 계속됐다. 이 논쟁은 바티칸에까지 이어졌고 잘못된 언어를 사용했으므로 세례가 무효라는 결정이 내려졌다. 수백 명의 아이가 다시 세례를 받아야 했다. 이렇게 정확한 모방이라는 경향은 독실한 종교인 사이에서 흔히 볼 수 있지만 이런 심리는 종교에만 국한되지는 않는다.

자연과 초자연, 세속적인 것과 신성한 것을 분리하는 것은 상대적으로 최근의 위어드 사회에서 등장한 아이디어다. 전 세계의 많은 지역, 그리고 인류 역사 내내 세상은 자연과 초자연이 혼합된 것이 아니라 그냥 그 자체로 세상이었다. 진정한 심리적 분리는 직간접적으로 습득한 신념과 행동 사이에 있다. 비종교인도 간접적으로 습득한 증거 없는 신념을 확실한 것으로 믿는다. "우리는 모든 사람이 평등하게 창조됐다는 이 진리를 자명한 것으로 믿는다"라는 미국 독립선언서를 예로 들어 보자. 법 앞이나 신 앞에서 평등하다는 이념은 자명하지 않으며 개인의 특성에서 도출할 수 있는 것도 아니다. 주택가의 일반적인 자동차 제한 속도(시속 40km)보다 더 빨리 달릴 수 있는 우사인 볼트Usain Bolt, 자신의 이름을 딴 체조 기술을 4개나 보유한 시몬 바일스Simone Biles가 있는 세상에서 이 선언은 너무 대담하다. 기껏해야 그래도 유용한 선언이 아니냐고 항변하거나 사람들을 덜 고통스럽게 해 주는 신념이 아니냐고 말할 수 있을 뿐이다. 또한 해당 글이 쓰인 당시에는 물론이고 지금도 여전히 실천되지 못하고 있는 신념이기도 하다. 저자인 토머스 제퍼슨Thomas Jefferson은 600명이 넘는 노예를 소유했다. 재임 중을 포함해 노예를 소유한 다른 미국 대통령으로는 조지 워싱턴(역시 600명 이상), 제임스 매디슨(100명 이상), 제임스 먼로(~75명), 앤드루 잭슨(~200명), 존 타일러(29명), 제임스 K. 포크(56명), 재커리 테일러(~300명)가 있다. 존 애덤스John Adams와 그의 아들 존 퀸시 애덤스John Quincy Adams만이 노예를 두지 않은 유일한 대통령이다. 그럼에도 인권과 평등의 자명한 본질이라거나 이것이 대안보다 더 나은 신념이라는 주장은 명백하거나 객관적인 진리인 것처럼 포장된다. 물론 이는 실제로 유용한 신념이다. 사람들이 더 진정성 있게, 포괄적으로 평등을 구현하기 위해 경쟁하면서 해당 신념을 바탕으로 신념을 조정하고, 서로 협력하고, 위선을 지적하고, 문화적 진화를 이루는 과정 자체가 결국 진보를 이루는 데 도움이 될 수 있기 때문이다.

자기 유사성 및 추가 정보

지금쯤이면 왜 일부 사람이 가짜 뉴스나 음모론에 빠지는지 알 수 있을 것이다. 이 조롱의 대상이 되는 믿음을 가진 사람은, 단지 우리가 신뢰할 수 없다고 생각하는 사람을 신뢰하며 그들에게서 뭔가를 배운 사람일 뿐이다. 즉, 인간은 누구도 진실을 우선시하지 않는다. 특히 그 진실이 자신의 이익에 해를 끼칠 때는 더욱 그렇다. 도덕적 원칙으로서의 평등이 유용한지에 관한 믿음은 말할 것도 없고, 세균이 질병을 일으키는지 정령이 질병을 일으키는지, 지구가 둥근지 평평한지 등 세상의 수많은 믿음을 직접 검증할 수 있는 능력을 가진 사람은 없다. 우리가 참된 믿음을 갖고 있는지의 여부는 진실과 거짓을 구별하는 능력의 함수가 아니라 우리가 누구를 신뢰하느냐의 함수이다. 과학자도 마찬가지이다.

과학자들은 연구를 수행한 사람의 전문적 경험이나 성공 여부, 연구 결과가 게재된 저널의 명성, 연구 결과가 좋은지 나쁜지에 따라 과학적 결과를 신뢰하고 내면화한다. 이것이 바로 심리학 및 행동과학에서 발표된 논문의 절반이 신뢰할 수 없다는 사실을 깨닫는 데 수십 년이나 걸린 이유 중 하나이다. 그리고 이런 문제가 심리학에만 국한된 것이라고 가정하지 말자. 심리학의 연구 재현 실패가 널리 알려진 후 다른 학문 분야에서도 재현 연구를 실시했다. 무서운 결과가 나왔다. 최고의 암 연구 중 절반 이상이 재현에 실패했다.

과학을 신뢰한다는 것은 과학의 과정, 그리고 그 과정에서 일하는 사람을 신뢰한다는 뜻이다. 신념이 직접적 경험이나 개인적 재현을 통해 검증되는 경우는 드물다. 오히려 우리가 세상에 대해 아는 모든 것, 또는 적어도 우리가 세상에 대해 안다고 믿는 것과 비교해 그 타당성을 확인한다. 이런 가정 중 상당수는 자신이 태어난 문화, 우연히 공부하게 된 과목, 우연히 만나는 사람을 통해 어린 시절부터 간접적으로 습득된다. 과학자가 자기의 전문 분야가 아닌 주제에 대해 과학적 신념을 가질 때도 있다. 그는 그 이론이 어떻게 만들어졌는지, 데이터가 어떻게 수집됐는지 잘 모른다. 그 대신에 과학자의 믿음은 과정으로서의 '과학'과 그 과정의 정직한 실천가로서의 과학자에 대한 일반화된 신뢰에 기초한다.

문화적 학습자로서 인간은 논리 자체보다 논리를 제시하는 사람에 초점을 두도록 진화했다. 좌파 성향의 미국인은 코로나19 팬데믹 기간 동안 국경을 폐쇄하려는 트럼프의 시도를 비난했지만 바이든이 같은 정책을 사용하자 비난이 수그러들었다. 같은 주장이나 행동이라도 우리 편이 하면 옹호하지만 반대편이 하면 비난을 받을 수 있다.

유명한 소셜 미디어 플랫폼과 인공 지능 도구를 설계한 사람들은 우리 마음과 사회를 형성하는 소프트웨어를 만드는 놀라운 힘을 갖고 있다. 소수의 사람이 A/B 테스트와 알고리듬 최적화를 통해 수백만 명에게 배포한 작은 변화가 우리의 협력과 혁신 능력에 도움이 될 수 있고 해가 될 수도 있다. 이런 결정에는 우리가 누구에게서 무엇을 배울지 평가하는 방식이 반영되지 않으며 모든 인간에 대한 이론도 고려되지 않는다. 하지만 문화적 진화에 대한 이해와 공학적 설계를 결합함으로써 인터넷과 소셜 미디어의 엄청난 힘을 이용해 집단적 두뇌의 빛을 밝히고 창의적 폭발을 일으킬 수 있다. 인터넷은 제2차 계몽주의를 탄생시켰지만 이 계몽주의의 미래와 진정한 제2차 에너지 기반 산업혁명은 우리의 정보 건축 양식을 바로 세우는 데 달려 있다.

작은 변화, 예를 들어 사람들이 자기 믿음과 반대되는 대안적 관점과 커뮤니티에 더 의도적으로 노출되도록 하는 것, 현실 세계에서 사용하는 신뢰도, 정직함, 명성의 맥락적 단서를 제공하는 것, 개인이 진정으로 신념을 형성할 수 있도록 인센티브 감사를 제공하는 것, 한 사람의 정체성과 자신과의 관련성에 대한 단서를 제공하는 것 등을 통해 창의적 폭발을 촉발하고 미래를 더 밝게 만들 수 있다.

12장

더 밝아지는 미래

인간은 더 영리해졌다. 지난 수백만 년 동안 업그레이드의 대부분은 하드웨어 수준에서 이뤄졌다. 우리의 두뇌는 말 그대로 세배 커졌다. 우리의 기본 심리적 접근 방식은 자신의 능력에 의존하는 것에서 사회적으로 획득한 타인의 정보에 의존하는 방식으로 바뀌었다. 우리 각자는 집단적 두뇌에 연결된 문화적 뉴런이 됐다. 그집단적 두뇌는 우리 각자의 두뇌보다 더 뛰어났고 그 결과 각 뉴런, 즉 문화적 두뇌를 더 밝게 만들었다.

약 20만 년 전부터 하드웨어 중심의 지능은 문화됐고 오히려 그반대의 현상이 나타나기 시작했다. 지난 1만 년 동안 뇌의 크기는점점 작아졌다. 하지만 하드웨어만이 중요하지는 않기 때문에 뇌의크기가 작아졌다고 해서 우리가 더 어리석게 퇴보한 것은 아니다. 우리는 문화를 공유하면서 점점 더 영리해지는 길을 걸어왔다. 소프트웨어가 개선된 것이다.

사실 소프트웨어의 발전이 우리의 두뇌가 축소된 이유일 수도 있다. 생각을 집단적 연산으로 분산했기 때문에 에너지 소모가 많은 하드웨어가 필요하지 않았기 때문이다.

개인의 두뇌가 작아지면서 집단적 두뇌는 더욱 커지고 정교해졌다. 하드웨어가 아닌 소프트웨어가 더 똑똑해지면서 최고의 소프트웨어는 소셜 네트워크를 통해 공유됐다. 우리 모두는 최신 지식을 습득하고 수, 가설, 더 형식적인 논리 등 새로운 사고방식을 배움으로써 사고 능력을 업그레이드했다. 우리 각자는 세상의 문제를 조금씩 해결하며 선택적 사회적 학습을 통해 해결책을 공유하고 재조합해 매우 효과적인 문화 패키지로 만들어 다음 세대에 전달했다. 혁신의 계산을 개인의 두뇌에서 집단의 두뇌로 미루고 분산함으로써 가장 능력이 부족한 사람조차도 적응적 행동, 첨단 기술, 삶을 개선하는 건강 관리의 혜택을 누릴 수 있게 됐다. 이런 성취는 우리가 직접 만들지 않았다. 우리는 기껏해야 주변적 역할만 수행했다. 소프트웨어를 통해 개인적 두뇌는 축소됐지만 집단적 두뇌를 통해 우리 각자는 더 똑똑해졌다.

우리가 지금 당연하게 여기는 사고의 대부분은 인간 종이 시작된 이래로 우리가 생각해 온 보편적인 것이 아니다. 그 대신에 많은 인구 집단에서 고착화돼 이제 어디에나 존재하게 된, 우리 문화의 대물림된 산물로 이뤄져 있다. 이런 산물은 우리가 아는 모든 사람이 공유하기 때문에 마치 인류 보편적인 것처럼 보이나 실은 그렇지 않다. 손가락이나 신체 부위를 넘어 무한히 셀 수 있는 능력, 텍스트를 통해 아이디어를 읽고 쓰고 저장하고 학습하는 능력, 삼단논법과 운율, 형식 논리를 통해 추상적으로 추론하는 능력은 모두 문화적으로 만들어지고 전수된 사고의 도구이다. 이 모든 도구는 현대 사회에서 필요한 많은 작업을 더 똑똑하게, 더 잘 수행할 수 있게 했다. 이런 과정을 통해 현대 기술 문명이 가능해졌다. 프리드리히 하이에크의 말처럼 "우리를 똑똑하게 만든 것은 문화이지만 문화를 만든 것은 지능이 아니다."

IQ 테스트가 등장한 이래로 우리는 이런 변화의 양상을 측정할 수 있게 됐다. 플린 효과에 따르면 IQ가 상승하고 있다. 최근 개발도상국에서 그 상승 속도가 가장 빠르다. 이는 부분적으로는 영양 개선과 공해, 기생충, 병원균, 뇌를 손상하는 기타 건강 위협의 감소에 기인한 것일 수 있다. 영양 및 건강 개선에는 농업 생산량 증가, 영양 지식 향상, 매연이 적은 차량, 모기장 및 의약품 등 사회적, 물리적 환경을 개선하는 문화적, 제도적 소프트웨어도 포함된다. 하지만 대개의 변화는 문화적 소프트웨어의 직접적 업데이트에 기인한 것이다. 이런 다운로드를 가능하게 하는 주요 수단이 학교이다.

앞서 논의했듯이 학교는 인류 보편적 문화가 아니다. 많은 수렵채집 사회에서 명시적인 가르침은 이뤄지지 않는다. 어른들이 사냥하고 요리하고 건축하고 심사숙고하는 모습을 지켜볼 뿐이다. 목축인은 조금 다르다. 배워야 할 것이 더 많아 조금 더 신중하게 가르친다. 배워야 할 것이 많으면 가르치는 일에 더 많은 시간을 할애해야 한다. 하지만 2020년의 팬데믹은 수많은 부모에게 가르치는 일은 어렵고 시간이 많이 걸리는 활동이라 다른 일을 방해한다는 교훈을 알려줬다. 이것이 바로 교사가 있는 이유이다. 배워야 할 것이 많을 때, 교육에 투자하는 정책은 전체 집단 수준에서 큰 성과를 보장한다. 문화 패키지가 복잡할수록 더 큰 보상을 얻을 수 있다.

오늘날 사람들은 시험에서 좋은 성적을 거둔 후 자신의 관심사와 능력에 맞는 전공이나 직업을 선택함으로써 자유롭게 자신의 비교 우위를 찾는다. 하지만 산업혁명 이전에는 대부분 도제식 교육으로 기술을 배웠다. 도제식 교육은 아는 사람이나 부모, 친척에게 가업을 물려받는 방식으로 일부에게만 제한적으로 제공됐다. 개인 맞춤형 교육을 제공하는 교사는 사회 최상류층만 이용할 수 있었다.

알렉산더 대왕이 주변 인물보다 더 위대할 수 있었던 이유는 그가 아리스토텔레스에게 배운 몇 안 되는 사람 중 한 명이었기 때문이다. 아리스토텔레스는 플라톤의 제자였고 플라톤은 소크라테스의 제자였다. 소크라테스의 스승에 대해서는 잘 알려져 있지 않지만 그와 논쟁을 벌였던 소피스트, 그리고 기원전 약 수천 년간의 고대 그리스 지적 환경이 만든 문화-집단이 그의 스승임에는 틀림없다. 고대 그리스 문화는 북아프리카, 중동, 아시아에 있었던 이전 집단과의 문화적 전승과 경쟁한 결과였다. 시대마다 다른 집단이 지배했으며 누가 '문명인'이고 누가 '야만인'이며 누가 '미개인'인지는 계속 바뀌었다는 사실을 기억하자.

산업혁명이 한창 진행 중일 때 우리 사회는 숙련된 공장 노동자가 필요했고 이는 의무 교육을 확대하고자 하는 동기를 부여했다. 빅토리아 시대의 학교 모델은 사실 그 자체가 하나의 공장으로서 훌륭한 공장 노동자를 배출하고자 했다. 이제 우리 중 많은 사람이 더 이상 공장에서 일하지는 않지만 우리는 경로 의존성 때문에 학교를 설계하는 기본 방식을 물려받았다. 한 아이가 태어나면 지난 수천 년간의 인류 역사를 따라잡아야 한다. 이제 학교는 현대 사회에 필요한 모든 것을 습득할 수 있는, 기초적 문화 패키지를 제공하는 효율적 방법으로 활용되고 있다. 오늘날 세상이 더욱 복잡해짐에 따라 교육 현장은 더 많은 것을, 더 일찍, 더 쉽게 전달하기 위해 노력하고 있다.

그래서 우리는 교육 개선에 목말라 있다. 하지만 새로운 정책은 입증하기도, 실행하기도 어렵다. 일부 기술 및 학습 주제를 더 일찍 가르치거나, 과목을 변경하거나, 일부는 빼고, 일부는 넣고 있다. 이 제 많은 교육 과정에서 읽기, 쓰기, 산수라는 세 가지 핵심 R(reading, writing, arithmetic)에 이어 알고리듬을 네 번째 교육 핵심으로 포함하고 있다. 바로 컴퓨팅 능력이다.

이것이 바로 오늘날의 모습이다.

경로 의존성으로 인해 현재 시스템, 특히 학교 교육의 전반적 구조에는 많은 비효율성이 존재한다. 대대적인 변화는 어렵기 때문에 우리는 작은 부분부터 미세하게 개선한다. 그러나 이런 교육적 혁신의 무능력은 지능 향상에 큰 정체를 초래할 수 있다.

플린 효과는 선진국에서 그 속도가 느려졌고 경우에 따라서는 역전되기 시작했다. 그러나 모든 인간에 대한 이론을 바탕으로 크고 작은 다양한 변화를 통해 우리는 계속 똑똑해지고 플린 효과를 가속화할 수 있을 것이라고 생각한다.

플린 효과 가속화하기

소련에서 독립한 지 5년 후인 1996년, 에스토니아는 교육 과정을 재편하기 위해 티그리휘페Tiigrihüpe, 즉 호랑이 도약 재단을 설립했다. 에스토니아는 사실상 백지 상태에서 전 세계의 모범 사례를 찾아 나섰다. 에스토니아인은 교육을 중시하는 국민으로, 기술이 우리 삶에서 차지하는 역할이 점점 더 커지고 있음을 인식하고 있었다. 목표는 세계 어느 나라와 비교해도 독보적으로 기술에 초점을 맞춘 교육 과정을 만들어 기술에 정통한 인재를 양성하고 다른 나라보다 멀리 도약하려는 것이었다. 에스토니아를 E-스토니아로 탈바꿈하기 위한 이 프로그램은 토마스 헨드리크 일베스Toomas Hendrik

Ilves, 야크 아비크수Jaak Aaviksoo, 렌나르트 게오르그 메리Lennart Georg Meri에 의해 시작됐으며 에스토니아의 미래는 국민의 미래에 의해 결정된다는 인식에 기반했다.

일베스는 스웨덴에서 태어나 미국에서 자랐다. 부모님은 소련 점령 후 에스토니아를 탈출했다. 그에게 풍부하고 다양한 삶의 경험이 마음에 녹아들었고 그는 이상적인 까치, 즉 문화 모방자가 될 준비가 돼 있었다. 뉴저지의 레오니아고등학교를 졸업하고 컬럼비아대학교에서 심리학을 전공한 후 펜실베이니아대학교에서 석사 학위를 취득했다. 일베스는 밴쿠버에서 뮌헨에 이르기까지 다양한 지역에서 교육, 연구, 예술, 저널리즘 등의 분야에서 일하며 경력을 쌓았다. 1993년 공산주의 붕괴 이후 주미 에스토니아 대사를 역임했고 1996년 에스토니아로 돌아와 외무부 장관을 지냈으며 2006년 공산주의 붕괴 이후의 세 번째 대통령에 취임했다.

다른 두 인물도 까치였다. 아비크수는 물리학 박사 학위를 취득한 교육부 장관이었다. 당시 대통령이었던 메리는 유럽 전역의 9개 학교에서 교육을 받은 독립 영화 제작자이자 작가였다.

준비된 마음을 가진 이 까치들(COMPASS의 M)은 컴퓨터과학자 린나르 비크Linnar Viik 등과 놀라운 팀을 구성해 세 가지 핵심 요소, 즉 지식의 통로인 컴퓨터와 인터넷, 기초 교사 연수, 모국어 전자 교육 과정에 투자했다. 그들이 알았든 몰랐든 그들은 더 효과적인 문화적 진화 환경과 더 똑똑한 집단적 두뇌를 만들고 있었다. 그들은 차에 기름을 가득 채우고 가속 페달을 밟았다.

1991년에는 에스토니아의 절반만이 전화기를 사용할 수 있었다. 2001년에는 모든 학교가 인터넷에 연결됐고 모든 학생이 컴퓨터를 사용했다. 이를 통해 에스토니아는 전 세계의 집단적 두뇌와 연결됐다. 교육 과정은 학생들이 인터넷을 통해 학습하는 방법을 장려하도록 개편했다. 교사들은 기술 교육을 받고 서로 아이디어를 공유하며 전 세계에서 최고의 아이디어를 찾도록 고무됐다. 교사들이 서로 아이디어, 자료, 교육 과정을 공유할 수 있는 교사들의 집단적 두뇌, 스쿨라이프라는 플랫폼이 개발됐다.

티그리휘페는 집단적 두뇌 사고, 사회성, 높은 전달 충실도, 공유의 중요성을 인식했다. 오늘날에도 이 모델은 완전한 COMPASS 접근법을 구현하며 지속적으로 개선되고 있다. 또한 교육뿐만 아니라 거버넌스와 공중 보건을 비롯해 에스토니아 사회의 다른 모든 측면에 근본적 혁명의 기회를 제공하며 경로 의존성의 제약에 구애받지 않고 교사와 학생 모두를 위한 고품질 기술 교육을 기반으로 작동한다. 티그리휘페 키즈 1세대가 대학에 입학하고 공공 및 민간 부문으로 진출하면서 에스토니아는 완전히 달라졌다.

에스토니아는 최첨단 교육 시스템을 기반으로 국민에게 지속적으로 투자해 수학, 과학, 읽기 분야에서 비아시아 국가 중 최고의 자리를 지키고 있다. 2012년에는 초등학교 6세 아동에게 프로그래밍과 알고리듬을 가르치기 시작한 최초의 국가가 되었다. 2013년에는 수학 교육에 급진적 접근 방식을 도입한 최초의 국가로, 검색 엔진 울프람 알파와 수학 프로그램 매스매티카를 만든 천재 수학자이자 물리학자인 스티븐 울프람Stephen Wolfram의 동생, 콘래드 울프람 Conrad Wolfram이 이를 주도적으로 이끌었다.

2010년 '컴퓨터로 아이들에게 진짜 수학을 가르치기'라는 제목의 테드TED 강연에서 스티븐 울프람은 "사람들이 도구가 발명된 순서와 그 도구를 가르치는 순서를 혼동한다"라고 말했다. 그의 요점은 우리는 수학의 여러 내용을 고안된 순서대로 가르치는데 이 방식이 반드시 가장 효율적이거나 효과적이지는 않다는 사실이다. 생물학에는 유기체가 성장함에 따라 진화의 역사를 거치게 된다는, 지금은 받아들이지 않는 재현설recapitulation theory이라는 개념이 있다. 개체 발생이 계통 발생을 반복한다는 것처럼 수학의 발명 순서대로 수학을 배우면서 일종의 문화적 발달사를 재현하는 과정을 기치자는 생각인데 그러기 위해 그리스 시대에서 시작해야 한다. 그러나 이것이 수학을 가르치는 가장 효율적이거나 효과적인 방법이어야 할 이유는 없다. 실제로 이 접근 방식으로 삼각형의 각을 계산하거나 빗변의 길이를 구하는 규칙을 암기할 수 있겠지만 이보다 더 가치 있는 21세기의 확률과 통계의 발전에는 나아갈 수 없다. 삼각법을 대수보다 먼저 가르칠 필요가 전혀 없다. 대수학을 미적분학 이전에 가르칠 필요도 없다.

예를 들어 많은 학생이 미적분학에서 어려움을 겪는 부분은 계산법에 있다. 연쇄 규칙이나 몫 규칙을 기억하고 알고리듬적으로 따르는 것, 그리고 언제 그 규칙을 사용해야 하는지 터득하는 것 등이다.

여러분은 이런 사실을 잊어버렸을 수 있고 어떻게 작동하는지 이해하지 못했을 수도 있다. 그러나 엔지니어라고 해도 별 상관없는 일이다. 삶에 전혀 영향을 미치지 않는다. 미적분학, 그리고 일반적으로 수학은 계산법의 문제가 아니라 사고의 문제이기 때문이다. 도함수를 취한다는 말은 무엇을 의미할까? 적분을 계산한다는 말은 무엇을 의미할까? 언제, 왜 유용할까? 컴퓨터가 없던 시절에 발명된 기술인 연쇄 규칙 또는 몫 규칙에 대해 아무것도 모르면서도 우리는 수학적 추론에 대한 직관력을 키울 수 있다.

수학은 덧셈과 뺄셈을 하거나 부분 도함수(혹은 편도함수, partial derivatives)를 계산하는 규칙을 외우는 것이 아니다. 수학은 논리와 추론에 관한 학문이며 때로 수를 사용한다. 그리고 현실 세계에서 수학의 계산은 종이가 아닌 컴퓨터에서 이뤄진다. 초등학교에서 미적분 같은 개념을 프로그래밍과 함께 소개하면서 계산은 컴퓨터에게 맡기고 나중에 계산법을 배울 수 있다.

콘래드의 생각은 에스토니아가 더 밝아지기 위해 모색한 가장 최신의 접근법이다. 에스토니아 학생들이 모든 과목에서 PISA 평균 점수를 크게 뛰어넘어 세계에서 가장 우수한 성적을 거둔 비아시아 국가로 도약한 것은 당연한 결과이다!

에스토니아의 성공은 우리 모두에게 교훈이 된다. 이는 기술이나 특정 콘텐츠의 활용을 넘어서는 사례이다. 그 비결은 COMPASS 접근법에 기반한 혁신 마인드, 교육에 대한 높은 문화적, 사회적 가치, 국민과 미래에 대한 협력적 헌신의 산물이다. 이를 통해 에스토니아는 국민을 세계의 집단적 두뇌로 연결하고, 까치처럼 광범위한 교육, 문화, 제도적 인프라를 빌려와 재결합할 수 있었다.

모든 국가가, 심지어 개인도 이런 작업을 수행할 수 있다.

상하이에서 시드니, 샌프란시스코에 이르기까지 서로 공유하며 교차 수분해야 할 것이 많다. 교육 내용과 교육 과정뿐만 아니라 교육 자체에 대한 태도도 마찬가지이다. 한 가지 예로 수학을 대하는 문화 간 태도 차이를 살펴보자.

서양에서는 '저는 수학을 제일 못했어요'라는 말을 자주 듣는다. 그러나 '읽기를 제일 못했어요'라는 말은 거의 듣지 못한다. 수리력과 문해력에 대한 서구의 태도는, 아시아의 여러 지역에서는 존재하지 않는 숨겨진 가정을 배반한다.

모든 사람이 톨스토이를 해석할 필요는 없지만 글을 읽을 수 없다면 과거에 문맹자가 그랬듯이 다른 사람이 정보의 세계를 대신 해석해 주리라고 믿어야 한다. 마찬가지로 모든 사람이 텐서를 변환할 필요는 없지만 간단한 수학마저 할 수 없다면 개인 재정, 확률, 건강 관련 결정을 대신해서 해 줄 사람이 필요하다.

위어드 사회의 교육 시스템은 많은 학생을 실망시켰다. 수학에서 일찍부터 소질을 보인 학생들은 잘해 나가지만 그렇지 못한 학생은 자신이 또래만큼 수학을 배울 능력이 있다는 사실을 깨닫지 못한다. 보통 위어드 문화권에서는 투자, 모기지, 중요한 통계 발표를 단순화해 제시하곤 한다. 사회적 차원에서 이런 단순화를 법제화했고 이를 통해 개인의 능력 부족을 보완했다. 사회적 보완책에도 불구하고 사람들은 지수적 성장 같은 개념을 이해하지 못하고, 더 이른 나이에 은퇴를 위한 저축을 하지 못하며, 신용카드 사용에 취약하고, 대출과 투자를 비교해 결정하지 못하며, 건강보험에서 주택 대출에 이르기까지 모든 분야에서 최적의 결정을 내리는 데 실패한다.

우리는 이것이 수정 가능한 문제임을 안다. 왜냐하면 수리 능력과 문해력 사이의 비대칭성은 문화적 보편성이 아니기 때문이다.

여러 문화권에서 수학은 일부만 잘하는 고유 형질로 여겨지지 않는다. 수학은 연습이 필요한 기술인 읽기와 비슷하게 여겨진다. 그리고 이런 문화권의 아이가 수학을 더 잘하기 때문에 '아시아인은 수학을 잘한다'라는 고정관념이 만들어졌다. 실제로 아시아인은 수학이 올바른 교육과 태도를 통해 배우고 발전시킬 수 있는 기술이라는 점을 잘 안다. 나는 2020년 팬데믹으로 학교가 문을 닫았을 때 이 점을 극명하게 깨달았다.

나는 한동안 자기 딸들을 홈스쿨링했던 공대 출신 친구 클린턴 프리먼Clinton Freeman의 경험을 바탕으로 봉쇄 기간 동안 전 세계의 다양한 교육 과정을 한데 모아 아이들이 어떻게 반응하는지 테스트해 봤다. 수학의 경우, 싱가포르와 상하이 교육 과정(서로 교차 수분이 많은)을 사용했을 때 아이들이 보여 준 진전은 놀라웠다. 수학의 여러 영역에 걸쳐 있는 동일한 문제를 해결하고자 다양한 접근법을 통해 일반화를 유도하고, 명시적인 논리적 추론과 특정 접근 방식이 작동하는 이유, 그리고 그 방법에 대한 명확하고 정확한 설명을 제시했으며, 뭔가가 바뀌면 어떤 일이 발생할지에 대한 가정을 통해 증명적 사고를 했으며, 문자를 수의 대용으로 사용할 수 있다는 점을 배워 간단한 예비적 대수를 도입하는 등 전통적 수학 언어를 일찍 사용함으로써 이후에 학습 장벽을 무너뜨렸다.

이런 작은 변화로 중국과 싱가포르는 영국에서는 중등학교에서만 배울 수 있는 대수학을 초등학교에서 가르친다. 중국과 싱가포르가 PISA에서 상위권을 차지한 것은 어쩌면 당연한 결과일지 모른다. 나는 학교 다닐 때 수학을 잘했지만 당시 6살인 아이가 방정식의 미지수 'x'를 능숙하게 풀고 다른 값을 구하기 위해 다변수 방정식을 재구성하는 단계까지 매우 빠르게 발전하는 모습을 보면서 놀랐다. 모두 교육 방식의 작은 차이 덕분이었다.

말하고 싶은 요점은 우리가 과거에 내린 결정에서 기꺼이 벗어난다면(COMPASS의 O) 더 똑똑해질 수 있는 지적 차익 거래의 기회(COMPASS의 M)는 얼마든지 있다는 것이다. 이를 위해서는 학교에 대한 충분한 재정 지원, 교사 재교육에 대한 투자, 남들과 다른 시도를 할 수 있는 인센티브가 필요하다. 그뿐만 아니라 단지 수학 교육, 지나치게 경쟁적인 교육 과정을 넘어 인간 마음의 유연성과 우리가 하고자 한다면 어디까지 해낼 수 있는지를 명확히 인식하는 것이 필요하다.

다시 말해 우리의 심리는 해킹이 가능하다. 우리 마음은 백지 상태는 아니지만 매우 유연하다. 정규 교육은 우리가 다음 세대에 문화적 패키지를 전달하는 주요 수단이다. 사람들이 잘하지 못한다고 생각하는 것은 우리가 우선순위에서 제외했거나, 가르치지 않았거나, 더 잘 가르칠 수 있는 방법을 찾기 위해 충분히 연구하지 않은 지식이다. 예를 들어 우리는 사람들이 논리적 오류에 매우 취약하다고 생각하지만 사실 영어권 국가에서는 형식 논리나 논리적 오류(허수아비 때리기 논증, 인신공격의 오류, 권위 호소의 오류, 상관관계와 인과관계 혼동하기 등)를 아이에게 이예 가르치지 않으니 당연한 일이다. 인간처럼 소프트웨어에 의존하는 종에게 논리적 오류는 영영 가르칠 수 없는 영구적 약점이 아니다. 전통 사회에서 수 세는 법을 배울 수 있었던 것처럼 우리도 추론하는 법을 배울 수 있다. 그리고 플린 효과에서 알 수 있듯이 우리는 항상 지금보다 더 많은 일을 해낼 수 있는 잠재력이 있다. 1940년대를 산 아이는 21세기의 아이보다 훨씬 적게 배웠지만 만약 현대적인 교육 과정을 받았다면 똑같이 잘해 냈을 것이다.

변화를 위한 자유에도 여러 수준이 있지만 태도의 변화, 실험에 대한 의지, 스타트업 도시의 정치적 의지가 필요하다. 수업 시간도 고려해 볼 수 있는데 부모가 직장에서 잠시 나와 자녀를 데리러 가야 하는 9시부터 오후 3시까지의 학교 일과를 고집할 필요가 없다. 이 제도는 많은 아이가 농사를 돕기 위해 집으로 돌아가고 엄마가 집에 머물며 일하는 중간에 아이를 데리러 올 수 있었던 시대의 유산이다. 그 대안으로는 일반적인 성인의 노동 시간에 맞춰 휴식 시간을 많이 두고 아이가 성장함에 따라 휴식 시간을 점점 줄이는 방식이 있다. 이 휴식 시간에는 스포츠, 과외 활동, 숙제, 주말 활동 등이 포함될 수 있다. 방과 후 활동은 교과 활동이 되고 숙제는 교내 과제가 될 것이다. 값비싼 보육 비용은 이런 추가 활동에 드는 비용을 줄이기 위해 재분배될 수 있다. 핀란드의 사례에서 알 수 있듯이 교사에게 다른 고소득 직업과 비슷한 수준의 급여를 지급하고 발전의 기회를 제공하면 교직의 위상이 높아지고 최고의 인재가 다음 세대에 지식의 빛을 전달하는 가장 고귀하고 가치 있는 직업을 택한다.

교육 과정과 평가의 구조 역시 혁신에 열려 있다. 2017년, 세계에서 가장 오래된 과학학회이자 영국 최고의 과학학회인 왕립학회의 회장 벤키 라마크리슈난Venki Ramakrishnan은 학생들이 치르는 A레벨 시험이 "더 이상 목적에 적합하지 않다"라고 비판했다. A레벨은 최종 과목 3~4개만 평가하는 과목별 국가 시험이다. 그는 이 시험이 너무 편협한 교육 모델이라고 말했다. 열여섯 살 학생에게 무엇을 전공하고 싶은지 묻는 것은 세상에 대한 지식에 큰 구멍을 남기며 그 구멍은 이후에 거의 메워지지 않는다고 말이다.

집단적 두뇌 관점에서, 그리고 세계의 여러 교육 과정을 거쳐 온 학생들을 가르치며 얻은 나의 경험에 비추어서 고등 수준에서 단지 서너 가지 과목만 공부하는 것은 학생들이 많은 지식에 대해 무지하게 만들고 지적 차익 거래 및 기타 혁신에 필요한 가치 있는 연결을 이끌어 내지 못하게 한다. 집단적 두뇌를 더 잘 연결하고 지나친 전문화로 인한 다양성의 역설을 해결하려면 더 광범위하고 균형 잡힌 교육 과정이 필요하다. 이는 인공 지능 시대에 더욱 중요해질 것이다.

이런 거시적 수준의 변화 외에도 학교 내에는 미시적 수준의 혁신 기회가 많다. 우리는 소아와 성인 간의 격차가 너무 커서 이를 극복하려면 광범위한 교사 교육이 필요하기에 전문 교사를 양성하고 있다. '이봐요, 어른들, 아이들은 이렇게 배우는 거예요.'

이와는 대조적으로 많은 전통 사회에서는 어른이 아이에게 가르치는 경우가 별로 없다. 그 대신에 아이들은 조금 더 나이가 많은 아이에게서 배운다. 5세 소아는 6세와 7세 소아에게, 7세 소아는 8세와 9세 소아에게 배우는 식이다. 이렇게 연령 차이가 적으면 학습 단계가 점진적으로 진행돼 가르치는 내용을 더 쉽게 이해할 수 있다. 하지만 현재 시스템에서는 이런 점진적 학습이 사라졌다. 그렇다고 해서 이 모델로 돌아가야 한다는 말은 아니며 단지 우리는 점진적 학습 모델에서 뭔가를 배울 수 있다는 뜻이다.

우리는 일반적으로 아이들을 연령대별로 묶어서 가르치는데 이는 비슷한 나이의 아이들이 비슷한 능력 수준을 보인다는 가정 때문이다. 하지만 교사라면 누구나 알다시피 비슷한 능력이라는 가정은 잘못된 것이다. 아이마다, 과목마다 능력은 크게 다르다. 필연적으로 어떤 아이는 따라잡으려 고군분투하고 어떤 아이는 잠재력을 제대로 발휘하지 못하는데 이는 과목마다 다를 수 있다. 우리는 현대의 발전된 기술 덕분에 나이보다는 능력과 성숙도에 따라 더 개인화된 교육을 하거나 더 동질적인 교육 집단을 만들 수 있다. 그러면 학생들은 빠르게 변화하는 세계에서 필수적인 기술, 즉 학습하는 방법에 대해 배울 수 있을 것이다.

교육을 개선하기 위한 다양한 접근 방식이 있다. 그중에서도 유명한 것은 일론 머스크의 아스트라노바 학교(구舊 애드 아스트라)이다. 이 학교는 기본적으로 학습과 실제 세계와의 관련성에 초점을 맞춘다. 이 아이디어를 아이들에게 엔진에 대해 가르치는 두 가지 방법을 대조하며 설명하겠다. 한 가지 접근 방식은 스크루 드라이버와 렌치 같은 도구 및 그 사용법을 가르치는 것에서 시작한다. 결국 학생들은 도구가 엔진을 분해하는 데 어떻게 도움이 되는지 배운다. 이는 구성 부품을 학습하고 마침내 최종 제품을 조립하는 데 초점을 맞춘 접근 방식이다. 하지만 그 과정에서 많은 학생이 학습 내용의 관련성을 깨닫지 못하고 흥미를 잃을 것이다. '도대체 이걸 배우는 이유가 뭐죠?'

다른 접근 방식은 도구와 엔진에 대한 접근 권한을 부여하고 학생들이 이를 분해하고 다시 조립하는 과제를 처음부터 끝까지 수행하면서, 그리고 중간 중간 실용적인 문제를 해결하는 데 초점을 맞추면서 사물의 원리를 배우는 것이다. 증기기관이 생긴 후 유압의 원리를 더 쉽게 이해할 수 있었던 것처럼 무엇이든 직접 해보고 현실적인 관련성을 확인하면 더 쉽게 배울 수 있다. 이런 접근 방식은 여러 교육 방식 중 하나이며 최선의 방법이 아닐 수도 있지만 기존의 틀에서 벗어나 플린 효과의 가속 페달을 밟기 위해서는 이런 혁신이 필요하다.

학교는 최적이 아니라 지역적 균형에 갇혀 있으며 현재 세상의 요구에 대비하지 못하고 있다. 많은 부모가 이 사실을 인식하고 자녀를 더 잘 준비시키기 위해 공교육과 사교육에서 제공하지 못하는 것을 따로 가르치며 불충분함을 보완한다. 하지만 모든 부모가 그렇게 할 수 있는 자원, 기술, 시간이 있지는 않다. 공교육이 일상생활의 기술 습득과 점점 더 무관해지면서 불평등과 집단 간 차이가 더욱 심화되고 있으며 이는 우리 모두에게 막대한 비용을 초래한다.

모든 아이가 다 괜찮은 것은 아니다

재능은 공평하게 분배되지만 기회는 그렇지 않다. 엄밀히 말하면 이 말은 진실이 아니다.

우리 유전자는 충분히 다양하기 때문에 모든 사람이 동일한 자원, 동일한 양육 환경, 동일한 교육 기회, 동일한 문화, 오염되지 않은 공기, 영양가 있는 음식, 깨끗한 물을 접할 수 있는 완벽하게 평등한 세상에서도 결과의 불평등은 여전히 존재할 것이다. 세상에는 존 폰 노이만John von Neumann이나 테리 타오스Terry Taos 같은 타고난 천재가 있는 반면 아직 실현되지 않은 잠재력을 가진 사람도 있다. 실제로 우리가 천재라고 부르는 사람은 '똑똑한' 사람이었을 수도 있지만 그저 집단적 두뇌에서 아이디어의 연결고리가 되기에 적합한 위치에 있었던 것인지도 모른다. 그들은 타고난 재능 때문이 아니라 지금보다 더 불평등한 세상에서 더 큰 개인적 기회를 얻었기 때문에 두각을 나타냈다.

과거에 천재가 더 많았던 것처럼 느껴질 때가 있어 사람들은 그 많던 천재가 다 어디로 갔는지 궁금해한다. 한 가지 가능성은 과거에 천재가 더 많았던 것이 아니라 필요한 교육, 책, 지식 네트워크, 자원에 대한 접근성을 갖춘 사람이 더 적었을 뿐이라는 것이다. 이 것이 오늘날 천재가 사라진 이유에 대한 답이다. 뉴턴은 고등교육은커녕 문맹률이 매우 높았고 해결하기 쉬운 문제가 많았던 시절에 그저 작은 흙더미 위에 서 있었을 뿐이다. 교육을 받을 수 있는 사람이 거의 없던 당시의 사회적 이동성을 고려할 때 뉴턴이 영국에서 잠재력이 가장 큰 사람이었을 통계적 가능성은 매우 낮다.

마찬가지로 아인슈타인과 폰 노이만도 약간 더 높지만 여전히 매우 작은 언덕 위에 서 있었다. 오늘날 뉴턴, 아인슈타인, 폰 노이만과 동등한 잠재력과 천재성을 가진 사람들이 기술 기업, 명문 대학, 최고의 금융 회사에서 일하고 있다는 것은 통계적으로 볼 때 확실하다. 다시 말해 오늘날의 지식이 전혀 없는 평범한 빅테크 엔지니어, 물리학 교수, 금융 퀀트 분석가를 17세기로 되돌려 뉴턴의 상황에 놓는다면 아마도 뉴턴의 법칙을 다시 도출하고 뉴턴보다 훨씬 더 많은 일을 해낼 수 있을 것이다.

우리가 말하는 천재는 단순히 유전적 천재가 아니라 집단적 두뇌에서 차지하는 위치에 따라 만들어진 문화적 소프트웨어의 산물이다. 뉴턴 시대 이후 인구가 증가하고 교육이 발전하면서 뉴턴 수준의 천재가 너무 많아졌다. 경쟁이 치열하지 않았던 때와 달리 이들은 특별히 주목을 받거나 역사책에 이름을 올리기 어려웠다. 그러나 높은 빈곤율과 늘어난 세계 인구를 고려할 때 단순히 기회가 없어서 기술, 학계, 금융계보다 더 평범한 일을 하는 뉴턴, 아인슈타인, 폰 노이만이 더 많을 것이라는 사실도 거의 확실하다. 아마 다른 곳, 다른 시대에 태어났다면 아인슈타인은 오늘날에도 조용히 특허청 서기로 살았을지 모른다. 지금도 많은 잠재적 아인슈타인이 그렇게 살고 있다.

따라서 재능은 평등하게 분배되지 않을 수 있지만 기회는 **정말로** 평등하지 않다. 우리가 사는 세상은 평등과는 거리가 멀다. 재능의 잠재력은 그 재능을 키워서 우리 모두에게 혜택을 줄 수 있는 기회보다 훨씬 더 평등하게 분배되어 있다. 7장과 9장에서 논의했듯이 우리 사회에 고착된 거대한 불평등과 세대 간 부의 대물림으로 수많은 인간의 잠재력이 사라지고 있다.

이에 대한 증거는 사회 이동성 데이터에서 확인할 수 있다. 사회 이동성 지수는 자녀와 부모의 사회경제적 지위 사이의 상관관계를 추적한다. 즉, 각자의 부와 소득, 교육, 기타 평생에 걸쳐 성취하는 것이 부모에 의해 어느 정도나 결정되는지 알 수 있는 데이터이다. 물론 이런 상관관계의 일부는 유전자에 기인할 수 있지만 이동성에서 나타나는 국가 간 차이는 많은 점을 시사한다.

북유럽 국가인 덴마크와 노르웨이가 사회 이동성에서 꾸준히 상위권을 차지하는 것은 놀라운 일이 아니다. 앞서 노르웨이와 영국을 비교하면서 살펴본 바, 노르웨이에서는 가난하다고 해서 양질의 교육, 좋은 음식, 안전하고 공해가 없는 동네를 누리는 데 어려움을 겪지 않는다. 가난한 노르웨이인과 부유한 노르웨이인이 더 자유롭게 섞이면서 사상과 문화의 흐름이 활발해져 하나의 문화-집단이 유지되고 불평등이 줄어든다. 그 결과 유전자는 영국보다 노르웨이에서, 미국보다 영국에서 더 나은 결과를 예측하는 지표이다. 이동성이 높을수록 유전성도 높아진다.

이는 부자들이 더 나은 유전자나 더 뛰어난 재능 덕분에 부를 유지한다는 생각과 모순된다. 연구 결과, 유전자는 미국 부유층의 인지 능력을 강력하게 예측하는 요인인 반면 빈곤층에서는 그렇지 않다. 그러나 노르웨이 같은 지역에서는 전체 인구에 걸쳐 유전자가 인지 능력을 더 잘 예측하는 요인이다.

반직관적일 수 있지만 더 평등한 사회는 유전자가 성공에 **더 큰** 역할을 하는 사회이다.

이런 사례와 정책이 전 세계가 변화하는 데 영감을 주고 목표를 달성하기 위한 지침서가 되기를 바란다. 이 모든 사례와 정책은 인구 수준에서 플린 효과를 가속화해 모든 사람에게 자신의 잠재력을 극대화할 수 있는 인생 최고의 기회를 제공함으로써 개인뿐만 아니라 우리 공동의 미래를 밝게 만들고자 모든 인간에 대한 이론에서 파생된 접근법이다. 목표는 우리 아이들이 건강하고, 부유하고, 매력적이고, 성공하고, 행복한 인간이 될 확률을 극대화하는 것이다.

인간의 잠재력 극대화

교육에 더 많이 투자하는 국가일수록 세대 간 이동성이 더 높다. 미국 같은 국가 내에서도 교육에 더 많이 투자하는 주가 그렇지 않은 주보다 세대 간 이동성이 더 높다. 메시지는 분명하다. 더 많은 교육 기회는 차세대 인재를 발굴하고 양성해 우리를 다음 에너지 수준으로 이끌 수 있다.

안타깝게도 세대 간 이동성은 감소하고 있으며 부를 비롯한 여러 지표는 더욱 고착화되고 있다. 에너지 천장이 낮아지면서 처음으로 여러 지표에서 부모 세대보다 더 열악한 삶을 살게 된 첫 세대가 등장했다.

1940년대에 태어난 미국인은 부모보다 더 잘살 확률이 90% 이상이었는데 이는 경제 성장과 세대 간 이동성의 결과였다. 1960년대에 태어난 아이는 약 60%의 확률을 가졌다. 1980년대 석유 파동과 함께 아메리칸 드림은 사라졌고 이 시기에 태어난 자녀가 부모보다 더 많이 벌 확률은 동전 던지기를 할 때처럼 반반이 되었다.

미국, 그리고 전 세계적으로 세대 간 이동성에는 여전히 큰 편차가 있다.

흔히 사용하는 세대 간 이동성 지표 중 하나는 부모의 소득을 기준으로 개인의 소득을 예측할 수 있는 비율인 소득의 세대 간 탄력성InterGenerational Elasticity of Income, IGE이다. 미국과 영국은 이 수치가 약 50%로, 자녀의 소득 중 50%는 부모의 소득으로 50%는 교육, 운, 노력 등 다른 요인으로 설명할 수 있다는 뜻이다. 이와는 대조적으로 캐나다, 핀란드, 노르웨이, 덴마크에서는 IGE가 20% 미만으로, 이는 자녀 소득의 20%만이 부모 소득으로 설명되고 80%는 다른 요인으로 설명된다는 뜻이다. 재정적으로 어려움을 겪는 캐나다 혹은 덴마크 부모는 자녀의 미래 재정에 부정적 영향을 미칠 가능성이 미국이나 영국의 부모에 비해서 훨씬 낮다.

모든 인간에 대한 이론을 바탕으로 모든 사람에게 최고의 기회를 제공하려면 무엇이 필요한지 생각해 보자. 나는 이를 정책과 개인의 선택이라는 프레임으로 제시하겠지만 이런 정책을 실행하는 데는 많은 장벽이 있으며 대부분의 사람은 선택을 할 능력이 없다는 사실을 인식해야 한다. 가난한 사람이 항상 나쁜 선택을 하지는 않는다. 단지 선택할 수 있는 폭이 좁을 뿐이다. 그럼에도 일반적인 방향을 아는 것은 우리가 가고 싶지 않은 곳에서 벗어나 원하는 곳으로 향하도록 돕는다.

집단 수준에서는 당연한 이야기이지만 교육에 투자하는 것만으로도 큰 수익을 얻을 수 있다. 더 똑똑한 나라가 모두에게 더 좋은 나라이다. 소설 〈잘못은 우리 별에 있어The Fault in Our Stars〉의 저자이자 성공적인 유튜브 시리즈 〈크래시코스CrashCourse〉의 진행자인 존 그린John Green은 다음과 같이 말했다,

> 공교육은 학생이나 학부모의 이익을 위해 존재하는 것이 아니다. 공교육은 사회 질서를 위해 존재한다. 인류는 교육을 받은 인구가 많을수록 좋다는 사실을 발견했다. 학생이 아니거나 자녀를 가진 사람이 아니어도 공교육에서 혜택을 받을 수 있다. 여러분이 사는 모든 순간, 여러분은 공교육에서 혜택을 받고 있다. 개인적으로 학교에 다니는 자녀가 없음에도 학교에 세금을 내는 것을 좋아하는 이유는 멍청한 사람이 많은 나라에 사는 것이 싫기 때문이다.

하지만 중요한 것은 학교에 대한 재정적 투자뿐만 아니라 그 돈이 어떻게 사용되는지, 아이들이 처한 문화와 상황이 어떠한지, 노력과 인내 같은 가치가 장려되는지, 아이들이 자신들의 진화한 사회적 학습 심리라는 렌즈를 통해 볼 수 있는 포부 가득한 미래가 있는지이다. 이런 사회적 학습 심리는 아이들에게 자극을 주는 잠재적 모델의 성공과 경로에 민감하다.

집단은 IQ, 교육 성취도, 소득, 부, 건강, 수명 등 다양한 지표로 측정된 결과에서 차이가 있다. 성공하려면 다양한 문화적 형질이 필요하다. 우수한 교육, 야망, 열심히 일하려는 의지, 인맥, 자원, 능력, 위험을 감수할 수 있는 의지 등 어느 하나라도 부족하면 정상에 오를 가능성이 낮아진다. 따라서 개인과 가족, 전체 집단 간의 불완전한 전달과 서로 다른 문화적 형질을 고려할 때 집단 간 차이가 나타

나는 현상은 그리 놀랍지 않다. 어떤 면에서 이는 과소평가돼 있다. 모든 집단이 동일한 결과를 얻는 게 더 놀라운 일이다. 하지만 집단 간 격차의 크기는 우리가 통제할 수 있다.

집단 간 차이를 상류에서 해결하는 것, 즉 어린 시절의 환경과 기회를 개선하는 정책은 우리가 주로 초점을 맞추는 하류에서의 해결, 즉 대학 진학이나 일자리 정책을 개선하는 것보다 더 효과적이다.

영국과 미국을 포함한 많은 지역 사회가 공해, 질병, 영양 부족, 흡연 노출, 납 같은 독소로 인한 지속적인 뇌 하드웨어 공격으로 고통받고 있다. 예를 들어 여러 보고서에 따르면 많은 영국 주민이 낡은 주택의 오래된 상수도관에서 누출된 납 때문에 납 중독을 겪는다. 나도 우리 집의 수돗물을 검사하니 안전하지 않은 수치가 나왔다. 심지어 우리 집은 납 중독으로 알려진 지역에 있지도 않다. 글래스고처럼 납 중독률이 훨씬 높다고 알려진 지역은 학교 성적이 낮고 비행 청소년 증가율이 높다.

납 중독을 측정하고 납을 저감하는 것만으로도 큰 효과를 거둘 수 있다. 이를 위한 연구가 계속 진행 중이다. 2022년 《미국 국립과학원 회보》에 발표된 한 연구에 따르면 20세기에 흔했던 납 함유 휘발유가 미국 인구 절반의 IQ를 떨어뜨렸다고 한다.

상류에서 나타나는 집단 간 차이는 가족 문화, 자녀 양육 방식, 부모 관계의 안정성, 학교의 질에서도 발견할 수 있으며 이런 차이를 연구함으로써 우리는 모두를 더 나은 삶으로 이끄는 정책을 만들 수 있다.

고등학교를 졸업할 무렵에는 집단 간 차이가 놀라운 결과를 부를 수 있다. 미국의 추정에 따르면 2016년에 수학 SAT에서 700점 이상을 받은 흑인은 2200명, 라틴계는 4900명이 채 되지 않았다. 수학 SAT의 최고점은 800점이다. 반면에 최소 4만 8000명의 백인과 5

만 2800명의 아시아계가 700점 이상을 받았다. 750점 이상이라는 더 높은 백분위수를 살펴보면 미국 전체에서 백인은 1만 6000명, 아시아계는 2만 9570명인데 비해 흑인은 1000명, 라틴계는 2400명으로 그 수가 줄어든다. 따라서 응시자의 51%가 백인, 21%가 라틴계, 14%가 흑인, 14%가 아시아인인데 750점 이상을 받은 사람 중 60%는 아시아인, 33%는 백인, 5%는 라틴계, 2%는 흑인이다.

이런 차이를 유발하는 동일한 힘이 대학, 대학교, 직장으로 전파된다. 많은 공중 보건 문제와 마찬가지로 조기에 개입하면 더 큰 효과를 거둘 수 있을 것이다. 하지만 우리는 이렇게 다면적인 문제를 상류에서 해결하려 하기보다는 그보다 쉬우나 실패 가능성이 높은 패배주의적 접근법을 취하는 경우가 많다. 소수 집단 우대 조치, 할당제, 표준화 시험 폐지, 반인종주의 정책 같은 선의의 전략은 인종 간 차이라는 문제를 상류에서 해결할 수 없다는 가정하에 일부 집단에 대한 낮은 기대치를 생성한다는 점에서 암묵적으로 인종차별적일 수 있다.

소수 집단 우대 조치와 인종차별 금지 정책은 매우 현실적인 문제를 해결하고자 한다. 실제로 이런 정책은 아이들이 동경할 수 있는 역할 모델을 제시하거나 단순히 깊은 불평등에 관한 인식을 제고하는 선에서는 유용할 수 있다. 또한 이런 접근은 문화적, 구조적 수준에 실질적 문제가 있다는 올바른 가정에 기초한다. 그러나 학교 성적의 큰 차이를 초래하는 요인은 사후적 개선으로 해결되지 않는다. 게다가 집단 간 차이의 궁극적인 근본 원인을 해결하지 못하기 때문에 의도하지 않은, 왜곡된 인센티브를 제공한다. 때로는 자멸적 결과를 초래하는 근시안적 교정, 추가 정책, 사후 접근, 정책 옹호로 점철된 생태계만 남게 된다. 이 모든 것이 근본적 원인을 해결하지 못했기 때문에 발생한다.

예를 들어 흑인 학생과 백인 학생의 진로를 조사한 듀크대학교의 연구를 보자. 백인 학생에 비해 흑인 학생은 어려운 전공에서 쉬운 전공으로 전과할 확률이 훨씬 더 높다. 이런 차이는 전적으로 학생들이 캠퍼스에 입학하기 전, 고등학교 시절의 대입 과정에서 예측된다. 결과적으로 어려운 전공에서 흑인의 대표성이 감소하는 현상은 단지 듀크대학교에 입학했다고 해결되지 않는 취업 가능성, 평생 소득에 부정적 영향을 미친다.

간단히 말해 준비가 덜 된 학생을 입학시키는 정책은, 대학에 입학하기 전에 해결해야 할 학업 성취도 격차를 해결하지 못한다. 이 격차는 고등학교가 학생들을 더 잘 준비시키도록 돕는 방법으로 해결해야 했다. 마찬가지로 고등학교 성적의 차이는 초중등학교가 학생들을 고등학교에 대비시키도록 돕는 방법으로 해결해야 했다. 초등학교에서의 격차는 어머니와 아버지가 건강을 유지하고 건강한 자녀를 낳으며 부모가 아이에게 더 좋은 양육 환경을 제공할 수 있게 지원하는 방법으로 해결해야 했다.

이민자의 경험에서도 상류 차이의 하류 효과를 볼 수 있으며 지금의 이민 정책은 이민자의 성공에 영향을 미치는 요소를 고려하지 못하고 있다. 예를 들어 영국에서는 적어도 1세대의 경우 유럽계 이민자가 비유럽계 이민자보다 경제적으로 더 많은 기여를 한다. 프랑스, 독일, 캐나다의 데이터도 같은 패턴을 보여 준다. 이는 고도로 숙련되고 문화적으로 가까운 이민자의 소득, 그에 따른 높은 납세 덕분에 가능한 것이다. 이 이민자들은 경제에 더 큰 순이익을 가져다준다.

고학력 이민자일수록 더 높은 소득을 얻는 경향이 있으므로 경제적으로 기여하는 바가 더 크며 말하자면 자기 힘으로 비용을 지불한다고 할 수 있다. 특히 그 기술이 부족해 경제에 꼭 필요할 때 더욱 그렇다. 물론 경제가 전부는 아니지만 장애인, 어려운 상황에 처한 사람, 여러 이유로 잘살지 못하는 사람을 돌보는 사회 복지 국가를 지원하는 데 있어 경제는 필수적이다. 사회 복지 국가는 세금으로 유지되기 때문에 생산성이 높은 노동력이 생산성이 낮은 사회 구성원을 지원한다. 따라서 우리는 서로 다른 기술을 가진 사람들의 복지에 미치는 영향과 이들이 과세 기반의 생산성에 어떻게 기여하는지를 신중하게 고려해야 한다. 그렇지 않다면 어떻게 이들을 지원하고 이들의 생산성을 높을 수 있는지 고민해야 한다.

하지만 모든 것이 이민자 편에 있지는 않다. 같은 교육과 자격을 갖추고 있어도 문화적으로 먼 나라에서 온 이주민은 소득이 낮다. 이는 단순히 차별 때문일 수도 있지만 차별은 단순한 문제가 아니다.

중요한 차별 연구 중에 학위, 대학, 경력 등이 동일한 이력서를 이름만 바꿔서 발송한 실험이 있었다. 예를 들어 서구의 경우 어떤 고용주는 압둘 무함마드라는 이름의 이력서를 받은 반면 어떤 고용주는 아담 맥킨지라는 이름의 이력서를 받았다. 무함마드는 맥킨지와 동일한 학력, 동일한 경력이었고 심지어 형식까지 동일한 이력서를 제출했음에도 불구하고 면접 기회를 더 적게 얻었다. 남성 대 여성, 소수 민족 대 서구인 등의 구도에서 이름만 조정하는 방식의 연구에 따르면 성별과 인종에 따른 차별의 강력한 증거가 있다.

그러나 차별에 관한 증거가 문화적으로 멀리 떨어져 있는 이민자나 다른 인종 집단의 전체 소득 차이를 설명할 만큼 충분히 크지는 않다. 게다가 차별은 궁극적 설명이 아니다. 왜 어떤 사람이 다른 사람보다 차별을 더 많이 받는지, 많은 특성을 공유하는데도 왜 어떤 집단이 다른 집단보다 차별을 더 많이 받는지 설명할 필요가 있다. 3장에서 논의한 이민자의 출신 국가별 소득 차이를 기억하는가?

이런 패턴과 일치하는 연구 결과에 따르면 남아시아계가 동아시아인에 비해 임원급 직책으로 과대 대표되고 있지만 동시에 남아시아계가 동아시아인보다 더 많은 차별을 받는다는 사실도 밝혀졌다. 그러나 세분화된 데이터에서 알 수 있듯이 이 역시 광범위한 일반화이다.

많은 미국 기업, 특히 마이크로소프트, 알파벳, IBM, 엑스(트위터), 온리팬스와 같은 기술 기업의 저명한 남아시아계 CEO들은 넓은 의미의 남아시아계가 아니라 사실상 인도계이다. 하지만 이 역시 너무 광범위한 일반화이다. 이들 CEO 중에는 인도인일 뿐만 아니라 인도 전체 인구의 5%도 안 되는 상류층 브라만이 압도적으로 많다. 즉, 문화를 측정하고 이 결과를 적용하는 일은 모든 인간에 대한 이론 없이는 너무 복잡해서 이해하기 어렵다. 차별에 대한 포괄적인 가정이나 진술은 차별의 정도, 차별의 대상, 궁극적 원인을 설명하지 못한다. '사람들은 인종차별주의자다' 같은 단순한 설명으로는 왜 어떤 사람이 더 인종차별적인지, 왜 특정 집단이나 하위 집단을 더 심하게 인종차별 하는지 설명할 수 없다. 더 완전한 설명을 위해서는 사람들이 차별을 위해 어떤 단서를 사용하는지, 그 이유는 무엇인지 이해해야 한다.

아마 일부는 세계 각지에서 인식되는 교육의 질적 차이 때문일 수 있다. 스위스에서 스웨덴으로 이주한 이민자는 문화적으로 더 멀리 떨어진 시리아에서 온 이주민보다 문화적으로 더 가까우며 더 나은 교육 경험을 갖고 있을 수 있다. 게다가 학력 수준이 같더라도 스위스가 시리아보다 더 나은 교육을 제공할 수도 있다. 전쟁의 영향과 경제적 차이만으로 이런 교육적 차이가 발생할 수 있다. 그리고 훈련, 조정 및 의사소통에 관한 문화적 문제 모두 업무 성과에 차이를 가져오는 요인으로 알려져 있다.

차별의 원인을 이해하지 않고 차별의 경향에만 초점을 맞춰 문제를 해결하면 기존 사회의 갈등만 조장하고 인종주의, 성차별, 기타 편견을 합리화할 위험을 초래할 수 있다.

인종별 SAT 점수 차이라는 주제를 다시 한번 살펴보자. 이 편차는 대학까지 지속돼 학업 성취도에 영향을 미칠 수 있다. 소수 집단의 대표성을 높이려는 대학은 다른 집단에 비해 소수 집단의 점수가 낮은 학생을 받아들일 것이다. 결과적으로 인종이나 성별은 입학 기준이나 학업 성적이 다르다는 사실을 나타내는 지표로 간주될 수 있다. 이제 고용주가 동일한 이력서를 검토하지만 지원자의 성적은 볼 수 없고 학위만 볼 수 있다고 가정하자(일반적으로 성적은 이력서에 포함되지 않으므로). 이 고용주의 목표가 지원자 중 가장 높은 성적을 거둔 지원자를 택하는 것이라면 대학이 낮은 SAT 점수를 받은 소수 집단의 학생을 받아들인다는 지식을 바탕으로 소수자 지원자의 학업 성취도를 부정적으로 추측할 수 있다. 따라서 해당 지원자가 취업에 어려움을 겪을 수 있다는 예측을 인정해야 한다. 게다가 이런 어려움은 입사 초기 직장 내 성과에 영향을 미칠 수 있다. 성과를 극대화하는 데 중점을 두는 고용주라면 이 점을 우려할 수 있다. 그러나 소수 집단 우대 조치가 적용되지 않는 시나리오에서는 같은 고용주라도 소수자 지원자가 여기까지 오는 과정이 더 어려웠을 수 있다는 사실을 인정해 더 호의적으로 바라볼 수 있다. 입학 기준이 모든 집단에 걸쳐 일관적이라면 모든 지원자가 동등한 능력을 갖췄다고 가정할 수 있다. 실제로 대표성이 낮은 소수 집단에서 그 구성원이 극복해야 했을 장애물을 고려하면 이것이 오히려 이점이 된다.

상류가 아닌 하류에서 문제를 해결하면 결과를 최적화하는 컴퓨터처럼 행동하는 합리적 인종주의자와 베이지언 편견주의자를 만들 위험이 있다. 그리고 차별의 영향을 줄이려면 효율적이고 공정한 시스템이라는 목표를 더욱 왜곡하는 추가적 문제에 대한 수정이 필요하다. 지금의 시스템도 효율적인 시스템과 거리가 멀지만 그렇다고 해서 다른 비효율적인 시스템을 개선하기보다 그저 수용해야 한다는 뜻은 아니다.

문제는 상류에서 하류로 흐르는데, 문제의 근원인 상류가 아니라 하류에서 문제를 해결하려고 하면 능력주의나 표현의 자유 같은 가치를 훼손하는 왜곡이 발생한다. 또한 골칫거리 하나는 일부 사람이 소수 집단 우대 조치 같은 정책에 대한 정당한 비판을 그래서 아무것도 하지 않겠다는 핑계로 삼는다는 것이다. 하지만 모델이 망가졌다고 말하는 것만으로는 충분하지 않으며 더 나은 모델을 개발해야 한다. 우리는 문제를 상류에서 해결하기 위해 훨씬 더 많은 노력을 기울여야 한다.

대중적인 반인종주의적 접근은 선한 의도를 갖고 있지만, 표현의 자유와 능력주의에 기반한 승진을 믿는 우리의 약속을 훼손하고 특권을 가졌다고 간주되는 집단 일부를 악마화하며 집단 간 관계를 해칠 수 있다. 하지만 아무것도 하지 않는 것이 선택지가 될 수는 없다.

누군가 다쳤을 때 우리는 지혈을 하고 증상을 치료해야 한다. 우리 사회를 진정으로 치유하기 위해서는 붕대를 감아 증상을 완화하는 것을 넘어 근본적 원인을 제거해야 한다. 모든 인간에 대한 이론은 시스템적 차원의 궁극적인 정책적 접근을 요구한다.

하버드대학교의 '기회 인사이트 이니셔티브Opportunity Insights initiative'는 경제학자 라즈 체티Raj Chetty가 이끄는 연구 프로그램으로, 차별과 격차를 해소하는 확장 가능한 해결책을 개발하는 것을 목표로 가장 최신의 데이터를 분석하고 인공 지능, 기계 학습을 대규모 데이터 세트에 적용하고 있다. 여러 소규모 프로젝트에서도 이 같은 노력이 있었지만 기회 인사이트가 개척한 것과 같은 대규모 이니셔티브는 드물다. 기회 인사이트는 9장에서 논의한 것처럼 지대세 같은 정책을 통해 부의 불평등을 감소할 수 있다는 사실을 확인했다. 또한 문화적 전승의 중요성과 그것이 집단적 두뇌를 하나로 묶는 중요한 역할을 한다는 사실을 확인했다. 예를 들어 부자와 가난한 사람 사이의 교류가 많은 동네에서 자란 가난한 부모의 아이들은 훨씬 더 나은 결과를 얻는다. 측정하지는 않았지만 아마도 부유한 부모의 자녀도 다른 사회적 약자가 직면한 구조적, 물질적 어려움에 대해 더 잘 이해할 수 있는 기회를 가졌을 거이다.

이런 인사이트는 '기회 창출을 위한 움직임Creating Moves to Opportunity, CMTO' 프로젝트와 '샬럿 기회 이니셔티브 협업Charlotte Opportunity Initiative Collaboration' 같은 확장 가능한 이니셔티브로 이어졌다.

매년 미국은 주택 선택 바우처 프로그램을 통해 임대료를 지원하는 데 약 200억 달러를 지출하고 있다. CMTO는 이런 자금이 교육 및 삶의 결과를 향상하는 방식으로 재분배될 수 있도록 지원한다. 예를 들어 기회 인사이트는 저소득층 가정이 자신의 필요를 더 잘 충족하는 지역을 파악한 다음, 이 지역으로 이사할 수 있는 주택을 신청할 수 있도록 코칭하고 지원한다. 이런 지역으로 이사한 아이는 대학에 진학하는 비율이 높은데 그것도 더 좋은 대학에 진학할 가능성이 높으며 편부모가 될 가능성은 낮다. 아이가 더 많은 기회가 있는 동네에서 더 오래 살수록 효과는 더 강해진다.

CMTO 같은 이동성 접근 방식과 함께 데이터 기반 접근 방식을 사용해 지역 사회가 스스로를 개선할 수 있도록 지원하는 이니셔티브도 있다. 기회 인사이트는 노스캐롤라이나주 샬럿시를 미국의 50개 대도시 지역 중 사회 이동성 상승률이 가장 낮은 지역으로

선정했다. 샬럿 기회 이니셔티브 협업은 지역 정치인과 협력해 저소
득층 아동의 사회적 사다리 상승 가능성을 높이기 위한 목표 투자
를 수행한다. 여기에는 적절한 의료 서비스를 보장하고 양질의 유
치원에 대한 접근성을 높이는 일부터 대학 진학 지원까지, 지역 정
치인이 건강과 교육에 직접 투자할 수 있도록 이끄는 일이 포함된
다. 이 협력은 또한 CMTO와 유사한 접근 방식을 사용하며 주택 정
책을 재평가함으로써 문화적 전파를 증가시키기 위해 인종 간 지역
분리 현상을 줄이는 데 도움을 준다.

기회 인사이트는 교육, 소득, 전반적인 삶의 결과에서 불평등의
문제를 해결하기 위해 최신 데이터과학과 빅데이터를 활용하는 한
가지 예에 불과하다. 이런 접근 방식은 우리가 더 밝아질 수 있도록
돕는 방법이다. 이는 소수자 우대 입학 정책을 시행하는 것보다 어
렵다. 과거의 불공정한 유산이 만들어 낸 혼란에 우리를 더 깊이 빠
뜨리지 않고 더 공정한 세상을 만드는 어려운 문제를 다루는 것이
다. 인공 지능과 기계 학습 시스템의 시대로 접어들면서 이런 문제
를 해결하는 것이 시급하다. 우리의 컴퓨터 동반자는 우리 생활의
모든 측면에 빠르게 진입하고 있으며 우리처럼 진화한 외국인 혐오
성향이 없음에도 이 불공정한 세계의 패턴을 파악해 합리적 인종주
의와 베이지언 편견을 드러내고 있다. 그러나 인공 지능과 기계 학
습 시스템은 또한 유전자, 문화, 개인 경험을 잇는 제4의 정보로 합
류함으로써 우리를 더 밝게 만들 수 있는 능력을 품고 있다.

인공 지능과 기계 학습, 제4의 정보

과학자 마빈 민스키Marvin Minsky는 인공 지능 분야의 신이다. 그의

공헌을 언급하지 않고 인공 지능의 역사를 논할 수는 없다. 1950년 대부터 1990년대까지 인공 지능을 구축할 때 지배적 패러다임은 기호학적 접근 방식이었다. 이 방식은 인간 지능을 풍부한 정보를 갖고 추론하는 능력이라고 가정했다. 따라서 논리를 프로그래밍하고 이를 실리콘으로 된 의미론적 네트워크 같은 풍부한 지식 표상에 적용한다면 인간 같은 지능형 기계를 만들 수 있다는 낙관론이 대두했다. 1970년 《라이프》지와의 인터뷰에서 민스키는 "3년에서 8년 안에 평균적인 인간 수준의 지능을 가진 기계가 탄생할 것"이라고 낙관적으로 선언했다. 하지만 그는 틀렸다. 사실 지능을 지식에 적용되는 논리로 가정한 것은 잘못된 방법이었다. 인간 지능의 비밀은 단지 인간의 논리와 지식 표상에만 있는 것이 아니었다. 적어도 이것들은 직접 프로그래밍하기 어려웠다.

제프리 힌튼Geoffrey Hinton은 그 대안으로 연결주의를 주장했다. 실험 심리학을 전공한 힌튼은 논리와 지식을 직접 프로그래밍하는 대신 실리콘으로 된 인공 신경망에 실제 뇌 자체를 표상하려고 했다. 처음에는 한계가 있었다. 심지어 어떤 젊은 컴퓨터과학자가 인공 지능에 대한 신경망 접근법을 발표하자 민스키가 그 자리에서 일어나 "당신처럼 똑똑한 젊은이가 어떻게 이런 일에 시간을 낭비할 수 있느냐? 이건 미래가 없는 아이디어다"라고 말했다는 일화는 유명하다. 이때 연결주의 접근법에서 빠진 것은 충분히 큰 네트워크와 충분히 큰 훈련 데이터 세트였다.

21세기 초, 신경망은 더 강력한 컴퓨팅과 방대한 데이터 덕분에 더 깊고 넓은 신경망을 훈련시킬 수 있게 되면서 연결주의 접근법의 가치를 입증했다. 힌튼이 옳았다. 신경망 접근법은 체스나 바둑 같은 보드 게임에서 인간을 이기고 에세이를 작성하며 지시에 따라 예술 작품을 만드는 작업까지 놀라운 성공을 이어 가고 있다.

신경망 접근 방식은 인간의 유사체에서 계속 영감을 얻어 왔다. 초점은 신경과학과 뇌 구조에 맞춰져 있었다. 그러나 이제 인공 지능 연구자들은 이런 방식의 접근으로는 더 이상 발전하기가 어렵고 불충분하다는 사실을 인식하고 있다.

모든 인간에 대한 이론은 인간 지능이 단순히 신경 하드웨어의 기능이 아니라 사회적으로 획득한 소프트웨어의 기능이라는 사실을 밝혀냈다. 이는 패러다임 전환이다. 인간 지능은 그저 두뇌의 결과물이 아니라 다른 사람과 대규모로 협력하는 집단 네트워크에서 정보를 획득할 때 사용하는 정교한 사회적 학습 전략의 결과물이다.

인간 지능은 수백만 년 동안 유전적으로 진화한 하드웨어와 수천 년 동안 문화적으로 진화한 소프트웨어가 평생의 경험을 통해 조정된 '사전 훈련pre-training'의 산물이다. 이런 연구 결과는 인공 지능에 대한 새로운 패러다임을 제시한다. 인간의 뇌를 복제하는 신경 하드웨어가 아니라 인간의 수많은 뇌가 집단적 뇌로서 진화해 문화적 학습을 통해 각각의 뇌를 더 똑똑하게 만드는 방식에 초점을 맞춘다. 우리는 기계와 문화, 기술을 만들었지만 그 기계는 다시 우리와 우리의 자녀를 형성한다. 우리의 집단적 두뇌에 기계 지능이 추가되면 컴퓨터라는 존재는 피상적으로 모방한 우리의 인지를 진정으로 보완하는 잠재력을 갖게 될 것이다.

우리는 우리 근육을 보완하는 기계에 에너지를 사용했다. 우리는 우리를 대신해 계산하고 우리를 연결하는 기계에 에너지를 사용했다. 다음 단계는 우리의 마음을 진정으로 보완하는 기계에 에너지를 사용하는 것이다.

유전적, 문화적, 개인적 학습이라는 세 가지 주요 정보 라인은 모두 서로 다른 한계와 지연을 가진 강화 학습이라는 점을 기억하자. 궁극적으로 모두 다른 정보 집합으로서 다른 시간대에 걸쳐 효과가 있는 것은 보상하고 그렇지 않은 것은 불이익을 준다. 기계 학습은 보이지 않는 정보 라인으로서 전 세계의 데이터를 개인화된 방식으로 분석한다. 이는 문화적 학습과 개인적 학습의 결합이다.

인공 지능 커뮤니티에서 흔히 하는 농담을 바꿔 말해보자. 시행착오, 소프트웨어를 조금만 변경하는 것은 나쁜 코딩 습관이다. 하지만 이를 빠르게 하면 기계 학습이 된다. 기계 학습은 스테로이드를 맞은 개인 학습이다.

기계 학습 알고리듬은 대규모 문화 말뭉치를 구문 분석해 문화적 진화가 놓치는 패턴을 발견할 수 있다. 또한 우리가 더 나은 결정을 내리도록 도와줄 수 있다. 무엇이 우리를 더 행복하게 하고 부유하게 하고 매력적으로 만드는지 알고 싶다면 평균적인 사람에 대한 데이터와 증거, 즉 무엇이 평균적인 사람을 더 행복하게 하고 더 부유하게 하고 더 매력적으로 만드는지를 알아야 한다.

하지만 우리 중 누구도 평균적인 사람은 없다. 아이러니하게도 평균적인 사람은 극히 드물다. 하지만 기계 학습은 여러분의 데이터를 여러분과 비슷한 모든 사람의 데이터와 결합해 무엇이 여러분 같은 사람을 더 행복하고 부유하고 매력적으로 만드는지 파악할 수 있도록 도와준다. 더 똑똑해지는 건 말할 것도 없다.

첫째, 데이터를 분석하고 새로운 패턴을 발견하는 강력한 방법을 제공함으로써 더 똑똑해질 수 있다. 둘째, 기계가 발견한 것을 바탕으로 더 똑똑해질 수 있는 방법을 구축할 수 있다.

1997년 인공 지능 딥 블루Deep Blue는 당시 세계 체스 챔피언 게리 카스파로프Garry Kasparov를 이겼다. 기계가 인간을 이긴 직후,《뉴욕 타임스》는 체스는 기계가 이길 수 있지만 바둑은 미묘한 차이와 가능한 움직임의 공간이 훨씬 더 넓기 때문에 인공 지능이 인간을 이길 가능성은 낮다는 전문가들의 의견을 실었다.

2017년 인공 지능 알파고AlphaGo는 세계 최고의 바둑 기사 커제 Ke Jie 9단을 꺾었다. 흥미로운 점은 그 이후 인간 바둑 기사가 알파고의 바둑을 학습하며 새로운 수와 바둑 스타일을 발견하면서 실력이 향상됐다는 점이다. 증기기관이 열역학 법칙을 발견하는 데 도움을 주었듯이 인공 지능은 우리에게 사고방식을 가르쳐주고 문화 소프트웨어를 개선하도록 돕는다.

이제 기계가 소설과 심오한 시를 쓴다. 지시에 맞춰 그림을 그리기도 한다. 특정 기능을 구현하는 프로그램 코드를 작성한다. 한계가 보이지 않는 이 놀라운 성공의 시대에 사람들은 미래에 어떤 일이 일어날지 끝없이 추측한다. 컴퓨터가 과학과 공학을 연구하고 스스로를 개선하며 전례 없이 빠른 속도로 발전해 핵융합의 시대를 열어 다음 단계의 에너지 풍요로움에 진입하는 일을 도울 수 있을 것이다. 컴퓨터는 인간보다 더 똑똑한 인공 일반 지능을 달성할 것이다. 어쩌면 컴퓨터 서버를 구동할 수 있는 에너지와 조건을 갖추기만 한다면 어느 행성에서나 완전히 소프트웨어로 구현된 삶을 사는 디지털 인간이 우리보다 더 많은 일을 할 수 있을지도 모른다.

기계가 다다를 수 있는 진정한 한계와 이 모든 일에서 우리 인간이 어떤 역할을 할 수 있을지 알려면 더 많은 진전이 필요하다. 진보의 물결은 멈출 수 없다. 한 국가가 대침체를 감수하면서까지 인간의 일자리를 지키려 해도 다른 국가가 창의적 폭발을 향해 나아갈 것이다. 이미 중국은 수백 개의 원자로를 개발해 에너지 풍요를 향한 진보를 가속화하고 있다.

우리에게는 새로운 정보 전달의 제4의 라인인 인공 지능이 있다. 우리는 아직 인공 지능의 한계를 모르지만 인공 지능이 우리 각자를 더 똑똑하게 만들 수 있다는 사실은 안다.

인공 지능은 혁신 법칙을 강화하고 다음 단계의 에너지 단계로 가는 데 도움을 줄 수 있다. 생물학자 칼 버그스트롬Carl Bergstrom은 지시만으로 새로운 이미지를 생성하는 인공 지능인 'DALL-E 2'가 우리의 집단 무의식을 활용한다고 설명했다. DALL-E 2는 사전 훈련된 생성형 변환기GPT 같은 텍스트 생성 인공 지능과 마찬가지로 우리가 상상할 수 있는 가장 정교한 까치로서, 잠재된 가능성의 공간을 탐색하고 이전에 보지 못했던 새로운 예술과 글을 창조한다. 이는 지극히 인간적인 의미에서 재조합된 창의성이다. 비슷한 원리를 기반으로 하는 과학적 발견에서도 동일한 일이 일어날 수 있다. 단백질 접힘부터 유전자 편집, 인간에 대한 이론의 발전에 이르기까지 다양한 분야에서 이론의 발전을 기대할 수 있다.

인공 지능은 또한 협력 법칙을 강화해 행동을 조율하는 데 도움을 줌으로써 우리를 더욱 협력적으로 만든다. 오늘날 사람들은 적절한 은유와 감정을 전달하기 위해 인터넷 밈이나 대중문화를 자주 활용한다. 마찬가지로 가까운 미래에는 일반적으로 사용되는 인공 지능이 우리가 서로를 조율하고 소통하는 일에 필요한 공통점을 찾아 줄 것이다. 사람들이 이런 인공 행위자와 더 많이 상호 작용하기 시작하면 그 영향력은 더욱 커질 것이다. 이런 인공 행위자가 특정 상황에 맞는 적절한 대응이나 일반적으로 해야 할 적합한 행동이 무엇인지 조언을 준다면 인공 행위자는 효과적인 중재자가 되어 이 같은 규범을 문화적으로 확산시킬 것이다. 이는 결국 사람들이 더 많은 공유 문화를 통해 협력하고 소통하도록 촉진한다.

그러나 인공 지능은 현재의 사회 시스템이 만들어 낸 불평등과 분열을 더욱 악화할 수 있다. 더 적은 인원으로 더 많은 일을 할 수 있게 하는 효율성 혁신은 협력의 규모를 줄여 소수가 다수를 지배하는 권력을 강화하는 결과를 초래할 수 있다. 일부 영역에서는 중국과 러시아 같은 국가가 유리한 위치에 있다. 인공 지능은 강력한 컴퓨터뿐만 아니라 방대한 데이터에 의존한다. GPT 같은 대규모 언어 모델은 디지털화된 영어 텍스트라는 대규모 말뭉치를 학습한다. 반면 안면 인식 및 의료 진단 같은 다른 영역에서는 중국과 러시아가 약한 개인정보보호법 덕분에 더 빠르게 발전하고 있다. 중국은 의료 데이터나 CCTV 영상을 사용하는 것을 그렇게 꺼려하지 않는다. 실제로 중국은 인공 지능 얼굴 인식의 대규모 수출국이다. 인공 지능 기반 감시 기술의 발전으로 중국에서는 고해상도로 CCTV 카메라가 업그레이드되고 있으며 거리의 경찰을 대체하는 데스크 기반 '스마트 경찰'이 등장하고 있다.

머지않아 우리 경제에 인간과 함께 일하는 인공 지능 노동자가 등장할 것이다. 인공 지능 노동자는 어떤 경우에는 인간을 대체하고 어떤 경우에는 협력해 인간의 능력을 향상할 것이다. 인공 지능에게 작업을 수행하도록 요청하는 최적의 접근 방식과 지시 문구를 학습하는 새로운 기술인 '프롬프트 엔지니어링prompt engineering'에서 보듯 인공 행위자와 함께 작업하는 능력은 빠르게 그 가치가 높아지고 있다.

이런 인공 행위자의 탄생은 우리의 에너지 요구를 더욱 가중한다. 에너지를 거의 사용하지 않는 휴대전화, 노트북, 게임기, 가정용 서버와 달리 인공 행위자를 학습시키는 데 필요한 컴퓨팅 성능에는 많은 에너지가 필요하다. 또한 에너지 요구량은 매년 증가하는데 이는 다양한 작업에 투입하기 위해 훈련해야 할 인공 행위자의 수가 늘어나고, 이 행위자가 더 큰 데이터 세트를 학습하며 더 많은 매개 변수를 사용해 더 정교해지기 때문이다. 물론 일단 학습을 완료하면 이 인공 행위자는 같은 수의 인간보다 와트당 더 많은 작업을 수행한다. 그렇기에 인공 행위자에 대한 통제는 그들을 통제하는 소수의 힘을 강화한다. 전 세계의 모든 기업은 인터넷에 의해 변화한 것만큼이나 인공 지능에 의해 크게 변화할 것이다.

지금이 인류 역사상 가장 중요한 세기일 것이다. 하지만 우리의 미래가 별처럼 빛나려면 인류를 위협하는 문화적, 제도적, 사회적 과제를 해결해야 한다. 더 밝은 미래를 선택하기 위해 우리는 삶의 법칙과 모든 인간에 대한 이론을 사용해야 한다.

결론

앨 고어는 다큐멘터리 〈불편한 진실〉에서 기후 변화의 경고 신호를 무시하는 우리의 태도를 설명하기 위해 미지근한 물에 개구리를 넣고 서서히 온도를 올리는 비유를 사용했다. 영리한 비유이지만 잘못된 비유이다. 동물은 불안정하고 위험으로 가득한 환경에서 살아남으려는 강력한 본능을 갖고 있다. 개구리는 불편해지면 바로 밖으로 뛰쳐나간다. 마찬가지로 인간도 주변에서 일어나는 변화를 모르는 것이 아니다. 우리는 무언가 잘못됐다는 사실을 뼛속 깊이 느낀다. 개구리처럼 우리도 도약을 시도하고 있다.

문제는 경고 신호를 알아차리지 못하는 것이 아니라 경고 신호에도 어떻게 대처할지 모른다는 점이다. 잉여 에너지가 떨어지면 삶은 더 어려워진다. 대규모 인구 유입, 기후 변화가 일으키는 도전이 우리의 제도를 약화하면서 우리 사회는 분열되고 에너지, 혁신, 협력, 진화의 역할, 그리고 이런 법칙이 우리와 문명을 어떻게 함께 만들었는지 깨닫지 못하고 있다. 그로 인한 분노와 좌절은 우리 사회를 통제할 수 없게 하고 결국 시스템의 공정성과 서로에 대한 믿음을 잃을 수 있다.

EROI와 에너지 가용성이 계속해서 급격한 수준으로 떨어지면서 우리 문명은 우리가 처한 위험을 극복하는 데 필요한 잉여 에너지를 빠르게 잃어가고 있다. 끔찍하게 들릴지 모르겠지만 역사를 보면 모든 주요 문명이 에너지 천장의 붕괴로 종말을 맞았다. 가능성의 공간이 줄어들면서 외부와 내부의 힘에 의해 무너진 것이다. 로마 제국의 전성기에 자신들이 몰락할 것이라고 상상이나 할 수 있었을까. 대영제국의 전성기에 현재와 같은 무력한 영국의 모습을 상상이나 할 수 있었을까. 오늘날의 미국도 비슷한 조짐을 보이기 시작했다.

잉여 에너지가 급감하고 있다. 다음과 같은 사실을 꼭 기억하기 바란다.

1919년에는 석유 1배럴로 최소 1000배럴을 생산했다.

1950년에는 석유 1배럴로 100배럴을 생산했다.

2010년에는 석유 1배럴로 5배럴을 생산한다.

모든 인간에 대한 이론은 호모 사피엔스의 실체를 드러낸다. 우리는 유전적 유산뿐만 아니라 문화적 유산, 이제는 기계 유산까지 물려받았다. 우리 지능은 큰 두뇌라는 하드웨어의 산물일 뿐만 아니라 사회적으로 획득한 소프트웨어의 산물이기도 한다. 인간 지능을 이해하려면 사회적 학습과 협력, 그리고 이런 법칙이 어떻게 함께 작용해 혁신과 진보를 이끌어 냈는지 이해해야 한다. 이와 더불어 오늘날 우리보다 더 똑똑한 인공 행위자가 함께 사는 세상에서 우리의 마음과 사회성이 온라인에서 어떻게 펼쳐지는지 이해해야 한다.

새롭게 밝혀지는 우리에 대한 이야기는 우리 존재의 근본적 동인, 즉 미시적 수준과 거시적 수준에서 우리 자신을 조직하는 방식을 보여 준다. 하지만 몇 가지 어두운 측면이 있다.

우리는 인터넷을 구축하고 달에 착륙한다는 위대한 업적을 이루기 위해 협력했다.

인류는 노예 제도와 대량 학살이라는 엄청난 잔학 행위에도 협력했다.

우리의 집단적 두뇌와 막대한 에너지 예산을 통한 혁신은 창조와 파괴 모두에서 우리의 능력을 증가시켰다.

인류의 역사는 항상 삶의 법칙을 배경으로 펼쳐져 왔다. 새로운 사회적, 기술적 돌파구는 아직 우위를 점하지 못한 사람들을 상대로 전개된다. 시간이 지남에 따라 불이익을 당한 집단은 배우고 공유하고 성장하며 때로 스스로 공격자가 되기도 한다. 진보를 이끄는 밝은 불꽃은 특정인이 아니라 우리 모두가 아이디어를 공유하면서 결국 누군가의 머릿속, 즉 집단적 두뇌에서 만나게 된다.

그 밝은 불꽃은 에너지로 작동한다.

에너지에 대한 탐구는 삶의 법칙, 모든 인간에 대한 이론의 핵심이다. 에너지는 우리가 하는 모든 일의 궁극적인 원동력이자 우리가 성취할 수 있는 목표에 대한 궁극적인 제약이다. 에너지의 결핍, 상대적 결핍, 심지어 결핍이 있다고 인식되는 것조차 경쟁과 갈등을 유발하지만 에너지의 가용성은 연민과 협력을 가능하게 한다. 각각의 에너지 수준은 우리에게 더 많은 창조력과 파괴력을 준다. 에너지는 우리의 기술, 경제, 우리가 하는 모든 일의 원동력이다. 아무리 화려하고 강력한 기술이라도 충전할 수 없다면 무용지물이다. 물 같은 다른 자원도 부족할 수 있지만 에너지와는 근본적으로 다르다. 에너지가 풍부하면 물을 얻을 수 있으나 풍부한 물만으로는 에너지를 얻을 수 없다.

에너지 과학자이자 EROI라는 개념의 창안자인 찰스 홀이 자주 지적했듯이 실질 GDP 성장률과 석유 소비 능력 간의 상관관계는 0.7이다(최대 상관관계는 1이다). 한 국가의 기업 규모와 1인당 에너지 소비량 사이에도 동일한 상관관계가 있다. 즉, 경제 성장, 기업 규모, 여러분이 가진 부의 50%는 에너지 법칙에 기인한 것이다. 나머지 50%는 효율성을 높이는 혁신과 협력 법칙에 기인한다. 경제와 에너지가 이렇게 밀접하게 연관돼 있다는 점을 고려하면 2008년 금융위기를 포함해 지난 50년 동안 경기 침체기마다 유가가 급등했다는 사실은 놀라운 일이 아니다. 1970년대에 미국 발전소의 평균 발전 용량이 감소했을 때 경제 성장률이 함께 하락한 것은 알고 보면 당연한 일이다.

에너지 부문은 현재 경제의 5%를 차지하는데 이는 우리가 쏟는 총 노력의 5%가 에너지 생산과 관리에 투입된다는 사실을 뜻한다. 따라서 95%의 자원을 다른 분야에 할당할 수 있는 여유가 생긴다. 그러나 EROI 또는 에너지 풍요도가 감소하면 95%의 잉여 에너지가 줄어든다. 이는 우리가 에너지를 즐기는 것보다 에너지를 추출하는 데 더 많은 노력을 기울여야 한다는 사실을 뜻한다. 이 글을 쓰는 지금 이 순간에도 에너지 위기의 초기 징후가 이미 뚜렷해지고 있다.

사회적 차원에서 위기는 다른 경제 부문에 비해 에너지 부문이 비대해진다는 점을 가리키며 이는 곧 에너지 가격의 상승으로 이어진다.

가계 수준에서 위기는 우리가 가스, 난방, 전기 요금에 더 많은 돈을 지출하고 사치품, 휴가, 즐거움을 위한 지출을 줄여야 한다는 뜻이다. 다시 말해 삶이 더 어려워진다는 뜻이다.

모든 것은 잉여 에너지로 작동한다. 잉여 에너지가 많을수록 더 나은 삶을 살 수 있다.

세상 돌아가는 일을 지켜보면 가끔 무력감을 느낀다. 세상의 모든 병폐를 내가 어떻게 해결할 수 있단 말인가? 하지만 희망에는 이유가 있다. 일상의 경험을 통해 우리는 온라인에서 보거나 라디오에서 듣거나 신문에서 읽는 내용이 다수를 대표하지 않는다는 사실을 안다. 일상에서 우리는 서로를 그다지 미워하지 않는다. 거의 모든 주제에 있어 대개 양가적인 태도를 보이며 일상생활에 직접적인 영향을 미치는 소수의 문제를 제외하고는 대부분의 문제에 무관심하다. 그 대신에 사람들은 자신의 집단 정체성을 강화할 뭔가가 나타나기를 기다린다. 오늘날 평범한 사람들은 우리 조상이 알면 놀랄 정도로 친절하고 협조적이다. 이런 규범이 바뀌기 전에 인류를 재결합하고, 21세기를 위한 거버넌스 모델을 개발하고, 불평등의 유리 천장을 깨고, 창의적 폭발을 일으키고, 인터넷을 개선하고, 더 밝아지기 위해 규범을 활용해야 한다. 그러기 위해서는 사고의 전환과 현 상태에 도전하려는 의지가 필요하다. 쉽지는 않겠지만 더 밝은 길로 나아간다면 우리가 직면한 도전을 극복하는 충분한 에너지를 얻을 수 있기에 도전할 가치가 있다. 풍부한 에너지가 있으면 깨끗한 성장이 가능하다. 지구를 파괴하는 대신에 그 풍부한 에너지를 사용해 기후 문제를 해결할 수 있다.

이 책에서 전하고 싶은 마지막 메시지는 다음과 같다. 세상을 있는 그대로 받아들일 필요는 없다. 변화는 가능하다. 세상은 우리보다 별로 똑똑하지 않은 사람들에 의해 만들어졌다. 아마 IQ가 높아진 것을 보면 조상들은 우리보다 덜 똑똑했을 것이다. 쉽게 이해할 수 있는 아이디어를 바탕으로 헌신하며 서로 잘 연결되고 자원이 풍부한 집단은 우리를 다른 균형으로 이끌 수 있다.

퀘이커교도와 기독교 노예제 폐지론자, 그리고 노예는 한때 전 세계적으로 흔했던 노예제를 종식하는 데 앞장섰으며 노예제는 지금은 상상하기도 어려운 불공평과 불평등의 상징이 됐다. 페이비언 Fabians을 비롯한 사회주의자는 영국을 세계 최대의 제국에서 소규모 사회 보장 복지 국가로 전환하는 변화를 촉발했다. 여성 참정권 운동은 여성의 권리와 양성평등의 확대를 촉발했다. 민권 운동가는 미국 내 흑인과 백인의 법적 불평등에 도전했다. 권리는 **문화적 진화의 가속**이라고 할 수 있는 방식으로, 생활의 점점 더 많은 영역으로 계속 확장됐다. 평등에 대한 규범이 한번 확립되면 더 큰 평등을 이룩하려는 일관된 문화가 그 도덕적 영역을 더 확장하려고 한다.

증거에 기반하든 그렇지 않든 규범은 헌법과 법률에 공식화될 수 있다. 그런 다음 이런 규범은 맥락에 맞게 조정되며 일관성을 요구한다. "모두가 평등하게 창조되었다"라는 믿음은 미국 헌법에 공식화된 규범이다. 미국에서는 이 규범이 더 넓은 평등을 향한 문화적 도약을 촉발했다.

1863년 에이브러햄 링컨Abraham Lincoln은 게티즈버그 연설에서 남북전쟁의 한가운데서 통일을 촉구하고자 다음과 같이 말했다.

> 87년 전 우리의 선조들은 이 대륙에 자유의 정신으로 잉태되고 모든 사람이 평등하게 창조됐다는 신념을 바쳐 새로운 나라를 세웠습니다. 지금 우리는 바로 그 나라가, 아니 이런 정신과 신념으로 잉태되고 헌신하는 어느 나라이든지, 과연 오래도록 굳건할 수 있는가 하는 시험대인 거대한 내전에 휩싸여 있습니다.

1848년 여성 인권 운동가들은 여권 신장 선언에서 이렇게 말했다.

> 우리는 모든 남성과 여성이 평등하게 창조됐다는 진리를 자명하다고 여긴다.

1963년 마틴 루터 킹 주니어Martin Luther King, Jr 목사는 미국의 이상을 실천할 것을 촉구하며 이렇게 말했다.

저는 언젠가 이 나라가 일어나 '우리는 모든 사람이 평등하게 창조됐다는 이 진리를 자명하게 여긴다'라는 신조의 진정한 의미를 실천할 것이라는 꿈을 꾸고 있습니다.

우리가 대량 노예제를 종식하고 여성과 모든 종류의 소수자를 존중하는 사회로 끌어올린 것처럼 오늘날의 사회를 다시 하나로 묶을 수 있다. 여러 세대에 걸친 구조적 불평등의 유리 천장을 깨고, 더 공정한 세상을 만들고, 더 나은 거버넌스 구조를 발전시키고, 창의적 폭발을 일으키고, 미래 세대를 위한 등불이 되는 최고의 자아가 될 수 있다.

이 책이 무엇을, 어떻게 지켜 나갈 것인지에 대해 사고하는 도구를 줬기를 바란다. 문제를 임시방편으로 해결해 집단을 양극화함으로써 더 많은 문제를 야기하는 임시방편적인 해결책이 아니라 영구적이고 체계적인 궁극적 해결책이 필요하다. 나는 여러분에게 우리의 문제와 그 해답이 특정 지도자, 특정 개인, 특정 집단에 있지 않다는 사실을 깨닫는 데 도움을 줬기를 바란다. 이를 위해서는 시스템의 규칙과 그 규칙이 필연적으로 초래하는 결과를 고려해야 한다. 우리는 때로 올바른 규칙을 설계할 수는 없지만 **올바른 규칙이 진화할 수 있는 조건**을 만들 수는 있다.

우리에게는 삶의 법칙과 모든 인간에 대한 이론이 있다. 이것은 인간을 위한 주기율표다.

이제 월리스의 이야기, 늙은 물고기가 물은 질문에 대한 답을 알았기를 바란다. 이제 당신을 둘러싼 물을 볼 수 있기를 바란다. 우리에게는 사회를 형성하고 시스템에 영향을 미치며 미래를 결정할 수 있는 힘이 있다. 차세대 에너지 혁명을 일으켜 지속 가능한 세상을 넘어 번영하는 세상, 효율적인 세상을 넘어 정의로운 세상, 혁신적인 세상을 넘어 변혁적인 세상을 만들 수 있다.

삶의 법칙은 앞으로도 계속될 것이다. 우리가 올바른 결정을 내린다면 우리도 계속될 것이다.

감사의 말

　이 책은 가족과 친구, 전문가와 동료, 편집자, 출판사와 함께 머리를 맞대고 만든 결과물이다. 이들은 모두 함께 최종 결과에 기여하고 크게 개선했다. 무한한 감사를 표한다. 내 에이전트인 에릭 루퍼는 내가 전달하고자 하는 개념을 즉시 이해하고 메시지를 다듬는 데 도움을 줬다. 제안서부터 최종 완성본까지 에릭은 정말 귀중한 존재였다. 에릭을 소개해 준 세스 스티븐스다비도위츠에게 감사를 드린다. 에릭 외에도 모든 단계에서 광범위한 피드백을 제공한 아내, 스테파니 살가도도 그중 하나이다. 이 책의 메시지를 이해하고 그 중요성을 믿어 준 MIT 출판부의 밥 프라이어와 존 머리 출판사의 닉 데이비스에게 감사드린다. 조나단 발콤과 크리스틴 페너는 초기 버전에 대한 상세한 편집 지원을 제공했고 사라 카로는 최종 원고에 대한 광범위한 의견을 제시해 최종 결과물을 다듬는 데 큰 도움을 줬다. 힐러리 햄몬드와 캐롤라인 웨스트모어가 해 준 유용한 교정 편집에 대해 감사하며 멋진 표지를 만들어 준 MIT 출판부와 존 머리 출판사, 그리고 디자인 팀, 표지 초안에 대한 피드백을 제공하고 가제본을 만들어 평가까지 해 준 베로니카 플랜트와 아비 살가도에게 감사의 마음을 전한다.

　매튜 사이드에게도 정말 감사를 드린다. 나는 가장 복잡한 개념도 쉽게 전달하는 매튜의 능력에 오랫동안 감탄해 왔다. 처음 내 연구를 설명하고 초기 원고를 공유했을 때 매튜의 흥분된 반응에 큰 동기를 부여받았다. 그는 몇 시간 동안 아낌없이 나와 앉아 더 나은 비유를 만들고, 더 잘 설명해야 할 부분을 제안하고, 더 쉬운 글을 쓸 수 있도록 안내해 줬다. 매튜는 똑똑한 만큼이나 관대하다. 다른 저자 친구 중 데이비드 보다니스는 초기에 많은 격려와 피드백을 제공했다. 이 책이 아이디어에 불과했을 때 집필 및 출판 과정에 대한 전문적인 팁과 함께 격려도 아낌없이 해 줬다.

책의 관련 섹션에 대해 전문 지식과 피드백을 아낌없이 공유해 준 많은 연구자와 전문가에게도 감사드린다. 특히 줌을 통해 몇 시간 동안 나와 이야기를 나누며 원고 전체에 대해 상세한 의견을 제시해 준 에너지 전문가 찰스 홀에게 감사를 표한다. 압델 압델라우이(유전학), 팀 베슬리(경제학), 대니얼 무투크리슈나(물리학, 이 책의 제목은 댄과의 대화에서 나왔다), 레이첼 스파이서(생물학), 에밀리 버뎃(발달심리학), 헬렌 엘리자베스 데이비스, 윌 게르바이스에게도 감사한다. 이반 크루핀(IQ와 지능), 제이미 헤이우드(우버와 혁신), 카메론 머리(지대세와 싱가포르의 주택 정책), 줄리안 애쉬윈(언론의 자유), 니콜라이 탕겐(노르웨이의 석유 펀드), 데이비드 양(중국의 정치와 능력주의), 산디아 살가도(마케팅) 등 다양한 분야의 전문가가 이 책에 참여했다. 커티스 록하트(스타트업 도시), 브리타 판스탈다위넌(전 세계 사람이 일자리를 찾는 방법에 관한 데이터), 사라 백(동영상을 공유해 주었다), 마크 닐슨(남아공 부시먼에 관한 연구 정보 제공), 필립 쾰링거(뇌 용적-IQ 그래프 사용 허가 및 올바른 해석 확인), 우치야마 류타로(카이젠과 슈하리), 조시 탄(암호화폐, 프로그래밍 가능한 정치, 탈중앙화된 자치 조직), 마크 워너(소셜 미디어와 인공 지능), 아담 디엔젤로(인공 지능과 에너지 요구 사항)에게도 감사를 표한다.

인내심을 가지고 원고를 읽고 사실 확인과 피드백을 제공한 나의 제자들에게도 감사를 드린다. 로빈 시멜페니히는 나와 함께 거의 모든 원고를 검토하면서 가감 없는 귀중한 피드백을 제공했다. 조에 반헤르세케는 모든 장을 자세히 읽고 광범위한 사실 확인을 수행했으며 그래프를 다시 만드는 데 도움을 주었다. 조에는 COMPASS라는 약어를 처음 제안한 사람이기도 하다. 테이스 벤딕센은 책의 초기 단계에서 전반적인 이론적 틀에 대한 유용한 의견을 제공했다. 나브딥 카우어는 최종 사실 확인을 도와줬다. 니콜 조지는 모델 독자로서 원고 전체를 읽고 모든 장에 대해 광범위한 피드백을 제공했다. 크리스 무투크리슈나, 샨티 무투크리슈나, 페니 그레이, 클린턴 프리먼, 데이비드 라이언 등의 초기 독자가 다양한 장에 피드백을 제공했다. 앤드루 맥아피는 모범적인 학술 독자로서 책 전체를 읽으며 자신의 폭넓은 전문 지식, 그리고 기술 및 혁신에 종사하는 다른 사람들이 내 주장에 어떻게 반응할지에 관한 유용한 피드백을 제공했다.

수년 동안 많은 사람, 특히 조 헨릭, 마크 샬러, 스티브 하이네, 아라 노렌자얀, 마이클 도벨리, 패트릭 프랑수아, 네이선 넌, 페니 샌더슨, 데이비드 리우, 클린턴 프리먼, 벤 콜, 벤 청, 아이얀 윌러드, 댄 랜들스, 완잉 자오, 찰스 스태퍼드, 나타샤 그리피스, 로저 프로시, 매튜 힌두, 샬럿 로완과 대화하며 비공식적인 피드백을 받았다.

전 세계에 있는 나의 가족들이 집을 개방하고 육아를 도왔으며 안식년 동안 집중해서 책을 완성할 수 있도록 육체적, 정신적 공간을 제공해 줬다. 히란야 다르마라트네는 3개월 동안 런던에서 아이들을 돌보는 일을 도왔다. 이 기간 동안 책의 많은 부분을 완성할 수 있었다. 샨티 무투크리슈나와 루반 다르마라트네도 여러 단계에 걸쳐 육아를 도왔다. 만주, 미놀리, 피터 하토투와 부부는 버지니아주 알링턴의 평화로운 지역에 있는 아름다운 집에서 몇 주 동안 머물 수 있도록 허락해 줬다. 레나타 다르마라트네는 호주 브리즈번에서 두 달 동안 우리 가족을 기꺼이 지내게 하고 아이들을 돌봐 주었다. 데미언 레갓도 육아부터 식사까지 모든 것을 참을성 있게 도와줬다. 스와르나말리, 라즈팔, 수다르마, 카비샤 살가도는 스리랑카에서 최종 편집을 하는 동안 우리 가족을 머물게 하고 육아를 도왔다. 산디야와 프리야트 살가도, 사로 라마크리슈나 등 많은 사람이 평화로운 숙소를 제공했다. 모든 분의 환대와 지원에 감사드린다.

이 책에 실린 거의 모든 멋진 일러스트는 뛰어난 재능을 가진 베로니카 플랜트 덕분에 탄생했다. 베로니카는 자신의 독특한 스타일로 아이디어를 훌륭하고 창의적으로 구현했다. 모든 일러스트를 시간 내에 완성하기 위해 결혼기념일에도 일해 준 베로니카에게 정말 감사할 따름이다.

마지막으로 세 자녀 로버트, 알렉산드라, 가브리엘에게 이 책을 바치며 고마움을 전한다. 아버지가 왜 그렇게 일을 많이 하는지, 때로는 생각에만 깊이 빠져 있는 것을 이해해 줘서 고맙다. 무엇보다도 나의 가장 큰 비평가이자 가장 큰 후원자, 처음이자 마지막 편집자이자 내 인생의 사랑인 스테파니 살가도에게 감사를 드린다. 그녀는 수많은 토론과 논의를 통해 이 책의 아이디어를 구체화하는 데 도움을 주었고 나를 격려하고 작업할 수 있는 시간과 여유를 주었으며 그 누구보다 많은 버전을 읽어줬다. 이 책의 많은 부분이 스테파니 덕분이다.

역자의 말

인류의 진화를 가르치는 입장에서 늘 어려움을 겪는 부분이 있다. 바로 문화의 진화에 관한 것이다. 사실 학생들은 신체의 진화보다 문화의 진화에 더 큰 관심을 보인다. 그러나 문화의 진화에 대해선 여러 가지 가설이 난무하고 있을 뿐 아니라 집단 선택 이론이나 밈 이론 등 검증하기 어려운 주장이 대중적으로 많이 알려져 있어서 올바르게 교육하기가 아주 어렵다. 분명히 문화는 진화할 수 있다. 하지만 생물학적 진화와는 중요한 차이점이 있을 뿐 아니라 자칫하면 진보와 진화를 혼동하는 문제를 낳기도 한다.

마이클 무투크리슈나의 《인간 문명의 네 가지 법칙》은 인간의 사회적, 문화적 진화에 관해 다루는 흥미로운 책이다. 저자도 여러 번 강조하는 것처럼 이런 시도가 부를 수 있는 여러 논란에도 불구하고 과감하게 자신의 주장을 펼쳐 나가고 있다. 특히 에너지 천장과 EROI에 관한 여러 통찰, 시스템적 접근을 통해 근시안적 차별 정책이 유발하는 부정적 결과에 관한 설명은 아주 흥미롭다.

진화에 관한 이야기를 하면서, '~해야 한다'라고 주장하는 것은 조심스러운 일이다. 진화는 목적이 아니라 결과이기 때문이다. 그러므로 생물학적 진화에 인위적인 조작을 가하는 것이 우생학의 비극을 낳았듯이 교육의 개선이나 정치 시스템의 변화, 이민자 정책의 개선, 표현의 자유 보장, 지대세의 도입, 다양성의 증진, 인터넷 문화 개선 등의 방법을 동원해서 문화적 진화의 방향을 조작하려는 것도 결국 비슷한 주장에 불과하지 않느냐고 비판할 수 있을 것이다.

그러나 우리는 이미 생물학적 진화 과정에 엄청나게 개입하고 있다. 수많은 아이가 의무 예방 접종을 받고 있고, 다양한 감염병에 항생제를 처방하고, 신체적 장애를 극복하는 보조기를 개발하고, 암을 비롯한 불치병을 치료하고 있다. 자연 선택의 과정에만 맡겨두었다면 5세 미만 아이의 절반이 전염병으로 죽고, 평균 수명은 20살을 겨우 넘었을 것이며, 상당수의 여성은 집에서 아기를 낳다가 사망했을 것이다. 당장 안경을 벗고 도로를 활보해 보자. 생물학적 적합도가 크게 떨어질 것이다.

마찬가지이다. 문화적 성취를 통해서 신체적 한계를 뛰어넘고 있다면, 그리고 그것이 더 넓은 의미의 진화적 과정이라면, 정신적 한계에 대해서도 다른 기준을 적용할 이유가 없다. 인간은 이미 다양한 심리적 어려움에 대해서 근거 기반의 정신의학적 개입을 통해 상당한 도움을 받고 있다. 개인과 집단 갈등을 해결하는 다양한 전략도 역시 문화적 개선의 산물이다.

저자가 언급하는 여러 개입 전략은 결국 '문화적 진화 가능성'을 촉진하려는 것이다. 다양성을 보장하고, 교육을 개선하고, 노력이 성취로 이어지게 하고, 표현의 자유를 보장하고, 정치 시스템 간의 경쟁이 가능하도록 하는 것이다. 이런 자유로운 환경 속에서 최적의 결과가 나타날 것이고 그 결과를 통해 에너지 천장을 뛰어넘는 다음 단계로의 도약이 가능할 것이라는 희망찬 주장이다.

아쉬운 점도 없지 않다. 아마 이런 류의 책을 원하는 사람은 '의견'보다는 '사실'을 알고 싶을 텐데 저자의 의견이 너무 강조되다 보니 좀 지루하게 느껴질 수도 있다. 그러나 사실에 관한 책은 이미

차고 넘친다. 이 책의 말미에 있는 '더 읽어 보기'에서 유익한 '사실에 관한' 책을 찾아볼 수 있을 것이다.

한마디 덧붙이자. 집단 선택 이론에 대해서는 조금 주의할 필요가 있다. 저자는 '문화-집단'이라는 개념을 통해서 이 논란을 영리하게 피하고 있지만 집단 선택 이론에 대해서는 비판이 많다.

첫째, 일단 집단 선택이 확고한 진화적 기제로 작동한다는 경험적 증거가 부족하다. 개체에 불리하지만 집단에 이득이 되는 형질이 선택된 실제 사례가 거의 없다. 둘째, 집단 선택에 기반이 되는 프라이스 방정식도 최근에는 잘못된 가정에 기반한 것으로 비판받고 있다. 셋째, 특히 인간의 심리나 사회적 행동에 관한 집단 선택 이론은 사실 자연과학에서 말하는 진화 이론을 반영한 것이 아니라 그저 비슷한 은유에 불과한 경우가 많다. 컴퓨터의 성능이 빠른 속도로 향상하고 있지만 그렇다고 컴퓨터가 '엄격한 의미에서' 진화했다고 하기는 곤란하다.

하지만 저자의 몇 가지 주장은 곱씹어볼 만하다. 특히 다음 단계의 에너지 천장을 넘어서야 한다는 주장은 전적으로 동감한다. 인류 역사상 거의 모든 위대한 문명은 자원의 부족이 부른 갈등과 내분, 전쟁으로 멸망했다. 밥상에 앉은 사람은 열 명인데, 밥그릇이 다섯 개만 있으면 서로 싸우는 것이 당연하다. 저자의 주장처럼 표현의 자유 보장, 폭넓은 다양성, 다양한 체제의 경쟁과 선택, 자원의 효율적 분배 등이 이런 도약을 가능하게 해 줄지는 알 수 없는 일이다. 그러나 그 반대의 방향, 즉 표현의 자유 억압, 경직된 획일성, 단일한 체제의 독재, 자원의 편중 등이 새로운 길을 열어 주지 못할 것은 분명하다.

GPT가 등장한 이후에는 번역을 하지 않기로 결심했는데 바다출판사의 권유로 다시 책을 한 권 번역했다. 진화인류학 교실에서 인턴으로 있는 김명진 학생이 오역과 오타 등을 꼼꼼하게 검토해 줬다. 그러나 인공 지능의 급격한 발전 속도를 볼 때 아무래도 마지막 번역서가 될 것 같다. 저자의 희망대로 인류가 에너지 천장을 뚫고, 새로운 미래로 발전해 간다면 말이다.

서울대학교 인류학과 진화인류학 교실
박한선

더 읽어 보기

에이브러햄 매슬로는 "망치만 있으면 모든 문제가 못처럼 보인다"라는 말을 했다. 매슬로의 망치는 세상의 복잡한 문제를 이해하고 해결하기 위해서는 다양한 도구와 접근 방식이 필수라는 뜻이다. 우리의 집단적 두뇌에는 방대한 지식과 전문 지식이 저장돼 있지만 이런 지식은 학술 논문과 대중적인 책에 흩어져 있다. 그런 책과 논문 중에는 우리가 누구인지, 어떻게 여기까지 왔는지, 어디로 가는지에 대한 퍼즐의 조각과 부분적 해답이 느슨하게 얽혀 있다. 하지만 조각들을 하나의 태피스트리로 엮으면 그 태피스트리는 분명해지며 그 함의는 눈에 띄지 않을 수 없다. 한번 보면 안 보고 싶어도 보인다.

나는 이 책에서 가장 중요하다고 생각하는 실마리들을 강조하며 여러분에게 태피스트리 전체를 보여 주려고 노력했다. 하지만 부득이하게도 하나하나의 실마리에는 한 단락 또는 한 문장으로만 암시할 수 있는 매혹적인 세부 사항과 중요한 맥락이 누락돼 있다. 절제되지 않은 호기심, 전통적인 학문을 짓밟는 용기, 우리 문화가 우리에게 전수한, 의심의 여지가 없는 가정을 고의적으로 해체하려는 의지가 있는 독자에게는 불만족스러울 수밖에 없다. 이 모든 흥미로운 세부 사항과 중요한 맥락을 더 깊이 파헤치고 탐구하고 싶은 사람을 위해 추천할 만한 추가 자료를 소개한다.

입문

심리학, 경제학, 진화생물학, 인류학, 데이터과학 분야에서 지식을 넓히고자 하는 사람에게는 우수한 입문 자료가 많다. 심리학 입문을 위해 Peter Gray와 David F. Bjorklund의 인기 교과서 *Psychology*, 8th edition, Worth Publishers, 2018과 문화적 진화에 관한 인기 있는 책 조지프 헨릭의 *The Secret of Our Success*, Princeton University Press, 2015를 권한다.

경제학 입문서로는 Thomas Sowell의 *Basic Economics*, Basic Books, 2014; 그리고 The Core

Team의 *The Economy: Economics for a Changing World*, e-book, Core Economics Education, 2022, www.core-econ.org(무료이다)을 참고하라. 더 깊은 이해를 위해 Gregory Mankiw의 우수한 교과서 *Principles of Economics*, Cengage Learning, 2020을 추천한다. (밀턴 프리드먼의 1953년 에세이에 대한 균형 잡힌 논의를 포함해서) 경제학자가 수학 모델에 대해 어떻게 생각하는지 알고 싶다면 Dani Rodrik의 *Economics Rules: Why Economics Works, When It Fails, and How to Tell the Difference*, Oxford University Press, 2015을 보면 좋다.

이와 대조적으로 진화생물학자와 문화적 진화 연구자가 모델을 어떻게 생각하는지 알고 싶다면 Hanna Kokko의 *Modelling for Field Biologists and Other Interesting People*, Cambridge University Press, 2007을 읽어보라. 추가 자료로는 Sarah P. Otto와 Troy Day의 *A Biologist's Guide to Mathematical Modeling in Ecology and Evolution,* Princeton University Press, 2011을 권한다.

인류학의 역사에 대해서는 Charles King의 *Gods of the Upper Air: How a Circle of Renegade Anthropologists Reinvented Race, Sex, and Gender in the Twentieth Century*, Anchor, 2020을 참고하라.

인간의 맥락에 초점을 맞춘, 조금 덜 수학적이지만 여전히 엄밀한 접근 방식을 원한다면 Richard J. Jagacinski와 John M. Flach의 *Control Theory for Humans: Quantitative Approaches to Modeling Performance*, CRC Press, 2018을 참고하라.

각 학문 간의 교량 역할을 하는 책도 있다. 심리학과 경제학의 만남에 대해서는 George A. Akerlof와 Robert J. Shiller의 *Animal Spirits: How Human Psychology Drives the Economy, and Why It Matters for Global Capitalism*, Princeton University Press, 2010; 그리고 리처드 탈러의의 *Misbehaving: The Making of Behavioural Economics*, Allen Lane, 2016을 참고하라. 진화와 경제학의 만남에 대해서는 Robert H. Frank의 *The Darwin Economy*, Princeton University Press, 2012와 Lionel Page의 *Optimally Irrational,* Cambridge University Press, 2022을 참고하라.

데이터 과학은 빠르게 변화하는 분야이지만 확률과 통계의 기본을 이해하기 위해서는 Richard McElreath의 무료 온라인 강좌와 함께 제공되는 교재 *Statistical Rethinking: A Bayesian Course with Examples in R and Stan*, Chapman & Hall/CRC, 2020을 참고하라.

과학과 천문학 발견의 역사에 관한 많은 훌륭한 책이 있으며 내 청소년기에 나에게 영향을 준, 오래됐지만 사고를 자극하는 책은 Arthur Koestler의 *The Sleepwalkers: A History of Man's Changing Vision of the Universe*, Penguin, 1959이다.

과학의 역사와 철학, 아이디어의 흐름에 대해서는 Thomas Kuhn의 *The Structure of Scientific Revolutions*(1962)과 Karl Popper의 *The Logic of Scientific Discovery*(1959)와 같은 고전뿐만 아니라 Randall Collins의 *The Sociology of Philosophies*, Harvard University Press, 2009; 그리고 David Wootton의 *The Invention of Science: A New History of the Scientific Revolution*, Penguin, 2015도 즐길 수 있다.

과학에서 이론이 하는 역할에 대해서는 Bernard Forscher가 벽돌과 집에 대한 푸앵카레의 글을 확장해 쓴 훌륭한 기사 'Chaos in the Brickyard', *Science* 142, no. 3590 (1963): 339를 참고하라. 이 기사는 Matteo Farinella에 의해 만화 형식으로 아름답게 그려졌다. https://massivesci.com/articles/chaos-in-the-brickyard-comic-matteo-farinella/

데이비드 포스터 월리스의 졸업식 연설 전문은 나중에 *This Is Water: Some Thoughts, Delivered on a Significant Occasion, about Living a Compassionate Life*, Little, Brown, 2009로 책으로 출판되었다.

전문가를 위한 읽을거리

Muthukrishna, Michael, and Joseph Henrich, 'A Problem in Theory', *Nature Human Behaviour* 3, no. 3 (2019): 221-9

1장 삶의 법칙

이 장의 주요 주제를 일별하는 데 좋은 몇 가지 책을 소개하겠다. 즐겁게 읽을 수 있는 TOTTEE 책 중 일부는 Jared M. Diamond의 *Guns, Germs and Steel: A Short History of Everybody for the Last 13,000 Years*, Random House, 1998; Yuval Noah Harari의 *Sapiens: A Brief History of Humankind*, Random House, 2014; 이언 모리스의 *Why the West Rules - for Now: The Patterns of History and What They Reveal about the Future*, Profile, 2010; 그리고 James A. Robinson과 Daron Acemoglu의 *Why Nations Fail: The Origins of Power, Prosperity and Poverty*, Profile, 2012이다.

진화에서의 주요 전환과 핵심 발명에 관한 두 권의 책은 John Maynard Smith와 Eörs Szathmáry의 *The Origins of Life: From the Birth of Life to the Origin of Language*와 *The Major Transitions in Evolution*이다. 두 책 모두 Oxford University Press에서 각각 2000년과 1997년에 출판됐다. 그리고 Nick Lane의 *Life Ascending: The Ten Great Inventions of Evolution*, Profile, 2010도 있다.

세포에서 사회에 이르기까지 협력과 경쟁의 다중 수준 선택은 Itai Yanai와 Martin Lercher의 *The Society of Genes*, Harvard University Press, 2016; Athena Aktipis의 *The Cheating Cell*, Princeton University Press, 2020; 그리고 D. S. Wilson의 *This View of Life: Completing the Darwinian Revolution*, Knopf Doubleday, 2019에서 다룬다. 더 심층적으로 탐구하고 싶다면 Samir Okasha의 *Evolution and the Levels of Selection*, Clarendon Press, 2006; 그리고 Eva Jablonka와 Marion J. Lamb의 *Evolution in Four Dimensions: Genetic, Epigenetic, Behavioral, and Symbolic Variation in the History of Life*, MIT Press, 2014를 추천한다.

고대 인류 이주에 대해 더 알고 싶다면 David Reich의 *Who We Are and How We Got Here: Ancient DNA and the New Science of the Human Past*, Oxford University Press, 2018을 참고하라.

'아이디어의 섹스'라는 비유는 매트 리들리가 만들었다. 그와 관련된 그의 두 권의 책은 *The Rational Optimist: How Prosperity Evolves*와 *How Innovation Works*이며, 두 책 모두 Harper에 서 각각 2010년과 2020년에 출판됐다.

생명, 문명, 경제에서 에너지의 역할에 대한 입문서로 이언 모리스의 관련 아이디어를 담은 책 *Foragers, Farmers, and Fossil Fuel*, Princeton University Press, 2015를 참고하라.

인간 진화에서 불과 농업의 역할에 대해서는 Richard W. Wrangham의 *Catching Fire: How Cooking Made Us Human*, Profile, 2010; 그리고 James C. Scott의 *Against the Grain: A Deep History of the Earliest States*, Yale University Press, 2017을 참고하라. 더 철저하고 상세한 논 의를 원한다면 바츨라프 스밀의 최근 두 권의 책 *Growth: From Microorganisms to Megacities*와 *Energy and Civilization: A History*를 보라. 모두 MIT Press에서 각각 2019년과 2018년에 출 판됐다(바츨라프 스밀은 빌 게이츠가 가장 좋아하는 저자이다).

문명의 몰락에서 에너지 수익의 역할에 대해서는 Joseph Tainter의 *The Collapse of Complex Societies*, Cambridge University Press, 1988; 그리고 Thomas Homer-Dixon의 *The Upside of Down: Catastrophe, Creativity, and the Renewal of Civilization*, Island Press, 2010을 참고하라.

경제 성장과 생산성 감소에 대해서는 Tyler Cowen의 *The Great Stagnation: How America Ate All the Low-hanging Fruit of Modern History, Got Sick, and Will (Eventually) Feel Better*, Penguin, 2011 을 참고하라.

전문가를 위한 읽을거리

Andersson, G. E., Olof Karlberg, Björn Canbäck et al., 'On the Origin of Mitochondria: A Genomics Perspective', *Philosophical Transactions of the Royal Society of London. Series B: Biological Sciences* 358, no. 1429 (2003): 165-79

Asphaug, Erik, 'Impact Origin of the Moon?', *Annual Review of Earth and Planetary Sciences* 42 (2014): 551-78

De Visser, J., G. M. Arjan, and Santiago F. Elena, 'The Evolution of Sex: Empirical Insights into the Roles of Epistasis and Drift', *Nature Reviews Genetics* 8, no. 2 (2007): 139-49

Dyson, Freeman J., 'Search for Artificial Stellar Sources of Infrared Radiation', *Science* 131, no. 3414 (1960): 1667-8

Fix, Blair, 'Energy and Institution Size', *PLoS ONE* 12, no. 2 (2017): e0171823

Flannery, K., and J. Marcus, *The Creation of Inequality*, Harvard University Press, 2012

Gabaldón, Toni, 'Origin and Early Evolution of the Eukaryotic Cell', *Annual Review of Microbiology* 75 (2021): 631-47

Grosberg, R. K., and R. R. Strathmann, 'The Evolution of Multicellularity: A Minor Major Transition?', *Annual Review of Ecology Evolution and Systematics* 38, no. 1 (2007): 621-54

Hall, Charles A. S., *Energy Return on Investment: A Unifying Principle for Biology, Economics, and Sustainability*, Springer, 2017

Hall, Charles A. S., Cutler J. Cleveland, and Robert Kaufmann, 'Energy and Resource Quality: The Ecology of the Economic Process', Wiley–Blackwell, 1986

Hall, Charles A. S., and Kent Klitgaard, *Energy and the Wealth of Nations: An Introduction to Biophysical Economics*, Springer International, 2018

Hey, Jody, 'On the Number of New World Founders: A Population Genetic Portrait of the Peopling of the Americas', *PLoS Biology* 3, no. 6 (2005): e193

Higham, Tom, Katerina Douka, Rachel Wood et al., 'The Timing and Spatiotemporal Patterning of Neanderthal Disappearance', *Nature* 512, no. 7514 (2014): 306-9

Hohmann–Marriott, Martin F., and Robert E. Blankenship, 'Evolution of Photosynthesis', *Annual Review of Plant Biology* 62 (2011): 515-48

Jedwab, Remi, Noel D. Johnson, and Mark Koyama, 'The Economic Impact of the Black Death', *Journal of Economic Literature* 60, no. 1 (2022): 132-78

Knoll, Andrew H., 'The Multiple Origins of Complex Multicellularity', *Annual Review of Earth and Planetary Sciences* 39 (2011): 217-39

Koppelaar, Rembrandt H. E. M., 'Solar-PV Energy Payback and Net Energy: Meta-assessment of Study Quality, Reproducibility, and Results Harmonization', *Renewable and Sustainable Energy Reviews* 72 (2017): 1241-55

Koyama, Mark, and Jared Rubin, *How the World Became Rich: The Historical Origins of Economic Growth*, John Wiley, 2022

Langergraber, Kevin E., Kay Prüfer, Carolyn Rowney et al., 'Generation Times in Wild Chimpanzees and Gorillas Suggest Earlier Divergence Times in Great Ape and Human Evolution', *Proceedings of the National Academy of Sciences* 109, no. 39 (2012): 15716-21

Lyons, Timothy W., Christopher T. Reinhard, and Noah J. Planavsky, 'The Rise of Oxygen in Earth's Early Ocean and Atmosphere', *Nature* 506, no. 7488 (2014): 307-15

McDonald, Michael J., Daniel P. Rice, and Michael M. Desai, 'Sex Speeds Adaptation by Altering the Dynamics of Molecular Evolution', *Nature* 531, no. 7593 (2016): 233-6

Mankiw, N. Gregory, David Romer, and David N. Weil. 'A Contribution to the Empirics of Economic Growth', *Quarterly Journal of Economics* 107, no. 2 (1992): 407-37

Marciniak, Stephanie, Christina M. Bergey, Ana Maria Silva et al., 'An Integrative Skeletal and Paleogenomic Analysis of Stature Variation Suggests Relatively Reduced Health for Early European Farmers', *Proceedings of the National Academy of Sciences* 119, no. 15 (2022): e2106743119

Mignacca, Benito, and Giorgio Locatelli, 'Economics and Finance of Small Modular Reactors: A Systematic Review and Research Agenda', *Renewable and Sustainable Energy Reviews* 118 (2019): 109519

Mokyr, Joel, *The British Industrial Revolution: An Economic Perspective*, Routledge, 2018

Muthukrishna, Michael, Michael Doebeli, Maciej Chudek et al., 'The Cultural Brain Hypothesis: How Culture Drives Brain Expansion, Sociality, and Life History', *PLoS Computational Biology* 14, no. 11 (2018): e1006504

Navarrete, Ana, Carel P. van Schaik, and Karin Isler, 'Energetics and the Evolution of Human Brain Size', *Nature* 480, no. 7375 (2011): 91–3

Nielsen, Claus, Thibaut Brunet, and Detlev Arendt, 'Evolution of the Bilaterian Mouth and Anus', *Nature Ecology & Evolution* 2, no. 9 (2018): 1358–7

Orgel, Leslie E., 'The Origin of Life–A Review of Facts and Speculations', *Trends in Biochemical Sciences* 23, no. 12 (1998): 491–5

Pingali, Prabhu L., 'Green Revolution: Impacts, Limits, and the Path Ahead', *Proceedings of the National Academy of Sciences* 109, no. 31 (2012): 12302–8

Planck Collaboration, P. A. R. Ade, N. Aghanim et al., 'Planck 2015 Results: XIII: Cosmological Parameters', *Astronomy & Astrophysics* 594 (October 2016): A13

Romer, Paul M., 'The Origins of Endogenous Growth', *Journal of Economic Perspectives* 8, no. 1 (1994): 3–22

Shine, Rick, *Cane Toad Wars*, University of California Press, 2018

Tewksbury, J. J., and G. P. Nabhan, 'Directed Deterrence by Capsaicin in Chillies', *Nature* 412, no. 6845 (2001): 403–4

Weißbach, Daniel, G. Ruprecht, A. Huke et al., 'Energy Intensities, EROIs (Energy Returned on Invested), and Energy Payback Times of Electricity Generating Power Plants', *Energy* 52 (2013): 210–21

Wrigley, E. A., *Energy and the English Industrial Revolution*, Cambridge University Press, 2010

Zeder, Melinda A., 'The Origins of Agriculture in the Near East', *Current Anthropology* 52, no. S4 (2011): S221–35

2장 인간이라는 동물

전반적인 세계 역사에 대한 저서로는 Peter Frankopan의 *The Silk Roads: A New History of the World*, Bloomsbury, 2015가 있다. 인류학 역사의 맥락에서 프란츠 보아스에 대해 더 알

고 싶다면 Charles King의 *Gods of the Upper Air: How a Circle of Renegade Anthropologists Reinvented Race, Sex, and Gender in the Twentieth Century*, Anchor, 2020을 참조하라.

최근의 문화적 진화, 이중 유전 이론, 유전자-문화 공진화 등 인간 진화의 새로운 과학에 관한 몇 권의 책으로는 조지프 헨릭의 *The Secret of Our Success*, Princeton University Press, 2015와 *The WEIRDest People in the World: How the West became Psychologically Peculiar and Particularly Prosperous*, Penguin, 2020; Kevin N. Laland의 *Darwin's Unfinished Symphony*, Princeton University Press, 2018; Robert Boyd의 *A Different Kind of Animal*, Princeton University Press, 2017; 그리고 Lesley Newson과 Peter Richerson의 *A Story of Us: A New Look at Human Evolution*, Oxford University Press, 2021이 있다.

진화심리학을 제안하는 보완적 관점은 스티븐 핑커의 *The Blank Slate: The Modern Denial of Human Nature*, Viking, 2004; 그리고 David M. Buss의 *Evolutionary Psychology: The New Science of the Mind*, Routledge, 2019를 보라.

언어 예시와 이후의 셰익스피어 예시는 마크 포사이스에게 빌린 것이다: 그의 *The Etymologicon: A Circular Stroll through the Hidden Connections of the English Language*, Penguin, 2012와 *The Elements of Eloquence: How to Turn the Perfect English Phrase*, Icon Books, 2013를 참조하라.

설명 깊이의 착각, 답을 알고 나면 모든 것이 명백해지는 현상, 그리고 '타인의 문제에 대한 귀인 오류'에 관한 내가 가장 좋아하는 글을 보려면 Steven Sloman과 Philip Fernbach의 *The Knowledge Illusion: Why We Never Think Alone*, Penguin, 2018; Duncan J. Watts의 *Everything Is Obvious: Why Common Sense Is Nonsense*, Atlantic Books, 2011; 그리고 Courtney Martin의 'The Reductive Seduction of Other People's Problems', Bright Magazine online, 11 January 2016을 참조하라.

전문가를 위한 읽을거리

Al-Andalusi, Said, Semaan I. Salem, and Alok Kumar, *Science in the Medieval World*, vol. 5, University of Texas Press, 1996

Australian Institute of Health and Welfare, *Skin Cancer in Australia*, AIHW, 2016

Barsh, Gregory S., 'What Controls Variation in Human Skin Color?', *PLoS Biology* 1, no. 1 (2003): e27

Beckwith, Christopher I., *Empires of the Silk Road*, Princeton University Press, 2009

Boyd, Robert, and Peter J. Richerson, *Culture and the Evolutionary Process*, University of Chicago Press, 1985

Burns, Thomas S., *Rome and the Barbarians, 100 BC-AD 400*, Johns Hopkins University Press, 2003

Cashman, Kevin D., Kirsten G. Dowling, Zuzana Škrabáková et al., 'Vitamin D Deficiency in Europe: Pandemic?', *American Journal of Clinical Nutrition* 103, no. 4 (2016): 1033-44

Cavalli-Sforza, Luigi Luca, and Marcus W. Feldman, *Cultural Transmission and Evolution: A Quantitative Approach*, Princeton University Press, 1981

Chua, Amy, *Battle Hymn of the Tiger Mother*, Bloomsbury, 2011

Chudek, Maciej, Michael Muthukrishna, and Joe Henrich, 'Cultural Evolution', in *The Handbook of Evolutionary Psychology*, pp. 1-21, Wiley, 2015

Cosmides, Leda, 'The Logic of Social Exchange: Has Natural Selection Shaped How Humans Reason? Studies with the Wason Selection Task', *Cognition* 31, no. 3 (1989): 187-276

Dunbar, Robin Ian MacDonald, *Grooming, Gossip, and the Evolution of Language*, Harvard University Press, 1998

Garland, Cedric F., Frank C. Garland, Edward D. Gorham et al., 'The Role of Vitamin D in Cancer Prevention', *American Journal of Public Health* 96, no. 2 (2006): 252-61

Grogger, Jeffrey, Andreas Steinmayr, and Joachim Winter, 'The Wage Penalty of Regional Accents', working paper 26719, *National Bureau of Economic Research*, 2020

Henrich, Joseph, 'The Evolution of Costly Displays, Cooperation and Religion: Credibility Enhancing Displays and Their Implications for Cultural Evolution', *Evolution and Human Behavior* 30, no. 4 (2009): 244-60

Henrich, Joseph, and Francisco J. Gil-White, 'The Evolution of Prestige: Freely Conferred Deference as a Mechanism for Enhancing the Benefits of Cultural Transmission', *Evolution and Human Behavior* 22, no. 3 (2001): 165-96

Henrich, Joseph, and Natalie Henrich, 'The Evolution of Cultural Adaptations: Fijian Food Taboos Protect against Dangerous Marine Toxins', *Proceedings of the Royal Society B: Biological Sciences* 277, no. 1701 (2010): 3715-24

Herrmann, Esther, Josep Call, María Victoria Hernández-Lloreda et al., 'Humans Have Evolved Specialized Skills of Social Cognition: The Cultural Intelligence Hypothesis', *Science* 317, no. 5843 (2007): 1360-6

Horner, Victoria, and Andrew Whiten, 'Causal Knowledge and Imitation/Emulation Switching in Chimpanzees (Pan Troglodytes) and Children (Homo Sapiens)', *Animal Cognition* 8 (2005): 164-81

Jablonski, Nina G., and George Chaplin, 'Human Skin Pigmentation as an Adaptation to UV radiation', *Proceedings of the National Academy of Sciences* 107, supplement no. 2 (2010): 8962-8

———, 'The Colours of Humanity: The Evolution of Pigmentation in the Human Lineage', *Philosophical Transactions of the Royal Society B: Biological Sciences* 372, no. 1724 (2017): 20160349

Kahneman, Daniel, and Amos Tversky, 'Prospect Theory: An Analysis of Decision under Risk',

Econometrica 47, no. 2 (1979): 263-92

Keil, Frank C., 'Folkscience: Coarse Interpretations of a Complex Reality', *Trends in Cognitive Sciences* 7, no. 8 (2003): 368-73

―――, 'Explanation and Understanding', *Annual Review of Psychology* 57, no. 1 (2006): 227-54

Kendal, Rachel L., Neeltje J. Boogert, Luke Rendell et al., 'Social Learning Strategies: Bridge-building between Fields', *Trends in Cognitive Sciences* 22, no. 7 (2018): 651-65

Kinzler, Katherine D., Kristin Shutts, Jasmine DeJesus et al., 'Accent Trumps Race in Guiding Children's Social Preferences', *Social Cognition* 27, no. 4 (2009): 623-34

Kipling, Rudyard, 'The White Man's Burden', *The Times*, 4 February 1899

Knight, Phil, *Shoe Dog: A Memoir by the Creator of Nike*, Simon & Schuster, 2016

Kurzban, Robert, John Tooby, and Leda Cosmides, 'Can Race Be Erased? Coalitional Computation and Social Categorization', *Proceedings of the National Academy of Sciences* 98, no. 26 (2001): 15387-92

Lanman, Jonathan A., and Michael D. Buhrmester, 'Religious Actions Speak Louder than Words: Exposure to Credibility-enhancing Displays Predicts Theism', *Religion, Brain & Behavior* 7, no. 1 (2017): 3-16

Lewis, Bernard, *The Muslim Discovery of Europe*, W. W. Norton, 2001

Luria, Alexander Romanovich, *Cognitive Development: Its Cultural and Social Foundations*, Harvard University Press, 1976

Norenzayan, Ara, Azim F. Shariff, Will M. Gervais et al., 'The Cultural Evolution of Prosocial Religions', *Behavioral and Brain Sciences* 39 (2016): e1

Parasher-Sen, Aloka, ed., *Subordinate and Marginal Groups in Early India*, Oxford University Press, 2007

Persky, Joseph, 'Retrospectives: The Ethology of Homo Economicus', *Journal of Economic Perspectives* 9, no. 2 (1995): 221-31

Phelps, Michael, and Alan Abrahamson, *No Limits: The Will to Succeed*, Simon & Schuster, 2008

Rozenblit, Leonid, and Frank Keil, 'The Misunderstood Limits of Folk Science: An Illusion of Explanatory Depth', *Cognitive Science* 26, no. 5 (2002): 521-62

Saussy, Haun, *The Making of Barbarians: Chinese Literature and Multilingual Asia*, vol. 48, Princeton University Press, 2022

Simon, Herbert A., 'Models of Man: Social and Rational', Wiley, 1957

Spiro, A., and J. L. Buttriss, 'Vitamin D: An Overview of Vitamin D Status and Intake in Europe', *Nutrition Bulletin* 39, no. 4 (2014): 322-50

Thaler, Richard H, and Cass R. Sunstein, *Nudge: Improving Decisions about Health, Wealth, and*

Happiness, Yale University Press, 2008

Tillman, B., 'Are We to Spread the Christian Religion with the Bayonet Point as Mahomet Spread Islam with a Scimitar?', *Address to the U.S. Senate*, 7 February 1899

Todd, Peter M., and Gerd Ed Gigerenzer, *Ecological Rationality: Intelligence in the World*, Oxford University Press, 2012

Uchiyama, Ryutaro, Rachel Spicer, and Michael Muthukrishna, 'Cultural Evolution of Genetic Heritability', *Behavioral and Brain Sciences* 45 (2022): e152

3장 인간의 지능

우생학의 역사에 대한 좋은 저서로는 Adam Rutherford의 *Control: The Dark History and Troubling Present of Eugenics*, Orion, 2023이 있다. 문화의 중요성을 주장하는 저자가 쓴, 지능에 관한 역사와 연구 요약은 리처드 니스벳의 *Intelligence and How to Get It: Why Schools and Cultures Count*, W. W. Norton, 2009을 참조하고, 유전자의 중요성을 주장하는 저자가 쓴, 두 저서로는 로버트 플로민의 *Blueprint, with a New Afterword: How DNA Makes Us Who We Are*, MIT Press, 2019; 그리고 Kathryn Paige Harden의 *The Genetic Lottery: Why DNA Matters for Social Equality*, Princeton University Press, 2021를 보라.

언어와 학습이 우리의 뇌를 어떻게 변화시키는지에 대해서는 Guy Deutscher의 *Through the Language Glass: Why the World Looks Different in Other Languages*, Metropolitan Books, 2010; 그리고 Stanislas Dehaene의 세 권의 책, *How We Learn: The New Science of Education and the Brain*, Penguin, 2020; *Reading in the Brain: The New Science of How We Read*, Penguin, 2010; *The Number Sense: How the Mind Creates Mathematics*, Oxford University Press, 2011을 추천한다.

오늘날의 대중문화가 우리를 더 똑똑하게 만들고 있다는 긴 논증은 Steven Johnson의 *Everything Bad Is Good for You: How Today's Popular Culture Is Actually Making Us Smarter*, Penguin, 2006에서 제시된다.

유전학적 관점에서 인종에 대해 생각하는 방법, 그리고 많은 신화를 불식시키는 저서로는 Adam Rutherford의 *How to Argue with a Racist: History, Science, Race and Reality*, Weidenfeld & Nicolson, 2020; David Reich의 *Who We Are and How We Got Here: Ancient DNA and the New Science of the Human Past*, Pantheon Books, 2018; 그리고 Steven J. Heine의 *DNA Is Not Destiny: The Remarkable, Completely Misunderstood Relationship between You and Your Genes*, W. W. Norton, 2017을 참고하라.

전문가를 위한 읽을거리

Antman, Francisca, and Brian Duncan, 'Incentives to Identify: Racial Identity in the Age of Affirmative Action', *Review of Economics and Statistics* 97, no. 3 (2015): 710-13

Archer, John, 'The Reality and Evolutionary Significance of Human Psychological Sex Differences', *Biological Reviews* 94, no. 4 (2019): 1381-415

Auton, Adam, Adi Fledel-Alon, Susanne Pfeifer et al., 'A Fine-scale Chimpanzee Genetic Map from Population Sequencing', *Science* 336, no. 6078 (2012): 193-8

Beck, Sarah R., Ian A. Apperly, Jackie Chappell et al., 'Making Tools Isn't Child's Play', *Cognition* 119, no. 2 (2011): 301-6

Bender, Andrea, and Sieghard Beller, 'Fingers as a Tool for Counting-Naturally Fixed or Culturally Flexible?', *Frontiers in Psychology* 2 (2011): 256

Binet, Alfred, and Theodore Simon, 'New Methods for the Diagnosis of the Intellectual Level of Subnormals, *L'Année Psych.*, 1905, pp. 191-244

Botvinick, Matthew M., Jonathan D. Cohen, and Cameron S. Carter, 'Conflict Monitoring and Anterior Cingulate Cortex: An Update', *Trends in Cognitive Sciences* 8, no. 12 (2004): 539-46

Bowden, Rory, Tammie S. MacFie, Simon Myers et al., 'Genomic Tools for Evolution and Conservation in the Chimpanzee: Pan Troglodytes Ellioti Is a Genetically Distinct Population', *PLoS Genetics* 8, no. 3 (2012): e1002504

Brinch, Christian N., and Taryn Ann Galloway, 'Schooling in Adolescence Raises IQ Scores', *Proceedings of the National Academy of Sciences* 109, no. 2 (2012): 425-30

Burgoyne, Alexander P., David Z. Hambrick, and Brooke N. Macnamara, 'How Firm Are the Foundations of Mind-Set Theory? The Claims Appear Stronger Than the Evidence', *Psychological Science* 31, no. 3 (2020): 258-67

Campbell, Michael C., and Sarah A. Tishkoff, 'African Genetic Diversity: Implications for Human Demographic History, Modern Human Origins, and Complex Disease Mapping', *Annual Review of Genomics and Human Genetics* 9 (2008): 403-33

Card, David, Stefano DellaVigna, Patricia Funk et al., 'Gender Gaps at the Academies', *Proceedings of the National Academy of Sciences* 120, no. 4 (24 January 2023): e2212421120

Ceci, Stephen J., and Wendy M. Williams, 'Understanding Current Causes of Women's Underrepresentation in Science', *Proceedings of the National Academy of Sciences* 108, no. 8 (2011): 3157-62

Dev, Pritha, Blessing U. Mberu, and Roland Pongou, 'Ethnic Inequality: Theory and Evidence from Formal Education in Nigeria', *Economic Development and Cultural Change* 64, no. 4 (2016): 603-60

Dickens, William T., and James R. Flynn, 'Black Americans Reduce the Racial IQ Gap: Evidence from Standardization Samples', *Psychological Science* 17, no. 10 (2006): 913–20

Durvasula, Arun, and Sriram Sankararaman, 'Recovering Signals of Ghost Archaic Introgression in African Populations', *Science Advances* 6, no. 7 (2020): eaax5097

Fan, Shaohua, Matthew E. B. Hansen, Yancy Lo et al., 'Going Global by Adapting Local: A Review of Recent Human Adaptation', *Science* 354, no. 6308 (2016): 54–9

Flynn, James R., *What Is Intelligence? Beyond the Flynn Effect*, Cambridge University Press, 2007

Galton, Francis, 'Hereditary Talent and Character', *Macmillan's Magazine* 12, nos 157–166 (1865): 318–27

———, *Hereditary Genius*, Macmillan & Co., 1869

Giangrande, Evan J., Christopher R. Beam, Sarah Carroll et al., 'Multivariate Analysis of the Scarr–Rowe Interaction across Middle Childhood and Early Adolescence', *Intelligence* 77, no. 1 (2019): 101400

Halpern, Diane F., and Mary L. LaMay, 'The Smarter Sex: A Critical Review of Sex Differences in Intelligence', *Educational Psychology Review* 12, no. 2 (2000): 229–46

Hanscombe, Ken B., Maciej Trzaskowski, Claire M. A. Haworth et al., 'Socioeconomic Status (SES) and Children's Intelligence (IQ): In a UK-Representative Sample SES Moderates the Environmental, Not Genetic, Effect on IQ', *PloS ONE* 7, no. 2 (2012): e30320

Herrnstein, Richard J., and Charles Murray, *The Bell Curve: Intelligence and Class Structure in American Life*, Free Press, 1994

Hsin, Amy, and Yu Xie, 'Explaining Asian Americans' Academic Advantage over Whites', *Proceedings of the National Academy of Sciences* 111, no. 23 (2014): 8416–21

Hulance, Jo, Mark Kowalski, and Robert Fairhurst, Long-term Strategies to Reduce Lead Exposure from Drinking Water, report number DWI14372.2, *Drinking Water Inspectorate* (UK), 26 January 2021

Hyde, Janet S., and Janet E. Mertz, 'Gender, Culture, and Mathematics Performance', *Proceedings of the National Academy of Sciences* 106, no. 22 (2 June 2009): 8801–7

Khalid, Muhammed Abdul, and Li Yang, 'Income Inequality and Ethnic Cleavages in Malaysia: Evidence from Distributional National Accounts (1984-2014)', *Journal of Asian Economics* 72 (2021): 101252

Kiesow, Hannah, Robin I. M. Dunbar, Joseph W. Kable et al., '10,000 Social Brains: Sex Differentiation in Human Brain Anatomy', *Science Advances* 6, no. 12 (March 2020): eaaz1170

König, Peter, and Sabine U. König, 'Learning a New Sense by Sensory Augmentation', in 2016 4th *International Winter Conference on Brain-Computer Interface (BCI)*, pp. 1–3, Institute of

Electrical and Electronics Engineers, 2016

Laland, Kevin N., John Odling-Smee, and Sean Myles, 'How Culture Shaped the Human Genome: Bringing Genetics and the Human Sciences Together', *Nature Reviews Genetics* 11, no. 2 (2010): 137-44

Lassek, William D., and Steven J. C. Gaulin, 'Costs and Benefits of Fat-free Muscle Mass in Men: Relationship to Mating Success, Dietary Requirements, and Native Immunity', *Evolution and Human Behavior* 30, no. 5 (2009): 322-8.

Levinson, Stephen C., 'Language and Cognition: The Cognitive Consequences of Spatial Description in Guugu Yimithirr', *Journal of Linguistic Anthropology* 7, no. 1 (1997): 98-131

Loftus, Elizabeth F., 'Eyewitness Testimony', *Applied Cognitive Psychology* 33, no. 4 (2019): 498-503

Luria, Alexander Romanovich, *Cognitive Development: Its Cultural and Social Foundations*, Harvard University Press, 1976

Machin, Stephen, and Tuomas Pekkarinen, 'Global Sex Differences in Test Score Variability', *Science* 322, no. 5906 (2008): 1331-2

Muthukrishna, Michael, and Joseph Henrich, 'Innovation in the Collective Brain', *Philosophical Transactions of the Royal Society B: Biological Sciences* 371, no. 1690 (2016): 20150192

Nave, Gideon, Wi Hoon Jung, Richard Karlsson Linnér et al., 'Are Bigger Brains Smarter? Evidence from a Large-scale Preregistered Study', *Psychological Science* 30, no. 1 (2019): 43-54

Nielsen, Mark, Keyan Tomaselli, Ilana Mushin et al., 'Exploring Tool Innovation: A Comparison of Western and Bushman Children', *Journal of Experimental Child Psychology* 126 (2014): 384-94

Nisbett, Richard E., Joshua Aronson, Clancy Blair et al., 'Intelligence: New Findings and Theoretical Developments', *American Psychologist* 67, no. 2 (2012): 130

OECD, PISA 2018 *Results (Volume II): Where All Students Can Succeed*, OECD Publishing, 2019

Pemberton, Trevor J., Michael DeGiorgio, and Noah A. Rosenberg, 'Population Structure in a Comprehensive Genomic Data Set on Human Microsatellite Variation', *G3: Genes, Genomes, Genetics* 3, no. 5 (2013): 891-907

Pickrell, Joseph K., and David Reich, 'Toward a New History and Geography of Human Genes Informed by Ancient DNA', *Trends in Genetics* 30, no. 9 (2014): 377-89

Pietschnig, J., and M. Voracek, 'One Century of Global IQ Gains: A Formal Meta-analysis of the Flynn Effect (1909-2013)', *Perspectives on Psychological Science* 10, no. 3 (2015): 282-306

Platt, Jonathan M., Katherine M. Keyes, Katie A. McLaughlin et al., 'The Flynn Effect for Fluid IQ May Not Generalize to All Ages or Ability Levels: A Population-based Study of 10,000 US Adolescents', *Intelligence* 77 (2019): 101385

Plomin, Robert, *Blueprint, with a New Afterword: How DNA Makes Us Who We Are*, MIT Press, 2019

Puamau, Priscilla Qolisaya, 'Understanding Fijian Under-achievement: An Integrated Perspective', *Directions: Journal of Educational Studies* 21, no. 2 (1999): 100–12

Ramachandran, Sohini, Omkar Deshpande, Charles C. Roseman et al., 'Support from the Relationship of Genetic and Geographic Distance in Human Populations for a Serial Founder Effect Originating in Africa', *Proceedings of the National Academy of Sciences* 102, no. 44 (2005): 15942–7

Ritchie, Stuart, *Intelligence: All That Matters*, John Murray, 2015

Ritchie, Stuart, and Elliot M. Tucker-Drob, 'How Much Does Education Improve Intelligence? A Meta-analysis', *Psychological Science* 29, no. 8 (2018): 1358–69

Rosenberg, Noah A., Jonathan K. Pritchard, James L. Weber et al., 'Genetic Structure of Human Populations', *Science* 298, no. 5602 (2002): 2381–5

Roser, Max, and Esteban Ortiz-Ospina, 'Literacy', *Our World in Data*, 2016, https://ourworldindata.org/literacy

St Clair, James J. H., Barbara C. Klump, Shoko Sugasawa et al., 'Hook Innovation Boosts Foraging Efficiency in Tool-using Crows', *Nature Ecology & Evolution* 2, no. 3 (2018): 441–4

Samuelsson, Stefan, Brian Byrne, Richard K. Olson et al., 'Response to Early Literacy Instruction in the United States, Australia, and Scandinavia: A Behavioral-Genetic Analysis', *Learning and Individual Differences* 18, no. 3 (2008): 289–95

Sowell, Thomas, *Affirmative Action around the World: An Empirical Study*, Yale University Press, 2004

Teferra, Damtew, and Philip G. Altbach, *African Higher Education: An International Reference Handbook*, Indiana University Press, 2003

Thöni, Christian, and Stefan Volk, 'Converging Evidence for Greater Male Variability in Time, Risk, and Social Preferences', *Proceedings of the National Academy of Sciences* 118, no. 23 (2021): e2026112118

Thöni, Christian, Stefan Volk, and Jose M. Cortina, 'Greater Male Variability in Cooperation: Meta-analytic Evidence for an Evolutionary Perspective', *Psychological Science* 32, no. 1 (2021): 50–63

Trahan, Lisa, Karla K. Stuebing, Merril K. Hiscock et al., 'The Flynn Effect: A Meta-analysis', *Psychological Bulletin* 140, no. 5 (2014): 1332–60.

Tucker-Drob, Elliot M., and Timothy C. Bates, 'Large Cross-national Differences in Gene × Socioeconomic Status Interaction on Intelligence', *Psychological Science* 27, no. 2 (2016): 138–49

Turkheimer, Eric, Andreana Haley, Mary Waldron et al., 'Socio-economic Status Modifies Heritability of IQ in Young Children', *Psychological Science* 14, no. 6 (2003): 623–8

Uchiyama, Ryutaro, Rachel Spicer, and Michael Muthukrishna, 'Cultural Evolution of Genetic

Heritability', *Behavioral and Brain Sciences* 45 (2022): e152

US Census Bureau, 'S0201: Selected Population Profile in the United States', 2018, https://api. census.gov/data/2018/acs/acs1/spp/groups/S0201.html

Wickramasinghe, Nira, *Sri Lanka in the Modern Age: A History*, Oxford University Press, 2014

Yeager, David S., Paul Hanselman, Gregory M. Walton et al., 'A National Experiment Reveals Where a Growth Mindset Improves Achievement', *Nature* 573, no. 7774 (2019): 364-9

Yuan, Kai, Xumin Ni, Chang Liu et al., 'Refining Models of Archaic Admixture in Eurasia with ArchaicSeeker 2.0', *Nature Communications* 12, no. 1 (2021): 6232

4장 집단적 두뇌의 혁신

현대 미국의 지역 문화로 이어진 경로 의존성의 예시는 Colin Woodard의 *American Nations: A History of the Eleven Rival Regional Cultures of North America*, Penguin, 2012; 그리고 David Hackett Fischer의 *Albion's Seed: Four British Folkways in America*, Oxford University Press, 1989에서 참고하라. Eric Hobsbawm과 Terence Ranger가 편집한 *The Invention of Tradition*, Cambridge University Press, 2012는 우리가 아주 오래됐다고 생각하나 실제로는 그렇지 않은 전통의 경로 의존성 예시를 제공한다.

다양성과 혁신에 대한 관용에 대해서는 Michele Gelfand의 *Rule Makers, Rule Breakers: Tight and Loose Cultures and the Secret Signals That Direct Our Lives*, Scribner, 2019를 참고하라.

세상의 매우 평범한 측면조차도 복잡성을 드러내는 두 권의 책으로는 Lewis Dartnell의 *The Knowledge: How to Rebuild Our World from Scratch*, Random House, 2014; 그리고 Ryan North 의 *How to Invent Everything: Rebuild All of Civilization (with 96% Fewer Catastrophes This Time)*, Random House, 2018이 있다.

계몽주의와 산업혁명으로 이어진 조건에 대한 논의는 Joel Mokyr의 *The Enlightened Economy: An Economic History of Britain, 1700-1850*, Yale University Press, 2009; 그리고 *A Culture of Growth*, Princeton University Press, 2016에서 제공된다.

전문가를 위한 읽을거리

Becker, Sascha O., Erik Hornung, and Ludger Woessmann, 'Education and Catch-up in the Industrial Revolution', *American Economic Journal: Macroeconomics* 3, no. 3 (2011): 92-126

Bernard, Diane, How a Miracle Drug Changed the Fight against Infection during World War II, *Washington Post*, 2020

Bradley, David, 'Impossibly Amorphous Material Synthesized', *Materials Today* 9, no. 16 (2013): 304

De Sousa, Telma, Miguel Ribeiro, and Carolina Sabença, 'The 10,000-Year Success Story of Wheat!', *Foods* 10, no. 9 (2021): 2124

Dehaene, Stanislas, *The Number Sense: How the Mind Creates Mathematics*, Oxford University Press, 2011

Edvinsson, Rodney, and Johan Söderberg, 'Prices and the Growth of the European Knowledge Economy, 1200-2007', in *Swedish Economic History Meeting*, Uppsala, 5-7 March 2009, pp. 1-21

Forsyth, Mark, *The Elements of Eloquence: How to Turn the Perfect English Phrase*, Icon Books, 2013

Gilbert, Will, Tuomo Tanttu, Wee Han Lim et al., 'On-demand Electrical Control of Spin Qubits', *Nature Nanotechnology* (12 January 2023): 1-6. https://doi.org/10.1038/s41565-022-01280-4

Henrich, Joseph, 'Demography and Cultural Evolution: How Adaptive Cultural Processes Can Produce Maladaptive Losses-the Tasmanian Case', *American Antiquity* 69, no. 2 (2004): 197-214

Kauffman, Stuart A., *Investigations*, Oxford University Press, 2000

Kebric, Robert B., *Roman People*, McGraw-Hill, 2005

Kline, Michelle A., and Robert Boyd, 'Population Size Predicts Technological Complexity in Oceania', *Proceedings of the Royal Society B: Biological Sciences* 277, no. 1693 (2010): 2559-64

Lewis, Michael, *The Undoing Project: A Friendship That Changed the World*, Penguin, 2016

Liu, Yi-Ping, Gui-Sheng Wu, Yong-Gang Yao et al., 'Multiple Maternal Origins of Chickens: Out of the Asian Jungles', *Molecular Phylogenetics and Evolution* 38, no. 1 (2006): 12-19

Love, John F., *McDonald's: Behind the Arches*, Random House, 1995

McTavish, Emily Jane, Jared E. Decker, Robert D. Schnabel et al., 'New World Cattle Show Ancestry from Multiple Independent Domestication Events', *Proceedings of the National Academy of Sciences* 110, no. 15 (2013): e1398-406

March, Richard, Charles Goodyear and the Strange Story of Rubber, *Reader's Digest*, 1958

Muthukrishna, Michael, and Joseph Henrich, 'Innovation in the Collective Brain', *Philosophical Transactions of the Royal Society B: Biological Sciences* 371, no. 1690 (2016): 20150192

Muthukrishna, Michael, Ben W. Shulman, Vlad Vasilescu et al., 'Sociality Influences Cultural Complexity', *Proceedings of the Royal Society B: Biological Sciences* 281, no. 1774 (2014): 20132511

National Center for Education Statistics, 'Education Expenditures by Country', in Condition of Education, US Department of Education, *Institute of Education Sciences*, 2022, https://nces.ed.gov/programs/coe/indicator/cmd

Parthasarathy, N., 'Origin of Noble Sugar-Canes (Saccharum Officinarum.)', *Nature* 161, no. 4094

(1948): 608

Schimmelpfennig, Robin, Layla Razek, Eric Schnell et al., 'Paradox of Diversity in the Collective Brain', *Philosophical Transactions of the Royal Society B* 377, no. 1843 (2022): 20200316

Vance, Ashlee, *Elon Musk: How the Billionaire CEO of SpaceX and Tesla is Shaping Our Future*, Virgin Books, 2016

5장 문화의 창조력

문화적 진화, 이중 유전 이론, 유전자-문화 공진화에 대한 가장 접근하기 쉬운 소개서로는 조지프 헨릭의 *The Secret of Our Success*, Princeton University Press, 2015와 *The WEIRDest People in the World: How the West became Psychologically Peculiar and Particularly Prosperous*, Penguin, 2020; Kevin N. Laland의 *Darwin's Unfinished Symphony*, Princeton University Press, 2018; Robert Boyd의 *A Different Kind of Animal*, Princeton University Press, 2017; Leslie Newson과 Peter Richerson의 *A Story of Us: A New Look at Human Evolution*, Oxford University Press, 2021; 그리고 Alex Mesoudi의 *Cultural Evolution*, University of Chicago Press, 2011이 있다. 자기 가축화 가설은 Brian Hare와 Vanessa Woods에 의해 *Survival of the Friendliest: Understanding Our Origins and Rediscovering Our Common Humanity*, Random House, 2021에서 잘 설명돼 있다.

아동심리학은 Alison Gopnik의 *The Gardener and the Carpenter: What the New Science of Child Development Tells Us about the Relationship between Parents and Children*, Macmillan, 2016에서 참고할 수 있다.

폐경의 역사는 Susan Mattern의 *The Slow Moon Climbs: The Science, History, and Meaning of Menopause*, Princeton University Press, 2019에 의해 잘 정리되어 있다.

전문가를 위한 읽을거리

Aiello, Leslie C., and Peter Wheeler, 'The Expensive-Tissue Hypothesis: The Brain and the Digestive System in Human and Primate Evolution', *Current Anthropology* 36, no. 2 (1995): 199-221

Alesina, Alberto, Paola Giuliano, and Nathan Nunn, 'On the Origins of Gender Roles: Women and the Plough', Quarterly Journal of Economics 128, no. 2 (2013): 469-530

Becker, Anke, 'On the Economic Origins of Restricting Women's Promiscuity', *Review of Economic Studies* (forthcoming)

Betran, Ana Pilar, Jiangfeng Ye, Ann-Beth Moller et al., 'Trends and Projections of Caesarean

Section Rates: Global and Regional Estimates', *BMJ Global Health* 6, no. 6 (2021): e005671

Christiansen, Morten H., and Nick Chater, *Creating Language: Integrating Evolution, Acquisition, and Processing*, MIT Press, 2016

Chudek, Maciej, Michael Muthukrishna, and Joe Henrich, 'Cultural Evolution', in *The Handbook of Evolutionary Psychology*, pp. 1-21, Wiley, 2015

Dominguez-Bello, Maria G., Kassandra M. De Jesus-Laboy, Nan Shen et al., 'Partial Restoration of the Microbiota of Cesarean-born Infants via Vaginal Microbial Transfer', *Nature Medicine* 22, no. 3 (2016): 250-3

Dunbar, Robin I. M., 'The Social Brain Hypothesis', *Evolutionary Anthropology* 6, no. 5 (1998): 178-90

Enard, Wolfgang, Molly Przeworski, Simon E. Fisher et al., 'Molecular Evolution of FOXP2, a Gene Involved in Speech and Language', *Nature* 418, no. 6900 (2002): 869-72

Fox, K. C., M. Muthukrishna, and S. Shultz, 'The Social and Cultural Roots of Whale and Dolphin Brains', *Nature Ecology & Evolution* 1, no. 11 (2017): 1699-705

Gneezy, Uri, Kenneth L. Leonard, and John A. List, 'Gender Differences in Competition: Evidence from a Matrilineal and a Patriarchal Society', *Econometrica* 77, no. 5 (2009): 1637-64

Haeusler, Martin, Nicole D. S. Grunstra, Robert D. Martin et al., 'The Obstetrical Dilemma Hypothesis: There's Life in the Old Dog Yet', *Biological Reviews* 96, no. 5 (2021): 2031-57

Hare, Brian, 'Survival of the Friendliest: Homo Sapiens Evolved Via Selection for Prosociality', *Annual Review of Psychology* 68 (2017): 155-86

Hare, Brian, and Vanessa Woods, *Survival of the Friendliest: Understanding Our Origins and Rediscovering Our Common Humanity*, Random House, 2021

Hawkes, Kristen, James F. O'Connell, N. G. Blurton Jones et al., 'Grandmothering, Menopause, and the Evolution of Human Life Histories', *Proceedings of the National Academy of Sciences* 95, no. 3 (1998): 1336-9

Henrich, Joseph, Robert Boyd, and Peter J. Richerson, 'The Puzzle of Monogamous Marriage', *Philosophical Transactions of the Royal Society B: Biological Sciences* 367, no. 1589 (2012): 657-69

Henrich, Joseph, and Richard McElreath, 'The Evolution of Cultural Evolution', *Evolutionary Anthropology* 12, no. 3 (2003): 123-35

Henrich, Joseph, and Michael Muthukrishna, 'The Origins and Psychology of Human Cooperation', *Annual Review of Psychology* 72 (2021): 207-40

Hrdy, Sarah Blaffer, 'Evolutionary Context of Human Development: The Cooperative Breeding Model', in *Family Relationships: An Evolutionary Perspective*, ed. Catherine A. Salmon and Todd K. Shackelford, pp. 39-68, Oxford University Press, 2006

_____, *Mothers and Others: The Evolutionary Origins of Mutual Understanding*, Harvard University Press, 2009

Kramer, Karen L., 'Cooperative Breeding and Its Significance to the Demographic Success of Humans', *Annual Review of Anthropology* 39 (2010): 417–36

Lassek, William D., and Steven J. C. Gaulin, 'Costs and Benefits of Fat-free Muscle Mass in Men: Relationship to Mating Success, Dietary Requirements, and Native Immunity', *Evolution and Human Behavior* 30, no. 5 (2009): 322–8

Lind, Johan, and Patrik Lindenfors, 'The Number of Cultural Traits Is Correlated with Female Group Size but Not with Male Group Size in Chimpanzee Communities', *PloS ONE* 5, no. 3 (2010): e9241

Lipschuetz, Michal, Sarah M. Cohen, Eliana Ein-Mor et al., 'A Large Head Circumference Is more Strongly Associated with Unplanned Cesarean or Instrumental Delivery and Neonatal Complications than High Birthweight', *American Journal of Obstetrics and Gynecology* 213, no. 6 (2015): 833.e1–833.e12

Lonsdorf, Elizabeth V., 'What Is the Role of Mothers in the Acquisition of Termite-Fishing Behaviors in Wild Chimpanzees (Pan Troglodytes Schweinfurthii)?', *Animal Cognition* 9 (2006): 36–46

Mattison, Siobhán M., Brooke Scelza, and Tami Blumenfield, 'Paternal Investment and the Positive Effects of Fathers among the Matrilineal Mosuo of Southwest China', *American Anthropologist* 116, no. 3 (2014): 591–610

Mesoudi, Alex, Andrew Whiten, and Kevin N. Laland, 'Towards a Unified Science of Cultural Evolution', *Behavioral and Brain Sciences* 29, no. 4 (2006): 329–47

Muthukrishna, Michael, Michael Doebeli, Maciej Chudek et al., 'The Cultural Brain Hypothesis: How Culture Drives Brain Expansion, Sociality, and Life History', *PLoS Computational Biology* 14, no. 11 (2018): e1006504

Navarrete, Ana, Carel P. Van Schaik, and Karin Isler, 'Energetics and the Evolution of Human Brain Size', *Nature* 480, no. 7375 (2011): 91–3

Pruetz, Jill D., and Paco Bertolani, 'Savanna Chimpanzees, Pan Troglodytes Verus, Hunt with Tools', *Current Biology* 17, no. 5 (2007): 412–17

Ruff, C. B., E. Trinkaus, and T. W. Holliday, 'Body Mass and Encephalization in Pleistocene Homo', *Nature*, 387 (1997): 173–6

Smith, J., F. Plaat, and Nicholas M. Fisk, 'The Natural Caesarean: A Woman-centred Technique', *BJOG: An International Journal of Obstetrics & Gynaecology* 115, no. 8 (2008): 1037–42

Somers, Ali, *The Intergenerational Programme at Nightingale House: A Study into the Impact on the*

Well-being of Elderly Residents, Nightingale Hammerson, 2019

Wrangham, Richard, *Catching Fire: How Cooking Made Us Human*, Basic Books, 2009

6장 협력이라는 수수께끼

협력에 관한 접근하기 쉬운 책으로는 조지프 헨릭의 *The WEIRDest People in the World: How the West became Psychologically Peculiar and Particularly Prosperous*, Penguin, 2020; Nichola Raihani 의 *The Social Instinct: How Cooperation Shaped the World*, Random House, 2021; Martin A. Nowak과 Roger Highfield의 *Supercooperators*, Canongate, 2011; Sarah Blaffer Hrdy의 *Mothers and Others: The Evolutionary Origins of Mutual Understanding*, Harvard University Press, 2009; David Sloan Wilson의 *This View of Life: Completing the Darwinian Revolution*, Vintage, 2020; 그리고 Oren Harman의 *The Price of Altruism: George Price and the Search for the Origins of Kindness*, W. W. Norton, 2011이 있다.

도덕성과 종교 심리 및 진화에 관해서는 아라 노렌자얀의 *Big Gods: How Religion Transformed Cooperation and Conflict*, Princeton University Press, 2013; 헨릭의 *The WEIRDest People in the World*; 그리고 Joshua Greene의 *Moral Tribes: Emotion, Reason, and the Gap between Us and Them*, Penguin, 2014를 참조하라.

장기 평화에 관한 스티븐 핑커의 두 권의 책은 *The Better Angels of Our Nature: The Decline of Violence in History and Its Causes*, Penguin, 2011과 *Enlightenment Now: The Case for Reason, Science, Humanism, and Progress*, Penguin, 2018이다.

마이크로칩 제조의 역사에 대해서는 Chris Miller의 *Chip War: The Fight for the World's Most Critical Technology*, Simon & Schuster, 2022를 참조하라.

전문가를 위한 읽을거리

Acemoglu, Daron, David Autor, David Dorn et al., 'Return of the Solow Paradox? IT, Productivity, and Employment in US Manufacturing', *American Economic Review* 104, no. 5 (2014): 394-9

Alexander, Richard D., 'The Biology of Moral Systems', Routledge, 1987

Baldwin, Richard, *The Great Convergence: Information Technology and the New Globalization*, Harvard University Press, 2016

Biden, Joseph, 'Remarks by President Biden on Afghanistan', speech, *The White House*, 16 August 2021, https://www.whitehouse.gov/briefing-room/speeches-remarks/2021/08/16/remarks-by-president-biden-on-afghanistan/

Cowen, Tyler, *The Great Stagnation: How America Ate All the Low-hanging Fruit of Modern History, Got Sick, and Will (Eventually) Feel Better: A Penguin eSpecial from Dutton*, Penguin, 2011

Dawkins, Richard, *The Selfish Gene*, Oxford University Press, 1976

Eurostat, 'Employees by Sex, Age, Educational Attainment Level, Work Experience While Studying and Method Used for Finding Current Job', LFSO_16FINDMET, Eurostat, 2022

Fehr, Ernst, and Simon Gächter, 'Cooperation and Punishment in Public Goods Experiments', *American Economic Review* 90, no. 4 (2000): 980–94

Finke, Roger, and Rodney Stark, *The Churching of America, 1776-2005: Winners and Losers in Our Religious Economy*, Rutgers University Press, 2005

Fisher, Ronald A., *The Genetical Theory of Natural Selection*, Clarendon Press, 1930

Haji, Nafisa, *The Sweetness of Tears*, William Morrow, 2011

Hamilton, William D., 'The Genetical Theory of Social Behaviour. I, II', *Journal of Theoretical Biology* 7 (1964): 1–52

Hardin, Garrett, 'The Tragedy of the Commons', *Science* 162, no. 3859 (1968): 1243-8

Henrich, Joseph, 'Does Culture Matter in Economic Behavior? Ultimatum Game Bargaining among the Machiguenga of the Peruvian Amazon', *American Economic Review* 90, no. 4 (2000): 973-9

———, 'Cultural Group Selection, Coevolutionary Processes and Large-scale Cooperation', *Journal of Economic Behavior & Organization* 53, no. 1 (2004): 3–35

Henrich, Joseph, Robert Boyd, Samuel Bowles et al., 'In Search of Homo Economicus: Behavioral Experiments in 15 Small-scale Societies', *American Economic Review* 91, no. 2 (2001): 73-8

Henrich, Joseph, Robert Boyd, Ernst Fehr et al., eds, *Foundations of Human Sociality: Economic Experiments and Ethnographic Evidence from Fifteen Small-scale Societies*, Oxford University Press on Demand, 2004

Henrich, Joseph, and Michael Muthukrishna, 'The Origins and Psychology of Human Cooperation', *Annual Review of Psychology* 72 (2021): 207-40

Ito, Koichi, and Michael Doebeli, 'The Joint Evolution of Cooperation and Competition', *Journal of Theoretical Biology* 480 (2019): 1-12

Kant, Immanuel, The 'Metaphysics of Ethics', T. & T. Clark, 1796

———, Physical Geography, T. & T. Clark, 1802

Klitgaard, Robert E., Ronald MacLean Abaroa, and H. Lindsey Parris, *Corrupt Cities: A Practical Guide to Cure and Prevention*, World Bank Publications, 2000

Lugo, Luis, Alan Cooperman, James Bell et al., 'The World's Muslims: Religion, Politics and Society', *Pew Research Center*, 2013

Morris, Ian, *Why the West Rules-For Now: The Patterns of History and What They Reveal about the Future*, Profile, 2010

Muthukrishna, Michael, Patrick Francois, Shayan Pourahmadi et al., 'Corrupting Cooperation and How Anti-corruption Strategies May Backfire', *Nature Human Behaviour* 1, no. 7 (2017): 0138

Muthukrishna, Michael, Joseph Henrich, and Edward Slingerland, 'Psychology as a Historical Science', Annual Review of Psychology 72 (2021): 717-49

Norenzayan, Ara, Azim F. Shariff, Will M. Gervais et al., 'The Cultural Evolution of Prosocial Religions', *Behavioral and Brain Sciences* 39 (2016): e1

Nowak, Martin A., 'Five Rules for the Evolution of Cooperation', *Science* 314, no. 5805 (2006): 1560-3

Nowak, Martin A., and K. Sigmund, 'The Dynamics of Indirect Reciprocity', *Journal of Theoretical Biology* 194 (1998): 561-74

———, 'Evolution of Indirect Reciprocity', *Nature* 437, no. 7063 (2005): 1291-8

Okasha, Samir, *Evolution and the Levels of Selection*, Clarendon Press, 2006

Ostrom, Elinor, *Governing the Commons: The Evolution of Institutions for Collective Action*, Cambridge University Press, 1990

Pacheco, Jorge M., Francisco C. Santos, Max O. Souza et al., 'Evolutionary Dynamics of Collective Action in N-Person Stag Hunt Dilemmas', *Proceedings of the Royal Society B: Biological Sciences* 276, no. 1655 (2009): 315-21

Panchanathan, Karthik, and Robert Boyd, 'Indirect Reciprocity Can Stabilize Cooperation without the Second-order Free Rider Problem', *Nature* 432, no. 7016 (2004): 499-502

Pennisi, Elizabeth, 'How Did Cooperative Behavior Evolve?', *Science* 309, no. 5731 (2005): 93

Pomeranz, Kenneth, *The Great Divergence: China, Europe, and the Making of the Modern World Economy*, Princeton University Press, 2021

Price, George R., 'Selection and Covariance', *Nature* 227 (1970): 520-1

———, 'Extension of Covariance Selection Mathematics', *Annals of Human Genetics* 35, no. 4 (1972): 485-90

Richerson, Peter, Ryan Baldini, Adrian V. Bell et al., 'Cultural Group Selection Plays an Essential Role in Explaining Human Cooperation: A Sketch of the Evidence', *Behavioral and Brain Sciences* 39 (2016): e30

Saify, Khyber, and Mostafa Saadat, 'Consanguineous Marriages in Afghanistan', *Journal of Biosocial Science* 44, no. 1 (2012): 73-81

Schnell, Eric, Robin Schimmelpfennig, and Michael Muthukrishna, 'The Size of the Stag Determines the Level of Cooperation', *bioRxiv* (2021): 2021-2

Skyrms, Brian, *The Stag Hunt and the Evolution of Social Structure*, Cambridge University Press, 2004

Smith, J. Maynard, 'Group Selection and Kin Selection', *Nature* 201, no. 4924 (1964): 1145-7

Solow, Robert, 'We'd Better Watch Out', *New York Times Book Review* 36 (1987): 36

Toje, A., and N. V. Steen, *The Causes of Peace: What We Know Now, Nobel Peace Prize Research & Information*, 2019

Treisman, Daniel, 'What Have We Learned about the Causes of Corruption from Ten Years of Cross-national Empirical Research?', *Annual Review of Political Science* 10, no. 1 (June 2007): 211-44

Trivers, Robert L., 'The Evolution of Reciprocal Altruism', *Quarterly Review of Biology* 46, no. 1 (1971): 35-57

Trompenaars, Fons, and Charles Hampden-Turner, *Riding the Waves of Culture: Understanding Diversity in Global Business*, Nicholas Brealey International, 2011

Wilson, David Sloan, 'A Theory of Group Selection', *Proceedings of the National Academy of Sciences* 72, no. 1 (1975): 143-6

2부

에드워드 윌슨의 인용구는 *The Social Conquest of Earth*, W. W. Norton, 2012, 1장의 두 번째 단락에서 나온 것이다.

전문가를 위한 읽을거리

'Does the Current Migrant Crisis in Europe Make You More or Less Likely to Vote to Leave the EU?', What UK Thinks: EU opinion poll, 2015

Ash, Konstantin, and Nick Obradovich, 'Climatic Stress, Internal Migration, and Syrian Civil War Onset', *Journal of Conflict Resolution* 64, no. 1 (2020): 3-31

Burke, Marshall B., Edward Miguel, Shanker Satyanath et al., 'Warming Increases the Risk of Civil War in Africa', *Proceedings of the National Academy of Sciences* 106, no. 49 (2009): 20670-4

Golec de Zavala, Agnieszka, Rita Guerra, and Cláudia Simão, 'The Relationship between the Brexit Vote and Individual Predictors of Prejudice: Collective Narcissism, Right Wing Authoritarianism, Social Dominance Orientation', *Frontiers in Psychology* 8 (2017): 2023

Hall, Charles A. S., and Kent Klitgaard, *Energy and the Wealth of Nations: An Introduction to Biophysical Economics*, 2nd edn, Springer, 2018

Hsiang, Solomon M., Marshall Burke, and Edward Miguel, 'Quantifying the Influence of Climate on Human Conflict', *Science* 341, no. 6151 (2013): 1235367

Kelley, Colin P., Shahrzad Mohtadi, Mark A. Cane et al., 'Climate Change in the Fertile Crescent and Implications of the Recent Syrian Drought', *Proceedings of the National Academy of Sciences* 112, no. 11 (2015): 3241-6

Koubi, Vally, 'Climate Change and Conflict', *Annual Review of Political Science* 22 (2019): 343-60

Schleussner, Carl-Friedrich, Jonathan F. Donges, Reik V. Donner et al., 'Armed-Conflict Risks Enhanced by Climate-related Disasters in Ethnically Fractionalized Countries', *Proceedings of the National Academy of Sciences* 113, no. 33 (2016): 9216-21

7장 인류를 재결합하기

미국의 극단적 분열에 대해서는 Jonathan Haidt의 *The Righteous Mind: Why Good People are Divided by Politics and Religion*, Vintage, 2012; Chris Bail의 *Breaking the Social Media Prism: How to Make Our Platforms Less Polarizing*, Princeton University Press, 2022; Sinan Aral의 *The Hype Machine: How Social Media Disrupts Our Elections, Our Economy, and Our Health-and How We Must Adapt*, Currency, 2021; Lilliana Mason의 *Uncivil Agreement: How Politics Became Our Identity*, University of Chicago Press, 2018; 그리고 James E. Campbell의 *Polarized: Making Sense of a Divided America*, Princeton University Press, 2018을 참조하라.

영국, 미국, 그 외 지역에서 사립학교 파이프라인과 같은 불평등 문제의 영향에 대해서는 Simon Kuper의 *Chums: How a Tiny Caste of Oxford Tories Took Over the UK*, Profile, 2022; Richard Reeves의 *Dream Hoarders: How the American Upper Middle Class Is Leaving Everyone Else in the Dust, Why That Is a Problem, and What to Do About It*, Brookings Institution Press, 2017; 그리고 Anand Giridharadas의 *Winners Take All: The Elite Charade of Changing the World*, Knopf, 2018을 참조하라.

동서 대 남북 지리가 혁신에서 어떤 역할을 하는지에 대해서는 Jared M. Diamond의 *Guns, Germs and Steel: A Short History of Everybody for the Last 13,000 Years*, Random House, 1998 에서 참고할 수 있다. 코더 문화가 인터넷을 만드는 데 어떤 역할을 했는지에 대해서는 Clive Thompson의 *Coders: The Making of a New Tribe and the Remaking of the World*, Penguin, 2019에서 설명하고, 호주에서의 부패는 Cameron K. Murray와 Paul Frijters의 *Rigged: How Networks of Powerful Mates Rip Off Everyday Australians*, Allen & Unwin, 2022에서 참고하라.

이민에 대해서는 다음을 참조하라: Bryan Caplan의 *Open Borders: The Science and Ethics of Immigration*, First Second, 2019; Garett Jones의 *The Culture Transplant: How Migrants Make the Economies They Move to a Lot Like the Ones They Left*, Stanford University Press, 2022; 그리고 Ran Abramitzky와 Leah Boustan의 *Streets of Gold: America's Untold Story of Immigrant Success*, Hachette, 2022.

전문가를 위한 읽을거리

Alesina, Alberto, Paola Giuliano, and Nathan Nunn, 'On the Origins of Gender Roles: Women and the Plough', *Quarterly Journal of Economics* 128, no. 2 (2013): 469-530

Algan, Yann, Christian Dustmann, Albrecht Glitz et al., 'The Economic Situation of First and Second-Generation Immigrants in France, Germany and the United Kingdom', *Economic Journal* 120 (2010): F4-30

Andersen, S. N., and T. Kornstad, 'Time since Immigration and Crime amongst Adult Immigrants in Norway', Government report, *Statistics Norway*, 2017, https://www.ssb.no/sosiale-forhold-og-kriminalitet/artikler-og-publikasjoner/_attachment/332400?_ts=1603007dd70

Andersen, S. N., B. Holtsmark, and S. B. Mohn, 'Crime amongst Immigrants, Children of Immigrants and the Remaining Population: An Analysis of Register Data 1992-2015 Reports 2017/36', Government report, *Statistics Norway*, 2017, https://www.ssb.no/sosiale-forhold-ogkriminalitet/artikler-og-publikasjoner/_attachment/332143?_ts=16035d6f0d8

Australian Government, Department of Home Affairs, 'Australian Cultural Orientation (AUSCO) Program', *Immigration and Citizenship online overview*, 2019, https://immi.homeaffairs.gov.au/settling-in-australia/ausco

Aydemir, Abdurrahman, and George J. Borjas, 'Cross-country Variation in the Impact of International Migration: Canada, Mexico, and the United States', *Journal of the European Economic Association* 5, no. 4 (2007): 663-708

Beaulier, Scott A., 'Explaining Botswana's Success: The Critical Role of Post-colonial Policy', *Cato Journal* 23, no. 2 (2003): 227-40

Bertrand, Marianne, and Sendhil Mullainathan, 'Are Emily and Greg More Employable than Lakisha and Jamal? A Field Experiment on Labor Market Discrimination', *American Economic Review* 94, no. 4 (2004): 991-1013

Beveridge, William, 'Social Insurance and Allied Services', *command paper 6404 (The Beveridge Report)*, His Majesty's Stationery Office, 1942

Bloemraad, Irene, Anna Korteweg, and Gökçe Yurdakul, 'Citizenship and Immigration:

Multiculturalism, Assimilation, and Challenges to the Nation-state', *Annual Review of Sociology* 34 (2008): 153-79

Brubaker, Rogers, *Citizenship and Nationhood in France and Germany*, Harvard University Press, 2009

Chetty, Raj, John N. Friedman, and Emmanuel Saez, 'Using Differences in Knowledge across Neighborhoods to Uncover the Impacts of the EITC on Earnings', *American Economic Review* 103, no. 7 (2013): 2683-721

Christophers, Brett, Rentier *Capitalism: Who Owns the Economy, and Who Pays for It?*, Verso, 2022

Cohen, Roger, 'Can-Do Lee Kuan Yew', *New York Times*, 24 March 2015

Day, Richard J. F., *Multiculturalism and the History of Canadian Diversity*, University of Toronto Press, 2000

Dustmann, Christian, and Tommaso Frattini, 'The Fiscal Effects of Immigration to the UK', *Economic Journal* 124, no. 580 (2014): F593-643

Dustmann, Christian, and Ian P. Preston, 'Free Movement, Open Borders, and the Global Gains from Labor Mobility', *Annual Review of Economics* 11 (2019): 783-808

Fasting, Mathilde, and Øystein Sørensen, *The Norwegian Exception? Norway's Liberal Democracy since 1814*, Hurst, 2021

Fischer, David Hackett, *Albion's Seed: Four British Folkways in America*, Oxford University Press, 1989

Fisher, Matthew C., Sarah J. Gurr, Christina A. Cuomo et al., 'Threats Posed by the Fungal Kingdom to Humans, Wildlife, and Agriculture', *mBio* 11, no. 3 (2020): e00449-20

Frijters, Paul, and Cameron Murray, *Rigged: How Networks of Powerful Mates Rip Off Everyday Australians*, Allen & Unwin, 2022

'Germany's Vice Chancellor Says Merkel Underestimated Migrant Challenge', *Reuters*, 27 August 2016

Gerring, John, Michael Hoffman, and Dominic Zarecki, 'The Diverse Effects of Diversity on Democracy', *British Journal of Political Science* 48, no. 2 (2018): 283-314

Giuliano, Paola, and Nathan Nunn, 'The Transmission of Democracy: From the Village to the Nation-State', *American Economic Review* 103, no. 3 (2013): 86-92

———, 'Understanding Cultural Persistence and Change', *Review of Economic Studies* 88, no. 4 (2021): 1541-81

Gleason, Philip, 'The Melting Pot: Symbol of Fusion or Confusion?', *American Quarterly* 16, no. 1 (1964): 20-46

Gudelunas, David, 'There's an App for That: The Uses and Gratifications of Online Social Networks for Gay Men', *Sexuality & Culture* 16 (2012): 347-65

Heine, Steven J., *Cultural Psychology: Fourth International Student Edition*, W. W. Norton, 2020

Holden, Steinar, 'Avoiding the Resource Curse the Case Norway', *Energy Policy* 63 (2013): 870-6

Huntington, Samuel P., and Steve R. Dunn, *Who Are We? The Challenges to America's National Identity*, Simon & Schuster, 2004

Jack, Rachael E., Oliver G. B. Garrod, Hui Yu et al., 'Facial Expressions of Emotion Are Not Culturally Universal', *Proceedings of the National Academy of Sciences* 109, no. 19 (2012): 7241-4

Khoshnood, Ardavan, Henrik Ohlsson, Jan Sundquist et al., 'Swedish Rape Offenders-a Latent Class Analysis', *Forensic Sciences Research* 6, no. 2 (2021): 124-32

Kriminalität im Kontext von Zuwanderung: Bundeslagebild (Crime in the Context of Immigration: National Situation Report), Bundeskriminalamt, 2017

Landgrave, Michelangelo, and Alex Nowrasteh, *Illegal Immigrant Incarceration Rates, 2010-2018: Demographics and Policy Implications*, Cato Institute, 2020

Lochmann, Alexia, Hillel Rapoport, and Biagio Speciale, 'The Effect of Language Training on Immigrants' Economic Integration: Empirical Evidence from France', *European Economic Review* 113 (2019): 265-96

Luttmer, Erzo F. P., and Monica Singhal, 'Culture, Context, and the Taste for Redistribution', *American Economic Journal: Economic Policy* 3, no. 1 (2011): 157-79

Meng, Xin, and Robert G. Gregory, 'Intermarriage and the Economic Assimilation of Immigrants', *Journal of Labor Economics* 23, no. 1 (2005): 135-74

Michalopoulos, Stelios, and Elias Papaioannou, 'The Long-run Effects of the Scramble for Africa', *American Economic Review* 106, no. 7 (2016): 1802-48

Miller, Paul W., 'Immigration Policy and Immigrant Quality: The Australian Points System', *American Economic Review* 89, no. 2 (1999): 192-7

Moser, Petra, and Shmuel San, 'Immigration, Science, and Invention: Lessons from the Quota Acts', *Social Science Research Network*, 2020

Muthukrishna, Michael, Adrian V. Bell, Joseph Henrich et al., 'Beyond Western, Educated, Industrial, Rich, and Democratic (WEIRD) Psychology: Measuring and Mapping Scales of Cultural and Psychological Distance', *Psychological Science* 31, no. 6 (2020): 678-701

Nisbett, Richard E., and Dov Cohen, *Culture of Honor: The Psychology of Violence in the South*, Routledge, 2018

Nowrasteh, Alex, Andrew C. Forrester, and Michelangelo Landgrave, 'Illegal Immigration and Crime in Texas', *working paper no. 60*, Cato Institute, 2020

Oreopoulos, Philip, 'Why Do Skilled Immigrants Struggle in the Labor Market? A Field Experiment with Thirteen Thousand Resumes', *American Economic Journal: Economic Policy* 3, no. 4 (2011): 148–71

Pirsig, Robert M., *Zen and the Art of Motorcycle Maintenance: An Inquiry into Values*, Random House, 1999

Poole, Michael, and Rachel Bell, 'Middle Classes–Their Rise and Sprawl', BBC, 2001.

Pratchett, Terry, *Raising Steam (Discworld novel 40)*, Random House, 2013

Read, Michael, 'Australians Are the World's Richest People', *Financial Review*, 20 September 2022

Rosenberg, Steve, 'Why Russian Workers Are Being Taught How to Smile', *BBC* News, 9 June 2018

Ross, Michael L., 'What Have We Learned about the Resource Curse?', *Annual Review of Political Science* 18 (2015): 239–59

Rychlowska, Magdalena, Yuri Miyamoto, David Matsumoto et al., 'Heterogeneity of Long-History Migration Explains Cultural Differences in Reports of Emotional Expressivity and the Functions of Smiles', *Proceedings of the National Academy of Sciences* 112, no. 19 (12 May 2015): E2429–36.

Schimmelpfennig, Robin, Layla Razek, Eric Schnell et al., 'Paradox of Diversity in the Collective Brain', *Philosophical Transactions of the Royal Society B* 377, no. 1843 (2022): 20200316

Schulz, Jonathan F., Duman Bahrami-Rad, Jonathan P. Beauchamp et al., 'The Church, Intensive Kinship, and Global Psychological Variation', *Science* 366, no. 6466 (2019): eaau5141

Sequeira, Sandra, Nathan Nunn, and Nancy Qian, 'Immigrants and the Making of America', *Review of Economic Studies* 87, no. 1 (2020):382–419

Silver, Laura, 'Populists in Europe–Especially Those on the Right–Have Increased Their Vote Shares in Recent Elections', *Pew Research Center*, 2022

Simon, Rita J., and Keri W. Sikich, 'Public Attitudes toward Immigrants and Immigration Policies across Seven Nations', *International Migration Review* 41, no. 4 (2007): 956–62

Skardhamar, Torbjørn, Mikko Aaltonen, and Martti Lehti, 'Immigrant Crime in Norway and Finland', Journal of Scandinavian Studies in *Criminology and Crime Prevention* 15, no. 2 (2014): 107–27

Steinmayr, Andreas, 'Contact versus Exposure: Refugee Presence and Voting for the Far Right', *Review of Economics and Statistics* 103, no. 2 (2021): 310–27

Strafurteilsstatistik 2020: Nationalitäten der verurteilten Personen (Criminal Conviction Statistics 2020: Nationalities of the Convicted Persons), Swiss Federal Office for Statistics, 2020

Tabellini, Marco, 'Gifts of the Immigrants, Woes of the Natives: Lessons from the Age of Mass Migration', *Review of Economic Studies* 87, no. 1 (2020): 454–86

Van der Ploeg, Frederick, 'Natural Resources: Curse or Blessing?', *Journal of Economic Literature* 49, no. 2 (2011): 366-420

Watson, James L., ed., Golden Arches East: McDonald's in East Asia, Stanford University Press, 2006

Wood, Adrienne, Magdalena Rychlowska, and Paula M. Niedenthal, 'Heterogeneity of Long-History Migration Predicts Emotion Recognition Accuracy', *Emotion* 16, no. 4 (2016): 413-20

Woodard, Colin, *American Nations: A History of the Eleven Rival Regional Cultures of North America*, Penguin, 2012

8장 21세기의 거버넌스

민주주의, 협력, 그리고 정치 질서의 역사에 대해서는 프랜시스 후쿠야마의 두 권의 책, *The Origins of Political Order: From Prehuman Times to the French Revolution*, Farrar, Straus & Giroux, 2011과 *Political Order and Political Decay: From the Industrial Revolution to the Globalization of Democracy*, Macmillan, 2014이 있다. 스타트업 도시라는 비전을 대해서는 Charter Cities Institute에서 지속적으로 업데이트하는 독서 목록(https://chartercitiesinstitute.org/reading/)을 참조하라.

프로그래밍 가능한 정치라는 개념에 대해서는 Balaji Srinivasan의 *The Network State: How to Start a New Country*, 2022를 보라. 이에 대한 이더리움의 발명자인 Vitalik Buterin의 논평은 https://vitalik.ca/general/2022/07/13/networkstates.html에서 찾아볼 수 있다. Buterin은 Nathan Schneider와 *Proof of Stake: The Making of Ethereum and the Philosophy of Blockchains*, Seven Stories Press, 2022라는 책을 공저하기도 했다.

스타트업 도시나 프로그래밍된 정치 체제 내에서 실험할 수 있는 급진적인 아이디어 중 일부는 Eric A. Posner와 E. Glen Weyl의 *Radical Markets*, Princeton University Press, 2018에서 찾아볼 수 있다.

전문가를 위한 읽을거리

Berlin, Leslie, *The Man Behind the Microchip: Robert Noyce and the Invention of Silicon Valley*, Oxford University Press, 2005

Chesterton, Gilbert Keith, *Orthodoxy*, Bodley Head, 1908

Etzkowitz, Henry, and Chunyan Zhou, *The Triple Helix: University-Industry-Government Innovation and Entrepreneurship*, Routledge, 2017

Finke, Roger, and Rodney Stark, *The Churching of America, 1776-2005: Winners and Losers in Our*

Religious Economy, Rutgers University Press, 2005

Fowler, Anthony, 'Electoral and Policy Consequences of Voter Turnout: Evidence from Compulsory Voting in Australia', *Quarterly Journal of Political Science* 8, no. 2 (2013): 159–82

Fukuyama, Francis, *The End of History and the Last Man*, Simon & Schuster, 2006

———, *Identity: Contemporary Identity Politics and the Struggle for Recognition*, Profile, 2018

Gilson, Ronald J., 'The Legal Infrastructure of High-technology Industrial Districts: Silicon Valley, Route 128, and Covenants Not to Compete', *New York University Law Review* 74 (1999): 575

Glaeser, Edward, *Triumph of the City: How Our Greatest Invention Makes Us Richer, Smarter, Greener, Healthier, and Happier*, Penguin, 2012

Huang, Cary, 'Tocqueville's Advice on French Revolution Captures Chinese Leaders' Attention', *South China Morning Post*, 22 January 2013

'International Migrant Stock', United Nations, Department of Economic and Social Affairs, Population Division, 2019, www.unmigration.org

Jacques, Martin, *When China Rules the World: The End of the Western World and the Birth of a New Global Order*, Penguin, 2009

Kline, Patrick, and Enrico Moretti, 'People, Places, and Public Policy: Some Simple Welfare Economics of Local Economic Development Programs', *Annual Review of Economics* 6, no. 1 (2014): 629–62

Li, Hongbin, and Li-An Zhou, 'Political Turnover and Economic Performance: The Incentive Role of Personnel Control in China', *Journal of Public Economics* 89, nos 9–10 (2005): 1743–62

Liker, Jeffrey K., *Toyota Way: 14 Management Principles from the World's Greatest Manufacturer*, McGraw-Hill Education, 2021

McGregor, Richard, *The Party: The Secret World of China's Communist Rulers*, Penguin, 2010

Mackerras, Malcolm, and Ian McAllister, 'Compulsory Voting, Party Stability and Electoral Advantage in Australia', *Electoral Studies* 18, no. 2 (1999): 217–33

Martine, George, and Population Fund, *Unleashing the Potential of Urban Growth*, United Nations Population Fund report, UNFPA, 2007

Muthukrishna, Michael, and Joseph Henrich, 'Innovation in the Collective Brain', *Philosophical Transactions of the Royal Society B: Biological Sciences* 371, no. 1690 (2016): 20150192

Nakamoto, Satoshi, 'Bitcoin: A Peer-to-Peer Electronic Cash System', *Whitepaper*, 2008

New State Ice Co. v. Liebmann, 285 U.S. 262, 52 S. Ct. 371, 76 L. Ed. 747 (1932)

O'Mara, Margaret, *The Code: Silicon Valley and the Remaking of America*, Penguin, 2020

Reynolds, Andrew, Ben Reilly, and Andrew Ellis, Electoral System Design: The New International IDEA Handbook, *International Institute for Democracy and Electoral Assistance*, 2008

Sassen, Saskia, *Cities in a World Economy*, Sage, 2018

Saxenian, AnnaLee, *Regional Advantage: Culture and Competition in Silicon Valley and Route 128*, Harvard University Press, 1994

Scheidel, Walter, *Escape from Rome: The Failure of Empire and the Road to Prosperity*, Princeton University Press, 2019

Schimmelpfennig, Robin, Layla Razek, Eric Schnell et al., 'Paradox of Diversity in the Collective Brain', *Philosophical Transactions of the Royal Society B 377*, no. 1843 (2022): 20200316

Shum, Desmond, *Red Roulette: An Insider's Story of Wealth, Power, Corruption and Vengeance in Today's China*, Simon & Schuster, 2021

Special Economic Zones: Progress, Emerging Challenges, and Future Directions, World Bank Publications, 2011

Tauberer, Joshua, 'How I Changed the Law with a GitHub Pull Request', *Arstechnica*, 25 November 2018

Tsang, Steve, *A Modern History of Hong Kong: 1841-1997*, Bloomsbury Academic, 2004

Twain, Mark, *Following the Equator: A Journey around the World*, Dover, 1897

Vogel, Ezra F., *Deng Xiaoping and the Transformation of China*, Belknap Press of Harvard University Press, 2011

Wang, Jin, 'The Economic Impact of Special Economic Zones: Evidence from Chinese Municipalities', *Journal of Development Economics* 101 (2013): 133-47

Wang, Shaoda, and David Y. Yang, *Policy Experimentation in China: The Political Economy of Policy Learning*, working paper no. 29402, National Bureau of Economic Research, 2021

Wang, Shuai, Wenwen Ding, Juanjuan Li et al., 'Decentralized Autonomous Organizations: Concept, Model, and Applications', *IEEE Transactions on Computational Social Systems* 6, no. 5 (2019): 870-8

9장 불평등의 유리 천장 깨기

불평등에 대해 다음을 참조하라. 조지프 스티글리츠의 *The Price of Inequality: How Today's Divided Society Endangers Our Future*, W. W. Norton, 2012; Angus Deaton의 *The Great Escape*, Princeton University Press, 2013; Richard Baldwin의 *The Great Convergence*, Harvard University Press, 2018; 그리고 Walter Scheidel의 *The Great Leveler*, Princeton University Press, 2017.

전 세계에서의 소수 집단 우대 조치에 대한 사례 연구는 Thomas Sowell의 *Affirmative Action around the World: An Empirical Study*, Yale University Press, 2004에서 찾을 수 있다.

돈의 역사는 Niall Ferguson의 *The Ascent of Money: A Financial History of the World*, Penguin, 2008; 그리고 Jeffrey E. Garten의 *Three Days at Camp David: How a Secret Meeting in 1971 Transformed the Global Economy*, Amberley, 2021에 잘 나와있다.

경제의 주요 아이디어의 역사에 대해서는 Lawrence H. White의 *The Clash of Economic Ideas: The Great Policy Debates and Experiments of the Last Hundred Years*, Cambridge University Press, 2012; 그리고 Ben Bernanke의 두 권의 책, *21st Century Monetary Policy: The Federal Reserve from the Great Inflation to COVID-19*와 *The Courage to Act: A Memoir of a Crisis and Its Aftermath* 가 있다. 두 책 모두 W. W. Norton에서 2022와 2015에 각각 출판됐다.

지대세에 대해서는 Lars A. Doucet의 Land Is a Big Deal, Shack Simple Press, 2022; Josh Ryan-Collins, Toby Lloyd, 그리고 Laurie Macfarlane의 Rethinking the Economics of Land and Housing, Bloomsbury, 2017; 그리고 헨리 조지의 1879년 저서 *Progress and Poverty*(온라인에서 무료로 제공됨)를 참고하라. 더 일반적인 세금 문제에 대해서는 Chuck Collins의 The Wealth Hoarders: How Billionaires Pay Millions to Hide Trillions, John Wiley, 2021; 그리고 Kenneth Scheve와 David Stasavage의 Taxing the Rich, Princeton University Press, 2016를 참고하라.

미국과 호주 같은 더 부유한 국가에서 부, 정치, 부패가 어떻게 상호 작용하는지에 대해서는 Jane Mayer의 *Dark Money: The Hidden History of the Billionaires Behind the Rise of the Radical Right*, Anchor, 2017; Nancy MacLean의 *Democracy in Chains: The Deep History of the Radical Right's Stealth Plan for America*, Penguin, 2018; 그리고 Cameron K. Murray와 Paul Frijters의 *Rigged: How Networks of Powerful Mates Rip Off Everyday Australians*, Allen & Unwin, 2022를 참조하라.

제이미 존슨이 감독한 두 편의 통찰력 있는 다큐멘터리 영화는 젊은 상속인과의 인터뷰를 통해 부에 대한 드문 통찰을 제공한다(당시 22세였던 이방카 트럼프 포함): *Born Rich*, Shout! Factory, 2003, 그리고 *The One Percent*, Wise and Good Films, 2008을 보라.

전문가를 위한 읽을거리

Arnott, Richard J., and Joseph E. Stiglitz, 'Aggregate Land Rents, Expenditure on Public Goods, and Optimal City Size', *Quarterly Journal of Economics* 93, no. 4 (1979): 471–500

Bell, Alex, Raj Chetty, Xavier Jaravel et al., 'Who Becomes an Inventor in America? The Importance of Exposure to Innovation', *Quarterly Journal of Economics* 134, no. 2 (2019): 647–713

Bernanke, Ben S., Mark Gertler, Mark Watson et al., 'Systematic Monetary Policy and the Effects of Oil Price Shocks', *Brookings Papers on Economic Activity* no. 1 (1997): 91–157

Buchholz, Katharina, 'The Top 10 Percent Own 70 Percent of U.S. Wealth', *Statista*, 31 August

2021, https://www.statista.com/chart/19635/wealth-distribution-percentiles-in-the-us

Campbell, Cameron, and James Z. Lee, 'Kinship and the Long-term Persistence of Inequality in Liaoning, China, 1749-2005', *Chinese Sociological Review* 44, no. 1 (2011): 71-103

Cannadine, David, *The Decline and Fall of the British Aristocracy*, Knopf Doubleday, 1999

Clark, Gregory, *The Son Also Rises*, Princeton University Press, 2014

Clark, Gregory, and Neil Cummins, 'Intergenerational Wealth Mobility in England, 1858-2012: Surnames and Social Mobility', *Economic Journal* 125, no. 582 (2015): 61-85

Clark, Gregory, Neil Cummins, Yu Hao et al., 'Surnames: A New Source for the History of Social Mobility', *Explorations in Economic History* 55 (2015): 3-24

Cleveland, Cutler J., Robert Costanza, Charles A. S. Hall et al., 'Energy and the US Economy: A Biophysical Perspective', *Science* 225, no. 4665 (1984): 890-7

Evans, Judith, and Richard Milne, 'Duke of Westminster Dies', *Financial Times*, 10 August 2016

Ferris, Nick, 'Weekly Data: China's Nuclear Pipeline as Big as the Rest of the World's Combined', *Energy Monitor*, 20 December 2021, https://www.energymonitor.ai/sectors/power/weekly-data-chinas-nuclear-pipeline-as-big-as-the-rest-of-the-worlds-combined/

Gould, Stephen Jay, *The Panda's Thumb: More Reflections in Natural History*, W. W. Norton, 1992

Haan, Marco A., Pim Heijnen, Lambert Schoonbeek et al., 'Sound Taxation? On the Use of Self-declared Value', *European Economic Review* 56, no. 2 (2012): 205-15

Hall, Charles A. S., and Kent Klitgaard, *Energy and the Wealth of Nations: An Introduction to Biophysical Economics*, Springer International, 2018

Hall, Charles A. S., Jessica G. Lambert, and Stephen B. Balogh, 'EROI of Different Fuels and the Implications for Society', *Energy Policy* 64 (2014): 141-52

Hao, Yu, 'Social Mobility in China, 1645-2012: A Surname Study', *China Economic Quarterly International* 1, no. 3 (2021): 233-43

Jiménez-Rodríguez, Rebeca, and Marcelo Sánchez, 'Oil Price Shocks and Real GDP Growth: Empirical Evidence for Some OECD Countries', *Applied Economics* 37, no. 2 (2005): 201-28

Joulfaian, David, *The Federal Estate Tax: History, Law, and Economics*, MIT Press, 2019

King, Mervyn A., *The End of Alchemy: Money, Banking, and the Future of the Global Economy*, W. W. Norton, 2017

Lindert, P. H., and J. G. Williamson, *Unequal Gains: American Growth and Inequality since 1700*, Princeton University Press, 2016

Meltzer, Allan H., A *History of the Federal Reserve*, vols 1 and 2, University of Chicago Press, 2010

Michels, Robert, *Political Parties: A Sociological Study of the Oligarchical Tenden-cies of Modern*

Democracy, Hearst's International Library Company, 1915

Mill, John Stuart, *Principles of Political Economy*, D. Appleton, 1884

Mirrlees, James, ed., *Tax by Design: The Mirrlees Review*, Oxford University Press, 2011

Murphy, David J., and Charles A. S. Hall, 'Energy Return on Investment, Peak Oil, and the End of Economic Growth', *Annals of the New York Academy of Sciences 1219*, no. 1 (2011): 52–72

Park, Jungwook, and Ronald A. Ratti, 'Oil Price Shocks and Stock Markets in the US and 13 European Countries', *Energy Economics* 30, no. 5 (2008): 2587–608

Piketty, Thomas, *Capital in the Twenty-first Century*, Harvard University Press, 2014

Pilon, Mary, *The Monopolists: Obsession, Fury, and the Scandal Behind the World's Favorite Board Game*, Bloomsbury, 2015

Rawls, John, *A Theory of Justice*, Harvard University Press, 1971

Ryan-Collins, Josh, Tony Greenham, Richard Werner et al., *Where Does Money Come From? A Guide to the UK Monetary and Banking System*, New Economics Foundation, 2012

Shrubsole, Guy, *Who Owns England? How We Lost Our Green and Pleasant Land, and How to Take It Back*, HarperCollins, 2019

Steil, Benn, *The Battle of Bretton Woods*, Princeton University Press, 2013

Young, H. Peyton, *Equity: In Theory and Practice*, Princeton University Press, 1995

10장 창의력을 폭발시키기

선박 컨테이너의 역사는 Marc Levinson이 잘 정리했다. *The Box*, Princeton University Press, 2016을 참조하라.

경제 성장과 생산성 감소에 대해서는 Tyler Cowen의 *The Great Stagnation: How America Ate All the Low-hanging Fruit of Modern History, Got Sick, and Will (Eventually) Feel Better*, Penguin, 2011을 보라. 사회적 이동성에 관해서는 Gregory Clark의 *The Son Also Rises*, Princeton University Press, 2014가 있다.

산업혁명이 어떤 방식으로 파괴적이었는지, 그리고 인공 지능 및 기타 기술이 어떤 미래를 그릴지에 대해서는 Carl Benedikt Frey의 *The Technology Trap*, Princeton University Press, 2019; 그리고 Erik Brynjolfsson과 Andrew McAfee의 *The Second Machine Age: Work, Progress, and Prosperity in a Time of Brilliant Technologies*, W. W. Norton, 2014, 두 권의 책에서 설명한다.

실리콘밸리의 독특한 문화의 예시로는 Andrew McAfee의 *The Geek Way: The Radical Mindset that Drives Extraordinary Results*, Little, Brown, 2023을 참고하라.

실제로 과학자들이 과학적 과정을 어떻게 수행하는지에 대한 사례 연구로는 Harry M. Collins

와 Trevor Pinch의 *The Golem: What You Should Know about Science*, Cambridge University Press, 1998; 그리고 Stuart Firestein의 *Failure: Why Science Is So Successful*, Oxford University Press, 2015가 있다.

다양성의 중요성에 대한 몇 권의 책으로는 Caroline Criado Perez의 *Invisible Women: Data Bias in a World Designed for Men*, Abrams, 2019; Matthew Syed의 *Rebel Ideas: The Power of Diverse Thinking*, John Murray, 2019; 그리고 Scott Page의 *The Diversity Bonus*, Princeton University Press, 2017이 있다.

구조화된 다양성, 혁신, 그리고 집단적 사고의 변화에 대한 예시로는 Walter Scheidel의 *Escape from Rome: The Failure of Empire and the Road to Prosperity*, Princeton University Press, 2019; Gen. Stanley McChrystal, Tantum Collins, David Silverman 등의 *Team of Teams: New Rules of Engagement for a Complex World*, Penguin, 2015; 그리고 Satya Nadella, Greg Shaw, Jill Tracie Nichols 등의 *Hit Refresh: The Quest to Rediscover Microsoft's Soul and Imagine a Better Future for Everyone*, Harper Business, 2017을 참조하라.

전문가를 위한 읽을거리

AlShebli, Bedoor, Kinga Makovi, and Talal Rahwan, Retracted articles: 'The Association between Early Career Informal Mentorship in Academic Collaborations and Junior Author Performance', *Nature Communications* 11, no. 1 (2020): 1-8

AlShebli, Bedoor K., Talal Rahwan, and Wei Lee Woon, 'The Preeminence of Ethnic Diversity in Scientific Collaboration', *Nature Communications* 9, no. 1 (2018): 5163

Berkes, Enrico, and Peter Nencka, 'Knowledge Access: The Effects of Carnegie Libraries on Innovation', 22 December 2021, *Social Science Research Network*, ssrn.3629299

Bertrand, Marianne, and Esther Duflo, 'Field Experiments on Discrimination', *Handbook of Economic Field Experiments* 1 (2017): 309-93

Chen, Yixing, Vikas Mittal, and Shrihari Sridhar, 'Investigating the Academic Performance and Disciplinary Consequences of School District Internet Access Spending', *Journal of Marketing Research* 58, no. 1 (2021): 141-62

Dawkins, Richard, *The Selfish Gene*, Oxford University Press, 1976

Draghi, Jeremy, and Günter P. Wagner, 'Evolution of Evolvability in a Developmental Model', *Evolution* 62, no. 2 (2008): 301-15

Duhigg, Charles, 'What Google Learned from Its Quest to Build the Perfect Team', *New York Times Magazine*, 25 February 2016

Elman, Benjamin A., *Civil Examinations and Meritocracy in Late Imperial China*, Harvard University Press, 2013

Forscher, Patrick S., Calvin K. Lai, Jordan R. Axt et al., 'A Meta-analysis of Procedures to Change Implicit Measures', *Journal of Personality and Social Psychology* 117, no. 3 (2019): 522

Gopnik, Alison, 'Childhood as a Solution to Explore-Exploit Tensions', *Philosophical Transactions of the Royal Society B: Biological Sciences* 375, no. 1803 (20 July 2020): 20190502

Healy, Thomas, *The Great Dissent: How Oliver Wendell Holmes Changed His Mind - and Changed the History of Free Speech in America*, Metropolitan Books, 2013

Hirschman, Daniel, 'Controlling for What? Movements, Measures, and Meanings in the US Gender Wage Gap Debate', *History of Political Economy* 54, no. S1 (2022): 221-57

Jackson, Joshua Conrad, Michele Gelfand, Soham De et al., 'The Loosening of American Culture over 200 Years Is Associated with a Creativity-Order Trade-Off', *Nature Human Behaviour* 3, no. 3 (2019): 244-50

Kleven, Henrik, Camille Landais, and Jakob Egholt Søgaard, 'Children and Gender Inequality: Evidence from Denmark', *American Economic Journal: Applied Economics* 11, no. 4 (2019): 181-209

Kleven, Henrik, Camille Landais, Johanna Posch et al., 'Child Penalties across Countries: Evidence and Explanations', *AEA Papers and Proceedings* 109 (2019): 122-6

Lane, Melissa, Henry Lee, and Henry Desmond Pritchard, *The Republic*, Penguin, 2007

McLean, Bethany, and Peter Elkind, *The Smartest Guys in the Room: The Amazing Rise and Scandalous Fall of Enron*, Penguin, 2013

Mill, John Stuart, On Liberty, J. W. Parker & Son, 1859

Moser, Petra, 'Patents and Innovation: Evidence from Economic History', *Journal of Economic Perspectives* 27, no. 1 (2013): 23-44

Muthukrishna, Michael, and Joseph Henrich, 'Innovation in the Collective Brain', *Philosophical Transactions of the Royal Society B: Biological Sciences* 371, no. 1690 (2016): 20150192

Nix, Emily, and Martin Eckhoff Andresen, *What Causes the Child Penalty? Evidence from Same Sex Couples and Policy Reforms*, discussion paper no. 902, Statistics Norway, Research Department, 2019

Paluck, Elizabeth Levy, and Donald P. Green, 'Prejudice Reduction: What Works? A Review and Assessment of Research and Practice', *Annual Review of Psychology* 60 (2009): 339-67

Paluck, Elizabeth Levy, Roni Porat, Chelsey S. Clark et al., 'Prejudice Reduction: Progress and Challenges', *Annual Review of Psychology* 72 (2021): 533-60

Payne, Joshua L., and Andreas Wagner, 'The Causes of Evolvability and Their Evolution', *Nature Reviews Genetics* 20, no. 1 (January 2019): 24-38

Pigliucci, Massimo, 'Is Evolvability Evolvable?' *Nature Reviews Genetics* 9, no. 1 (2008): 75-82

Pronin, Emily, Daniel Y. Lin, and Lee Ross, 'The Bias Blind Spot: Perceptions of Bias in Self versus Others', *Personality and Social Psychology Bulletin* 28, no. 3 (2002): 369-81

Qian, Yi, 'Do National Patent Laws Stimulate Domestic Innovation in a Global Patenting Environment? A Cross-country Analysis of Pharmaceutical Patent Protection, 1978-2002', *Review of Economics and Statistics* 89, no. 3 (2007): 436-53

Scopelliti, Irene, Carey K. Morewedge, Erin McCormick et al., 'Bias Blind Spot: Structure, Measurement, and Consequences', *Management Science* 61, no. 10 (2015): 2468-86

Sobel, Robert, *Car Wars: The Untold Story*, Dutton, 1984

Weatherford, Jack, *Genghis Khan and the Making of the Modern World*, Crown, 2005

Williams, Heidi L., 'Intellectual Property Rights and Innovation: Evidence from the Human Genome', *Journal of Political Economy* 121, no. 1 (2013): 1-27

11장 인터넷을 개선하기

인권의 역사에 대해서는 Lynn Hunt의 *Inventing Human Rights: A History*, W. W. Norton, 2007을 참조하라.

가짜 뉴스를 식별하는 훈련에 대해서는 Carl T. Bergstrom과 Jevin D. West의 *Calling Bullshit: The Art of Skepticism in a Data-driven World*, Random House, 2021; Stuart Ritchie의 Science Fictions: Exposing Fraud, Bias, *Negligence and Hype in Science*, Random House, 2020; 그리고 Nassim Nicholas Taleb의 *Incerto 5-Book Bundle: Fooled by Randomness, The Black Swan, The Bed of Procrustes, Antifragile, Skin in the Game*, Random House, 2021을 참조하라.

게임 이론을 사용하여 인센티브 감사를 수행하는 방법에 대해서는 E. Yoeli와 M. Hoffman의 *Hidden Games: The Surprising Power of Game Theory to Explain Irrational Human Behavior*, Basic Books, 2022를 참고하라.

전문가를 위한 읽을거리

Allcott, Hunt, Luca Braghieri, Sarah Eichmeyer et al., 'The Welfare Effects of Social Media', *American Economic Review* 110, no. 3 (2020): 629-76

Banerjee, Abhijit, Arun G. Chandrasekhar, Esther Duflo et al., 'The Diffusion of Microfinance', *Science* 341, no. 6144 (2013): 1236498

———, 'Using Gossips to Spread Information: Theory and Evidence from Two Randomized Controlled Trials', *Review of Economic Studies* 86, no. 6 (2019): 2453-90

Brashier, Nadia M., and Daniel L. Schacter, 'Aging in an Era of Fake News', *Current Directions in Psychological Science* 29, no. 3 (2020): 316-23

Brynjolfsson, Erik, Xiang Hui, and Meng Liu, 'Does Machine Translation Affect International

Trade? Evidence from a Large Digital Platform', *Management Science* 65, no. 12 (2019): 5449-60

Carron-Arthur, Bradley, John A. Cunningham, and Kathleen M. Griffiths, 'Describing the Distribution of Engagement in an Internet Support Group by Post Frequency: A Comparison of the 90-9-1 Principle and Zipf's Law', *Internet Interventions* 1, no. 4 (2014): 165-8

Cheng, Joey T., Jessica L. Tracy, Tom Foulsham et al., 'Two Ways to the Top: Evidence That Dominance and Prestige Are Distinct Yet Viable Avenues to Social Rank and Influence', *Journal of Personality and Social Psychology* 104, no. 1 (2013): 103

Chudek, Maciej, Michael Muthukrishna, and Joe Henrich, 'Cultural Evolution', in The *Handbook of Evolutionary Psychology*, pp. 1-21, Wiley, 2015

Gergely, György, Harold Bekkering, and Ildikó Király, 'Rational Imitation in Preverbal Infants', *Nature* 415, no. 6873 (2002): 755

Henrich, Joseph, *The Secret of Our Success*, Princeton University Press, 2015

Henrich, Joseph, Maciej Chudek, and Robert Boyd, 'The Big Man Mechanism: How Prestige Fosters Cooperation and Creates Prosocial Leaders', *Philosophical Transactions of the Royal Society B: Biological Sciences* 370, no. 1683 (2015): 2015001

Henrich, Joseph, and Francisco J. Gil-White, 'The Evolution of Prestige: Freely Conferred Deference as a Mechanism for Enhancing the Benefits of Cultural Transmission', *Evolution and Human Behavior* 22, no. 3 (2001): 165-96

Hilmert, Clayton J., James A. Kulik, and Nicholas J. S. Christenfeld, 'Positive and Negative Opinion Modeling: The Influence of Another's Similarity and Dissimilarity', *Journal of Personality and Social Psychology* 90, no. 3 (2006): 440

Hoffman, Moshe, and Erez Yoeli, Hidden Games: *The Surprising Power of Game Theory to Explain Irrational Human Behaviour*, Basic Books UK, 2022

Johnson, Jamie (dir.), *Born Rich*, Shout! Factory, 2003

Norenzayan, Ara, Azim F. Shariff, Will M. Gervais et al., 'The Cultural Evolution of Prosocial Religions', *Behavioral and Brain Sciences* 39 (2016): e1

Van Mierlo, Trevor, 'The 1% Rule in Four Digital Health Social Networks: An Observational Study', *Journal of Medical Internet Research* 16, no. 2 (2014): e2966

12장 더 밝아지는 미래

에스토니아의 호랑이 도약 프로그램의 역사에 대해서는 *Tiger Leap: 1997-2007*, Tiger Leap Foundation, 2007을 참조하라. 전 세계의 교육 차이와 결과에 대해서는 Amanda Ripley의

The Smartest Kids in the World: And How They Got That Way, Simon & Schuster, 2013을 참고하라.

콘래드 울프람의 수학 교육에 대한 선언문은 *The Math(s) Fix: An Education Blueprint for the AI Age*, Wolfram Media, Incorporated, 2020이다.

불평등, 편견, 그리고 편향성에 대해서는 Linda Scott의 *The Double X Economy: The Epic Potential of Empowering Women*, Faber & Faber, 2020; Caroline Criado Perez의 *Invisible Women: Data Bias in a World Designed for Men*, Abrams, 2019; 그리고 Jennifer L. Eberhardt의 *Biased: Uncovering the Hidden Prejudice That Shapes What We See, Think, and Do*, Penguin, 2020을 참조하라.

전문가를 위한 읽을거리

Algan, Yann, Christian Dustmann, Albrecht Glitz et al., 'The Economic Situation of First and Second-Generation Immigrants in France, Germany and the United Kingdom', *Economic Journal* (2010): F4-30

Arcidiacono, Peter, and Michael Lovenheim, 'Affirmative Action and the Quality-Fit Trade-off', *Journal of Economic Literature* 54, no. 1 (2016): 3-51

Arcidiacono, Peter, Esteban M. Aucejo, and V. Joseph Hotz, 'University Differences in the Graduation of Minorities in STEM Fields: Evidence from California', *American Economic Review* 106, no. 3 (2016): 525-62

Arcidiacono, Peter, Esteban M. Aucejo, and Ken Spenner, 'What Happens after Enrollment? An Analysis of the Time Path of Racial Differences in GPA and Major Choice', *Journal of Labor Economics* 1 (2012): 1-24

Beraja, Martin, Andrew Kao, David Y. Yang et al., 'Exporting the Surveillance State via Trade in AI', *Brookings Institute Report*, 2023

Bergman, Peter, Raj Chetty, Stefanie DeLuca et al., Creating Moves to Opportunity: Experimental Evidence on Barriers to Neighborhood Choice, working paper no. 26164, *National Bureau of Economic Research*, 2019

Bertrand, Marianne, and Sendhil Mullainathan, 'Are Emily and Greg More Employable Than Lakisha and Jamal? A Field Experiment on labor Market Discrimination', *American Economic Review* 94, no. 4 (2004): 991-1013

Chetty, Raj, 'Improving Equality of Opportunity: New Insights from Big Data', *Contemporary Economic Policy* 39, no. 1 (2021): 7-41

Chetty, Raj, John N. Friedman, Nathaniel Hendren et al., The Opportunity Atlas: Mapping the Childhood Roots of Social Mobility, working paper no. 25147, *National Bureau of Economic*

Research, 2018

Chetty, Raj, David Grusky, Maximilian Hell et al., 'The Fading American Dream: Trends in Absolute Income Mobility since 1940', *Science* 356, no. 6336 (2017): 398–406

Chetty, Raj, Matthew O. Jackson, Theresa Kuchler et al., 'Social Capital I: Measurement and Associations with Economic Mobility', *Nature* 608, no. 7921 (2022): 108–21

———, 'Social Capital II: Determinants of Economic Connectedness', *Nature* 608, no. 7921 (2022): 122–34

Christian, Brian, and Tom Griffiths, *Algorithms to Live By: The Computer Science of Human Decisions*, Macmillan, 2016

Durlauf, Steven N., Andros Kourtellos, and Chih Ming Tan, 'The Great Gatsby Curve', *Annual Review of Economics* 14 (2022): 571–605

Dustmann, Christian, and Tommaso Frattini, 'The Fiscal Effects of Immigration to the UK', *Economic Journal* 124, no. 580 (2014): F593–643

Flynn, James R., What Is Intelligence? *Beyond the Flynn Effect*, Cambridge University Press, 2007

Green, John, 'Samurai, Daimyo, Matthew Perry, and Nationalism: Crash Course World History #34', *CrashCourse*, YouTube, 14 September 2012, https://www.youtube.com/watch?v=Nosq94oCl_M

Hinton, Geoffrey E., and Ruslan R. Salakhutdinov, 'Reducing the Dimensionality of Data with Neural Networks', *Science* 313, no. 5786 (2006): 504–7

Hulance, Jo, Mark Kowalksi, and Robert Fairhurst, *Long-term Strategies to Reduce Lead Exposure from Drinking Water*, report no. 14372.2, UK Government Drinking Water Inspectorate, 2021

Jobs Are Changing, So Should Education, Royal Society, 2019

Johnson, George, 'To Test a Powerful Computer, Play an Ancient Game', *New York Times*, 29 July 1997

Kline, Michelle Ann, 'How to Learn about Teaching: An Evolutionary Framework for the Study of Teaching Behavior in Humans and Other Animals', *Behavioral and Brain Sciences* 38 (2015): e31

LeCun, Yann, Yoshua Bengio, and Geoffrey Hinton, 'Deep Learning', *Nature* 521, no. 7553 (2015): 436–44

Lu, Jackson G., Richard E. Nisbett, and Michael W. Morris, 'Why East Asians but Not South Asians Are Underrepresented in Leadership Positions in the United States', *Proceedings of the National Academy of Sciences* 117, no. 9 (2020): 4590–600

McFarland, Michael J., Matt E. Hauer, and Aaron Reuben, 'Half of US Population Exposed to Adverse Lead Levels in Early Childhood', *Proceedings of the National Academy of Sciences* 119, no. 11 (2022): e2118631119

Metz, Cade, *Genius Makers: The Mavericks Who Brought AI to Google, Facebook, and the World*, Penguin, 2022

Muthukrishna, Michael, and Joseph Henrich, 'Innovation in the Collective Brain', *Philosophical Transactions of the Royal Society B: Biological Sciences* 371, no. 1690 (2016): 20150192

Muthukrishna, Michael, Michael Doebeli, Maciej Chudek et al., 'The Cultural Brain Hypothesis: How Culture Drives Brain Expansion, Sociality, and Life History', *PLoS Computational Biology* 14, no. 11 (2018): e1006504

Nisbett, Richard E., *Mindware: Tools for Smart Thinking*, Farrar, Straus & Giroux, 2015

Oreopoulos, Philip, 'Why Do Skilled Immigrants Struggle in the Labor Market? A Field Experiment with Thirteen Thousand Resumes', *American Economic Journal: Economic Policy* 3, no. 4 (2011): 148-71

Pietschnig, J., and M. Voracek, 'One Century of Global IQ Gains: A Formal Meta-analysis of the Flynn Effect (1909-2013)', *Perspectives on Psychological Science* 10, no. 3 (2015): 282-306

Reeves, Richard V., and Dimitrios Halikias, *Race Gaps in SAT Scores Highlight Inequality and Hinder Upward Mobility*, Brookings Institute, 2017

Trahan, Lisa, Karla K. Stuebing, Merril K Hiscock et al., 'The Flynn Effect: A Meta-analysis', *Psychological Bulletin* 140, no. 5 (2014): 1332-60

Vision for Science and Mathematics Education, Royal Society, 2014

'Why Brahmins Lead Western Firms but Rarely Indian Ones', *The Economist*, 1 January 2022

결론

우리가 직면할 수 있는 몇몇 도전에 대한 추측을 보려면 바츨라프 스밀의 *Global Catastrophes and Trends: The Next 50 Years*, MIT Press, 2008; 그리고 Toby Ord의 *The Precipice: Existential Risk and the Future of Humanity*, Hachette, 2020을 참조하라.

전문가를 위한 읽을거리

Carey, Brycchan, *From Peace to Freedom: Quaker Rhetoric and the Birth of American Antislavery, 1657-1761*, Yale University Press, 2012

Gore, Al, *An Inconvenient Truth: The Planetary Emergency of Global Warming and What We Can Do About It*, Rodale, 2006

Hall, Charles A. S., and Kent Klitgaard, *Energy and the Wealth of Nations: An Introduction to*

Biophysical Economics, Springer International, 2018

Hall, Charles A. S., Jessica G. Lambert, and Stephen B. Balogh, 'EROI of Different Fuels and the Implications for Society', *Energy Policy* 64 (2014): 141–52

Hochschild, Adam, *Bury the Chains: Prophets and Rebels in the Fight to Free an Empire's Slaves*, Houghton Mifflin Harcourt, 2006

Pankhurst, E. Sylvia, *The Suffragette - The History of The Women's Militant Suffrage Movement - 1905-1910*, Read Books, 2009

Renwick, Chris, *Bread for All: The Origins of the Welfare State*, Penguin, 2017

Williams, Juan, *Eyes on the Prize: Civil Rights Reader*, Penguin, 1991

찾아보기

《21세기 자본》 392

2차 투표 370

5S 전략 216

ATP 51, 69

DALL-E 2 486

FOXP2 유전자 237

GRE 167-168, 434

IQ 테스트 101, 139-143, 147-150, 153-155, 163-164, 169, 171, 175, 177, 189, 455

SAT 167-168, 337, 434, 473, 478

ㄱ

가부장제 219, 232-233

가축화 74

간디, 마하트마 250

간접 호혜성 252, 264

갈레프, 베넷 105

개인적 학습 112, 483-484

거버넌스 71, 89, 343-344, 348-352, 353, 355, 495

게이츠, 빌 92, 358, 378-380, 388-389, 391, 398

게티즈버그 연설 494

견고성 원칙 427

결투 스포츠 268

경제협력개발기구(OECD) 175, 202, 269-270, 279

계몽주의 78, 136, 212-213, 269-270, 279

고어, 앨 18, 350, 489

고유벡터 중심성 125

골디락스 영역 111

골턴, 프랜시스 136-138, 144

공룡 57-58

공유가 핵심이다, (S), COMPASS 213

공정성 253, 255-256, 336, 369, 389, 407, 489

〈과학적 공동 작업에서의 인종 다양성의 우월성〉 424

과학혁명 30, 60-61, 78

광합성 43, 51, 52-53, 55, 71, 74, 90

구구이미티르 162

구글 20, 59, 125-126, 191, 205, 262, 306, 339, 354, 361, 379, 393, 427

구텐베르크, 요하네스 198, 210-211

국내총생산(GDP) 60, 332, 335, 375, 491

국민국가 363-365

국민보건서비스(NHS) 299

국세청 314, 396

국제투명성기구 152, 334

국제학생평가프로그램(PISA) 175, 461

굴드, 스티븐 제이 373

굿이어, 찰스 205

귀화법 181

그로스브너 부동산 383

그로스브너, 제럴드 383

그린, 존 472

긍정적 우생학 138

기계 학습 109, 123, 417, 420, 479, 481, 484

기독교 130, 258, 266, 319, 362, 493

기부 서약 398

기업가 정신 85, 310, 387

기회 인사이트 이니셔티브 479-481

기회 창출을 위한 움직임 480

기후 변화에 관한 정부 간 협의체(IPCC) 19

까마귀 실험 156

까치 전략, (M), COMPASS 202-203, 205-
    207, 210, 216, 458, 461, 486

ㄴ

나델라, 사티아 352, 439

나미비아 120, 151-152, 154, 180, 333

나이, 조지프 317

나이트, 필 128

나치 138, 140

남아프리카 15~17, 230, 311

내시 균형 247

네덜란드 175, 183-184, 188, 233, 255, 311, 394

네안데르탈인 58-59, 184-185

네이더, 랠프 350

《네이처 커뮤니케이션즈》 423-424

노르웨이 149, 151-152, 166, 188, 256, 293-
    297, 304, 309, 314, 331, 335, 342, 399,
    408, 469-471, 498

노르웨이 나미비아협회(NAMAS) 152

노르웨이-영국 관계 293-304

노벨상 115, 204

노스, 토머스 206

노아, 트레버 263, 318

노예제 324, 390, 404-405, 408, 421, 493, 495

녹색혁명 75, 77, 221

농업혁명 47, 75, 221

《뉴욕 타임스》 124, 307, 341, 392, 446

뉴질랜드 311

뉴턴 물리학 29-30

능력주의 254, 273, 346-347, 351, 380, 397,
    434, 447, 479, 498

니스벳, 리처드 144

닐슨, 마크 156, 498

ㄷ

다양성의 역설, (P), COMPASS 207, 216, 299,
    304-305, 317-319, 331, 335, 437, 465

다윈, 에라스무스 136

다윈, 찰스 30, 33, 56, 82-83, 99, 136

다이슨, 프리먼 86

대뇌화 219, 230, 232

대만 188, 287, 311, 346, 416

대분기 273

대산소화 사건 52-53

대수렴 273

대약진 운동 357

대영제국 299, 490

대침체 285, 417, 485

〈더 데일리 쇼〉 318

더 큰 남성 변동성 가설 173-175

데니소바인 58-59, 184-185

데이비스, 헬렌 엘리자베스 120, 154, 498

덴마크 175, 179, 188, 233, 302, 314, 356, 407,
469, 471

도구적 응급 개입 225

도킨스, 리처드 249, 436

독일 96, 98, 114, 126, 151, 159, 179, 184, 188,
233, 256, 270, 309, 311, 315, 319, 328,
437, 475

돌레잘, 레이첼 178

동료 처벌 250, 370

동아시아 183, 287, 477

디마웨 전투 335

디스코드 213, 444

디지털 인터페이스 364

디지털 화폐 366

딥 블루 484

ㄹ

라마크리슈난, 벤키 465

라완, 타랄 423-424

라이베리아 256, 258

《라이프》 482

러시아 120, 188, 233, 255, 258, 267-268, 311,
323, 340, 381, 442, 486

레딧 213, 443-444

레이븐, 존 141-142

레이븐 테스트 141, 145, 153

로마 가톨릭 교회 336, 352, 437, 439

로슬링, 한스 268

로프터스, 엘리자베스 161

록스버리 고무 회사 205

롤스, 존 409, 430

롬니, 밋 396

루리야, 알렉산드르 120, 154

루소, 장 자크 283

리글리, 토니 66

리치, 스튜어트 150

리콴유 317

〈리틀 브리튼〉 337

린제이, 제르메인 16

링컨, 에이브러햄 494

ㅁ

마르크스, 카를 400, 408

마셜 플랜 437

마이크로소프트 352, 379-380, 423-424, 437,
439, 477

마코비, 킹가 423

만숙성 229, 234

매기, 리지 399-400

매디슨, 제임스 201

맥도날드 204, 323

맥린, 말콤 414

맥스웰, 제임스 30

맥킨지, 아담 476

맬서스, 토머스 62, 83-84, 273

머독, 루퍼트 385

머리, 찰스 146

머리, 카메론 332

머스크, 일론 125, 263, 358, 363, 375, 378, 380, 388-389, 391, 429, 466

먼로, 랜들 418

먼로, 제임스 450

메르켈, 앙겔라 328

메신저 리보핵산(mRNA) 33, 113

메탄 52-53

모권 사회 232-233

모든 인간에 대한 이론 14, 21, 30, 34, 92, 113, 164, 196, 218, 234, 272, 277-278, 283- 284, 289, 322, 332. 366, 420, 443, 452, 457, 470-471, 477, 483, 488, 490-491, 495

모리스, 이언 273

모수오족 229-230

몬테네그로 233

무가베, 로버트 334

무슬림 129, 257, 258, 264, 266, 444

무함마드, 압둘 476

문, 데비 356

문해력 35, 163, 166-167, 461-462

문화 정보 110

문화인류학자 98

문화적 뇌 가설(CBH) 220-223

문화적 다양성 175, 287, 304, 328

문화적 진화 20, 34, 48, 105, 110-112, 115, 119, 123, 127, 167, 190, 214, 226, 232, 266, 297, 308, 342, 351, 364, 420, 430, 440, 443

문화적 학습 198, 451, 484

문화-집단 선택 261-263, 273, 351, 353, 364, 397

물리적인 것의 정신화 158-160

미국 독립선언서 449

미국 식품의약국(FDA) 253

미국 질병통제예방센터(CDC) 253

《미국 국립과학원 회보》473

미국심리학회 141

미드, 마거릿 98

밀, 존 스튜어트 391, 420

ㅂ

바갓 싱 틴드 대 미국 181

바바리안 94

바이든, 조 257

바일스, 시몬 449

바흐라미라드, 두만 336

발달 지연 173

〈백 투 더 퓨처〉 419

《백인의 짐》96

버거스 183

버그스트롬, 칼 486

버너스리, 팀 59

버크, 로버트 100

버핏, 워런 398

베네딕트, 루스 98

베이비붐 241, 409

베이조스, 제프 85, 375, 378, 385, 388-389

베커, 안케 234

벡, 세라 156

벤저민, 사례 연구 377-378

벨기에 188, 233

보상, 존 P. 336

보아스, 프란츠 96-98

보츠와나 16, 180, 334-336

〈본 리치〉 442

볼드윈 과정 237, 239

볼드윈, 제임스 237

볼트, 우사인 449

부권 사회 233

부루마블 387, 399

부트스트랩 문제 236

북아프리카 258, 319-320, 456

북해 293-295, 303, 399, 408

불교 266, 318

〈불편한 진실〉 18, 489

불평등 22, 76, 78, 81, 189, 231, 269, 279, 287, 289-290, 295, 300, 302, 305, 319-320, 360, 363, 372-374, 381, 385, 391-394, 396, 399-400, 409-410, 412, 422, 435, 437, 467-469, 474, 480-481, 486, 493-495

뷰캐넌, 팻 350

브랜다이스, 루이스 347

브레흐만, 뤼트허르 296, 394-395

브렉시트 286

브린, 세르게이 59, 126, 378-379

《블루프린트》 146

비네, 알프레드 138

비네-시몽 테스트 139, 140-141

비트코인 365-368, 411

비트코인 제네시스 블록 366

〈비트코인: 개인 간 전자 현금 시스템〉 366

ㅅ

사과파이 만들기 192-194

사망세 396

사운드 407

사이먼, 허버트 114-115

《사이언스》 102, 244, 247

사전 훈련된 생성형 변환기(GPT) 486-487, 503

사탕수수연구소 39

사토시, 나카모토 366~378

사회성이 똑똑함을 이긴다, (S), COMPASS 212

사회적 뇌 가설 220

사회적 학습 35, 102, 112, 121, 123, 126-128, 131-133, 220-223, 430, 443, 445, 454, 472, 483, 490

산소 52-53

산업혁명 60, 75, 78, 149, 214, 273, 275, 279, 284, 297, 342, 417, 419, 439, 452, 455-456

삶의 법칙 21, 36-39, 42-45, 60-61, 63, 92, 136, 243, 250, 270, 274, 277-278, 283-284, 295, 297, 335, 355, 393, 488, 491, 495-496

상류 473-475, 478-479

상속세 301, 382, 385, 391, 394, 396, 398-399

새도, 버나드 55

샌드라인 사건 14

생명의 배터리 50-54, 60-61

샤리아 257-258

샬러, 마크 20

샬럿 기회 이니셔티브 협업 480

서머스, 래리 173

서브스택 213, 444, 446

석유 펀드 293, 297

석유수출국기구(OPEC) 66, 411

석탄 21, 48, 63, 66, 68, 70, 271, 294, 297, 413

선택에 의한 민주주의 345

선택적, 동질적 이주 262-263

설명 깊이의 착각 106-108, 193

성별 임금 격차 421-422

성차 173, 234

세계경제포럼 394

세이건, 칼 191, 192

세포가 세포를 먹는 세상 53-55

소득의 세대 간 탄력성(IGE) 471

소로반 159-160, 164

소수 집단 우대 조치 181, 404, 474, 478-479

소크라테스 117, 456

소프, 이안 128

소형 모듈형 원자로 89

솔로, 로버트 279

수력 65, 68, 70, 85, 288

수렵 채집 59, 74-75, 148, 163, 192, 214, 233,
  249, 263, 272, 275, 417, 455

수용 능력 77, 83, 221, 245, 270-272

수정헌법 426-427

슈넬, 에릭 270

슈하리 360

슐츠, 조너선 336

슘페터, 조지프 376

스리랑카 15, 183, 186

스밀, 바츨라프 47, 92

스완, 조지프 197

스위스 31, 179, 188, 233, 244, 255-256, 311,
  314, 394, 477

스케이트, 빌 15

스키너, B.F. 109

스킬링, 제프리 436

스타트업 도시 22, 202, 353-359, 361-362,
  371, 407, 439, 464

스택오버플로우 418

스탠퍼드-비네 지능 척도 140

스턴, 윌리엄 140

스트룹 효과 163

스티글리츠, 조지프 401

스페인 60, 90, 179, 188, 262, 311, 313

시멜페니히, 로빈 270

시몽, 테오도르 138

시진핑 346

신경망 482-483

신석기 59

실리콘밸리 108, 196, 198, 215, 353-354, 359,
  432, 434

싱가포르 353-356, 416, 462-463

싱가포르 주택개발청 407

o

아로, 제라르 318

아마존 85, 204, 215, 262, 360, 379, 388, 393

아마존 웹 서비스(AWS) 85, 379

아메리칸 드림 267, 374, 471

아비오제네시스 50

아비크수, 야크 458

아시아 호랑이 416

아인슈타인 물리학 29-30

아제르바이잔 258, 311-312

아파넷 59,

아프가니스탄에서 얻은 교훈 257-261

아프리카 17, 21, 37, 58-59, 93, 95-96, 102,
  151, 156, 178-180, 182, 185-186, 188,
  258, 286, 298, 300, 311, 318-320, 332-
  336, 355

아프리카에서 실시한 지능 연구 149-157

안달루시, 사이드 알 95

《안토니우스와 클레오파트라》 206

알고리듬 109, 123, 126, 340, 444, 452, 457,
  459-460, 484

알렉산더 대왕 456

알셰블리, 베두르 423

알파고 485

알파벳 362, 379, 477

암호화폐 365, 370

앙골라 120, 151-153, 333

앙크모포크, 용광로 모델을 보라 324

애덤스, 존 퀸시 450

앤더슨, 아서 436

억양 차별 131

에너지 노예 390

에너지 법칙 42, 48, 60, 63, 134, 219, 285, 355, 491

에너지 천장 272, 275-276, 284-285, 299, 317, 412, 470, 490

에너지 혁명 74, 275, 276, 417, 419, 439, 495

에디슨 & 스완 유나이티드 전구 회사(에디스완) 197

에디슨, 토머스 197

에스토니아 202, 311, 313, 457-459, 461

엑스(트위터) 125, 340-341, 356, 418, 443, 477

엔론 효과 435-436

엔티멤 117, 119

《역사의 종말과 마지막 인간》 344-345

염화불화탄소 18

영국 59-60, 66, 95-97, 111, 122, 132, 136, 156-157, 171, 180, 183, 186, 188, 195-197, 201-202, 205, 215, 255, 260-262, 286, 293-295, 297-304, 309-314, 316, 319, 331, 338, 342, 354, 368, 381-385, 394, 402-405, 409, 412, 426, 463, 465, 468-469, 471, 473, 475, 490, 493

예멘 89, 311

오바마, 버락 125, 178-179, 438

오스트롬, 엘리너 277

오스트리아 111, 114, 188, 233, 376, 426

오일러의 항등식 195

오자와 타카오 대 미국 181

오자와, 타카오 181

온실가스 52

완곡어 트레드밀 140

요르단 188, 258, 311-312

욤 키푸르 전쟁 411

용광로 모델 322-325, 331

우버 59, 196, 214-217

우산 모델 325-326, 328, 331-332, 362

우생학 136-138, 140-141, 144

〈우주가족 젯슨〉 419

울프람, 스티븐 459

울프람, 콘래드 459

워런, 엘리자베스 178, 182

《워싱턴 포스트》 341, 385, 446

워싱턴, 조지 450

월드와이드웹 59

월드컵 318, 323

월리스, 데이비드 포스터 11, 13, 15, 147, 256, 495

웨이 리 운 424

웹스터, 노아 202

위성 위치 확인 시스템(GPS) 113

위어드(WEIRD) 96, 126, 145, 147, 153, 230, 246, 252, 260, 337, 345, 357, 371, 449, 461-462

위키피디아 240, 418

윌슨, E. O. 283

유대교 130

유동 지능 145, 164, 171-172

유라시아 28, 37, 58, 185, 193, 273, 298

유럽 의약품청(EMA) 253

유럽입자물리연구소 오페라 31

유명해져서 유명해지는 현상 125

유목 151-152

유전 정보 110

유전자-문화 공진화 34

유전성 145, 158, 165-169, 469

유전적 다양성 58, 180

〈유전적 재능과 성격〉 137

유전적 차이 157, 178-179, 182-184, 186, 189

《유전적 천재》 137

유튜브 157, 214, 268, 296, 443, 472

유형성숙 227

웅암바 102-103

《이기적 유전자》 436

이누이트 97-98, 108,

이라크 188, 258, 311, 334, 356

이란 혁명 412

이민자 141, 182, 203, 234, 263, 286, 300,
    307-310, 312, 314-317, 320, 322, 324-
    325, 327, 329-332, 475-477

이산화탄소 52-53

이슬람 95, 129, 147, 257-259, 266, 318

이주 59, 182, 185, 187, 308, 315, 319, 327

이중 유전 이론 20, 33, 35

이집트 95, 188, 258, 311-312

《인간의 유래》 99

인공 지능 116, 147, 164, 211, 371, 417, 420,
    452, 465, 479, 481-482, 484-488

인구학적 쇄도 263

인도네시아 176, 186, 258, 311-312, 438

인센티브 감사 447-448, 452

인신공격의 오류 464

인접 가능성, (A), COMPASS 210-211, 216,
    260, 350, 356, 359, 416

인종 다양성 424-425

인터넷 59, 147, 213-214, 240, 279, 306, 337-
    343, 358, 364, 388, 417-420, 431-432,
    439-442, 444, 452, 458, 486-487, 490, 493

〈인터스텔라〉 113

일반화 160, 183, 230, 307, 318, 333, 364, 451,
    462, 477

일베스, 토마스 헨드리크 457-458

일본 159, 188, 263, 311, 323, 360, 432-433

일부다처 임계치 모델 231

일부일처제 183, 230-231

ㅈ

자기 가축화 227

자기 유사성 450

자본주의 379-380, 389-390, 392, 399-400,
    408-409

자연 선택 30, 82, 110, 249

자원의 저주 295-296, 333, 335

자이가르닉 효과 46

잘 알려지지 않은 길, (O), COMPASS 201

장기 평화 268

재산권 75, 403

잭슨, 앤드루 450

쟁기 63, 234, 275-276, 278, 310-311

저커버그, 마크 415, 429

적응성 359, 438

전구 발명 197-198

전망 이론 114

전미유색인지위향상협회(NAACP) 178

정보 할머니 가설 240-242

〈정상 이하의 지적 수준 진단을 위한 새로운
    방법〉 139

정실주의 254, 332, 336, 387

제1차 세계대전 141, 272

제2차 계몽주의 337, 342, 417

제2차 산업혁명 342, 417

제2차 세계대전 60, 126, 199, 272, 298-299, 382, 437

제도적 처벌 252-253

제로섬 80-81, 288, 292, 301, 321, 379, 390, 394, 435-437

제비바 129, 264

제왕절개 209, 224-226, 238

《조작: 강력한 동료 네트워크가 어떻게 일상적으로 호주인을 갈취하는가》 332

조지, 헨리 400-402. 407,

족벌주의 254, 336, 387

존슨, 제이미 442

《종의 기원》 99, 136

《종형 곡선》 146

주마, 제이콥 230

주택 선택 바우처 프로그램 480

중국 14, 38, 94-95, 186-188, 215, 233, 254-255, 260-261, 287, 298, 307, 309, 312-313, 317-318, 324, 345-347, 350, 354-357, 384, 412-413, 415-416, 433-434, 463 485, 487

중국 공산당 346-347, 350, 362

중성미자 31-32

중위 가구 자산 331

지수함수 173

지식의 샘 109-110

지적 차익 거래 76, 203-205, 463, 465

지적재산권 349, 432-433

직접 호혜성 250-251, 264

진핵생물 54, 74

진화 가능성 359, 438

진화 법칙 45, 82, 110, 124, 197, 226, 260, 277, 288, 357, 372, 416-417

진화적 합리성 116

짐바브웨 89, 95, 311, 333-334

집단적 두뇌 116, 121, 191-192, 196, 198, 200, 208, 210, 213, 215-217, 223, 244, 275, 285, 298, 307, 347, 353, 355, 359, 372-373, 397, 416, 420, 427, 430, 440, 444, 452-454, 458-459, 461, 465, 467, 480, 483, 491, 505

집단적 두뇌 사고, (C), COMPASS 198

ㅊ

찬성에 의한 민주주의 345

챈, 줄리어스 14

천막 학교 152

천재 136-138, 146-147, 191, 197-198, 459, 467-468

철인 만들기 428-429

체인, 에른스트 199

체티, 라즈 479

최적의 문화적 동화 317-328

칠레 188, 287, 311

침팬지 58-59, 101-105, 124, 156, 219, 224, 227, 238-239, 244

ㅋ

카너먼, 대니얼 114, 116, 204

카네기, 앤드루 432

카스파로프, 게리 484

카시족 233

카이젠 360, 433, 498

칸, 모하마드 시디크 16

칸트, 임마누엘 270

칼슨, 터커 296

캄브리아기 대폭발 56

캐나다 17, 68, 88, 93, 97, 117, 188, 192, 202-203, 233, 255, 309, 311-313, 316, 321-322, 324, 349-350, 353, 363, 412, 471, 475

커닝햄, 워드 418

커닝햄의 법칙 418

컨테이너 88-89, 414-417, 442

컴퓨터로 아이들에게 진짜 수학을 가르치기 459

코로나19 276, 306, 451

코웬, 타일러 85

코크, 찰스 375

코크토푸스 386

쾨니히, 페터 162

쿠네네강 151

퀘이커교 267, 493

〈크래시코스〉 472

크루그먼, 폴 402

크리스티안 4세 덴마크 국왕 407

크리스퍼 417

클레르크, F. W. 드 16

키플링, 러디야드 96

E

타일러, 에드워드 버넷 97

타일러, 존 450

탄위어, 셰자드 16

탈러, 리처드 114

탈중앙화 자율 조직(DAO) 365

탕겐, 니콜라이 297

태즈메이니아 212

터먼, 루이스 140

터커드롭, 엘리엇 150

테르툴리아누스 129

테일러, 재커리 450

토티 37-38

투자 대비 에너지 수익률(EROI) 64-74, 76-77, 79, 83-87, 91, 238, 270. 272-274, 277, 285-286, 288, 304, 393, 411-413, 419, 489, 491-492

트럼프, 도널드 340, 386

트럼프, 이방카 442

트버스키, 아모스 114, 204

틴드, 바갓 싱 181

팀 오브 팀 접근법 351-352

ㅍ

파노풀로스, 샘 203

파월, 에녹 301

《파이낸셜 타임스》 383

파키스탄 188, 258, 311, 312

파푸아뉴기니 14-15, 17

퍼시그, 로버트 291

페니실린 198-200

페이스북 106, 213, 340-341, 361, 415, 418, 443

페이지, 래리 378-379

펠프스, 마이클 127

포사이스, 마크 131

포스텔의 법칙 427

포지티브섬 조건 79-80, 84, 304, 394, 409

포크, 제임스 K. 450

포트먼 부동산 382-383

포트먼, 윌리엄스 382-383

표현의 자유 289, 341, 347, 420, 422, 479

푸앵카레, 앙리 29

푸틴, 블라디미르 267-268, 296, 375

풀러, 버크민스터 47, 390

프랑스 95, 138, 141, 233, 311, 318-320, 324, 392

프랭클린, 벤저민 174

프랭클린, 존 100

프로그래밍 가능한 정치 22, 353, 362-363, 365, 368-371, 407

프로젝트 아리스토텔레스 427

프리드먼, 밀턴 401

프리터스, 폴 332

플라톤 425, 456

플레밍, 알렉산더 198-200

플로리, 하워드 199

플로민, 로버트 146

플린 효과 145, 165, 187, 455, 457

플린 효과 가속화 457-467, 470

피케티, 토마 392-393

핀란드 188, 311, 313, 464, 471

핑커, 스티븐 140, 177, 189, 268-269

ᄒ

하딘, 개릿 244-246, 277

하라리, 유발 169

하류 473, 475, 478-479

하와이안 피자 203, 263, 308

하이네, 스티브 20

하이에크, 프리드리히 401, 455

하이픈 없는 모델 318-320, 322, 324-325

하지, 나피사 261

〈학술적 공동 작업에서 경력 초기 비공식 멘토
  링과 주니어 저자의 성과 간 연관성〉 423

학습 전략 125-130

학습하는 유인원 102-105

한국 38, 188, 260, 311, 335, 375

할아버지 184, 248, 336

해밀턴, 윌리엄 249

핵분열 65, 87, 90-91, 271, 440

핵융합 85, 90-92, 290, 419

허버트, M. 킹 62

헌스타인, 리처드 146

헤이우드, 제이미 196, 215

헨리 조지 정리 402

헨릭, 조지프 20, 102, 215, 336

혁신 법칙 43, 48, 52, 71, 78, 85, 135, 221,
  245, 284, 351, 372, 378-379, 416, 485

현대적 종합 99

협력 법칙 44, 55, 76, 79, 135, 241, 337, 355,
  372, 486, 491

협력적 양육 239, 241

호너, 빅토리아 102, 123

호랑이 도약 재단(티그리휘페) 457, 459

호모 사피엔스 11, 21-22, 39, 58, 102, 182,
  224, 375, 490,

《호모 사피엔스》 215

호모 이코노미쿠스 114

호주 145, 162, 166-167, 169, 188, 197-198,
  202, 212, 287, 300, 311-312, 314-316,
  328-332, 348-349, 375, 385, 402

호주 문화 오리엔테이션 프로그램(AUSCO) 330

호주에서 얻은 교훈 329-333

홀, 찰스 491

홀데인, J.B.S. 248

홉스, 토머스 283

홍콩 260, 311, 353-356, 416

화석 연료 12-13, 43, 47, 61-62, 64, 67-69,
    75, 78, 84, 86-87, 90, 135, 273, 275-276,
    279, 284,

화학의 역사 32

확장된 진화론적 종합 34

황하 계곡 94

후세인, 사담 356

후세인, 하시브 16

휘튼, 앤드루 102, 123

흑사병 60, 78

흑인 및 소수 민족(BAME) 180

흑인, 원주민, 유색 인종(BIPOC) 180

히틀러, 아돌프 126

힌두교 266, 318, 352

힌튼, 제프리 482

힘바족 120-121, 151-153, 333

옮긴이 **박한선**

서울대학교 인류학과 진화인류학 교실 교수, 서울대학교 의과대학 휴먼시스템의학과 진화의학 겸무교수이자 신경정신과 전문의로서 호모 사피엔스의 다양한 행동 양상을 진화의 관점에서 연구하고 있다. 경희대학교 의과대학을 졸업하고 동 대학원에서 분자생물학 전공으로 석사학위를 받았다. 호주국립대학교ANU 인문사회대학에서 석사 학위를 받았고, 서울대학교 인류학과에서 박사 학위를 받았다. 서울대학교병원 신경정신과 전임의, 서울대학교 의생명연구원 연구원, 성 안드레아병원 과장 및 사회정신연구소 소장, 서울대학교 비교문화연구소 연구원, 부산대학교 의과대학 진화의학센터 겸임교수 등을 지냈다.

《진화인류학 강의》《인간의 자리》《내가 우울한 건 다 오스트랄로피테쿠스 때문이야》《마음으로부터 일곱 발자국》 등을 썼고, 《진화와 인간 행동》《여성의 진화》《행복의 역습》《센티언스》 등을 옮겼다.

인간 문명의 네 가지 법칙

초판 1쇄 발행 2024년 11월 29일

지은이 마이클 무투크리슈나
옮긴이 박한선
책임편집 권오현
디자인 이상재

펴낸곳 (주)바다출판사
주소 서울시 마포구 성지1길 30 3층
전화 02 - 322 - 3885(편집) 02 - 322 - 3575(마케팅)
팩스 02 - 322 - 3858
이메일 badabooks@daum.net
홈페이지 www.badabooks.co.kr

ISBN 979-11-6689-313-1 03320